叢書・ウニベルシタス　323

五　感

混合体の哲学

ミッシェル・セール
米山親能 訳

法政大学出版局

Michel Serres
LES CINQ SENS
philosophie des corps mêlés - 1

私にとって、知恵と慧眼のお手本である
ジャック・アクセルに捧ぐ。

五感——目次

ヴェール

ボックス

テーブル

ヴェール

誕生——入墨——画布、ヴェール、皮膚——ヘルメスと孔雀

——繊細さ——変化《ヴァリアシオン》——シベリアリスの毛皮——霧——

共通感覚——混合、ヴェールを剝がすこと

誕生

船の上は危険である、船火事ともなればあなたは火に追い立てられるからだ。燃え上がり、煙が襲い、炎がなめ尽くし、パチパチと音をたて、爆発し、異臭を発し、目を眩ませ、白熱し、燃え広がって、火はたちまち船上の主となる。

浸水はさほど破局的な事態ではない。大穴があき、乾舷まで水に浸かり、それでも港にたどり着いた船は数多く見受けられる。外部にせよ、内部にせよ、船は水を好むように作られている。船舶が恐れるのは火の方であり、船倉が魚雷や砲弾でいっぱいになっているときはなおさらである。優れた火消しにあらずんば、優れた船乗りではない。

火災訓練には並みの水夫以上のことが要求される。単なる船乗りになる以上の厳しい訓練、より仮借ない訓練が要求されるわけだ。生きるため、あるいは生き残るための、ある種のバランス感覚を身体にたたき込む拷問的な訓練のいくつかを、私は今でも覚えている。私たちは果てしない梯子をつたって暗く垂直な井戸のなかに降りて行かされたり、湿った塹壕のなかを匍匐前進して天井の底い地下壕まで行かされたりしたものだった。地下壕のなかでは散布された石油が燃えていて、私たちは刺激臭のある煙の下に身を伏せ、鼻を地面に押しつけて、身体の上にのしかかる厚い煙の層をかき混ぜないように、長いこと身動きもせずじっとしていなくてはならなかった。自分の名前を呼ばれたら、静かにゆっくりと外に出なくてはならないのだが、急激な行動をすれば、煙の渦の限界域を下降させて仲間を窒息させることになるのだった。呼吸可能な空間は地面すれすれに薄い層をなしていて、かなり長い間安定しているものである。呼吸を維持する術を心得ていること、火炎への距離や絶体絶命な状況がどれくらい差し迫っているのかを見積ること、まだどのくらい時間が残されているかを計算すること、われ先に殺到したくなる心を抑えて、全体をパニック状態に陥れないように気を配ること、何も見えなくても動くことができ、出口へと向かって進んで行くことができること、これが私が身体で覚えたいくつかのことである。こうしたことを何かの教訓的な譬え話と考えないでいただきたい。洞窟の奥で火が燃えさかっているときには、炎に揺れる影法師など誰にも見えはしないのだ。煙は目を刺し、空間全体を占め尽くし、人を窒息させる。あなたは何も見えないまま地面に身を伏せなくてはならない。外に出るには手探りによるほかはない。身動きするための手段は触覚しか残されていないのだ。

ある冬の日、海上で、突如やって来た、まさに最後の審判とでも言うべき状況に遭遇しなかったならば、上述の訓練で覚え込まされたことは無駄な知識となったことだろう。突然、雷鳴のように恐ろしいうなりを上げて炎が燃え上がり、その瞬間に船室の気密扉が自動的に閉鎖されてしまったのだ。後先も考えずやみくもに梯子をつたって点検口のマンホールに逃げ込む者たちを見て、私は驚きあきれるばかりだった。たくさんの物音が聞こえたがそれ以後のことはわからない。

今や突然私は一人きりになったのだ。何が起こったのだろうか。船室は締め切られ、耐えがたい熱によって意識がもうろうとしてくる。脱出しなくてはならない。ドアは反対側から永遠にロックされ、ハンドルやレバーは気密の位置にあって外側からかたく閉められているのだ。私は揺れ動く床の上に身を伏せ、大波に揺られ、厚い煙の下で息が詰まっている。こうなれば舷窓しかない、もはや小さな舷窓しかない。息を止めて立ち上がり、舷窓を締め切っている錆びついた金具をすばやく外さなくてはならない。金具はなかなか外れない。ほとんど動かされたことがないからだ。進水以来、おそらく、一度あるか二度あるかだ。金具はびくともしない。再び身を伏せて、床すれすれの位置で息を吸わなくてはならない。天候は一層ひどくなり、波のうねりも激しくなったようだ。呼吸を停止して再び立ち上がる。金具を外そうともう一度試みる。わずかずつ動いたように思う。三度か四度か覚えていないが、床に身を伏せては立ち上がり、歯をくいしばり力を込めて、何度も何度も金具を外そうと試みる。舷窓は閉じたままである。突然、舷窓が開いた。

光と、とりわけ空気が入ってくる。激しい風が煙をかき混ぜる。そのため一層息が詰まる。急がなければならない。開いた窓の口に頭を通す。最悪の天候だ。寒さが容赦なく身体を襲う。凍てついた波しぶきのために私は目を開くこともできない。耳は、頭を通すときに傷ついて、まるでもげてしまいそうだ。突然の寒さに、私の身体は縮みあがり、熱せられた小部屋にとどまっている方がましかのようだ。私は頭を引っ込める。しかしなかにいては窒息してしまう。すでに小さな爆発音が聞こえてくる、火は弾薬庫に達したにちがいない。早く脱出しなくてはならない。頭を通す。片方の腕を滑り込ませる。肩はまだだ。舷窓の革の縁枠と首との間の狭い隙間に手と手首を通す。肘がじゃまになる。出ることができない、出なくてはならない。すべては焼けつくように熱く、しかも私の頭は凍えている。

釘づけにされたように身動きもできず、固定した首輪のように私を締めつけている舷窓のまわりで手足をばたつかせ、船とともに揺られながら、私はかなり長い間そのままでいたのだが、そのおかげで、私は熟考することができた。というよりも私の身体は、まぎれもない真実の《われ》とは何であるかを決定的な形で学んだのだった。実際、誤りはまったく許されず、確実で間違いないものでなくてはならない。なぜなら、暗くて緩慢で、しかも電撃的なこの省察は、端的に、生死を決するものだからである。

内にあっては、私は焼かれ、黒こげになろうとしているのだが、頭だけは外にあって、凍え、ぶるぶる震え、何も見えずにいる。私は内にあり、かつまた排除され締め出されている。頭と腕、片方の肩、最初は左の肩だけが、外にあって、荒れ狂う嵐にさらされている。内はほとばしる炎のなかにあり、身体は拷問の首輪に締めつけられ、頭と、ようやく引き出された両の肩は嵐のなかに突き出している。私はまだ救い出されてもいず、脱出できてもいず、舷窓の内側にすっかり囚われの身となっている。火災に見舞われたこの船の船体にうがたれた舷窓の銅製のタガは、私がどんなに身体を縮めてもその胸郭の外径よりも小さいからだ。頭と両の肩が冬の外気のなかに出ているとはいっても、身体は相変わらず内にある。舷窓は押しつぶさんばかりに胸を締めつける。今や私は死に瀕しているのだ。後ろの炎熱地獄には、私はまだそのなかにいるのだが、どこにも足をふんばる場所がない。両の腕は身体にぴったりとくっつけられて動かすことすらできない。穴のなかに差し込まれて引き抜くことも差し込むこともできなくなった藁束よろしく、私は窒息して息絶えようとしている。煙のなかでは息ができず、凍てついた風に正面から吹きつけられて息もつけず、錆びついた首かせに締めつけられて息が詰まっている。私はまさに進退きわまっているのだ。

そのとき、今までよりも大きな強い横波が激しく舷側を打ち、宙に浮いた私の身体を締めつけている舷窓の首輪が脇腹の方へずり下がった。ありがたや、いかにも私は外に出たのだ。私は冷たい空気を気の遠くなるほど吸い込んだ。恐ろしいことに、船尾は一層荒々しさを増した海の怒濤に呑み込まれている。今度は船が反対側に傾いて、その衝撃で私は再び胸まで鉄の輪にはまり込んでしまった。相変わらず私は内にいるのだ。船はまるで、でこぼこ道の上を走っているようなものだ。一方からの衝撃は私を解放し、反対側からの衝撃は私を再び牢に閉じ込める。

私は外におり、かつ内にいる。

私とは何なのか。

このような状況は、劇的な事件や恐ろしい目に遭わなくても、誰にでも理解できるだろう。小さな水門をくぐり抜けたり、狭い通路を通り抜けたり、危険やめまいが感じられる程度の高さの手摺りやバルコニーの上に身を乗り出して身体を揺すってみることで充分だろう。身体はおのずから《われ》を決定する術を心得ている。身体はどの時点まで私が手摺りのこちら側にいるのか、どの時点で私が手摺りの外側に出るのかを知っている。身体は均衡からのズレを見積り、ただちにそのズレを調整し、どこまで行ったら行き過ぎなのかを心得ている。体感《セネステジー》はおのずから《われ》を決定する。体感は私が内にいるのか、脱出できたのかを知っている。内的感覚《サンス・アンテルヌ》は穏やかなものだが、時として《われ》を称え、《われ》を告知し、《われ》を叫びたてる。共通感覚《サンス・コマン》とは、優れて身体を二分する世界にかかわる事柄である。

片方の脚を引き出そうとしながら、なおも私は内にある。片方の脚、腿、膝が外に引き出されようとしている。それらは私にとってほとんど闇に沈んでいる。骨盤、尻、へそ、性器さえもが確かに外にある。だが私は内にとどまっている。私はふと、胴体人間がどんなものか、幻肢がどのように感じられるのかわかったような気がする。全身のシーソー運動のなかで分割された身体の全体が《エゴ》を叫んだまさにその瞬間に、私は外に出る。私は残りの肉体を引き出すことができる。内に残っている肉体のかけらを引き出すことができる。そうなのだ、それは、氷山の不意の倒壊によってたちまち闇のなかに散らばった断片なのだ。

荒天減速航行をする船の不規則な揺れによって、《われ》は生への希望の窓から、外に押し出されたり、内に引きずり込まれたりする。私は内におりまた外にいる。船の内部にいる《われ》が外部に、たたきつけるような凍てつく風のなかに出る。時化の大波が胸郭を数ミリずつごくわずかにずらして外に押し出したり、内に引っ込めたりする。肉体はこのわずかなズレを知覚する、というのも肉体はまわりの動きを感知する術を心得ているからだ。解放されるか、あるいは生存権を喪失するか。呼吸するか、あるいは窒息するか。内部の火に焼かれるか、あるいは激しい寒風に吹き飛ばされるか。生か、死か。消滅するか、あるいは存在するか。通り抜けという空間的な体験においては、肉体全体が告知するほとんど点的な場所がある。内と外を隔てる隔壁の近傍にあっては、その点的な場所が内側から外側にすり抜けたとき、《われ》はその点的な場所の側に全面的に飛び移り、《われ》は決定的に一方の半分から他方の半分へと移動する。

この準＝難破の体験以来、私はこの点的な場所を魂《アーム》と呼ぶ習わしとしている。魂は《われ》の決定されるこの点的な場所に横たわっている。

危険な目に遭い、命を救われ、ひとたび危機を脱したときから、われわれはみな魂をもつ。


あの最後の審判の夜に、私は「われらが魂を救いたまえ」という叫びの意味を理解した。あの点的な場所を救うだけで充分なのだ。あの点的な場所が拷問の首輪の縁から外に出たとき、私は外に、恐ろしい寒さのなかに出た。それ以前までは、私はずっと内にいたのだった。ほとんど点的な場所で魂は肉体に接するとデカルトは言ったが、それは誤ってはいなかった。しかし彼は松果体を正しく位置づけなかった。それは腹腔神経叢のあたりをうろついているのだ。その場所から、それは肉体を照らしだし、あるいは包み隠す。それは輝きによって、あるいは隠蔽によって、肉体を半透明なものもしくは輝かしいものにするし、闇に沈んだ物体にもする。人はそれぞれ肉体が指し示す場所の近辺にそれを位置づける。それは人それぞれの誕生の日に、決定的に固定され印づけられて、各自がそれを保持している。たいていの場合われわれはそれを忘れてしまい、突然怒りだした天候によって再び不安と苦しみと偶然と幸運のなかに投げ込まれる日まで、われわれはそれを内的感覚の暗闇のなかに放置している。私たちが操舵員として船上にあったあの青春の日に、ここでもまたデカルトに反して、操舵手は船全体に対して、竜骨の底からマストの先まで、船尾から船首斜檣にまで至る船全体に対して《われ》を感じるということ、自分の身体の魂が船の魂のなかへ、タービンの中心部へ、喫水部の中心へと降ってゆくこと、これらのことを確かめえたのは悪い経験ではなかった。遭難の日に、あの船から脱出するためには、自らの魂を船倉のなかに捜しに行かなくてはならないのだが、そこはまぎれもなく危険な火が燃えさかっている場所なのだ。

入墨

魂はほとんど点的な場所に宿っており、そこで《われ》が決定される。

体操の選手は自分の魂を鍛錬して、その魂のまわりで身体を動かしたり身体を丸めたりする。陸上競技の選手は魂をもっていない。彼らは走ったり投擲したりするだけだからである。しかし跳躍の選手は魂をもっていて、それをバーの上にあるいはバーの向こうに投げる。彼らは魂が自らを投ずる場所のまわりにそっと身体を丸めるのだ。ジャンプ競技を除けば、陸上競技と体操競技との相違は魂の鍛錬の有無に由来する。鉄棒、空中回転、吊り輪、床運動、トランポリン、高飛び込みなどは、舷窓の通り抜けと同じように、実験形而上学の実践としての価値をもつ。そこでは肉体が自らの魂を探し求め、両者は、恋人同士のように、危険や歓喜のなかで、互いを見失い、再び見出し、時には別れ、また一緒になったりして戯れる。いくつかの集団競技においては、競技者たちは魂を失ってしまい、たとえばボールのような共通の客体に魂をすっかり委ねている。彼らは集団となってボールのまわりに寄り集まり、均衡をとり、組織される。そこでは、形而上学の実践は応用社会学の実習に形を変えている。

君は、自分の魂を救うためには自分の魂を失わなくてはならず、後で魂を見出すために、魂を与えなくてはならない。

ほとんど点としての魂は、量体のなかで、まさしく船のなかで、莫大な排水量の空間を介して見出されたのだった。それは単純な方法によっても見出されうるが、もう少し困難な研究に取り組もう。

私が自分の爪を切るとしよう。

主体はどこで決定されるのだろうか。左利きの私は左手で爪切りを取り、開いた刃を右手の人差し指の爪の先に当てる。私は「私」を爪切りの握りの部分に位置させる。《われ》は今やそこに身を置いていて、右手の指先にではないからだ。右手の爪は不器用に鋼の間にはさまれ、一方左手は爪を切り取るために繊細で巧妙な動きを示す。主体である左手は客体である右手の指に働きかける。左の手は主体性に満ちており、「私」を分有している。右手の指は世界の一部となる。もし爪切りを右手に持ちかえればすべては変わる、あるいは何も変わらないとも言える。《われ》は左手の人差し指に居坐ったままであり、左手の人差し指の爪は鋭い刃のすぐ近くを巧みにまた大胆に愛撫するかのように動く。右の手に握られた爪切りの握りの部分は「私」からは放棄される。あたかも他人の力で動くかのように道具が作動し、そして私の左手の人差し指は身を差し出して、肉を切らない限界線を正確にたどってゆく。前者の場合は「私」が爪を切るのであり、後者の場合は私の爪の方が自ら切られるのである。刃の所へ指を差し出す動作、爪を切るときの動きのしなやかさ、あるいはぎこちなさ、取り扱いの正確度などが、外部の観察者にとって、魂の状態、魂が今どこで均衡を保っているのかを確定するのに充分である。左利きは魂を左手にもっており、右手は闇に満ちた肉体である。むりやり右利きに矯正すれば、どっちつかずのあいの子になってしまう。

ところで、これは場合によって異なり変化する。足の爪を切る際にはこのような逆転は起こらない。遠いとはいえそこはまだ身体であり、あるいは相変わらず世界の一部である。非常に遠いので魂は不在となる。足のどの指も、私の左手にある魂が刃に触れるような具合に、刃に触れることはない。爪切りについてはここまでにしておこう。

中指で私が自分の片方の唇に触るとしよう。この接触のなかに意識が横たわっているわけだが、私はこの問題の検討を始めようと思う。意識はしばしば感覚のひだのなかに身を潜めている。重ねられた唇と唇の間、舌を押しつけたときの口蓋、噛み合わせた歯と歯の間、閉じられた瞼、収縮した括約筋、拳をにぎりしめたときの手、押しつけ合った指、組み合わされた腿と腿の間、一方の足の上に置かれた足といった場合がそれである。私は確信するのだが、一寸法師は、小さいときにせよ大きくなったときにせよ、そのそれぞれの部分の大きさはその部位の感覚作用の大きさに比例していて、それらの部位の自己発展によって大きくなったり膨らんだりするのであり、その場合、皮膚の組織は自らの上に折り畳まれているのだと思う。皮膚は己自身の上に意識をもっており、また粘膜も自分自身の上に意識をもっている。折り畳まれたひだもなく、自分自身の上に触ることもないならば、真の内的感覚も、固有の肉体もないだろうし、体《セネ》感《ステジー》も感じなくなり、真の意味での身体図式もなくなり、静止したような失神状態のなかで意識もなく生きることとなろう。クラインの壺やダブルの縁なし帽を思い描いてみれば、われわれの自己同一性《イダンティテ》を理解する助けとなろう。われわれは不器用な表面部位をもっており、それらの部位は裏のない準平面もしくは荒原であり、そこでは束の間の意識が記憶も残さずに過ぎ去ってゆく。意識は接触《コンタンジャンス》による特異な場のなかにとどまっており、そうした場で肉体は自分自身に接している。

私が指で自分の両唇に触るとしよう。この場合、接している両唇はすでに自分自身の意識をもっていることになる。それゆえ私は自分の指に口づけすることができるし、またほとんど区別のつかないしぐさになるが、指で自分の唇に触ることもできる。この場合、《われ》は接触面の両側へ交互に移動して、突然一方の接触面を世界の側へ追いやっているわけだ。あるいはまた、《われ》は突然すぐ隣へ移動して、自分の立ち去った後に単なる客体を残してゆくわけだ。「シー」といって人を黙らせる類のしぐさにおいては、肉体は局部的にではあるが魂のキャッチボールをしていることになる。自分の魂がどこにあるのかを知らない者たちは、自分の唇に指で触っても、そのとき魂の在処を学ぶことはない。唇は自分自身に接触しているので魂を生みだすのだが、その魂を手に伝える術を心得ており、手はこぶしをにぎりしめることによって自分のかすかな魂を形づくり、すでに魂をそなえている唇に自分の魂をそっと移し与えることができる。これはまったく純粋な接触《コンタンジャンス》である。

肉体は、いつでもあらゆる場所で、魂のキャッチボールをすることができるわけではない。今の例のような接触が作用しない場所がある。自分の手で自分の肩に触ることはできても、自分の肩で自分の手に触ることはできない。手や口に比べれば肩は世界の側、客体の側にとどまっている。主体の資格を取り戻すためには、肩にとっては自然のままの客体、岩とか、木の幹とか、滝とかいったものが必要である。身体の外にあるものとの関係において肩は魂をもつにすぎない。さあ、膝の上に頬づえをついて、あるいは身体の一部分で他の部分を触って、どこに魂があるかを決定してみよう。

この試みには限りがない。別な言い方をすれば、あなたがしなやかさを保つかぎり、この試みに限界はない。

身体を動かすこと《ジムナスティック》〔体操〕は抽象的思考《メタフィジック》〔形而上学〕の始まりであり、その条件づけである。

さて今度は図を描いたり色で塗り分けたりしてみよう。可能であれば、魂がいつでも明らかに住まっているひそやかでごく小さな区域、接触し合っている隅、あるいはひだを区分してみよう。また可能ならば、ボール遊びをするかのように身体の部分同士が魂遊びをしうるような、うつろいやすい場所を区分してみよう。外界の客体と相対したときにしか主体となれないような肉の塊もしくは肉の分厚い部分、単独に置かれているときや自分を客体化するものと相対しているときは、つねに客体としてとどまっている濃密で稠密な区域、魂をもたず闇に満ちた砂漠をなしている区域を線でなぞってみよう。線によって囲まれてしまう区域はほとんどなく、多くの区域は急に広がり、溶け合い、狭い回廊となって逃げ去り、コルやチムニーやコース状をなし、細道や火炎やジグザグや迷路を形づくる。うつろい揺れ動く束の間の魂はここに、皮膚の上に、身体の表面にあるのだ。線条紋や、ぼかしや、虎斑や、縞模様のある魂、色とりどりで、斑模様をなし、混沌として、きらびやかに飾りたてられた玉虫色の魂、急流のようにほとばしり、渦を巻き、燃え立つような魂はそこにある。意識が生まれたすぐ後の最初の原始的観念は、まるで地図を描くように、こうした区域や通路をなぞって精妙に線を描き、色を塗ることに始まるのではないだろうか。

これこそ入墨である。魂がつねに存在している場所は、白く輝いたり、炎のように燃え立ったり、赤い色をなして広がったり、不安定に別な赤と入れ替わったりする。魂をもたない砂漠のような場所は黒ずんでいる。稀ではあるがしかし時折魂がとどまる場所は草原のような緑をなし、黄土色、藍色、冷たい青、オレンジ色、トルコ石色などに変化する。このように、われわれの自己同一性の地図《カルト・ディダンティテ》〔身分証明書〕はいささか恐るべき複雑なものとして姿を現わす。この地図は指紋や歯形と同じように各個人に固有で独特なものであり、いかなる地図も別の地図と似ていることはなく、それぞれの地図は時とともに変化する。不幸な青春時代以来多くの進歩を遂げた私は、散逸した魂を見出す助けとなった多くの地図が刻んだ痕跡や道筋を、自分の皮膚の上にとどめている。

この地図を目で見て知り、確かめようと思う者は、目玉模様をなし様々に変化する液状の皮膚を線でなぞり色で塗り分けて固定化し、そうした色彩と形状とによって、純然たる触覚を目に見えるものにしなくてはならない。しかしそれぞれの皮膚はそれぞれ別の入墨を必要とし、それは時とともに変化発展するだろうし、またそれぞれの顔は独自の触覚マスクを要求するだろう。このような模様で飾られた皮膚は歴史をもち歴史を示している。あるものは目に見える形で、たとえば、それは摩耗であり、傷の痕跡であり、労働によって硬化したタコであり、失望によって刻まれたしわやひだであり、しみ、にきび、湿疹、乾癬、ささくれなどでもあろう。記憶はそこに刻印されているので、記憶を探し求めて他の場所に行く必要はない。あるいはまた目に見えない形で、たとえばそれは波うつ愛撫の名残りでもあろうし、絹やウールやビロードや毛皮や岩肌の感触の思い出でもあろうし、ごつごつした樹皮や、ざらざらした表面や、水晶などの肌触り、おずおずとした微かな感触、攻撃的で大胆な接触などの記憶でもあろう。描きだされた抽象画的な色彩や図柄は、感覚の作用による入墨と忠実に照応しているはずである。もしそれが商標の装飾図案や図像《イコン》や文字を模しているとすれば、すべては社会的問題に堕してしまう。皮膚はそれぞれ固有の刻印を受けたものなのに、それが社会運動の旗印《ポルト・ドラポー》となってしまうからだ。

様々に変化する図柄が、愛撫のなかで生まれる。虎か、ピューマか、アルマジロか、私の脇に裸で寝そべって身体を丸めた君は、波形模様や図柄で飾りたてられた私の液状の皮膚を、解き明かそうとしている。われわれの魂はあちこちに散在している。したがって、われわれは単一体をなしていない。

身体全体を司る魂、それは感情の生まれる場から遠からぬところにある小さくて奥深い場所である。部分的な魂、あるいは表面にある魂、それは粘性があって今にも凝固しそうな湖であり、そこでは無数の光が戯れ、虹色に輝き、ゆっくりと変化し、また嵐の荒れ狂うこともある。それはまた固い先端でもあり、孔雀の羽根でもあって、われわれに斑痕をつけたり、孔雀のように気取って尾を広げたりする。

まさしくここに物語が始まる。いかにして二つの同じように入り組んだ迷路が合流し、重なり合い、補完し合うのか。アリアドネーはテーセウスの迷路の中で道に迷い、テーセウスは、アリアドネーの丘の上に描かれた通りや円形交差路の上で、自分の居場所がわからなくなる。二つの種、二つの属、二つの界の間のかかわり合いを想定しなくてはならないだろう。虎と孔雀、しま馬とジャガー、てんとう虫とひなげし、多足類と瑪瑙《めのう》、大理石の上のカメレオン。奇跡が起こって、少ない事例ではあるが、ライガーとかタイゴンといった何かが生まれる。あるいは、アリアドネーは自らを白い糸にしなくてはならないし、テーセウスは糸巻き棒に糸を全部巻き戻さなくてはならない。その糸はアリアドネーの極彩色の肉体を分有しており、そこには彼女の肉体が詰められているのだ。身体の表面にあるわれわれの魂は、奇跡が起こる場合を除けば、まるで入墨のほどこされた鎧を着ているかのように、われわれの愛にとって障害となる。炎が混ざり合うためには、この鎧を脱ぎ捨て、道路や交差点の描かれた地図を融合させ、己の魂を再編成してそれを別な風に燃え立たせなくてはならない。

魂がある器官の上にやってきたとき、その器官は意識化されかつ意識を失う。指が唇に触り、指が《われ》を主張すれば、唇は客体となるが、しかし実のところは指の方が自らを失うのだ。魂が指の上に置かれるやいなや、魂は指を掠め取ってしまうからだ。煉瓦や石やコンクリートブロックをもち上げるとき《われ》は全面的に私の手や腕の中にある。魂はそこに濃密な状態の自分を見出す。しかしそれゆえに私の手は、ざらざらとした石の集合体のなかで自らを失う。客体は闇に満ちた物体に帰せられ、魂は白い空虚に帰せられる。天使のように透明な魂がたまたまある場所に来れば、魂は自分の降り立った場所を白く輝かせる。他の場所では様々な色や図柄で飾られている皮膚は、ここではきわめて明るくなり、ますます生き生きとして、白熱するまでに光り輝く。ほらごらんなさい、彼の顔面の皮膚が輝いているではないか。ごらんなさい、彼は皆の前に出て顔色が変わり、まるで雪のように白くなった。魂は斑紋をなして入墨を形づくり、その錯雑した線の全体は力の場、すなわち魂による巨大な圧力の空間を形成して、この圧力に抗する闇に満ちた肉体の部分やその主要防御陣地を徐々に消し去ってゆく。皮膚の上では魂と客体《オブジェ》が隣接していて、前進したり後退したり、地域を獲得したり失ったりしているのだが、それは《われ》と闇に満ちた肉体の部分との入り乱れた長い乱戦であり、そこからある瞬間に、孔雀の尾のように入り混じった色彩が生じる。この戦闘は雪花石膏のような純白の神秘的肉体をもって終息する。私はもはや何ものでもない。あるいはまたサイバネティックス的組織体、ブラック・ボックスをもって終息する。つまりもう一つの無《ネアン》になる。

恍惚によって表情が変貌したり、魂のなかへ肉体が消失したりすることによって入墨が描きだされる。見事な人体皮下標本や、完璧な自動システム《オートマトン》なども、全面的なブラック・ボックスに対して描きだされた入墨であると言える。このようにして肉体は、混ざり合って、中間に、地獄と天界の間の日常的空間に存在するのだ。

二元論は、骸骨と幽霊とが互いに相対している様を示しているにすぎない。現実の肉体はすべて波形の縞模様を帯び、その表面において、肉体と魂の漠たる混合体をなしている。幽霊とロボットの愛、亡霊とブラック・ボックスの愛は、倒錯的で馬鹿げたものであるのに、単純な二元論の体裁をとって論じられているわけだが、一方、混合したものと雑多なものの愛は、成就されても論じられることはない。

私が入墨のイメージを用いるのは、もっぱら、〔皮膚の上に刻まれた〕魂や世界の痕跡を明示するためである。それというのも、われわれはいつでも、この目で確かめたときによくわかったと納得するし、色や形を示すことによって人をよりよく納得させることができるからだ。確かに、入墨は炎のような鋭い切っ先によって刻みつけられ、はっきりと目に見えるものだが、その起源は、魂による雑多な色の塗りたくりに由来する。つまり、感覚の緊張度が、肉体の内側に外側に逡巡して揺れ動くことによって、その境界面に描かれる錯雑した迷路状の模様に由来するのだ。触覚の抽象絵画を目に見えるものとして示すためにこそ、私はそうした入墨を浮き出させ、象り、色づけしたのだ。この入墨は抽象化されれば目には見えないものとなり、触覚そのものとなる。弾性ゴムのように少々滑らかで波形の縞模様のついたこの身分証明書《カルト・ディダンティテ》は、敏感な触覚の地図《カルト》をなぞったものである。この身分証明書は、幾何学を捨て位相論《トポロジー》や地理学の方を取り、視点や表象を捨てて、偶然に接触し合う山や海峡や石畳や、ダブルの縁なし帽や、縁飾りの方を取る。それは皮膚を身体全体の指紋にする。皮膚は、近傍一帯、境界や接合部、結節部や結び目、海岸や岬、湖、突き出した岩や地面の起伏などを探査する術を心得ている。皮膚の上に描きだされたこの地図は、確かに、触覚以上のものを表現し、内的感覚と深くかかわっている。が、しかしそれは触覚を出発点としている。したがって、目に見えるものが目に見えるもの以上のことを語っているのだ。目に見える形をとるにせよとらないにせよ、この目に見えない入墨は、目に見えるものの補完であり、抽象化であり、各人の肉のなかに具現化されたものであるわけだが、触覚の領域においては、これと類似した意味で、触ることのできないものの補完であり、抽象化であり、その肉化であるような、「触ることのできないもの」「触知することのできないもの」を示すための適切な用語は見あたらない。しかしながら、繊細の精神《エスプリ・ド・フィネス》〔パスカルの用語で「幾何学的精神」に対するもの〕は触覚のなかに住まっており、この意味において、「魂」は、「触ることができないもの」であると言える。位相論的な意味での目に見えないものが、人生経験や内的原因によって刻まれた目に見えるものに付随し、それを飾り立てていると同じように、触ることのできない魂が、うっとりとするような触り心地を生みだすのだ。触覚の作用によって生ずるこの豪華絢爛は、少なくとも二つの面において、新しい抽象概念に到達するように思われる。それは混合と雑多性にかかわる面、および、幾何学的測定によっては評価しえない、稜線や峡谷といった特異な形状にかかわる面の二つである。

多くの哲学が視覚に重きを置いており、聴覚に重きを置く哲学は数少ない。しかし嗅覚および触覚に重きを置く哲学はさらに少ない。抽象観念は感覚的肉体を切り離し、味覚、嗅覚、触覚を削除し、視覚と聴覚、直観と悟性のみを保持している。抽象化するとは、肉体を離れるということではなくて、肉体をばらばらに切り裂くこと、すなわち分解《アナリズ》〔分析〕することを意味するわけだ。

抽象観念の宮殿を建立することによって、《われ》は困難性の前から退却する。かくも多くの者が他者とその皮膚を恐れているので、《われ》はその障害を前にして尻込みするのだ。多くの者が自分たちの感覚を恐れているので、あたかも食べられないものがテーブルから一掃されるかのように、味覚は無に帰せられてしまう。味覚は、折り畳まれた孔雀の尾のように、華麗で潜在的なものなのだ。こうして経験論者は雑多な色の塗りたくりのなかに身を潜めるわけだが、これは多大な忍耐と並み外れた抽象力とを必要とする。自我の誕生とその認知という出来事が過ぎてしまえば、その後は何を期待すればよいのだろうか。

魂と肉体は決して分離しているのではなく、解きほぐせないほどに混ざり合っている。皮膚の上においてすらそうである。それゆえ、交じり合う二つの肉体は、一つの主体と一つの客体に分かたれているのではない。

私は君を愛撫し君の唇に接吻する。私とは誰なのか。君とは誰なのか。私が唇で自分の指に触るとき、まるでボールをパスするように魂が接触点のこちら側からあちら側へと移動するのが感じられるが、魂は接触にともなって微細な動きをするわけだ。魂のパスゲームをしながら自己接触の細かい網の目を数限りなく増やし、その上をあらゆる方向に魂をパスすることによって、おそらく私は自分が誰であるかを知ることができるのだ。私は君を抱擁する。決闘《デュエル》や、二元論《デュアリスム》や、性的倒錯といった残酷で性急な馬鹿げた愛憎関係についてしか、われわれはまったく教えられてこなかった。私は君を抱擁する。いや、二人の接触のまわり一帯に広がる微細な網の目のまわりを飛びまわるのは、私の魂ではない。いや、それは私の魂でも君の魂でもない。いや、それはそれほど単純でも、それほど残酷でもない。いや、私は君を客体化するのでもないし、凍結させるのでもないし、罠にかけるのでも、犯すのでも、退屈な伊達者として扱うのでもない。君が誰かに交代してくれるのを待っているのでもない。そうするためには私が幽霊となり、君がロボットにならなくてはならないことだろう。あるいは君が亡霊か死霊となり、私がブラック・ボックスとならなくてはならないことだろう。実際、病気や疲労によってそうした極限的状況が生じる。それ以外の場合はすべて、ほとんどかならず、私は自分の褐色の回廊地帯を君のオパール色の圏域にもたせかけ、あるいは白く輝く区域を紫色の部位に押し当てる。すべては場所や、時間や、状況による。そこから忍耐が始まり、そして果てしない探検が始まる。盲人が点字を解読するように、あるいは夜の闇のなかで羊毛をより分けるように、われわれは状況のジャングルのなかを手探りで進んでゆく。不安感と注意力とが、新たに研ぎすまされて、身を震わせる。暗闇の上に暗闇が重なり、混乱と明瞭さが重なり、ぼかしと暗がりが重なり、あらゆる色彩を広げるスペクトルの上に虹が重なる。触覚をもたない者たちにはこうしたイメージで示さなくてはならないが、平野の上に峠が重なり、谷間と山が重なる。入江や海峡の上に岬が重なり、様々な形状が描かれ、青白い魂は逃げ去り、隠れ、引き下がり、仮面をかぶり、外面を繕い、遠くに姿を見せ、避難し、自分の航跡のなかにわずかなインクの痕や豊かな香りを残し、植込や泉水や大理石の散歩道を形づくり、大胆に前進し、じりじりと攻撃し、ほほえみ、再び姿を見せ、待ち、折り枝を手がかりに進み、尊大に振舞い、消滅し、叫び、あるいは黙り、長々とつぶやき、そして突然、森の片隅で、回廊やチムニーに沿って、円いカーブの上で、あるいはジグザグの先端で、解読不能の迷路の道筋の上で、まったく思いもよらなかったアリアドネー、白き肌のアリアドネーが現われる。山の上で変容し、無垢なるあけぼのの光に包まれて、白く光り輝く君の魂が今やここにやって来た。

死者の上に漂う死相もまた、平坦なものではあるが、この種の記憶痕跡《エングラム》を生じさせる。

多様な色や形や色調、多様なひだ、しわ、溝、接触、山、峠、準平原、つまり位相論的多様性をそなえた皮膚という特異な多様体が、肉体と魂の寄せ集めの混合によって徐々に、ぼんやりと、能う限りつつましく描かれてゆく。このようにしてそれぞれの特異な場所が、たとえ平凡であっても、独特な混合を形づくる。こうした混合体は、たまたま接触が起こったとき、分極して自らを単純要素として浮かび上がらせるかのようである。それはあたかも、突然一方の極が魂を引き寄せ、他方の極が客体を引き受けるかのようである。自然態にあっては、手も額も肘も腿も互いに混然としているのだが、接触や偶発的状況によってそれらは互いに反応し合い、われわれの思考になじんでいるゼロと一、魂と肉体、客体と主体といったあの〔二元論的〕単純性を生みだす。こうした単純化された状態は自然界ではほとんど見られず、それらの複合した、定義しえないスペクトルが見られるのみである。微妙な差異や相互作用を通して、もろもろの単純体が認められるにすぎない。

単純体同士の大闘争を見た者は誰もいない。われわれは混合体をしか経験しないし、複合体にしか出会わないからだ。暗黒の肉体にせよ純真無垢な魂にせよ、純粋な単純体はありえない。雪花石膏の純白や、ジェット炭の漆黒は奇蹟なのだ。

私が君を抱擁すれば、われわれの接触〔偶然性〕《コンタンジャンス》によって、今ここで、微妙な色合いに微妙な色合いが重なり合い、混合物に混合物が混ざり合う。灰色の上に褐色が、あるいは金色の上に緋色が重ねられ、カード〔地図〕の上にカード〔地図〕が重なり、テーブルの上にもろもろのカード〔地図〕が広げられる。二つの混合体はその組成が変化し、カード〔地図〕は切られ、かき混ぜられて再び配分される。二つの場で一つの嵐が巻き起こるわけだ。力線や等高線、斜面や谷は再び描き直され、縦糸や横糸が取り替えられ、青色に黄色が混ざって緑色が生ずる。合金の組成が変化し、結合の名称が変わるのだ。アルルカン、私は君を抱擁し、ピエロ、私は君と別れる。公爵夫人《デュッシェス》、君が私に身を寄せ、侯爵夫人《マルキーズ》、君は私から身を引く。地帯のアルルカン、地点の侯爵夫人。別の言い方をすれば、青銅よ、私は君を愛撫し、ブロンズよ、私は君と別れる。君は洋銀〔銅・亜鉛・ニッケルの合金〕となって私を愛撫し、金メッキ銀となって君は私のもとを去る。おそらくわれわれは合金を変換し、含有量を変化させる、聖なる石のゲームをしているのだ。これらもろもろの混合体に対する直接的瞑想ほど抽象的で、博学で、奥深いものはなく、複雑で局部にわたるこの鋳直し、錯雑したこの変換、変転きわまりないこの豹変ほど、繊細で捉え難いものはない。おそらくわれわれは自分たちの接触のごく近傍で起こる変化や変容一般について、今まで一度も語ったことはなかったのだ。変化は混合体に関してのみ考えられうる。単純体について変化を考えようとするならば、奇蹟や、飛躍や、突然変異や、復活にしか行き着かず、ついには全質変化《トランスシュブスタンシアシオン》にまで至るだろう。実のところは、含有量や、組成や、織り方や、カードの組合せによる変化であり、図柄や、反作用や、縞模様の重なりや、交雑による変化である。

　このような状況の結びつき《コンジョンクチュール》にいかなる驚異的な科学反応が作用しているかを、いつの日かどこかの未開人がわれわれに示してくるだろう。さらに未開な人々がこの反応を起こすためのクリームを発売するだろう。驚くべきことに、これらの入墨を人為的に描きだして再び見ることができるようになるだろう。そうなのだ、そこでは単純体が移動し、そのブラウン運動によって雑多な色の塗りたくりの諸変種が生みだされるわけだが、われわれの興奮状態のなかに、その兆候がはっきり見て取れる。かつては、われわれは非常に興奮したので肌の色が変わったものだが、それは虹の上に描かれた孔雀の尾、突然現われる不安定なスペクトルのようなものであった。君は斑模様をなして私を愛撫し、波形模様をなして私から離れる。私は編目状をなして君を抱擁し、君はビーム状をなして私から離れる。われわれは等高線のカーブに沿って愛撫し合い、移動し絡み合いながら多様な結び目を残してゆく。

もし君が身を救いたいと思うならば、君の皮膚を危険にさらしなさい。もし君の魂を救いたいと思うならば、ためらうことなく、今ここで、変転きわまりない嵐に魂を委ねたまえ。オーロラが極北の夜に輝き、絶えず形を変えてゆく。それは点滅し続けるあのネオン灯のように、明滅によって、輝きと消滅によって広がってゆく。それは動くにせよ動かないにせよ、遠くから見れば、虹のように輝いて流れている。この変転に、このズレに身を任せないならば、君は変化することがないだろうし、とりわけ何かを知るということがないだろう。

無数の脱皮と豹変によるこの華麗で気まぐれな変革、波動、ゆらぎ、移り気のなかで、時として突然に単純化や、飽和や、充満が起こり、あらゆる色調のあらゆる色合いが一つに融合して白となったり、いたる所を通るあらゆる線が一つの平面を形づくったり、結び目が一つの点を形づくったりすることが起こる。時として、和合や全体化が生ずるわけだ。白いカードや、すべすべの織物や、暁光が生ずるのだ。飽和状態に達した存在と、色とりどりの入墨の純粋な魂への変貌とによって、単純体が目も眩むばかりに出現するこの場所で、直接的瞑想は頂点をなし、絶頂に達する。《われ》は、このような状況以外の場ではほとんど現われない。私は、変転するこの混合した接触〔偶然性《コンタンジャンス》〕のなかにおり、そこに存在しているのだが、それは他者の嵐によって、他者存在の可能性によって変化する。われわれは、お互いを安定性からは隔たった場に、危険に満ちた場に置いているのだ。

飽和状態に達した混合の極点において、存在は恍惚に陥るのだが、それは他者との接触によってもたらされたものの総和でもある。私との接触も、他者にとって同じ出会いを可能にする。それはあらゆる色彩の総和から生じた白であり、放射状をなした網の中心である。

この混合の下方の空虚な無の場所には、平板な死が横たわっているのだが、死もまた色彩の除去と抽象化とによって白色をなしている。

肉体をもつれ合わせた体験もなく、この雑多な色の塗りたくりや、入り混じった多様体に触ったこともなかったので、長いこと人は、この混合と死とを混同していた。そこでは死は栄光に似ており、幸せな人生は墓のなかで起こることになるのだが、この取り違えによって形而上学は殺人の下準備となってしまった。

形而上学は愛するための技術であるはずなのだが。

画布、ヴェール、皮膚

一九〇〇年頃、ピエール・ボナールは『化粧着』を描いた。彼は画布に色を塗ったわけだが、その色が、木の葉に囲まれた化粧着と女性とを浮かび上がらせている。

背後から描かれたこの褐色の肌の女性は、右側に身体をわずかにねじったポーズをとっている。きわめてゆったりとして長いこの化粧着のオレンジがかった黄色の布地は、まるでこの女性を包み隠しているかのように、立っているこの女性の身体全体、足の先からうなじまでを覆っており、わずかに鼻、片方の耳の上部、閉じられた片方の目、額、髪の毛と一種のまげが見えるのみである。化粧着がこの女性を覆い、その布地が画布を覆っている。この布地は、地よりも暗い色の月あるいは三日月形がちりばめられていて、花崗岩のようなつぶつぶ模様をなしているのだが、重なり合い点在する光と影によって震えているように見える。あらゆる方向に向いているが、しかし規則的な距離に配置された三日月は、単調な効果を生んでいる。光と影の震えよりも、ちりばめられた三日月による効果の方が追求されており、プリント布地の印象の方が光学的効果よりも勝っている。これは盗み見られた場面なのだ。夜着、ねむたげに閉じられた瞼、月の光。

少々だぶだぶのこの衣服は、空間を覆い、身体に沿ってまるで中国の掛軸のように垂直に立ち上がっている。画面の奥は葉叢が占めており、木の葉が少しばかり布地を侵食しているが、ごくわずかなので結局はこの絵は布地に帰せられる。なぜボナールは化粧着の上にこの絵を直接描かなかったのだろうか。カンバスの代わりに化粧着の布地を用い、化粧着のカンバスを絵として提示しなかったのだろうか。なぜ彼は布地に描くのではなく、別の構成をとったのだろうか。

木の葉を取り払ってみたまえ、化粧着を取り払ってみたまえ。そうすれば、あなたの指はこの女性の褐色の肌に触ることができるのだろうか、それともカンバスに触るのだろうか。ボナールは、視覚に訴えているのではない。この絵は見る者の指に、薄い表皮や層、葉叢、布地、画布、滑らかさなどを感じさせ、葉を摘み取り、衣服を脱がせ、ヴェールをはぎ取る感覚、薄くて軽い帳の感触を、洗練された形で感じさせるのだ。触覚に満ちた彼の芸術は、皮膚を視覚の凡俗な客体とはせず、感じる主体、つねに何かの下に覆われてはいるが能動的な主体としている。画布は布地で覆われ、ヴェールは何枚も重ねられて、さらにヴェールを覆い、木の葉は葉叢のなかで重なり合っている。木の葉はページの下に埋もれている。おそらくあなたは、ボナールについて私が書いているこれらのページを目で追いつつ読んでいる。ページをくりたまえ、次のページを、その裏を、さらに次のページを。どのページも単調な黒いしみに覆われていて、目は結局何も見出しえないだろう。プリントされた紙葉、薄い皮膜、感覚媒体、木の葉、ページ、織物＝布地、皮膚、ボナールが女性を描いたその画布そのもの、それらに触ることが残されている。私は化粧着をめくる。

化粧着は皮膚を覆いつくし、その下にもろもろの皮膜を収めている。

この五年後に制作された『バケツで遊ぶ子供』は、四葉からなる衝立の一部をなし、その三葉目にあたる。遮蔽物としてジグザグに折って立てられる、この四枚の板絵のうちの一枚の、ゆったりとした画布の上で子供は遊んでいる。彼は衝立の陰から姿を現わしたのだ。衣服を脱ぐときに遮蔽物として置かれ、化粧着を投げ掛けることのできる衝立、それは皮膚から離れた所に、衣服として広げられる画布《トワル》〔布〕であり、新たなヴェールである。

格子縞のプリント模様の布地でできた上っ張りを着ているこの子供は、衝立の素材の上で、ボナールの画布の上で、自分のくるまれている着物の布地のなかで漂っている。そしてさらには皮膚のヴェールで覆われている。砂場の上で丸くなってうずくまっているこの子供は、葉の茂ったオレンジの木の丸い刈り込みの下にある小さなバケツに、砂を満たして遊んでいるように見える。鉢植の小さな木、小さなバケツの脇にいる小さな子供、双方とも砂あるいは土から生まれ出て、自分たちを覆うしなやかな多様体に取り囲まれている。もつれ合った木の葉、格子縞の布地、布目の刻まれてるボナールの画布、これらはヴェールを表現しているのだ。

いかなる風がこの上っ張りを舞い上がらせ、葉叢を震わせ、衝立を揺らすのか。いかなる風があなたの肌の上を吹くのか。

三十五年後に、同じボナールが『鏡の前の裸婦』を発表するのだが、これもまた『化粧』と名づけられている。踵の高い短靴を履き、鏡の前に立っている裸婦が、四五度の後方から描かれており、われわれは彼女の正面からの姿を見ることができない。

大小二つの鏡と裸体、隠れて見えない顔、あるいは後ろから盗み見られた場面、大きな鏡と同じように人影の映っていない小さい方の鏡、こうしたすべてのことが、視角の妙を感じさせ、さらに、エロティシズムや表現法について論じるようにわれわれを仕向ける。いや違うのだ。

彼女は裸だ。彼女の皮膚を見てみたまえ、入墨に覆われているではないか。斑模様、虎斑模様、つぶつぶ模様、目玉模様、斑点模様、黒穂模様、小さな斑紋等々。さきほどの化粧着よりもさらに一層多様な模様がちりばめられ、より複雑な斑点や縞模様で覆われている。彼女の表皮はきわめて独特な塗り方で描かれている。彼女は部屋着を脱いだところなのだが、まるで布地のプリント模様が皮膚の上に残っているかのようだ。化粧着の上に描かれていた三日月は規則的、機械的に配置されており、いくらでも再生可能である。生身の皮膚という衣裳の上では、模様は偶然のままに散らばっていて、それをまねることは不可能である。したがって、この絵のモデルを突き止めることができるだろう。一番奥の外皮、つまり化粧をほどこす外皮は、つるつるとしたプリント模様でもなく、均質的でも単調でもない。それは色や形や色調のカオスのように広がり輝いている。他の誰も、この特定の女性と同じ皮膚をもつ者はいない。あなたは彼女を同定したのだ。

混ざり合った色合いのなかに、筆触や配色のカオスのなかに、想像もつかないとバルザックが言っているノワズゥな美女を、あなたは見分けることができたのだ。実際、鏡には彼女の像は映っておらず、彼女はこちらに顔を向けることもない。そこに、混沌とした色合いのなかに、肉体が浮かび上がり、海の波の砕ける音よりもなお一層複雑な皮膚をしたアフロディテーが、水の上に立ち現われる。否、『知られざる傑作』の年老いた画家は、狂気に陥ったのではない。彼は絵画の歴史を一世紀以上も先んじていたのだ。バルザックはボナールを夢見ていた。つまり、視覚は触覚を投影し、理性と秩序はカオス的な特異体を瞑想していたのだ。

ところで、正面の鏡の影像、半分しか見えない鏡、その鏡のなかにあるはずの女性の姿は一種のカーテン、バスルームの壁布に帰せられており、それ自体も目玉模様、波形模様、ぼかし模様がつけられ、色や色調がばらばらにちりばめられて入墨がほどこされている。混合には混合が、カオスにはカオスが配され、皮膚にはイメージとしてカーテンが、影像として布地〔画布〕が、幻影としてシーツが配されている。

画布は、窓、壁、皿、テーブル、果物、カーテン、散らばったタオルのすべてを包含しているわけだが、しかし衝立や、ポスターや、木の葉や、ヴェールの役割も果たす。それはまた模様に覆われたカーテンであり、入墨であり、皮膚にも比すべきものである。

けばけばしい肌をした裸婦は、けばけばしい色のカーテンの影像と向かい合って、手にはネッカチーフをもっている。あるいはそれはカーテンの切れはしだろうか、画布の切れはしだろうか、皮膚の切れはしだろうか。彼女の肌にはりついているぼろ切れのような皮膚と一つづきをなすぼろ切れである。

ピエール・ボナールの『鏡の前の裸婦』は、画布とヴェールと皮膚の等価性あるいは等式に立脚している。裸体は入墨で覆われ、皮膚は印象深く模様がつけられている。裸婦は化粧着を羽織り、子供は上っ張りを着るのだが、そうしたプリント地の衣服は、地味なものにせよ玉虫色に光るものにせよ、かたくなで紋切型であって、われわれの特異な印象を充分に表現するものではない。画家は自分の印象を表現するために画布に色を塗る、とよく言われるが、画家は画布に入墨をほどこすことによって、うつろいやすく、個人的で、カオス的な自らの皮膚を描きだしているのだ。

ある女性は肌を人目にさらし、別の女性は布地を誇示し、また別の女性は豪奢なヴェールをひけらかす。

画家がパレットを手に画布に向かうように、裸婦は鏡の前に立って化粧をするのだが、しばしばいろいろな容器を使う。チューブ、小瓶、刷毛、霧吹き、石鹸、美顔料、マニキュア、クリーム、乳液、マスカラ、美容用のあらゆる小道具。彼女は身体を洗い、化粧をし、肌を飾りたてる。画家が画布を塗り込めてゆくように、彼女は皮膚にクリームを塗り、ファンデーションを塗り、表面の色調を整える。さきほど画布が皮膚と同一化したと同じように、皮膚は画布と同一化する。画家が画布の上でおこなったと同じことを、モデルの裸婦は自分の皮膚の上でおこなう。確かに、画家も裸婦も視覚的効果の技法に優れている点で共通している。しかし彼らはまた共通の多様体の上で作業をしており、そこでは彼らは自分の触覚によって塗り上げてゆく。皮膚に包まれた彼らの指は、皮膚の上をなぞってゆくのだ。

美容術と化粧術は同じものとされている。ギリシア人は秩序と装飾を同一の語のなかに溶け込ませ、飾る技術と秩序だてる技術とを溶け合わす巧妙な賢さをもっていた。宇宙《コスモス》という語は整理、調和、法則、釣合を意味する。そこに世界が、天と地が存在しているわけだが、しかしまた装飾、潤色あるいは仕上げ加工も存在している。化粧ほど奥深いものは何もない。皮膚ほど深遠なものは何もない。装飾は世界と同じ規模をもっている。宇宙《コスミック》と化粧《コスメティック》、外観と本質は同一の源から生まれたものである。化粧は秩序に等しく、潤色は法則と同価であり、どのレベルにおいて現象を取り上げようとも、世界は秩序だって出現する。ヴェールはすべていつでも壮麗に飾られて姿を現わす。

鏡の前の裸婦は創造神《デミウルゴス》に似ており、物理学者を凌駕している。彼女はヴェールによって秩序を構築し、肌を仕上げ、世界の一変種でもある肌の層を美しく飾り、それを一つの法則に従わせる。画家は外観の秩序のなかに世界の秩序を出現させるのだが、裸婦もまたそうである。こうしたことのすべては、目を欺く見事な視覚の効果、幻覚の効果という観点からつねに論じられていて、念入りに細工をほどこされた多様体、すなわち、手づくりで織り上げられ、塗り込められ、やわらかくほぐされ、鍛え上げられた画布やヴェールや皮膚については等閑に付されている。

客体の観点から考えるならば、二つの鏡の前で化粧に余念のない裸婦は自画像に取り組んでいることになるが、これはアトリエの画家と同じである。顔や首に白粉を塗り、かつては胸まで化粧したものだが、指あるいは爪にマニキュアをし、むだ毛を抜き、インデアンやアフリカの黒人のようにマスクを作り上げ、自らのアイデンティティーを確立する。自分の顔の皮膚を塗り、マスクを描き、あるいはマスクの上にさらに塗り、彼女の皮膚はヴェールとなり、そして画布となる。それはまるで化粧布に顔形をおしつけて刻印したかのようであり、このようにしてかくも完璧に仕上げられた化粧は、そっくりそのまま剝ぎ取ることができるかのようである。いま書き上げられたばかりのこのフレスコ画は、動く画布となり、浮遊するオブジェ、飛翔する客体となって、化粧着や上っ張りや衝立の表装と同じように、本体から遠く離れることができるかのようだ。それは、香料や、乳液や、美顔料によって形成される覆いの上の、プリントあるいは刻印である。主体は自らの皮膚を客体化し、人はそれを美術館に展示することができよう。指がページの上に自らの痕跡、混沌としたものであれ整然としたものであれ、いずれにせよ特異な指紋を残すと同じように、顔もこの覆いの上に消えることのない自らの浮き彫り、自らの個性を刻印するのだが、それはきわめて薄いものなので空気のなかを軽やかに漂うことができる。化粧に余念のないこの裸婦は、もろもろの色調や練り白粉を混ぜ合わせることによって、自らを刻印する鋳型を造っているのだ。
雅な饗宴に出席してみようではないか。そこでは、かくも多くの仮面や奇妙な変装が渦を巻き踊っており、それらは姿を現わし、自らをひけらかし、隠れ、倒れ、交代し合う。皮膚は一時失われて、人はさまよい、抜け殻だけが宙を舞う。愛人たちの祝祭では、踊り手たちは脱皮するのだ。活発で、敏捷で、繊細な抜け殻は、霊的なもののように、希薄な空気のなかを過ぎゆき、瞬間的にしか目に見ることはできない。ワトーやヴェルレーヌはそのことを書き記している。危険な歓楽の声の小さなどよめき、そこでは、この夜のために凝らした美容術や化粧術が、ようやく解き放たれて、美へと永遠へと向かってゆく。

美容術は、美術理論的な意味において、美学へと向かっている。われわれはパリの町中で、ボナールの絵画と同じ美を見ることができるし、ブッシェやフラゴナールの絵と同じ美を見ることができる。女性の化粧は、時として、彼女らの本性にきわめてぴったりと適合するので、人はそれを見ると、世界を目の当たりにしたかのように、息を呑む。だが美容術はまた、こうした調和そのものによって、感覚作用という意味において美学に向かっている。すなわち、鏡の前の裸婦は、正しい順序で、法則に従って、正確な経路を踏んで、自分の肌に入墨をほどこしている。目と眼差しを強調し、接吻の場を紅で浮き立たせ、ことばあるいは味覚の区域を冠で飾り、聴覚をペンダントやイヤリングで強調し、感覚の窪みあるいは山の間には色合いによって橋や紐を渡し、自分固有の感受性の地図を描いているのだ。化粧によって真の皮膚、自分自身によって生きられたままの皮膚が目に見えるようになる。世界地図に描かれた線影や色や曲線によって、世界がその秩序に従って自らの景色をあらわにすると同じように、化粧によって肉体の特異な法則が目にあらわとなる。入墨をほどこしたようにカオス的でノワズゥな裸婦は、瞬時的ではあるが、すべての感覚に共通的な固有の感覚中枢の場を自分の皮膚の上にもっている。それは、聴覚や視覚や味覚や嗅覚の諸器官からやってくる、あるいはそれらの器官によって引き入れられる流量が混ざり合う平原であり、起伏である。またそれは波形模様をした皮膚であり、そこでは、もろもろの感覚的なものが触覚によって総和される。化粧はこの総和あるいは混合を再生し、社会的慣習に則って変化させながらそれを描き出そうとするのだが、本能的にこの瞬時的な入墨に従っているのだ。美術館に収蔵されているマスクをこのように理解していただきたい。そのそれぞれに感覚地図製作法があり、化粧法がある。もし敢えて言わせてもらえば、それぞれにその顔の刻印があり、あるいはきわめて正確に言えば、その者個人の痕跡《アンプレッシオン》がある。これは、われわれラテン系の言語においては、その者の刻印を受けたマスクと同じ意味になる。われわれは、他の人種に見られるように、鼻に吊り下げる鼻飾りをもたないが、おそらくわれわれは嗅覚のことを失念したのだ。

否、女性は、モラリストの言うように、自分の顔に偽りの仮面をかぶっているのではないし、若い人たちが主張するように、修復不可能なものを修復しようとしているのでもない。彼女たちは触覚による「愛の国の地図」を描き、そこに聴覚の川や、味覚の大河や聴取の湖や、たち騒ぎざわめく海を書き入れているのであり、そこから彼女たちの神々しい美しさが立ち現われてくるのだ。彼女たちは、目には見えない身分証明書や肉体の感受性を、目に見えるように描き出しているのだ。彼女たちの感覚世界は、彼女たちの表面積にそっくりそのまま正確に同じ規模の地図に覆われている。

寸分たがわず、同一に描かれた世界そのものに対するこのような地図について、一度も思いを馳せなかった者が誰かいるだろうか。風景のフラクタルな細部とぴったりと合う超薄形の覆いという不可能な夢、あらゆるものの表皮の上のえも言われぬ化粧《コスメティック》という宇宙的《コスミック》な夢、それを剝がして広げあるいは開いて陳列し展示して、ぶどう酒色の海や、小じわよりも細かいそのさざ波、このリラの青紫色、この空の一片、小首を傾けたようなみずみずしいこの花冠、化粧し秩序整然としたこの宇宙を目に見えるものにするという夢。

ボナールの『庭』は、それぞれの物の上に無限に陥入したこの透明な覆いを引き剝がし、掠め取って平らに伸ばしたものである。この絵は景色の顔を、そのマスクの薄膜を客体化している。

あらゆる形や、色や、色調を考える前に、是非とも媒体に触らなくてはならない。皮膚、覆い、ヴェール、画布。画像は広げられた多様体の上に形づくられ、地図はページの上に描かれ、ページの上にプリントされる。

ボナールはあらゆる種類の媒体を好んだ。書き割、ポスター、紙、布、扇、本の挿絵、蓋の厚紙、衝立の表紙あるいは板。彼はユビュ王のマスクを手で触ったのだ。あらゆる視線よりも、画布の肌理が優先する。眼差しはその場所の上に重みをかけないし、そこに何も刻印しない。主体の前哨に皮膚がある。あらゆる物はカバーに覆われている。初めに触覚があり、最初に媒体がある。

画家は指の先で画布を愛撫したり攻めたてたりするし、作家は紙を犠牲に供し、紙に痕跡を記し、押しつけ、圧し、刻印するのだが、そのとき、彼らの視力は、ほんの鼻の先にあるものに対してさえも失われる。彼らの視覚は触覚によって無化されているわけだ。画家と作家は、杖や棒でしかものを見ることのできない二人の盲人なのだ。芸術家《アルティスト》や匠《アルティザン》は刷毛や筆、槌やペンによって仕事をするが、決定的な瞬間には肌と肌の触れ合いに身を委ねる。接触を拒絶するならば、何人《なんぴと》も決して陶冶されず、戦うことも、愛し合うことも、知り合うことも決してない。

目は距離を置いてものを見るが、消極的で怠惰である。刻印を押す力なくして、触覚の圧力《アンプレッシオン》なくして印象主義《アンプレッシオニスム》はない。

ボナールは自らの指の皮膚によってわれわれを諸物の肌に触れさせる。

一九三六年に制作された『庭』は、ほとんど対角線に、道が天国へと伸びている。いかなる見晴らしも、いかなる奥行きもなく、いかなる起伏も描かれていないこの画面は、視覚によって舞台設定が組み立てられたとは考えにくい。ボナールは、われわれの顔面に花束を投げつけたのだ。褐色の肌の女性は化粧着で覆われていたし、衝立は何か知らないが何かを隠していたし、鏡は裸婦の前でカーテンをしか映していなかった。目は盗み取られてしまったのだ。この画面では、天国は逃げ去り、遠ざかり、視界の外にあって、木や葉叢のカーテンに隠されていて、それが楽園の一部をなしている。そしてその楽園は柔和に満ちた姿で描かれている。庭というこのドレス、プリント地のこのヴェール、この葉叢を飾りつけた者は、裸で植物のなかに潜り込み、色や色調のなかでゆっくりと湯浴みをしていたに違いない。

同じ年に『浴槽の裸婦』が発表される。湯に浸かった姿だ。私は、この絵のモデルとなった女性に会ったことがあるとか、彼女を知っているとか言うつもりはない。ボナールがこの絵で何をしようとしたかを知り、理解し、そのことについて書いてみようと思う。湯に浸かるということは、感じやすい皮膚の近傍に、皮膚を覆い包んでいる表面の相や肌理の近傍に、一種の薄膜、薄い層を顕現させることである。この薄い層は、環境や混合物と入浴者との間に滑り込むあるいは生ずる層であり、感じるものと感じられるものとの間の共通の多様体であり、その二者の共通の縁、共通の境界の役割を果たす蜘蛛の巣のような薄い組織であり、プリントするものとプリントされるもの、印刷するものと印刷されるものとを分かちかつ結びつける過渡の薄膜であり、感圧性の薄い布である。水浴はこうしたヴェールを顕現させるのだ。

湯に浸かった裸婦が描かれているこの画布は、ボナールの秘密を開示し、ひいては印象主義の秘密を明らかにする。水浴は感覚の検査であり、実験室的な意味における感覚の試験である。これこそ感覚の実験、あるいはむしろ、これこそ実験あるいは感覚である。ボナールは「庭」というプールのなかに、世界という浴槽のただなかに身を投じたのだ。何世紀にもわたって絵画の歴史のなかに現われる裸婦像は、目で見る者のために描かれているのではない。それらは感覚的なものを示しており、すべての裸婦像は湯浴みする女である。否、描くべきモデルがあるのではない。いつの日か描くことができ考えることができるために、しなくてはならないことの手本があるのだ。それは世界という大洋のなかに身を投ずること、自分の周囲にこの薄膜、この布地、この目に見えないヴェールが形成されてゆくのを感じることである。

そしてそれを、皮膚と物との間の圧延された隘路から、機敏に、かつ細心の注意を払って、そっと引き出し、引き伸ばし、広げ、陳列し、平らにし、ゆっくりと艶だしすること。それは庭の形をした宇宙《コスミック》であり、湯から上がったノワズゥな美女の肌の化粧《コスメティク》である。とりわけこのヴェールを引き裂かないこと、これこそ画布なのだから。

『庭』は一種の浴槽を描いている。この絵が物そのものの組織を示しているのか、ボナール自身の剝ぎとられた皮膚を示しているのか、刻印する主体なのか、刻印された客体なのかを断ずることはできない。水浴はこの二つを結合させ、葉叢や花を刻印された主体がそこに潜り込むのだ。

汗を拭うための布を汗ふき《スユエール》と呼び、その布が臨終の汗を拭えばそれは経帷子《ランスーユ》と呼ばれる。皮膚は発汗作用や分泌作用をもち、大理石模様をなし、玉の汗をにじませ、裸婦の肌のように玉虫色に変化する。汗ふきは、液体のヴェール、汗や血をしたたらすマスクを具象化している。この布は少々しなやかで流体に似ており、しかし残される沈澱物によって固体であり、蒸発することによって気体同然である。皮膚と湯水との間の薄膜は、位相の変換や交換を受け入れる。湯気の立ちこめる浴室のなかに置かれている化粧着は汗ふきと呼んでよい。

トリノの博物館では、キリストの墳墓のなかで彼の遺骸を包んでいた屍衣《スユエール》、顔を覆っていたヴェールを見学することができる。生きたままもっとも残酷な拷問を受け、汗や血や唾やほこりにまみれ、鞭打たれ、釘で打ちつけられ、槍の穂で突き刺されたキリストの遺体は、この亜麻布にくるまれ、彼自身は残忍な世界と、刻印された皮膚の間に滑り込み、このヴェールにくるまれて埋葬された。そっと引き出され、引き伸ばされ、広げられ、平らにされ、展示されて、そのヴェールは画布となり、肉体の痕跡を、顔の面影を見せている。ここに人ありきと。

伝説によれば、磔刑に処せられようとするキリストの聖顔、血と汗が流れ落ち、液状のマスクに覆われたキリストの顔を拭った聖女はヴェロニカと呼ばれている。そしてこの名前は、古代語においては、真の聖画像《イコン》、忠実な像《イマージュ》という意味である。真の、忠実な像、なぜなら、それは刻印《アンプリメ》されており、印象主義者《アンプレッシオニスト》の手になるものだからだ。

ヴェロニカは画家たちの守護神となった。目は涙で溢れ、悲しみと哀れみのために盲い、彼女は自分の手で皮膚の型を、苦しみのマスクの型を取ったのだ。接触と愛撫の聖女、眼差しをもたない開かれた手。

ボナールの『庭』は化粧着に似ている。世界は、織り上げられた規則的なプリント地よりも豪奢で、巧みさに満ちている。庭は、化粧をする裸婦の皮膚を、色調や斑点のより一層の豊富さと過剰とによって、風景の規模にまで広げたものである。これこそ滴をしたたらせ、湯から上がって世界に出てきた芸術家の汗ふきであり、庭の真の像である。

ある者たちは見つめ、眺め、熟視する。また別の者たちは世界を愛撫し、世界に愛撫され、世界のなかに身を投じ、そのなかにくるまり、そのなかで湯浴みし、そのなかに潜り、時として自らの皮を剝ぐ。前者は物の重みを知らず、大きな眼が埋め込まれたのっぺりとした平たい皮膚をもっている。後者は物の重力の下に身を投げるのだが、彼らの皮膚は物の重みの圧力を、局部にわたり、細部にわたって、絨毯爆撃のように受け入れる。したがって彼らの皮膚は入墨がなされ、縞模様がつき、虎斑が入り、ぼかし模様があり、玉の汗がにじみ、星で覆われ、色調や、陰影や、傷や、瘤が混沌とした状態でちりばめられている。

彼らの皮膚は孔雀の尾のように目をもっている。

皮膚は見、見られ、変化し、広げられ、人目にさらされる。ボナールは半世紀にわたって、彼の引き続く脱皮を、剝ぎ取られた彼の皮膜をわれわれに見せてくれた。われわれは画像が描かれていると思うのだが、実はそうではない。鏡は人影を映してはいない。そこには皮膚が、繊細で感じやすい皮膚があるのだ。壁に吊された戦利品、あるいは剝ぎ取られた頭皮の陳列。

庭＝楽園は、上手に剝ぎ取られた皮膚を広げたものである。

ボナールの化粧着、裸婦、庭は皮膚の表皮を示しているのだ。

目は、絵画という視覚の支配する領域においてさえも、その優位性を失っている。印象主義は、その努力の極限において、ついにその本源の感覚、触覚に到達した。孔雀の羽根のような眼状斑のある裸婦は、われわれに物の重みを思い起こさせる。物の圧力、われわれの上にかかる大気圧の重力とその変異体を思い起こさせる。皮膜、カーテン、ネッカチーフ、木の葉、化粧着は、書物が印刷されると同じように、圧力のエネルギーによって刻印される。固くかつやわらかい蠟である皮膚は、その部分部分のやわらかさの度合と物の圧力とに従って、様々に変化するこれらの重力を受け入れる。そこから、これらの入墨や痕跡や印、われわれの記憶と歴史、われわれの経歴の証明書が生ずる。皮膚という衣服はわれわれの記憶を保存し、それをあらわにしている。それは虎や豹にあるような種としての記憶ではなく、個人の記憶、各人それぞれのマスク、外化されたその人個人の記憶である。自分の過去や受動性をさらけ出すことへの羞恥心や慎みのゆえに、われわれはケープやマントで身を包み、そうすることによって、受動的メッセージでありカオス的メッセージであり、理解されるにはあまりに無秩序でことばにならない言語である絵入り模様の刻まれた自分の皮膚を隠し、交換可能で紋切型の衣服やプリント地によって、あるいは単純化された化粧の秩序によって皮膚を覆う。厳密に言えば、われわれは決して裸で生活しているわけではなく、また真に衣服を纏ってもいず、正確な意味で世界のように、決してヴェールをかぶってもいず、ヴェールを脱いでもいない。法則はつねに装飾的なヴェールと同時に出現する。それは、ヴェールが現象として姿を現わす正確にそのときに出現するのだ。ヴェールの上のヴェール、脱皮の上の脱皮、刻印を受けた多様体。

脆くて、宙を舞い、いたる所に放たれ、あらゆるものに受け入れられ、記号や意味を創りだす薄膜を、かつてエピクロス学派の人々は見せかけ《シミュラークル》と呼んでいた。ボナールや他の画家たちの画布も、おそらく見せかけの機能を果たしている。確かに画布は見せかけである。しかしとりわけ、それは画家の皮膚と諸物の薄い外皮とから生まれたものである。前者の薄膜は後者の薄膜と遭遇するのだが、脱皮した両者の薄膜のこの一瞬の結合を画布が捉える。両者の見せかけが同時に形づくられるのだ。

画家は自らの皮膚を売り、モデルは自分の皮膚を貸し、世界はその皮膚を与える。私は自分の皮膚の命を救えなかった、私の皮膚はここに横たわっている。剝ぎ取られ、刻印され、意味をしたたらせ、皮膚はしばしば屍衣となり、時には卓越した作品となる。

ヘルメスと孔雀

孔雀について話そう。この鳥は二重の意味で奇形である。かくも数多くのかくも長い羽根をもち、進化の行き過ぎで間違ったかのように、飛ぶことができず、無数の目をもち、それらの目は見えるようにも思われるが、見えないということは誰もが知っている。尊大ぶってポーズをとるときには、この鳥は目玉模様のある尾を開き、羽根あるいは皮膚についている目を見せびらかす。

勲功によって飛ぶ力を授けられているヘルメスの道中を、ある日この鳥が遮った。すべてを見通すというアルゴス、一説によれば彼は二対の目をもち、一対は誰とも同じく顔の前面に、もう一対は頭の後ろ側にあるという。彼には死角がない。別の説によれば、前面に五十も百もの目をもち、うなじにも同数の目をもつという。さらに別の説によれば、皮膚の上に無数にちりばめられた目をもつという。伝説の初めにおいては明察力をもつ者であったのだが、空想の膨張の果てに、彼は純粋の眼差し、目の眼球、目玉模様の入墨をした皮膚となる。膨張と幻想はしばしば伴って起こる。アルゴスはあらゆる場所を見、いつでも監視している。彼は目の一部でしか眠らない。あるいは瞼を半分閉じてしか眠らない。半分眠り半分起きているのだ。天上天下の最良の監視者である彼は、パノプテス〔アルゴスの別名〕という自らの名に恥じない。すなわち、一目ですべてを見る《ル・パノプティック》者である。

先ほど画家が、洞察力に満ちた影像や入墨の手本を示したと同じように、アルゴスは完璧な視覚と明察力をもつ皮膚の優れた見本である。

今日であれば、パノプテスは世界の調査や実験に重要性を発揮したことだろう。彼は実験室や観測所あるいは戦場でつねに第一線を占めたことだろうし、見事に勝利を収めたことだろう。現代においては、科学研究においてもまた運輸交通においても、もろもろの事物に対してつねに細心の注意が要求されるからだ。ところが当時、神話時代においては、アルゴスは見張りに雇われた。嫉妬深い妻であるヘラにそそのかされて、パノプテスはゼウスの浮気な恋のスパイになろうとしている。ヘラはアルゴスを自分たちの夫婦関係の中央に位置させると同時に、ジュピターとニンフの恋のアヴァンチュールのなかに位置させようとする。

事物を観察することおよび関係を監視すること、この二つの間には無限の相違がある。おそらく二つの世界が、二つの時代が、神話時代とわれわれの歴史時代とが対立しているのだろう。

事物に対する注意深い検査には神話は興味を示さない。アルゴスは私立探偵になろうとしているのだ。百の目が眠っているときでも、別の百の目が目覚めているという能力に恵まれた彼は、今や警察であり、看守であり、監視人であり、あらゆる尾行者である。

人間たちの関係に向けられていた視線が、無垢な事物の方へと移されるとき、文化は洗練される。隣人のものの考え方や、不道徳で不安定な愛に向けられていた道徳的関心が、彗星の軌道に対する関心へと移されるとき、道徳は改善され、軽快になった集団生活のなかでの愛想よい如才なさとなる。監視が君臨している社会は急速に老化し、時代遅れとなり、不当で古くさいものとなる。残存した過去はそこでは奇怪なものとなり、社会は神話時代を告発する。

監視することと観察すること。人文科学は監視し、厳密科学は観察する。前者は神話時代にかかわりをもち、後者は新しく、われわれとともに生まれ、歴史時代にかかわりをもつ。神話や、演劇や、興行や、政治は、観察することを教えず、監視することを教える。

パノプテスはつねに、いたる所を、すべてを見る。神々はどのような仕事に彼を雇うのだろうか。監視にだろうか、観察にだろうか。

見るという語のギリシア語的意味においては、パノプテスは理論的人間を具現化しているわけだが、それはあらゆる方向に向けて開かれた目をもつ球体である。理論は何の役に立つのだろうか。関係を見張ることにだろうか、事物を探査することにだろうか。

物に不足している者を貧しいと私は言うだろう。神話は、演劇や政治と同じように、物に不足している。昔は物を自由に使えなかったし、昔はおろか最近まで自由にはならなかった。物のほとんどない時代の人間のありようは、われわれの記憶から消えてはいない。物質的に貧しければ、われわれの富は人間そのものによってしか成り立たない。われわれは人間について、人間相互の関係についてしか語らなかったし、自分たちの関係のなかで生き、自分たちの関係を糧にして生きていた。いかなる物ももたないがゆえに、私は神話を貧しいと言うだろう。物を奪われているがゆえに、私は芝居を、理論を、政治を貧しいと言うだろうし、われわれの哲学と人文科学を貧しく惨めだと言うだろう。

このような惨めさをわれわれはきわめてよく覚えているので、それをそこかしこに、世界の国々に、物語や抽象的な言説のなかに見出したとき、それを再認識しないわけにはゆかない。物を奪われた場や、家庭や、集団からわれわれはほとんど抜け出していない。われわれはそこで長いこと関係へと追い込まれ、しゃべることに還元された環境を運命づけられていた。そこから帰結するものは見張りとスパイである。私の子供時代の村々は、明敏で多弁なアルゴスたちでざわめき立っていた。まるで村人全体の中央でパノプテスの監視塔が見張っているかのように、すべての人々が、すべての人々のすべてについて知っていた。そこにはまるで、秘密を守らない社会契約、あるいは不可避の検事調書が存在しているかのようであった。物には誰もまったくあるいはほとんど関心を示さず、各人が各人の各人に対する関係を監視していた。もっぱら社会学者のみによって構成された社会を、私は知ったのだった。彼らは監視とおしゃべりに並み外れた才能をもっていた。この古代的状況、神話時代から最近まで続いてきたこの貧しさから、われわれはなかなか抜け出せなかったし、今でも全員がそこから脱出できたわけではない。表現やことばのなかに完全な形で捉えられている、あるいは眠り込んでいる神話的社会が思い起こされる。貧しさはパンのみによって計られるのではなく、ことばによっても計られ、パンの不足によってのみ計られるのではなく、ことばの過剰や独占権、ことばの牢獄によっても計られる。パンが不足しているとき、ことばは増殖する。パンを与えられると、長いこと飢えていた口は、食べるという仕事の他にしゃべる仕事まで引き受けたのでは、労働過重になってしまうのだ。食べることによって、われわれは物を愛することを覚えたのだった。芝居の舞台の上では、いかなる物も流通しない。ことばしかもっていない者に、人はことばと見世物を提供する。理論は物をまったくもちあわせていないので、理論はもっぱら関係を監視している。それゆえ哲学にパンを求めたならば、哲学は美しいことばと見世物を与えてくれるだろう。哲学にパンを求めても、哲学は曲芸しかもちあわせていないのだ。哲学は、関係と人文科学を糧とし、われわれの子供時代の村々を離れることなく、神話のなかに、古代に生きている。哲学は世界をもたず、物を生産せず、パンを供給することもない。どのくらい以前から人は哲学を貧しいと言い、われわれが若いころ飢えていたように、哲学が貧しく飢えていると言い始めたのだろうか。

富み栄え、物を生みだす哲学だったら、通りかかる者には誰にでもふんだんにパンを与えることだろう。

物の増産、物の級数的洪水は、われわれに物のなかった時代を忘れさせた。そして今や、物のなかった時代はきわめて古い時代に思われる。古代、大洪水以前の時代、そう、神話時代に思われる。神話と哲学がわれわれにその時代のことを語ってくれる。誰もが食べることも忘れて、恋する者たちを監視し、空虚で響きわたる空間のなかをボスポラス海峡まで彼らを追って行った、その場所場所の思い出を語ってくれる。物をもたない哲学、人文科学にしか価値を置かない哲学は——ほとんどすべての哲学がそうなのだが——老い、貧しく、きわめて古いものに見えるので、われわれはそれらの哲学をまるで神話を読むかのように読んでいる。それはまるで政治や芝居や魔術であるかのようだ。哲学がたまたま物に出会うと、哲学はそれをまるで手品のように、関係に、ことばに、見世物に変えてしまうだろう。

哲学はわれわれを後戻りさせる。結局のところ、探偵であれ警官であれ、監視者よりも観察者の方が優れており、友達といっしょに陰で夫を笑いものにする妻よりも、井戸の底に落ちた天文学者の方が優れている。どちらの方が現実に注意を注いでいるだろうか。ぼんやりと星を眺めている者だろうか、あるいは陰に隠れて面白おかしい光景を演出している者だろうか。洗濯女たちは、井戸が優れた望遠鏡となることを知っているだろうか。これは古代における唯一の望遠鏡だったのだが、この垂直の円筒の底からは昼日中でも星が見えるということを知っているだろうか。あざ笑うからには、彼女たちはこの天文学者がわざと深い穴の底に降りて行ったことを知らないのだ。今でもわれわれを笑わせてくれる寓話作者たちは、このことを知っていただろうか。哲学者たちはどうだろうか。物から関係へ、安易な実践へ、要するに科学から芝居へ、労働から政治へ、歴史の記述から神話へ、物＝星から面白おかしい見世物へと後戻りするよりも、関係から物へ、困難な発明へと進んで行く方が優れたことである。厳密科学は物が現われた後に出現し、物の出現を助けている。後戻りすること、物が再び関係や、賭金や、呪物や、商品になること、このことは恐怖心を起こさせる。退行である。誰か素朴な心の持ち主が、疑いによって進歩をもたらす。

　物の洪水に浸されて、われわれはまるで失われた楽園のように関係を夢見ている。この楽園はきわめて日常的な地獄をなしているのだが、そこでは猜疑心でいっぱいの覗き魔や警官志願者がたむろし、怠惰と政治とがいい勝負ではびこっていた。猜疑の哲学はもっとも古い職業をなしている。自らの意志によって、あるいは他者の暴虐によって今なお物を奪われている集団は、警察の楽しみ、政治の牢獄に身を委ねており、関係の地獄に陥っている。そうした社会の支配者たちは、逆に、物を欲しない。このことは、物が監視から人を解放すること、観察によって猜疑心が晴らされることの証明となっている。

　物《オブジエ》を知らない科学は、探偵的あるいは警察的方法しかもっていない。そうした科学は神話を共有している。客観《オブジエクテイフ》的知識は現在の歴史を作っており、人文科学は古く、神話学へと帰着する。観察者が明るい陽光の下で織り上げたものを、監視者が夜のうちに解いてしまう。どちらの方をわれわれは恐れるのだろうか。

ヘルメスがパノプテスを殺そうとしている。メッセージの伝達者が夜警、監視者、あるいは観察者に打ち勝とうとしている。コミュニケーションと情報が理論を殺すのだ。どのようにして殺すのだろうか。

神々の帝王であるゼウスは、美しいニンフ、イオを愛する。妃ヘラは嫉妬に苦しむ。嫉妬深い者は茨のなかに住み、そこから監視が始まるのだが、その場所はそこから人がものを見る場所、あるいは眼差しなのだ。ゼウスはヘラを欺き、彼女の目をごまかして、ニンフを雌牛の姿に変える。なんだと、このわしが獣に恋をしているだと。しかしその雌牛は、目を見張るばかりに白く輝き、つやつやとした毛並みをしている。

ヘラは疑い、雌牛のまわりをうろついている雄牛に嫌疑をかける。ゼウスと同じように天賦の能力をもち、生き物の姿を変えることのできるヘラは、虻を送るのだが、それは、とげのある彼女自身の嫉妬心そのものである。虻は雌牛を刺し、ひどく苦しめ、逃げ出さざるをえなくさせる。イオはさまよい、ヨーロッパを駆けめぐり、海辺を走ってイオニア海にその名を残し、逃れてアジアに渡るが、彼女が渡った場所はそれ以来、ボスポラスすなわち雌牛の足と呼ばれることになる。彼女は放浪し、苦しみ、神に愛された不幸を嘆き、動けないように縛りつけられ復讐されるプロメテウスと同じほどの苦しみを、放浪と愛のなかで受ける。

ヘラの推測は正しかった。実際、ゼウスは雄牛の姿に身を隠しているのだ。

手を封じられたヘラはアルゴスを呼び寄せる。何者たりともアルゴスの目を逃れることはできないからだ。パノプテスが雌牛を見張っており、ゼウスといえどもそこでは何もできない。今度はゼウスが手を封じられる。

パノプテス的理論が、嫉妬深く、塔の上からすべてを監視する。

人文科学においては、方法論は関係しか扱わず、警察的、裁判的嫌疑をたどって進められる。それはスパイし、尾行し、人の腹の内、胸の内に探りを入れる。それは質問し、答えを疑うのだが、そのような行動をする権利について自分自身に問いを投げかけることは決してない。

厳密科学にあっては、よく言われるように、神は人を欺かない。そこでは物は無垢で、正直で、信頼できる。神は人をだまさない。彼は自分が定めたゲームの規則の内にとどまっているからだ。人文科学においては人間は人を欺き、さらに悪いことにはインチキをする。厳密科学にあって、神が人を欺かないならば、ましてや神はインチキなどするはずがない。人文科学においては、人間は人を欺き、インチキをする。人間は、厳密科学における神のように単に明敏なだけではない。また単に複雑で洗練されているだけでもない。自分のやり口や欺瞞を隠蔽し、別の戦術のように見せかけ、突然ルールを変え、反則のインチキをする。人間は社会科学においてもインチキをする。そこでは悪用が法律となり、規則の変更が法律となる。

厳密科学は、巧妙ではあるがしかし公正で繊細で安定した理論を構築する。そこでは猫は猫のままであり、自同律の原理が貫徹している。人文科学や社会科学は、自分たちの対象物の裏をかくため、詐欺行為よりもさらに卑劣で、インチキよりもさらにインチキ臭い理論を記述する。ここではあらゆることが可能となる。雌牛は女性であり、神は雄牛である。自同律さえもが怪しくなるのだ。ここで作用するものは、理性が眠っているときに寝ずの番をする理性、理性が見張っているときには眠っている理性であり、関係の地獄である。そこでは不変性さえも揺れ動く。

人文科学は、下に隠れたり後ろに隠れたりして、最悪のやり口をさらに二重化しなくてはならない。偽善《イポクリズィー》という語がこの行為をかなりよく言い表わしている。要するに、物あるいは関係の下や後ろでは方法は危機的《クリティック》である、すなわち偽善的《イポクリティック》である。この方法はスリからかたり取り、嘘つきをだまし、インチキをする者——インチキをする者はプレイヤーの背後でインチキをするのだが——の背後に身を隠すやり口である。それは泥棒から泥棒し、警官たちのなかに警察を作り、もっとも有名な探偵より上手で、捜査官の家を捜索し、覗き魔を覗き、嘘つきをだまし、弱者や貧者を調査し、彼らから情報やわずかな秘密や最後に残った財産を取り上げ搾取するやり口である。

偽善的方法は背後に身を置くことからなり、それはただちに列を生ずることとなる。したがって列の最後尾にいる者の背後に素早く回らなくてはならない。まだ背中を見せている者の背後に身を置き、それから自分自身の背中を消し去って、このやり口を心得ている者に自分が捉えられることのないようにしなくてはならない。ここからこの理論の法則が生まれるのだが、過去に対して大過去があるように、嘘つきの上には大嘘つき、変質者の上には大変質者、覗き魔の上には理論家がいる。

この運動には終わりがなく、単調で、困難で、つねに閉じようとする理屈の長い連鎖を形づくる。別な言い方をすれば、人文科学によりどころを置く哲学は、ついにはあらゆる批判を免れることのできる地点、連鎖の末端、列の最後尾を見つけ出そうと努力する。したがって哲学は極限値による推論を専らにするのだが、これは、生まれたばかりの厳密科学によりどころを置いた古典時代の哲学が、神という最終地点、学者や哲学者たちを欺くことのない神に支えを求めたことと同じである。神は誤ることも、人を欺くこともありえない。これこそ極限点である。人文科学の場合は逆の極限値であり、ここではあまりにもインチキがおこなわれ、人を欺くので、想像しうるあらゆるインチキはすでに予見されている。すべてを見る者《ル・パノプティック》は、つねに、すでに、すべてを見ており、超明晰で、その眼差しを避けて通ることはできない。

神の認識と悪からなる伝統的神学は、極限における二者のこのような結びつきを予想したろうか。ここには悪魔と神様とがいる。

古典時代と現代科学の草創期に君臨していた哲学者や学者たちが依拠した神に対して、現代の社会科学は、新たな極限値として悪魔を対置させているのではなかろうか。

神は欺かずインチキをしない。厳密科学にあっては物は不変のままである。人間は欺きインチキをする。あまりに欺きインチキをするので、時にはゼウスのように雄牛の皮膚の下に身を隠し、ヘラのように虻の針となって姿を消す。

ところで、人を欺きインチキをする者は、利益を得たいがためにそうするのだ。それゆえ神の第一の属性は、利益を得ることを軽蔑することからなる。

賭金に関心を寄せてはなりません。勝ち負けを無視しなさい。そうすればあなたは科学に、観察に、発見に、思想に入って行くことができるでしょう。

ここに二つの最高地点が明確に定義される。一方は安定と信頼の頂点であり、他方は不信の極限値である。物の不変性に関係の不安定性が対応するわけだ。

古典時代以来、神は厳密科学を守護している。ある者は、神は厳密科学を選んだのだと言い、また別の者は、神は厳密科学を寵愛していると言う。悪魔は、もっとも嘘つきでインチキで、人文科学に君臨している。悪魔は極端で手の込んだ策略を展開して、神の力と善意を失墜させ、神の地位を奪おう、あるいは取り戻そうとしているとされている。神はいかなる策略も弄さず、あらゆる闘争を放っておく。悪魔と神様の戦争は決して起こらない。一方は勝とうとし、他方は勝とうとは思わないからだ。

勝ち負けに無関心で、勝敗の尺度を超越しており、スカラー的数値や計量を超越している神は無限である。このように、無限は、悪魔のあらゆる闘争に対する無関心として定義される。

関係の地獄に捕われることのない神は、物に身を捧げる。それゆえ彼は物の完全体たる世界を創造する。すべては彼がゲームに加わらないことに由来する。

ヘラとゼウスは、チェス、だまし合い、勝つか負けるかのゲームをしている。二人はひどくインチキな悪魔対悪魔である。悪魔とは神話の神、人文科学の神、われわれの神である。われわれは衰退するこの神の治世下でものを考えているのだ。

インチキをすることにも、だますことにも何の関心ももたない人間、勝利の栄冠への本能的欲望を超越している新人類を想像することができるだろうか。

パノプテスは最末端の地点ですべてを見、すべてを知っており、何者も彼の目を逃れることはできない。われわれがなかなか概念として思い描くことのできないものを、神話は素朴なイメージを装って見事に語っている。これは、ゲームにおいて思いもよらない技を見つけ出すことにかかわる問題である。それゆえ最末端の地点を構築しなくてはならない。神、悪魔、パノプテスその人、妃ヘラ、帝王ゼウス。発情期の大鹿のように、最も強いもの同士が挑戦し合う。

ゼウスは、現場を押さえようとする妻をだます。それゆえインチキをする。蝸牛に見えるけれども、あれは女性が歩いているのだ。ヘラもインチキをする。虻があたりを飛び回り、ヘラの意志に従って刺す。女神は、自分の後ろに回ったゼウスの後ろに回り、自分に隠れていかさまをする者に対して、まんまといかさまをし返す。果てしないゲームだ。二者の各々が背中をもっていて、相手に対する弱み、盲点となっている部分を提供する。

それゆえ第三の者を、その目を避けて通ることのできない者を探そう。背中をもっていない者を想像しよう。眠らず、死角をもたず、盲点もなく、不注意も油断もなく、くい入るように見つめてそこにいる者。全面が顔である者、あらゆる方向に眼をもつ球体、執拗に実測する多眼体。岬の灯台のように、あるいはむしろ、ある区域に君臨して夜を照らす合図や灯火の総体のように、輝きと掩蔽とによって、見張りをしかつ眠り、偶然的に明滅する眼差しあるいは点呼。それはすなわちアルゴスである。今や完全な理論、すべてを捉えることのできる難攻不落の方法に到達した。アルゴスの身体を迂回してその後ろに回ることは不可能だからだ。今やついに、最高のあるいは最後尾の地位を欲する者たちにとって最良の位置に到達した。決して批判されることのない批判。観察されうる不透明性をもたず、つねにそこにいて観察している者。決して客体とはならず、つねに主体である者。何人もパノプテスの後ろを捉えることはできない。彼は後ろも下もない走査球である。

人間に携わる者、それゆえ人間に君臨する者は、つねに死角に身を置き、行動し身をさらす主体の盲点、暗点、不随点を捉える。つまり背後に回るのだ。病気は、弱い部分、休眠状態、困窮、言語の貧困、集団の関係に残る未知なもの、子供じみた期待などに取りつく。肉体あるいは精神の医者、経済学者、政治家、雄弁家はこのような隅に住んでおり、弱点の陰や盲点に保護されて、無意識の暗闇のなかに、涙のゆらめきの上に身を置いている。彼らはそれぞれガラスの壁やブラインドをもっていて、相手に見られることなく相手を見る。彼らを総合し、要約し、統合し、判断する哲学者は、自らをアルゴスのように難攻不落にし、自らをすべてを見通す者にし、その目を避けて通ることのできない者にする。

つねに開かれているあなたの目、すべてを見通すあなた、あなたの千里眼は決して涙で曇ることがないのでしょうか。

ゼウスその人が王手をかけられている。これがゲームの現在の状態である。パノプテスの監視塔によって妃が王を打ち負かすのだ。そこでゼウスはナイトに助けを求める、王は自分のボディーガードを遣わし、彼にパノプテスを殺すようにと命ずる。

パノプテスに近づくことも不意を打つことも不可能である。監視者〔surveillant〕に対する不意打〔surprise〕はない。つねに過剰の戦略を示す接頭辞〔sur〕を考慮していただきたい。ナイトは、迂回することのできない塔を迂回しなくてはならない。どのようにして迂回するのだろうか。

蛇使いが笛の音でコブラを籠絡するように、ヘルメスはパン〔牧神〕の笛を吹いて魔法でパノプテスをねむらせる。ヘルメスはこの戦いのためにシュリンクス、すなわちパンの笛を発明する。

二つの極大値間の新たなる闘争。パノプテスは眼差しの完全体であって、視覚の次元ではいかなる対抗者にもまったく勝利の可能性を与えない。したがってヘルメスは、アルゴスが難攻不落を誇る領域を避け、音の領域に移りその全権を握るのだが、パンの笛という名はそこから由来するのだ〔panはギリシア語で「すべての」の意〕。パノプテスに対する全面戦争の戦略を意味する接頭辞〔pan〕に注目願いたい。眼差しに相対する聴力、感覚機能同士の奇妙な戦い、聴覚対視覚、あるいは耳対目、全能対全能、完全武装対完全武装、音波の総体に敵対する明視の総体。メッセージの幾何学対直観の図像学、想像し難い空間における奇想天外な闘争。諧調《アルモニー》のシステムが表象《ルプレザンタシオン》の理論を包囲する。

全能者対全能者、悪魔対神、ジュピター対ユノー、パン対パノプテス、信じられないようなこの巨人《ギガント》の戦い《マキア》が、突然、見た目には単純な対決に帰せられる。シュリンクスの音色がアルゴスを眠らせる。コブラはインド人のフルートの音に操られて身をよじる。この魅惑の魔力はどこから生じるのだろうか。呪縛は歌によって生ずる。耳が目に対して、音が視覚に対して、聴覚が眼差しに対して何をしうるのだろうか。

目に見える事象は、周囲の目に見える事象と組み合わされて、距離と方向が決定され、その位置を突き止めることができる。われわれは一つの視点を占め、輪郭を知覚する。視覚はこのように場所の限定を伴う。パノプテスの神話は、この場所をうちやぶり、その限定を越えようとするものである。ライプニッツが、ある物の図形あるいは実測図を得るために、その物の投影図の総和を求めたと同じように、パノプテスは対象物に対する視点、物を見る位置を総合する。ライプニッツによれば、神のみが一挙にあらゆる方角からの輪郭を明らかにする。アルゴスのみが、丸い球体をなし、昆虫のように複眼的視力をもつ多眼の眼球として姿を現わす。これは現実的な利益ではあるが、しかしわずかな、あるいは限定された利益である。なぜなら最良の監視者、実測図＝主体は、空間を場所の総和として見、さらには輪郭のもとにそれぞれの物を見るのであって、実測図＝客体を真に知覚することとは程遠いからだ。彼の身体は、まだ場所に結びつけられていて、灯台をなし、灯台の火のようにまわりに光線束を拡散し、自らの球体のあらゆる点で物の輝きを受け取っている。

音響的事象は場所をもたないが、しかし空間を占領する。音の発生源はしばしばはっきりしないままであっても、受信域は広く、拡大し、広範囲にわたる。視覚は外観を明らかにするが、音はそうではない。視覚は距離を置いて見るが、音楽は心に触れ、騒音は人を包囲する。不在であるが、しかし遍在しており、遍在するざわめきは物体を包み込む。敵は無線を傍受することはできても、われわれの信号所のなかに入ってくることはできない。視覚はいつも控え目であるし、音波はわれわれの手から逃れ去ってしまうからだ。眼差しはわれわれを自由にしておくが、聴力はわれわれを閉じ込める。目を閉じるなり、目を覆うなり、背を向けて逃げ出すなりして、いやな場面を見ずにすませることはできても、騒音から解放されることはできない。いかなる隔壁も、いかなる封蠟も騒音をくい止めるに充分ではない。厳密に言えば、あらゆる物質が振動し音を伝えるからだが、とりわけ生身の肉はそうである。黒いヴェールで密閉して光を遮ることができ、ある物体で別の物体の通行を妨げることができる。だが、隔壁で密閉されることのない媒体をヘルメスは知っているのだ。局所的視覚、全体的聴覚。主体や客体に対する図像学、つまり実測図よりもはるかに、聴覚は遍在する術を心得ているわけだが、それは普遍性を手中に収めるほとんど神的な能力である。視覚は特殊的であり、聴覚は全体的である。万能のヘルメスは音楽家になる。なぜなら音は障害物を知らないからだ。ことばの全面支配の始まりである。

魔法や、哲学や、共通感覚や、あるがままの世界について、われわれは同時に語っているのだ。パンは、導体である肉を大混乱に陥れることによって、パノプテスを魅惑する。甲高い音が、目で覆われたパノプテスの皮膚を震わせ、筋肉を振動させ、涙を流させ、骨格を揺り動かす。千里眼の球体は涙の湖に覆われ、アルゴスは感動で泣き崩れる。全体的聴覚が、地点の総和を打ち負かすのだ。場所あるいは視点の総和、無数の目の並列によって求められた集積体に、音波は難なく、じかに到達したのだ。あなたの生活の不断の時間と数知れない労苦とを費やして試みたことが、たった一挙手で、何の努力も要せず成し遂げられてしまう事態に、あなたは出会ったことがありませんか。あなたはそれを見て涙を流したことがありませんか。アルゴスは泣き崩れる。この明視の球体がどれほど明晰で、すべてを見通すことができようとも、その方法は依然として微分的であり、点描的であり、小さな状態あるいは矮小化された場に分析する方法であるにすぎない。どんなに粗雑な音が発せられたにせよ、その音はたちまちあたりに幅をきかせる。お望みなら魔法と言ってもよいのだが、この勝利は明白である。音は視力を失わせ、あるいは視覚を魅惑し、視覚はきわめて細い光線束となって極限的な点に固定される。だが、眼差しは、この光線束を固定する以外に通常何をするのだろうか。音は視覚をその本来の場に連れ戻すのだ。

　このようにしてライプニッツは、積分しえない図像の総和の後ろを無限に駆け巡った後、宇宙的調和によって自分のシステムを閉じることができた。表象は、汎視性《パノプティック》のものであってさえも、調和《ハーモニー》が響きわたるとき眠り込む。もっと適切な言い方をすれば、もしわれわれが世界や、神や、あるシステムそのものの形相を造りだすことができるとしても、あるいは全体性に到達することができるとしても、部分的な表象の果てしない集積によってそれに成功するのではない。調和によって、パンの形而上学的な音楽によってしかわれわれはそこに到達しえない。

　はみ出しものの魔術においても、通常の意味〔感覚〕においても、あるいは高度な哲学においても、同じ結論、パンがパノプテスを打倒するという結論に到達する。われわれがもろもろの論述項目や学問領域に分散させてしまったものを、神話は完璧に総合し、統合して、単純な行為に要約している。現に世界が、この結論をわれわれのまわりで大声でわめき立てているではないか。われわれが練り上げ、構築した環境が、鎮めることのできない喧騒のなかにわれわれを陥れているのだ。今やわれわれは、騒音と音楽の麻薬中毒になって、もはや何も見ず、何も考えずに眠り込んでいるという良き時代にいる。ヘルメスが世界の支配権を握っており、現代の高度技術の世界は、大喧騒の集積体としてしか存在しない。この地上にはもはや、騒音の洪水に覆われていないものは、何ものも、石、畝、小昆虫、窪みといえども、見出すことはできないだろう。偉大なるパンが勝利を収め、彼は空間の静寂をすべて破壊した。もし私を哀れんで下さるなら、どこで静かに考えごとをしたらよいのか教えていただきたい。

パンの笛は世界に穴をうがち、人を不安に陥れる。六月のある夕方、庭に面したテラスの上で、楓の葉叢のわきで、私は皆既日食を待っていた。それは一日の終わりが静寂のなかに沈んでゆくあの失われた日日のことであった。間もなく薄暗がりが増してきて、日食による涼風がさざ波のように吹き渡った。そのとき近所の家から、一種の野生的なダンスの音楽が響きわたった。鋭い、収斂性の、奇妙なパンの笛だ。暗がりを宵闇と取り違え、若者たちが何かの祭りを催し、宵の入りの踊りを始めたのだ。日食とわかっているとはいっても、太陽の光を遮るヴェールは、人を混乱させ不安に陥れ、別の世界へと運び入れる。パンが私をそこに連れて行ってくれることだろう。彼が太陽の光と私の視覚を遮り、さざ波のような風で空間を一掃し、オレンジ色と緋色と緑色の、歯ぎしりをするような色調で外観を包んだことを私は知っていた。私は、恐怖を抱きつつ、残忍で複雑ないくつものアステカの神々が立ち現われてくる音を聴いていた。

ヘラその人が王手をかけられている、これがゲームの第二段階の状態である。王は、ナイトの働きによって、妃の監視塔を取り去った。誰もイオのことを話す者はいない。コーカサス山脈のあたり、鎖につながれたプロメテウスの付近で泣いている彼女、十字架の足元に立ちつくす処女、世界の不幸を嘆く者たち以外は、誰も彼女のことを語らない。ヘルメスはパノプテスを眠り込ませて殺したのだが、すべての人々がこの殺害について語っている。

どれほど遠くまで視力が届こうとも、アルゴスは局部的な地点をしかもたない。彼は凝り性の分析家として、遺漏なく場所の情報を集積する。ヘルメスは輸送や翻訳、干渉や配分のあらゆる場で情報を傍受する。彼は通路を占領するのだ。アルゴスは戦術上の地点を押さえ、ヘルメスは戦略的地域に侵入する。前者は一つの戦闘には勝つだろうが、後者は戦争全体に勝利を収めるだろう。強烈にそこに存在しているアルゴスは、そこに存在するものをすべて探知する。しかし同時にいたる所に存在する者は、遍在による不在によってしかそこに存在しない。警察は道路を封鎖し、もはや尾行者の通行を保証しない。今ここにおいては、警察は監視者をもはや必要とはしない。その場にいることが、もはや始原の位置を占めなくなったとき、すべてが変わる。

パノプテスは光からその明るさの面を取り、ヘルメスは光の速さをわがものとする。古典哲学は最近まで照らし出すことを旨としていたが、現代哲学は稲妻の速さを見出した。光の速さはその清澄さに優る。この勝利の新しさをよく考えていただきたい。一つの理論あるいは概念のもっとも重要な性質、そのもっとも古くからの価値としての明晰性は、その伝達回路の体制に凌駕されたのだ。パンあるいはヘルメスがパノプテスを殺す、すなわち、メッセージの伝搬の迅速さは思考の明晰さよりも価値がある。われわれは知の新しい状態について語っているのだ。

われわれは常識《サンス・コマン》や哲学について語ると同時に、世界について語っている。コミュニケーションの網の目は、その場にいることを無用にする。それは中心をもたず、監視を時代遅れなものにする。視聴覚あるいは情報の回路網は、ローマ時代の野営部隊の遺物である前大戦の監視哨を笑い物にする。船舶の乗組員は灯台を見ずに通過する。安全航行はすべて、聴音室や航跡スクリーンによって保証されているからだ。メッセージのコードとその空間内での伝搬を思うままに統御できる者は、監視者たちを休ませておくことができる。彼らは音楽を聴きながら甲板の上で眠っている。伝播するメッセージのざわめきは、犬やスパイや密告者を麻痺させ、見張り番を麻酔で眠らせる。電話、テレビ、通信網によってよりよく管理された空間、よりよく閉鎖された牢は、これらすべてのパノプテスの化身たち、その場にいることにこだわる者たち、そう、次々と現われるこれら現象学の仮像に暇を出す。ヘルメスは息吹であり、あらゆる所に在り、一挙に空間のなかに降りる。

ヘルメスは回路網であり、すべての局地的な中継局、空間に併置されたすべての監視塔、あるいは時間のなかで継起するすべての仮像に取って代わり、彼の測地法はすべての現象学を失墜させる。

われわれは共通感覚《サンス・コマン》について語ると同時に聴力や聴覚について語り、ほどなくことばとコードについて、音楽と歌について、その場にいること《プレザンス》の忘却あるいは直観の喪失による麻薬と麻酔について語るだろうし、新聞、雑誌、警察、政治についても語るだろう。そこではパンとパノプテスの闘争が毎日繰り返されている。また、知の新しい状態についても語るだろう。われわれは関係と物について、知識と監視について、競争と社会について語るだろう。情報化社会は、観察された世界や、既知の諸物に取って代わる。なぜなら視覚はコードの交信に場を譲るからだ。すべては変わり、すべては眼差しの集積盤に対する共鳴板の勝利に由来する。認識形而上学《グノセオロジー》も科学哲学《エピステモロジー》も変化する。また肉体が紛れ込むうたかたの住処である日常生活も、行動も、変化し、それゆえ道徳も教育も変化する。

もやい網や、留め具や、錨によって、また観察や、明晰さという概念や、直観の機能によって、われわれはまだ物そのものに執着している。理論は、自ら認めるところによれば、見るという行為、つまり視覚による外観の現象学によって特徴づけられる。もやい網が切れる。メッセージが客体そのものとなる。コードが与件となり、銀行が世界に取って代わる。

あるいはむしろ、私が古代と名づけた頃のように、メッセージが再び与件となる。そこでは集団はその関係から、そのメッセージから糧を得て、物は忘れられるか無視されていた。賭金、物神、神話の総体といった驚くべき後退的な負荷を引きずって、関係が戻ってくる。科学は、前へ、自らの前提へと急ぎ、裕福さが貧困をもたらし、増大した生産力が悲惨な状態を再生する。パンがパノプテスを殺し、メッセージの時代が理論の時代を殺す。古代においてそうであったように、また神話でそう語られているように、人文科学が厳密科学を再び吸収しようとしているのだろうか。

それゆえ諸科学において、相変わらず一層激しい戦争が起こるだろう。秘密や策略が再び花咲くのが見られるだろうし、嫉妬は天まで肥大するだろう。そこでは神々が、寄る歳波で耄碌した恋人たちが、相変わらず昔のデスマッチに没頭している。

厳密さと有用性によって増殖して、関係の地獄が再び戻ってくるのだろうか。

こうしただまし合いとインチキのゲームに疲れて、長からぬ命がこの流血と死との単調な時代から逃れることを夢見て、われわれは嘘もインチキもない信頼の場に帰ることを、厳密科学と人文科学を結びつける新しい知の出現することを希求している。新しい知、新しい認識論、新しい人間、新しい教育、これらの条件下においてしか、われわれは集団的死を免れえない。

万事休したヘラは、それでもなおゲームを続ける。彼女は、死んだアルゴスの皮を剝ぎ、閉じられた無数の瞼に切り裂かれ、風にはためくぼろ切れのようになった、この監視人の百眼の皮膚を取り去り、それを自分のお気に入りの鳥である孔雀の羽根の上にかぶせる。無数の目にぎっしりと覆われた汎視的球体から、玉虫色に輝く目玉模様だけが残って、光沢のある魅惑的な扇形の羽根の上にちりばめられた。飛ぶことのできないこの鳥は、ヘルメスが笛を吹くときには、しゃがれた調子外れの声で鳴き、ヘルメスが飛び過ぎて行くときには、ひどくびっこをひき、尊大ぶって尾羽根を広げ、死んだ理論を誇示する。その虚ろな眼差しは、すでに情報が逃げ去ってしまった世界を空しく見つめる。絶滅しつつある観賞用の種が、野次馬の集まる公園や庭園で、興行〔表象〕を見せて回る。

触覚はもともと聴くことができたのだが、今では少しは見ることもできるのだ。

都会では、われわれの出会うものといえば自分たちの同類のみである。彼らは、われわれが彼らを見なすと同じように、われわれを見なしている。背丈、体重、体格はさして変わらない。丸窓や鎧戸やショーウィンドウは虚ろな眼差しを投げかけるのみである。

自然の風景のなかでは、目玉模様の尾をした孔雀、雌牛、ハエ、犬、兎、ツチボタルなどが通りかかる。彼らは大きな目、あるいは無数の複眼のある視覚器官をもち、われわれを巨大に、微小に、詳細に、無色に、ぎざぎざに、細縞模様に、波形模様に、しま馬模様に、彼らなりの無数のやり方で表象する。

われわれは風景をその細部や全体にわたって眺め、風景はわれわれを一つの風景として眺める。今やわれわれは風景のなかに、その多様性のなかに溶け込んでいる。

われわれの皮膚は、羽毛に覆われてこそいないけれども、孔雀の尾のように変化するし、まるで目をもっていると思われるほどである。皮膚はその表面全体でぼんやりと知覚し、目というきわめて鋭敏な特異体を形成して、明瞭に明確に見る。他の場所ではどこでも、皮膚はいくつものぼんやりとした目玉模様をなしている。皮膚はポケットやしわを作り、そうした胚のなかで皮膚は鋭敏化されるのだが、そこが目である。他の場所ではどこでも明瞭さは溶解し、ここだけに凝縮されて明瞭な目玉模様がついている。皮膚は窪みを作り、縁どりのあるひだを作り、彫りのある扇子状の半楕円形を作るが、そこが耳であり、そこに聴覚が凝縮される。他の場所ではいたる所で、皮膚は鼓膜や太鼓をなし、広く、より不明瞭に聴いているが、しかしつねに、皮膚は耳介のように震え、振動して聴いている。われわれの皮膚は、たとえ毛皮に覆われていないとしても、豹や、ジャガーや、しま馬の皮膚に似ている。諸感覚の図がそこに広げられ、ひそやかな中心や斑紋がちりばめられて、皮膚はわれわれの諸感覚の混ざり合った多様体をなしている。

凝縮された諸感覚に共通の組織である皮膚は、多様な感受性を示す。皮膚は震え、表情を表わし、呼吸し、聴き、見、愛し、愛され、受け入れ、拒絶し、後ずさりし、恐怖に毛を逆立て、クレバスや赤斑や心の傷に覆われている。このことがもっともよくわかるのは自己同一性の障害であるが、この病気は皮膚を侵し、皮膚の上に入墨のような斑痕を形成して、誕生と経歴とによって形づくられたその人固有の雑多な色の模様を、悲惨にも覆い隠してしまう。斑痕は自分の仲間たちを糾合して、悲惨さや弱さをあからさまにする。怒った神々がその犠牲者の皮膚の上に書きつけたものを、人はすらすらと読み解く術を学ばなくてはならないだろう。病理学の初級読本は皮膚という羊皮紙の上に刻まれているのだ。

もろもろの感覚器官は、この平らな無数の図柄の上に、皮膚という平野の上に、結び目や高浮き彫りのある特異性の場、特殊化された濃密な場、つまり山や谷や井戸を形づくる。これらの感覚器官は皮膚全体に、欲望や聴力や視覚や嗅覚を灌漑する。皮膚は水のように流れるのだが、それはもろもろの感覚特質の多様な合流である。

皮膚は、内であり外であり、不透明であり透明であり、しなやかでかつ固く、意志的であり、あるいは無感覚であり、その場に存在し、主体であり、客体であり、魂であり、世界であり、監視者であり、水先案内人であり、物や他者との基調の対話がそこにやって来てそこから輝く場であるのだが、そこには、ヘルメスのメッセージとアルゴスの遺物とが保存されている。

繊細さ

鋭敏で、細やかで、やわらかな感覚や、そのような感覚を与えるものが、なぜ「繊細な」と言われるのか、われわれにはもはやわからない。われわれはその記憶や秘密を忘れてしまったのだ。

ブサック城〔フランス中部、マルシュ地方、ブサックの町にある城〕からもって来られて、パリのクリュニー美術館に収蔵されている六枚の一連のつづれ織は、『一角獣と貴婦人』という総称で呼ばれている。それらのつづれ織は五感を表現し、描きだしたものである。

それぞれの場面は、青い楕円形の島の上に描かれている。明確に画定され閉じられたその島には、花の茂みがちりばめられている。この島には一連のグループが認められる。一人あるいは二人の婦人、すなわち主人の貴婦人とそのお付きの女性。主要な二頭の動物、すなわち一角獣とライオン。三、四本のどっしりとした木、すなわち松、柊、樫、実をつけ葉の繁ったオレンジの木など。猿、ライオンの子、サギ、カササギ、じゃこう猫、チータといった一群の小動物。さらにはそれぞれに特定の一つの小物《オブジェ》。視覚に対しでは鏡、聴覚に対してはパイプオルガン、味覚に対しては菓子皿、嗅覚に対しては一皿の料理あるいは花籠が描かれているが、触角に対してはそれ固有の小物が描かれていない。

それぞれの感覚の島は、赤や、オレンジや、バラ色の背景の上にくっきりと浮かび上がっている。背景のなかにもまた小枝や葉や花、また小動物たちがちりばめられている。

開かれたものと閉じられたものの均衡、あるいはこの二つのコントラストは、色と密度によって獲得されている。動物相や植物相や生命が、島の上ではひしめき合い、背景のなかでは疎らになっているが、それはまるでこの中心の場面が周縁の布地にまで膨張し、背景はこの濃密な源泉から、希薄化した雲霞のような動物や草花を受け取っているかのようだ。島状の台地から伸びた木の茂みが、背景の赤い地の上に散らばり、背景のなかに、より密度が薄くより冷たい疎らな青い突起を形づくっているので、島状の台地の上は、一層暖かく一層強い印象を与えている。

図案は正確で忠実である。島のように描かれたそれぞれの感覚器官、目、耳、口、鼻には、感覚が豊富に、密に凝縮されている。皮膚はその背景の布地となって広がり、これらの燃えるような中心から受け取ったものによって、絶えずより新鮮な入墨模様を描いている。島はその背景と同じ繊維、同じ布地で織られているが、それは、それぞれの感覚器官が皮膚のひだからなっているからだ。この場面のなかで、触覚だけが特別な小道具を必要としていないことが注目されるが、それは自らの皮膚が充分に主体および客体をなしているからである。

ただ一つ、文字の記された巻軸装飾のある第六のつづれ織に対して、簡単で気のきいた質問がなされうる。われわれは五感を有するのだろうか、あるいは六感を有するのだろうか。中世のスコラ思想によれば、感覚は内的感覚と外的感覚とに分けられていた。聴覚、視覚、触覚、嗅覚、味覚は外的感覚と見なされていた。実際、鏡は一角獣の首や鼻面を映しており、今にも願望を述べようとしている若い女性の顔やうなじを映しているのではない。動物の像を映しているのであって、主体の像を映しているのではない。菓子皿は口に甘いものをもたらすが、この感覚〔味覚〕はまだ弱く粗野なものなので、ここでは島は保護物を添えている。それはバラの木の這いのぼった棚で、香りがいかに味覚の運動や試みを助けるかを示している。花の冠もしくは首飾りは、花束〔bouquet 芳香〕という語の二重の意味ゆえに、カーネーションにバラの香りを混ぜ合わせている。手は機敏に、堅い旗竿や一角獣のまっすぐな角を撫でている。聴覚は、ふいごの作用で振動するパイプオルガンの音を聴いている。花あるいは甘いもの、獣あるいは音楽、木あるいは角、これらは外的世界にかかわる事柄である。婦人は自分の姿を見ず、自分の声を聴かず、自分の香りをかがず、自分に触ってはいない。第六の感覚、すなわち、それによって主体が自省し肉体が身を振り返る感覚、共通感覚あるいは内的感覚が確かに必要である。第六の島、自分自身の肉体のために二重に閉じられた島がまさしく必要である。

天蓋がこの内面性、肉体の内密性を象徴し、それぞれのつづれ織に描かれた婦人たちの共通の肉体を構築しようとしている。一人の婦人は全面的にバラあるいはカーネーションの香りであり、別の女性は快い調べに身を震わせ、また別の婦人は優雅な映像に満ち、さらに別な婦人は全身これ砂糖や蜜となっている……。天蓋が彼女らの総和を囲い込む。

ところで天蓋は青い布地でできている。島の形をしたすべての感覚器官と同じ青である。しかしさらに天蓋は、組み立てられ、ゆったりと覆い、いたる所でひだをなし、飾りたてられている。それぞれの島は平らで、周囲を閉じられているが、しかし空間に向かって開かれており、明確に画定されてはいるが、しかし世界の出来事に委ねられた外的感覚である。新しい青い天蓋は、楕円の島の上と空間とにおいて、二重に閉じられている。それは自分自身の上で閉じているのだ。しかも飾り布のヴェールを被っている。

この記述はすべて、つづれ織に対しても、肉体に対しても同じように当てはまる。島の形をしたそれぞれの感覚器官は、溶けて薄められた皮膚の平野の上に、濃密な特異体を形づくっている。島は背景の布地と同じ布地で織られており、それぞれの感覚器官は、まわりのいたる所に広がっている皮膚のなかに陥入している。内的感覚は、自らのテントをゆったりと纏っているわけだが、それは新たなヴェール、新たな布地であり、また同じ絨毯、同じ皮膚である。内的感覚は皮膚のヴェールを纏っているのだ。

触覚は優位を占めているように思われる。触覚は、最初の五つの感覚の総和である共通感覚といっしょに、このテントを織り上げている。すでに指摘したように、触覚だけが小道具も特別な小物も必要とはしなかった。鏡も、パイプオルガンも、花も、甘い菓子も、必要とはしなかった。さらにその上、花冠に編まれた花の香りをかぐ前に、その婦人はそれらの花に触り、親指と人差指でそれらの花を選り分けている。視覚を表わしている婦人は鏡の脚を右手でもち、左手で一角獣の首をさすっている。味覚を表わしている女性は、鷹狩りの図にあるように、指を差し出し、小鳥をそこにとまらせている。聴覚の婦人はパイプオルガンの鍵盤に触っている。このように手は、五回にわたって共通の要素の役割を果たしており、共通感覚はそこに準備されている。

触覚は優位を占めようとしている。ライオンはその大きな前足で、テントの裾布をめくってもち上げており、一角獣は割れ目のある蹄で、天蓋の扉布を裏返しにもち上げている。貴婦人は、両手で布をもち、両端をより合わせているが、その布は小箱のなかに並べられた宝石を覆い、支え、担い、包んでいるように思われる。高価な宝石は間もなく小箱のなかに秘められて、その小箱に少女が触り、ライオンが触り、一角獣が触る。

触覚は優位を占めている。天蓋は、内的感覚あるいは固有の肉体であり、肉体が皮膚によって閉じられているると同じように、その布地によって閉じられている。天蓋の布地あるいは外皮にうがたれ開かれている扉、それは外的感覚器官である。これらの扉を通してわれわれは見、聴き、味を味わい、香りをかぎ、閉じられたその壁そのものを通してわれわれは触る。天蓋の布地あるいは肉体の皮膚は、外的感覚を損なうことなく、自らを開くことも閉じることもできる。内的感覚は皮膚を纏っており、皮膚は気密であるにせよ、窓をうがたれているにせよ、内的感覚のためのテント、天蓋、住処あるいは幕舎を形づくっている。

触覚は、閉じられたもののなかに開かれたものを確保する。貴婦人の身体が開かれた扉の全容積を占めているので、彼女の身体によって天蓋は閉じられている。部分的に開かれたテントの布あるいはヴェールは、再び落ちて、貴婦人＝総和の上に、他の五つの感覚の総計あるいは混合である共通感覚の上に、それらの外的閉鎖である内的感覚の上に、再び閉じられようとしている。

触覚は、ヴェール、布地〔画布〕、皮膚の等価性によって優位を占めた。触覚のパレットの上で、花や、果物や、木の葉や、鳥や、獣が混ぜ合わされる。われわれを取り囲み、われわれを包み、われわれに内密な住処を提供しているこの蠟のような衣服の上に、世界が刻印される。四つの外的感覚に共通の要素、ただ一つ開かれかつ閉じられたこの感覚、それは内的感覚を保護し、内的感覚を構築し始める。

この記述はすべて、第六のつづれ織、貴婦人の身体、および感覚器官一般に対して当てはまる。島を形づくっている布地は、テントの布地や背景の布地と同じ布地で織られている。ところで、垂れ下がった天蓋の布地と、皮膚という衣服を見比べると、一つの新しい事実に気づく。この両者の入墨模様が異なっているのだ。濃密にあるいは薄く広がって、混沌とした模様が分散している皮膚の表面に対して、天蓋は、規則的に炎の舌をちりばめた整然とした幾何学模様を対置させている。

テントは、小箱がそうであるように、開いたり閉じたりする。これらは二つのブラック・ボックスである。黒なのだろうか白なのだろうか。光は天蓋の内部を明るく照らしているが、小箱の蓋の内側は暗くなっている。黒くかつ白い。われわれは知っており、かつ知らない。ライオンと一角獣はテントを開いているのだろうか、閉じようとしているのだろうか。お付きの女性は小箱を閉じようとしているのだろうか。われわれにはわからないし、かつまたわかっている。

われわれの身体は皮膚に覆われており、皮膚のなかに閉じ込められている。皮膚は五感の上で開かれており、内的感覚の上では、少々開かれたまま閉じられている。触覚は引き続き優位を占めている。白いものと黒いものとの、開かれたものと閉じられたものとの、こうした隣接性を触覚はよく知っているからである。

第六のつづれ織は身体を構築している。女性の身体をだろうか。クリュニー美術館には雄はいない、雄はいないし天もない。

触覚はそれゆえ、閉じるという特質、内部を描き出すという特質をもつ。触覚を表わしているつづれ織のなかでは、ライオンは、一角獣と同じく、バンドでくくりつけられた盾形紋地を胸に垂らしている。猿は、まるで犬のように、鎖でローラーにつながれており、ハイエナやじゃこう猫は首ねっこを縛られている。もう一匹の猿は腹帯でつながれている。そう、触覚は取り巻き、締めつける。このことを指摘しておかなくてはならない。

ローラーを無視することはできないだろう。刻印である。首輪が首の皮膚に痕を残すと同じように、ローラーの円筒は外的世界の上に刻印を残す。この図以上にうまく描くことも、言い表わすことも、書き表わすこともできないだろう。

第六のつづれ織を除いて、他のつづれ織はすべて無言である。

視覚を表わしている婦人は瞼を伏せているが、一角獣は鏡に映った自分の姿を見つめており、ライオンは大きく見開いた目をこちらに向けている。まさしく動物の視覚である。花の首飾りをつけた婦人は、花からすこし離れて、手で花に触っているだけであり、バラの香りをかいでいるのは猿である。まさに獣の嗅覚である。菓子を口にもっていっているのは、またもや猿である。ぼんやりと顔をそむけた婦人は、遠くから手を伸ばすように、菓子皿の砂糖菓子に触っているだけである。ライオンは舌を出しており、ここでもまた動物の味覚である。聴覚を示す若い婦人は楽器を奏でており、歌ってはいない、聴いているのだ。彼女はオルガンの響きによって、あるメッセージを、言語の意味以前の、あらゆる意味から自由な無色のハーモニーを形づくっている。諸感覚の構成要素を表わしているこれらの婦人たちは、それぞれ唯一の感覚に身を委ねて、言語から隔たったところに身を置いている。彼女たちは、自分たちの表わそうとすることを、もの言わぬ純粋な動物性に委ねているかのようだ。外的感覚は、草花や動物やものと無言性を分かち合っているのだ。

諸感覚の総合を表わしている貴婦人は、自分の身体を構築し、あるいはテントを組み立て、言語に到達している。言語は、閉じられ＝開かれた内的感覚の天蓋を冠で飾っており、天蓋には炎の舌が刻印されている。

外的感覚は素朴で、木の葉や枝や、兎や、サギ、狐、若くてまだ角が生えていずそれゆえまだ免毒の力を有していない一角獣に身を委ねている。外的感覚は、ジャコウソウや山羊や柊などの、野生の位置に身を置いている。それは鳴き、翼で軽やかに大気を撫で、芳香を発し、よい味をもち、おそらく優雅な姿や色合いをし、しかし無言で、野生の獣や草木のように、もの言わない。それは世界に開かれ、世界に身を委ねている。平らな島が海に開かれ、海に身を委ねているのと同じである。それはまた混ぜ合わされているがゆえに不安定で、名状しがたい色合いをなし、混ざり合った香りや、多様な風味の味や、震えるような官能的感触をもつ。それは多様なものや混ざり合ったものに身を浸しており、入墨模様をほどこされている。また無数で、一面に広がり、ちりばめられ、あるいは点在し、決して単一ではない。カオス的で渦巻状の諸感覚は、決して単一性にも恒常性にも同一性にも到達しない。それゆえこれらのつづれ織は世界のありとあらゆるもので彩られているのである。

ついに、内的感覚が初めてことばを話す。天蓋は、炎の舌が刻印され、文字の記された冠を頂いている。ことばが出現するのだ。

内部から留められ、外部に押し広げられ、天蓋は開きまた閉じる。貴婦人は戸口に立ち、外に向き、注意を凝らし、身体は与件に委ねられている。与格のaを記さねばならない。

一定の容積を閉じることによって画定され、自らの上に閉じている天蓋は、少しばかり開いて自分自身をあらわにしている。それゆえ身体は「私の」〔mon〕と言うことができるし、そう書くことができる。私の身体、私の帰属、それは円環のようなものをなし、自分自身の上に戻ってくる。

モナドのような天蓋は、島の上に孤独に立っている。それはただ一つだけしか見られない。それゆえ身体は「ただ一つの」〔seul〕と言うことができるし、そう書くことができる。

孤独な帰属性をしかもたない者は、自分にあるいは与件に身を委ねる。

濃密で青い身体〔天蓋〕は、炎の舌を散らして燃えている。それは自分の宝石を譲り、テントのように空になり、宝石のなくなったことを惜しんでいる、すなわち「愛惜」〔désir〕である。この語は十五世紀末においては、ラテン語的意味、すなわち「愛惜」という意味をより強くもっており、「欲望」という現代の意味はまだもっていなかった。

私は自分の宝石を手放す。私の身体の諸部分が、バラの香りとなり、響きとなって震え、鏡の映像となっていた頃に、身につけひけらかしていた宝石を。私は、それらの宝石をもってきて、小箱のなかにしまい込む。そしてそれらを惜しむ。私は失われた世界に、この失われた楽園に、二つの海の間の島に愛惜の情を抱いている。そこではもろもろの感覚が宝石の湖のように輝いていた。今や私は話し、言語あるいは文字のテントの下に保護されている。この幕舎は閉じ、扉は下ろされる。今や私は自らの言語の牢のなかに住み、宝石の小箱は閉じられる。炎の舌の刻まれたヴェールの下に、文字の書かれた巻軸装飾の冠の下に引き籠り、世界を手放した肉体はそれを嘆き、宝石をうち捨てた婦人はそれを惜しむ。炎の模様の刻まれた青い天蓋の下でわれわれが眠っている間、五感の美しさはブラック・ボックスのなかに隠されている。

孤独な帰属性をしかもたない者は、自己に没頭し、もはや言語の与件にしか、言われたものや書かれたものにしか専念しない。

「私にとってただ一つ惜しむらくは」A MON SEUL DÉSIR

これこそ最初のことば、最初の、原初の命題であり、かつて島＝楽園で一人の娘が犯した過ちと同じように本源的で永遠の命題であり、これこそ肉体から最初に発せされたことばである。そのとき肉体は内面となると同時に話すようになり、炎に包まれ、記号を刻みつけられる。そのとき皮膚＝つづれ織、あるいは皮膚＝天蓋は、もはやリラの花やチータを纏わず、幾何学模様あるいは文字を纏う。これこそ世界を追いやり、首輪を捨てさせたことば、兎や山羊を排除し、われわれを楽園から追い払ったことば、これこそ諸感覚をブラック・ボックスのなかへ引き籠らせたことばである。われわれが望むのは、そのブラック・ボックスが再び開かれることだけである。

　諸感覚の総和を表わす貴婦人は、世界に別れを告げ、言語の天蓋の許で修道女となる。

　ここに最初のコギトがある。「われ思う」のコギトよりも目につきやすいのだが、より埋もれたコギトである。私は感じる、私は感じた。私は見た、聴いた、味わった、かいだ。私は触った。私は触る。私は自分の皮膚の天蓋に閉じ籠る。それは炎の舌《ラ》〔言語《ング》〕で燃えている。私は話す。自分について、自分の孤独と失われた諸感覚への愛惜について語る。私は失われた楽園を惜しみ、私が身を委ねていたものあるいは私に与えられていたものの喪失を嘆く。あのことばが書かれて以来、私は愛惜の念にかられている。そして世界は不在となっている。

　これこそ、きっちりと閉じられた円環の上に円形に記された第一命題、自己同一的で、単一で、安定した第一哲学である。私の愛惜の情は書かれたものと同一化し、私は言語としてしか存在しない。不安定で、多重で、混ざり合った諸感覚、小箱に隠されてテントからは見えない諸感覚に対して、自己同一性の原理は閉じられ盲目となる。

　若い貴婦人は、愛惜の念を残しながらも戻り、言語の幕舎に永久に入ろうとしている。われわれは彼女とともに永久に言語の幕舎に住んでおり、言語の幕舎から出たことはない。われわれはクリュニーのつづれ織を一度として見たこともなく、知ったこともなく、理解したこともなかったのだ。

触覚についても、他のいかなる感覚についても、私は語ることも書くこともできない。巻軸装飾の冠をつけ言語を纏ったテントのなかに、私は住んでいる。私といっしょにそのテントのなかに住んでいる者たちは、誰もそこから出ることはできないし出た者もいないと、きっぱりと言明している。彼らの言うところによれば、物や花や果物、鳥や兎、音や形、味や臭いを言い表わす、あるいは書き表わすいかなる言語も見出しえず、また言語の出現以前の世界を言い表わす、あるいは書き表わすいかなる言語も見出しえないとのことである。彼らの言い分は正しい。他の五枚のつづれ織について、私は書くことも語ることもできないとのことである。クリュニー美術館には一枚のつづれ織しか見あたらず、われわれは訴権を失っていない。なぜなら私が書こうとしても語ろうとしても、結局、私は第六のつづれ織について語っていることにしかならないからだ。原初に言語が生まれた。われわれはそれに対して何もできない。

一角獣の角は毒消しの作用があるとされている。有害な薬物に対して免毒性を得るには、その角を粉に砕いて、それを飲物に混ぜ、あるいは水に溶かして飲むだけで充分である。一角獣は人を毒から解放する。

ある時、私は聴衆の前で話していた。講演用のテントの下で、聴衆も私も話に注意を集中させていた。突然一匹の大きなモンスズメバチが私の内腿を刺した。驚きに加えて名状し難い痛みが襲った。しかし声にせよ抑揚にせよ、何ものによってもこの事故を聴衆に気取られることなく講演は終了した。明瞭に覚えているこの思い出は、スパルタ的な勇気を自慢するものではない。話している肉体、言語で満ち溢れている肉体は、何が起ころうとも、ことばのなかにとどまることにさして苦痛を感じない、ということを示しているにすぎない。ことばは肉を満たし肉を麻酔させる。ことばが肉となるとさえ伝えられているし、そう書かれてもいる。ことばほど人を無感覚にするものはない。もし私が何かの図像を見ていたり、パイプオルガンを聴いていたり、花の香りをかいでいたり、シュガーアーモンドを味わっていたり、旗竿を握り締めていたりしたならば、蜂の一刺しで私は叫び声をあげていたことだろう。しかし私は話していた。ことばの畝あるいは囲いのなかで均衡を保ち、弁論の鎧に身を固めていたのだ。患者に強力な麻酔をかけたいと思うならば、情熱を込めて大げさに話すように彼を仕向けなさい。自分について、自分についてのみ、自分のただ一つの愛惜〔欲望〕についてのみ論じるように彼に求めなさい。論証するように、あるいは周りの人々を納得させるように彼に求めなさい。ついには、彼は響きわたることばに中毒し、モンスズメバチは彼に対してもはや何もできなくなるでしょう。われわれは話すことによって自己に中毒し、行動的な主我主義者《エゴチスト》となる。

われわれは解毒薬を探し求めており、もっとも強い麻薬である言語からわれわれを解放してくれる伝説の動物を探し求めている。クリュニーのつづれ織はそれを見つけ出したのだ。

ライオンと一角獣が、ヴェールあるいは扉の垂れ布をもち上げている。貴婦人は炎の舌〔言語《ラング》〕の牢から出て、再び開かれたブラック・ボックスから、小川の流れのような宝石を取り出している。この宝石の流れが小箱からほとばしり出るのと同じように、今再び生まれ出た貴婦人は、ヴェールから出て自由の身となる。それから彼女は一角獣を従え、オレンジの木や小動物のなか、島＝楽園を訪れる。それは五大陸、あるいは五つの相をもつこの世界と同じ世界である。彼女は、われわれの喜びと彼女自身の喜びのために、諸物の饗宴に参加するのだ。

　このつづれ織の表題をも含めて、彼女はつねに一角獣を従えているのだが……この伝説上の動物は、物語においても、詩においても、神話においても、決して彼女を離れることはない。物そのものに到達するためには、ことばは漂うがままにさせておけばよい。

　つづれ織を織るときには、杼が左右に走り横糸が縦糸の下を通る。このようにして感覚〔意味〕《サンス》が織物〔組織〕にからみつく。それは、声をもつ肉体にメロディーが、母音に深い思考が、時としてからみつくのと同じことである。手の込んだ布地の図柄や色合いが念入りに仕上げられて、ついには醸しだすまばゆさは、その布地の裏の無数の編目や結び目に対応している。それは「繊細な」という形容詞の語根を隠して不明瞭にしている、舞台裏の〔布の下の〕出来事である。つづれ織の秘密はその下で結ばれているのだ。

　ここにこそ一角獣の秘密があり、繊細な五感あるいは六感の秘密がある。皮膚は、剝ぎ取られた標本のように、壁に吊されている。この皮膚を裏返してみなさい、神経繊維や結節が、あるいは吊り下がり、あるいは引きちぎられていて、集中制御盤の裏側の配線のような、ジャングルの全貌が見出されるだろう。五感あるいは六感が、布の下でまた上で絡み合っており、これら五感や六感が、より継ぎや、組継ぎ、玉継ぎ、加工仕上げ、カールやステッチ、固定結びや移動結びによって織り成し、形づくっているものがこの布である。背景の上に島が一つ一つ浮き立っているように、皮膚はもろもろの感覚を含み、明らかにし、あらわにし、巻き込んでいる。諸感覚は絨毯のなかに宿り、織物のなかに入り込み、布地が諸感覚を形成していると同じように、諸感覚が布地を形づくっている。諸感覚は皮膚に住みつき、その下を縦横に走り、入墨模様の花や獣や木の枝や、孔雀の尾にちりばめられた目玉模様となってその上に見分けられる。諸感覚は表皮を貫いて、その繊細な秘密にまで到達する。

　中世以来、白日の下でわれわれの目に示されてきた一角獣の謎は、表象されることのない繊細さの秘密として、すなわち触覚の無言の支配力として、読み取ることができる。

変化《ヴァリアシオン》

　ボナールの描いた化粧をする裸婦や、無数の色合いをもつ庭は、変化に富んだ布地や皮膚や外景を示している。「変化」の意味を考察してみよう。「変化に富んだ」とは「無数の《ミュルティプル》〔様々な〕」を意味する。無数の色合いや色調、無数の形状が、裸婦の入墨模様や庭の花の繁茂を飾っている。一挙にすべてを見るアルゴスの剝がされた皮、ぼろ切れのような皮膚は、彼が死んだあと孔雀の尾にかぶせられたが、孔雀の尾は同じように変化に富んだ目玉模様がちりばめられている。またパヴァーヌの舞踏曲〔十六、十七世紀に流行した宮廷ダンスおよびその曲〕は単調な響きをしていないし、羽根の扇はきらきら光り、斑模様をなしている。さらには、もろもろの感覚器官を示す青い島は、背景の赤い布地と同じように、様々な花や変化に富んだ動物で貴婦人と一角獣を取り囲んでいる。単一のものは何もなく、逆に、多様性、豊穣さ、繁茂、無数、差異性が君臨している。

　草原は草花で七宝のように彩られているのだが、地上の草花の茂みと布の上の糸の綾とが併置されているわけだ。われわれはまず、不連続なあるいは明確に区別しうる多様体を指摘しうる。オレンジの実はどんぐりの実と、カーネーションはバラと、山羊はライオンとはっきりと区別されている。裸婦の皮膚は様様な入墨模様がついている。おそらく裸婦の皮膚はバラの香りによってバラ色になったのだろう。しかしまた同時に、彼女の皮膚は、羞恥心や愛撫やその他のいくつもの刺激によって興奮する。あらゆる感覚の痕跡や形跡が混ざり合うのだ。多様体は連続をなし、皮膚は様々に変化すると言うことができる。女性はしばしば、変わりやすい空模様や天候のように変化する。クリュニー美術館の貴婦人の脇の一角獣は、山羊のひげと、馬の身体と、二つに割れた奇妙な蹄と、一角鯨の角との混合からできている。つづれ織の上の、不連続なあるいは連続的な多様体は、混合を排除しない。この伝説上の獣が、諸感覚の混合を象徴しているのか、あるいは諸感覚によって知覚される混交を象徴しているのかわからない。しかしこの怪獣それ自身が変化するという問題が残されている。同じように、孔雀の尾は、心地よい肌触りをもち、目で見つめているように思われるし、また聴力によって殺されたのでもあるから、これら〔触・視・聴の〕三つの感覚が混ざり合って、扇形の尾の上にちりばめられているわけだ。

これまでに述べてきたこと、およびこれから述べることは、多様性の概念に対して多様な価値をもつ。

われわれの皮膚は位相論上の正確な意味において多様体と呼ばれうる。すなわち起伏や平原のある繊細な薄膜であり、多種多様な出来事の痕跡や特異体がちりばめられており、近傍に対して感じやすい。パノプテスのように規則的に目をうがたれているときには不連続の様相を呈し、しかしまた入墨模様がほどこされているときには連続的である。鏡の前で化粧をする裸婦の皮膚はこのようであり、実際、一角獣と同じように混合体である。

寓話は、さらにもう一度、真実を語っている。諸感覚の総和を表わす貴婦人もしくは完全な身体、内的感覚もしくは共通感覚、五感の総合を表わすつづれ織あるいは第六のつづれ織、究極の天蓋である皮膚、今ここではあなたや私ということになるが、それらのものは、現実においては、縫い合わされた寄せ集めや、つぎはぎ細工の形をして、あなたや私の日常生活のなかに姿を現わす。生の状況は、深刻なものにせよ好都合なものにせよ、われわれの意思と同じく、様々な作用を受ける。聴覚の多様体の上に仮縫いされた視覚の多様体は、大きな縫目で互いに臨時的に縫い合わされ、その二つのそれぞれや全体は、一つ一つ、順不同に、味覚や嗅覚や触覚の多様体に仮に縫い合わされて、決してやって来ることのない仕上げの縫い付けを待っているのだが、それらは合成された多様体や隣接する多様体の上で、目だった、時には不調和な構成要素を形成している。すなわち馬の鼻面に山羊のひげが見られ、驚くべきことに一角鯨の角の下に馬の顔形が認められる。ここにこそわれわれの生成、われわれの形成がある。やっつけ仕事や、時の偶然や、不手際なわずかな機会に委ねられ、時には好運な出会いに恵まれることもあるが、性急に不細工に仮縫いされたわれわれの皮膚は、キマイラ〔ギリシア神話。ライオンの頭、山羊の胴、蛇の尾をもち、口から火を吐く怪獣〕に似ている。この怪獣は、多少ともうまくくっついていない断片からなり、顎は奇妙な毛で飾られ、蹄としっくり合わない踵をもっているのだが、われわれの皮膚はこの怪獣に似ているのだ。人間の発育条件や、環境、偶然的につなぎ合わされた遺伝子の連鎖によって、人間は、総体的に安定した一つの型の上で、様々に変化する奇妙な混血種となっている。現代の人類は決して一つのシステムに到達したわけではない。ぼろ切れを切り抜き、継ぎ合わせているにすぎないのだ。それぞれのつづれ織の婦人はみな互いに異なり、山羊も、馬も、一角鯨も互いに異なっている。だが、すべての婦人は第六のつづれ織の貴婦人に継ぎ合わされ、馬も一角鯨も山羊も継ぎ合わされて、一角獣は求められた総和を形づくり、貴婦人は獣の肌を身に纏う。われわれはみな神話的な皮膚をもち、謎に満ちたスフィンクスの姿をしている。皮膚は、不連続を呈し、あるいは連続体をなし、不細工に継ぎ合わされ、角をもち、様々に変貌する。それは変化し、織り上げられ、絵巻物で彩られ、入墨をほどこされ、神話的な姿を呈している。

各人に固有の身体は、一角獣の虚構と同じように組み立てられている。

皮膚によってここに明らかにされたことは、さらに一般化して言い表わすことができる。皮膚は、それぞれ隔てられた島をもつ不連続な多様体として、あるいはまた広い区域にわたる混合状態の連続的な多様体として姿を現わし、また体験される。皮膚はこの二種類の多様体を総合し累積する。皮膚は、併置されたものと混合したものとを混合し、また併置する。そこから結果するものを、人は「変化に富んだ」と形容する。

感覚《サンス》は変化する。感覚《サンタン》するものも感覚《サンティ》されるものも変化するからだ。これら感覚によって得られたものを、真か偽かの基準に照合して判断することが不当であることは、見やすい道理である。まず最初に、様様に変化するものを考えなくてはならないのだ。

多様体としての山羊に結びつけられ混ぜ合わされた多様体としての馬は、ごくありふれた怪物を形づくり、それは様々な場を併置し混合する。人はこのことを知っている。というのは、虎とライオンを親として生まれた動物は、雄か雌かの種によってライガーとかタイゴンとか呼ばれているからだ。人は遺伝子操作を糾弾する。しかし、生成とはすべてこのような操作の積み重ねである。個体や生体はすべて、スフィンクスや一角獣であると言えよう。厳密な意味において、混血ではないと言いうる者が誰かいるだろうか。つづれ織の上に、青い島や赤い平原の上に、あなたは兎やチータや、翼を広げたアオサギを認める。あなたがそれらの動物に同一性を認めたとしても、それはあなたの無知を示しているにすぎない。なぜならそれぞれの動物は交雑によって生まれるからだ。私自身認めなければならないが、齧歯類や渉禽類や豹の変種について、雑種形成の問題について、私もほとんど何も知らないのだ。すばらしいことに、つづれ織はもっぱら異種交配によってでき上がっている。別なやり方だったら、どうしてつづれ織を織り上げることができようか。

同一性を揺るがせる困難な概念を、われわれは考えなくてはならない。一角獣は、同時に、同一の場で、同一の関係において、馬、山羊、一角鯨であり、かつまた、それらではない。さらにこのことは山羊についても、一角鯨についても、馬についても言うことができる。混ざり合い、変化する皮膚や感覚についても同様である。絆創膏で貼り合わされ、雑多な要素から性急に構築されて、生みだされ仕上げられた生体や個体についても、私はこのことを述べたし、また私自身についても同じことを言うだろう。私は今、ここで、同一の関係において、これであり、あれであり、かつまた、それらではない。自分自身の思考からして混血である以上、誰がこのことを知らないだろうか。雑種的実存としての誰が、このことを考えないだろうか。揺らめき、様々に変化する多様体としての誰が、このことを知らないだろうか。今、ここで、同一の関係において、私はこれなのか、あるいはあれなのか感じられないし、わからない。しかし、もしそれを言わなくてはならないとすれば、今こそ私は正確にそれを感じ、知らなくてはならない。さらに、もし私がそのことを約束し、書いたとすれば、私は確実にそれを感じ、それを知り、それであるのだ。

この私、感覚《サンタン》するもの、一角獣、すなわち中央に角があり、他の部分はいたる所に入墨がほどこされ、流動的同一性をもったもの。

なぜ一角獣が一本しか角をもっていないのか、突然、私は合点がいった。様々な動物の肢体からなり、絆創膏で性急にくっつけ直され、雑多な要素からなる様々な部分をもつこのキマイラは、これらつぎはぎの裂け目ゆえにその自己同一性を失っている。自己同一性の原理からのこの隔たりによって、この動物は神話や空想や伝説へと追いやられる。この動物は科学にも言語にも入ることはできないのだ。ところがこの動物の自己同一性は、このような不可能な状況にありながらも、額の中央に突き出している皮膚の異常増殖によって首尾よく保たれている。この動物はそこにおいてしか一角獣ではなく、そこにおいてしかその名をもたない。他の場所はどこでも、馬とか山羊とか呼ばれうる。通常の動物や人間と少しばかり同じことになるが、左と右、右側や左側があり、それに加えて溶接の場が一つ、接合部が真ん中に一つある、と言うことができる。プラトンがそこに縫い合わせの痕跡を認めていたように、会陰部がある。ところがこのキマイラは、この縫目をはっきりと表に出し、明瞭に誇示している。皮膚が溶接されるこの場において、皮膚そのものが角となって異常に大きく成長しているのだ。右でもなく左でもなく、右側の左寄りでも左側の右寄りでさえもなく、ポリュペモス〔一眼の巨人食人種キュクロプスの一人で、オデュッセウスにより盲目にされる〕の目と同じように正確に中央にである。このキマイラの概念そのもの、一角獣の意味そのもの、ありえないようなその特徴的器官、その名前そのものがここに生え育っている。うまくいっていない混合が、ここではうまくいっている。感覚で捉えうるもの、つまり混合が、ここでは成功を収めているわけだ。

伝説に従って一角獣の角を液体に溶かし、この飲み薬を飲むことによって、なぜ人が免毒性を得るのかを、突然、私は理解する。一本だけの角を理解するには混合を理解しなくてはならないし、混合物を作りそれを飲んでみなくてはならない。ロンドン王立協会の学者たちが、折りしも、犀の角の溶液を飲んで実験してみたが、効果がないので、角の効用は神話あるいは伝説にすぎないと結論づけた。彼らは、自分たちが理解したということが、わからなかったのだ。伝説は単に混合について語り、角は縫い合わせについて語っているにすぎない。逆に混合もまた、神話や伝説によってしか語られておらず、感覚で捉えうるものについても同様である。

シベリアリスの毛皮

王子は妃を探している。公国全土から、自分にふさわしい結婚相手〔自分の足に合った靴〕を見つけるにはどうすべきだろうか。王子は触れの太鼓をたたかせる。彼はすべての女性を見ようというのだ。

見るだって。おやおや、王様の御曹子は味覚を欠いておられるのか。見るということが、きわめて不完全な情報をしかもたらさないということを、ご存じないのか。目利きはさしたる価値がないのだ。いやそうではない、王子は妃の候補者たちに、シベリアリスの毛皮製の短靴を履いてみるよう求める。そこから謎《ミステール》が始まる。

一つの物語はしばしば二つの謎を提示する。そこに語られているしかじかの物についての謎と、語りそのものの謎の二つである。たとえばスフィンクスがオイディプスにかけ、オイディプスが解いた謎、そしてこの神話がそれを聞く者にかけ、解く鍵のないままに長い間放置されている謎の二つである。オイディプスという名は足を熟知しており、この名は足にかかわるすべてのことを理解し解決することができる、ということが理解されなくてはならない。このように、語りは謎を説明しその解決を予言している。同じようにして王子は、自分の問題を解いたのだ。短靴はシンデレラのものである。王子は権力と金力をもっているので、彼の方法は可能な限り高くつくものでかまわない。彼は一人も見落とすことがないように、完璧に全女性の再閲をする。先ほどの謎の解読者が、なぜオイディプスという名をもっているのかを考えたと同じように、後は語りの謎を解くことが残されている。なぜ短靴はシベリアリスの毛皮でできているのか。なぜシベリアリスの毛皮〔vair〕という語が語られるのか。

まず最初に、短靴については何を言うべきだろうか。ついでながら、いよいよ重大な問題を問うている この哲学の書物を、どうか評価していただきたい。私は問うのだが、短靴については何を言うべきか。短靴は足を優しく包むものだが、それは陥入したポケットのようなものであり、ねじれた折り目、一種の縁無し帽、手袋の指、そんな形に感じられないだろうか。それは、開かれかつ閉じられたテント、触覚によって、触覚のために作られたものであり、皮膚が痛む場所、病的に神経質な場所での、皮膚の上の皮膚である。悟性にかかわる学問のいかなる大御所、いかなる頭目が、最高に繊細な感覚が足に存すると認めるだろうか。まず最初に足に存しないようなものは頭には一つもないと、誰が言うだろうか。しかしながら王子はそこから始める。同じように控え目なシンデレラは、キュサンドロンから始めた。

シベリアリスの毛皮の短靴に触ってごらんなさい。滑らかで、やわらかく、暖かいその毛皮を撫でてごらんなさい。疎らで、長くて堅い上の層の毛が、下の層の密生した細い毛皮を保護していることがわかるでしょう。すべての毛皮は、このような二重構造の特質を隠しもっている。足の皮膚は、このような二重の層の下に保護された皮膚の下に保護されており、四重五重の多様体をなしているのだ。

ガラスの靴という話を信じないでいただきたい。ガラスの靴とは、意味〔感覚〕を奪われたまずい表現であり、またそれは、硬く、壊れやすく、履きにくく、冷たく、透明で、ダンスには不向きな靴である。ガラスは見え、あるいは見えるがままにし、明晰にして判明であるが、シベリアリスの毛皮は感触にすぐれ、視線を遮り、滑らかで、硬くなく、ゆったりとし、〔ガラスのように〕高密度でなく、肌触りがよく、やわらかく、ビロード質で、見た目にも優しく、ダンスを踊る足を自由に動くがままにする。また、シベリアリスの毛皮をよく見ていただきたい。あまり同質的でない白と黒の色をしており、明瞭にはっきりと分けられた白と黒ではなく、少し混ざった色調だが、だからといってグレーではなく、灰白色で、混ざった色合い、まさしくリス色《プチ・グリ》である。毛皮の専門用語、あるいは盾形紋地に用いられる毛皮の用語では、シベリアリスの毛皮〔vair〕という語は、「変化に富んだ色」という意味を表わす用語として用いられている。

ところで王子は、この貧しい女を、通常の意味で見つけ出すのではない。美しい肉体をところどころ見せているぼろ着、あるいは舞踏会の衣裳を着たシンデレラを、王子は見つけ出すのではない。ぼろ着はすでに、眼状斑の模様をなす裸体を見事に表現している。否、王子は、シベリアリスの毛皮の靴を履き、半ば裸で灰にまみれて座っている自分の妃を見出すのではない。認知は、視覚によってではなく、触覚によって、互いに嵌合する立体特異性によっておこなわれるのだ。短靴はまさしく接触するために、超過も隙間もなく、サイズがぴったりと合うためにもたらされる。認知の行為において、皮膚は眼差しに先行し、シベリアリスの毛皮はガラスに優る。これはおとぎ話の問題なのだろうか、あるいは盲人についての書簡の問題なのだろうか、あるいはまた認知の愛撫による真の愛のささやきの問題なのだろうか。

シベリアリスの毛皮は、変化に富んだ色合い、二重構造のやわらかい毛皮、ダンスをするにちょうどよい頃合の自由度を足に与える靴、様々に変化する短靴などを意味する。

ガラスの靴は、硬く、恒常的で、固定した厳密な概念に相当し、安定した世界に対して価値をもつ。すなわち大きくならず、歩かず、走らず、踊らない足にぴったりの寸法である。ネズミが従僕に変わり、代母の魔法の杖の一振りで諸物が渦巻き、馬が思いもよらないトカゲに全質変化するような世界、様々に変化する環境にとっては、しなやかな靴の方が価値がある。

灰の近傍においては、世界は様々に変化する。それは、カボチャが四輪馬車に変わり、真夜中を過ぎると再び蒸発釜に変わるおとぎの国であり、ぼろ着を夜会服に、召使の女を王妃に変える錬金術の世界であり、驚異の世界である。王子の側においては諸物は不変であり、あるがままの姿を保っている。別の女性たち、継母や偽の姉妹たちについても同様であり、舞踏会や上流社会についても同様であって、そこではまさしく何も変化しない。シンデレラの側においてのみ、諸物は変動し、饒舌である。

一瞬にしてもろもろの物を変化させる妖精と、うちのめされた犠牲者との結びつきは、単に恨みや、迫害された者の無力な夢のなかに、その根拠をもつのではない。排除され、打ちすえられる者は、自らの内に変身あるいは神格化の能力を凝集する。社会はこの者をペストのように忌み嫌うのだが、ある日突然、この者を神としてあがめることになる。このことは物語〔歴史〕のあけぼのの時代から一般的に見られる。かつて贖罪の山羊が、世界の汚れと罪を一身に引き受けたと同じように、継母はこの貧しい娘を竈部屋に押し込み、灰まみれにしておくのだが、この竈部屋は宮殿への控えの間となるのだ。この二つの価値、悲惨と栄光、うちひしがれた状態と王座、死と権力、タルペイアの岩〔カピトリウムの丘の南西にあり、そこから罪人を突き落として処刑した〕とカピトリウムの丘〔古代ローマ七丘の一つで宗教・政治の中心地、ユピテルを祭る神殿があった〕、隣接しているがしかし対立したこれら二つの価値あるいは位置は、通常、聖なるものが徘徊するあらゆる物語の指標となる。文化人類学、政治、宗教においては、この二重の世界は驚異的ではなく、日常的であり、この二重性こそ、それら〔政治・宗教・文化〕の二つの源泉である。生贄と王との間には、真夜中の十二点鐘、あるいは魔法の杖の一振りの隔たりしかない。

しかしペローのこの物語は、さらに多くのことを語ろうとしている。この物語は、一つの価値からその逆の価値への道筋、灰の価値から金の価値への道筋、竈部屋から宮殿への道筋、一つの源泉から別の源泉への道筋、権力が重くのしかかる場から権力をわが手にする場への道筋を描いている。この物語は変化の道筋を書き記しているのだ。ところで、現代はこぞって、この変化の道筋を探し求めている。善と悪、真と偽、明瞭と不明瞭、権勢と悲惨、このような区別は、決して恐るべき問題を投げかけはしない。人はほとんど自然に、これらの区別をしてさえいるからだ。あらゆる憎悪、あらゆる暴力が、いわゆる合理的で神聖なこれらの区別へと人を導き、人を追いやる。しかしこの二つの位置の一方から他方への道筋、この二つを結びつける連続体、あるいはその間に横たわる深淵は、きわめて恐るべき問題を投げかける。だが、この問題に対して、われわれの文化も怨恨もなんの予備知識も与えてはくれない。それゆえ現代はこぞって、この変化の道筋を探し求めているのだ。

諸物は様々に変化し多弁である。つねに四つ辻が現われて、そこにやって来るとまったく突然に、あなたの乗っていた四輪馬車が、ふにゃふにゃとカボチャになってしまったり、あなたの手のひらのなかで、金が不快にも灰に価値を下落させてしまったりする。ところが、これら変転きわまりない外観のなかで、不安定性の波に抗しているものがただ一つある。それは靴である。真夜中の十二時が鳴ると、高貴なる豪華さは、汚らしい凡俗さのなかに崩れ落ちるが、残された靴が変換を免れる。それは、そうなるはずなのに、汚い木靴には戻らない。シベリアリスの毛皮製の靴の片方が、王子の証拠物件として宮殿に残され、もう片方は台所の裏の竈部屋に戻る。変化のなかに一つの不変が、それぞれの世界に一つの不変が存在する。一角獣の一本の角。それは縫い合わせの場、混合と結婚《マリアージュ》〔結合〕の場である。

このことは予期されていなかった。この物を見ようとは予期しなかったし、この語を聞こうとも予期しなかった。諸物は変化する、このことをその語が語っている。シベリアリスの毛皮〔vair〕という語は、変化に富んだもの〔le varié〕あるいは様々に変化するもの〔le variable〕を意味し、そしてまさしく不変のままでいる。この物語のすべての謎は、ここに包み隠されている。靴のなかで選ばれる美女の足、これは王子の問題であり、名称における微妙な意味、これは科学の問題である。ガラスは透明であり毛皮は覆い隠すのだが、ガラスかシベリアリスの毛皮かの論争における古典的問題点のすべては、問題の核心がそこにあることを、ずっと以前から知らせていたのだ。ガラスは壊れる、毛皮は変化する。「シベリアリスの毛皮」〔vair〕という語の語根は、「変化に富んだ」〔varié〕という語のなかに見出されるのだが、これはわれわれの探求にかかわる問題である。varié という語の語根は、こんどは varus で、「外反膝の」、「びっこの」の意味であり、それぞれびっこになった二つの靴に関係し、これは王子の問題となる。彼は、その二つが見事に愛し合うことをずっと以前から知っているがゆえに、びっこの靴の女を探していたのだ。びっこの足は、ぎくしゃくとした足音を響かせる。それゆえ不規則な足音は様々に変化して響く。ノワズゥな美女の一本だけの足が、もはやまったく私の頭を離れない。それは、バルザックの小説のなかで、ドイツの画家によって描かれたものだが、虎斑や縞模様をなす混沌とした絵画のなかで、この足だけが安定した不変の要素をなしている。私は今ここでこの足を、オイディプスの謎におけると同じように、物の面でも名の面でも、不変でありかつ様々に変化する要素として再発見する。

靴はそのサイズに応じて足を締める。足《ピエ》〔昔の計量単位で約三二・四センチ〕は尺度の単位を示す。単位はもちろん変わるはずがない。そのサイズに応じて足《ピエ》〔単位〕を包む靴は、変化の指標となる。助変数であるシベリアリスの毛皮の靴が、変数になるのだ。ペローが一連のおとぎ話を書いていたと同じ時代に、ライプニッツは数学および二つの同系言語、ラテン語、フランス語に変数の概念を導入し、多様体をもって、一つの現象の現実性を示す標識とした。変化を考えるとき、安定的なものと不安定なものを同時に考えることが要求されるわけだ。真の意味では理解し難いような、純粋に不変なものを考えるのではなくて、変化のなかにありながら不変であるものを考えなくてはならない。人々はすべて能弁であって、安定した足《ピエ》〔単位〕の尺度に準拠するわけだが、変化の道筋はすべて、様々に変化する短靴によって駆け巡られる。これはもう一つの、七里を駆ける靴〔ペローの童話、一またぎで七里を行くという靴〕なのだ。

われわれは再び一角獣の角を見出す。それは皮膚が大きく異常増殖したものであり、左右の角の総合であり、さらには粉に砕いて液に溶かされ、混ぜて飲み薬となる。こうして左右の角は、同じ場所で、同時に、同一の関係のもとに、断ち切り難く結びつけられて、考えも及ばない混合が実現される。このキマイラは、自分の皮膚のいたる所で、雑多な仮縫いと奇妙な併置とによって練り上げてきた結合を、ありえないような角としてついに完成させる。

シベリアリスの毛皮の靴についても同様である。しなやかであるが特定的であり、あらゆる形に変化しうるが、一つの形にしかぴったりと合わず、唯一であり多弁であり、開かれていて閉じられており、足をしっかりと押さえるが、ダンスを踊るに適したしなやかさをもっている。シベリアリスの毛皮は、安定と変化を、一と多を、標準と変異を、同じ場所で、同時に、同じ関係のもとに考えざるをえなくさせる。きわめて厳密な意味で、シベリアリスの毛皮は変数を指す。

王子の手のなかに残された舞踏用の短靴は、かけがえのない妃へと通じている。明日はわれわれは、お妃様の婚礼に出るだろう。この世に一つしかない鍵は一つの扉をしか開かない。語りのなかに沈み込んだわれわれに、シベリアリスの毛皮という語は意味を、言語の鍵を与える。様々に変化する意味を、何に準拠させるべきなのか。

視覚は、混合と自らの明晰性との双方に悩まされる。視覚は自ら進んで区別し、分離し、距離を尊ぶ。触れれば、目は痛みを感ずるからだ。目は保護され、距離を保つ。皮膚はしなやかであり、安定していながら様々に順応する。皮膚を多様体として、シベリアリスの毛皮の靴として理解しなくてはならない。皮膚は、受け取り、包含し、外に現わし、内に含み、液体や流体へと傾斜し、混合へと限りなく近づく。

霧

精神的な意味においてとまったく同じように、物質的な意味においても、私は不明瞭さのなかに生きることを好んでおり——視覚からなる人間は自由を享受しないからだが——私は夜の暗がりのなかで物を見るよう訓練している。光はしばしばどぎつく、攻撃的で、ときには残酷である。夜を待ちたまえ、暗がりを楽しみたまえ。めったにランプをつけないようにし、闇の帳が降りるにまかせなさい。夜は黒いダイヤのように輝き、内から輝く。諸物が自分のすぐ近くに隣接していること、夜におけるその重々しい存在感、その静けさを、私の身体全体が見て取る。明るい光は諸物からこの平穏をすべて奪い取り、また私の平穏をも奪い取る。暗がりからなる私の肉体は、暗闇を尊び、暗闇のなかに、その静けさのなかに滑り込む。私の肉体はまるで暗闇と旧知の仲であるかのようだ。暗闇はもっとも細かな注意力を高揚させ、繊細さそのものをあらわにし、皮膚全体を生き生きとさせる。漆黒の闇夜はめったにないので、夜であってもほとんどすべてのことは、月のない夜の窪地の道の歩行すらも、いかなる光の助けも借りずになされうる。足の裏は地面をよりよく知り始め、肩は木の枝の触れるのを感じ、溝のなかの石が穏やかに輝くのが見えるようになる。書くことを除けば、人は光なしでほとんどのことをすることができる。書くことは明りを要求する。生きるためには暗がりで充分であるが、読むためには光明が必要となる。

夜は、皮膚を無感覚にするのではなく、皮膚の繊細さを高揚させる。闇のなかで道をさぐって進むとき、肉体は、意識範囲の下部のわずかな知覚、きわめて小さな呼び声や、目に見えないような色合いや、ほのかな香りなどを好む。大音響をとどろかすいかなるものよりも、これらのほのかな知覚の方を好むのだ。静寂のなか、暗闇のなかを漂っているものを助けとして、肉体は、自らの忘却のなかに、習慣のなかに、何千年もかかって沈澱されてきた鍛錬を、再び呼び覚ます。まだきわめて浅い歴史しかもたない人工器官の技術によって、屈辱を受けているわれわれの骨は、太古から保持してきた自分たちの楽譜を再び演奏して興奮する。われわれの腱や筋肉、身体を覆う皮膚は、義足や電灯や自動車、つまり感覚器官や運動器官の補助物をわれわれが投げ捨てたとき、歓喜に満ちて歌い始める。現代の技術は、往々にして、健全な四肢に対する無用な整形外科手術のようなものである。理論的には手足を取り替えることや長く伸ばすことができても、手足そのものは病弱となり無力となる。自分たちを強くするものを大切にし、弱めるものを軽蔑しようではないか。

しかし、注意深い熟達の士の腕を狂わせるものは、この世に夜だけというわけではない。暗闇はわれわれを包むけれども、それは霧のように皮膚を攻撃しはしない。霧によって陥れられる不安感は、単に盲目状態からくるのではなく、腕や肩や腿や腹や背の上に霧が層をなして広がってゆくことによる。霧は身体を這い上がる。ヴェールをかけるとは何を意味するのか、どのようにしてヴェールは物を覆うのか。暗闇は四肢を目覚めさせ、四肢はおのずから目を助けるので、視覚が覆い隠されたときには大きな存在価値をもつ。視覚は覆い隠されるものなのだろうか。霧は肉体を眠らせ、湿らせ、麻酔させる。皮膚はそれぞれの場所で霧の湿布にしきりに抵抗するが、湿布のもとでは皮膚のプリント模様は機能低下をきたす。それゆえ皮膚は、さまよう眼差しを救うための自由を喪失する。霧は非常用の目を奪い取り、われわれを目隠しし、覆い尽くす。霧は幾重にもヴェールをかけるが、夜は決してヴェールで覆わない。

暗闇では、充分に安定した大きな立体角が不変なままに保たれ、その三直線はわれわれを貫き左右上下の方向づけを可能にする。暗闇のなかでは、まわりの大きな量体の配置は元のままに保たれる。暗闇は残っているわずかな光を透けて見えるがままにするのだが、暗闇には、つねにわずかな光が残っているものである。一方、霧は、われわれの皮膚が近隣の量体との間で保っている関係や基準を奪い去る。霧のなかで肘が物に触ったとしても、きわめて厚い霧の層が横たわっているので人は隣接感を感じない。もっとも確かな手段の信頼感さえも失われてしまうわけだ。逆さまになって雲から出てくる航空機や、霧で方向感覚の狂った乗務員のおかしな操船によって、あちこち迷走する船舶などは、しばしば見られるところである。霧は皮膚の能力、その延長機能や感知能力を簒奪し、平らであれ凹凸があれ表面にくっつきはりつくように皮膚のひだを埋め、空間や場を隅から隅へと、一箇所一箇所侵食してゆく。暗闇は全体的であり、霧は局所的である。夜の闇は、はるか遠くから一挙に湧き上がり、空間を空虚なままにしておくが、霧は這い、忍び込み、近隣を満たし、あたりを包み込みながら、場所から場所へとゆっくり広がってゆく。空虚で虚ろな夜、充満する霧。闇は透明であるが、霧はガス状であり、流体状もしくは液体状であり、粘性や粘着性をもち、ほとんど固体的である。

闇は視覚的〔光学的〕空間に関係し、ユークリッド的空間を保持する。暗闇は、明るさと同じように、通常の幾何学的秩序内にとどまるからだ。霧は位相論的多様体を占拠し、連続的あるいは不連続的な触覚の空間にかかわりをもち、村々を一つ一つ塗りつぶしてゆくようにして侵入する。霧は濃密に、稠密に、吹き募るかと思えば、軽くなり、希薄になって、蒸気のように消え失せる。このように、暗闇は世界の輪郭をそのまま保持するが、霧は異質同形《オメオモルフ》的に絶え間なく世界の輪郭を変形させ、ものの距離や寸法や同一性を失わせる。霧に包まれた無蓋の艦橋の上で、あなたは自分が指揮官と哨兵の間にいることを、触覚によって確認できよう。しかし彼らは、まるで幻肢のように、幻の隣人となり、彼らの大きさも横顔も輪郭も見ることはできない。また彼らの身体と同じように、あなたの足も計り知れない遠方に姿を消す。暗闇はすべてを不変のままにしておくが、霧はすべてを様々に変化させる。——絶え間なく、切れ目なく、あるいは切れ目とともに。

乾燥したギリシアは、依然として幾何学者の天下である。幾何学はこの地で、まばゆいばかりの光と澄みきった夜のもとで、生まれたのだ。そこでは、ヴェールを取り去りさえすれば、輝くばかりの真実が現われ出ると思われるほどである。光学もまたこうした地で始まった。大西洋は湿っていて、バルト海あるいはその他の海と同じように、北方では、あたかも黄色い断崖のような、高くて厚い霧峰が生じる。位相幾何学は決して、シシリアやイオニア海では生まれなかったことだろう。そこではすべては距離と寸法によって計りうるからだ。位相幾何学の概念を少しでも得るためには、地中海を閉ざしているジブラルタルの岩柱を越えなくてはならない。遠方はぼんやりと霧にかすみ、近隣と遠方が同じ法則に従うとは限らず、近隣の物そのものも変形される、そのような海に出なくてはならない。そこには、数知れないヴェールが潜んでいるのだ。

人を欺くカバー、ふぞろいなぼろ切れ、無数に重なり合った様々な布あるいはヴェールが皮膚を覆い、周囲のものはすべて、その不変性や信頼性や確実性を失う。私は、感覚や文化、科学や哲学について語っているのだ。無作意に空間を満たす霧は、媒体のようでもあり、物体のようでもあり、包むもののようでもあり、包まれるもののようでもある。夜にせよ、暗闇にせよ人を欺くことはない。そこでは物は物のままであり、ヴェールがかけられていようといまいと、見えようと見えまいと、いずれにせよ触覚によってその物に到達することができる。霧は人を欺き、周囲全体を充満させるが、それは、物体なのだろうか蒸気なのだろうか。われわれはそれを決することができない。夜は現象学を不安に陥れるが、霧は存在論を混乱に陥れる。物なのか、ヴェールなのか、存在なのか、非存在なのか、それが問題である。

共通感覚

感受性は、あらゆるメッセージに開かれた警戒態勢であるのだが、それは目や口や耳よりも皮膚の方をよりよく掌握している……。皮膚のある部分が、やわらかくなり、繊細になり、超感受性をもつようになったとき、その場所にもろもろの感覚器官が生まれる。このような特定の場所で、皮膚は洗練されて透明になり、自らを開き、ぴんと張って振動し、眼差しとなり、聴力となり、嗅覚となり、味覚となる……。皮膚はそれ自体様々に変化する基体であり、もろもろの感覚器官はその皮膚が特殊な形に変化したものである。すなわち皮膚は共通感覚《サンソリオム・コミュヌ》、すべての感覚に共通の感覚である。皮膚は諸感覚の間に、つながりや、橋や、通路をつくり、諸感覚にとって共同的で、集合的で、共有的な平原を形づくっている。

われわれは皮膚の上に、皮膚自身によって形づくられた特異な場をもつのだが、そこは幾重にも折り畳まれ、隈取りされ、眼状斑をなし、萌芽状、つぼみ状、へそ状をなし、複雑な花房状をなしている。平らな生地〔組織〕やねじれた生地は、島や、縁や、しわをなし、ギャザーや、パフや、縫い飾りを形成する。皮膚は、諸感覚の背景をなす布地であり、諸感覚にとって共通の連続体、支え、分母を形成している。それぞれの感覚は皮膚から生じ、皮膚のもつ特質をそれぞれの感覚に応じて凝縮して表出している。

皮膚はまた逆に、全感覚をいっしょに受け入れ、諸感覚の隆起を支える平原をなしている。諸感覚器官は、多少ではあるが、皮膚に比べて、より透明で、より振動しやすく、より密集しており、より鋭く、高度あるいは感度がより高く、皮膚よりも特殊化されており、それゆえ多少卑猥な形をしている。皮膚は、それぞれの感覚の束を開き、そこに凝縮されているものを敷衍する、つまり諸感覚によって一点に集中化されたものを広げ、展開し、溶解し、うすく引き伸ばす。顔が涙の侵食と笑いのしわとでき上がってゆくのと同じように、皮膚という平原は、山々から川が運んでくる土砂によって形づくられている。広々として長いわれわれの外皮は、様々に変化し、多くものを聴き取り、あまり視力はないが、ひそかに芳香をかぎ、騒音や、むき出しの光や、悪臭に絶えず震え、恐怖に後ずさりし、収縮し、あるいは歓喜する。白熱したものや、高い音の前では身を震わせ、あらゆる愛撫のもとで流れるようにしなやかになる。われわれは頭の先から足の先まで諸物に浸されており、光、闇、喧騒、静けさ、芳香など、あらゆる種類の波動がわれわれの皮膚に浸透し、侵入する。われわれは、喫水より十尺高い甲板の上にいるのではなく、水に浸かっているのだ。

繊細な——つまり通常の——感受性は濃密なメッセージを好むが、しかし希有なものをより好む。量によって逞しさを身につけるが、しかし自らの引き籠る場所を無上の喜びとし、そこには痕跡をしか残さない。すなわち質的なもの、ほのかな端緒、兆しのようなものをしか残さない。したがって皮膚の上には、見えるものや、聞こえるものや、薄暗がりや、ささやきのわずかな純分が漂っており、可視のものの目には見えない本質、音楽のなかの耳には聞こえないもの、そよ風の無言の愛撫、感覚では知覚できないものが、まるで激しい高エネルギーの余韻か痕跡のように、残されている。甘露のような官能が皮膚に住まっている。

ところで、皮膚の上に識別でき、肘の先端部と同じく第三期質で、体毛や声と同じように装飾的・二次的であり、原初的であり、日常語や学問上の用語では下品で、声高に言うことははばかられるけれども、私はここで断定するが、性器は感覚器官である。それは共通の平原の上の特異体であり、特筆すべき場であり、しわ、縫目、つぼみ、縁、芽、山、窪みであり、他の感覚器官と同じく平原全体を灌漑する泉である。それは放出し、受け入れ、識別し、変化する。

確かに、私はこのようなことを断定する資格も、能力も、専門的知識ももち合わせていない。しかし私は、愛情生活が今日、学術的と目される言説で、ついで日常的な言説で、病理学という唯一の通路を通って、たどたどしく語られていることを、誠実な人間として、残念に思う。まるでそれは悲劇、宿命、苦悩であると信じられているかのようだ。性は、その名前からすれば、分離、切断の病気を意味する〔性 sexe の語源はラテン語の sexus で、この語は同じラテン語の動詞 secare《couper》,《séparer》, およびその名詞形 sectus《séparation》,《distinction》から由来する〕。性という語のもつこうした悲痛な、あるいは病因的なしかめっ面は、実際、官能が感覚といっしょに結びついて皮膚＝多様体という特異な場を形づくるとき、消え去る。皮膚＝多様体は高揚した愛撫を一般化し、欲望を巧妙に表に現わし、聴力や眼差しを溶解してごくわずかな痕跡に至らしめる。皮膚＝多様体は、あるものの兆候を帯び、また別のものの兆しを帯びており、また同じくそれらのものの情報やエネルギーを帯びている。芳香は愛を魅了し、愛はシャンパンを沸き立たせる。愛は五感の中央で輝き、その優れた総和を形づくる。愛はいかなる分離された区域も、専門領域も知らない。

アルコールは皮膚を腫らし、焼き、摩滅させ、厚く硬くするので、アルコール中毒患者は、重たい厚皮動物のような外観を呈しており、麻酔を受けて夢遊する象＝男、マンモス＝女の如くである。北方起源のフランス語の一つである blaser〔感覚を麻痺させる〕という語は、まず第一に、無感覚になった皮膚の鎧を意味している。ブラジウス〔Blazius〕先生は、ラバの背をもった奇妙な博学者なのだが、大いに論じ、ひや酒を飲み、ことばと悪酒でもって無感覚になってしまったというわけだ。大言壮語をする者は自分の皮膚を無感覚にするのだ。

一六九二年七月に、ライプニッツは『ジュールナル・デ・サヴァン』誌に「紋章」〔blason〕という語の語源について短い推測記事を載せている。この記事は良くもあり、悪くもあり、偽りでもあり、真実でもあって、総合的にはかなり深い洞察に富んだ記事である。この語はサクソン語と同じく、古いケルト語においても「痕跡」あるいは「しるし」を意味するのだが、ライプニッツは記事のなかで、さらにスカンジナビア語、アイスランド語、俗語、隠語、ギリシア語、英語を引用している。今日では blason も blaser もともに gonfler〔腫らす、膨らます〕という意味をもつネーデルランド語からきているものと推測されている。高貴な者は盾形紋章を身に帯び、卑しい者は、アルコールあるいは肥満が原因で、時にはその両方のために膨らんで、ぶよぶよとした皮膚をしており、布袋腹《ほてい》を突き出している。しかしなぜこれを二つの価値に分離しなくてはならないのか。紋章と硬くなった皮膚とは一体をなしているのであって、一種のタコなのだ。

ライプニッツはさらに、フランス語の blesser〔傷つける〕と英語の「祝福する」という語を比較している。双方の場合とも「しるしをつける」という意で、一方は不名誉な、痛ましいもの、他方は幸福な、あるいは救いをもたらすものであって、いずれにせよ、そのしるしを受ける者に益をもたらすか害をもたらし、時にはその両方をもたらす二つの価値である。ギリシア語の blaise は内反膝を意味し、外反膝の逆であり、外側に彎曲した足を指す。哀れなるブラジウス先生、足にも烙印を受けている。ライプニッツはさらに推測を進めて、フランス語の bleu, blanc, 英語の blot, ドイツ語の Blitz も同じグループに属すると主張する。色、しみ、天空に傷跡をつける雷光。

祝福された者あるいは傷つけられた者、貴族とアルコール中毒患者、栄光のためにあるいは生贄のために選ばれた者、主人と奴隷、王あるいは犠牲者、アルマジロ《タトゥー》〔入墨〕あるいは禁忌《タブー》、これらはしるしを帯び、印章を刻印されている。なぜこれらの価値を葬る必要があるのだろうか。実際、誰もがしるしを帯び、名前をもち、入墨されている。

紋章学の用語は、以前からあった入墨模様をコード化したものである。このことをぜひとも理解しなくてはならない。盾形紋地や盾には、最初、皮が張ってあったのだ。また同じく、コード化以前に、割礼や洗礼や命名式の以前にさえも、各人に特異な入墨模様がまず最初にしるしをつけ、痕跡をつけ、名前をつける、そのように私には思われる。いぼ、赤毛、切られのヨサ、びっこ、等々。隠語でまさしく正統にも blase〔名前〕と呼ばれるものといっしょに、われわれは生まれる。皮膚の上に刻印を受けて生まれるのだ。あだ名はわれわれ一人一人の歴史によって刻みつけられた多重な刻印に由来する。

しかしさらになお理解しなくてはならないことがある。それは、命名——すなわち痕跡、しるし、生贄、皮膚＝羊皮紙の上に記されている固有の名前——と麻酔との間には漠然とした関係がある、ということである。皮膚の上の饒舌な雑色模様は、様々に変化する時間と歴史を混合によって表現し、そこに自己同一性を残してゆく。もしわれわれが、安定的で、不変不動で、同一で、恒常的で、稠密なしるしを得るために混合を停止させれば、われわれはそのとき自分のまわりにあるものに対して無感覚になるだろう。感ずるか命名するか、皮膚か言語か、感覚か無感覚か、どちらかを選びたまえ。言語は諸感覚を硬変させる。

得意がってラテン語をしゃべり、ラバの上でほてい腹を突き出し、理屈をこねまわす博学者は、酒と美辞麗句の中毒症にかかっている。一種の紋章学によってコード化されたかくも多くの文字《エクリチュール》を、紙という皮膚の上に書きつけることによって、私はどれほど多くの痕跡《アンプレッシオン》と時間を損なっていることだろう。皮膚の上で混合される変わりやすい縞状の波形模様は、最良のページを形づくることだろうに。私はそのためのコードもペンももっていず、ただ模倣を試みているにすぎない。

「おチビちゃん、爪を噛んではいけないよ。爪がなくなったら、どうやっておまえのお友《とも》だちに優しく爪の掻き傷をつけるんだい」と祖父が私を叱ったとき、彼は私を作家にしたかったのだろうか。

カバや犀の皮膚、角質化した皮膚、鎧で身を固め戦闘を待ちかまえている戦士の防護物、矢状の武器を備えた甲虫のキチン質の皮膚、兵士あるいは中毒患者の皮膚、このような皮膚をしていたならば、諸物や他者についてあなたは何がわかるだろうか。戸も窓もない皮膚や、鎖帷子や、装甲板で身を固めていたならば、あなたは何を感じるだろうか。

技術や定型表現の甲冑で身を固め、正確で厳密な言語に守られていたならば、あなたは何を感じるだろうか。

否、戦争はあらゆるものの母ではない。戦闘は新たな戦闘以外に何も生みださない。それゆえ戦争の生産性は皆無である。そうなのだ、弁証法は過ちを犯している。全面的に誤っているというわけではなく、例外的に、あるいは反面教師的に、時にはなにがしかの成功を収めることもある。が、しかしいつも間違っており、つねに数学的に誤っている。紛争から何か一つでも生産された例を、論争から何かの発明がもたらされた例を示していただきたい。そうすれば私はただちに考えを改めよう。その成功例を一つでも見せてくれた人には誰であろうと、私は自分の財産も時間もすべて進呈しよう。戦闘が戦闘をしか生まないように、弁証法は同一律に、反復に、情報ゼロに帰せられる。

弁証法は大変な成功を収めた。このようにひどい誤りが、哲学的思弁にのみでなく教育にもまた侵入するということが、どうして起こりうるのだろうか。戦うことは良いことであるというこの既成概念に疑いをさしはさむ者が今日、一般大衆のなかで誰かいるだろうか。コマーシャルを担当するタレントのなかで、「闘う」ということばが人を魅了することを知らない者が誰かいるだろうか。若い世代は母乳といっしょに闘争の概念を吸収した。そして大人の歳になると、自分たちの体験していない戦争の美しさを信じて、すべてを破壊しようという気構えになっている。彼らが壮年期を過ぎ、自分たちの不幸な人生を味わうと、老いさらばえた自分を見出し、われわれの前の世代と同じように、失われ浪費された人生を嘆くこととなる。彼らは弁証法の誤りを知るのに、あまりに長くかかりすぎることになるだろう。

果てしない戦争によって生じる全世界的な破壊のただなかで、稀に、局部的に維持される相対的な平和、平和の小さなポケットのなかを除けば、何ものも生産されず、何ものも造られない。弁証法は、闘争に対するヒト属の熱烈な愛好という点においてしか成功をもたらさなかった。人間は殺害と破壊を楽しみ、そのことを熱狂的に語り、そうした見世物だけにどっと群がる。大部分の者は、物や思想を生産することも、構築することも、発明することも知らない。勝つこと、闘争することを欲しているのみである。作品〔仕事〕か戦闘かを選ぶ際に、躊躇する者は数えるほどしかいない。すべての者は、愚かにもエネルギーと攻撃性を混同して、屠殺場へと殺到する。したがって彼らは、作品は闘争から生まれると説くあらゆる理論を礼讃する。そのことが確証されるのを見たこともないのに。作品はすべて静寂と平和の、ありそうもない孤島からしか生まれないにもかかわらず。

私は彼らをヒト属と呼ぶ。それほどこの行動様式は、かの霊長類の行動様式に似ているのだが、この霊長類は、関係に首まで浸かり、身体も財産も支配欲に毒され、誰が第一の地位を占め、誰がその足下で副官の位置を占め、以下同じように社会的序列に従ってその地位を占めてゆくかをはっきりと確かめるために、自分たちの時間を費やし、あるいは潰しているからである。ヒト属は戦うことによって霊長類としてとどまっており、動物の系譜のなかでの不動の均衡を保っている。戦争は獣たちの母である。闘争は猿の社会を生み、猿の社会は闘争を生む。紛争はわれわれの内にある古い獣性を強固にする。弁証法は類人猿類の論理を記述しているのだ。その虚偽性を見抜いたとき初めて人間が誕生する。

闘争の果てに生き残った大老人がいるとすれば、人類の誕生がこの者に起こり、この者に知恵が生じる。彼の言うことに耳を傾けようではないか。このかつての戦士は、涙を流し、失われた人生の悲しみに辛くも耐え、厚い皮膚をしたかつてのゴリラの闘争心を後悔することだろう。

政治上の闘争にせよ学問上の闘争にせよ、言語によるものにせよ肉体によるものにせよ、素手にせよ武器を取ってにせよ、個人対個人にせよ、集団対集団にせよ、闘争とその結果生ずるヒエラルキーおよび権力と栄光は、もっとも強力な麻薬の一つに数えられる。弁証法は、この麻薬の化学あるいは薬学を語っているわけだ。これらの麻薬はアルコールと同じように、人間にとてつもない皮膚を与える。鱗で覆われ、硬化症にかかり、硬直し、無感覚になった皮膚を。要するに麻痺した皮膚を。

仕事すなわち戦闘、作品すなわち闘いという考えを避けなさい。つまり麻薬を避けなさい。あなたの皮膚〔命〕を救いなさい。作品と人間の誕生のために、皮膚を繊細に保ち、諸物や他者たちの到来を待ちなさい。

繊細に震える皮膚に恵まれ、そのそなわりものに悩む者たち、あたかも壊れやすい湖のように、さざ波のざわめくやわらかい皮膚の持ち主、裸の、いやそれ以上に、皮を剝がれた者たち、この者たちこそ蟹の合戦に不適合な者たちである。外側は固い殻に覆われて内側にやわらかいものが横たわっている、そのような動物の形態から、別の形態、われわれのような形態へ、すなわち固いものが、骨、軟骨、骨格として内化し、一方やわらかいものは肉、粘液、皮膚となって外に現われる形態へと、生命は進化してきたように思われる。闘争することを好む者たちは、きわめて古い時代、甲羅の暗黒時代にまで遡る。それはうまく進化しなかった者たちの生き残りだ。われわれのうちの新しい者たちはやわらかくなり、しわをそなえ、プリント模様に覆われている。われわれは、やわらかくて暖かい蠟を纏っており、くすんだ鏡であって、表面は歪み、縞模様がつき、斑模様があり、様々に変化する。そこには世界が少しばかり映り、書き入れられ、時間がその経過の痕跡を記す。われわれは、魂の古いイマージュである蠟の延べ板を纏い、知性を身につけ、記憶を刻み込まれ、世界よりも細かに経緯度の網の目や等高線が刻まれているが、それは、われわれの寿命や、我慢強さや、視野の広さ、気前の良さなどを語っている。皮膚は、われわれの記憶の沈澱を受け入れ、そこに刻印された経験を蓄積しており、われわれの痕跡のデータ・バンク、われわれの壊れやすさの測地図をなしている。記憶をそれほど遠くまで、内奥まで探ってゆく必要はない。なぜなら記憶は、脳の皮質と同じように、皮膚の上に刻まれており、脳と同じやり方で皮膚の上に書きつけられているからだ。

アジアの美女、世界の繊細さ、疲れを知らず、すこぶる無垢で、いつまでも新鮮さを保っているあなたの皮膚、あなたは自分の思い出をどこにしまっているのか。

視点、視覚の位置する地点は、バルコニーの高さに、幹の上部にうがたれた目の位置に、灯台のランプのように回転し動く頭部にあると、誰もが考えているようである。皮膚は、灯台の石積みであり、その建物であり、光や信号には関与せず、眼差しの射程を確保するための単なる櫓であるらしい。灯台守は瞳と等価なもの、あるいは瞳の動きを保証するもののようだ。私は想像するのだが、脳あるいは悟性中枢における概念を担当する部位は、海上保安庁の主任技官のように、パリの自分の執務室で命令を下しているのだと思う。理工科学校《ポリテクニック》出の俊才である彼は、暇のあるときには、自分の職務によって照らされている海を急ぎ足で見て回る。重要性は中枢にある。残りの部分については電話による指令で充分だ。メッセージを送信し、受信し、言語を循環させるだけで充分だ。

魂は、身体の外枠に沿って、塔の表面に沿って、滑るように動く。おそらく認識もそうだ。そこでは、裸の皮膚が海水に身をさらすように、皮膚のやわらかさが外部に身をさらしている。それは、環境に抵抗するに充分なだけ強靱なやわらかさ、あるいは大胆に世界の偶然のままに環境を求めるに充分なだけ強靱なややわらかさであるが、しかし強靱とはいっても、世界のひそかな呼び声をも捉えるに充分なだけ繊細な強靱さであって、強靱でかつ感じやすいやわらかさである。それは快いものと引き裂くようなものとの間で微妙な均衡を保っているが、この均衡は時には不安定に陥る。やわらかくて、熱くて、かつまた痕跡を永く保存するに充分なだけ硬いこの蠟、想定されていない死に対してまでも適応可能なこの蠟に痕跡を残すものしか、われわれは真に学び知ることができないだろう。ものを書くために私は、この蠟、図書館の羊皮紙よりもむしろ、剝がされたようにぴりぴりとした感受性をもつ自分の皮膚を読み、データ・バンクよりも、今やこの皮膚の記憶に信頼を置いている。作家は自己を引き受ける。ボナールが自分の皮膚の上に描き、それを恥ずかしげもなく展示したように、私は自分の皮膚の上に書くのであって、私のことを引き受けてくれる他人の皮膚の上に書くのではない。独自の文体で刻まれた自分のしわ、皮膚に刻まれた時間の痕を、私は判読する。彫りもので満ちたこの皮膚に、魂は住みついているのだ。

脳とは、こうした認識の場を局所的に集中したものであるように私には思われる。考える《われ》は脊柱に沿って震えており、私は身体のいたる所で考える。

もし各人が、画家のように、剝がされた自分の皮膚、脱皮した自分の皮を展示し、作家のように、傷跡のついた自らの羊皮紙を展示し、各人がそれぞれの軍旗、経帷子、汗ふき〔屍衣〕を展覧しているならば、われわれは見事な光景を見ることだろう。しわ、傷跡、角質化した厚皮、うおのめ、乾癬、労働、苦痛、記憶、秘められた堕落、こうしたものが、複雑な細工や入墨模様を皮膚の上にほどこすのだが、それは天然の色や、絶妙な混交や、日差しを浴びる海水浴場よりもさらに見事なものである。海水浴場といえども真に裸の者は誰もいず、誰もが日に焼けた外皮、癌腫にかかりやすい表皮の薄いヴェールを纏っている。様々な痕跡を刻まれ、穴をうがたれ、浮き彫りで重くなり、あわれむべき告白や労働の瘢痕をつけ、目だつところに貼られた、ぼろ切れのような皮膚。われわれは本当に、このぼろ切れ以外の何なのだろうか。この幽霊以外の何なのだろうか。

こんなわけで魂は、漠たる冥府や書庫のなかをさまよっている。

フランス語でものを書いた最後の思想家の一人であるアンリー・ベルクソンは、後進に解決すべきいくつかの問題を残したが、そのうちの一つが多様体の問題である。当時の数学者たちと同様に、彼は不連続

〔離散的〕な多様体と連続した多様体を区別する。すなわち、併置された花畑の花々や、島に散らばっている動物たちが形づくる多様体と、画家のパレットや、庭＝楽園や、シベリアリスの毛皮製の短靴や、皮膚に現われる羞恥や興奮の色合いが形づくる多様体とを区別する。彼は前者を空間のなかに位置づけ、後者を時間のなかに位置づける。彼は空間を知性の側に分類し、時間を直観の側に分類する。また知性を科学のなかに、直観を哲学のなかに分類する。この控え目な位置づけは彼の知性を輝かせている。彼は自分の追随者たちに時間の問題を残したと考えられている。そのことにゆっくりと取り組む以前に、彼の前提に遡らなくてはならない。すなわち二つの系列の多様体の峻別である。だが位相論が絶えず探究してきたのは、連続性を含んだ空間である。出発点においておかされた唯一の哲学的誤りはまさしく空間に関する誤りであり、その結果ユークリッド的空間もしくは距離空間、すなわち日常われわれが慣れ親しんでいる空間が、考えうる唯一の空間であると長い間信じられてきた。実際、ベルクソンのテーゼ以来、幾何学とともに空間論が全盛を極めた。連続的なものがなぜ空間から排除されるのか、それはなぜ時間のなかに分類されなくてはならないのか。われわれにはさっぱりわからない。空間と測量幾何法、空間と不連続性とを同一視することは、われわれにはもはや許されない。

繊細さ《シュブティリテ》〔巧みさ〕は布の下に隠されている。表面にはしかじかの図柄が現われるが、裏ではジャングルのような結び目がその図柄を条件づけている。すでにコンピューターの何らかの要素が見られるかのようだ。中世のつづれ織は五感を描いており、現代のわれわれは人工知能を創り出そうと考えている。同じ意味において『一角獣と貴婦人』は人工的な感覚器官を巧みに織り成している。横糸と縦糸は次々に、あるいは上下に、あるいは上下のヘルドに巧みに絡み合わされている。組合せ模様はさらに一層巧みなものだが、同じような状況を示している。二本の糸の間に第三の紐を配置することができるだろうか、それをどこに通したらよいのだろうか。上にだろうか、下にだろうか、脇にだろうか、この脇とはどういう意味なのだろうか。

不連続な多様体においては、併置された諸要素あるいは諸粒子の間に距離があることが前提とされる。このように距離があることによって、隣接する二つの花、あるいは二頭の動物、あるいは二本の糸さえもが区別され識別されるわけだが、隔たりがある以上、たとえそれがどんなに小さな隔たりであろうとも、最初の二つの要素あるいは粒子の間に第三のものを挿入することが可能になる。この可能性によって一つの要素連続が生じあるいは始まり、これは第三人間の古い問題を再び引き起こすことになるが、この問題がいつ果てるのか、そもそも果てがあるのか誰にもわからない。それは、第一と第二の要素の間に、さらには第三の要素との間にさえも、第四、第五の要素が挿入されうるか否かという問題である。連鎖がさらに連鎖をなすこと、およびその単純な法則がここに見て取れよう。

無限なものに訴えたりあるいは時間に助けを求めて稠密な連続体を考える前に、挿入あるいは中間の状況に立ち戻って考えるのが適切であろう。実際、第三のものは、連続のなんらかの段階で、二つの先住者の中間に場を占めたのだ。このような挿入の状況はいくつかの制約に依存している。第三の粒子をどこに配置するべきなのか、二者の中間あるいは中央に置くべきなのか。二つの要素の間に一本の線があると考えるべきなのか、あるいは平面があると考えるべきなのか。いかなる傾斜をその平面に与えるべきなのか。二つの要素の間に単に空間があると考えればよいのか。したがって、有限あるいは無限の新たな粒子をこの線の上に並べることができるのか。あるいはその粒子によって上記の平面を徐々に満たしてゆくこと、もしくは件の空間を充満させてゆくことができるのか、等々である。別な言い方をすれば、「……の間に」という状況は、二つの粒子を隔てるまっすぐな切片の上に並べられた一列の連続体を表現しているのであり、あるいはまた、その二つが含まれる空間に、粒子が星のようにちりばめられている状態を言っているのである。さらに正確に言えば、この状況はとりわけ、この切片あるいは空間を貫く通路あるいは経路の極度の多数性、多様性を示すものである。実際、この問題が新たに取り上げられるたびごとに、どのような状態で新しい粒子を挿入するかの選択は、それぞれ異なった次元でなされうる。針仕事をする女性も、糸を紡ぐ女性も、編物をする女性も、機織をする女性も、すべての女性がこのことを知っている。彼女たちは、時には上から、時には下から、あらゆる方向から糸を繰るのだ。このようにして得られたいかなる経路もまっすぐには走らず、同じ次元にとどまることはなく、すべては歪み、よじられる。そこでは無数の飾り紐や環が折り曲げられているので、ほぐすことのできない絡み合いが出現する。測量幾何法およびその硬直性――この硬直性はごくしばしば厳密さと混同されてきたのだが――は姿を消し、区別は距離とは区別され、ここからそこへの経路の数は無限に増大し、様々な経路が重なり合う。高次の自由度をそなえた肉体は、位相論がわれわれにこのことを教える以前から、あるいはでくの坊の自動人形的な厳密さ以外の厳密さをわれわれが知る以前から、しなやかに生きてきたし、つねにこうした状況を生きているのだ。「……の間の」という空間が出現するや否や、直ちに普通の意味での結び目がそこに形成される。ところがそれは、連続の場におけると同じように不連続の場においても出現し、前者におけるよりも後者においてより頻繁に出現する。それならば切り離されたものの方が、切り離せないものよりもよりよく結び合っているのだろうか。

連続した多様体と不連続な多様体との間の区別は、もはやそれほどはっきりとしたものには思われない。そのどちらも、アジアの帝王になるためにゴルディアスの結び目を一刀のもとに切断した、アレクサンダー大王の若々しい行動に帰せられるのだろうか。あらゆる分離において、分離されたものの間に横たわっている結び目あるいは絡み合いが忘れられている。アレクサンダー大王以来、われわれはユーラシアという大陸を忘れていたのだ。繊細さに欠けているため、知性という表象に目を奪われて、われわれは布あるいはつづれ織の下の結び目のジャングルを見ることができない。確かに、絨毯は不連続なモザイク模様をなしている。しかし真にそのモザイク模様を分析するためには、後ろに回って、絡まり合った糸を自分の手でほどいてみなくてはならないだろう。この混合を解きほぐすには、確実なところ、どんなにか大変な仕事が必要とされることだろう。時間や無限なものが、不連続なものと連続的なものを分離する以前に、結び目がこの二つを結び合わせる。結び合わせるという実践とその概念は、その他の多くのものに先立っており、不可欠なものである。

ここで記述されている状況は素朴な状況である。粒子あるいは糸が問題となっているにすぎないからだ。これを一般化することがすぐさま必要となる。どこへ、どのように、どこを通って、どのような空間を経て、二本の糸の間にもう一本の糸を滑り込ませるのだろうか。よりよく理解するためには、次元を次第に高次化してゆかなくてはならない。どこへ、どのようにして、どこを通って、どのような空間を経て、二枚の紙の間にもう一枚の紙を滑り込ませるか。一つの結び目は、三次元の多様体のなかに一次元の通路を引くことによって、零次元や、一次元や、二次元や、三次元の諸要素を結びつける。折り目、陥入、その他えも言われぬ複雑な状況を想定し、想像しうるあらゆる次元の結び目の実践と概念を一般化しなくてはならない。

二つの別な要素の間に位置する諸要素の総体は、その二つの要素を隔てるまっすぐな線分、つまり測量幾何学的意味における二者の距離に沿って配列されることもありうるし、二つの要素が含み込まれている空間全体を満たすこともありうるのだが、しかしさらに一般的には、一方から出て他方に達するまでにあらゆる次元をさまよい、繊細でしなやかな道筋や、組紐や環、ねじれた房飾りなどを描くものである。そしてこのような道筋の数は好きなだけ増やすことができる。前者二つのケースは、中央の状況——他の二者から等距離に位置する点あるいは二者をとり囲む全体的な集合——を記述しており、第三のケースは混合の状態を記述していることになる。

これこそ結び目の空間的あるいは概念的状況である。もちろん、結び目は考えうるあらゆる次元のなかで理解される。たとえば、滑らかなあるいはしわくちゃな布が、唇のように開かれた部分を通って、別な布の上あるいは下に入り込むことがあるし、その他もろもろの状況がありうる。このような状況は分析の限界を示している。不連続な多様体においては、区分することはつねに可能であるように思われ、そのためには忍耐力だけで充分であるように思われる。不連続な粒子あるいは要素それぞれの状況、その状況を描き出している複雑な道筋は考慮に入れられていない。それらはあまりに繊細で、あまりに軽やかなので知覚されえないからだ。連続的な多様体においてはこうした道筋が力をもつ。ベルクソンは、砂糖が自然にお湯に溶けるのを待つようにと求めている。しかし彼は、このようにして形成された混合が分離するのを待つようにとは決して求めはしなかった。そのためには果てしなく待たねばならないだろう。混合は容易には分解されないからだ。分解するためには仕事、熱量、光、無数の情報が必要である。もし私がそのお湯を飲みたいと思うならば、私は同じく砂糖も飲まねばならないし、もし砂糖が欲しければ、お湯も飲まなくてはならない。もう一つの成分が欲しければ、その他の成分とともに合成物を通してその成分を摂取しなければならない。混合物と同様、連続体もしばらくの間は分解不可能である。砂糖と湯〔水〕とは一種の結び目によって結びつけられているかのようであり、われわれはその結び目をいつでもほどくことができるというわけにはゆかない。「分解する」という語は、まさに「ほどく」を意味するギリシア語の動詞を引き写しにしたものであることは誰もが知っている〔analiser の語源はギリシア語の analuein〕。分解するためには結び目をほどくことが要求される。ところがわれわれは、分解するためには切断することしか必要ではないと思っている。料理人のナイフは、腱、神経、筋肉を切断し、分析家は骨を分離しただけで満足する。まるで動物が生きるには骨だけで充分であるかのようだ。不連続な多様体においては、分離するための視覚、分離の視力は、それぞれの状況を結びつける軽やかでごく薄い結び目にたいして盲目となってしまい、しかじかの層の下での他の諸要素との関連におけるしかじかの状況といったものは、いかなる重要性ももたないかのようである。箱のなかの組合せパズルの一つ一つの要素のみでは、各部分を特定的に組み合わせた後の図柄については何もわからない。ある意味では、分析家はいつもナイフをもっていて、つねに若きアレクサンダーのまねをしており、結びつきというものを知らないのだ。

　細い紐や太い紐、やわらかい紐や固い紐によって結びつけられ、結合されたもろもろの多様体のみが存在しており、それらは分析によってたやすくほどかれたり、あるいはなかなかほどかれなかったりする結び目である。混合という概念は、中間《ミリウー》〔環境〕という概念よりも、この状況をよく言い表わしている。そして、固いものよりもヴェール〔薄布〕の方が、視覚よりも皮膚の方が、言語よりも肉体の方が、この状況をよりよく表現している。

　布は折り畳まれ、しわくちゃになり、自分の上に折れ曲がり、好きなように結び合わされる。皮膚はしわができ、順応し、諸器官の間におしなべて広がり、それらを結ぶ複雑な道筋を含みもっているのだが、皮膚は、諸器官の環境というよりも、パレットのように諸器官の混合を形づくっている。鏡の前の裸婦の、入墨模様をなした肌は、ボナールのパレットに似ているではないか。

生体は、考えうる限り高次元の巨大な結び目を形成している。それは胚の状態において、折り畳まれ、しわで満ち、丸められ、陥入した一枚あるいは数枚の胚葉によって始まるのだが、まるでそれは無限にしわのよった皮膚であるかのようであり、発生学〔胎生学〕は応用位相論であるかのように思われる。生体は局所的な交換器で満たされており、それはついには全体的な交換器、様々な小さな結び目からなる巨大な結び目を形づくる。

肉体は折り畳まれ、たわみ、順応し、少なくとも数百次元の自由度を享受しており、足の先から頭の先まで、あるいは指の先に至るまで、世界の諸物の間の複雑で様々に変化する道筋、水底の藻のようにゆぎ変化する道筋を描き、多様な交換路あるいは信号路を描いている。諸物を知るためには、まず第一に諸物の間に身を置くことが要求される。ただ単に見るために諸物の前に身を置くのではなく、それら諸物の混合のただなかに、それらを結びつける道筋の上に、身を置かなくてはならない。一角獣の貴婦人は、三日月模様のちりばめられた青い長柄を右手にしっかりともち、左手では獣の一本だけの角を握っているが、このように触覚はものの間に位置し、皮膚はわれわれ相互の交換をおこない、肉体は知るべき諸物の間で、結び合わされ、結合され、折り畳まれた複雑な道筋を描いている。

混合、ヴェールを剥がすこと

皮膚は偶然性《コンタンジャンス》〔接触〕の多様体である。すなわち、皮膚において、皮膚によって、世界と私の肉体、感じるもの《サンタン》と感じられるもの《サンティ》とが接触し合い、皮膚はこの両者の共通の縁をなしている。偶然性〔contingence〕とは、共通の接触〔tangence commune〕を意味するのだが〔con- は「共同」「結合」等を意味する接頭辞、なお contingence の語源はラテン語の con-(cum-) と tangere《toucher》よりなるとされる (cf. *Grand Robert*)〕、世界と肉体〔身体〕はそこにおいて切り離され、そこにおいて互いに愛撫し合う。自分の肉体が住んでいる場所を環境と呼ぶのを私は好まず、諸物がそれぞれの間で混合しているという言い方の方を好むのだが、私の肉体もその例外ではなく、私は自分自身を世界のなかに混合し、世界の方もまた私に混合している。皮膚は世界の数多くの物の間に介在し、それらを混ぜ合わせているのだ。

環境《ミリウー》〔中央〕という表現よりも、混合という表現の方が適切な表現である。環境〔中央〕という表現はあまりに幾何学的な表現であり、ほとんど有用性をしか言い表わしていない。すなわち、もしそれが一つの交点に帰せられれば、一つの量体の中央を示すこととなり、もしそれが回りに広げられれば、その量体そのものを示すこととなる。点、さもなくば全体。特異性、さもなくば普遍性。これは矛盾していて、しなやかさを欠いた概念である。

環境が凝縮されればすべては中央に位置し、すべてはこの複雑な場所で出会い、結ばれ、まるで交換器のなかを通るように、すべてがその結び目を通る。私は強制的に左利きにされた人、自分の意志に反して両手利きにされた人の太陽神経叢を想像しているのだ。それが量体に拡大されたならば、すべてはまたも環境のなかに位置し、すべてがそこで出会う。どのようにしてだろうか。偶然の接触によって。どこでだろうか。近傍において。うまい具合に、これこそ混合である。それはいくつもの場の合流であり、広がりであり、その占拠である。

中央は抽象的で、濃密で、同質的で、凝集し、ほとんど安定的であるが、混合は揺れ動く。かつてそう言われていたように、中央は幾何学の確固とした一部をなしているが、混合は溶解を庇護し、流体に与する。中央は分離し、混合は和らげる。すなわち、中央は階級〔等級〕を作り、混合は混血〔雑種〕を作る。

まるですべてが皮膚をもっているかのように、すべてが偶然の接触によって出会う。偶然性とは、二つあるいはいくつもの多様体の接触であり、それらの隣接様態を示すものである。水と空気とは、厚いあるいは薄い蒸気の層に隣接し、霧の層のなかで水と空気が接触し合っている。土と水とは粘土や泥のなかで結びつき、泥土の層のなかで結合している。寒冷前線と温暖前線は乱流の層の上で相互に滑り込んでゆく。隣接によって形づくられる薄布〔ヴェール〕、層、薄皮、薄膜、薄板。われわれは自分たちの足下何千メートルもある、ゆっくりとではあるが執拗に動いている何層もの絨毯の上で生きているのだ。

認識論は自らの好みに応じて、要するに自らの手本に応じて、下位区分される。理論にせよ直観にせよ、視覚の次元にとどまっているのだが、厳密に言うならば、固体の次元にとどまっているといった方がよいだろう。私は久しい以前から流体の方へと向かっているのだが、先頃私は乱流と出会い、最近混合と出会った。つまり、混乱《コンフュジオン》なき融合《フュジオン》に思い至ったのである。ほどなく私は流動性へと進み、混合体へと行き着くだろう。これは考えるに困難ではあるが、未来はそこに横たわっている。

それまでの間、さしあたり認識論において重きをなすようなモデルを私は探してきたのだが、固体よりも固くなく液体とほとんど同じくらい流動的で、固くてやわらかなもの、これこそ布である。

皮膚は幾何学的であるよりも位相論的であって、尺度は不用である。位相論は触覚的である。皮膚は多感覚的であり、共通感覚として通用しうる。

固体と視覚に下位区分される古典的理論を、われわれは今捨てたところだ。ところがわれわれは、自分たちがきわめて例外的だと主張することはできない。われわれだけが、自分たちを偶然的接触のなかに投げ入れる縁に包まれているわけでもなく、何にでも触るしなやかさをもっているわけでもない。

世界は複雑なヴェール〔薄布〕で満たされている。

伝統的な考え方によれば、真実を知るとはヴェールを剝がすことである。物や諸物の集合は剝がすべきヴェールに覆われているというわけだ。

もし哲学がこのような実践に還元されるならば、哲学は退屈な手品や奇術の一変種に等しくなってしまうだろう。もし発見だけにしかかかわりをもたないとすれば、科学はその複雑性を失うことだろう。それは馬鹿げたことに思われる。

否、物はヴェールの下に横たわっているのでもなく、踊り子はその十二単《ひとえ》のヴェールの下で踊るのでもない。踊り子そのものが様々な布の複合体なのだ。〔衣服を脱いだ〕裸体は、なおもひだや折り目に覆われている。アルルカンは自らの最後の衣服に決して到達することはないだろう。彼は無限に脱いでゆくのだ。どこまでいってもつねに波形模様や入墨模様が残されているからである。

諸物の状態は、糸や長いケーブルや糸玉のようにもつれ合っている。結びついたものは必ずしもほどくことができるわけではない。このもつれを誰がほどくのだろうか。網状をなす糸や、もつれ合った紐をもう一つ上の次元で考えていただきたい。つまりその錯綜を、一次元上の状態が平面上に残した痕跡であると考えていただきたい。諸物の状態は無数の薄布の錯綜であるように私には思われるのだが、その絡み合いは一つの投影図を描くのだ。諸物の状態とは、しわくちゃになり、折り畳まれ、ギャザーや、房や、編目や、結び目がいたる所にある状態である。

ヴェールを剝がすということは、障害物を取り去ったり、飾りを取り除いたり、覆いを剝がしたりして、その下に横たわっている裸の物をあらわにすることでは決してない。それは、もろもろのヴェールの微妙な配置、隣接する地帯や空間、そうしたものの堆積の厚さ、それらを縫い合わせた谷間などを、敬意に満ちた指使いで根気強くたどることであり、もし可能であれば、孔雀の尾やレースのスカートのように、それらを広げることである。

諸物の状態とは、このような環境、このような混合をモデルとして考えることができるのだが、それは様々な布やヴェールの集積、それらの可能な限りの無数の配列として考えられ、そのようなものとして直観され、感じられうると言えよう。

軽やかで、はかない極北のオーロラが、その下に住むものたちの目に、おぼろで、押形模様がほどこされ、白熱し、ひだに満ちて見えるのと同じように、諸物の状態は視覚で捉えることができ、表面の位相や、そこでの出来事、そこでの状況と同じように触知することができ、波や波動、風にはためくバチスト織りの布のように耳で聞くことができる。物を味わうとき自分の舌が清潔なぼろ切れで覆われているように感じるられものだが、諸物の状態はおそらく味をももったものである。諸物の状態とは諸感覚の環境、もっと適切に言えば、諸感覚の混合である。皮膚は諸感覚を混合するのだが、ヴェール〔布〕についても同様である。

織物工、紡績女工、ペネローペーなどは、かつて私には最初の幾何学者であるように思われた。なぜなら彼らの技術や仕事は、いかなる尺度の介入もなしに、様々な結び目や隣接や連続によって空間を探検し開拓するからであり、彼らの触覚によるもろもろの操作は位相幾何学に先んじているからである。石工あるいは測量師は、測量幾何法的な狭い意味において幾何学に先んじているが、しかし織る者や編む者たちは、技術〔芸術〕において、概念《イデー》において、おそらく歴史において、幾何学に先行している。人は建てる前に着なくてはならなかったし、堅固な材料で家を建てる前に、ゆったりとした衣服を纏わなくてはならなかったからだ。

この仮定を一般化するならば、布、繊維、織物は、知覚〔認識〕の優れたモデル、ほとんど抽象的な優れた客体、最初の多様体を提供すると言えるだろう。世界は布切れの集積なのだ。知覚という点においては、女性は久しい以前から男性に先んじていたのだ。ピエール・ボナールの裸婦、孔雀を飼う女神、一角獣を従えた貴婦人、毛皮の短靴を履いた貧しい娘〔シンデレラ〕を思い起こしていただきたい。

手は、錘の上や、織機や、針のまわりを走り、糸を紡ぎだし、それをよじっては通し、折り畳み、結びつける。手は、結び目やつなぎ目のなかを忙しく動きまわり、目に見えない裏側の通路を間違いなく見つけ出し、すりガラスの曇りを通してさまよい、偶然にばらまかれている粒子や、手のみが見つけだすことのできるトゲを滑らかにし、平らな表面に環やステッチを引き、唐草模様や房飾りのなかで楽しげに踊り、自分なりの自由を楽しんでいる。

位相論的な触覚は、測量幾何的でユークリッド的で怠惰な視覚のために、平面や滑らかな多様体を用意してやり、視覚が見ることのできないものを、皮膚はヴェールで覆ってやる。モリヌー〔十七世紀のアイルランドの哲学者〕の古い問題——手術で治ったばかりの生まれつきの盲人は、彼が指で識別していた立方体や球体を、新しく獲得した視覚によって知覚することができるだろうか——は認識論に対してよりも、明視者の幾何学に対して問題を投げかけている。現実界に存在していない抽象的な物体について試してみるよりも、鷲やリラの枝、エメラルドやビロードのスカートなど、現実に存在しているものについてなぜ試してみなかったのだろうか。今までに立方体や球体を見た者がいるとしても、われわれはそれを単に言語のなかで思い描いたにすぎないのだ。それゆえ、盲人にボールや舗石を与えてみたまえ、彼は自分の触覚でもってその連続した歪み、裂け目や特異性を鑑定するだろう。そしてほどなくあなたに、ボールと球体の違い、立方体と舗石の違いが、視覚によってわかるかと尋ねるだろう。彼はあなたの権威失墜を優しく笑うことだろう。

書くことは神経と筋肉の熟練を必要とするのだが、このことは知られているだろうか。他のいかなる作業も、これほど多くの細かい末端神経を総動員することはない。書くことのできる者は自分の十本の指でなんでもできる。この繊細な作業を学んだ民族は、もっと粗雑でもっとやさしい他のいかなる手仕事をも一挙に学ぶことができるのだ。書くことを発見した者は、人類にこのきわめて有益な可能性への道を開いた。だが逆に、刺繡をする女、お針子、織姫、顕微鏡の下で手術をする女外科医でさえも、文字のきわめて細かい結び目、あるいは糸鋸で切ったような細い線に比べれば、自分の縫い合わせをまだ幅の広い結び目として世に出しているにすぎない。彼女たちはハードなものに手を染めているのだが、一方、書く者はソフトな記号のなかにすでに手を浸しているのだ。それはすっかりほどかれてしまった結びつきなので、なにものにも固着せず、きわめて微妙な結び目なので、それはすでに第二の世界に移行しつつある。

純粋な触覚は情報に開かれており、それは知性と呼ばれていたものに対するソフトな相関物である。

ボックス

エピダウロスでの治癒――三つの可聴音域――ソフトとハード――

通路《パサージュ》――細胞

エピダウロスでの治癒

今朝私は、エピダウロス〔古代ギリシア、ペロポネソス半島東岸の都市、アスクレピオス信仰の中心地で、その神域では病気は奇蹟的に治癒したという〕の円形劇場の石段によりかかって、二時間前から日光浴を楽しんでいる。新しい戦争である旅行者の大洪水も、冬至の頃には休戦となる。イエロー・ブルーの澄み切った空気に包まれた平和。静寂。風景は神々を待っている。それは二千年このかた神々を待ちわびているのだ。神々は今や降臨せんとし、治癒がもたらされようとしている。

天球軸に向けられた疑問符の形をし、飛行機からも見えるほどの巨大な耳の形をしたこの円形劇場は、正確な建築音響学上の黙示的諸条件によって満たされている。私は濃密な静寂のなかで耳を澄まし、待っている。夏の静けさのなかではいたる所で羽音を響かせる昆虫さえもが、今は眠っている。半透明の世界は、肉体の騒々しい雑音を鎮める。健康、つまり諸器官の静寂がおとずれる。諸器官の物音が聞こえてくるときには、私は病気に陥る。奇蹟的治癒の都の巨大な円形劇場の静寂。神々の宿るこの巨大な耳の耳介のなかに投げ入れられて、肉体の雑音はもはや聞こえない。肉体が沈黙しないとき、それはどのような声を発するのだろうか。声でもなくことばでもない。体感〔一般感覚〕は、快適さ、喜び、苦痛、気分の悪さ、満足感、緊張、くつろぎなど、無数のメッセージを発信したり受信したりするのだが、それは声や叫びなどの底にあるもろもろの物音である。肉体の内的な与件は、ことばなくして嘆きあるいは歌うのだ。アスクレピオス〔ギリシア神話の英雄で医神〕はこれらのメッセージを眠らせ、それらをゆっくりと消し去ってゆく。ことばのなかに身を浸すのではなく、雑音から抜けだすことによって治癒がもたらされる。

円形劇場とそのまわりの茂みの静けさは、私の皮膚のなかに入り込み、浸し、浸透し、無きに等しくなった耳の窪みで震え、病を取り除く。私は世界に身を委ね、世界は私を回復させる。私が世界に小さな嘆き声を漏らすと、世界は私に限りない平穏を譲り渡してくれる。

恐怖。一団のグループがやって来た。彼らはこちらに向かってくるのだが、彼らの声は遠くからでも聞こえてくる。彼らは遠くから騒音というごみを投げつけるのだ。緑の木々のトンネルから出てくる彼らの姿が、高みに座った私の目に映るよりも以前から、彼らは私の耳を打ち壊し、透明な大気を混濁させる。二人、十人、あるいは四十人ほどの人たちが、ことばの殻に包まれ、ざわめきによって二重の殻に包まれてやって来る。それらの殻は、大きな船の船首、舷側、船尾のように、彼らに先行し、彼らを縁どり、彼らの後に続く。海は鮨づめの船のまわりで振動している。その船がこちらにやって来る。まるでオーケストラだ。彼らは話し、わめきたて、議論し、叫び、感嘆の声を上げ、呼び合い、教え合い、見せ合い、ひけらかし、ガイドブックを読み、ぼんやりと説明を聞き、この場所の正確な音響効果を何回となく試している。社会集団という大きな耳のなかでの大喧騒。神々や治癒、諸器官と諸物との調和は、この猛威に恐れをなして逃げ去ってしまった。そのグループは叫び声の源を汲み尽くして通り過ぎ、自分たちの後ろにことばの長い船尾を引きずり、さらには喧騒の航跡を残してゆく。それは混乱されたままの空気のなかで相変わらず振動しているが、一方ではその航跡はしだいに弱まり、消えてゆき、汚れは散らされて薄まり、滑らかな静けさが、傷つけられた羞恥心のように、再び戻ってくる。

真実のところ、彼らは何を見たのだろうか。彼らは聞いたのだ、叫び声やことばやこだまを。間違いなく、彼らはほとんど何も見なかった。彼らの代わりにカメラが見たのだからなおさらのことだ。しかし彼らは何を聞いたというのだろうか。彼らの言語＝メモリーではすでに知りえないことなのに。彼らはそもそもエピダウロスへ来たのだろうか。病気にかかり、諸器官のざわめきに悩まされてやって来たのに、自分たちの集団の喧騒に取り囲まれて、彼らは寄港もせずに、騒音を発する船に乗ったまま、再び行ってしまった。ボストンでもエクス・ラ・シャペルでもあのようにしゃべり、叫び、対話していたとすれば、雪か雨かの気候の違いを除いて、彼らは同じ旅行をしているのであろう。一人、石段の上に座り、二時間前から静寂に包まれて、私は世界からその神々を少しずつ受け取っている。社会集団という船にどっぷりと浸かっていれば、私は自分を取り巻く人々から、ことばの切れ端をしか受け取らなかったことだろう。このグループの者たちは彼らの神、ウォークマンのカセットを鞄のなかに入れて持ち歩いている。彼らのセクトや図書館のなかでさえも持ち歩いているのだ。

静寂は羞恥心のように戻ってくる。ゆっくりと。かくも容易に汚される場所に降りてくることを、神々はためらっている。軽やかで、微細で、うつろいやすい息吹であり、非存在と隣合わせの神々はどこかに行ってしまう。ごくわずかな空気の振動さえも、彼らを追い払ってしまうからだ。神々は久しい以前に、騒々しい現代の世界から逃げ去ってしまったのだ。

集団は自分たちの騒音をしか信じない。この船のなかに住み、この船を離れずに旅行している彼らは、世界の与件は言語の殻に、厳密に言えば殻のまわりの水の振動に始まると信じている。世界の与件は喉のなかで生み出されると信じているのだ。石段の上で、陽光を浴び、イエロー・ブルーの透明な空気のなかに浸っていると、与件は恩寵のように不意にやって来るということが次第にわかってくる。澄み切った大気のなかの、軽く、うつろいやすく、捉え難い息吹。森の片隅で、思いがけなく、神々と出会うことがよくあるものだが、臆病で内気な獲物の小動物を待つように、そのような場所でじっと我慢して神々を待たねばならない。動かずにじっと待っているうちに、私はしばしば自分が石像になったように思うのだった。私は聴き耳をたてる。与件がそっと私の脇にやって来る。私は耳をそばだてる。耳は巨大な円形劇場となり、大理石の耳翼となって広がる。鉛直線を軸として、地面に横たわったこの巨大な聴覚は、世界の調和を聴き取ろうと試みる。それは凪に乗ってやって来る鳥たちを待っているのだ。

円形劇場とは、そこで人々が話す空間を言うのではなく、何人もの人々が見る場所のことを言う。聖なることばは、会衆を沈黙させるものだが、つねにことばというわけではなく、静かなしぐさ、マイム、一種の祭礼が人々を無口にさせるに充分であり、それによって静寂が集団的聴覚のなかに降りてきて、一方では眼差しの光線束が一箇所に固定される。魅了された諸器官の平和、すなわち治癒である。音楽もそうした治癒のために充分でありうる。この聴覚の窪みに位置するオーケストラ席は、聴取と待機の形態をとっている。聴衆は自分自身の和音を聴くことによって治癒するのだが、彼らは大理石の巨大な耳のなかで静かにその和音に耳を傾け、自らの社会契約を聴いている。

俳優、演説家、教師は、情熱を込めて、濃密な静寂を聴き、その量を調べ、その質を鑑定し、その大きさを見積る。彼らの声の響きとその豊かな音楽性は、大聖堂の静けさのなかで生みだされ、またその静けさによって生みだされる。

最初から始めなくてはならない。小さな要素、合図、しぐさ、態度で充分なのだが、それが平穏〔静けさ」のきっかけとなる。中央で話している者はこの静寂を称える。彼はその静寂を描写するのだが、しかしそれを生みだしている。確かに彼はその静寂を創りだしているのだが、しかし彼はそれを受け取っているのだ。個人の肉体において口と耳とが円環をなしているように、この静寂は円環をなし、そしてこの円環的回帰は劇場そのもの、その形態と建物とを構築する。雄弁は静寂によってのみ生みだされ、静寂を完成させる。ことばは静寂の資質、その大いなる量感をそなえており、静寂は雄弁の資質をそなえている。社会契約においては、言表を通してのこのような沈黙が沈黙として認知される。聴衆は自分自身の静寂から放散することばを通して、自らを聴き自らを認知する。言表は静寂と平穏の二つの大きな重々しいブロックの間で消滅しうるのだが、この二つは、言表それ自体の原因でもあり、結果でもある。ことばが静まれば、そのとき神々が降臨する。

ことばは触媒作用を及ぼし、静かな調和を広めるのだが、そこからことばが引き出されうる。しかし群衆は、たちまち、自分たちの調和をカオス的な騒音のなかで粉砕し、自分たちの喝采のなかに埋めてしまう。拍手の手のひらの間で、神々は粉々に打ち砕かれる。

しぐさ、言表、静寂の稀なる演劇的円環は、荘厳さにおいてその環を閉じる。あの一団のグループはこのような祝祭的円環に取り囲まれているというよりも、自分たちのわめき声や騒々しさのなかに、いつものことながら、投獄されているのだ。これは燕たちを逃げ去らせるわめき声だ。かのナイチンゲールは自分の巣と縄張りを画定し保持するためにさえずっているのだが、それと同じように、音を鳴り響かせる技術によってわれわれは世界を占領し空にする。かつて大聖堂が海の底に呑み込まれたように、地球は騒音のなかに呑み込まれている。

逃げ去った臆病な与件が自分のところに戻ってくるためには、待つことと忍耐とだけでは充分ではなく、距離が必要となろう。それだけの距離があれば観察することが可能となるような隔たり、集団からのそのような隔たりを、人は見積ることができるだろうか。もし全宇宙がわれわれの熱狂で鳴り響いているとすれば、その騒音に満ちた円形劇場を人は壊すことができるだろうか。船の船体に風穴をあけ、その航跡の支配力を脱することができるだろうか。グループのなかに閉じ籠ることは、一つだけの言語に運命づけられることである。なぜなら社会的な沈黙さえもが、言語を生みだすからである。言語に閉じ籠ることは、自分の物音が世界の諸物をさえぎり、乱し、それらを逃げ去らせていることをわからなくさせてしまう。

重々しくも繊細な世界は、恐怖を抱かせもするが、しかしまたおびえてもいる。世界は自らを押しつけもするが、臆病に逃げ去りもし、不可欠であるがしかし壊れやすい。

隠者はこの距離を知っていたのだが、この距離の向こうにあって初めて、うつろいやすい与件の聴取が可能になる。隠者や隠遁した学者たちはこの距離を求めた。神や真実を愛する者たちのみでなく、注意深い純朴な人たち、狩人たちもまた、自分たちのところへ観察可能なものがやって来るように、静寂を保っている。

静寂に浸ることは治癒することと同価である。人は孤独になることによって、静寂を言語の帝国から救いだすことができる。もし世界が騒音で満たされていれば、誰がそのうちに探求を始めるのだろうか。言語は科学を生みだし、科学は無数の技術を可能にし、無数の技術は相当な騒音をだすので、ついには世界は言語で叫んでいると言われるほどになった。言語はついには理性をもつに充分な働きをした。私はこの理性の外に一つのねぐらを求めているのだ。冬至の時期に、季節外れのエピダウロスで。

与件はこの第一の敷居の向こう側でしか与えられない。つまり、ただ一人で生きなくてはならないのだ。もしあなた方が探求の名のもとに寄り集まれば、あらゆる探求は逃げ去ってしまうだろう。あなた方の集まりのなかに、ことばは降りてくるだろうが、しかし注意力は消え失せるだろう。真の意味での象牙の塔は、孤独な者を取り巻いているのではなく、寄り集まった者たちを閉じ込めているのだ。集団は言語という堅固な壁に囲まれている。誰もことば以外のものに注意を払うことができない。私がただ一人で探求していたときには、言語というこの象牙塔は決して私の手に触れることはなかったが、集団が私を取り巻くとき、その象牙塔は私の目に見え、私の手に触り、わたしの耳に聞こえ、私を窒息させる。硬く、すべすべとし、越えることのできないこの壁は、集団の言語によって構築される。もろもろの集団は、彼らの木の言語、風の言語、象牙の言語の後ろで、牢獄のように閉じられている。

一人野外で、静けさのなかで、イエロー・ブルーの大気に浸り、私は、集団の騒音によって追い払われている与件、言語によって麻酔をされている諸感覚に、再生の機会を与える。集団は自己の喧騒に浸りきっており、自分の歓呼のなかで自己満足し、外部の物事をほとんど知覚しない。それはまるで自らの器官のざわめきを鳴り響かせている病気の肉体のようだ。いずれの日か集団が静まるとすれば、その集団はいかなる健康を回復するのだろうか。健康な諸器官の静寂は個体《アンディヴィデュエル》にとってのみ価値をもつのだろうか。治療のために集団でエピダウロスへ来たとしても、私は健康を回復することができなかったことだろう。騒々しいコミュニケーションの船のなかで、集団は病気に陥っている以上に酔っており、言語に酔い、騒音に中毒し、美的感覚を欠き、麻酔をかけられている。夜も昼も、おのおのが同じ語で、同じ回路の上で、同じ人物とともに、同じ関係の循環を繰り返しているのだが、彼らはそうしないではいられないのだ。それはまるで、絶えず崩れ落ちる壁面を築き直さねばならないかのようであり、夜のうちにほどかれてしまうつづれ織を織り直さなければならないかのようである。幻覚にとりつかれ、諸物に対して無感覚となっているのだ。私も、中毒になったこれらの人間と別な生き方をしているわけではない。ことばに没頭しており、ことばによって五感が麻痺しているのだが、私がそのなかで生きているすべての集団は、ことばを必要としており、ことばを糧としている。この冬の朝、私がアスクレピオスの神に求めた治療は次のようなものである。それは確かに、外部の静寂と調和した諸器官の静寂なのだが、しかしとりわけ私の内における言語の沈黙である。おそらくは困難なものであろうが、私の初めての解毒治療である。美的感覚を構築しようとする者は、自らの無感覚症が消え去るように祈るのだ。

濃密な青い太陽のもと、巨大な円形劇場のなかでただ一人、私の祖先たちとは逆に、私は自分を浄化したいと思っている。つまり、悲劇の廃墟のなかで、私は自らの寄生音《パラジット》から解放されたいと思っているのだ。

集団から離れ、エピダウロスの冬の太陽のもと、大理石の石段の上に一人座って、注意深い何時間かを過ごすということは、必要条件ではあるが充分条件ではない。治癒した肉体に世界が自らを与えるための充分条件、優美なる与件が肉体のすぐ脇にやって来るための充分条件、観察可能なものが現われてくるための充分条件は、おそらくもっとはるかに多くのものを必要とするに違いない。与件は第一の敷居、孤独と静寂の向こうで与えられるかも知れないが、それが確実に与えられるのは第二の敷居の向こうにおいてにすぎないだろう。私はその距離を見積ることができるだろうか。そしてその場所に印をつけることができるだろうか。人は自らの言語の外に出ることができるだろうか。

私の待っている神の到来は予期することができない。神がやって来たとしても、私は神をそれと認めることができるだろうか。治療者アスクレピオスについては、私はその名前と姿、名称と彼についての記述をしか知らないのだが、すでに私はあまりに彼を知りすぎており、彼は私を治すことはないだろう。

ソクラテスは死の間際に、アスクレピオスのために雄鶏を一羽生贄とし、自分の治療の借金を返済するようにと頼んだ。「クリトン、われわれはアスクレピオスに雄鶏を一羽借りている。その借金を支払うことを忘れないでほしい。」彼がこの最期のことばを言うために顔を上げたときには、すでに彼の身体は半分冷たくなっていた。彼は自分がまさに治癒しようとしていると考えていたのだ。死は治療の目的と終着をなしているのだろうか。エピダウロスで死ななくてはならないのだろうか。ソクラテスは死を望んだのであり、彼はそこに、ベッドの上に、冷たくなり解放されて横たわっている。人生と肉体からの治癒を神に願うからには、この二つはどんなにか重く彼にのしかかったことだろう。彼の口と諸器官の最終的沈黙〔静寂〕。

彼は終生醜い姿のままで思考していた。美に至らずして、そこで生命が震える神秘に触れずして、肉体の変貌なくして、人は真に思考することができるのだろうか。ある年齢以降は、思想家は自分の顔に責任をもつものだが、彼の知識と思想は自分の肉体に責任をもたなくてはならないのだ。醜いソクラテス、なんという告白だろうか。発育不全で骨ばった彼の肉体、なんという怨念の象徴だろうか。この男の醜さは彼の病める哲学を暴露している。彼は死を愛し、あれほど死を望んだ。彼がどんなに死をひけらかしているか見てみたまえ。その悲劇を聴いてみたまえ。見栄をはったこの醜い小男の前で、舞台の中央で、平土間で、嘆きと涙のなかで、どれほどの者たちが喜んでいることだろうか。高尚な対話、フルートを吹く女、涙に暮れた親族の登場、飲み干された毒杯、嗚咽、喝采。彼は一人で死ぬことができなかった。短い人生の、必然的で、もっともありふれた瞬間、私的で、もっとも厳粛な瞬間についての物語のすべてを彼は作った。見世物となったこの醜い男の前で、涙を流し嘆き悲しむ哲学の二十五世紀。下劣で、途方もない、いかなる神に彼は犠牲として身を捧げたのか。怨念や死や醜さを要求するいかなる醜悪な神に、彼は自らの神格化を負っているのか。哲学の劇場の中心に座す彼に耳を傾けなくてはならない義務を、どうしてわれわれは負っているのか。

彼の友人たちは、彼が死に瀕している間、彼のことばを聴きながら、そこでなにをしていたのだろうか。魂についての話をさせて彼を楽しませ、そうすることによって彼に、苦痛と恐怖に対する麻酔をかけていたのだろうか。その対話は麻薬や、麻酔作用をもつ毒人参と同じ効果があるのだろうか。それはナルシスと麻酔作用《ナルコティック》の関係に等しいのだろうか。もし私が治癒したいと欲するならば、この死について、これらのことばについて、私は何をしなくてはならないのだろうか。

アテネの独房の小さな劇場のなかでのこの臨終以来、哲学者になることは魔術師のサークルのなかに座を占めることからなり、立ち、座り、石段によりかかり、今では腐敗してしまったこの犠牲に供された肉体に魅せられて、死んだソクラテスを食べること、絶えず彼の麻酔薬を飲みながら彼を呼び起こすことからなるのである。

死の間際まで彼は話すことを止めなかった。かくも厳粛で私的な瞬間にさえも、彼は話すことを止めることができなかった。ソクラテスは鉄と石の牢を捨てることを望まなかったし、ことばの砦から少したりとも逃亡することはできなかった。法律と自分の圧力団体とによって形成された、この象牙の檻を離れることも、ことばを捨てることも、彼の対話と言語を忘れることもできなかった。それは答えの窓を打ち、質問の壁に応戦するハエのごとくである。臨終に至るまで牢屋は音で震え、彼の肉体が半分冷たくなったとき、雄鶏の犠牲、ことば、さらには悲しみの叫びによってすべては終わる。見かけ上は法律の犠牲として捧げられたソクラテスの死は、どのような病気から、どのような論争的な病から、彼の友人たちを治癒させたのだろうか。

牢よりも効果的に対話のなかに閉じ籠り、自分たちの言語に捕われて、彼らがやってくるのが、朝から私がよりかかっているこの石段の高みから見え、彼らの声が聞こえてくる。さきほどは神を待ち、あるいは静寂に耳を傾けてぼんやりとしていたので、あのグループが叫び声を上げ、わめきながら、この場所の正確な音響効果を試しにやってきたことに私は気づかなかった。私は今や、二千年以上も前からリハーサルをしているソクラテスの取り巻き連中を見ているのだ。一人は雄鶏の鳴きまねをして、その鳴き声を巨大な円形劇場のなかに長く響かせており、他の者たちは笑っていた。もっとも年老いた者が、疲れて、半円の中央で横になっており、彼の友人たちがみな彼の上に身をかがめていた。沈黙。感動の一瞬が過ぎてゆき、そこでは悲劇が、孤独な濃密な場所のなかにひそかに戻ってくる。彼らは再び笑った。彼らは治癒して帰っていったのだろうか。

「さあ〔Vois 見たまえ〕」、まだほかに何か言うことはないかね」とクリトンが言う。クリトンはソクラテスの上にかがみこみ、「さあ〔見たまえ〕」と彼に言う。何か言うべきことが残っているかどうか見たまえ。しかしソクラテスの眼差しはじっと固定したままだ。それを見てクリトンはソクラテスの目と口を閉じる。

眼差しは、言うべく残されているものを見ることなく、じっと固定したままである。これは彼が通常は、言うべきことを目で見ていたことの証左である。彼は雄鶏や小がらすを決して見ているのではない。雄鶏や小がらすは家禽場にいるのではなく、それらは言うべきこととして、発話されるべきものとして、語あるいはカテゴリーとして残されていることを彼は見ているのだ。死んだ眼差しから光や、像や、物や、色や、形や、色合いがなくなるのではなく、言語がなくなるのだ。クリトンはソクラテスがもはや見えないことを見て取った。彼は自分の目で師の目をのぞき込み、もはや何も言うべきことがないのを見て取った。そのことを見て取って、彼は師の目と口を閉じたのだ。目すなわち口を。

見るということは知るということであり、そして知るということは言うことに帰せられる。見るあるいは生きる、そして生きるあるいは言う。言うべきことは何も残っていない、そして眼差しはじっと固定されている。すなわち、ことばで言い表わせること以外にはなにも見るべきものはなく、ことばで言い表わすことのできるもの以外には何も存在していない。君が沈黙したとき、君はもはや何も見ず、死ぬことが残っているだけだ。

ことばに酔って、君は何を見ているのか。じっと固定し虚ろになった君の眼差しが私には見えている。

眼差しがじっと固定することは、いかなる点でも死を証明するものではない。彼は何らかの麻酔状態にあったに違いない。薬物の影響によって、ものにつかれたような眼差し、麻酔をかけられた眼差し、酔っぱらった眼差し、彼は幻覚に捕われた老人の虚ろな眼差しをしていたのだ。

思いだすのだが、美しい山々の麓で、大洋の浜辺で、ナイヤガラの滝を正面に見ながら、対談し、わめき散らし、論争をしている哲学者たちを、私は見たことがある。彼らは言うべきことを見出した人間のじっと固定した眼差しをしていたが、彼らは、氷河を覆う雪も見ず、海も見ず、瀑布の大音響も聴いていなかったことを、私は証言する。彼らは論争していたのだ。彼らは法律の牢獄を離れはしなかったし、力によって勝った方が他方を殺すという独房的刑罰で、互いに脅し合っていたのだ。一方をしか殺さないのならまだしも幸いである。彼らは危険な人たちだ。麻薬におかされて生きている人々よりも、言語におかされて闊歩している人々の方を私は恐れている。
われわれはことばに表わすこと〔dit〕に没頭している。英語の表現は実に当を得たものだが、溺れている〔addicted, 麻薬を常用している〕のだ。

寝椅子の上に長々と横になって、ソクラテスは魂について話している。彼は魂と言語、ことばと治療を結びつけ、友人たちの真ん中で、劇場の中央で、自分の不滅の魂について死ぬほど話し、そして死と治癒とを結びつける。死とことばとの間には、ほんのわずかな隙間も、逃亡すべき戸口も窓も、ほんのわずかな瞬間もない。論ずることと死ぬこととの間には、ほんのわずかな裂け目もなく、そこを通って集団を抜け出すことのできるような、ほんのわずかな抜け穴もない。壁に閉じ込められての窒息。集団的言語と、死と、治癒からなる三角形の首かせによる絞殺。

口は話し、飲み、苦い毒人参の味を味わった。ことば以外に口を通ったものは、殺すか酔わせるものというわけだ。死の杯をしか味わわない不吉な知恵、二千五百年来われわれにつきまとってきた苦い英知。

クリトン、パイドン、ケベス、シミアス、エケクラテス、ソクラテス、彼らはしゃべり、わめき散らし、議論し、叫び、大声で賛嘆し、名を呼び合い、忠告し合い、示し合い、彼らの見たことのない、目にも見えず、触ることもできず、色もなく、臭いも味もない世界を叙述して見せ、冥王ハデスのもとでの最良の日々を約束し合うのだが、ことばの牢獄は地獄あるいは理想の天空に向かってしか開かれていないのだ。主人公は薬物の杯の効力によって半ば冷たくなって、ことばでざわめく平土間の中央に横になっているのだが、まわりの者たちは彼の上に殺到して、まだ見えるかどうか、まだ何か言うべきことが見えるかどうか彼に問うている。ソクラテスは劇場のなかで、雑音のなかで、無感覚になって死ぬ。彼は決まり文句を飲んだのだ。
今朝、自分の身体的機能を享受しながら、明確で明瞭な私の意思は、自分の死に際して人が静寂を保ってくれるかどうかを試しているのだが、私はいかなる麻薬も、薬物も、ことばも欲しくはない。私は誰がやって来るのかを聴き取りたいと思う。

激昂した集団や、彼らの競争の病から遠く離れ、今ここに生きている自分は誰なのだろうか。エピダウロスの円形劇場の大理石の石段の上で、二時間以上も前からここに座り、身動きもせず、陽光を浴び、小がらすの飛び過ぎてゆく透明な大気に身をさらしている自分は誰なのだろうか。生きている言語や死んだ言語、フランス語やギリシア語によって構築され、文化によって形成された私、治癒を約束する者であるアスクレピオスという語や、エピダウロスという語の魅力に引かれてやって来た私、集団に射すくめられて彫像のようになったこの私は誰なのだろうか。集団は、円形あるいは楕円形のモデルに、その粗描的表象である巨大な円形劇場に帰せられている。かくも遠くまで旅をしてきたのに、この悪しき主体は、それによって自らがこね上げられている言語のざわめきから、いささかも隔たってはいない。母の胸のなかで響きわたっていたものが、この石造りの耳介のなかで鳴り響き、私のもっとも内密な耳のなかに、自らのこだまを響かせている。私が想像していた敷居は乗り越えられないままである。私は、自分が離れたと主張している他者たちによって構築されているのだ。彼らは孤独な私の内で、私の胸のなかで同じ騒音をだし、それはいつまでも残存している。ことばに中毒したこの主体を離れて、私は観察しうるものを待ち受けることができるだろうか。私は自らに距離を置いたところに身を置かねばならない。そしてそれは忘我と呼ばれる。

私は自分を二重化しようと努力する。隅から隅まで言語で形づくられた死体、死んだソクラテス、頭と身体つまり受難と思想で空間を占め尽くす名声、じっと固定された虚ろな眼差しをもち、地獄であれ天空であれもろもろのカテゴリーに目を釘づけにした主体が、あたかもここに、この大理石の石段の上にいるかのようだ。そしてこの全的名声の外に、無垢で空虚な注意深い聴力が身を投げ出しているかのようだが、それは純粋な願望あるいは賜物であり、言語からなる主体との関係において均衡からずれている。

絶えず話している者は、病に陥っている。中毒にかかり、麻酔をかけられ、麻薬におぼれ〔addicted〕、ことばに没頭しているのだ。神がかりになるとよく言われるように、ことばに酔っているわけだ。無言で、私は静寂へと、健康へと向かってゆき、自らを世界にさらしている。感じやすく、感受性が鋭く、デリケートで、繊細な感覚突起は、冗長な繰り返しを識別し、そこからすぐさま身を引き、言語の量魂に対しては見せかけの垂直あるいは不均衡をなし、稀なるものに対してアンテナを広げ、じっと待ち、注意を凝らし、思いもよらないものを待ち、認識し難いものを認識し、静かなもののなかで感じやすさを保っている。それは、言語の厚い壁のなかに、眼差しを、銃眼を、裂け目を、隙間や窓を探し求めて、立ったまま忍耐強く夜ふかしをする者であり、夜の過度の重みの下で身をたわめ、身動きもせずに夜明けを待っている寝ずの番であり、三万フィートの高みから水平線いっぱいに一挙に爆発するこの台本のない夜明けに、時として目のくらむ徹夜の観察者である。

暗い夜のこの夜ふかしがなかったならば、私は存在しない。歴史と記憶のこの肉体、自分の言語のなかに安住し、ことばと命題の閉じられたベッドのなかで、その論理や組合せ論の小部屋のなかで、あるいは巨大な円形劇場のなかで、横になりとぐろを巻いて眠っているこの肉体は存在しない。言語からなるこの主体は夢を見る。夢は言語の壁に見せかけの窓を切り抜く。歴史と記憶のこの主体は存在せず、言語の象牙の塔のなかで眠り、他者たちと同じ夢を見、同じ野心と同じ競争心をもち、エピダウロスの劇場でと同じように、もろもろの表象のなかで夢を見、あるいはテレビや人工のページを見、ことばと政治に中毒し、ことばに言い表わされたものに没頭している。言語の巨大な総重量の下で、従属し、支配され、横たわり、踏みつけられ、踏みつぶされた主体。押しつぶされた死者。

安定性の外で、にせの垂直をなして私は存在しているのだが、安定性の内では、他の主体が眠り込みあるいは死んだままでいる。目もくらむほどの言語の頂上を歩哨の道が走っており、そこを哨兵が通ってゆく。日中は、臆病で、恐がりやで、風や流れ矢を恐れる何人かの哨兵が、凸壁を背に座っているが、そこは骨組みに保護された空虚で動きのない部分を縁どる壁ばかりの部分である。歩こうではないか。安定して、眠り込み、夢にあやされ、癒されない欲望にいたるまでも言語に中毒した自分の肉体を、私は通りがかりに認める。凸壁に向かい、あるいは背をもたれて内部を見つめているこの哨兵に、私は自らの肉体を認めるのだが、逆にここにこそ私の存在がある。それは、鋭敏で、敏捷で、用心深く、無我夢中で、銃眼で気を張り詰める寝ずの番、空集合からはみ出し、均衡を失い、めまいを感じ、恍惚とした当直勤務者である。存在 existence〔=ex《hors de》+sistere《êter placé》〕あるいは忘我 extase という語は、ずれに身を委ねること、弾みに、にせの垂直に、待つことに、空間へのわが身の贈与に、目もくらむような危険に、自己からの解放に、身を投じることを意味する。この語は、当初は安定を意味し、それから存在を意味するようになった。つまり言語によりかかっていたが、言語からの解放を求め、案内や目印のある場所で最初は安全だったが、それからそこを遠く離れ、案内も目印もなく、わが身を世界に委ねてさすらうというわけだ。《われ》は《われ》の外にしか存在しない。《われ》は《われ》の外においてしか思考しない。《われ》は自分自身の外においてこそ真に感じるのだ。言語のなかの《われ》は、言語の広い記憶に帰着し、集団に、他者たちの漠たる全体に、その集団の閉鎖に帰せられ、その習慣のなかでこちこちになる。ほとんどつねに、ほとんどいたる所で、この言語の《われ》に捕えられて、自分たちの全生涯にわたって、われわれはほとんど生きてはいないのだ。私は自分の外においてしか真に生きてはいない。私の外において私は思考し、思索にふけり、ものを知り、自分の外において与件を受け取り、生き生きとし、自分の外で発明をする。世界と同じように、私は自分の外で存在する。口数の多い自分の肉の外にあって、私は世界の側にいる。

ところで耳はこの隔たりを知っている。私は耳を窓の外に置くこともできるし、ずっと遠くまで投げ出すこともできるし、身体から遠く離して置いておくこともできる。

さまよい、透明な空気のなかに溶解し、その色合いに応じて揺れ動き、そのもっともわずかな収差《コマ》にも感じやすく、ほんのわずかなそよ風にも身を震わせ、世界の輝きに身をまかせ、混ざり合って、私は存在している。私の肉体は、超治癒によって、天使になるほどまでに静寂になる。おお、良き知らせだ。肉は感覚能力を取り戻し、屈辱を受けていた骨は歓喜する。


ありふれた媒体《メディア》のなかでの悲劇の再開。

アテネの裁判所によって死刑の判決を受けたソクラテスは、治癒しようとする意志によって自分自身に死を宣告する。裁判所には、ことばでもって人を殺す権力をもつ人間たちがいるのだが、彼らの判決は執行力をもつことば、すなわち、行動と等価のことばである。〔ソクラテスの〕対話の牢獄のなかでと同じように、ここ〔裁判所〕では言うことと死との間に隙間はない。なんという絶大な遂行能力だろうか。劇場にも、牢獄にも、重罪裁判所にも世界は入ることを禁じられているので、そこでは世界は言語と行動との間に間隔をさしはさむことができないのだ。ここでは、いかなる経験もことばの権力を妨害しえないのだが、こうした場所で哲学は気楽に呼吸することができる。芝居のなかで、独房のなかで、集団や裁判所のなかで、哲学は気楽に呼吸することができる。ことばは、エピダウロスの劇場では演技の上で俳優を殺すが、裁判所では現実に人を殺すのだ。

裁判官が入廷する。彼は判決を言い渡す。そこに出廷していたソクラテスは有罪を宣告される。私は耳をそばだてて聴き入る。判決が聞こえてくる。私はその判決を、別のもう一つの死語で興味深く聞く。ソクラテス、有罪〔addictus〕。ソクラテスは、口頭にせよ書いたものにせよ、法律によって有罪と認められ、表決によって有罪と認められ、このようなことばによって刑を宣告されたのだ。これこそ遂行的訴訟の用語である。なぜならこのことばは毒人参と同価だからだ。毒を飲むことと、このことばを発することとは等価である。法律や司法においては、ことばが行為をおこなうのだが、哲学がその司法や法律の道に入り込んだのは十八世紀末頃なのではなく、プラトンがその基礎を築いて以来ずっとそうなのである。それ以来、哲学は言うことは行為することと同価であると好んで主張し、言語について語ることを好んできた。裁判官のことばによって有罪と認められ、しかしまた自分自身のことばによっても、自らに有罪を宣告したソクラテスは、さらにその上、自分の死の日に、この腐敗した世界と汚らわしい肉体から解放されるためには、死んだ方がよいのだということを論証した。二度有罪の宣告を受けたのだ。

同じことばが石段のまわりを飛び交っているのが再び聞こえてくる。平土間に現われたあのグループは、そうとは知らずに、劇を演じたのだが、それはあたかも、死んで、外界に開かれ、イエロー・ブルーの清澄さのなかに浸り、冬でも緑の葉叢に囲まれ、小がらすの飛び交う澄んだ空気のなかに差し伸べられているこの劇場が、久しい以前からその役割と配役を失ったわけではないかのようである。植物や、動物たちや、空を渡る風が、薪を割るくさびのように、ことばと与件とを隔てる角度を広げながら、この閉じられた場所に侵入したのだった。

劇場におけると同じように、そのグループは自分たちの発することばのなかにとどまっている。互いにことばを交わすことに没頭していれば、対話のなかにとどまっている。ソクラテスは、友人たちに囲まれて、死すべき者として対話のなかにとどまっている。互いにことばを交わすことに没頭していれば、人生の旅人たちはこの神々の地に何も見ないことだろう。誰も与件を求めず、与件を受け取ることも望まない。皆がことばを発すべき運命を宣告されているのだ。ことばを交わすことに没頭し、ことばに溺れ〔addicted〕、無感覚になり、中毒し、刑を宣告され〔addicti〕、ことばの牢獄入りを宣告されている。

「……に没頭した」〔adonné〕というフランス語の表現を、英語では「……に溺れた」〔addicted〕という。この人物は瞑想に、勉学に、快楽に、遊びに、麻薬にふけっている、というわけだ。二つの言語の間のずれ、つまり翻訳が言語の通路や隙間を貫いている。あちらに与件があり、こちらにことばで表現されたものがある。感じ取られた与件は、表現されたことばと同価なのだろうか。addit という形態素は、移転されてしまって、フランス語には存在していないのだが、それはまるでフランス語が与件にその場所を残しているかのようであり、あるいはフランス語が言語外の奇異なものに向けて通路を開いているかのようであり、その通路を通して人は、自分の言語外の何かに身を委ねることができるかのようである。英語においては addicted という語が、あたかもこの通路を塞ぎ、玄関口で、敷居の上で、言語の扉を締めきり、暗黙の聾唖の地平を形づくっているかのようだ。感じ取られた与件は、言い表わされたことばに帰せられるのだろうか。この問題においては、身体や、言語や、集団や、世界の近傍や、それらを結びつける結び目のなかを、麻薬が徘徊している。そう、私は健康を回復するためにやって来た。ことばで言い表わすことに身を捧げていると同じように、われわれは与件〔donné〕に没頭している〔adonné〕のだ。与件の無償の源である世界に対する依存状態のなかで、われわれは生きているのだろうか。われわれはこれから、もろもろのコード、全称的データ・バンクに対する依存状態のなかで生きてゆくのだろうか。われわれはただ単に、自分たちの依存状態を選択することにのみ運命づけられているのだろうか。

ラテン語は、この「言う」という語の語源を法廷という場にもっているのだが、これは円形劇場と同じように、世界に対して閉じられた空間である。じっと固定した虚ろな眼差しをしたソクラテスは、判決によって、推論によって、ロゴス一般によって中毒になっており、物となり毒人参となったことばによって刑を宣告されている。薬物に溺れ〔addicted〕、刑を宣告された〔addictus〕のだ。毒人参、すなわち、麻薬、薬類、刑の宣告。裁判官が入ってくる。ソクラテスは退場する。裁判官はことばの内に入ってくる。ソクラテスは人生から出てゆく。ソクラテスは自分のことばの人生から、論理の人生から出てゆく。

裁判官が登場し、ソクラテスは退場する。それ以来、裁判官が席を占める。芝居は、舞台の上で、そぶりをして見せる。芝居は人を笑わせるために、人を治癒させるために人を殺す。そして人々はほっとして劇場から出てゆく。法廷ではことばは行動に値し、ことばは行動し、ことばは本当に人を殺す。哲学が法廷に入って以来、哲学は行動する状態になり、人を殺す状態になった。実際、哲学は何百万人もの人々を殺した。いかなる権利によって殺したのだろうか。

いかなる権限によって哲学はその権利を手にいれるのだろうか。その陳述形態において興味深いこの問いは、裁判官という語を繰り返し、権利という語を繰り返す。「いかなる権利によって」と誰かにたずねるとき、人は実際、その人に保証人あるいは保証の役割を果たす誰か別の人を指定するよう求めている。

しかし人はただちに、この別の人にも同じ問いを発することができ、こうしてこれは無限に続いてゆく。それはあたかも二番目の者の背後に三番目の者がよみがえり、その三番目の者が今度はまた背中を見せていて、この列が無限に続いてゆくかのようである。哲学やあるいは別の分野において、ある部類の問いがあって、そこでは存在と不存在の問題、この第三人間の前方への逃走が出現する。

さきほどは、平土間に、一団のグループが現われ、仲間の老人あるいはガイドのまわりを取り巻いていた。ソクラテスはそのグループの後ろに出現する。裁判官はソクラテスの後ろに現われる。それから人は彼に「いかなる権利によって」と尋ねる。そして彼の後ろに長い影の列が現われる。

保証人が出廷するように呼び寄せられる。ところで、第三人間を出現させるもろもろの問いの部類に属するこの問いのなかで、哲学はつねにこの連鎖の最後の者、この連鎖全体を正しいと認める者が存在するかどうかを探し求めてきた。もしその者が存在するならば出廷するように。

裁判官が退廷する。

裁判官が退場し、法務官《プラエトル》が登場する。

法務官は法廷を開廷する。時代と位階の最高官として、彼は最初のことば、第三人間の問いの部類に属する問いの連鎖を閉じる基本的な用語を発して開廷する。人は彼に「いかなる権利によって」と尋ねることはできない。なぜなら彼以前には権利という語は言われえないからだ。彼はすべての者に、言う権利を与える。最初の、本源的なものとして、彼は法律〔権利〕の時代を開く。

法務官が口を開き、彼は次のように言う。ワレ与ウ、ワレ言ウ、ワレ判決ス、と。Do, dico, addico. 私は与える、私は言う、私は確証する、あるいは判決によって認める。もちろん誰も addicere〔判決によって与える、判決を下す、最高の付け値に落札する〕という語を真には理解しない。それは「有罪の宣告」と「麻薬」の両方の語源であり、源であり、裁判官が哲学者の後ろに身を置き、法務官が裁判官の後ろに身を置くと同じように、ソクラテスの言うことあるいはすることの後ろに身を置くことば〔動詞〕である。さらにaddicereという語は「言う」を意味し、また「捧げる」、「献呈する」、「売る」、同じく「譲る」、「入札によって与える」、「譲渡を是認する」を意味し、しかしまた「有罪を宣告する」を意味する。法務官の最初の三つの語、三つの動詞は、言語、法律、宗教の三つの領域に属する。これらの語は司法の行動の始まりを画し、これらの語に基づいて言われることばは、行為することと同じ価値をもつ。法務官は与える、すなわち、彼は書式を与え、訴訟《アクシオン》〔行動〕を与え、裁判官そのものを与える。彼は言う、すなわち、彼は法律を発布し、判決を言い渡す。法務官は当事者たちの意志を承認し確認するのだ。そこからはこれ以上進むことはできないとすれば、ことばへの翻訳に長々と磨きをかけることに私は疲れはててしまうことだろう。これは言語のなかに入り、その重みを見積り、それに最大の力を与えることにかかわる問題である。またこれは法務官よりさきにおいては、われわれは言語の外に出るということの証左でもある。

この書式をその発展的配置にしたがって考察してみよう。それはあたかも、最初の二語が第三の語を生みだすために置かれているかのようである。addiction〔英語で耽溺、中毒の意〕は言うことと与えること〔贈与 don〕の和に等しいからである。

ことばで言い表わすことについて、その論理について、その人類学について、われわれは多くのことを知っている。それについては非常に多くのことを知っているので、おそらくわれわれはそれによってしか、それとともにしか、それの内でしか知ることができず、それをしか知らないだろう。われわれは贈与について、その論理について、その人類学について多くのことを知っている。そのことについては非常に多くのことを知っているので、われわれはおそらく贈与の回路網のなかに浸かってしか生きてゆけないだろう。しかしわれわれは、それらを加算したもの、それらの総合、それらの混合、すなわち addiction については何も知らない。哲学の草創期において、ソクラテスがことばによって有罪を宣告され、毒人参に毒され、ことばに毒され、毒人参服毒の刑を宣告されるように仕向けたところのものについて、われわれは何も知らない。ことばで言い表わすことによって獲得される贈与や与件について、ことばによる与件の麻酔について、ことばの表現によって支払われる〔本来は〕無料の与件の値段について、ことばによって入札される贈与について、われわれは何も知らない。ことばの贈与について、言語の贈与について、われわれは何も知らない。

addicere すなわち、言うこと、言うことによって承認を与えること、あるいは言うことによって言う権利を自らに与えること、あるいはことばに与件を与えること。フェスチュス〔Sextus Pompeius Festus を指すか？ 一〜二世紀頃のラテン文法学者〕はこの語をこのように定義して、この三つ目の動詞 addico に「いかなる権利によって」という抗し難い問いの繰り返し、第三人間への無限の送り返しを断ち切るために必要な環、円環を作らせている。われわれの後ろにソクラテス、哲学者の後ろに裁判官、あるいは表象の後ろに司法権。裁判官の後ろに法務官、あるいは法律の後ろにことばによるその根拠づけ。連鎖はそこで閉じる。法務官は自分に、自分だけに最初に言う権利を与え、それから他の者たちに言う権利を与える。彼は第一の人間として、最初にことばを発する者として、自らに権利を与える。ワレ判決ス addico.

addiction〔耽溺、常用癖 審判、判定〕、つまり最初の発話〔diction〕、最初の語は、他の者たちを承認する。言うことと与えることの和には何ものも勝つことはできない。言うことを通るものも、与えることを通るものも、すべてがそこに集中し、そこに総和される。それゆえ何か例外を探したまえ。

addicted, すなわち、薬物によってそうなると同じように、ことばに中毒し、ことばに没頭している者。哲学者は毒人参の杯を、ことばの大杯を無限に飲む。addictus, すなわち有罪を宣告された者。哲学者ソクラテスは自らに死を宣告する。この判決と〔薬物等に対する〕この依存性を理解し基礎づけるには addiction まで、言語と与件の最初の総合まで行かなくてはならない。法務官の最初の決定、三つの動詞〔ことば〕のなかでの、言うことと与えることとの半ば代数的な加算、与件と発せられたことばとを同一化する第一テーゼが、あたかも死と薬物とによって哲学的犠牲を生みだしたかのごとくである。劇場の後ろで、裁判所の後ろで、哲学創設の悲劇が演じられている。つまり、言語の毒による人間の真の死と、同じ麻酔薬のなかでの日常的な生とが演じられている。エピダウロスでの眠り、そこでは言語そのものが夢を取り上げる。治癒は臨終のまぎわに逃げ去り、言うことと与えることとの総和は死と麻薬によって支払われる。

法務官の身体と彼の発したことばの後ろで、もろもろの影が踊っているように思われる。彼は自分が最初にことばを発した者だと嘘をついたのだろうか。

ティチュス・リウィウス〔前一世紀頃のローマの歴史家〕がその第一の書で伝えるところによれば、哲学的知が創始される以前、法律とそれによる承認が創始される以前、最初に発せられたことばそのものの創始以前、かの都市の非歴史的で野生的な建国の時代においては、飛ぶ鳥の宣告すること、鳥の審判 addiction によらずして何ものも変えることはできず、何ものも設けることはできないと定められていた。

禿鷹の飛翔、小がらすの飛翔は、法務官の背後に回るのだ。法務官が退場し、卜占官が登場する。

われわれの知る限りで、世界でもっとも大きくもっとも長続きした帝国ローマは、その最高決定機関ににおいて、鳥の飛翔に基づいて統治されていたわけだが、これこそ政治に関してこれまでに表明されたあるいは決定されたもっとも奥深い裁定である。今これを読んだあなた、このことを知ったあなたは、あらゆる仕事を中断して、駆けて行ってこのことを繰り返して言いなさい。軍隊の総司令官に、恐慌を管理している偉い経済学者に、大統領補佐官に、大臣たちに、君主その人に、そしてあなたの知っているすべての有権者に。当時においては、鳥占い、鳥の空を飛ぶ様子、餌をついばむついばみ方によって示されるあるいは与えられる占いの承認を待つことなくして、鳥類による審判 addiction なくして、決してローマの軍団は戦いを始めなかったし、小麦を積んだ船団は決して出航準備に取りかからなかったし、法律の条項は決して改正されなかったし、歴史的な重大決定は決してなされなかった。ローマはもちろん、歴史上もっとも高い比率の勝利を獲得し、もっとも安定した法律を成文化し、最善の政治をおこない、平均してもっとも適切な決定を下し、われわれの知る限り、あらゆる時代を通じて、もっとも優れた国家であるのだが、そのローマは鳥に信頼を置いていた。これ以上に良き知らせを、あなたは今までに聞いたことがあるだろうか。これ以上に繊細で、これ以上に賢明な哲学をあなたは知っているだろうか。この世のもろもろの偉大なものを、これほどよく真の謙虚さに立ち帰らせる生の事実が存在しているだろうか。そしてわれわれの自称する深み、理性や知、経済学上の言説、政治の戦略、ゆめまぼろしの人文・社会科学といったものを、くだらないものに帰せしめるこのような生の事実は存在しているだろうか。もっとも優れた成功を収めた者たちが、いかなることばも聞かずに鳥の飛ぶのを見つめたのであり、いかなる調査報告も聞かずに鳥が餌をついばむのを観察したのである。世界の運命を手中に握っていると主張する者たちが、家禽場で不安げに思案にくれている姿を、私は見たいものだ。政治が国家の喧伝に帰せられている今日においては、そうした者たちの声や姿をわれわれは日に何度となく見聞きしている。ああ、彼らがぽかんと口をあけて小がらすを見上げている姿を見たいものだ。

ものを言うこと〔dire〕の悲劇は笑いのなかに崩れ落ちる。

行政官は退場し、卜占官が登場する。卜占官が話すのを誰も決して聞いたことはなかったし、彼が話しているように見えるときでも、彼が言っていることを誰も決して真に理解したことはなかった。彼は平土間にとどまることはなく、そこを自分にふさわしい場所とは感ぜず、足早に階段を登り、劇場から出、裁判所を離れ、牢獄から逃れ、これらの悲劇を気にもかけず、死に至らしめることを必要とせず、ひたすら空を観察しているのだ。

からすはしゃべらない、臓物はものを言わない、禿鷹の飛翔は文字のように空中に痕を残さない。

こうした場所の守護神であるアスクレピオスは、アポロンを父とし、〔テッサリアの〕王女あるいはニンフであるコロニスを母としている。身ごもった後コロニスは別の男と密通したとされている。このことを知ったアポロンは彼女を殺したが、アスクレピオスだけは、生まれ月より前に彼女の腹のなかから救い出された。この愚か者は、この卑劣な行動をする前に、女にあざむかれるという不幸をどのようにして知ったのだろうか。小がらすの奇妙な飛び方によってである。アポロンはからすたちの審判 addiction を見たのだ。

このようにして、占いの神が治癒あるいは医学の神を生んだのだ。しかし彼ら二人の真ん中に人間の犠牲が介在している。母の死骸がここでもまた劇場をいっぱいにしている。われわれは、断固として、悲劇から治癒しなくてはならない。

哲学者たちは笑うだろうが、私は占いの儀式を称讃している。それというのも、われわれの介入、われわれの手や言語の介入以前に、あるいはそうした介入なしに、世界を行き交いあるいは世界に横たわっている意味、そのような言語以前の意味に対する卜占官の繊細な注意力のゆえである。これはまったく最初の観察であり、そこでは知覚された現実が言語によるあらゆる表現あるいは評価に先行する。卜占官が鳥の審判 addiction を見る前は、法務官はワレ判決ス〔addico〕と言うことはできない。われわれに相談することなく、禿鷹は飛翔し、小がらすは飛び交い、鶏は餌をあさる。われわれの方が彼らに相談するのだ。鳥がそのことを承認したとき、そのときにのみ、最初にもの言う者が承認しあるいは宣告し、競売に付し、占領軍を引き揚げさせる。卜占杖〔観察すべき空や地面を区切る卜占官の杖〕で空に描かれた窓によってついに、言語の牢獄やソクラテスの牢、劇場や裁判所の時代が開かれる。この社《やしろ》、空気の量体のなかに切り取られたこの聖なる空間は、そこから言語が漏れてゆく裂け目、そこから言語が呼吸する隙間、そこから言語が始まる意味、要するに言語の条件を描いており、経験の諸条件、その境界線を描いているのだ。

切り開かれたこの銃眼を通して、目が世界の方へと振り向き、耳はことばの音以外の音、声音以外の音を聞く。引っかいたりあるいはくちばしでつっつく乾いた音、渦を巻く空気のなかを翼の羽毛がやわらかに愛撫する音、ローマの建国すらもこの飛翔音を聞く以前にはおこなわれなかった。

独裁者はものを言い、将軍は指揮し、法務官は法律を告示し、承認を与え、哲学者はしゃべる。しかし、王や独裁者や法務官や哲学者がものを言う以前に、卜占官は耳で聞き、目で見る。彼はもの言わずして、ものを言うことに先行する。彼は禿鷹を自分の方にやって来させ、それを観察するために沈黙を守るのだ。

司法は、観念論者で、自分が世界を表象するとおりに世界を決定し、遂行的言語を常用し、発せられたことばは行為することと同価であると言い、そのようにし、それが真実であるかのようにせざるをえなくさせる。王、独裁者、将軍、法務官、厳密な学者、忠実な歴史家、厳格な哲学者も、司祭でさえも観念論者にとどまっている。彼らが世界について述べたり作ったりする表象のとおりに、彼らの遂行的なことばが命ずるとおりに、世界のすべてが生起する。彼らはみな自分たちの言うところは行為することと同価であると言い、すべての人々は彼らの命令のもとでは、それを信じ、それが真実であるかのごとくに行動するに充分なほど、素朴で従順である。この信じやすさあるいは義務感の代価は、悲劇と死の宣告によって支払われる。

死のみが、死体の実在のみが、もの言うことの重大さを証明する。死が、保証や法律や芝居を作る。死のみが、もの言う者は無意味にもの言うのではないということを証明する。そこから真実が小がらすのように蒸散し、飛び去ってしまうかも知れない言語の窓を、死のみが閉じてしまう。死のみが言語を閉じたシステムにするのだが、そこでは真実という語が自らの指示対象を得る。死のみが証拠を作る。言語の人間、死の人間。

ソクラテスの死は、彼の言語を閉じ、確証し、承認する。つまり addit という形態素の意味するところをおこなうのだ。ことばの死はことばを確証し、それは一挙に世界の諸物をあがなう。死のみが、言語や科学の真実性を保証し、物そのものへの科学の忠実性とその速やかな有効性を保証する。ソクラテスの死が近代哲学の基を築き、みことば《ヴェルブ》の死がわれわれを人間たらしめている言語の基を築いたと同じように、ヒロシマは現代科学の基を築いた。平土間に、劇場の中央に、死のみが横たわっている。

治癒するために、不死の杯で神々の飲物を飲むためにやってきたのだが、私は自分の不死や個人の不死を求めているのではなく、いまや危機に瀕している種の不死を求めているのだ。集団全体が自分の死から治癒されなくてはならない。毒人参ではなく、神々の飲物、不死の飲物を全人類に飲ませなくてはならない。失われた古い文明の廃墟のなかで、今日の病める文明全体が、どのようにしてまた何に毒されており、どのような刑を宣告されているのかを理解しようと私は試みている。いかにしてこの文明を治癒させ、この文明に原初の素朴さと直接的な活力を取り戻させるために、どのような貢献ができるのかを私は探し求めている。

卜占官たちは、王や裁判官たちがもの言う以前の世界、集団的、言語的な囲いの外の世界を前提としている。それは武器からも、祈りからさえも独立した世界であり、そこには裸のままの意味が出現する。彼らは、その意味がわれわれなしで生ずると考えている。区切られた空の一画を飛ぶ禿鷹の飛翔を観察し、あるいは聖なる鶏の行動を観察し、生贄に捧げられた動物の内臓を観察する彼らは、すでに学者の位置を占めているのだ。彼らは観察し、見つめる。あたかも人間集団が世界を構成していないかのように、彼らは世界を観察する。いわゆる実験科学の学者たちも、同じように、切り離され、はっきりと限定され、人間から独立した物の世界あるいは状態を前提としている。そこでは一つの意味が生ずるのだが、それは日常的なことばで正確に言うことも、現代の交換の言語で的確に言い表わすこともできない。この意味は、小がらすや禿鷹の飛翔のように、われわれの言語の外の空間を横切る。賭金も、呪物も、商品もなく、賭金の言語も、呪物の言語も、商品の言語も用いず、卜占官は、学者と同じように、裸のままの意味を観察する。卜占の書物、シビラの本〔古代ローマの王タルクウィニウスがキューメーの巫女シビラから購入したといわれる神託集〕は判読不能で、門外不出だといわれているが、理解されえず、われわれのすべての言語とは異質な言語で書かれている。それらの書物は、現代物理学におけるアルゴリズムの古い形を含んでいるように私には思われる。それは古代ギリシア語が現代の言語を先取りしていたのと同じであり、その公式が現代の方程式の祖先であるアルゴリズムで書かれていたのと同じことである。

卜占官たちは笑うことなく互いに顔を見合わせることができるだろうかと、かつて哲学者たちは問うたものだった。実際、哲学者たちは決して笑わず、とりわけ互いに顔を見合わせるときには歯ぎしりをする。彼らはもの言うことなしに、互いに見つめ合うことは決してできないのだ。

証明することはできないのだが、卜占官や、腸卜官や、学者たちがそう考えているのと同じように、人間から独立した世界があると私は思う。この断定は、そう望むならば、実在論と呼ばれうるものだが、誰もその真実性を証明する術を知らない。なぜならそれは言語を越えており、それゆえ証明のためのあらゆる言語を超越しているからである。実在論は賭と同じようなものだが、観念論は自らの証明を内に含んでいる。われわれがそれについて言いうる以外の世界は存在しないという断言は、完全に言語のなかに浸っている。人はこの断言を無数の方法で厳密な言語のなかに据えることができる。だが逆に論理に対して非論理が残り、説明しうるものに対して説明しえないものが残る。物が存在していること、説明しうるものの外に、論理の外にもろもろの事実が、一つの世界が存在するということが残る。自立論理的なこれらのすべてのテーゼは、ことばの自閉主義〔自閉症〕を物語っている。病はそこにあるのだ。したがってもし誰かが言語の透明な壁に穴をうがち、そこに手や杖を通したり、そこから馬を放って林間の空き地から森のなかへと逃れ出たならば、哲学者はその者を馬鹿にして笑うだろう。哲学者たちがなぜ笑うのかといえば、哲学は言語と同時代のものであり、この二つは同時に発明され、われわれはこの二つを同時に受け取ったからである。数学がなぜきわめて古い時代に遡るのか、数学がなぜ言語という林間の空き地をはみ出さないのか、また物理学の発達がなぜかくも遅れ、ことばの文化のなかではなぜすべてが物理学を馬鹿にするのかが、私は突然理解できた。ラテン教会の枢機卿たちが、書き物《エクリチュール》〔聖書〕の名においてガリレーに有罪を宣告し、世界存在に対する根絶することのできないこの確信が絶えず断罪されると同じように、ギリシアの哲学者たちはロゴスの名において卜占官たちを馬鹿にしたのだった。世界がわれわれの不滅性を支えていることを、われわれはいつでも忘れているのだ。

世界が存在していることを、私は証明できないと思うし、証明できないということを知っている。なぜなら別の書物の助けを借りて書かれた書物は、何ら価値あるものを教えはしないからだ。しかしわれわれは世界から直接にやってきた書物をそれと認めることはできる。

われわれのいない世界が存在することを、私は証明できないと思うし、証明できないことを知っている。しかしながら、どこかの裁判所の判決を書き取るよりも、歓喜と健康のなかで、世界のえも言われぬ静寂を聴き取りながら書くことの方をより好まない者が誰かいるだろうか。

円形劇場の最上部では上部飾りが崩れ落ちていて、不規則な銃眼や凸壁を形づくっているのだが、折しもこの窓を横切って小がらすたちが飛んでゆく。

私は世界の事始めについて考察していると考えていた。しかしここでもまた、卜占官の観察は裸で提示されることはない。卜占官は先験的な書き物のなかに記された知識を心得ていた。観察することは、ことばで説明することから身を離すことができない。言語とコードがつねに与件にはりついており、横柄な口と頑固な〔文字の〕痕跡が意味につきまとい、手綱をゆるめようとはしない。

小がらすの審判 addiction は、治癒の神が誕生する前に、母のニンフを殺した。言語の知識がつねに先行し、そして言語には死が、卑劣にも根絶することのできない悲劇がつきまとう。悲劇はわれわれを離れようとしない。

知識に中毒しているのだろうか。私は、知識が人を生きさせ、育むものであってほしいし、肉となり住処となってほしい。飲むことや食べること、ゆっくりと歩くこと、愛すること、死ぬこと、時には生まれ変わることを助けるものであってほしい。私は知識のシーツにくるまって眠りたいし、知識が私にとって外部的なものであってほしくはない。ところが知識はこの生命の価値を失ってしまい、それどころか知識から治癒しなくてはならないほどなのだ。

細かい断片に切り刻まれ、新しく獲得され吸収されるたびに、すぐに平凡になり、すぐに廃れ、急速にうつろい、真の成長をしているというよりもむしろインフレーション進行中の知識は、論文や記事や科学雑誌によって届けられ、書かれたり話されたり見せられたりするジャーナリズムのメディアの総体によって投げつけられる情報と同じ形をとり、あるいは単位ごとに束ねられた札束やタバコの箱と同じ形をし、まもなくデータ・バンクで分類されコード番号がつけられることになるだろう。われわれはもはや、もの言うことに没頭して生きているのではない。感覚を失った後、われわれは今度は言語を失おうとしているからだ。われわれは、必然的に、データに没頭して生きている。世界のデータでも、言語のデータでもなく、コードのデータにである。知識とは情報を得ることに等しい。情報は麻薬常習、薬物依存、麻薬中毒のより高度な普遍的な形態となっている。

上述の知的活動は麻酔剤の服用に等しい。なぜなら世の中の情勢に立ち後れないためには、絶えず新たな情報を獲得しなければならないからである。最新の情報がその前の情報を古くさいものにしてしまうのだが、これこそ麻薬の法則であって、そこでは次の服用のみが重要である。情報も麻薬もそれをもっているからといって人に幸福を与えるわけではないが、それをもっていなければ人は悲惨な状態に陥る。もはや科学は、人間の悪のなかの最悪のものである競争や、模倣や、欲望や、恨みや、戦争からわれわれを解き放つものではない。今や科学は、それらをさらに悪化させ募らせるものとなっている。知識の先端は、残りのすべての知識をたちまち無価値なものにしてしまう。この先端とはすなわち、突き刺し、深く打ち込まれ、苦しみを与え、支配下におく尖端である。

知識は与える。迅速に、大量に。データ〔données〕という形のもとで、それは与件〔donné〕となる。知識はものを言う。迅速に、大量に。コードという形のもとで、それは言語に取って代わる。それは与件に取って代わり、言語となる。

それは与え、ものを言う。承認し、有罪を宣告し、支配下に置く。法務官が退場し、卜占官が登場する。法務官すなわち第一の人間、その後に、真の始まりを画する卜占官。まさに法務官の以前に。

卜占官が退場し、学者が登場する。

今度は学者が言う、ワレ与ウ、ワレ言ウ、ワレ宣告ス、と。

私は知識の麻薬に中毒しているのだ。

治癒の都での静寂、情報から離れての静寂。酒をやめることは困難とは思われないが、タバコをやめることは最近まで私には英雄的なことに思われたものだ。新聞を投げ捨てること、ラジオを黙らせること、テレビ受像器を闇のなかに置き去ること、これこそ基本的で真の解毒である。さらにこれ以上の目的のために、私はエピダウロスへやってきた。いわゆる科学の最新の情報にもはや精通しないこと、こうした情報の流れのなかをもはや駆け回らないこと、このことが解放をもたらすのだ。もっとも重度の麻薬常習の終焉、一つの知恵の始まり。

すべてのことがことばで言い表わされ、ことばによって解決されるというこの思想、真の問題は議論を生むという思想、哲学は問答に帰着するという思想、話すことによってしか養生することができないという思想、情報はもっぱら言説を通してのみ伝わるという思想、かくも流布しているこの思想、おしゃべりで、演劇的で、宣伝的で、厚かましく、恥じらいのないこの思想は、ぶどう酒やパンの真実の存在、その無口な味や香りを知らず、わずかに示されただけの身振りによる示唆、示し合せ、暗黙の了解を忘れている。すばらしい愛の祈り、雷光のように閃くありえないような直観、立居振舞いのかもしだす魅力を、この思想が知らないことは言うまでもない。司法的なこの思想は、内気な者たち、つねに自分自身の意見をもっているわけではない者たち、自分が何を考えているかを知らない者たち、探求者たちに、有罪を宣告する。教師的なこの思想は、授業に出席しない者たち、発明者たち、へりくだった者たち、躊躇する者たち、感動する者たち、才気ある者たち、肉体労働をする者たち、心悩める者たち、血の巡りの悪い者たちを、排除する。テクストをもたないもろもろの物、文法を知らない人々、語彙を知らない子供たち、用語を知らない老人たちを、私はきわめてたくさん識っている。言語のカーテンの後ろで口をつぐみ、おびえながら、私は長いこと外国で生活をしてきたのだが、もし私が聞くことと話すことしかしなかったならば、私は人生を真に味わうことができただろうか。私の知っているもののうちで、きわめて貴いものが静寂のなかに埋め込まれている。否、世界も、経験も、哲学も、死も、劇場や裁判所や授業のなかに押し込められるがままになってはいないのだ。この思想は、本当に、物理学と生命、科学と文学、はにかみと美とを忘れている。

賢明な知は人を癒し、肉体を形づくり、ものを美しくする。私が注意を凝らし探し求めれば求めるほど、一層私は思考する。私は思考する、ゆえに私は美しい。世界は美しい、ゆえに私は思考する。知は美しさなしではやってゆけない。私は美しい科学を求めている。

科学史のある年代以来、科学は自分の顔に責任をもたなくてはならず、自分が提示し、生みだす美に責任をもたなくてはならない。現在のような形態をとった知を、私は見限っている。なぜならこの知は、醜く年老い、人間や物を醜くし、われわれが子供たちを育てはぐくむのを挫折させたからである。この知は醜さと死を纏い、引きつった悲劇の面をかぶっている。

ある一定の年代から、科学は子供たちに責任をもたなくてはならない。学者は退場し、今や子供が登場する。

陽光のもとで、私たちは互いに歩み寄っていった。彼はしゃべらなかったし、私ももはやしゃべらなかった。私たちは手を取り合い、そっと円形劇場を離れた。

暑くもなく寒くもなく、風があたかも皮膚の上に地図を描くかのように顔や腕をなでてゆく。心地よいそよ風は木々の木の葉と、ほとんど音楽的で声にはならない会話を交わし、幹からは渋みを帯びた季節のはしりの香りが発散されている。一本の草を唇の間にくわえ、その草を噛むと収斂剤のような味がする。

谷間では、耕作された畑が、眼状斑のある孔雀の尾のように、黄色や青の小さな断片をなし、いかめしさを呈する多岩質の丘に至るまで、神々の風景が開けている。

来たまえ、来たまえ、私は君に遺贈したいものだ、感覚で捉えうる失われた諸物を、多様な世界とぼかし模様の肉体との内緒話を。私は君に遺贈するだろう、繊細さを、味と香りを、知恵と明敏さを。来たまえ、そしてわれわれが、衣服のように、垂れをもつ皮膚を構築したならば、その後で私は、自分の言語の古い廃墟、死に瀕している私の美しい言語について語るだろう。それは絹布のようにひだをなす水から、無柄の葉がざわめきを立てるポプラの木々から、諸物の心地よい声から、直接に生まれた言語なのだ。来たまえ、略奪され、忘れられ、うち捨てられた二つの楽園の残骸と廃墟のなかへ。言語によって破壊された感覚の楽園、コードによって破壊された私の言語の楽園。来たまえ、まだ時間が残されている間に。私はうまくやれなかったのだが、われわれはもう一度やり直そうではないか。来たまえ、聴いたり見たりすることのできる人間の最後の子供たちよ、感ずるために、触るために来たまえ。君はすぐさま科学を学ぶだろう、確実に科学を学ぶことだろう。

三つの可聴音域

エピダウロスでの治癒は夢想と睡眠からなっており、患者は自らの病める肉体が発信する物音を聴き取らなくてはならなかった。彼が諸器官の静寂を得たならば、彼は治癒してそこを去ってゆくのだった。雑音の第一の源は生体のなかに横たわっており、生体の自己受容性の耳は、時には空しく、識閾下のざわめきに耳を傾ける。数十億個の細胞が一つの生科学反応に専心したならば、そのざわめきの圧力の下でわれわれは気を失ってしまうにちがいない。実際、時々われわれはそのざわめきを聞き、そしてその聴取を病気と呼んでいる。分子、細胞、器官、システム……といった統合の諸段階に応じて描きだされる、もろもろのブラック・ボックスのうちの、ある一つのブラック・ボックスのなかで喧騒が広まり、そして境界線やジグザグの通路を通って、その喧騒は徐々に情報として整流される。複雑なボックスのいたる所にちりばめられた連続するこれらの整流装置によって、喧騒は健康な静けさへ、おそらくは言語へと達する。

視覚は、明視と盲目との間にあって、乳白色の雲のなかで道を失い、目がかすみ、視力が薄れてゆく。無秩序は、肉体がそれに抗して築く防御物を、次々と突破する。それらの防御物が完全に突破されたとき、暗闇が君臨し、完全な盲目状態が生じる。同じように聾者は、合図や声をではなく耳鳴りを聴いているのであり、狂気になるほどに鋭く、張り詰めた、単調な地獄の叫びをつねに聴いているのだ。この恐ろしい責苦は彼らを音楽へと運命づける。生命は、音楽の広がりと爆撃のような雑音のカオスとの間で、維持することの難しい一つの均衡をなしている。調和が退いたならば、堤防が決壊したかのように、うなりを上げる氾濫に耳を破られて、私は死ぬことだろう。雑多な物音の最終的な勝利が臨終の終焉を画する。

雑音の第二の源は世界のなかに散らばっている。雷、風、大海原の怒濤、野原の鳥、雪崩、地震に先立つ恐ろしい地鳴り、銀河信号。劇場の外で、劇場が作られる以前に、社会や政治の外で、そうしたもの以前に、鳥占い師たちは滑空する鳥の翼の音を聴いていたのだ。こうした雑音もまた、内耳外耳のきわめて複雑なボックスを通して情報として整流される。しかしわれわれはしばしば、自分たちの身体のまわりにまったく同じように洗練されたボックスを構築する。それは壁や、都市や、家や、修道院の小部屋などである。モナドは戸や窓を通して穏やかに外界を知覚するのだ。

雑音の第三の源は集団のなかに横たわっている。この源は他の二つの源をはるかに凌駕していて、その二つをしばしば無に帰するほどである。つまり、肉体を沈黙させ、世界を沈黙させてしまうのだ。一つの集団が沈黙することに同意するには、さまざまな稀な状況が必要である。シャトル会修道士、トラピスト修道士、クエーカー教徒たちは、沈黙して別な言語に注意を凝らしており、にぎやかで口のへらないガスコン人は二十五人ずつ、狩り小屋のなかに押し込まれて、墓のように押し黙ったまま、森鳩狩りの解禁の時を待つ。これらの例外によって次のような法則が確認される。社会は巨大な騒音を生みだし、騒音は社会とともに増大する。都会のネズミは、こうした騒擾に対する免疫性において、田舎のネズミと際だった差異を示している。現代の大都市は耳を聾する騒音をだしているのだが、それに匹敵する集団や喧騒をまさに期待できないとすれば、この騒音の地獄のなかで失神することなしに耐えられる者が誰かいるだろうか。一方の騒音に属するということは、他方の騒音を聞かないことである。あなたが集団に同化すればするほど、あなたは騒音が聞こえなくなり、あなたが騒音に苦しんでいればいるほど、あなたはますます集団の仲間に入れなくなるでしょう。叫び声、クラクション、汽笛、エンジン、呼び声、乱闘、決まり文句、喧嘩、討論、集会、選挙、論争、弁証法〔論争術〕、歓呼、戦争、爆撃、すべてのニュースは六千年このかた、こうした喧騒について知らせてきたにすぎないのだ。社会集団は騒音として定義される。双方とも同じように強力で、同じように急速に広がり、双方の場合とも同化は難しい。無秩序なあるいはカオス的な騒音から情報への移行、喧騒から音楽への移行は、たとえそれが馬鹿げた音楽であっても、たとえそれが意味をなさなくとも、ある秩序をさえ示していれば、ただちに社会契約としてしたためられるのだが、その契約のテクストは見出されることはない。あなたはそこに決して意味を見出さないだろうし、それはまたメロディーやリズムや情報やざわめきをも、ほとんどもっていないだろう。ヘルメスがアルゴスに対抗して証明したように、視覚は多数の目によってしか空間全体を捉えることができないが、音はその遍在性ゆえに、わずか一つの、誰にも感じ取られる現象によって空間全体を統合する。権力は鐘やサイレンや音の発信網を所有する者に握られるのだが、可聴音はその広範な容力でもって国を掌握するというわけだ。軍隊さえも自らの前に楽隊を行進させるが、暴力によってもっともよく結合されたこの集団は、自分の敵対者に自分自身の結びつきの力を可能な限り知らしめようとしているのだ。それはまるで自分の定義あるいは自分の署名を先に行進させているかのようだ。いずれにせよこの騒音、ことばやエンジンや音楽は、たいていの場合、諸物の呼び声やわれわれの器官の低い嘆き声を覆い隠す。そもそも与件は言語によってしか与えられないのだろうか。いかにも左様、いやそれ以上だ。それは座員的な大騒ぎによって、またそのなかで与えられるのであり、われわれの言語は時としてそのもっとも優れた先端をなしているのだ。

全体としては、われわれがどの程度まで世界に恐怖を与え、どのような暗い穴ぐらのなかに世界を逃げ去らせているのかわからない。この騒音の恐怖ゆえに虎はジャングルのなかをさまよい、鷲は断崖の上に、狐は地下の穴に、猿はどこかの島に引き籠っている。これらの動物たちは今や絶滅の危機に瀕している種である。なぜならわれわれは騒音をさらに広げる手段を学び取ったからである。卜占は戦闘の始められる以前におこなわれる。いかなる鳥も、戦闘の始まった後には、この恐怖の近辺に身をさらしに来ないからだ。ヒロシマの住民たちに聞いてみたまえ、一九四五年の夏のある日に、彼らが世界のいかなる与件を聞いたかを。

集団の喧騒のために、われわれはいかなる耳を使いこなしているのだろうか。

ピナラ〔トルコの古代遺跡〕へ案内してくれた友人に、私はどんなに礼を言っても充分な礼をすることはできないだろう。そこは巨大な山々によってほとんど閉じられた圏谷《カール》をなしており、超絶した絶壁がその圏谷の奥を塞いでいる。道がないため、そこへは草木のない一種の峠状の山間を経由して徒歩によってしか到達することはできない。圏谷の正面は、フェカン〔ノルマンディの港町〕のように、地上からの到達を拒絶する断崖であると断言できよう。威圧するような数百メートルの絶壁。その絶壁には、垂直方向にも水平方向にも、ぼんやりとした線状をなし柱状をなした墳墓の穴がうがたれている。垂直の埋葬である。谷壁の彼岸に向けて暗い窓が開かれているのだ。この圏谷の歓呼のなかに、無数のバルコニーの上に、いかなる至高の権力が現われようとしているのだろうか。まさに、これらすべての遺骸が一挙に起き上がり、いまや大聖堂の正面が、こわばった彫像に満ち、上部飾りの高みまで幽霊が林立しているのだ。下方に見える丘の上に建設された古い町の廃墟、圧し潰された小さな町を、数万の死者たちの眼差しが見つめ、見守っている。驚愕すべき確固不動の夜警である死が、断崖の高みから生者たちの見張りにつき、永遠なるものの無数の盲目の眼差しの下で、歴史の時間は流れ、歴史の消滅した後もさらに時が流れる。ところでピナラは、世界の中心に位置していると言いうるのだが、ほとんどギリシア的で、それゆえヨーロッパ的で、トルコであるがゆえにアジア的で、そこでは墳墓はインドを告げ、ドゴン族〔西アフリカ、マリに住む部族、断崖を背に集落を作って住むことが多い〕の断崖の流れを汲んでいるがゆえにアフリカ的である。空間が退行する場所では、時間が停止するのだ。

　荘厳で、不可避的な断崖に面して、町とは反対側、これらの墳墓とは正反対の地点に、ギリシア時代の劇場が開けている。そこに座れば、すべてのもの、幽閉された者たちの厳かな沈黙、彼らを地下壙の奥に追いやった町の喧騒、贅を尽くした平土間で演じられた悲劇のテクストや音楽、今では破損した観客席での拍手喝采、そうしたもののすべてが、こだまをなして聞こえてくるように思われる。

ところで、ピナラの劇場は、その音楽や台詞でもって風や寄せ波に挑むかのように、田園や海に相対しているというわけではない。それは、逆に、圏谷状《カール》の社会と相似形をなして閉じられている。一方は他方と同じ形をしており、縮小されたモデルとなっている。広大な風景全体は円形劇場をなしているのだが、墳墓となっている断崖が平土間の前にそびえ、町は舞台の位置にあり、円形に連なる山々の全体は観客席の列のように段状をなしており、人間の建造物である劇場はこの全体の一部を形成しているにすぎない。これこそシエナ〔イタリアのトスカナ地方にある都市〕の広場そのもの、あるいはバザ〔フランス、ジロンド県の町〕の広場、ノートルダムの広場であり、あたかもローマの聖ピエトロ寺院のように、死者の断崖によって社会の圏谷を閉じている。そこではすべての人々が市庁舎や教会を見ており、公共建造物はそれぞれの通行人を見ているのだが、それはまるで、ことばには言い表わせない社会契約が建物として建造されているかのようであり、大衆が死者の側に住んでいるかのようである。石あるいは彫像による社会制度。劇場は広場のモデルとなり、広場は円形劇場のモデルとなっていて、単純で月並みな環をなしている。ところで、ここに立てば人は皆、これらの語の語っていること、つまり「見る」という行為を考察しうるように思われる。それぞれの者が観客席の湾曲した段の上にあって、斜面に沿って傾いた優位性の上で、動物的な位階の上に秩序づけられているのを見ており、そして皆が共通して死の見世物や草創期の悲劇を見ている。この空間のなかに身を浸せば浸すほど、人はより一層見えるようになり、より一層聞こえないようになる。そこから身を引き離せば引き離すほど、人はより見えなくなるが、より聞こえるようになる。というよりはむしろ、聴覚にかかわる問題であることがよりよく見える〔わかる〕ようになる。音を捉えること、あるいはざわめきの罠にかかわる問題であること、発信源であり、受信者である巨大な社会のボックスにかかわる問題であることがよりよくわかる〔見える〕ようになる。

中央で話す者あるいは歌う者は聴衆の沈黙を聞いており、聴衆は中央から発せられる声と自分自身の沈黙とを聴いているのだが、それは完璧で一時的な環を形成している。しかしその環は、喝采の雑音あるいは不満を示す罵声や口笛によって、たちまち崩れ去ってしまうだろう。同じ言い回しのなかで、同じ空間の内部で、同じ動作《アクシオン》〔筋〕のなかで、カオス的騒音のぱちぱちという音、リズムや音楽、沈黙や歌い声、言語に先立つすべてのものが結びつけられ、それらが相互に変換されるのだが、それはここではあたかも、騒がしくかつ注意を凝らした無口なボックス、防音されかつ共鳴するボックス、聴覚的な制度を別の制度に変換するのに適したボックスが問題となっているかのようである。それはまさに肉体においてわれわれが記述したと同じように、自らの雑音の発信源であり、苦痛や危機やくつろぎや喜びの受信者であるボックス、健康なときはがらんとしているが、熱による振動が始まると言語を生みだすボックスが問題となっているかのようである。山々のこだまは、ここピナラにおいても、もはや社会の喧騒をしか送り返すことができない。われわれは、ここの人間であったとしても、もはや狼の吠え声を聞くことはない。村々の祖先に立ち帰った場合を除いては。

われわれが自らの物音を聴いていると同じように、集団は自らの物音を聴く。それは途方もない音をだし、それを聴き、それを洗練し、循環の環あるいはフィードバックの回路を通して、それをステレオタイプや、凝り固まったものや、詩吟の詩節、悲劇の詩片、政治的、社会科学的分析……などに変換し、さらには別の暗雑音、変換の廃棄物や残滓に変換し、完成された音楽がもたらされたときには、いや増す喝采に変換する。それゆえ集団は、上記の変換の働きによって、さらにもう一度自らに対して言語と喧騒を発信し、新たな、しかし反復的な変換のためのフィードバックの環を構築し、以下同様なことが繰り返される。

このようにしてわれわれは集団の神話、音楽、歌、宗教、その埋もれたしぐさ、その近似した歴史〔物語〕を語り継いでゆく。それゆえ集団は絶えず、継続的に自らについての情報や自分の騒音、戦争や物語、危機や悲劇、その言語や条件を無数の円環の形で発信し、受信する。

のしかかるように照りつける小アジアの太陽のもとで、ピナラはその抽象的で純粋な幾何学によって人の目を驚かす。耳の形をした劇場は、その耳介を生きた町の細々としたざわめきの方に向けているが、しかしとりわけ何千もの影の口から発せられる基調の発信に、暗く高い断崖を黒ずませている墳墓に、町の滅亡から二千年を経た後も、この圏谷に未だ聞こえる死者たちの長い嘆きの声に、ずっと耳を傾けたままでいるのだ。墓となっている断崖の巨大な半円に対して、円形劇場はその周転円をなしている。あたかも一方が他方の上、あるいはなかで転がり続けて環を増加させながら、永劫のざわめきのなかでその演目、政治、歴史を作り上げていったかのようである。人々は、皆いっしょに、死者たちの声を聴いており、断崖は巨大なラジオあるいはテレビとなっているのだ。

自分自身の声を聴き取ることを保証するフィードバックの回路なしには、われわれは話すことも歌うこともできない。口は一部を自分のために一部を他人のために発信し、耳はその口を支え、調整する。他人は別のフィードバックの補給回路を保証する。私は直観的に、地下に埋もれて眠っている偉大な身体を想像するのだが、大理石でできたその耳介が地上に現われ、その黒い口は切り立った断崖を通して何千年も前から話し、うめき声を上げているわけだ。

われわれの何億もの細胞は叫び声を上げており、自己受容的な一つの耳が、たいていの場合は聾なのだが、それを聴いている。無数の回路の環がこの喧騒を調整し、それはおそらくわれわれのくつろぎ、病気、発作、静寂、ことばの萌芽に変換されるだろう。われわれの口は叫び声を上げる。話すことのできない赤ん坊は泣き叫ぶ。耳はこれらのメッセージを確かめ、対話がそれらを調整するだろう。このようにわれわれは、肉体にとっての発信と受信を結びつける円環を描くことができるだろう。なぜそうした円環をそれだけで自意識と名づけないのだろうか。それはこの円環によってごくしばしば閉じられているが、それでもなお開かれているのだ。

現代の無数の死者たちも叫び声を上げている。劇場の聴衆はざわめき、集団は耳を聾する騒音をだす。このざわめきを身体全体で聴く者が、それを鎮めたり、かき立てたり、調整したり、制御したりするのだが、それは時折であって、つねにというわけではない。なぜならこのざわめきは、その者を押しつぶしたり粉砕してしまうこともありうるからだ。集団にとっての発信と受信とを結びつける無数の円環、さらにはその運動を絶えず維持させる円環を、われわれは思い描くことができる。演説、音楽、建築物、マスメディア、催し物。意味をそなえた、あるいは意味のない、雷鳴のように轟くこの流量の循環を、なぜ社会契約と名づけないのだろうか。それは、われわれ一人一人のレベルでは、集団への帰属に対する執着や情熱や熱狂である。この循環はこれらの環によってたいていの場合は閉じられているが、希には開かれていることもある。

おびただしい数の物が叫び声を上げている。聴覚は、異質な発信に対してはたいていの場合は聾なのだが、いかなる言語によっても名状し難い叫び声に驚いて聴き耳を立てることがある。第三の円環、それはこの稀なる聴取によって始められ、自分自身と集団に対する聾状態、つまり意識や契約の閉じられた円環の遮断を要求するのだが、それはそれだけですでに認識と呼びうるだろう。

あらゆる可聴音は聴取と制御の場に遭遇する。

肉体は一つのボックスのように、あるいはこれらの円環がそこを通過しているいくつかのボックスのように形づくられているかのようである。集団は一つのボックスのように、あるいはこれらの流量が循環するいくつかのボックスのように形づくられているかのようである。そして認識は、世界の叫び声とその注意深い聴取なのだが、もっとも大きな空白のボックスを形づくっているかのようである。

この可聴音を記述することが残されているが、それはこれから私がハードあるいはソフトと呼ぶところのものである。

家、牢、地獄、船など、いくつかのブラック・ボックスを開くことが残されている。

最後に、これらの流量あるいは循環のための、いくつかの微妙な通路を描くことが残されている。それは、ミューズ、セイレーン、バッカスの巫女、その他あらゆる女性たちによって固められている隘路である。

ソフトとハード

幹線道路が損壊したとき、人はそれを修理し、穴を砂利で埋め、新しい砕石の上にローラーを転がし、労力と汗と金の多額の費用をかけて道路を補修する。しかし別の解決方法が依然として可能である。すなわち、プラタナスの並木に一つづきの標識を掲げ、通行者にわかるように「道路損壊」と大書する。行政機関はこうした解決方法の方を好むのだが、それはより安価で、役人の文書通達への好みを満足させるからである。警告の標識を読むことと、乗り物の多少の揺れによって、速度を落とすことが余儀なくされ、それによって事故の件数が急激に減少するということを、数字の根拠を挙げて示した技師たちがかつていたものだった。安全性。誓って言うが、その技師たちは通行者が凸凹で揺られたのを見たのではなく、標識板を凸凹の上に渡してその上を通ってゆくのを見たのだろう。

　石を砕き、それを何トンも運んできて、角の鋭い砕石をいっしょにローラーでつき固めることは、馬力に換算しうるエネルギーを必要とする。白地の上に赤く十字と文字を筆で書くこと、それをコードのなかで認知することは、前者とは比較にならない小さなエネルギーをしか必要としない。前者のエネルギーはエントロピー的尺度で量られ、後者は情報的尺度で量られる。一方の尺度は肉体労働的であり、他方の尺度はデジタル的である。後者は哲学者に好まれるのだが、哲学者は記号や語、言語、文字やことば、図像や標識を好むからである。小石を砕く仕事に隷従してきた子供時代のゆえに、おそらく私は前者の方を好む気持ちになるだろう。進歩は時間とともに後者の方へと進む。私は知っているが、歴史は、現実から言語へ、物から記号へ、エネルギーから情報へと移行してゆく。すなわち、ハードな解決法からソフトと呼ばれる第二の解決法へと移行してゆく。つらさ〔硬さ《ハード》〕を人々が思い出してくれることを、私は単に求めているだけなのだ。

　小石を砕く音は今でも私の耳を打ちのめす。

　言語の哲学は正しいいし、それはつねに正しくさえある。この哲学はわれわれを改宗させ、勝利を収めた。それは議論の余地なくあらゆる現象学に打ち勝った。この哲学の勝利を認めなくてはならない。いさぎよく、何の下心もなく。

　物そのものに立ち帰ることを希求しているわれわれは、純朴にも、与件を聴き、見、訪れ、味わい、撫で、感じ、自らを与件に開くことを欲してきたのだった。ことばで言い表わすことなしに、いかにそれをなすべきなのか。数千年来しゃべっているこの肉から、われわれ自身をいかにして解放すべきだろうか。言語から独立した与件が一つでもあるのだろうか。もしあるとすればどのようにしてそれを把握したらよいのだろうか。この議論は始まるや否や閉じられてしまう。言語から独立した与件を語るための言語を、誰も知らないからだ。上述の物そのものについての記述のすべては、そのために用いられた言語との相関においてしか与件を提示していないのだ。物は言い表わされたことばの無限の漸近線の上で逃げ去ってゆく。

ここに世界がある。小石や、木の根や、コオロギや、その小さな片隅に至るまで、その内密なひだに至るまで、鉱脈、油脈瘤、坑道、ほとんど知られていない銀河の果てに至るまで、世界は隙間なく命題とカテゴリーに満たされている。知られざるもの、意識されないもの、ことばに表わしえないものさえも言語を復帰させる。

言語が、言語のみが与件を与えるのだろうか。

かつての砕石機は、与件に対する自分の耳を信じないのだろうか。

与件は、自然のままであると言われているのだが、つねにではないが時折、エントロピー的尺度に属する。それは筋肉をおしのけ、皮膚を引き裂き、目を灼き、鼓膜から血を流れさせ、顔を引きちぎる。一方、言語のなかでは、与件はつねにソフトな〔やわらかな〕ものとして提示される。ソフトなものは小さなエネルギー、記号のエネルギーのなかに分類される。ハードな与件は時々、大きなエネルギーに分類され、それは肉体を激しく打ち、ひっくり返し、ずたずたにする。肉体は物質的な環境のなかに浸って生きているが、一方、言語のなかのあるいは言語による与件の方は、ソフトウエアによって織り成されている。

ソフトウェアのやわらかさとハードウェアの固さは、明らかな区別をなしていて、それは言語の外の世界でも感知しうる。確かに、そうした区別は科学から由来し、それゆえまたしても言語によって、つまりソフトウェアによってもたらされる。しかし、われわれがそのような区別をエネルギーや、熱力学や、情報理論の言語で言い表わすとしても、肉体はそれをもろもろの物から受け取ったり被ったりするのだ。肉体は暗黙のうちに意味《サンス》〔感覚〕の穏やかさを知っており、言説が網膜を剝ぎ取るわけでもないし、背中という語が皮膚を剝ぎ取るわけでもないということを知っている。あそこにある木を窓から眺めることは、そのことをことばで言うことと同じくらい穏やかな〔ソフトな〕ことである。しかし太陽を見つめその輝きのなかに目を浸すことは、目にとって少々つらい〔ハードな〕ことのように思われる。さらには、サハラ砂漠の真ん中で正午の太陽をじっと見続けることや、水素爆弾の閃光に目をさらすことは失明を引き起こす。風の力はものを押し、時には、少なくとも突風は、人をよろめかせるが、もしそよ風が葉叢のなかで神々しく語っているように思われたとしてさえも、風のことばは人をつまずかせはしない。肉体はこうした〔ハードからソフトへの〕漸減を知っているのだが、もっと適切に言えば、それを知っているかのように生きている。あるいはさらに適切な表現をすれば、それを知ることによって生き延びている。それを知らないでいようとすれば、肉体は傷つき、死ぬ。

あるがままの生命は、こうした識別を活用している。生命は厳しさ〔ハード〕から穏やかさ〔ソフト〕へと移行する。生命の躍動はハードウェアからソフトウェアへ、エネルギーから情報へと向かってゆく。感覚で捉えうるものはこの方向をたどる。感覚しうるもののなかで、あるいは感覚しうるものによって、肉体はこのずれとこの方向を知るのだ。

バカンス客が無邪気に歩く湖と森との間に整備された桃源境の穏やかさを、環境はつねに保持しているわけではない。物に立ち帰ることは、土に親しむことや週末を海辺の別荘で過ごすことと混同されがちであるが、逆に、書庫を離れられない者や、その書庫では五旬節の朝にしか風は吹かないのだが、一面に広告の貼られた自分の町内から出られない者たちは、すべての与件を言語のなかに埋没させる傾向にある。かなり裕福な現代の西欧の人間のまわりに、都市、ポスター、医薬、技術、保険、安全シェルター、習慣といったかくも多くのフィルターが歴史的に構築されてきたので、苛酷な〔ハードな〕ものは彼らにとって、あるいは彼らのまわりで、近ごろは稀になっている。彼らは生きたままソフトウエアに捉えられ、スクリーンや障壁や仕事をソフトウエアで覆い、小さなエネルギーのなかに浸っている。このような眠りから目覚めるためには、経験主義はもはや充分ではなく、火山の爆発、巨大マグニチュードの地震、巨大な高波をもたらすサイクロン、新たなヒロシマが必要である。それでもだめなのだ。われわれの遮蔽幕の上に大海原がせり上がる、心地よく。

与件は、たいていの場合、言語によって言語のなかで与えられることは確かだが、しかしソフトウエアの海の裂け目から一つの力が現われて、事態を覆すことがある。与件は時々人を落馬させることがあるが、響きわたることばにとっては、そのようなことはいつも起こるわけではない。ざらざらとしたコンクリートブロックの鋭い角で手は傷つき、網膜はきつい光に負け、鼓膜は大砲の轟音にやられ、水夫はサイクロンの竜巻で難破し、一段低い床に手をつけようと身体を曲げれば、背中は痛くなる。嘔吐はいつも書いたものが原因で起こるわけではない。舌がことばをしゃべらなくとも、海のうねりで嘔吐はバケツのなかにほとばしり出る。それは海のとどろき、肉のざわめきによって起こるのだ。いかにも、与件は時折ハードなものとなるが、一方では、言語によってそれはつねにソフトなものとして与えられる。

二種類の与件があるように思われる。一つはソフトなもので、それは甘美なる王国、孺子のようにやわらかく、甘口で、美味で、論理的で、厳密な言語を通ってやって来る。もう一つは予期できないハードなもので、それはやわらかいものと硬いものの混合物であり、前触れもなしに平手打ちを食らわせ、人を目覚めさせる。与件をこのような混合体として同定しなくてはならないが、それは言語による指定に抵抗し、いまだ概念をもってはいない。暴風雨がその鞭でもって、われわれのボックスや響きわたる言語の牢獄のやわらかい膜をずたずたに引き裂くとき、全身に硬いとげをさかだてた与件の混合体が、われわれを言語による眠りから目覚めさせる。

物質的なハードな力はわれわれを取り囲み、脅かし、生きさせ、時にはわれわれを保護するのだが、ハードなものにハードなもので対処する術をわれわれは心得ている。自然科学は、われわれの生存の基本条件である高エネルギーを扱っている。

一種の流れ、方向、あるいは躍動が、このようにハードなものからソフトなものへと向かってゆく。それは確かに歴史がそうなのだが、しかしまた進化もそうであり、おそらく時間もそうであろう。エネルギーは情報へと向かってゆき、前者は後者を支え、後者は前者を掠め取る。ハードウエアはソフトウエアへと向かってゆき、力は意味〔方向〕へと向かってゆく。

われわれの熱い肉体、力強く、強靱で、それゆえハードで、エントロピー的尺度で量りうる対象である肉体は、その固さを小さなエネルギーのやわらかさに結びつけ混ぜ合わせるのだが、最初は情報に、ついには意味や言語に混ぜ合わせる。あたかも生命が、この飛躍によって、一つの段階を画したかのようである。われわれの肉体はソフトなものとハードなものを混ぜ合わせるのだが、それゆえ肉体はそれと同じ次元の混合体を生みだし、受け入れる。肉体はこの〔ハードからソフトへの〕飛躍あるいは進歩の中間的状態にある。われわれの作品〔仕事〕さえもがますますソフト化してゆく。

ところで、この志向性の流れは、じゃま板や障害物や隔壁やフィルターに遭遇し、それらと交渉し、それらを取り込んだりそれらを迂回したりする。それは錯雑した空隙のなかで濾過されるのだ。

足を刺す砂利の上に立ち、大海原の怒濤に向かい、歯の間に小石を嚙んで、雄弁の訓練は始められたものだが、それは高尚《シュブリム》さにおいて完成される。高尚化《シュブリマシオン》〔昇華〕とは、固体から気体への移行、やわらげること〔ソフト化〕の意味に解していただきたい。

雷鳴や物音、自然界の可聴音の振動、あるいは皮膚によって感知され人を身震いさせる振動が、いかにしてある瞬間に、繊細にも、意味になるのかを理解することが、これらのフィルターを考慮に入れることによって可能になるかどうか私にはわからない。だがこの仮定を否定する材料は何もない。

認識の問題、感覚で捉えうるものと言語の問題は、この階段状の扇型のなかで、このスペクトルのなかで、ハードからソフトへのこの一尋の距離のなかで、隔壁によって隔てられたこの間隙、障害物や通路やじゃま板の入り交じったこの間隔のなかで問われるのだ。もろもろのボックスのなかに収められたボックス、そこでは大砲の轟音はしだいに、こっそりとささやかれた打ち明け話になってゆく。

こうした通路のなかのどこで、われわれはハードなものから決定的に離れて、ソフトなものへと移行するのだろうか。それはいつなのだろうか。われわれはその日から遠からぬ時代に生きている。

高エネルギーは低エネルギーを凌駕する。たとえば風は声をかき消し、叫び声を遠くまで運ぶ。だが小さいエネルギーが時として大きいエネルギーを支配し、魅了することがある。この二つのエネルギーの区別は、それらの混合以前になされるのではなく混合の後になされる。与件は、平手打ちや記号の入り交じったものとして、あるがままにやって来る。前者なしの教育あるいは人生は後者の支配の始まりを告げるものである。ところで、感覚はこの二つのエネルギーの混合を得意とする。哲学は混合を嫌悪しているがゆえに、一層感覚について考えることを苦手とする。感覚は、決して純粋なものではないが、エネルギーを濾過し、あまりに高いエネルギーから身を守ってわれわれを保護し、情報をコード化して通過させる。感覚はハードなものをソフトなものに変換するのだ。

区別と混合を基調としたこの変換は、確かに科学なしでは考えられず、したがって元来、言語なしには考えられない。しかしもう一つ重要なことは、肉体がこの変換を引き受け、生体はこの変換を生き、生物体はこの変換によって生きながらえ、この変換によって死ぬということである。子供や動物は、言語ぬきでこのことを知っている。

混合そのものを考えることが残されている。やわらかくすること、削り取ること、かんなをかけること、滑らかにすること、ハードなものをソフトなものにすることが残されている。混合について、濾過について考えなくてはならない。

声が伝わってゆく。しゃがれた声、低い声、丸みを帯びた声、哀願するような声、卑俗な声、鋭い声、気むずかしい声、快活な声、調和のとれた声、指図する声、引き裂くような声、誘惑するような声、爆発するような声、いらいらした声、男のような女の声、処女のような声、魚売りの女の声、売春婦の声、あたりを圧する犠牲者の声、恋する女の取り乱した押さえ難い声、真の情熱を陰気に執拗に叫びたてる声、母性的な声、家父長的な声、助言者的な声、敬虔な声、子供のような声、か細い声、平等主義あるいは連帯主義的な声、傲慢な声、勇気づける声、破壊的な声、愛撫するような声、皮肉な声、攻撃的な声、シニカルな声、春を拒むかのようなどんぞこ生活のアル中老人のしゃがれ声、卑しい声、不明瞭な声、ビロードのような声、高貴な声、高い声、卑屈な声、荘重な声、ゆったりとした声、病人のような声、ずうずうしい声、静けさをたたえた声、海や森のこだまに満ちた声、鳥のさえずりのような声、野獣の吠えるような声、家々の壁や教会の広場で反響する通りでの呼び声、嘆き声、来てくれと要求する甲高い声、恐怖を起こさせる声、破壊された声、すすり泣きの声、潰れた声。君の声は、これらの声のいかなる経路も通らず、いかなる組織あるいは側頭骨の上で反響することもなく、意味や直観や暗示を言語の形で鳴り響かせるというのだろうか。

声は、じぐざくな通路を駆け巡り、あくびから祈りに至るまで、予言からわめき声に至るまで、陰鬱な恨みから純粋な愛に至るまで、さらには獣の吠え声、神秘的な飛翔、瀑布、砂嵐、急流、無生物の物質的な音から、明瞭な証明に至るまで、あらゆる音色のスペクトル、あらゆる音調の漸減様態をカバーする。すなわち、混合や生命をくまなくカバーするのだ。

言語理論〔文法〕は物理学〔自然学〕や生物学を忘れており、さらには情熱やすべての文学を忘れている。これこそ哲学の声なのだが、それはくどくどしい説教から定理へ、経験から決まり文句へ、ダイヤモンドのような厳格さから苦痛の叫び声へと移行する。感覚〔意味〕の抑圧によって、言語を死に瀕せしめないためには、哲学は、卓越した堅さを、これはたちまち愚かなものになるのだが、捨てなくてはならない。哲学の声はすべての月並みな声と同じように、可能なあらゆるフーリエ的全書を貫き、ステンドグラスや、金や、鉛や、血や、受苦を広げるのだが、そのなかで感覚〔意味〕が輝いている。

言語は語り、ソフトな意味を言い表わし、証明をするが、しかしまたわめき声をあげ、響きわたり、風を起こし、雷鳴のような音をたて、引き裂くような声をだす。言語が痕跡や印を残せば、それを刻みつけたり読んだりするために光が必要となる。文字は暗闇のなかでは無きに等しくなるので、文字にとっては、永遠の日の光、ノバヤゼムリア島〔ソ連領、北極圏の島〕付近の聖ヨハネの夏〔夏至〕が前提となる。このように、意味や証明は音響的・光学的な波の上に乗っかっており、エネルギーを必要とする。つまりソフトではあっても、ハードなエントロピー的レベル、音楽やリズム、叫びや騒音、太陽や電灯のレベルに足を踏み入れている。レオン・ブリユアン〔フランスの物理学者、一八八九—一九六九年〕は、かつて似たような考察によってマクスウェルの魔物を追い払った。言語は無料で与えられるのではなく、少なくともエネルギーによって言語に支払いをしなくてはならないのだ。言語が与件を与えるのかどうか、われわれは後で考察しなくてはならないが、さし当たっては、それはまだ与えられていない。それが与えられていると信ずることは永久運動を信ずる愚かしさと同じである。

肉体は、ここでもまた、この媒体を知っている。この二つは異父兄弟なのだが、今を去る三千年の昔にセイレーンの海峡で、肉体は、母なる言語の壮麗さに身をうち震わせ、マストに身を縛りつけ、直立し、激しく襲う魅惑の呼び声を息も切れんばかりに欲し、恐れ、逃げ、あるいは踊り、妙なる歌声〔ことば〕のために、すべてを与えたかも知れないのだ。言語がそのことを言わなくても、肉体は言語がソフトであり、かつハードであることをつねに知っていた。与件がハードとソフトの混合であることを、肉体は生まれて以来つねに知っていた。感覚作用という自らの仕事によって、ハードなものがソフトなものに変換されるということを、肉体はつねに知っていたのだ。差異や過渡的様態を肉体がどうして知らないことがあろうか。

言語哲学者は、すべてがソフトのままにとどまることを望んでいることだろう。彼はものを建てるべきであり、航海をすべきであり、砕石の仕事をすべきである。憂鬱な厳密さや、論理や、フェルトや、フランネルなど〔ソフトなもの〕はしばらく放っておくべきだ。

通路《パサージュ》

最初の婚姻。群衆とその騒音を逃れ、近代産業とツーリスムによって、空間や風景や美しさに仕掛けられた卑俗な戦争を逃れて、ある夏の日にプラッツ・バラゲの村に登ってゆけば、――それは東ピレネー県の深い谷の山裾にある死んだような村なのだが――、あなたは幸運にも静けさを見出すことができるだろう。この静かな場所は、今や姿を消そうとしている。というのは、何人かの老人たちや黒い亡霊たちが、この廃墟のような村に住み着いているのだが、雪の重みや時の流れによって崩壊した壁の石積を積み直すには、彼らはあまりにも弱すぎるからだ。六十年も前には、子供たちがにぎやかに広場を駆け回って騒いでいたものだが、そうした子供たちの姿を探し求めて、彼らは路地をさまよっている。谷はそこで空間を遮り、歴史はそこでその時間を終えたのだ。峡谷の上の目もくらむような高みに、古い城の壁面が残されている。もはや貴族も兵士もいず、礼拝堂もなく司祭もいず、羊飼いもおらず、山風だけが吹き過ぎてゆく。きわめてゆっくりとした臨終の上に、静寂がみなぎっている。

山道の午前の行程はこの村で終わり、そこで休息とまどろみが始まる。道の両側には、からす麦がはびこっている。小道に沿ったポプラの葉叢のなかでは、風がそよぎ戯れている。音楽だろうか。それは可聴音域の閾下からほのかに聞こえてくる。リズムだろうか。むしろそれは一つの小楽節であって、心地よい一陣の風が無柄の葉の無数の振動によって伴奏を添えているのだろうか。ざわめきだろうか。葉擦れの音、偶然の愛撫、ほとんど知覚できない流れによる細かい無数のざわめき。基調の雑音。音楽、いやそうではない。リズムでもなく、雑音でもない。もしも神の声がほのかに立ち昇っているとしたらどうだろう。

集団から遠く離れたならば、肉体は神々しいものを知覚し、それを聴き取り、それに触る能力をもつようになる。古代の婚姻〔同盟〕を肉体は知っているのだが、それは、現代社会の聖なる汚物たる騒音によって追い払われた。集団的宗教は世界信仰を嫌悪し、騒々しいコミュニケーションの場は、諸物とのきずなを排除する。いまや静寂の小島はどこにあるのだろうか。亡霊のなかに死んだようにたたずむ村、眠ったというより路傍の草むらのなかに水没したような村、馬鹿げた喧騒からしばしの間救われているこの村、ここでのみ、私は木々の枝と吹き渡る山風の婚姻とその和音を聴き、気まぐれな木の葉と風との心地よい会話、穏やかさよりもさらに低く、ひそやかで、つつましやかで、絹のようにやわらかく、ほとんど一様で、滑らかで、ヴェールの愛撫のような会話を聴くことができる。葉叢は、透明な疾風の不連続な細かい粒子の音を、読み取らせてくれる。肉体の織物が、自らの薄片を緩やかで弱い風の流れに漂うがままにするためには、この半睡状態にさらに深く身を浸して、外部に対する聴覚と注意力をさらに研ぎ澄まさなくてはならない。

この声は何を語っているのだろうか、この穏やかなる婚姻は何を語りかけているのだろうか。

パンの生地が膨れるように、つづれ織のデッサンが繊維の肉質のなかに埋まり込むように、ある種の音楽は、響きのよい物質から直接にメロディーを湧き上がらせる。しかじかの糸は余分なものとして縫われているのではないし、歌声はバックのハーモニーから区別されて響いているのではないし、哲学思想は、メタ言語や広告のタイトルボックスのように、ことばの声調を超越し、ことばの外に独立して姿を見せるのではない。そうではなく、糸は布地と混ざり合い、意味は語りのなかに溶解し、メロペ〔古代ギリシアの詩の朗吟を伴った節〕の節は名調子の筋立てを支えている。アフロディテーは自らの肉を海の泡から作り上げるのだが、大洋は数限りなく泡立って微笑みかける。言語音は無限の意味の容量を秘めて振動している。

その声は何を語っていたのだろうか。

このようにして書かなくてはならなかったのだ。ほとんど白紙の葉叢の上を吹き渡るフラクタルな一陣の風のように。世界のハードな響きのなかから占いの意味を読み取ることは、声の領域をはるかに下回っており、何かのことばが発せられるよりも以前の段階における、意味の実測術を心得ていなくてはならない。卜占官はこれらのありとあらゆる葉の茂みのなかから〔一つの意味を〕選ばなくてはならなかった。ざわめく茂みについて、感覚で捉えうるものによって開かれ賦与される意味の容量について、できるだけ正確に書かなくてはならない。当を得た名称であると思うのだが、意味《サンス》〔感覚〕の無限の容量《カパシテ》〔能力〕という表現によって、私は感覚で捉えうるもの《サンシーブル》を意味しているのだ。

ポプラの木の無柄の葉は感覚で捉えうるものを、読みうるべく、聴きうるべく、その場に書き、語っている。

感覚で捉えうるものは混合した多様体、意味の可能態を包蔵している、すなわち、意味の井戸、貯蔵庫《ストック》、変動資本、容量、源泉を包蔵している。それはそれらのものを押さえつけることなく包んでいるので、あたかも豊饒の角のように、そこから溢れたものは外に流れだす。

その声は何を語っているのだろうか。それはさまざまな声でわめき散らし、さまざまな語をささやき、考えうるさまざまな表情から生まれることば、声が語りうるすべてのものを語りかける。——もしわたしが力ずくであるいは粘り勝ちで、この表情の痕跡を砂の上に記すことができれば、私は死をも恐れないことだろう。一つの諧調が生じ、明瞭で明確な意味が発信され、聴き取られ、交換されたならば、それは、この表情のプロフィル、この多様な声の瞬間的なハーモニー、聴き取り難いこの傑作の申し分のない一断片を描いたものなのだ。しかしその傑作は、夏のある日ポプラの木の下で、そよ風の無数の網が、細い小さな無数の軽やかな茎を空間のあらゆる方向にそれとわかるほどに震わせるとき、聴き取ることのできるものとなる。一つの可能態が現実態となり、感覚しうるものが感覚〔意味〕となり、純粋な音が喧騒となって立ち現われる。私は物音の井戸を探し求めている。

その神々しい声は何を語っていたのだろうか。それは、多種多様な色や色合いが混ぜ合わされるパレット、種々雑多な色調が汲み尽くされるべき戯れ、感覚〔意味〕の近づき難い統合を示しており、きわめて厳密な意味で、共通感覚を示していたのだ。

それは、全身の鼓膜である皮膚によって受け取られる。

風は、感覚で捉えうるものだが、そのことを言外に含むという条件で、それは神の息吹《エスプリ》として通っている。

声は騒音をだし、もろもろの物も同じく騒音をだす。この二つの騒音はかつては対立していた。予言者の声が伝わるためには、少なくとも砂漠〔のような静寂〕が必要であった。山の住人たちは遠い距離を隔てて呼び合い、水夫たちは激しい風や波の立ち騒ぐ音を圧して船から船へ呼び合い、ゴール人たちは安楽な生活を送る十二の部族に向けて、丘から丘へとニュースを伝えるのだが、しばしば風がそれらを横取りするのだった。私の父と兄は、一族のすべての男たちと同じように内気だったが、しかし砂利を砕く砕石機の腹の下で生活していたので、雷のような大声でしか話すことができなかった。群衆の大波を乗り切る術を学ぶために、雄弁の訓練は、海の砕けては打ち返す波の前で、口に小石をいっぱい詰めて始められたのだ。雄弁の訓練は雷鳴のように轟く海の前でおこなわれ、その後で初めて会衆の面前で、舌や歯や口蓋に、ことばの綾をではなく、砂利をいっぱい詰めておこなわれたのだ。修辞学の教師に文法や論理を教わる以前に、身体や舌を鍛えなくてはならない。ステントール〔ギリシアの英雄で五十人の声に匹敵する大声の持ち主とされる〕の発声器官は青銅にたとえられるではないか。

　青銅器の時代は姿を消した。それ以来、与件は言語からわれわれへとやって来る。なぜならわれわれは世界に沈黙を課したからだ。増幅器が砂漠でわめきたて、そこでは犬どもが彼らの新しい主人たちの命令に従っている。エンジンや調音器が隙間なく支配し、それが都会や田舎の基調の雑音をなしている。これとは逆の状況、海の砂に侵入されたギリシアの劇場を見るためには、もう一つの別な死んだ町であるパタラ〔イーカディオスの建設になる古代ギリシアの都市〕まで航海してゆかなくてはならないが、そこでは年老いたデモステネス〔前三八四―三二二、ギリシアの雄弁家、政治家〕の口と耳は海岸の砂でいっぱいになり、人間の声は砂時計の砂に埋もれて窒息している。今や民衆の集会が五つの海を征服した。世界のハードなもののなかにあって、言語はかつてはむしろソフトであったのだが、〔世界という〕この障害物とハードに戦うように教育されて、それ以来、無言になるほどまでにソフトにされた諸物のなかにあって、言語は唯一のハードとして通っている。言語はハードなものを黙らせたのだ。言語の哲学は勝利を収める。なぜなら言語が勝利を収めるからだ。その上、言語はまず第一に物理的に勝利を収める。この五十年来、雷鳴や竜巻に苦しめられている者が誰かいるだろうか。また、うるさいおしゃべりやスピーカーに、耳の裂けんばかりの思いをしない者が誰かいるだろうか。騒音の汚物に窒息し、呑み込まれていないような場所は、世界の片隅に一つたりとも、小石、草木の根、コオロギ、ひそやかなわずか一つのひだ、鉱山、油脈瘤、坑道に至るまで、土の下にも、水のなかにも、原始林のなかにも、砂漠の真ん中にも、もはや存在しない。

言語は意味をもつ以前に雑音をだす。雑音は言語なしで済ますことができるが、しかしその逆はありえない。雑音の後に、時間の方向にしたがって、一種のリズム、準周期的な動き、偶然のなかで生じた反復が展開することが起こる。海から潮の流れが生まれ、そして潮の流れからヴィーナスが生まれる。すなわち、無秩序なザーザーという音からリズミカルな流れが生じ、そうした場所から一つの音楽が出現する。音楽の一面の広がりは、今度はあらゆる意味を帯びているが、それは特定な意味以前の普遍的な意味である。洗練され、差異化された言語が、この実測的《ジェオメトラル》なもののただなかから、しかじかの意味を選び取って、発信したり浮かび上がらせたりする。

話す者は言語の下で歌い、歌の下でリズムや拍子をとり、リズムの下で基調の雑音のなかに潜り込む。意味はこのように、自分の後に彗星のような長い尾を引きずっている。ある種の美学、ある種の物理学は、光や意味が、自らの後ろに引きずっている輝く尾を研究の対象としている。文字についてもこれと似た状況が生じるが、この場合は雑音に代わって明りが問題になる。これについては、レオン・ブリユアンが、マクスウェルの魔物を追い払う際に、暗闇のなかでは誰も読むことも書くこともできないということを、つとに指摘しているとおりである。

好意を呼び覚まし、聴き取ってもらえるように懇請するもの、つまり対話者の間で最初に心を引きつけ合うもの、それはひそひそ《ソトウォチェ》とした声を通して、リズミカルで音楽的な次元の緊張を通してやってくる。権柄ずくなこの女は、その甲高い叫び声でわれわれを後ずさりさせるし、偉そうに美辞麗句を一人でしゃべりまくるこの男は、われわれをうんざりさせる。このような輩はあまりにも騒がしく、リズムに欠け、メロディーなどまったくないからだ。まず最初にこのような〔音楽的な〕魅力を与えないような書物は、すべて投げ捨てるがよろしい。最初の和音が鳴り響き、心を捉え、誘惑し、魅了し、歌うような調べで読者をうっとりさせる。全体よりもむしろ序曲に磨きをかけなさい。読者を目覚めさせようと思うならば、ぶっきらぼうな調子で始めなさい。気持ちを和らげようとするならば、心地よく天翔るような長い楽節にしなさい。楽隊は隊列の前を行進するものだが、したがって人は、レトリックの長い分隊が通過する前に、まず最初に遠くから太鼓の音を耳にするわけだ。対話は、言い争いが終わったときに、そのときのみに始まるのだが、言い争いのなかでは、誰も人の言うことは聴かず、それぞれが全員に対していさかい《ノワーズ》〔響きと怒り〕を仕掛けている。ロドス島の美術館で、あなた方は良き時代の壺を見ることができるだろう。そこには二人の男が描かれていて、二人は赤道の上で、ものやわらかに会話を始めているようであり、彼らは穏やかに対話しているようである。膨らんだ中央部に置かれた腰掛けにおのおのが座っているが、しかしその腰掛けは、南極の側に、壺の腹の下部にうずくまるように、巨大な動物を隠している。対話の土台の下で、言い争いと支配の動物的関係、吠え声や叫び声やいななきが、日の目を見ようと虎視眈眈と狙っている。腰掛けの下の二頭の動物は今にも噛みつこうとして、互いの様子をうかがっている。対話の声の下から、金切り声、吠え声、鳴き声、罵倒する声、うなり声、象のような吠え声、パチパチという音、がなり声、口笛、キャンキャンという声、わめき声が聞こえてくる。このように、会議は、肘掛け椅子の下から響いてくるジャングルの叫び声によって始められるのだ。このようにして弁証法は、何度も角を突き合わせて衝突し合う雄山羊のように、殴り合う。政治的動物はこのようにして闘争し合う。言語と科学はこのようにして創始される。そうしたものの起源は消滅してしまい、われわれの前から消え去りあるいは逃げ去り、遠い昔のことになっていると、人は好んで言う。ところが逆にそれは雷鳴のように轟いてここにあり、われわれに付随し、われわれを離さない。もはや奇蹟によってしか、それから離れることはできない。どれほど多くの会話が吠え声を発することだろう。各人が番犬のように、自分の真実をぶつくさと言い、うなり声を上げ、そうすることによって、久しい以前から自分の支配力を保持しているのだ。このような耐え難い記号でできていないような言語はなんと少ないことだろう。ことばに先立って和解をする動物はいかに少ないことだろう。雄山羊のように角突き合わせる言語のなかでは、新しい意味の生まれる可能性はいかに少ないことだろう。語り合っている者たちの土台の下に潜んでいる獣どもを、まず飼い慣らそうではないか。

歯科用のノミのように、リズムが、音楽が首尾よく獣どもの牙を削り取る。音楽は、よく言われるように、習俗を和らげ、アルゴスを涙に浸し、眠りに誘い、リズミカルな断続音によって突然地を離れて天翔る。野生動物の訓育者オルフェウスは、アルゴナウテス〔ギリシア神話、アルゴーと名づけられた船で金羊毛を探しに出かけた勇士たち〕たちを竪琴の後ろにしっかりと結わえつけて、セイレーンの海峡に入ってゆく。ユリシーズもオルフェウスの例にならう。作品を志す者は、その隘路を通って自らを危険にさらさなくてはならない。

空想上の動物たちが、磯波の砕け散る岩の上にとまり、爪を立てて岩を鷲づかみにし、わめき立てている。立ち騒ぐ海の上を通過し、それから野獣どもに、彼らの爪やくちばしに、挑戦しなくてはならない。女性たちのやわらかな羽毛が、われわれに何を取っておいてくれるのだろうか。人が集まれば、対話の可能性の生まれる前に、荒波のような騒音と動物小屋のようないさかいが起こるので、恐怖を感ずることなく、またそのわめき声を聞くことなく、そこに近づくことは誰もできない。そのわめき声は腹腔神経叢をゆるがすほどに皮膚全体を振動させ、尻の下の土台を震わせる。しかしそれでも、それは人を誘惑し、脚を開いたり、上げたり、投げ出したりして、その舞台の窪みへと人を引き寄せる。われわれは〔集団という〕巨大動物の身体を構築する術を心得ており、鳴動するそのブラック・ボックスに入る術も心得ている。音楽の最初の音が響くやいなや宗教的な静寂がみなぎる。だがその一楽節が生まれる以前に、この巨大動物の肉体の嘆き声、耳なり、すすり泣き、猛り狂う欲望を通過しなくてはならず、それに続いて、諸制度の隘路や偽りの栄光への道に陣取る残忍な犬どもの前を通過しなくてはならない。そしてその後で、荒々しくも妙なる世界の調べのなかを通過しなくてはならない。

今やここに、真正面に、セイレーンの海峡がある。ユリシーズはそこに入ってゆくのだが、しかしまた、策略に長けた彼は、そこを回避しもする。さらにもう一度、彼は自らを誰でもない者にするのだ。彼は身動きのできないように自分の身体をマストに縛りつけ、やわらかい蠟で耳栓をした手下の水夫たちとともに、さか巻く波の上を漕ぎ進み、その海峡に滑り込んでゆく。戸も孔もない船＝モナド、ライプニッツの解決策はすでに神話のなかで発明されているのだ。ユリシーズは、発信も受信もせずに、騒音の障害のなかを通過し、セイレーンたちを無に帰せしめる。

オルフェウスは竪琴やキタラを先立て、耳を開いたまま大喧騒に立ち向かう。ユリシーズは沈黙して通過するが、しかしあらゆるざわめき、危険、誘惑を取り除くことによってインチキをする。オルフェウスはユリシーズよりも以前に、勇敢にもこの問題に立ち向かい、音楽によってそれを解決する。

オルフェウスは騒音を音楽に変換する。それにおそらく、このようなきわめて危険な場所で、この変換を発明するのだ。

すべてのミューズたちに由来する音楽は、単なる一つの芸術と見なすことはできない。それはすべての芸術の総和である。音楽をもたないならば、いかなる芸術も成功はおぼつかないだろう。音楽はそれぞれの芸術を守護し存在せしめているからだ。音楽自身も、音楽がなければ、音符の平板な計算に陥ることだろう。音楽がなければ、詩は徒歩で、いやもっと惨めに膝で歩くことになろうし、建築は石のなかに、彫刻は材料のなかに、散文は騒音のなかに崩れ落ちることだろう。リズムと歌うような喚起力によって、ことごとくの聴衆をなびかせることができなければ、雄弁は無意味な退屈なものに陥ることだろう。

オルフェウスはこのことを理解したのだ。アポロンが彼に古い七弦の琴を与えたとき、音楽はまだ諸芸術のなかの一つの芸術であるにとどまり、九人の姉妹のうちの一人のミューズであるにとどまっていた。オルフェウスは新しい竪琴に九本の弦を与え、それぞれの弦はそれぞれの姉妹のための音を奏でた。そのとき以来、音楽はこの楽器を内包し、あらゆる芸術のなかの第一のものとなる。なぜなら音楽はそれらすべての芸術の全体を一つにまとめるからだ。それは九本の弦や、九人のミューズたちや、もろもろの芸術の束、紡錘体、織物であり、それらがそこで結び合わされ、つなぎ合わされる基本的な共鳴板である。

ただ一人のミューズが音楽に身を捧げているのではなく、ミューズの九人の姉妹が音楽を共有しているのだ。音楽をもたず孤独でいるミューズたちと、切り離され聾のままでいる姉妹たちを連合させようとするミューズの間で、いかなる嫉妬の情が燃え上がったことだろう。音楽は彼女たちの中央に横たわり、彼女たちの環境、交わり、結合を構築する。芸術の総和であり条件である音楽は、ミューズたちの間の交流、彼女たちのとだえることのない会話、対話、彼女たちの調和と同一のものとなる。音楽はミューズたちの家を形づくり、彼女たちの集団的存在を維持し、彼女たちの社会契約をその秘密の言語《ランガージュ》活動で表現する。

歴史はこの言語活動に時間をもたらし、建築家＝幾何学者は石や鉄やガラスをもたらし、それぞれが自分の分担部分と自分の異本をもたらす。風景画家＝位相論者は温室や泉、庭の小道、枝分かれをこの言語活動にもたらし、詩、悲劇、雄弁はこの言語活動にもろもろの言語を加え、天文学はこの言語活動に科学をさえも加える。この言語活動は言語《ラング》を奪われ、諸言語の下位にあり、概念あるいはあらゆる認識を奪われているが、しかしすべての認識の基盤にある。音楽は芸術、科学、言語にとって先験的条件をなしているのだ。

われわれの言語は意味をもっている。音楽は言語活動の下にあり、あまねく諸言語の基部にあって、その物理的な媒体、条件をなしている。音楽は意味の下に、意味の前に存在しているのだ。意味は音楽を前提とし、音楽なしには出現しない。音楽の響きは言語活動にとっての先験的条件であり、意味に先立つ普遍的基底である。音楽は感覚で捉えうるもののなかに住み、可能なあらゆる意味をもっている。

音楽はわれわれの会話の秘められた内奥で震え、つねにわれわれの対話の基礎に横たわっている。われわれの交流は音楽を前提とし、音楽はわれわれの協和と不協和をすでに知っている。音楽は、われわれことばする人間が生まれる以前にわれわれの家を建て、またこの子宮的な共鳴箱のなかのみでなく、われわれの集団的生活を準備し、社会契約をしたためたのだが、この契約はいかなる種類の言語の形もとらず、その交響楽的調和のなかで漠然と聴き取られるのみである。

作品や意味や集団の中心的・基底的プレートである音楽は、哲学を基礎づけている。自己を向上させ、自己を深めようとする者は誰でも作曲したいと願うものだが、死ぬ前に私はそれを成し遂げることができるだろうか。

たとえステレオタイプ化した偽りの意味や取るに足りない無意味であってさえも、われわれの間で意味を交換する以前に、またきわめて稀なことなので奇蹟に近いのだが、いっしょに新しいものを建設する以前に、われわれはこうした〔音楽のような〕普遍的な基盤を形づくり、互いに近づき合い、親しみ合い、一つの共通な方向に向かなくてはならない。音楽はコミュニケーションにとっての先験的条件を織り成している。

言語活動の基底で音楽のプレートが、その下に横たわるカオスをあまねく覆っている。言語活動はその条件である音楽を必要としているが、音楽は言語活動を何ら必要としてはいない。音楽はその条件である音《ブリュイ》を必要とするが、音は音楽を何ら必要とはしない。音楽は、ぎざぎざした歯のような喧騒を平らかにし、それらすべてを心地よい連なりへと導く。したがって音楽は、何らかの特定の意味をもたらすに充分な差異化を示さず、すべての意味をもっていて、かつ何らの意味ももっていない。このようにしてミューズたちは、音と意味との間の全体的で必然的な経路、普遍的なものの通路を守護しているのだ。

二つの局部的な通路がこの全体的な経路を縁どっている。上流にはセイレーンたちが、音楽の始まりとカオスの大騒音との間の局部的で避け難い通路を握っており、そこでは怒濤のざわめき、鳥たちの鳴き声、女たちの歌声が響いている。その下流には、セイレーンのような獣でもなく、ミューズのような女神でもなく、音楽と意味との間の局部的で避け難い通路を制御する女たちの学校があることを、人はかつて想像しただろうか。フランスの会話術は貴婦人たちに栄光をなさしめたが、そうした婦人たちの優美さがいくつかのサロンにおいて、機知、好みの良さ、洞察力、鋭敏さによって、繊細で諧調をなすこの流れをリードした。このように、セイレーン、ミューズ、貴婦人、美の三女神、こうした女性たちは絶対的な耳を享有しているかのようであるが、それは、ぎざぎざをなすカオスからなめらかな調和へ、普遍的基底から洗練された意味への三つの経路のために獲得された三つの聴覚である。

セイレーンたちは何を言い、何を歌い、どのようなリズムをとり、何を叫ぶのだろうか。『オデュッセイア』も、オルフェウス教といわれる祭儀もそのことを語ってはいないし、誰もそこへは踏み込まない。策略に長けたユリシーズは自分の同輩たちの鼓膜を塞いだので、われわれは彼らの証言を得ることができない。もし鳥＝女たちが、『オデュッセイア』の叙事詩、セイレーンの海域を船で冒険するまさしくその叙事詩を歌い奏でており、耳を開いていたユリシーズが、そのときに聞き覚えたその叙事詩を、後にアルキノオス王の宴会の席で朗吟したとしたらどうだろう。そしてオルフェウスがこの海峡の通過を試みたとき、彼女たちは彼の耳元で、ついには肉体を細切れにされて終わるオルフェウス教の祭儀に似たようなものを、わめきたてたとしたらどうだろう。私がこの海峡を航行したときには、彼女たちはユリシーズの解決策に慣れっこになって、ライプニッツ的、数学的流儀で、滑稽なほどにコミュニケーションの計算をしていた……。セイレーンたちは作品を生む呪文を唱えており、その代価として支払われるべき生命と健康の錯乱、難破の憂き目、基調のざわめきのなかでの思考の喪失などを厳しく請求している。彼女たちは、作品を伝授する代わりに、その代価として引き渡される騒音を発しており、作品にとっての最初の税関、差し止め所、入市税徴収所を司っている。彼女たちは作品を禁止することによって作品を断ち切り、作品を伝授することによって作品を妨害するのだ。

彼女たちは途方もない進歩を遂げ、トランジスター、ハイファイのチャンネル、カラーテレビ、計算機、プログラム作成装置、テクスト処理装置を備え、その水路は、エンジンの騒音のなかで波動に満たされている。われわれはもはや、彼女たちがかつて握っていた危険な通路を探し求める必要はない。彼女たちがわれわれのところへやってきて空間の量体を占領するからだ。世界は飽和状態に達するほどに、鳥＝女たち、雷鳴、リズム、音楽に満たされている。マスメディアがその響きと怒りでもってコントロールしていない所は、ただ一つの場所も、一つの岩も、家の片隅たりとも、ウマゴヤシ畑一つたりとも、ひだ、砂漠、穴、塹壕、坑道、井戸のなかといえども存在しておらず、山の頂、五万五千フィートの呼吸できない地点においてさえも存在していない。トロイ戦争はもはやセイレーンたちによってしか歌われず、オルフェウスの詩はバッカスの巫女、オルフェウスを細かく切り刻んだトラキアの女たちによってしか朗唱されず、鳥の鳴き声は水平線の奥にいたるまで天空を占め、恐るべき隘路を誰も越える必要はなく、滅びを免れたがゆえに強化されて、そこから脱出してくる者は誰もいない。われわれはセイレーンたちの叫び声の支配下に置かれてしまったのだ。世界、ボックス、耳、口は、鳴り響いている。

セイレーンたちの勝利、作品を生みだす者の不幸。

オルフェウスはセイレーンたちのなかを、海のざわめきと獣の叫びのなかを通り過ぎてゆく。彼は野生の動物たちを手なずける術を心得ており、キタラあるいは竪琴はハイエナや豹を従えている。もっとも獰猛な野獣たちでさえも従順になってしまうのだ。オルフェウスは鳥＝女たちを鎮め、そのあとに残った海の怒濤をも穏やかにさせる。どのようにしてだろうか。

ユリシーズはセイレーンたちのなかを通り過ぎてゆくのだが、彼は水夫たちの耳をやわらかい蠟でふさいで聾にし、マストに己が身を縛りつけて、口をつぐみ、身動きもせず、喧騒の低域を横切り、いかなる費用もかからない最小の解決策、あるいは無の解決策を発明する。船の上で動いている者たちは何も聞こえず、聞こえている者は身動きができない。櫂を漕ぎ、船を操舵し、船のモーターとなっている水夫たちは、欲望にも不安にも震えることなく、何が起ころうとも、前もって定められたとおりのことを実行し続ける。なぜなら彼らは、命令を取り消す命令を聴き取ることができないからだ。ユリシーズ＝神は、禁じられた水路を通過する前に、水夫＝モナドたちにいろいろなことをすべて命じておいたのだ。われわれの船の上では、このように操舵手は予め教え込まれた通りの進路に盲目的に従うわけだが、それは見えるルートにではなくことばに従うことであり、与件にでも知覚された世界にでもなく、ことばによる命令に従うことである。ユリシーズの仲間たちは自分たちの記憶に基づいて船を操るのだが、前もって定められた命令を彼らはいまなお聞いているのだ。彼らにとっての与件《ドネ》あるいは命じられたこと《オルドネ》は、けたたましいセイレーンたちの世界からやって来るのではなく、自分たちの隊長のことばからやって来る。翼をもつ女たちといえども、彼らを欲望で身震いさせることはできても、ことばによって予め定められたことを覆すことはできない。

最良の解決策、最小の費用による最大の有効性、ホメロスはライプニッツに先んじてライプニッツを書いた。つまり、まっすぐに航行するように予めプログラムされたモナドに対して、現実の状況下でのあらゆるコミュニケーションを遮断したのだ。与件＝セイレーンは姿を消す。

ここではセイレーンたちは何を歌い、何を叫んでいるのだろうか。通常の世界は、人を引きつけるソフトなものと、人を拒絶するハードなものとの混合なのだ。

ユリシーズは策略をめぐらし、節約し、ケチであるが、オルフェウスは出費に同意する。オルフェウスの仲間であるアルゴナウテスたちは、耳をそがれてはおらず、この女たちの不気味な魅力か、キタラのハーモニーかを、時に応じて選ぶことができ、自分たちの進路を自由に変えることができる。ユリシーズはリズムを消滅させるが、オルフェウスはありえないようなリズムを奏で創りだす。彼は作曲によって獣たちの騒音に立ち向かい、彼らの歌の近傍にハーモニーを創りだすのだが、創りだされたその音楽は、わめき声のなかで音楽を告知し創始する者、音楽の先駆となる者の面影を、絶えず保持している。同じようにしてデモステネスは、自分の雄弁が会衆のざわめきの上に、堅固で力強いものとなって一面に広がるために、波のざわめきに声で立ち向かい、石を嚙んで訓練に励んだのだった。ユリシーズはひとたび海峡を通過すれば、もう一度賭をすることはないだろう。オルフェウスはといえば、彼は再び試みる。彼はバッカスの巫女の通路の通過を試み、失敗するだろう。彼は第一の騒音には打ち勝つが、第二の騒音には敗れるのだ。彼の肉体は引き裂かれ、音楽は騒音のなかに散り散りになって崩れ落ちる。慎重で計算ずくのユリシーズはつねに勝つが、英雄的なオルフェウスはつねに勝つわけではない。彼は作品を生む者なのだ。決して負けないためには、すべてのコミュニケーションを切断しなくてはならない。ユリシーズは低域フィルターを備えつけ、オルフェウスは高域フィルターを備えつける。ユリシーズ＝ライプニッツはすべての雑音を排除する。それゆえ、メッセージが通じたとて何か驚くに値することがあろうか。生まれると同時に神によって記憶のなかに刻み込まれたレッスンを暗誦しながら、啞で孤独なモナドたちはセイレーンの怒濤のなかをいっしょに船を漕いでゆく。一方、彼らの内的な耳は、予め定められた調和を聞いている。科学は雑音のない世界を前提とする。科学は勝利を収める。

騒音は存在し、世界にはセイレーンの隘路がちりばめられている。耳を開き、腕を自由に動かし、蠟のようにやわらかな魂を風に委ね、オルフェウスはカオスに立ち向かう。彼は防備もなく、野生の動物や女性たちや追い剝ぎのなかに身を投じ、最高度に危険で、費用のかかる解決策、音楽を生みだす解決策を試みる。その隘路から抜け出すためには絶えず歌い、絶えず作曲しなくてはならない。喧騒に面と向かって、調和の盾をかざすことを止めてはならない。怒濤にもまれる舳のように踊りながら、ありえないような曲線を創りださなくてはならない。新たなるリズムを前へと投じなくてはならない。オルフェウスはつねに勝つとは限らないが、彼は自らのリズムを描きだす音楽という供物、音楽という作品のなかで、自らの力を焼尽させる。だが彼は、いきなり騒音のなかに転落するという危険に身をさらしている。なぜなら音楽の普遍的基底、音楽に対する先験的条件がなかったならば、カオスが勝利を収め、何者も通路を通ることができなくなるからだ。ライプニッツは騒音のない世界を想定しているので、彼の解決策はいかなる労働も必要としない。普遍的基底は神の内にあるからだ。しかし現実には騒音は存在しているので、哲学は、ライプニッツとユリシーズとを結びつけている関係と同じ関係を、オルフェウスとの間で維持しうるような解決策を見つけ出さなくてはならない。論理と言語にとっての前提条件である意味とコミュニケーション以前に、哲学は、騒音に打ち勝つ音楽を想定しなくてはならず、その音楽を発明し、その音楽を作曲する危険を冒さなくてはならず、そうすることによってありえないようなリズムを見つけ出さなくてはならない。

最小の出費によって完璧な成果を収めるライプニッツの最上の解決策、あるいは無労働の解決策においてさえもまた、ライプニッツは音楽の先在性を論じている。なぜなら彼は、彼が調和と呼ぶ一つの審級あるいは機能を、神の内に永遠に位置づけるからである。われわれはほとんど語を取り替える必要すらないのだ。最良のコミュニケーション、および科学の前提条件もしくは基礎は、音楽あるいは調和と同一である。それは前もって定められたものであり、それだけですでに先験的条件である。それは不可思議なあるいは神秘的な楽譜なのだが、モナドたちがこの楽譜を聞いており、なぜ彼らが沈黙のまま調子を合わせて船を漕ぐのかを説明するものである。

悲しいかな、われわれは騒音を聞いており、世界にわれわれと神しか存在しないかのように振舞うことはもはやできない。意味を収集するよりずっと以前に、嘆き声や、叫び声や、すすり泣きや、うなり声や、魔力がわれわれに襲いかかる。それゆえわれわれは絶えず音楽を創作しなくてはならない。生き残るために、感じるために、会話に参加するために、われわれは絶えず創作しなくてはならない。獣やセイレーンたちに身をさらし、諸物や集団や四肢の散逸に身をさらし、バッカスの巫女たちに身をさらして創作しなくてはならない。基調の雑音を含むこの基調の作品なくしては、何ものもいっしょにいることはできず、世界に諸物はなく、集団には誰もいず、感覚〔意味〕も芸術もなく、肉体の諸部分もない。音楽は哲学の前を進んでゆくのだが、前者を経由することなくして何人も後者に専念することはできない。

オルフェウスは野生の動物を鎮め、ライオンはキタラの前で眠り、ハーモニーは鋭いものを滑らかにする。怒濤は凪ぎ、鳥=女たちの爪は猫の爪のように引っ込められる。狼たちにとって狼はもはや狼ではない。彼らは仲直りをするのだ。諸物の争い、人間の戦争は休止し、不安はやむ。音楽は騒音のとげを滑らかにし、カオスの粗さやごつごつとしたところを磨き、爪や、犬歯や、突起部を削り、固いものをやわらかにする。

三重の固さが三回やわらげられる。諸物のメッセージのなかで、集団のメッセージのなかで、肉体のメッセージのなかで。

叙事詩と雄弁の守護神であり、美しき声のミューズであるカリオペの息子、オルフェウスは歌う。歌は音楽という物質的媒体の上に言語を投げかけ、ハードな音響的翼の上に意味というソフトを投げかける。音楽の一面の広がりはハードなものをやわらげる〔ソフト化する〕のだが、一方では、音楽は意味というソフトに対してハードを提供する。

歌の下に横たわるその節回しは、時として語っているように思われ、ヴェールを被った内気な意味のようなものが、籠ったように、押し殺したように、ひそやかに意味以前の忘れられた何かの言語を話しているように思われるのだが、それはきわめて古い言語であって、肉に向かって語りかけているのだ。それは、言語の物質的媒体やそのエネルギーに語りかけ、壁や支柱でできた住居のように、意味の住処を構築する。それは、セイレーンの試練にあってはハードに対するソフトであり、ミューズたちの歌声に対してはソフトにとってのハードである。

多様体＝音楽は、このように二つの面あるいは二つの側面をそなえている。やわらかい面はとげを削り取り、固い側面は意味を滑らかにする。それは結合された二つの側面をもち、二重の意味で普遍的である。ところで皮膚は、暖かくかつ強く、充分に堅固にわれわれを守っているが、しかしまた繊細で熱烈で、諸物や他者によって、また自分自身の興奮によって、やわらかくも入墨がなされる。二面をもつ音楽という多様体を、同じく二重化された自分たちの皮膚全体によって、われわれは聴き取っている。われわれは皮膚というねぐらのなかにうずくまっているのだ。

与件が言語によってのみ、言語のなかでのみ与えられるものなのかどうか私にはわからない。しかしそうであるとしても、与件は音楽のなかで音楽によって前もって与えられ、音楽がまず最初にそれを許容するかのようにすべてが生起するだろう。ここでいう音楽とは、すべての芸術を意味するものと解していただきたい。意味をしか述べないような作家は、実際は、計算をしているにすぎない。だが作家とは、ことばに満ちた肉のなかで——それは半ばソフト半ばハードで、視覚、触覚、嗅覚、味覚にとっても同じように二重の多様体なのだが——すべての感覚が震えるときに書くものなのだ。九弦のキタラはつねに、野生動物と叙唱の間、死と知の間に位置している。われわれの言語、つまり母音やシンタックスや厳密性は、音楽の内に浸ることによって死の危険を免れているのだ。

音楽という多様体もしくはその一面の広がりは、世界とわれわれの間や、われわれ相互の間や、われわれの内を流れたりあるいはそこに滑り込んだりする。われわれの肉体と諸物の間、集団を形成する諸個人の間、切断されようとしている私の肉体のなかに、もし何らかの協和《アコール》〔和音〕が生ずるとすれば、音楽がその協和の生ずる条件をなしているのだ。

ソフトにとってはハードであり、ハードにとってはソフトであるもの、過渡的なもの、それを「やわかたい」〔doure, やわらかい doux (douce) と固い dur (dure) を組み合わせた造語〕という語で言い表わすことを、フランス語の音楽性は許容していない。

感覚作用《サンサシオン》はどのように機能するのだろうか。認識の始まり、その基礎もしくはその条件に位置する働きを知るためには、いかなる知識を学ばなくてはならないのだろうか。この問題もまた、際限なく第三人間や第三項をもたらす難問の一つに属する。たとえ科学の領野から感覚が、時折、しばしば、ほとんどつねに、実際上つねに、追い払われなくてはならないとしてさえも、何らかの形で前もって感覚作用を前提としないような科学をわれわれは知らない。感覚作用は、それを対象とすると自称する知識の背後で日陰者にされているのみでなく、現代の知識は感覚作用を排除するのだ。こうした場においてもなお言語の哲学は正しい。それは第三の科学へと無限に送り返す難問の列を閉じるからだ。

感覚作用について何を学ぼうとも、われわれは感覚作用について何も知ってはいない。

これこそブラック・ボックスである。その左側あるいは上流に世界がある。その右側あるいは下流には、ある種の回路上を通過するもの、情報と呼ばれるものがある。諸物のエネルギーがそこに加えられる。すなわち、空気の震え、衝撃や振動、熱、エステル、光子等々……。情報や、意味さえもが、そこから出てくる。ボックスがどこに位置しているのかわれわれはつねに知っているわけではないし、そこを流れる流量をボックスがどのようにして変化させるのか私にはわからないいし、いかなるセイレーン、ミューズ、バッカスの巫女たちがそこで活動しているのか私にはわからない。ボックスはわれわれにとっては閉じられたままである。しかしながらわれわれが確実に言えることは、不知の敷居であると同時に知覚の敷居であるこの敷居の向こう側では、世界や、集団や、細胞生科学反応が通常の規模のエネルギーを交換しており、そしてその同じ敷居のこちら側では情報、記号、表象、言語、意味が生ずるということである。ボックスの前にはハードなものがあり、ボックスの後ろにはソフトなものがある。

われわれは感覚作用について何も知らない。感覚作用がこのブラック・ボックスを占めていると言っても同じことになる。

感覚について与えられるもっとも誠実な記述、知っているという主張よりも不知を含んでいる記述は、いくつもの神話物語が言外に含んでいること以上のことを何も言いはしない。ブラック・ボックスは二つの面をもっているが、それはソフトにとってのハードの面と、ハードにとってのソフトの面である。それはもろもろのエネルギーが一つの規模から別の規模へと移行する場所、空間、量体であり、つまるところ多様体である。高エネルギーにとってはソフトなブラック・ボックスであり、きわめて低いエネルギーにとってはハードなボックスである。

多様体＝感覚作用、そのブラック・ボックスの総体は、世界とわれわれの間や、われわれ相互の間や、われわれの内に滑り込む。われわれの肉体と諸物の間や、集団を形成する人々の間や、切断されようとしている私の肉体のなかに、もし何らかの協和が生ずるとすれば、感覚作用はその協和の生ずる条件となっている。協和は規模の変化を要求するからだ。

感覚作用はわれわれの水先案内をし、われわれを守っており、それなしではわれわれは物理的な力や、社会の権力や、内面の苦しみに肉体を引き裂かれ、ずたずたにされて死んでしまうことだろう。感覚作用は、巣のように、固いとげから身を守るやわらかな近傍あるいは仕切り壁を提供し、そしてそのハードな窪みからソフトな感覚〔意味〕をもたらす。この感覚〔意味〕はこの窪みを離れて飛び去ってゆく。ハードなものにとってはソフトであり、かつソフトなものにとってはハードなもの、それは過渡の敷居である。私の言語〔フランス語〕は聴覚にとってはかくもソフトな響きをもつのだが、その規則においてはきわめてハードなあるいは厳格な言語なので、それを「やわかたい」という語で表現することは許容されていない。

感覚作用は音楽と同じ地位にあるのだ。

美学〔美的感覚〕《エステティック》という用語は、伝統的に、二つの意味をもっている。この用語は、美術に関する言説と与件についての言説を意味している。この二つの意味の射程はその対象につねに達するわけではないのだが、それはまるで美が、感覚与件と同じく、われわれのことばによる表現の遠く及ばないものであるかのようである。西洋の主要な言語においては、哲学上の著作は、一般的に、この二つの意味を引き離し、そのもっとも有名なものはこの離婚を完遂させる。それゆえ結婚が必要なのだ。

諸芸術の総和であり、ハードなものでありかつソフトなもの、ソフトなものでありかつハードなものとみなされる音楽は、その多様体としての二重の面、そのボックスとしての二重の仕切り壁を、それとなく感知させる。

ブラック・ボックスである感覚作用は、その多様体としての二重の仕切り壁を、高エネルギーと低エネルギーの間に据えつけるのだが、それはやわらかくかつ固く、固くかつやわらかい。

感覚作用は諸芸術を結合させるので、美学〔美的感覚《エステティック》〕という用語は単一の意味をしかもたなくなる。

音楽は、言語に先立ち意味に先立って、心地よい響きを奏でており、ソフトなものに対してつねにその前提条件をなしている。感覚作用や感覚で捉えうるものは、意味を可能にし、その条件を整え、そのソフトさを保護する。言語は美的感覚〔美学〕という単一場の外にとどまっている。言語芸術の美しさは、言語の外に横たわっているものに言語が接近することによって生まれる。

親しみ深くたぐい稀なこの同じ場の単一性が、再び見出されたことは大きな喜びである。世界は自らを美しく見せ、われわれは生きるために美しいものを必要としている。

エウリュディケー〔オルフェウスの妻〕は、最初のもしくは最良の養蜂者であるアリスタイオスに追われて逃げている間に、蛇に噛まれて死ぬ。蛇の歯と蜂の針。女性の愛らしい肉体的な輪郭は消え失せ、エウリュディケーは一つの影、名前、イマージュ、思い起こすべき思い出、墓の上に刻まれた碑銘、あるいは今このページの上で読まれている一つの固有名詞となる。われわれ近代人が心や頭のなかで描いているこれらの幻影、われわれが精神のなかにもっているこうした霊、現代人が意識下にもつと考え、図書館や文法書やデータ・バンクのなかに集められていると考えているこれらの語、そうしたもので、かつての地下の地獄は満ち満ちていた。歴史的にはこのブラック・ボックスに与えられる名称は様々に異なっているが、そこではハードなものがソフトなものに変換される。つまり、悟性やエクリチュールに、内密な魂や極楽浄土に変換される。要するにそれは、同じような暗さ、同じような苦しみや迷路、似たような言語的微妙さをもつものだが、しかしあの世の名称は何でもかまわない。手で触ることができ、愛撫に感じやすかったエウリュディケーは、亡霊たちの夜のなかに降りてゆき、力は見せかけとなり、声は墓碑銘のなかで凍りつく。死は諸物の量体を言語空間のなかに投げ落とす。

オルフェウスは地獄に降りてゆき、力を捨てて亡霊の仲間に加わり、ハードなものを放棄してソフトなものに身を委ね、頭のなかに、図書館のなかに、あるいはまた自分自身のミュージック・ボックスである竪琴のなかに入ってゆく。哲学者はこの道を降りてゆく術を心得ている。すなわち、ブラック・ボックスを開く術を心得ており、地獄の秘密あるいは迷路を知っている。彼は意識、悟性、あるいは理性さえをも、単なる本屋を訪れるかのように気軽に訪れ、それが本屋にかかわる問題であると決定する。

オルフェウスは、怪物のような地獄の番犬ケルベロスを鎮める。音楽によって、彼はタンタロスの空しい飢渇の行為を停止させ、シシュポスの岩をその坂のただなかで不動にする。すべては停止し、イマージュは固定されたままとなる。これは同じ教程であり、苛酷《ハード》なものをやわらげることである。犬の歯も口ももはや恐れることはなく、モロソイ犬〔大型番犬牧羊犬〕は絵のようにおとなしくなる。噛むという動詞は噛みつきはしないし、シニカルなことばとてほえつきはしないからだ。獣たちは廊下の仕切り壁の上に描かれたポスターの絵に姿を変え、広告は単にタンタロスの姿を描くにすぎない。

しかしオルフェウスの仕事は、この教程が向きを変えるまさしくその敷居のところ、最初のものとは逆の、ソフトなものをハードなものに変えるという二番目の勲功のところから始まるのだ。ユリシーズは地獄へ降りてゆき、オルフェウスも同じ場所に入ってゆくのだが、前者は地獄を訪れるのに対して、後者は地獄を征服する。ユリシーズは知合いたちに出会い、彼らと何の苦もなく会話を交わし、恐れることもなく青白い亡霊の野を横切り、歴史の書棚のある図書館のなかを通り、参照し、比較し、見つけ出し、肉体をもたない亡霊たちが文章を作っているボックスのなかに腰を落ち着ける。入るときも出るときも何も危険にさらさず、入ったときと同じようにボックスから出てくる、おまけに情報を携えて。オルフェウスは危険を冒し、入ったときと同じように出てこようとはせず、その上、エネルギーを、肉体を、すなわち生きたエウリュディケーを彼は持ち帰ろうとしたのだった。彼は女＝声、女＝ことばを肉体に変えようと試みたのだ。

音楽はエウリュディケーを地獄から奪い返し、彼女のドレスや肉体や魅力が陥っている、縫目のほどけたソフトウエアの状態から奪い返そうと試みる。肉体的な死は、彼女をつるぼらんの咲く野原を漂う青白い図像に変えたが、それは縁もなく肉体もないソフトな形状で、恋人はそれを愛撫することができない。この音声の膨張、彫刻あるいは版画をいかにしてよみがえらせるべきなのか。

死はわれわれを語に変え、語はわれわれを死に変える。つまりその下に諸物を埋葬する文＝墓碑銘に変えるのだ。語とかかわりのある者たちは死とかかわりがあり、世界を失ったようなふりをする。われわれの名前は、洗礼を受けるや否や、漠然とした不死性、つまりわれわれの消滅の後のソフトな痕跡を、追い求めている。死はわれわれを自分たちの名前、壊れやすく、軽く、ひらひら舞うような、無防備な名前のみに帰せしめ、それを状況に応じて薄い砂の層が覆っている。美しく、おおらかで、情熱的で、感じやすいエウリュディケーは、エウリュディケーという名前のソフトのなかに縮減されてしまう。死はこのようにして人をソフト化するのだが、音楽も同じようにソフト化の働きをもち、言語についても同じである。オルフェウスは地獄の丸天井の下で「エウリュディケー！」と叫ぶ。ここでは声はすでにハードであって、この叫び声によって名前のソフトが支えられているのだ。オルフェウスは地獄の大聖堂のなかで「エウリュディケー！、エウリュディケー！」と歌う。音楽はすでに歌によって叫び声を支えている。オルフェウスは自分の愛しい者の名前に彼の呼ぶ声の重さとその振動の固さを与え、それらのこだまによって、この太陽のない谷間と地獄の歩廊を満たす。

音楽はソフトをハードに変えようと試みる。エウリュディケーの名前をハード化し、墓碑銘から彼女を引き出し、大理石の上に刻み込まれた彫刻から彼女を引き出そうと試みる。書かれたり、語られたり、歌われたりする名前というもっとも小さな牢獄、平坦な凝固した絵の牢獄から、音楽は彼女を解放しようと試みる。エウリュディケー、エウリュディケー、エウリュディケー、おまえを横たえ貼りつけているその絵から降りておいで、おまえを動けなくしているその図像から出ておいで。

語から出ておいで。名前から立ち現われて来たまえ。墓碑銘から自らを解放すること。表象から自らを引き出すこと。

動きや厚みを取り戻し、分解した肉や、失われたその輝きを取り戻し、肉体の物質的な量体や、繻子のような肌の肌理、繊細な皮膚を取り戻し、澄んだ瞳の様々に変化する色鮮やかな輝きや、地面に順応して水平に歩むしなやかさを取り戻し、胸、腰、肩、うなじの重さ、固い骨を取り戻す。恋人は影から、絵から、語から徐々に抜け出してくる。ことばは肉となるのだ。

招魂とはすなわち、何かが、あるいは肉が、声から出てくることなのだ。

オルフェウスは祈願し、彼の声と弦は振動する。彼は呼び、叫び、歌い、しきりに呪文を唱える。彼は音楽を作曲し、エウリュディケーを組み立てる。

亡霊となった妻はよみがえる。彼女は呼びかけに応じたのだ。

声は名前に肉を与え、ことばを死から解放し、光はことばを闇から引き出し、音楽はそれに肉を付与し、ソフトをハードにする。受肉はどこまで進んだのだろうか。

荒々しい野生の動物たちが、穏やかに竪琴の協和音に従ったと同じように、暗闇の森も、ともどもにそのとげや針を引っ込めるのだが、ソフトとなったエウリュディケーは、同様にして、逆の方向に呼び起こされ、恋人につき従い、懸命に、作品と誕生の複雑な迷路に沿って、誰もこのようにして越えたことのない地獄の出口の列柱門へと向かってゆく。エウリュディケーはハードとなるのだ。ライオンがキタラの方に進めば進むほど、ライオンは一層イマージュとなり、影となり、亡霊となり、ことばと化し、名辞と化すのだが、エウリュディケーは、キタラの方に進めば進むほど、逆に、より一層肉となり、肉体となる。彼女の名前は声のなかに入り、彼女の声は協和音のなかに入り、協和音は喉のなかに、喉は首のなかに入り、首と波うつ髪とが肩から立ち現われる。彼女は招魂によって、上半身、わきの下、胴、胸まで現われ出て、暗闇から上がってくる。かつてアフロディテーが波から立ち現われたと同じように、またわれわれ一人一人が子宮のブラック・ボックスから、感覚的無知あるいは無垢から立ち現われ、冷たさから抜け出したと同じように。暗闇のなかで凍りつき縮まってしまった皮膚を、光と熱がしなやかにする。オルフェウスは一片一片、一つ一つ感覚をつなぎ合わせて、生き生きとしたエウリュディケーを組み立て、構築してゆく。起き上がって歩いてごらん。ほら話してごらん。

迷路の長さによって、この受肉に必要とされる膨大な忍耐力が推し量られる。作品は地獄から、地下から出てくるのだが、そこでは語や、概念や、名前や、影が漂っている。作品はあの世からこれらの影を引き出してきて、呼びかけや呪文によってそれらを合体させ、中毒になり冷たくなった名辞を目覚めさせる。構築である。それぞれの書物はその最悪の罠である図書館から解放される。

オルフェウスはもっとも困難なことに携わる。ハイエナや豹を手なずけること、ハードなものをソフト化することはきわめてやさしいことだ。なぜならそれは坂を下ること、死のエントロピーの作用に従うこと、無秩序と断片へと向かうことだけで充分だからである。それは物から表象へと移行すること、名づけること、叙述すること、事物を語あるいは文の集合に帰せしめることである。逆の道を遡ること、生命、作品、受肉あるいは創造の垂直な道を遡ることほど難しいことはない。鉄の法則が地獄へと向かっており、誰もそこから戻ってくることはない。概念の敷居を越えたならば、あなたはすべての希望を捨てなくてはならない。ことソフト化に関しては、オルフェウスは成功を収め、ユリシーズと同じように幸運である。しかし彼はエウリュディケーを最後の坂から引き上げることに失敗し、最後の肉の作品を仕損じ、恋人は再びその影に陥ってしまう。顔は喉のなかに、喉は協和音のなかに、協和音は声のなかに、声は名前のなかに陥ってしまう。それはあっという間の退縮であり、墓碑銘への回帰である。ことばに生命を与えることとは稀な、壮大な、至高の勲功であり、物をことばに置き換えることは日常の月並みな行為である。作品は世界そのものへ向かって突破口を開こうと試みるのだが、オルフェウスでさえもそこに首尾よく戻ってくることはできない。母なる作品は、最後の瞬間にいつでも取り逃がされる。

このことは、この世では哲学を除いて、何事もたやすくは為されないということを明確に意味している。名づけること、叙述すること、概念化することほどたやすいことは何もない。物体の落下と死は、こうした〔概念化の〕情熱に有利に作用し、経済の法則はさらに急な坂へと押しやる。それは地獄、文法、辞書、図書館、データ・バンクへの急速な降下である。下界ヘノ容易ナル下降。事物を探し求めるなかれ、それを命名しなさい。女性や獣を追い求めるなかれ、それらを名づけていた固有名詞を引用したまえ。それとは逆に、最大出費の耐え難い法則は、垂直な道を遡る長い忍耐力を必要とする。また、影たちが光のもとにやってきて踊り、受肉するためには、果てしなく呼びかけなくてはならない。それはきわめて困難な仕事、きわめて長い時間と途方もない力を必要とするので、もっとも忍耐強い者でも辛抱しきれずにつねにしくじってしまい、この巡礼の遍歴を試みる者は、ついに自分が冥府から抜け出せたものといつでもあまりに早く信じてしまい、冥府から引き出されようとしている女の方もまた、自分がそこから解放されたと信じてしまう。そこで彼は彼女の方を振り返るのだが、それはまだ早すぎ、彼女はまだ自らの解放の苦しみを終えておらず、彼女の肉体の半分だけが死から剝ぎ取られているにすぎなかったのだ。彼女は突然自らの平べったい絵へと崩れ落ち、さまよう影、自分の名前、墓碑銘へと向かってもっとも急な坂を、急速に、自由落下してゆく。彼女は、自らの均衡に回帰するかのように、自分の概念に、井戸の底に、再び落ちてゆく。

生命という賜物をもたない者は哲学をする。生命は概念から、名前あるいは語から現われ出るのに時間がかかるし、子供はコードを捨てるのに時間がかかる。オルフェウス自身もソフトウエアの呪縛から身を引き剝がすことはできないのだが、しかし彼は作品への道、地獄からの出口を指し示している。それはいつも最後には失敗する道、へとへとに消耗させる果てしない道、書庫という死にいきなり引き戻される道である。

通りでも、谷間でも、叫び声や泣き声によって運ばれてくる観念、語あるいは名前しか、われわれにはもはや聞こえてこない。エウリュディケー！　そうなのだ、私は私のエウリュディケーを失ったのだ。私は、現にここに存在する生きた肉体を創造したかったのに、純粋な抽象概念、この音声、つまりソフトをしか私はもっていない。エウリュディケー、エウリュディケー、私はおまえに生命を与えることをこんなにも望んでいるのに、それなのに私は哲学しか書けない。

真夜中に起こされ、内密なる夢の鞘から引き剝がされ、ケースから引き出されるように眠りから引き出され、毛布の井戸、シーツの深い籠から引き出され、暗く暖かい船室から生身のまま外に出され、ポケットからポケットへ飛び移るように痛ましくもこれらの穴を抜け出し、次々とヴェールをかき分け、あるいは次々と仕切り壁を乗り越え、手探りで静かに素早く身支度を整え、戸口で当直勤務を告げる水夫のノックの音に呼び出され、目と耳を開き、留め金を押し、ハッチを開き、気密室を通り抜け、通路に沿ってよろめきながら、喘ぐような機械音のなかで、梯子にしがみつき、うねりで岸壁にぶつかる船体の鈍い衝撃に注意しながら、直立したまま次々に階をよじ登り、上まで到達し、風のなかで舷側を開き、舷牆を通って、いきなり恐ろしい風に身をさらし、今や意識をもち、外部に出て、ここにおり、うなりを上げる突風の渦のなかで、外におり、突然の青い氷に顔が歪み、突風に引き裂かれ、爆撃のような風雨に刺すように身を打たれ、耳を聾され、顔は引きつり、叫び声、笛、あるいは雷鳴のような命令のもとで直ちに行動を決定しなくてはならず、皮膚は鳥肌がたち、ローリングのたびによろめき、船腹から吹きさらしの艦橋へこうして登って行くことを身体全体が拒むのだが、実際は、そこは静寂がみなぎっており、激しい歓喜に感きわまる。このようにしてあなたは、誕生という冒険がどれほどの苦しみを課するものかを知ることができよう。

われわれが世界を前にしてたじろぎ、世界に耳を貸すことなく、苦難の末のえも言われぬ歓喜の絶頂を知ることもなく、世界を遠ざけておくためにあらゆる技巧を凝らしているということ、このことをこのわずかな時間がわれわれに教えてくれる。感覚作用を恐れるがゆえに、ことばの揺籠のなかでの夢の方を人はより好むのだ。

ある夜、トラキアの女たちはオルフェウスをばらばらに引き裂く。なぜだろうか。わからない、あるいはあまりにもわかりきっている。一説によれば、エウリュディケーを失った後、オルフェウスは女たちに見向きもせず、そのため女たちが恨みを抱いたのだという。別な説によれば、オルフェウスが男性の同性愛を創始したからだという。また別の説によれば、彼は秘教を創始したが、そこから女たちが排除されたためだという。さらに別の説によれば、アフロディテーが彼を呪ったためだという。このドラマの根拠づけは諸説ふんぷんであるが、すべてのものが一つの意味に行き着く。それは多様な性的理由である。ブルガリアあるいはトラキアの女たちが、一種のサバトの状態で山中に駆け込み、ばらばらになったオルフェウスの四肢を空中に投げ、その頭を川に投げ込み、川の流れはそれを海の沖合遠くまで運んだという点は共通した事実として残る。ばらばらに引き裂くことは神話においては常套的である。

これらの説は古代から流布しているものだが、これら諸説は、ばらばらに引き裂く行為そのものから人の注意をそらせている。性の欲動による説明は、その説明そのものが性の欲動の力をもっており、この力は、宣伝や広告に見られるように、明確な理由をもち、その理由は誰の目にも明らかである。商品に値打を与えるために、人はその商品を女で取り囲むのだが、取り囲んだ大勢のブルガリア女はいささか裸である。見る者の注意は上述の値打のない商品から、何人もの女の見事な裸体の方にそらされる。そらされた注意がすべての説明を作り出し、人はアフロディテーや男色について語り、ばらばらに引き裂くという行為のことを忘れてしまう。別なことを根拠にしてそのことを説明したり理解したりする前に、そのことをそのこと自体として考察してみよう。犯罪の動機については無数の説明がなされるものだが、それはバッカスの巫女たちが、引き裂いたオルフェウスを覆い隠すために、彼の上に石や矢や弾丸を投げつけるのに似ている。それは分析〔分解〕と呼ばれるのだが、ばらばらに引き裂くことの説明は、新たにばらばらに引き裂く行為となる。一方はまさしく現実にばらばらに引き裂くことだが、他方は批評的な、あるいは司法的な、あるいはソフトウエア的な意味での引き裂きである。前者はハードな引き裂きであり、後者はソフトな引き裂きである。どちらでもかまいはしない。

音楽からなるオルフェウスの肉体を群衆が引き裂く。協和音は不協和音のなかに崩れ落ち、一つの組織体あるいは調和が崩壊する。このことを分析しなくてはならないのだろうか。しかしこのこと自体が分析と呼ばれるものである。

われわれは aimer〔愛する〕という動詞を活用させながらフランス語を学び、同じく amare〔愛する〕という動詞の語尾変化をさせながらフランス語の母体であるラテン語を学び、délier〔ほどく〕という動詞を習いながら科学言語であるギリシア語を身につけた。ギリシア語の文法書に最初に出てくるこの動詞は、細切れにする、切断する、壊すという意味をもっているのだが、これこそ分析である。われわれは子供の時代以来、文字どおり、日常的な言語のなかでは愛するように教えられ、思考的な言語のなかでは破壊するように教えられて育ってきた。われわれがこの思考の言語を忘れて以来、あるいは知らなくなって以来、この言語は再び戻ってきてわれわれに復讐をしているのだ。考えるあるいは知るということは、結びつきをほどくこと、壊すこと、解くこと、ばらばらにすること、説明することなどからなると、われわれはあらがい難く信じているが、これこそ分析なのだ。分析とは、構築すること、あるいは結びつけることと逆のことを意味する。分析とは、エウリュディケーを辞書の地獄へと送り返すことである。トラキアの女たちは、まるでギリシア語を話すかのように、オルフェウスに襲いかかって分析〔分解〕し、音楽を理解し、知り、考え、説明しようとする。ところが音楽は作曲される〔組み立てられる〕ものであって、もし人がそれを分析〔分解〕したならば、音楽は音符、あるいはばらばらな断片となって消え去ってしまうだろう。ばらばらに引き裂くことは分析と同価であり、分析はばらばらに引き裂くことと同価である。

バッカスの巫女たちはテクストを説明し、テクストの四肢は空中に飛び散る。彼女たちは分析し、オルフェウスの肉体の諸関節は結び目をほどかれ、調和は分裂する。ブルガリアの女たちの群れが竪琴の弦を一本一本ほどいたので、われわれはもはや九人のミューズや九本の弦をもつ総合的な芸術をもたず、〔細分された〕諸科目をしか知らない。われわれはもはや感覚作用をもたないが、個々の器官については詳しく知ることになるだろう。

オルフェウスを引き裂く女たちは、黙って彼に襲いかかるわけではない。厳密に言えば、森の片隅でこの歌い手を待ち伏せするために、彼女たちは沈黙を守っているのだ。彼女らの合意が沈黙を生みだし、その沈黙が彼女らの合意を深化させ、そのことによって、やってくる竪琴の心地よい響きを遠くから聞きつけることができる。

唖で聾のモナド的な世界は、調和を発展させる。神は前もって作られた音楽であり、その創造者であるが、その音楽は音の鳴り響く空虚な世界を形成している。音楽は静けさを生みだす。静けさは音楽をゼロの状態、ほとんど完璧な状態に導く。音楽は、美しい音楽の特異な形態として、調和の稀なケースとして、静けさを生みだす。私はこのことをまた、感覚で捉えうる真実として理解する。きわめて不快な雑音がやむとき、穏やかな静けさが、すでに、もっとも完成された芸術を約束している。すべての芸術を育むための何かの意味をもっているのではなく、音楽は静けさを包み、静けさを含み、静けさを包蔵している。音楽がやむときには今度は、静けさが裸で出現し、昇華されて、新たな静けさが再び生まれる。静けさは二つの面をもっている。一方は馬鹿騒ぎの方へと向いており、他方はことばと意味の方へ向いている。

健康は諸器官の静寂から生まれ、社会的合意はバッカスの巫女の沈黙によって達成され、荒野に住む神父たちは静寂のもたらす幸福をよく知っていた。静けさのハードでソフトな面はわれわれをカオスから保護し、そのソフトでハードな面はわれわれを心地よく意味へと高める。

すべての受信は静けさのなかで起こる。発信はつねに受信にはるかに勝っている。その証拠には、誰であれ受信した者から照合を要求することなしには、人はその者が確かに受信したことを確信することができない。受信を語るためには新たな発信が必要なのだ。受信的〔受容的〕である感覚作用は、それゆえ静けさのなかに浸っている。このことを感覚で捉えうる真実、諸感覚についての真実、形而上学的真実として理解していただきたい。われわれの諸感覚は唖の状態に沈んでいるのだ。私の書物もこの静けさのなかに住まうことができればよいのだが。このことを証明することは照合することからなる。したがって、言語の哲学は、与件は言語のなかで言語によってのみ与えられると説くことによって、完璧な照合の規定を述べているのだ。言語は感覚作用を照合する。言語は感覚作用が受信しているということを発信し、それゆえ感覚作用の静けさについて語る。感覚作用は受信している限りにおいて唖で聾のままであり、ほとんどモナド的で、無口である。その後で、受信は自らを照合し、発信し、それゆえことばで語ることになる。

静けさは感覚作用の巣、もしくは住居を構築している。静けさがなければ感覚作用もない。

オルフェウスを八つ裂きにした女たちは、物音をたてずに彼に襲いかかったわけではない。

彼女たちは、森のざわめきとともに、彼が遠くからやってくるのを聴いている。なぜなら、彼がいつものように鎮められた野生の動物たちの群れに囲まれて、竪琴を手に進んでくる間に、木々の梢は不動のまま彼の方へと身を傾けるからである。オルフェウスは、堀のなかの予言者ダニエルのように、動物たちの爪からも口からも逃げることはないのだが、しかしライオンや狼は、彼ら自身が、音楽と歌によってライオンや狼から逃れているのだ。音楽と歌は、相いれない者たちを和合させ、好戦的な、あるいは犠牲を要求する狂乱を、穏やかさに置き換える。これは、またもや、テクストなき社会契約である。お互いに猛々しく対立していた獣たちは穏やかになる。人間は人間にとって、もはやライオンや狼、非調和的で異質な種ではなくなり、それと識別できる人間となる。狼の群れや、動物の群れ、森、女たちの群衆や、集団は徐々に名前を取り替える。音楽はつねに彼らに稀で不安定な協和を与える。つまり、静けさのように稀で、天才的な音楽のように不安定な調和、それ自身つねに雑音のなかに崩れ落ちる危険にある調和を与える。この社会契約は、女たちの優しさのように、狼のおとなしさのように、つねに不安定なままである。オルフェウスは平穏のうちに進んでゆき、人間＝狼は、進歩するにつれて、ライオンのなかに、木々の梢の間に、女たちのなかに、別な人間を認める。諧調である。認知は、個人を超越して広く空間のなかに、メロディーのように広がってゆく。

オルフェウスは林間の空き地にとどまり、森は動物たちに対して優しく、ライオンも、女たちも、狼たちも穏やかである。ほとんど静けさに近いこの協和音を聴いていただきたい。各人はよりよく受信するために、ことばや叫びをひかえ、呼吸をさえもひそめる。しかし梢が少し動く、葉叢がざわめき始める、野生の動物たちが低くうなる、進んでくるトラキアの女たちの最初のわめき声が、音楽から音響空間を奪おうとし始める。脆い調和はざわめきの最初の一矢で崩れ落ち、そのハードでソフトな脆い面は、喧騒の辛辣な石の下で破壊される。危険にさらされた不安定な均衡の後に、喧騒がまたたく間に協和音を凌駕し、協和音は亀裂を生じ、われわれの耳もとで突如として炸裂し、獣たちは互いに威嚇し合い、颪＝竜巻が木の幹をたわめる。これこそ分析〔分解〕である。調和はほどかれ、群れは崩れ、オルフェウスはばらばらになって四散する。

音楽はその不安定で稀な均衡を、きわめて高いところに保持している。最初の叫び、最初の足音の響き、ほんのわずかな拍手の音がその均衡を破壊し、音楽は高みから落下し、破壊され、分解〔分析〕され、壊される。

それぞれのライオンや狼や女たちは、竪琴から響いてくる音を静かに聴いていると思っているのだが、自分たち自身がその音であることに気づきはしなかった。それぞれの者が不協和な叫び声を上げるとき、それぞれは自分が他の者たちとは異なった叫び声をあげていることを知っている。それぞれのライオンや狼や女たちは、オルフェウスの断片を自分の方にもぎ取っていると思っているのだが、実は自分たち自身がそのばらばらになった断片や四肢であることに気づいてはいない。

われわれの一人一人は、われんばかりの拍手喝采を送りながら、その両手の間でオルフェウスを粉砕し、輝かしい音楽を卑しい雑音に引き戻すことによってオルフェウスを圧しつぶす。

オルフェウスはテレビで歌っていたのだが、ライオンたちが立ち上がって画面の上に前足をもたせかける。ガラスは細かな断片になって崩れ落ち、この仕切り壁が壊されると、そこに映っていた像も消え去る。しかしその像は他のいたる所にある受像機のなかで維持されている。

オルフェウスは神話のなか以外では決して存在しなかったし、また言語の外でしか存在しなかった。音楽の響きが空間に広げる広々とした全体性を彼は表わしている。全体化しえないものの稀なる協和、その壊れやすい総和が、かつては成功したことを彼は示している。しかし今や彼は強力になり、破壊することの不可能なものとして存在している。調和はもはや無数を一つに和合させるものではない。それは全体を維持するために、無数に到達することに成功したのだ。

音楽は分析〔分解〕に抵抗しなかった。バッカスの巫女たちはオルフェウスの楽譜《パルティシオン》〔分割〕を説明したのだった。それ以来われわれは彼女たちの楽譜〔分割〕を聴いている。

分析は言語を支え、トラキアの女たちは音楽の残骸を支配下に置き、自分たちの叫び声によって空間に侵入する。

触覚は場所を一つ一つ縫い合わせたものだが、お望みならば、それは点描主義画家、面と局部性による印象主義画家であると言ってもよい。触覚はもろもろの地図、多様体、あるいはヴェールを作成する。

聴覚は全体的、全面的で、すでに抽象的であり、統一性を追い求め、量体を満たす。すなわち、ボックス、箱、家、牢、劇場、町、圏谷、地獄、森を満たし、海洋の空間を満たす。そこでは、引きちぎられ、打ち捨てられ、切り離されたあの音楽家の首が、今なお島々へ向かって漂いながら歌い続け、空と波の間を吹き渡る風を住まいとしている。その歌声は私の肉体全体、つまりオルゴール箱、ことばの箱、共鳴箱、鳴り響くブロンズに住まっており、また私の地方的なグループ、時折、舞台に集まる代表団にも住まっている。

細胞

不知《メコネッサンス》〔無知〕が、一つのブラック・ボックスをなして、一連の知識を遮断し、明瞭であるべき量体に欠落の穴を生じさせる。たとえばわれわれは、あるものをある敷居の線までは理解でき、また別のものをある境界線以降は理解しているとしよう。しかしこの二者の間、その敷居と境界線の間については、われわれは何も知らないし理解できていない。つまりこの場合、あるものから別のものへの変換の過程は、われわれの理解を越えているというわけだ。様々なレベルで、ブラック・ボックスはあるものを受け入れ、別のあるものを放出しているのだが、その知られざる変換の過程は、ボックスの仕切り壁のなかに隠されている。このことは不知をよく定義しているように思われる。

これに対しては次のような異論があろう。ボックスの下流において観察者は、ボックスからの発信を受け取ることによって、ボックスから放出されているものを理解することができるのだから、おそらく同様な方法で、上流で起こっていることも理解することができるだろうというのだ。では観察者はどのようにして敷居＝上流の近傍で起こっていることを理解し、知ることができるのだろうか。ボックスは確かに受け入れているが、しかしこの受容《レセプシオン》〔受信〕とは、観察者にとって何を意味するのだろうか。上流で起こっていることを知るためには、観察者はこの受信〔受容〕を受信しなくてはならないことになる。しかし受信は受信であって、発信しはしない。したがって観察者は、閉じていることでは定評のあるブラック・ボックスのなかに身を置かなくてはならない。つまり、仕切り壁を幾分か移動させなくてはならない。しかし、受信が問題となるや否や、制御しえない推論が再び始まる。さて、受信を調べるために、大きなブラック・ボックスの敷居に、その上流側の脇腹に、馬乗りになるような形で、小さなブラック・ボックスを付け加えるとしよう。しかしこれは第三人間の部類に属する問題であって、この新たなブラック・ボックスはその上流の仕切り壁に受信の機能を備えているので、この上流側の仕切り壁の上に馬乗りになるような形で、さらに第三のブラック・ボックスを付け加えることが必要となる。どこまで行ってもこのような具合である。こうした嵌合が、ブラック・ボックスの上流側で急速に増殖する。

受信を観察と符合させて考える以外に、われわれは受信について知る術をもたない。だがそもそも、われわれは観察とは何かを知っているのだろうか。それゆえ再び解決策は逃げ去ってしまう。発信は聴取〔受信〕に対して優位を占めている。いかにして音を発するか、いかにして音が広がるかをわれわれは知っており、われわれはその音を中継することができる。しかしわれわれはうまく受信する術を知らない。科学と哲学は、もろもろの科目〔分野〕のなかで、姦しい対話や集会によって、この粗暴な発信一辺倒を日常的に繰り返している。そこでは、各自は相手の言うことを聴くことなく話しており、すべての者たちが可能な限りの大きな騒音を生みだし、すべての者に大きな苦痛を与えている。各人の苦痛はうなり声によって表現され、苦痛のうなり声は、聴き取られたいがために、より強度に発せられる。だがそれは新たな苦痛と新たな不平の声を引き起こすので、聴取は一層不可能なものとなる。明日はわれわれは恥じらいを好むことだろう。恥じらいをもつ者は稀にしか話さず、婉曲にしか話さない。メッセージの飛び交う空間で、モナド的な孤独が増大し、いわゆるコミュニケーションの世界に独我論が重苦しく根を張り、ヘルメスの王国は主観主義の特徴を際だたせる。

発信は受信を打ち負かし、われわれは受信する術を知らない。ブラック・ボックス、もしくは発信者と受信者を結ぶきわめて単純な図式が問題になっているのだが、感知する極あるいは感じ取る極はもろもろのブラック・ボックスの嵌合のなかに包み隠されている。聴取は静けさあるいは啞の状態のなかに沈んでいる。

コミュニケーションは成立しない。なぜなら、個の世界が幅をきかせば、客体からのメッセージは存在しないし、客体からのメッセージが流入すれば、個的世界は消滅する。それゆえ数学を学んで、それを信ずるがよかろう。

私の主題の終焉。

もしくはその始まり。

一種の抽象的な受信者と言いうるようなものが、受信によって構築され始めると同時に、異論が唱えられて、私の書き物は破棄され、受信を語る希望はすべてついえる。実際には、上述と同じ類の、嵌合したモデルを通して、あたかも感覚作用が形成されたり、感覚作用が罠に捉えられたりするような状況が生じている。というのは、聴き取るために、われわれは様々なボックスを作るからだ。海のざわめきを聴くために朝顔形をしたほら貝を耳に当てるし、聴取のために、おあつらえ向きの様々な空間を作ったりする。すなわち、広場、ドーム、反射壁、教会、劇場、狭い通路、小道、路地、石造りの耳などを建造する。われわれはエコーや韻の響きをいとおしむのだ。ロビンソンは荒涼とした谷間や、狭い峡谷を訪れるのだが、そこでは彼が大声で読んだ詩行の最後の語が、こだまとなって彼の耳に戻ってくる。「私の魂」、私の魂、私の魂……。その語は静寂のなかに消え去るまでこだまし、それは彼のコギトを映す無数の鏡となる。それゆえ彼は、自分の足音が壁に反射して聞こえてくるような小道を歩くことを思いつく。動物が明らかに逃げ道とし、確実に逃げ込む場所に、動物自身の知らない間に、やなや、網や、迷路を作り、そこを動物が通るように仕向ける。人が見たり聴いたりしていなくとも、魚はそこに入り込み、罠にかかり、捕えられ、同じところをぐるぐると回る。

捕われの身となった受信。


われわれは触覚や皮膚を、多様で様々に変化する入墨や、プリント模様として描き、人それぞれに特異な多様体や、普遍的な被覆として描いた。画家は描くべきものにまず触ってからそれを絵に描く。われわれは、それぞれの目玉模様や、縞模様や、筋目模様の細部にまで踏み込んで描写をすることができなかった。それらの模様は、組み合わされたり、単独であったり、カールを描いたり、十字に組み合わされたり、反復モチーフをなしたり、独創的な形を描いたりするのだが……、それは、われわれを包んでいるひずんだ薄膜の上に描かれた、千変万化の錯綜した迷路である。身体全体を覆うこれらの偶然的接触の痕跡、すなわち混合や、迷路や、絡み合いが、触覚の大きな罠を形成している。

　受信は、めったに一回性ということはなく、ある図式の上で起こり、そこでは〔メッセージの〕捕捉は、動的で、とりわけ自己回帰の契機に恵まれている。急速なサイクルで、それは発信に変わり、その逆にもなる。すなわち、遮蔽幕や、狭い道や、抜け道、峡谷、隘路、袋小路、思いもよらない無数の分岐や曲折などの上で、リバウンドし、こだまし、反射する。まるで錯乱した蚤のようだ。それらの場所が特異点を形成し、捕捉した流れを互いに送り返す。受信は自己に対する発信《オートエミッション》として再組織されるが、そうすることによって異質なものを手なずけるのだ。それは、知らない単語を何度も繰り返し暗誦して、同化吸収するのと同じことである。何度も繰り返し受信することによって、ほのかな意識が、その場所、自己接触《オートコンタクト》のひだのなかで、目覚めるわけだ。円環状をなして繰り返されるこの受信、それはその〔オートという〕接頭辞にふさわしいものである。

　〔皮膚の〕入墨模様はこのようにして作用する。しかし他方では私は、抽象的受信者と私が名づけたものが描く無数の反復や嵌合の図柄が、この迷路状の錯綜に投影されていると考えている。皮膚は、そのしなやかな平面的次元のなかで、これらの漠たるブラック・ボックスを形成することによって受信しているのだ。皮膚の上の特異な投影や痕跡を、細部に至るまで描写することの不可能性はここに由来する。

　ところで触覚が、接触によって目覚め呼び起こされる局在的斑痕や、ぼろ切れを貼り合わせたような多様な薄片にかかわり、またそれゆえ触覚が、不明瞭な斑痕や仮縫い状の平面的な次元のなかを這うものであるとすれば、音の方は量体を占め空間全体に広がるものであって、それゆえ音波の聴取にはもう一つ上の次元〔立体的次元〕が要求される。多様に嵌合した抽象的受信者が、薄片状の皮膚のひずんだ平面の上に投影される場合は、網の目や迷路状をなすわけだが、聴覚の立体的な罠のなかへ投影される場合は、量体に刻まれたひだや彫刻、このうえなく見事に彫られた浮き彫りなどの形をとることになる。触覚から聴覚へと移行することによって、〔平面的な〕地図は〔立体的な〕風景へと移行するのだ。迷宮はその壁をそびえさせ、堀をうがち、廊下を伸ばす。ブラック・ボックスは無限にその耳を伸ばし、あるいはむしろ、よく言われるように、耳を貸すように思われるのだが、しかし耳を貸すといってもそれは自動詞的な意味であって、その器官が伸びることとなのだ〔prêterには「貸す」という他動詞の意味と「伸びる」という自動詞の意味がある〕。聴覚は自らを加工することによってボックスを増殖させる。

肉体あるいは生体は、まず最初にその全面に、皮膚からなるこのような彫刻や彫像を刻みつける。そして皮膚は、大きな音量のなかでピンと張って振動し、金庫のように閉じられかつ開かれて、自分を罠にかけようとするものを逆に罠で捕える。われわれは皮膚で聴き、足で聴いている。われわれは、頭骸のボックスや、腹部や、胸郭で聴いている。われわれは筋肉や、神経や、腱で聴いている。われわれの肉体＝ボックスには弦が張られており、全体が鼓膜で覆われている。われわれは、空間のなかで生きていると同時に、騒音のなかで、叫び声のなかで、波動のなかで生きている。生体は、空間的な存在として自らを造営し自らをうがつのだが、それは、大きなひだや長い飾り紐をなし、半ば充満し半ば虚ろなボックスをなし、外部の波動に呼応して鳴り響く。われわれは無限の反響と響きのなかで、身を浸し、溺れ、呑み込まれ、たゆたい、漂いながら生きており、また肉体のなかにそれを内包して生きている。時には不協和音をだし、たいていの場合は協和音をだし、混乱もするが調和を保って生きている。気体の柱、液体の柱、固体の柱、三次元の空間、大樽、人体組織や皮膚、長い仕切り壁、広いプレート、一次元的に延びる糸、低音波に敏感な筋、そうしたものがわれわれの内で鳴り響いている。まるでわれわれは自分たちの内に、耳とオーケストラ、太鼓やシンバル、振動するブロンズ製の打楽器、管楽器や弦楽器、らっぱ、要するに発信と受信を一堂に集めているかのようだ。私は音の家であり、全身が聴覚と声であり、ブラック・ボックスと響き、鉄床とハンマーであり、こだまの響く洞窟、ミュージック・ボックス、疑問符の形をした耳介である。それは、自分自身の耳介の上にわずかに顔を出し、あるいは音波の波のなかに没したまま、意味のあるメッセージや意味のないメッセージが飛び交う空間のなかをさまよっている。私は空洞と楽音でしかなく、身体全体が空洞と楽音の混合体である。動く彫像である肉体は、水のなかの魚のように、ざわめきのなかで身体の均衡をとっている。肉体は、自律神経と意志とによって波動のなかを進みながら、かつての自分の水棲生活を思い出す。人類は、群れをなして、こうした波動の水のなかを泳いでいるのだ。

肉体はメッセージの空間に身を置き、そこで活動し、騒音と意味のなかを、リズムとざわめきのなかを歩んでいる。人は、均衡を制御するハーバース管と内耳とが接する近傍で音を聴取するばかりでなく、足の裏で聴き、筋肉や腱や骨が接合する場所で音を聴いているので、身体のすべての部位が聴覚に結びつけられている。肉体のもっとも内奥の働きは音に導かれており、肉体は音に合わせて踊っているのだ。あるいはむしろ、ダンスはそこから由来するのだ。笛の音に身をくねらせる蛇のように、あるいはヘルメスと対峙したアルゴスのように、われわれは誘《いざな》いの声とリフレインに魅せられて身をよじる。

測量師であり、位相論者であるわれわれは、もろもろの次元や近傍を通して、裂け目や連続性を通して、空間に住まっている。われわれは重力の場で、垂直をなし、対称をなして、屈強に生きている。しかし、しなやかな姿勢や、傾いたり屈んだ姿勢、緊張した姿勢や不安定な姿勢への誘惑が、波動のなかへわが身を投じることによって生じる。そこからリズムが生まれ、時間が始まる。精密な計算機であり、コンピューターである聴覚によって、一瞬一瞬自分自身の均衡をとりながら、われわれは魚のように環境のなかを泳ぎ回っているのだ。聴覚は、自己受容的な感覚としては、疲れた様子や生き生きとした表情などを司り、通常の感覚としては、退避や警戒、覚醒や睡眠を促し、社会的な感覚としては、儀礼や作法を指揮する。もろもろの音響や様式や厳密さを糧として生きている者たちは、時として第四の内密な聴覚を自由に使いこなすのだが、この耳は彼らを音楽的な流れに導き、真の調和を与えることによって、彼らの美的感覚を洗練する。

多くの言語において、聴くということは従うということを意味する。要するに肉体は声に魅せられて声のままに動くというわけだ。肉体は天の呼び声に従う。肉体はまた、耳を聾する騒音、不協和な騒音に恐れおののき、騒音のなかで溺れ死ぬ。そんなわけで、一陣の息吹やざわめきに引き寄せられ、群がって、巨大な列をなしている者たちが見られるが、彼らは、そうすることによって、自分たちの帰属性と方向性を得ているのだ。わずかな合図によって、突然全員が新たな方向に導かれる魚の群れのようなものである。彼らがそのことに思い至れば、彼らはそれを時代の潮流と呼ぶだろう。

協和音や不協和音をだすボックスが、姿勢や、動作や、踊りや、方向づけや、動きによってメッセージを罠で捕えたり、また、メッセージによって罠にかけられたりしており、そうしたメッセージがボックスの均衡をとったり、ボックスの均衡を失わせたりするわけだが、その大きなボックスがこれらのメッセージに出会うのは、今度は、小さな第二のボックスのなかでであり、第二のボックスによって、第二のボックスを通してである。この第二のボックスは、振動性の側頭骨にくっつき、その仕切り壁に馬乗り状になっている。そこには、入墨の平面的な迷路と同じ構造の、錯綜や、回廊や、遮蔽幕や、隘路をもった図式が再び見出される。しかしそれは浮き彫り状の三次元の迷路であり、音にとってのもう一つの玄関〔内耳前庭〕である。この新たな罠の内で、ハードはソフトになる。すなわち、ボックスは新奇な攻撃から身を守り、自分を越えるものに対しては唖となる。鼓膜は外部に対しては皮膚の面を出し、内部に対しては粘膜の面を向けている。皮膚はよりハードであり、粘膜はよりソフトであって、この二面は鼓膜の中央で、より丈夫な芯によって分けられている。ある衝撃から発せられた音響波は、化学的信号に変えられて、中枢へと電気的に情報をもたらす……。いかなる中枢なのだろうか。ボックスは発信しているのだろうか、受信しているのだろうか。聴くことは振動することを意味するが、しかし振動することは発信することである。たとえば内耳の蝸牛を〔解剖して〕開いてみるならば、一種の逆になったピアノが現われて、そこでは高い音から低い音への配列が、左から右へと、段状に並べられているだろう。しかしピアノは音を響かせるが、聴きはしない。同じような理屈はとどまるところを知らない。外耳、中耳、内耳と三つの耳に順次聴き取られ伝えられてゆくように、ものを聴き取るためには、一つ一つの耳に、より中枢の別の耳が必要になる。中枢は聴いているのだが、それはいかなる中枢なのだろうか。仕切り壁を移動させてみたまえ、次々と隔壁が現われ、次々とブラック・ボックスが現われる。抽象的受信者がそこに投影されているのだ。

そこでは音は、よりハードなものからよりソフトなものに変換されることによって伝えられる。だが、それは直線的な経路によるのではなく、各段階において、ループ回路や、周回回路や、自己回帰の回路を経て変換される。ボックスは捕えた流れを受け入れ、予め反復回路を接頭部に組み込み、雑音や音響やメッセージを捕捉し、それらを急速に循環させ、還流させて、即自かつ対自的に振動させる。このようなサイクルによって、ボックスは発信を受信に変換させ、受信の退行現象の矛盾を解決する。

方法論〔方法叙説〕を変更して、別のやり方で経路を最適化しようではないか。悲劇的・悲観主義的な伝統の影響で、われわれは迷宮を、死や絶望や迷いを意味するものと考えている。ところが迷宮は、ある動体がそこを通り、自分の足跡をたどって可能な限り正確に戻ってくるための、最良の道筋を描いたものなのだ。このことは、開かれた図式に比して、閉じた道筋がきわめて高度の可能性をもつことを意味する。迷宮はフィード・バックの効率を最高度に高めるのだ。それは、短い間隔のなかにきわめて長い道のりを描いており、いくつものサイクルを包蔵しうる最良の母型を形づくっている。それは、あらゆる受信にとって可能な限り最良の方法であり、感覚器官がしばしば迷宮状をなしているのはそのためなのだ。迷宮は感覚作用の問題を明瞭に解決する。

距離計測をよりどころに、方法論〔方法叙説〕は、短さを容易さに、速さを快適さに結びつけ、最小値による結論づけをおこなった。方法叙説は、まっすぐに語り、まっすぐに進むというわけだ。それゆえその方法論と計測法はつねに、最短時間と最短距離という最良の手段によって、迷宮からの脱出を図ろうとする。情報理論と位相論によって立つわれわれは、このような意図とは反対に、最大値を描く図形を最適と結論づける。光や音、杖の先端から手元へと瞬時に伝わる触覚、そうした電撃的伝播能力をもつ現象が問題になっているとき、速さはものの数に入らない。それゆえ感覚作用はあらゆる計測法を馬鹿にするわけだが、〔距離計測とは〕別のやり方でこれらの図式を最適化してみよう。開かれた短い経路の上に可能な限りもっとも多くのフィード・バックのループを作るための最良の方法、その最良の筋道を探してみよう。このような最大化は迷宮のなかで実現される。優れた受信、この場合は最適の共鳴箱だが、それは意識の始まりである。次々に仕切り壁の上に馬乗り状になり、非同心円的に嵌合されたいくつものブラック・ボックスは、ついには迷宮の図を描くことになる。抽象的受信者がここに再び現われる。

結び目や織物は、一次元の糸を要素として、それを絡み合わせることによって、位相論的な意味で、触覚を描きだした。聴覚は、局在的であるよりも遍在的であるのだが、肉体はその聴覚を、頭や胸郭、外耳や中耳、小窩、耳管、蝸牛殻、内耳前庭、ハーバース管などによって、すなわち抽象的モデルから予想されるあらゆるボックスの嵌合よって描きだしている。浮き彫りの位相論は、あらゆる次元をそなえたもろもろの多様体を必要とし、それらに刻み目や、ひだや、縁どりをつけ、山や谷、コルやチムニー、隅迫り持ちや、葉形刳り込み模様を彫り、建築物や風景を創りだすのだ。入墨は皮膚を斑模様に織り上げ、皮膚は量塊を形成し、〔皮膚を覆う〕ヴェールはもろもろのボックスを形づくる。

耳介がなくても同じように聴くことができるとか、耳介が平坦であっても聴力には支障がないだろうという見解に対して、私が抵抗するのは――詩的なものではあるが――ここに由来する。外耳の愛らしい彫り込みは、最終の小さなボックスもしくは小窩であり、螺旋や逆螺旋を組み合わせて最後の迷路を形づくっている。それは、まだ聴いたこともないような科学上のメッセージをも受信しなくてはならない。われわれは頭の両側に、まるで書類挟みのように、二つの疑問符、二つのト音記号をもっている。とはいっても、五線も答えもないのだが。

愛の濾過器。塔に閉じ込められている囚人は牢番の娘を愛している。塔は城のなかにそびえており、天守閣は塔のなかにはめ込まれており、独房は天守閣のなかにはめ込まれている。入れ子式の建物である。独房に到達するには壁や戸を無限に通り抜け、空中に渡された脆い梯子をつたって階を登り、深淵を越えなくてはならず、何百もの潜り戸を通り、礼拝堂をすら通らなくてはならない。当の独房は、木材を裁断した枠組みがはめ込まれており、石の壁の内部に、梁と木組みのボックス、高床と石の天井のボックスが加わることになる。いや、入れ子式の最後の部屋に、われわれはまだ到達していない。城の司令官は、鼠だけが出入りしていた小部屋の窓に目隠しをほどこし、すべての穴を油紙で塞いだのだ。捕われの貴人は、明りとりの窓もなく、厚くて暗い十五層の仕切り壁、無数の気密隔壁の向こう側にいる。

天守閣の正面下方に、城の建物に面して、鳥小屋がある。それは、鳥たちが閉じ込められているボックス、籠、独房なのだが、牢番の娘がその世話をしに登ってくる。彼女が鳥たちのところに到達するためにたどる複雑な経路は誰も知らない。そこに恋のロマンが繰り広げられる。高所信号所のような独房の奥から、切り抜かれた小さな覗き窓の裏から、恋人はアルファベットであるいは合図で美女に話しかける。彼女は鳥の鳴き声やさえずりに紛れて、一文字一文字それに答える。間もなく彼女は、瞼に浮かぶ恋人の姿を忘れようと心に誓うだろう。ずっと後になって、彼女は涙ながらに、かつての恋人の説く福音を聞くことだろう。

天使にせよ悪魔にせよ、誰がこれらのボックスのヴェールの間を通過してゆくのか。いかなるメッセージが無数の壁を貫いてゆくのか。いかなる審級の間でそのメッセージが交わされ、内に閉じ込められたまま発信し受信しているのか。活発で、動的で、強く、鋭い、いかなる呼び声や叫びや火が、これらの邪魔板を押し開く力をもち、それらのフィルターによって浄化された流れをほとばしらせる力をもつのだろうか。

天守閣＝身体は、愛しい城＝肉に対して固定した距離を保っている。目＝窓は、目隠し＝瞼の裏で恋人の姿を捜し求め、そして耳は、魂＝鳥の歌声を油紙の鼓膜で聴いている。無数の皮膚もしくは堅固な壁のなかに引き籠り、恐れおののき、胸壁の高みに隠れた内気な恋人たち。彼らは、恋人の囚人が脱獄するや否や、美しい愛を失うだろう。そして彼らは急いで自分たちの間に距離と障害を再び設けることだろう。

あたかも、恋人たちを隔てる仕切り壁の響きにしか愛はないかのように。ボックスの隔壁によって無数に増幅されるエコーや、干渉や、振動や、調和や、鼓動にしか愛はないかのように。響きのよいオルガンを象った要塞にしか愛はないかのように。牢獄の形に作られたオルゴール箱のなかで二つの幻影が活動している。これが伝統的に考えられてきた肉体、おそらくは科学によって考えられる肉体であろう。

しなやかで、むき出しで、無痛性で、ほとんど無口なわれわれの肉体を、かくも驚かせるこれらの愛のロマンには、かつては、認識のロマンが似つかわしかった。愛の呼び声が、廊下、潜り戸、城＝肉体の丸天井を駆け巡り、そこに足しげく通うと同じように、もろもろの感覚与件は、まさにカルパチアの城塞ともいうべき、何重にも鎧を着た一種の彫像もしくはロボットに取りつけられた障害物を、次々に通過してゆく。それらの流れは、魂、悟性、意識、先験的自我といった中枢機関あるいは中枢の細胞へと進むにしたがって、次々に設置されたフィルターによって浄化されるのだが、その鍵を保有している牢番はめったにいない。

愛や認識の濾過器は、浄化水槽のように次々と連なって、えも言われぬ図柄を描くのだが、その優美さは味わい深いものである。修道院の地下牢あるいは至聖所、独房のそのまた奥にカプセルのようにはめ込まれた最後のボックス、そうした場所に入ってゆく権利をもった者はほとんどいなかった。そこへ行くためには司祭あるいは大判事の同行が必要だった。かつては、人はこのようにして認識しあるいは愛したのだった。稀に、監視のもとで、風聞を頼りに、障害を乗り越えて。

感覚作用はブラック・ボックスのなかに覆われており、ブラック・ボックスとして機能している。そのどちらも認識に先立つが、しかしまた認識の後にも続き、認識を取り巻き、認識に穴をうがっている。感覚作用もブラック・ボックスもどちらも未知なものである。

感覚作用を通してハードはソフトに変換される。感覚作用はわれわれを保護し、われわれを先導する。感覚作用なくしては、われわれの肉体はバッカスの巫女のノワズゥな圧力のもとで爆発してしまうだろう。暗い井戸の底や、影のただようブラック・ボックスから半ば脱出しかけたエウリュディケーのように、再び暗闇のなかに崩れ落ちてしまうだろう。われわれの肉体は、竜巻のなかでばらばらにされ、灼けつくような太陽のもとで分解されてしまうだろうし、可聴音域を越える音に引き裂かれることだろう。ライオンや、女たちや、木の枝がオルフェウスの身体を引き裂いたと同じように。

顔をそむける、恐怖を感じて逃げだす、汗をかく、震える、ヴェールで身体を覆う、地に潜る、ボックスに様々な変化をもたせ、それを大きくしたり強化させたりする。これらのことをすることによって、われわれを保護する屋根は強化され、オルフェウスの致命的な運命を避けるための技術と戦略は増加してゆく。

ボックスは、認識にとって有益であり、生命に寄与するものである。私はボックスであり、ボックスに住んでいるのだ。

われわれはソフトにできているがゆえに、ソフト化させるためのボックスを構築する。家は、敷地の後方に位置し、柵や門で閉じられ、奥まっており、前には高い塀をめぐらした庭園が広がっている。家は、外界から隔てられ、保護され、世界から遠くに身を置いているわけだ。これらの隔壁のなかにあって、家はあたかも瞑想にふけっているかのようである。固い石やざらざらしたセメントでできた壁も、その内側は、皮膜や、外皮や、薄膜に覆われ、次第にソフトになってゆく。つまり内側は、細かい粒子の漆喰や、滑らかな石膏や、液状ペイントが塗られ、繊細な壁紙が貼られ、聖書物語の図柄や花模様で装飾されたつづれ織で覆われている。家は、層の上に次々と層を重ねて造られているのだが、外側は粗雑なもので始まり、内側はイマージュによって仕上げられている。垂直方向にも同様の無数の層が次々に重ねられている。除排水の空隙、ブロック、骨組みの小梁、床、モケット、絨毯。これもまた装飾や唐草模様で仕上げられている。家はまた、開かれたものを閉じている。鎧戸、窓、二重サッシ、ステンドグラス、レースのカーテン、細工のほどこされた縁どりの飾り布などをそなえ、かつては深い斜間《はすま》もそなえていたものだ。ボックスは本来、閉じたものとして造られているのだが、開かれている部分は邪魔板で塞がれている。最近になって急激にわれわれの住居は開放的なものになった。だがそのためには、世界に対してもはやいかなる恐怖も抱かず、世界が単に記号に貫かれているにすぎないと考えるように仕向けなくてはならなかった。家は変換の量体として作用しており、高エネルギー用フィルターや変換器のように、外からの力をやわらげている。外では早春の寒風や明け方の冷気が威を振るっているが、内部はたえず穏やかで、夢みるようなイマージュに満ちており、それは会話を妨げず、そこには言語の空間が整えられている。まるで頭蓋骨と脳の関係のようである。ボックスは、世界を色彩のほどこされた図柄に、壁に掛けられた絵画に変換し、地域をつづれ織に、町を抽象画の構図《コンポジシオン》に変換する。それは太陽を暖房に変換し、世界を図像に変換する機能をもっている。風の音はソフトなことばに変換される。地下の酒蔵《カーヴ》はアルコールを芳香に変える。

　このようにして建てられた家のなかで、哲学者は書き、考え、知覚する。彼は家のなかにいる。花の咲いたりんごの木が窓から見えると彼は言う。彼は意識の起源を求めており、〔世界の〕始原に身を置いている。この宇宙開闢〔創世記〕において、彼は必然的に庭を見出す。そしてその庭で最初に見たもののみが、彼の興味を引き、彼の心を引く。彼はりんごの花を見たのだった。りんごの木についての長い論考、それについて彼が描く図、それについて彼がもつイマージュ、それについて彼が書く語、あるいは彼が自分の言語のなかに見出す語、いかなる果樹園にもないものについての論述。だが彼は忘れている、窓や、斜間や、カーテンや、不透明なあるいは透明なガラス、北方か南方かによるが、上げ下げ窓、もしくは両開き窓等々を。家を忘れており、りんごの木の前にある家の開口部を忘れている。木は風にさらされ、雨に打たれ、鳥の住処となり、鳥たちがその枝に巣籠る夜は賑やかである。外でりんごの木を刈り込むことは、これとは別のことであり、家のなかでりんごの木を記述することは、これとは別のことである。家のなかは雨からも、風からも、寒さからも、霧からも、光からも、夜からも、かつては騒音からも守られており、人を海水や寒さから守る船の船腹のように、われわれを保護している。家はわれわれの感覚中枢の範囲を広げる第二の皮膚である。これもまたボックスであり、すでに目であり、聴覚であり、耳介である。家は窓からりんごの木を見つめているのだ。家＝頭蓋骨は円窓＝目から静かに木を注視している。人は窓をメディオスコープ〔望中鏡〕、メゾスコープ〔中視鏡〕、イゾスコープ〔等視鏡〕と名づけることができるだろう。このようにして、ネモ船長はノーチラス号の舷窓の内側から、海のなかへ降りていった、というよりも、魚の分類、分類学、博物史辞典のなかへゆっくりと降りていったのだ。学者たちは標本にされたチョウを標本箱のなかで見、眼鏡を通してリンネ〔十八世紀のスウェーデンの博物学者〕の図鑑を見、顕微鏡で細菌を見る。窓ガラスを通して見れば、たとえ大きさはそのままであったとしても、りんごの木のイマージュはソフトにされる。哲学者はりんごの花や実を馬鹿にする――あるいはアカシアや楓であろうか。ガラスの内側には、まるで瞳や水晶体の内側や網膜の上のように、幻像が立ち現われる。あたかも物体のソフトな複製が形づくられるかのようだ。鎧戸＝鼓膜によって嵐の音はうめき声となり、玄関や螺旋階段を経て、それは情報に変えられる。

家は窓から、ぶどうの木やイブキジャコウソウの茂みをじっと見つめている。その壁の上にはオレンジの葉模様が投影されるのだが、それは一連の幻影、オレンジ＝幻影である。自分の住む家のなかでは、オリーブ畑はマックス・エルンストの絵画に変換されるということを、哲学者は忘れている。建築家もまた、そのことを忘れていた。幸いなことに、野外でのぶどうの取り入れは、屋内では、ぶどうを摘む少女の像に変換される。家は、攻撃的な与件を加工し、ソフト化する。家はイマージュを生み出すボックスであり、洞窟や目、もしくは暗室や家畜小屋であり、あるいはまた耳でもあるのだが、そこでは細い隙間からわずかに陽光がきらめくのみである。家は絵画を生みだすわけだが、壁に飾られたフレスコ画やカンバスは、あらゆる建物の目的因が何であるかを明かしているかのようである。建築物は絵画やつづれ織を飾るために建てられるのだ。装飾と考えられていたものが目的となり、少なくとも結果となる。壁は絵画のために造られ、窓はイマージュのために造られる。そして詰め物がなされたドアは閨房の秘め事のために造られる。

哲学者は感覚作用について論述する。ところが彼はすでにそのなかに住まっている。つまり、一種の感覚作用のなかに住んでいるのだ。瞳が目のなかに包含されていると同じように、彼は自分の家のなかに包含されているからだ。この著述家は窓を忘れ、自分の位置や自分の受動的な作用を忘れて、絵を見つめている。あるいは、彼が絵を見つめているとすれば、彼はそれが目にかかわる問題であると考えているのだ。彼は家を忘れ、窓から始まるソフト化のボックスのことを忘れている。彼はイマージュを見、何らかの図像をぼんやりと眺めているのだが、それらの像は、偶像破壊の波によってたちまち破壊され抽象化される。そして彼はことばの書かれたページを見つめ、そこに与件を発見する。

家は、頭蓋骨や目と同じように、一つの受像機を形づくっている。哲学者は自らの問題のなかに住んでいるわけだ。人はかつて神の感官である世界を論じたものだが、われわれは人間の感官である家を論じようではないか。天は神の栄光で満たされており、家はわれわれの小さなエネルギーで満たされている。

家のなかの部屋は、ボックスのなかにさらにボックスを形成し、それを閉じている。ブルターニュ風の組み込み寝台や、ヴェルサイユ宮殿やランブィエ城の天蓋つき寝台は、明るい大きなボックスのなかに置かれた、さらにもう一つの少々暗いボックスとして数えることができるだろう。ところで、この一連の入れ子式のボックスのなかで、シーツはさらにもう一つのポケットをなしている。人は稀に裸でそこへ潜り込む。ああ、少年時代の凍りつくような寒い日々には、あの羊毛製のシーツのポケットなしには誰一人眠れなかったものだ。粗壁からシーツに至るまでの塗りや、層や、仕切り壁の数々、真の皮膚に至るまでの皮膚の数々は、経験主義者を驚かせる。ヴェールからなるボックス、衣服からなるボックスにわれわれはすでに勘定に入れている。否、多くの書物にそう書いてあるように、われわれは世界内存在として生きているのではないし、そのように主張することもできない。われわれはそのような生き方に耐えることはできないだろう。われわれはむしろ軟体哺乳類、あるいは軟体霊長類であり、毛皮を失って以来、家を発明し、それを即座に入れ子式のいくつものボックスで満たしたのだ。町外れにある家のみが世界に身をさらしているのであって、幾重にもはめ込まれたアパルトマンは街に身をさらしているにすぎないのだ。言語は、脆弱な皮膚のすぐ前の防護壁、イマージュや絵のすぐ後ろに位置する最後の防護壁を織り成している。

人は、テレビやラジオを視聴すれば、世界そのものが茶の間に入ってくると信じているのだ。

家はわれわれの周りに人工的で補助的な感官を構築しており、逆にわれわれの感官は、小さなポータブルの家、華奢な船を形成し、いかなる小さなとげの攻撃にもたちどころに破られてしまうソフトな薄膜を形成している。哲学者は自分の住んでいる家を忘れているばかりでなく、ソフト化の最後のボックスである感覚作用という家も忘れている。この問題においては、つねに第三のボックスが見出される。ソフト化の作用をおこなうわれわれの家は、イマージュや絵のために建造されているわけだが、またそれは共通感覚をも形成している。窓や円窓は木々をじっと見つめている。神の眼差しはかつては、最後のボックスに至るまで、たとえそれが墓のように真っ暗であったとしても、つねに現前していると言われていた。イマージュや絵は神の眼差しに見つめられたカインを表わしている。

われわれの家はかつては平穏な世界に建てられていた。そこでは音楽は、ライオンの吠え声やバッカスの巫女たちの大騒ぎに打ち勝ちさえすればよかった。ところが、雷鳴のような現代の騒音公害のもとでは、漠たる私の魂を幾重にも取り囲んでいる一連の入れ子式の壁やポケットは、ひびが入り、ばらばらになって崩れ落ちてしまう。騒音によって粉々にされ、引き裂かれ、防護を失い、喘いでいる私は、もはや私の家にも、私の皮膚のなかにも住むことができない。私の魂が消え去ろうと、そのために私が嘔吐しようと、私の肉体が消滅しようとかまいはしないが、しかし、もし音楽そのものが騒音によって死に絶えるとしたら、どうなるだろう。

社会というボックスは複雑で、ハードウエアとソフトウエアによって構築され、しばしば閉じられており、時には開かれ、不変でありかつ様々に変化し、観念的あるいは物質的帰属性や市壁によって画定され、都市工学者、建築家、石工、土木技師によって現実化されている。それはまた情報網やもろもろのメディアに呪縛され、自分自身の喧騒に対する複合的でほとんど遍在的な聴覚を形成しており、世界から生じる基調の雑音を時には漏れ聴くこともあるのだが、そんなときには、競技場や劇場で、教会や集会場で、広場や通りの曲がり角で、喝采の声があがるのだ。それらの広場や通りは、かつては狭くて曲がりくねっており、音をよりよく捉え、伝播させ、その音を逆に自分自身の方に反射させることができたのだが、今では音の発信者の獲得した権力によって、そうした広場や通りは広くてまっすぐになり、音はいたる所で受信され、ジャーナリズムによって転送されて、書かれたり話されたり見られたりし、噂をともなって流布される。あらゆるメッセージはボックスを構築し、壁と同じように確実にそのボックスを閉じる。それは強力な社会的ボックスであり、その仕切り壁はあらゆる所に存在し、もろもろの波を反射し、ボックス＝家を取り囲み、保護し、そこに浸透する。そのボックス＝家はソフトでかつハードなものであり、幾重にも包まれており、セメントや石膏や絵画で造られ、ことばで震えている。あるいはまたそれは殻＝船であり、その機構は、外からやって来るざわめき〔噂〕、雷鳴、ニュース、風、取引、つまり世界や社会の騒音に対して、より繊細な聴覚を形づくっている。しかしまた同じくそれは、子供たちの叫び声や、病人のうめき声、肉体の喧騒、あるいは内輪の集まりのつつましい宴席でのささやかな歓声に対しても、より繊細な聴覚を形づくっている。この集まりは、多孔質のオルゴール箱によって隔てられ、そのオルゴール箱はさらに小さな雑音ボックスによって満たされている。それらのボックスの骨組みや屋根は、今度は、ヴェールや衣服からなるボックス、ハードウエアやソフトウエアからなるボックス、布地や装飾品からなるボックスを保護し覆っている。そうしたボックスによる防護は、部屋まで止まりのことがあるが、その場合、皮膚の入墨はあらわなままになる。入墨の媒体である皮膚は、ソフトでハードなボックス＝肉体を保護し覆っている。そのボックス＝肉体は骨とコードで形づくられており、音をよく反響し、騒音や音の伝播する場で進路を定めることができる。その準意識的な回路は、洗練されたその機構全体で、自分自身の喜びや嘆きの声、近くのささやきの声を聴いており――それはひそやかな諸ボックスの組立てによって聴取可能となるのだが――また、ボックスの仕切り壁を破るような大衆の怒りと響きをも聴いている。しかしまた同じく、自然の諸物から発せられる基調の雑音や、地震の前に家の土台の下深くで響く低い籠った地鳴りや、強風に煽られる波の咆哮を聴いている。ボックス＝肉体は自らを制御しながら、これらの発信者やフィルターのなかから絶えず取捨選択をするのだが、それらは積み重なり、交差し、仕切り壁の上に次々に馬乗りになり、互いに強化し合いあるいは禁止し合い、寄生的な長い連鎖を形成しており、その連鎖は癌の転移と同じような侵略性をもち、分岐をなし、自己回帰によって養分を得ている。躊躇や惰行のなかでおこなわれるこの自己回帰は、耳のボックスを保護し、取り巻き、そこに浸透し、多重で、複雑で、音響的で、情報的なボックスを形成しており、その迷宮は、その容量を越えないすべてのメッセージの聴取、劇場や部屋のなかや、海辺や、打ち明け話で知覚されるすべてのメッセージの物理的で理にかなった聴取を司り、それらのメッセージをソフト化して中枢のボックスへと伝達する。まず最初は中枢の周縁へと伝達されるが、その迷路は錯雑した接合と軸索からなり、信号の受信を司り、意味への変換を準備するが、また雑音や意味や言語のなかに不分明に身を沈めてもいる。意味は言語に保護され、言語自体は音楽や光に保護されているのだが、そうした雑音や意味や言語の支配力は、その社会的ボックスの大きさの如何にかかわる。社会的ボックスは魔術的で、言語的で、魅惑的で、残酷で、意味や布告のように遍在的で、投票のように多様である。それはまた耳や頭、進路の決定や同意の形成、身体全体、もろもろの運動、姿勢、態度、家、町、世界に深く浸透する。そこでは影の口から発せられたざわめきが鎮められる。

この聴取の総体は、ハードかつソフトなものであり、発信者でも受信者でもあるもろもろのボックスを包括するボックスであるわけだが、それは、迷路を描きながら、長く困難な道のりを経て、きわめて迅速に循環し、そうすることによって無数のサイクルを生みだす。そのサイクルのいくつかは、長い期間にせよ短い期間にせよ、一定の期間安定して、それからボックスの形成へと向かう。

調和した音にせよノイズを含む音にせよ、最下層からのこの聴取の総体もしくはざわめきは、いかなる耳によって聴き取られるのだろうか。それは、言語下に広がる海原、ソフトでハードな大海原であって、この海原に沈潜し、この地獄へ下降することによって初めて聴き取られるものである。

いかなる疲労、いかなる苦痛に苦しめられようとも、無数の病気に襲われ、労働や障害に打ちのめされようとも、肉体は絶えず壁を造築し、健康な空間を保護し、そこに中枢機関を退避させる。その中枢は、危機に瀕し死と隣合わせにあっても、また打撃がどんなに深くまで達しようとも、歓喜と希望で身を震わせている。外部から城壁が壊されるたびごとに、あるいは城壁を明け渡すたびごとに、肉体は次々に新たな仕切り壁を分泌したり建設したりする。したがって中枢はボックスからボックスへと逃走し、喧噪から静けさへと逃走するのだ。

このようにしてつねに保護されている至高の空間のなかで、この生命の炎は、いつも変わることなく生き生きとしており、輝くばかりの歓喜と思考に満ち溢れ、躍動している。然るべき状況においては、一種の薄膜を残して別の保護膜のなかに撤退するのだが、それはちょうど泥棒が、捕まえられても、上着を脱ぎ捨てて逃走するのと同じである。件のアルルカンが、古い衣服やかつての皮膚を投げ捨てると同じようにに、苛酷な運命や自然の猛威の前で、また、仇を狙って徘徊する怨念の前で、われわれはこのようにして頻繁に衣服を脱ぎ捨て、ボックスやヴェールの後ろへと逃げてゆくのだ。

躍動するこの炎もしくは中枢機関は、まさに魂と呼ばれうるのだが、危難を抜け出し、新たな形態と場所、静かなボックスと衣装とを創出し、安定して存続しようと努める。最後の攻撃がやってくると、自分のいつもの戦略に忠実に従って、するりと逃げ出し、なおも意気揚々とし、もはや一枚の衣服しか残っていなくとも、最後の仕切り壁が落ちようとも、そんなことは気にもせず、純朴にもそこから脱出し、肉体の外に出る。肉体は死に際して魂を返すわけだが、魂は思考することをやめず、生き生きとしている。

魂は、一連のブラック・ボックスに覆われた白い人形であり、いくつもの暗い敷居の果ての、知の限界点に位置する中枢機関なのだが、次々に敷居を取り払う知の前進を嘲笑し、その物音を気にもとめず、歓喜に歌っており、不可侵で、不滅である。

テーブル

動物精気《エスプリ・アニモー》 —— 思い出《メモワール》 —— 石像 —— 死 —— 誕生

動物精気《エスプリ・アニモー》

ところで、パリの北西、ラ・ヴィレット近郊のある博学な商人の家で、われわれは一九四七年もののシャトー・ディケムのワインを一瓶見つけ出したことがあった。それはパリ東駅の古いレストランで彼が買ったものだったが、彼自身は、忘れられた地下採石場のなかにワイン貯蔵庫を保有していた。地下墓地に眠っていた一瓶のワインというわけだ。そこではワインのリストは辞書のように厚く、ここに来たワイン愛好家は、その辞書を長々と調べて、いつまでも食事をせずにいるか、あるいは食卓につくまでに何日もかかると言われていた。その商人は倒産し、その息子はソーダ類の輸入に携わっているが、性急なことばで書かれたわけのわからない化学式が、レストランに取って代わったというわけだ(味を味わうことは愛の行為と同じようなものだが、もしあなたがあわただしく駆けずりまわっていたとしても、どうか抑えていただきたい。この二つの事柄においては、早さを追い求めれば悲哀を味わうか、後悔に陥るかのどちらかなのだから)。塞がれた塹壕には、次の爆撃があるまでは、鼠しか見られない。われわれ三人は席についたが、私の二人の友人はことばの才能に恵まれていた、すなわち口をつぐむ術を心得ていたのだ。

皮膜のようなその液体の色は、深みのある金色、銅色がかったオレンジ色をしており、バラ色のぼかしがかかっていた。おとなしく知的な色だが、何かしら欲望をそそる色合いである。フランドル地方の暗い森の小道に、ぽっかりと現われる家の薄暗い台所によく見かけられるが、時間をかけて根気よく磨き上げられた銅鍋の底の色のようである。ワインは家畜小屋の藁のように輝いており、それは夜、吹きすさぶ風のなかで、当直勤務室を照らしている羅針盤ボックスのようだった。栓は、固体であったのだが、すでに少々流体の傾向を帯び、茶色のコルクはブロンド色に変色し、すべてが位相を変えていた。
いまだに話題にのぼるこの一杯のワインを飲むために、われわれは大いに時間をかけたのだった。

極上のワインによって新しい口〔味覚〕を授かったときのことを、私は感謝とともに覚えています、と彼女は言う。それは私の二度目の聖体拝領の日でした。その新しい口は、すでに存在していたのだが、おそらく悪しきことばのせいで、そのときになってようやく生まれたのだった、と彼女はことばを続ける。初めての聖体拝領の日に、ことばが口にやって来て、最初の口を授ける。こうして黄金の口はしゃべり始めるのだが、しゃべることをやめることはないだろう。ことばは、女王然として、その宮殿《パ》〔口蓋《レ》〕に君臨しており、言語《ラング》は唇と舌《ラング》の上に全面的に君臨している。尊大に、排他的に君臨している。ところが、ことばや言語は、芳香も風味もなしにそうした場所を横切ってゆく。それらはソフトで、すなわちハードではなく、平坦で、味気ない。それらは口を無感覚にしてしまい、口は味つけを凝らしたことばの味わいを賞味することができない。堂々たる雄弁、もっとも響きのよい詩、もっとも呪術的な歌、もっとも活発な対話は、青銅もしくは鋼のような口蓋をもたらし、セロのような共鳴箱を授けるが、しかしこうした弦や金属は、かぐわしい花や、樹皮や土の芳香、じゃこうや皮膚の強い香気に無感覚であり、さらに悪いことには、それらを追い払う。ことばは酸っぱくもなく、収斂性でもないが、ことば以外のものに対する舌の目覚めを阻害する。味わいは、ことばによって麻酔を打たれ、眠っている。凍った冷やかなことばによって。

われわれの五感のなかで最も美的でないと思われるもの、それは嗅覚と味覚である。私はわかり始めました、と彼女、黄金の口は言う、なぜわれわれが嗅覚や味覚の固有の芸術を拒絶し、忘れ、遅延させるのか、いかにして、またなぜこれほど明確に、与件は言語によって言語のなかでしか与えられないと、私が言うことができるのかを。それは口のなかで言語が味覚を抹殺してしまうからなのだ。黄金の口である私は、シャトー・ディケムの気長な口を殺すのだ。私はどっちつかずには耐えられない。口のなかの二重の舌、二叉の舌、私はしゃべる方の舌、あちらは味わう方の舌。今日、饗宴の日に、私の犠牲者に、私は優しくバトンを渡そうとしているのだ、と彼女は言う。

第二の芸術の働きによって、言語による無感覚から口蓋〔味覚〕を目覚めさせなくてはならない。一方の美学を見出す者は、他方の美的作品においても感じやすく、また芸術家でありうる。シャトー・ディケムは、第二の口、第二の舌を目覚めさせ、二度目の聖体拝領においてそのことを啓示する。味覚は、場所的にあまりに言語に隣接していて、あまりに瓜二つで、ライバルなので、言語に抑圧され、めったに語られることはなく、語られるとしてもいつでも、笑いを誘うような言い回しで語られる。口は味覚を笑うわけだが、それはあたかも、言語が自分の領分において味覚の発言権を封じているかのようである。一方の口が他方の口を追い払い、言説の口が味覚の口を排除する。言説によって味覚を追い払うのだ。

第二の舌《ラング》は、眠っており、内気で無口なのだが、自分の双子の片われを忘れているが故に、一層素直に与件を受け入れる。

上等のワインを胃袋に収めてしまう前に、誰もその味を楽しまなかったし、その芳香を愛でなかったし、それゆえそのワインを知らなかったのであり、それを知るいかなる機会ももたなかった。その人は飲むことはできたし、酔っぱらうことはできたけれども、新たな無感覚に陥っただけなのだ。味わいを楽しまなかった者、芳香を愛でなかった者には、知は訪れない。話すことは知恵《サピエンス》に値しない。それゆえ第一の舌《ラ》〔言語《ング》〕は第二の舌を必要としているのだ。

ホモ・サピエンスとは、味に反応する者、味を愛で探求する者のことであり、味の感覚を大切にする者のことである。分別や、知性や、知恵によって人間が人間となる以前に、人間がことばする動物である以前に、人間は味わいのわかる動物であるのだ。このことが忘却されるのは少々早きに失した。味を好む口の犠牲の上に、黄金の口の飛躍があったのだ。しかし、死んだ舌に第一の舌の告白が隠されており、死んだ口に第一の口の告白が隠されている。それは、知恵は味わいの後に生まれ、味わいなしでは知恵は到来しえなかったという事実である。そのことが忘れられている。

死んだ舌のことを語ろうではないか、と死んだ口が言う。おお、哲学者や学者たちの至宝、黄金の口なるわが双子よ、覚えているだろうか。規則 règles という語とリエット rillettes〔豚またはがちょうの挽肉をラードで長時間煮詰めたパテ〕という語の共通の語源は、ラテン語の regulae〔定規、規定〕であることを。デカルトよ、教えていただきたい。帰納 induction という語と腸詰 andouille という語の語源は、俗ラテン語の inductile という語ではないだろうか。ベーコンよお教え願いたい。知的言語は、このようにして自分の権利を発展させたのであり、自分と類縁関係にある言語のなかに、その共通の四つ辻、その二つの分岐する場が示されているのではないだろうか。

話すことに携わるおしゃべりな第一の口は、息ができないほどに驚いた。二叉に分かれた同じ舌〔言語〕のなかに、自らの姿が捉えられているのを見出したからだ。

感覚作用は知性の端緒になったと言われている。ここでは、もっと場所を限定して、味覚が知恵を創始すると言おう。先祖伝来のこのラテン的な人間的定義によって、学識深く感受性豊かなわれらの祖先は真摯にも教えている。味覚なしでは、人は人間的状態を放棄し、獣の部類に転落する恐れがあるのだと。感覚作用について再考察する前に、奇妙なやり方だが、祖先たちはおそらくわれわれに一種の逆の状態を省察させようとしたのだろう。つまり、感覚を軽蔑し、それを人工的なものに取り替え、人工補整器的言説でもって感覚の代補をさせることによって、われわれは獣的状態に陥る危機に瀕しているというわけだ。獣は素早くがつがつと食べるが、人間はゆっくりと味を楽しむ。人間は香りを愛で、もはや獲物をあさることはない。残酷性は血の臭いのみをかぎつけるのだ。

この者は確かにワインを飲み、おそらく幾度となく喉の渇きを癒し、ひどく酔っぱらいさえした。しかし、彼は決して香りを味わいはしなかった。まるで花火のようにアラベスク模様や星形模様に満ちた香り、味覚のなかでぱっと広がり、沁みわたる芳香《ブーケ》、多様な要素を含み、余韻に満ちた芳香を、彼は驚嘆とともに味わいはしなかった。頬に沿って綿密な地図を正確に浮き上がらせ、低いところと高いところ、前と後ろ、気短な口と気長な口をくっきりと際だたせ、口蓋の丸天井に装飾を描き、舌の上や下、その縁や先端を流れてゆく複雑な房飾りや波形模様を知ることもなかった。自分の舌が一枚ではなく、何枚もの舌でできていることを知ることもなかった。この量体が、入墨や唐草模様や雑多な色の混ざり合った空間に変換されることも、ワインの塗布によって単一が多重に変換され、冷たさが暖かさに変換されることも感じなかった。忍耐を要するこの忍識、緩慢で細部にわたるこの認識を知ることもなかった。感覚作用が生じないまま、彼はしゃべっているのだ。彼は欲求や欲望を覚え、飢えたように薬物や毒物を服用し、まさしく中毒になり、感覚をなくしてしまったわけだ。無感覚が彼から美的感覚を奪い去ってしまったのだ。

集団は経験主義者の素朴な知恵を急速に失ってゆくものだが、薬物によってその集団の前途が握られてしまう。このワインにしなさい、それを飲んで味わいなさい、良いものを選ばなくてはなりません。もしあなたがそのワインを単に飲むだけならば、あなたは単にことばや言語のみを保持するにすぎないだろう。もしあなたがその味わいを楽しむならば、ワインは自らの味を与えることによってあなたに味覚を付与し、新しい口を切り開いてくれることだろう。これこそ第二の聖体拝領であり、この日の到来を妨げているものが第一の聖体拝領である。与件は気前が良いので、人が考えている以上のものを与えてくれる。与件は、身体不随や感覚の受容不全を手当し、性的不能を治療する。感覚能力《エステズィー》は無感覚症《アネステズィー》を治癒させる。与件は感覚を目覚めさせる。自分の与えるものを取り入れる能力を与件はしばしば主体に与えるのだ。ここに贈物があるのだが、その贈物の入れ物や飾りのリボンが立派であればあるほど、その贈物の受け入れに好ましい状況が生まれる。要するに、受け入れの機能が新たに生みだされるか、あるいは少なくともその機能が活性化され、決定づけられるというわけだ。第一の舌は、口が軽いので、このことを告白する。それの言うところによれば、上質のワインや、上等な料理は、それを味わう者の味覚を涵養する。それはまた次のようにも言う。すなわち、美しいものはそれを見る者の目を養う、と。この第一の舌〔言語〕は感じられるもの《サンティ》と感じる《サンタン》ものに同じ語を用いているが、感じるものにもこのような特典を与えるのはきわめて楽天的な考えである。というのも、われわれは目覚めた者よりも眠っている者たちの方をより多く知っており、鋭い眼力をもつ者よりも盲人たちの方を、恋する者よりも性的不能者の方をより多く知っているからだ。知覚作用が与件に働きかけるよりも、知覚された与件の方がはるかによく知覚作用に働きかける。極上のワインは舌に働きかけ、麻酔による睡眠から舌を目覚めさせる。

それゆえそのワインは酔っぱらわせることはしない。このワインにしなさい、それを飲んで味わい、眠っている味覚を目覚めさせなさい。さもなくば、酔っぱらって再び味覚に麻酔をかけるがよろしい。この二つを同時におこなうことは不可能である。感覚能力をもつか、さもなくば無感覚症に陥るかであって、第三の舌は存在しない。しゃべっている者と酔っぱらっている者の相違が、私にはわからない。なぜなら両者とも私に麻酔をかけ、私を眠らせるからだ、と味利きの第二の舌が言う。『饗宴』の客たちは、しゃっくりをし、長広舌をふるい、アルコールで感覚を麻痺されて、ぐったりと倒れ込む。プラトンは、饗宴がおこなわれないように気を配っていたわけだ。彼らは愛することなく愛について語り、愛の行為をしなかった者を称え、味わうことなく飲み、第一の舌、黄金もしくは青銅の舌でしゃべり、フルートでしゃべる。彼らの飲んでいるワインがシオス産なのか、コルフー産なのか、サモス産なのか、わかる人がいるだろうか。一同のことごとくの者たちの飲み比べに勝利した者は、青白い顔をして明け方まで、もっとも長くもっともよく長広舌をふるった者と同一人物である。言語による感覚麻痺がアルコールによる感覚麻痺を制しているわけだが、その二つが感覚能力を追い払うのだ。ここではワインは、しゃべらせるか、あるいは無感覚にさせている。しゃべることにかかわる第一の舌は、壺から汲まれて杯のなかで揺れている混合物に助けられているわけだが、その混合物は誰の注意を引くこともなく寝椅子の周りをまわり、時にはシーツの上やパン屑の上にひっくり返されては、第二の舌を抑圧する。哲学においては、第二の舌はつねに眠っているのだ。この討論会〔酒宴〕《シンポジウム》においては、今でもなお、黒みがかったどこの産ともわからない飲物の周りで、哲学の大家たちのことばが響いている。饗宴はおこなわれなかったのだ。

第二の舌は、目覚めたときには、自らの舌の上に、ある地図を描き出そうと努力する。

いかなる光景をその地図は描きだすのだろうか。近くからも、遠くからも、ほどほどの距離からも、その地図はつねに波形模様《モワレ》に見える。

そのわけはおそらく、視覚や聴覚と同じように言語が統合〔積分〕するのに対して、嗅覚と味覚の方は分化〔微分〕するからだろう。第一の口は貯蔵し、第二の口は消費する。要するに、語は辞書のなかに積み重ねられ、食物は冷凍されて冷蔵庫のなかに保存されるわけだが、それはまるで銀行の口座のようである。香りと味は過ぎゆき、消え去り、束の間のものである。微分的であるのだ。地図は薄い絹のように、クモの巣のように洗練されてゆく。それは貯蔵されず、総計されず、時間のぼろ切れのようである。

それは不安定な波形模様であり、混合体である。

第二の舌は謙虚である。単純で、未発達で、貧しい味覚は、理性と同じように、せいぜい四つか五つの味の質をしか区別できないが、それは甘さ、苦さ、収斂性の味、酸っぱさなどである。味覚は嗅覚のカーニヴァル的な豊かさを頼みとしている。飢えて、がつがつ喰い、しゃべることと食べることにかかわる無能な口は、弱い者が空いばりするように尊大な態度を示し、嗅覚にも聴覚にも口の賛美を要求する。しゃべることについてしゃべり、食べることについて長広舌をふるい、はかない香りや風味をおざなりにする口、そのような口をもった粗野な人間の声が聞こえてくる。彼は耳をそがれたおしゃべりであり、洞察力も明敏さもない食いしんぼうで、辛かろうと甘かろうと、まるでじょうごのように食べあるいは呑み下し、鼻を口の僕に零落させ、嗅覚を味覚の位置に引き下ろし、多様な要素からなる繊細さを粗雑なものに帰せしめる。農民であれ貴族であれ、知恵ある人間は、束の間のものを捉えるために、よく利く鼻と繊細な耳をもっている。頑迷な者は口しかもっておらず、浮かれ騒いでいるかのように発信する。すべては鋭敏な受信から生まれるにもかかわらず。歌と雄弁についてはこの限りでなく、そこでは声は、活発なループ回路をなし、耳を経由して調整される。このようにして音楽性が生まれるのだが、この場合、わき上がる喝采は聴覚の寛大さを要請し、そのお返しに響きと諧調をもたらす。それゆえ、第一の舌は、歳とともに鼓膜にひびが入ってくると、しわがれてくるものなのだ。同じようなループ回路によって嗅覚は巧みに味覚を調整する。耳にも鼻にもループ回路の耳環や鼻環がついているわけだ。それゆえ、臭いを感ずる能力は感覚と感覚作用の王者であり、味覚は文化と洗練の精華であり、この二つは共通のサイクルのなかでその稀なる富をともに惜しみなく分かち与えているのだ。鼻や口蓋から豊饒の角が現われ、香りと風味はパヴァーヌの舞踏曲を奏で、それらは孔雀の尾羽根のように広がっている。

これこそ地図なのだ。

これこそ一瓶のワインであり、そこからはこの美しい扇形の尾羽根が立ち現われる。

ここはガロンヌ川左岸の低ガロンヌ地方である。そこでは森林が尽き、沼沢地帯が終わり、十一の支流がその結び目をなしている。そこにはシャトー・ディケムの地を見おろすこんもりとした丘があり、そこからは眼状斑のほどこされた扇形の沃野、ワインの名産地と味わいの地図が一面に広がっているのを眺めることができる。

第二の舌は、他の二つの舌、とめどなくしゃべる舌と、つつましくヴェールをかぶりまだ語ったことも味わったこともない舌との中間にあって、今や静寂と時間とを要求している。第二の舌は静寂にも時間にも、まだ一度も恵まれたことがないのだ。

時間をかけたまえ、口をつぐみたまえ、味わいたまえ。

細縞模様、ぼかし模様、虎斑模様、ダマスク模様、波形模様、目玉模様などのちりばめられた豊かな〔ワインの〕こく《コール》が、豊饒の角から現われ出て、羽毛で覆われた孔雀の尾のように、小さな身体《コール》の周りにゆっくりと広げられてゆく。人はそれらを列挙したり数えあげたりすることができるだろうか。春の花々、野バラ、リラ、クレマチス、桃にいたるまでの収穫月の果物が過ぎゆき、腐りかけたシダの黒い下ばえに沿って、秋や冬の果物、梨、りんご、ぶどう、くるみがあり、その後ろにはいくつかのハシバミの実が転がっている。ここ、灰色の腐植土のなかにはトリュフがあり、またかしこには樹脂のくっついた樹皮、稀少な鉱物の香り、石英、火打ち石、じゃこうあるいは龍涎香、濡れた体毛あるいは愛液の動物的な香りがある。そして今度は、第一と第二の芳香、最初は植物的なものだったが次いで動物的で、鉱物的なものになるのだが、その後に、芳醇な香り、きわめて微少な第三の香りが、美文調の下のピチカートのように、枝葉模様の織物のなかの線影のように配されている。それらを識別するように努めなさい。アセトンやアロマットの香料のような軽やかな香り、ハッカ、ゼラニウム、神肴、ジャスミン、バニラ、科《シナ》の花の香り、カーネーション、しょうのう、安息香のようなバルサムの香り、コーヒーやタバコのような燃焼臭。シャトー・ディケムのワインは、常緑の森の痕跡を帯び、遠いアルマニャック地方の思い出を保ち、隣のグラーヴ地方を引合いに出す。突然、不均衡が生ずる。この一面の広がりの一番端、目玉模様の一番端の縁、そこに生じた不安定性と破局、メルカプタンのように嫌悪を催させる化合物、重油、タール、下水、硫黄の悪臭、何が起こったのか。東風には窓を閉めよ。高速道路のモノドロミー的理性は足を踏みならし、フン族のように馬鹿げた汚らわしい遊牧民がソーテルヌのぶどう畑を根こそぎにし、その高貴な盾形紋地を切断し、その地図を引き裂き、その舌を切ってしまった。高速道路は〔文字の書かれた〕標識板で指示しながら、聖なるぶどう畑を横切ってゆくのだが、それゆえ、大音響を響かせる乗り物に乗って、後ろにガスの汚物をもうもうとまき散らし、高速で走り去って行く者たちにとっては、与件は書かれた言語に帰せられるというわけだ。道路地図は直線的に描かれ、方法論のようにまっすぐで、森を見ることなく森を横切り、卑劣にも何の挨拶もなしに、古代からのぶどう畑を切断している。

おしゃべりな人間が海を航海するのと同じやり方で、ぶどう畑を横切ってはならない。その場合あなたは、おしゃべりな航海者が水をしか見ないと同じように、緑あるいは赤い色の葉をしか見ないことだろう。畝の上に身をかがめてよく見るがよろしい。そこには、細縞模様や、ぼかし模様や、斑模様や、虎斑のある土壌もしくは身体《コール》〔ボディー、こく〕がある。……シリカ、小石、砂、粘土、石灰岩、ガロンヌ川によって運ばれ、高地からやってきた、あるいは遠くから流れ込んだ堆積物だ。シリカからは繊細さが、石灰岩からは力強さが、粘土からはまろやかさが生まれるのだが、すべては砂利と第三期層からきているのだ。混合した土壌。いくつかのぶどう畑を横切って歩いてみたまえ、そこではマスカットぶどうはすでにもぎ取られ、セミヨン種のぶどうからは甘美な香りが、ソービニョン種のぶどうからは香料のような香りが漂い、虎斑があり、縞模様のついた混淆した畝が続いている。いくつもの地図を重ね合わせなくてはならないだろう。地質学の地図、土壌学の地図、ぶどう品種の地図、それらは黄色、バラ色、群青、濃緑色の思いもよらない混合のモザイク模様を創りだす。驚いたことに、地下の土壌の模様が地表に再生されたかのようである。年老いたぶどう栽培者たちは、無意識のうちに地質学者であるのだが、作付計画の調整によって、土壌のなかの暗い秘密を目に見えるようにしているかのようだ。それはボルドレ地方〔ボルドーを中心とした地方〕を航海するための複合海図であるかのようだ。これと同じように作家は、音節や母音やリズムや半諧音を混合させることによって、奥深くに埋もれた鉱脈の地図を想起させ、地下に隠された静脈の波形模様をその表面できらめかせようと試みるのだ。

私は思うのだが、シャトー・ディケムの主人、リュール＝サリュス伯爵家の盾形紋章は、その一枚の面に、細縞模様や波形模様のついたこのボディー、この名誉ある地図を、その色や模様や図形によって描きだしているにちがいない。あるいは孔雀の尾を描き、あるいはまた、これらの混合についての多重の地図を描きだしているにちがいない。盾形紋章は、一般的に、血の混合の地図とその永きにわたる保存様式を再録しているのではないだろうか。ある混合体の比率を示すものでないとしたら、何を含有度《タイトル》と呼ぶのだろうか。したがって、このぶどう畑の高貴なる盾形紋章は、これほど何代も代を重ねた末に、いかにしてワインが血となるかを——あるいはその逆を——示唆的に描いているのかも知れない。

酒蔵の静けさとひんやりとした穏やかさのなかで、今度はいかにして別の混合作用が働いているのだろうか。アルコールと酸はグリセリンやエステル〔アルコールと酸とが結合して水の分子を失った化合物、一般に芳香があり、多く香料に用いられる〕と均衡を保ち、それは水や糖分のなかで芳香を発する。均衡は小さなずれを生んでは徐々に進んでゆく。人は任意のときに、その混合物の時間の経過に応じた含有率を見積ることができるのだろうか。混合物の含有率は時間を示しているのではないだろうか。

私は無数の地図を描くけれども、時間について語っているにすぎないのだ。

その混合物は、ぶどう栽培者の流儀に従って、地下の貯蔵庫に出入りし、ぶどう畑や、その土壌、取り木した枝や、地中を駆け巡り、特定の瓶を満たし、臭いのループ回路によって口を満たし、あらゆる所に同じ地図を描きだす。私は自分の盾形紋章であるこのページの上にその地図を描く。

古い酒蔵《カーヴ》、古いぶどう畑、古い瓶、古い海図、代々続いてきた紋章の婚姻、古風な口、古い舌〔言語〕。

土壌の上に、植物群の上に、あるいは口蓋のなかに、根気強く注意深く描かれた図柄。混合物の大時計はゆっくりとした時を打つ。

何代にもわたって積み重ねられた家紋が、ひしめくように盾形の空間を分割し合っているが、一方では盾形紋章は、血の含有度とその純分検定の由緒正しさを示している。何千もの緋色の水瓶が盾形紋章の上に注がれたのだが、その痕跡がそこにとどめられているのだ。それは赤い水時計からなる高性能精密時計《クロノメーター》なのだ。

この土地は、川が多く、海に近く、森に覆われ、かつては風にさらされ、耕作の困難さと不毛性のゆえに荒廃し、砂利の過剰により長い間農耕に適さなかったのだが、長い時間をかけて、かくも豊かな作物の並み外れた特産地となっていった。ついにはこのように肥沃な混合の絵巻が描きだされるに至るには、飢饉の頻発した少なくとも千年にわたる農民たちの執拗な営みが必要であった。

ワインの水瓶を受け取りかつ与える沖積土の水瓶でありたいものだ。灰褐色の水時計である気まぐれなガロンヌ川の増水と氾濫が繰り返されるなかで、もし私の舌が、この婚姻の奇跡に耐えることができるならば。

フランス語で天候《タン》〔時間〕と言うとき、それはまた不順な天候をも指すのだが、この語は第一の舌のもたらした奇跡である。不作や凶作のシーズンにはさまれて、奇跡のように壮麗なシーズンがめぐってくる。土壌の上に、ぶどうの木に、ワインのなかに、こうした天候の苛酷さや穏やかさが刻み込まれている。収穫年度を記されたこの混合物は、暑さや寒さ、湿気や乾燥、晴天や荒天のこうした混合を表現しているのだ。人は天候不順《アンタンペリー》と言うけれども、しかしもし世界がわれわれの肉体と同じ性質をもち、この温暖な地方の環境につねにごく穏やかな不順をもたらすのであれば、それは気質《タンペラマン》とか節度《タンペランス》とか言うこともできるだろう。この極上のワインを飲んで味わってごらんなさい、それはあなたの舌の上に天候の地図を描き、その年の季節の比類のない独特の痕跡を描くでしょう。あの年は、覚えていますか、どこまでも広く、天高く、不動で、オレンジ・イエローの波形模様をなして、快適で軽やかな秋がいつまでも続いたことを。風や太陽や雨の水瓶が、黄金の水時計であるソーテルヌのワインのなかで混ぜ合わされている。

さて今度は読んでいただきたい。左側には、省略も反復もなく次々と過ぎ去っては死んでゆく年月を示す通常の暦の数字列、右側には、栄光の年や不作の年が書き並べられたメモの列。私が生まれた一九三〇年には、名もないワインしか生産されなかった。その前の年、私の兄の生まれた一九二九年は、百年に一度の良い年で、ボルドレ地方全域で、超自然的な味をもち、きわめて長く保存のきくワインが生産された。それ以後これに匹敵しうるワインは、四五年もの、六一年もの、七五年ものの三度しかない。これはまさしく天候不順が時《タン》〔天候〕を刻んでいるかのようであり、このことによってこの二つの語がいかにして混合され、二つの意味がいかにして同じ一つの語のなかに注ぎ込まれているかが理解されるかのようである。もし時間が、左側の数列の自然整数と同じように流れるのならば、われわれはずっと以前から、歴史と理性が混同されることを知っていたことになろう。しかし、シャトー・ディケムによって百年以上にわたって記されてきた、数字やメモの偶然的な混合は、同じ混合の地図を再び描くことによって、同じ歴史の別な概念をもたらしてくれる。饗宴の席につき、一九四七年もののワインを囲んで、これはかなり礼賛された年号なのだが、第一の舌は一連の数字を並べ立て、第二の舌はまるで数字をでたらめにまき散らしているかのようにメモを取っている。左側には言語の時間があり、右側には与件の時間がある。舌という器官がここでは二叉をなしていると同じように、そこでは一方の時間が他方の時間と区別されている。左側には純粋に先験的な形態としての時間があり——私はアラビア記数法《アルゴリズム》のことを言おうとしているのだが——、右側には混合の時間があるのだが、右側の時間については左側の時間は何も理解しない。

二つの数の水瓶、それは人がその数字を読むときそう思うように平行的に流れるのではないが、しかし人がそれを生きるがゆえに融合的であり、抽象的で非物質的な二重の水時計をなしている。この水時計は規則的な流れと、ぶどう圧搾器の不規則な濾過の流れとを結び合わせる。

　ガロンヌ川の涸れることのない流れに、歓喜の涙や喪の悲しみの涙が混ぜ合わされる。

　饗宴にはそれゆえ三人の友人あるいは敵がいる。地図を描く者、混合物を混ぜ合わせる者、天候〔時間〕を見出す者の三人である。波形模様や斑模様がほどこされたいくつもの地図が、いっしょに注ぎ込まれ、隣接し合った混合体の様を描きだしているのだが、それらは持続《デュレ》〔時間〕の流れに従って、同じ水時計あるいは同じ瓶のなかで融合される。

　これらの友人のうち二人は連帯して、言説に恋している第三の友人から解放されようと努めている。この二人は、他の一人と同じように、ことばを愛しているが、しかしその専制的な排他性から自由になりたいと願っている。黄金の舌、大理石の舌、あるいは木の舌は、この二人から切り離されて、自らの言説のなかで、分離された稀な流れ、唯一の水時計のなかを流れる時間をたどる。他の二つの舌は好んで協力し合い、流動的で、液体的な混合された流れに従い、固く結ばれた融合をなして流れる。

　支配力を握っている舌〔言語〕は分析を実践する。その見事な成功は、人々を納得させ、さらに分析を続けなくてはならないことを証明する。

　他の二つの舌は混同〔混合〕を実行しているのだが、そのことを思い切って主張しはしない。第一の舌の言語においては、それは失敗を意味するからだ。成功が失敗を退けると同じように、第一の口は他の二つの口を追い払ってしまったのだ。

これらの口はそれゆえ、かつては敵であったのだが、しばらくの間仲直りして饗宴の席にいっしょに座っているのだ。シャトー・ディケムの混酒器のなかでは、混合と混同が重要な位置を占めている。混ざり合ったこの金、この銅、この青銅、これ以上に甘美で、神々しく、忘れ難いものは何もない。なおざりにされた二つの舌は、第一の舌に次のように挑戦する。この混同について、一度たりともそれを中傷することなく語り、論じてみよ、と。

アレクサンドル・リュール＝サリュス伯爵閣下の百二十人のぶどう摘み取り人夫は、一七八五年以来今でも秋には、丘のゆるやかな斜面に広がるぶどう畑の畝のなかに散らばり、十月の最初の輝かしい日から、時には十二月の霧の深く垂れ込めた日々まで、ソーヴィニョン種やセミヨン種の熟しきったぶどうを一房一房摘み取り、小石の多い斜面で稔れたぶどう、粘土質の肥えた斜面で稔れたぶどう、砂地のぶどうを混ぜ合わせ、太陽にさらされた南の斜面のぶどう搾汁と、より弱い斜めの光線のもとで実を結んだぶどうの搾汁とを混ぜ合わせ、もろもろのぶどうの苗木や房や畑の斜面を一緒に注ぎ込む。この光景を見るにつけ、このような混合を語るための語の被った人為的順化が、おぼろげながら想像される。われわれの言語は、共同水瓶も共流性ももってはいないのだ。

ギリシア語は乱脈体〔synchyse この語のギリシア語語源は συγχυσις で confusion, mélange 混同〔混乱〕、混合を意味する〕という用語を嫌う。この語は、さまざまな源あるいは壺からいくつもの流れを同一の流路に流入させる行為、様々な支流の合流点を意味するはずなのだが、ギリシア語はこの語を嫌っている。ギリシア語においてはそれは、混乱、もつれ、乱れ、不明瞭、混沌とした錯綜であるとされる。フランス語もまたその語を嫌うが、フランス語ではその語はもっぱら混乱という意味に取られている。様々なものがいっしょに流れている状態は、第一の舌〔言語〕にとっては、フランス語を話そうがギリシア語を話そうが、混乱しているように見える。しかし、もろもろの塗布を受け入れ、混合の地図をたどる第二の舌にとっては、それはシャトー・ディケムのワインのように神々しく思われる。いっしょに注ぎ込んで同一の量体をなす結合された流れ、複合した波、結び合わされた流路、交換器、つまり流体の相互干渉をこれほどまでに軽蔑するからには、第一の舌はいまだかつて一度も味を味わったことがないにちがいない。

直接的で粗野な言語が思考の混乱《コンフュジオン》を追放したというのであれば、それはまあ許されよう。しかし認識を扱う哲学が、その行動において一貫して、少なくともその言明において明瞭に、この理解力の欠如を聖別したこと、このことは液体の競合を嫌わない者にとっては驚きである。混合〔混同〕することとは、まず最初に、いっしょに注ぎ込み、いくつもの流れを一つに結び合わせることを意味する。文字通りの意味では、混同《コンフュジオン》は解決《ソリュシオン》〔溶解〕にかなり近似している。

青銅器時代以来の合金冶金術、再化合によって合金と新たな化合物を分類した初期の化学、特効性のあるものを加え合わせ、薬の有効性を広げてきた薬学と薬剤調合術、パンやリキュールの製造法といった料理など、無数の高貴な実践において、歴史のあけぼの以来、実用のためにあるいは楽しみのために、時には知識を得るために、数知れぬ混合鉢のなかで様々な流れが、加熱されあるいは加熱されずに、混ぜ合わされてきた。なぜそれらの実践は認知される権利をもたないのだろうか。こうしたすべての行為、合金、ミキシング、攪拌〔醸造〕は、混合と名づけられてよいはずであろう。そして混合の哲学は知の共通の場を占めてよいはずであろう。

おしゃべりで、かつ理性の耳をもっている第一の舌は、第二の舌を混乱したものと名づけ、混合よりなる第二の舌はその名を受け入れる。第二の舌は流体の競合を受け入れ、何百もの水瓶を同時に受け入れる。

ただ一つの水瓶、例えばシャトー・ディケムのような水瓶が、他の多くの水瓶を内に隠し、それらの水瓶で満ち溢れている。そして第二の舌の上に、揺れ動く混合の地図をおぼろげに描きだす。それは、多重で、生き生きとした、複雑な地図であるが、第一の舌があれほど自慢している明晰で明快な概念よりも一層完璧なものである。

私は覚えています、私の最後の聖体拝領《コミュニオン》であり最初の結合《ユニオン》である祝福すべき日に、私に第三の口を授けてくれた女《ひと》のことを、と彼女は感謝を込めて言う。彼女の口、第三の舌は、香気に満ちた花に溢れていた。口をつぐむこと。慎み深さは鋭敏な嗅覚と同等なのだから。

彼女は味についても香りについても議論をしない。味や香りは、実際、議論の余地のない等級をもっている。強い、弱い、表面的な、奥深い、豊かな、貧弱な、えも言われぬ、嫌悪感を催す、とっつきのよい、いつまでも変わらない、等々。その呼び名が正当か不適切かは別にして、芳香《ブーケ》と呼ばれているものは、熟達者たちにとっては一連の数字と同じように客観的で正確である。

香りの等級あるいは序列は、天から地へと降りてゆく。もっともはかなく軽妙な香りは花の種族で、それらは高い位置を占めている。バラ、リラ、シナノキの花、ジャスミン、それより下にカーネーション、スミレ。繊細さには少し欠けるが、なお爽やかさをもっている果物の香りの序列は、桃、梨、フランボワーズ、アーモンド、杏、さくらんぼと続く。梨と桃は、赤身の肉よりも子供っぽくはあるが、ワインとその豊かさを張り合うほどである。石果は漿果よりも価値が高い。知恵の口を通してではなく、おしゃべりな口を通して、人はいかにして梨を味わうことができるのだろうか。パス・クラサーヌ〔冬期産の洋梨の一種〕、デュシェス〔果肉のやわらかい秋梨の一種〕、ブーレ・アルディ〔果肉のやわらかい洋梨の一種〕、ドワイヤネ梨〔果汁の多い甘い梨〕、メッシール・ジャン〔洋梨の一種か〕は品質の等級が上がるにつれて、実際に、口の中でよく溶ける。キュイッス・マダム〔赤黄色の細長い洋梨〕は例外で、風味がよく甘美な果物だが、それにしても可愛らしい名前をつけたものだ。人はどのようにしてプラムやりんごを食べることができるのだろうか。そう、ベル・フルール〔りんごの一種〕風に、レーヌ・クロード〔プラムの一種〕風に、紫ダマスク〔プラムの一種〕やクール・パンデュ〔りんごの一種〕を食べることはできるが、アジュネ〔アジャンを中心としたガロンヌ川沿岸の地方〕産の干しプラムを公衆の面前で食べることは、私の羞恥心が許さない。花が咲き誇り、果実がたわわに実る高い枝や葉から、樹皮に沿って、土に向かって、等級の連なりは下ってゆく、と彼女は言う。樹脂の臭い、あるいは朽ち葉の臭い、茸やトリュフの臭い。ケルシー〔フランス南部の地方〕産の黒いトリュフであって、イタリア産の偽善的な白いトリュフではない。貴重で、繊細で、鋭敏で、地下まで届く嗅覚、トリュフをかぎつける鼻に栄光あれ。この段階的発展は明白で、議論の余地はない。それは明るい色のものから暗い色のものへ、軽いものから重いものへ、あるいは濃密なものへ、子供っぽいものから、訓練を積んだ鑑定を要するものへと向かってゆく。等級あるいは連なりは、つねに腐った土へと向かってゆくのだが、そこでは植物や動物の老廃物が、森の下生えのなかで、腐植質と混ざり合う。腐敗と芳香との婚姻。植物界は無機質と混ぜ合わされて卓越した芳香を作りだす。

わが国の位置する緯度にあっては、この下降する香りの散策は、田舎で、春の初め頃、あるいは秋の終わり頃に見られ、あるいはまた四季折々の市場で見られる。ボルドーあるいはル・アーブルの港の岸壁で、卸売商の倉庫のなかで、イスタンブールのバザールで、熱帯地方で、あるいはその他の場所で、バニラ豆、タバコ、コーヒー、ブレンドされたすべての香辛料などの輸入品をひと当たりしなくてはならない。われわれは他の世界とかかわり合いをもたずに生き残ることはできないだろう。われわれの教科書には次のように書いてある。知性のなかでまず最初に感覚を通過しないものは何もない、と。われわれの言語は次のように言っているように思われる。知恵《サピエンス》のなかで、口と味覚すなわち味わい《サピディテ》を通過しないものは何もない、と。人は旅をするわけだが、身体が大陸や大海原を横断すると同じように、知性は諸科学を横断する。身体はあちこち旅をし、知性は読んだり聞いたりして学ぶというわけだ。もし人が旅をすることもなく、その道すがら香辛料の香りに感嘆することもなかったならば、知性には何事も起こらなかったことだろう。肉体にせよ知性にせよ、変化し、柔軟になり、自分の偏見を捨て、自分の味覚のスペクトルのすべてを星星にまで広げなくてはならない。嗅覚を驚かせるために、かつてどれほどの冒険が、そのなかには英雄的なものもあるのだが、企てられたことだろうか。どれほどの科学がその途上で得られたことだろうか。

味覚の等級が知恵の冠で飾られると同じように、芳香の等級は鋭敏な嗅覚《サガシテ》〔慧眼〕によって完成される。あらゆる饗宴は「知恵と慧眼〔味覚と鋭敏な嗅覚〕」という表題をもつべきであろう。テーブルの周りでは人は知恵ある言語をしか思い描かない。

森の下生えのなかで腐敗物に分解された植物性芳香——適切な表現であるが——に続いて、動物の臭いが優勢になる。それは植物性芳香に比べてより複合しており、より重く、気化性に欠け、より濃厚で、低く這う。序列は相変わらずアルトからチェロへと下ってゆく。植物の残骸が汚物に混ざり、敷藁のなかや、牛の腹の下で、藁は黒ずんで堆肥となり、都会の人は顔をそむけないでいただきたいが、雌牛の臭いは心地よく、鋭敏な嗅覚の持ち主をうっとりさせる。

われわれはこのようにして個体を認知するのだが、この点においては、われわれは獣に引けを取らない。ただそのための訓練が欠けているか、あるいは羞恥心がそれを妨げるだけだ。〔臭いによる〕この最初の見立てによって看護婦の善し悪しが決まり、医者の診断もそこから始まる。動物のじゃこう性の臭いや、羊の毛に付着している脂分を好まないなら、獣医は自分の職業を廃業しなくてはならないだろう。鋭敏な嗅覚は、直観を凌駕しあるいはそれを決定づけるのであって、それによって人はハッカなのかリラなのか、オレンジの皮なのかサルビアの茎なのかを確実に認知し、また弱さや、欠陥、病気、感情の激発など、人それぞれの特異性を認知し、人間をも知り始める。オウムであれ、サメであれ、猛禽であれ、豚であれ、あたりの様子の変化をかぎつけ、警戒したり、信頼したり、逃げたり、近づいたりする。この部屋から、この教室から、恨み、消化不良、辛酸、反感の臭いが発散する。うら若い口からは花のような香気が発散するが、その口が話しているとあなたは思うだろうか。愛することは同意すること〔consentir（ともに臭いをかぐこと）〕から始まる。幸福なる愛のみが協力し合い芳香を混ぜ合わせ、性の香りが非常に深く混ぜ合わされるので、時々われわれは失神したと思う。鋭敏な嗅覚の持ち主は、聖書的意味において、優れた認識力をもつのだが、知性あるいは認識のなかで、この感覚を通して初めて得られるものは何であろうか。

　私はとまどっている、と第三の舌が言う。知恵《ソフィー》の完璧なる恋人、ドゥニ・ディドロその人が、珠玉の作品に尽きることなく語らせたからには、与件は言語からやってくると信じるべきなのだろうか。それはきわめて高貴なものなので、鋭敏な嗅覚の持ち主の繊細な感覚にとってさえも、接吻のときのえも言われぬ口や唇に思われるのだろうか。しゃべる口は、幸福感や、優しさや、甘美さに欠けている。優しく愛し合うべきときに、愛し合いもせずに、どうしてあれほどの時間をかけて愛について論ずるのだろうか。与件は、本当は、無口な優しい唇によって与えられるのだが、と第三の舌は、相変わらずとまどいながら言う。

　花や葉の芳香のなかでことばを失うものは誰もいないが、肉の特異な臭いのなかでは時折息が詰まり、肉弾相討つ決闘では呼吸が止まる。汗《スユウール》、屍衣《スユエール》。そこに境目あるいは破局があるのだが、それは本能的とも言いうる嫌悪に対して開かれたり閉じられたりする敷居である。土の下の墓のなかには、黒くて、濃厚で、低く漂う、鼻をさすような臭いがある。

　腐植土や耕作適合土のなかでは、もろもろの物質や植物、動物質や植物質、死んだものや生きているものが混ざり合い、有機質の雑多な要素が混合している。植物の残骸はまだかなり好まれており、動物の排泄物は不快感を催すが、しかしいつでもそうであるわけではなく、かぐわしく香ることもある。狩の獲物に関しては、寝かせて風味のでた肉が好ましく思われる。しかし死臭をかげば人は逃げだす。

　もっとも高尚な音が雑音と隣接しているのと同じように、もっとも奥深い香りは死と腐敗に隣接し、死や腐敗の領域から立ち昇ってくる。魂は、死者の肉体から聖者の芳香となって立ち昇り、われわれは葬式には香を焚く。

　揮発性の霊気に導かれて、われわれは聖なるものに近づくのだが、それは汚れたものにも清められたものにも接しており、そこでは鋭敏な嗅覚によって、科学的認識と宗教的なものとが同時に生みだされるように思われる。ここに入って来てはいけません、あなたはこの場所を冒瀆し、汚すことになるでしょう。ここに画定させている土地は、寺院あるいは私有地と名づけることができるだろう。その場所は、あるいは汚く、あるいは清潔〔私有〕《プロプル》で、あるいはまたタブーとなっているのだが、いずれにせよ境界を定められ、それゆえ目印がつけられ、よく知られた場所である。清められたこの土地にあっては、不純なもののただなかから、一掃と祭儀とによって、純粋理性が生まれてくるのが見られる。パスツール殺菌法や、最近のわれわれの無菌趣味、あるいは認識論といったものは、古代の清めの儀式と一つに結び合わされている。かつては司祭が、今日では科学者たちが、鋭敏な嗅覚を消し去り、それを忘れさせ、越えることのできない境界をさらに強化している。彼らは、鼻を嫌悪するように人を仕向ける。私は思うのだが、知への接近と聖なるものへの接近は、同じ一つの動きではなかろうか。つまりわれわれは、嫌悪を催すものの近傍へと、汚れや、混合物や、排泄物や、死へと近づいてゆく。最期の汚れと排泄物。死によって塵となった私は、腐植土の湿気のなかでねっとりとした物質と混ざり合う。そこに境界が存する。その前には生命の香りがあり、その敷居を越えると墓の臭気がある。ここに定義づけ〔境界づけ〕が生まれる。

土や、岩や、火打ち石や、硫黄や、水素の香り。これら基本的で、単純で、原初的な香り、グラム分子的で、恐怖を与える鉱物質の香り——私は「原子の香り」と言おうとしているのだが。化学に対するわれわれの恐怖がこの香りのなかに潜んでいる。そんなわけでわれわれの祖先たちは、知と死とに共通する土をひどく恐れて、錬金術師や魔術師を燃えさかる薪の上で火刑に処したのだ。

知性のなかでは、まず最初にこの土を通過しないものは何もない。

香りは発散して立ち昇り、そのかぐわしいたなびきは、軽やかな空気の精のように広がり、間もなく四散する。逆に霊気は濃密なもののなかへと降ってゆき、物質へと変化し、諸物の重い内奥と混ざり合い、その後に認識を司る。霊気は凝集して、花々から死者たちへと下降する。頽廃期のギリシア人たちは、膨張あるいは発散の逆転であるこの落下、低下、下降を時には陰極〔下り道〕と呼んでいた。

それは空中から地面へ、あるいは水面へと流れ下る。広々とした干潟では、干潮と満潮とによって浜辺の砂がかき混ぜられ、藻類や、ばらばらになって漂着した海藻や、開いた貝殻、クラゲ、死んでふやけた魚などが、鋭敏な嗅覚とともに海の面を漂うが、海中では、嗅覚は溺死して失われてしまう。潮の香や気化したヨウ素を含む霊気から、海に呑み込まれた亡霊の方へと、風が吹き降ってゆく。竜巻によって引き裂かれた残骸であるオルフェウスの頭は、ただ一人いまなお漂い、水の面を漂う最下層の霊気を吸うこともなく、苦い海の波で口をいっぱいにして歌っている。

オルフェウス的行程、地獄への下降、臭いの等級、あるいは繊細の精神、それらはまず最初は軽やかに発散し、それから嫌悪すべき低部に向かって下降し、無臭〔無嗅覚〕なものにまで落下する。つまり、難破や埋葬にあっては、鼻は水や土で塞がれてしまう。

葉、咲き乱れる花、漿果あるいは果実、樹皮、腐植土および根、市場、バザール、浜辺や港、下水、墓地、鉱山、壕、地獄、静物《ナチュール・モルト》。

低い位置ある存在もしくは物質から発散する霊気。

炎、火、炉。旅によってどれほど遠くまで行こうとも、いろりに再び戻ってこなくてはならない。そこでは饗宴が準備されているのだ。外には生のものがあり、台所では焼肉が、卓越したある種の化学の香りを発散させている。

ソクラテスやアガトンやアルキビアデスは、愛の行為をすることなく愛について語り、あるいは食べることなくテーブルにつき、味わうことなくワインを飲んでいるわけだが、それと同じように、彼らは一瞬たりとも台所を訪れることなく、玄関あるいは敷居から直接に宴会の部屋に、寝椅子の上に行ったのだ。奴隷や女たちが、神々のごとくに、炉の周りにいるのだが、おしゃべりな者たちが宴席で論じ合っている間に、炉ばたでは変身が起こっているのだ。

炎のなかでのこの変換、生のものから焼いたものへの変化は、認識に関係がある。それは、たとえばパンやワインの発酵、もしくは前・全質変化と関係がある。「最後の晩餐」においては、生のぶどうや麦が聖別されたわけではない。そこで注目されているものは、熱によって変換された食べもの、つまり、調理され、盛り合わされ、味わわれる食べものである。ワインは焼かれたものの一種であり、言うなれば孔雀の尾をなしているが、そのそれぞれの目玉模様は本来的には単一の小島をなし、個々の構成要素においては生であるのだが、焼くことによって寄り集まり、総合的に有機化されている。より多くの味わいが一つの新しい総合となって凝集されるわけだ。ソーテルヌ地方を通ってみたまえ、ぶどう畑や森、樹脂や花々の香り、川の流れやそよ風、そうしたものの総合をシャトー・ディケムの一滴は一瞬にしてあなたに与えるのだが、知恵や鋭敏な嗅覚によってそれらを一つ一つ収集するためには、あなたは二十年を要するだろう。フランスで、パンが田舎の芳醇な香りを漂わせていた時代には、そのパンもまた、のんびりとした田園の散策を一瞬にしてわれわれに味わわせてくれたものだった。全生涯に匹敵するものが、一杯のマルゴー産ワイン、手作りの丸パンのなかにさえ存している。焼くことによって、与件は濃密化され、凝縮され、変換され、転換される。焼くことによって生のものは豊かにされるのだが、そのことによって与件は、ありそうもない偶然的なものや、はかなく変わりやすい状況から、習慣的なものや稠密な状態へと移行する。拡散したカオス的な混合から、濃密なタイトスクラム的状態へと移行するのだ。火は混合物を強固にし、そのような混合をガラス質に変換し、内奥の小さな部分を充分に活性化することによって、冷たいままでは反発し合うものを互いに結びつける。火は一つに集まることを助け、共謀を有利に導き、近隣のものを束ね合わせ、混合物を豊かにし、突然、新しい結合を創出する。火は、総合による知を教えてくれるのだ。

科学や知が分析に帰せられるとき、饗宴の招待客たちはうんざりして、話と順番から身を引き、炉ばたから遠く離れた豪華な寝椅子の上で眠り込む。炉ばたでは何かいたずらな守護霊が、新しい秩序、新たな味わいの等級を組み合わせ、混ぜ合わせ、創りだしている。そこでは奴隷や女たちが、汚れた手で、まるで胃のなかに注ぎ込むかのように、相いれないもろもろの液体を、同じ一つの鉢のなかに注ぎ込んでいる。分析家は、これらの汚れた人たちに対する嫌悪や、ブィヨンに対する嫌悪のゆえに、しゃっくりをする。彼は嘔吐することが好きなのだ。そうすることによって彼は、自分が溺れている混合や混同から自分の胃を解放するのだ。

だがしかし、調理法の下には混ざり合ったものが隠されている。それは鍋のなかで煮え、炭火でこんがりと焼け、長い時間をかけてとろ火で煮える。これを入れ、次にそれを入れなさい、そして調合し、混ぜ合わせなさい。

フランス料理におけるように焼く〔煮る〕術を心得たならば、そのすばらしさにおいて焼いたもの〔煮たもの〕を凌駕するものは何もない。自然は、この点においてだけ、ものの作り方が人間より下手である。料理の腕前によって、与件はすばらしいものになる。与件は、生のままでは、下位の等級にとどまっているからだ。朝に飲む一杯のコーヒーの香りは、筋肉と皮膚を歓喜で震わせる。ローストト肉の焼ける香ばしい臭いは、こげる直前の臭いなのだが、魂をうっとりとさせる。しかしそれといえどもカラメルの香りには及ばない。火にかけなければカラメルは香りの乏しい砂糖にすぎない。私には別のもう一つの文化がよく理解できない。それはゆでものの文化で、より北欧的でよりピューリタン的だが、その文化はキャベツの湯気に隠されてしまう。それに私は、即席食品の嵐の中でさんざん生きてきたので、無文化の下劣さはよく知っている。

文字通り超自然的なこのすばらしい香りは、ここでもまた混合と混同の香りを発散させる。火は、より多くのものをいっしょに溶け合わせる。生のものはやわらかな単純性、元素的な新鮮さをもたらすが、焼いたものは融合物を創りだす。分析は逆に生のまま切断し、あるいは切り取る。総合は炎を必要とする。したがって後者は知と文化の側に与し、前者は生のままの自然にとどまる。

それに、知の哲学がいまだ創始されていないとしたらどうであろうか。

明晰で明快な知識は、分割したり分離したりする分析の結果得られるが、それはごちゃ混ぜになったものを、我慢できないほどに嫌悪する。分離すること、分割することは一つの空間を前提とし、区別することはその空間のなか、あるいはその空間の上の特定の地点に目印をつけることだが、いずれも位相論的には単純な操作である。結び合わされ、互いに交換されて一つの合流をなす混合、あるいは多重な水瓶などもまた一つの空間を前提とするが、しかしもう少し注意深く考察する必要がある。それは実際、分離や分割の負に対して正の演算、すなわち一種の和あるいは乗法を体現している。結び目をほどいたり、固定結びのロープを繰り延ばしたりすることのできる者は、通常、様々な結び方でロープを結びつけることのできる者を断罪しはしない。結び方を心得ている者は、ほどき方も心得ているからだ。ところが、認識論は結び目をほどくだけで結びつけようとはせず、逆方向の操作、すなわち分析的な操作をしか許容しない。それは切り取り、ほどき、差し引き、分割し、微分する操作である。破壊するのだ。分析するとは破壊することを意味する。これはある種族の伝統的な習慣に似ている。その種族では、右腕を使ってしか行動しないことの証しに、人は左手を身体にくっつけたままにしているのだ。空間の片方の部分が、不吉とされるもう一方の部分を、これほどまでも抑圧しているわけだ。認識論は複合を許容することができない。ところが混合は流体的複合を増殖させる。そこでは非離散的な多数のものが投入されて、連続的な多様体に変容する。この多様体はいっしょに流れ、一致して変化し、いくつもの変数をもつ関数を形成する。だが、あたかもこれらの複雑で変化に富んだ関数を、まだ解析〔分析〕学が受け入れていないかのような状況が生じている。解析学自体は二世紀来そのような関数を扱っているにもかかわらず。

われわれは再び混合と多様性の概念に戻ってくる。それは、諸感覚による豊かで複雑で生き生きとした経験のゆえに直接的であり、逆説的ではなく、分析という単純で逆方向の操作よりも抽象的である。あるいはもっと適切に言えば、われわれが抽象概念と呼ぶところのものよりも、もっと後に生まれたものである。感覚作用はここでは、伝統的な抽象よりももっと困難で複雑な抽象に訴える。あたかも感覚は、自分が理解されるために、また分析によって分離されたものを組み合わせるために、新たな抽象化の努力を要求しているかのようである。あるいはまた、より一層複合化された抽象へ向かっての進歩は、感覚的もしくは官能的な結果をもたらすかのようである。

混合は、一つの空間とそれに隣接するいくつもの空間の連なりを前提とする。それは時間に通じるのだが、おそらく時間は人が考えているほどに空間と隔たってはいないのだ。混合物は時間を記録し、保存し、積算する。私はずっと以前から、時間というものを様々な時の結び目、交換器あるいは合流として思い描いているが、そのそれぞれの時は空間的な図式で理解される。時間というこの多重な水時計は、〔分析という〕逆方向の操作だけに閉じ籠っている思考にとっては、いつまでも不可解なままである。奇妙なことだが、直接的与件はこの多重な水時計を明確に理解させてくれる。

コップのお湯に砂糖が自然に溶けるのを待つようにとベルクソンは述べているが、このような主張をするまでに、哲学はなぜ数世紀を要したのであろうか。このような明確な事実に接して、物体同士の混合あるいは融合を、人はなぜ時間そのものと直接的に結びつけなかったのだろうか。とはいえ、二つの流体の成分がいっしょにコップに注がれていたことは事実だ。ベルクソンはデュエム〔フランスの物理学者、哲学者〕の後を受けて、ギリシア人の改善になる複数取水式の水時計、可変式の水瓶、底の通じ合っている壺を考案しようとしたのだった。まさしく、もしくは巧妙にも、彼は混合を実践していたのだ。つまり溶解《ソリュシオン》〔解決〕を。ある物と別の物との、一つの流体と別の流体との緊密な融合〔溶解〕、それは任意の数の流体の融合として一般化することができる。

客たちが酒を飲みながら愛について論じている間に台所で調理されているもの、ぶどう栽培者たちが途方もなく複雑なやり方で先祖代々伝統的におこなってきたこと、それらのことを、単純で素朴でほとんど子供じみたやり方で、コップや壺のなかに再び見出すために、哲学はまさしくその全歴史を必要としたのだった。とはいえ、哲学のあけぼの以来、混合やカオスやもろもろの水瓶は、すでに直観されてはいたのだが。それを覚えているだろうか、それはあの大洪水のときの契約の櫃〔方舟〕に始まるのだ。まるで大時計が、すでにいっぱいに満ち溢れているかのようだ。膨大な水の量、資本として積み込まれたあらゆる種の動物や生命や種子、初めてのワインのブレンド。混合体である。ワイン醸造者の原型である年老いた族長のノアは、多重な水時計をごちゃ混ぜに流れさせる。思い出していただきたい。

明晰で明確な認識は、空間を提示しあるいは表象する。混乱した意識は、時間の流れに沿って行きつ戻りつする。この意識は確かに現在であるが、しかし戻ってきた過去でもある。過去を思い出しているのだから。

取って飲みなさい。私を記念するため、このようにおこないなさい。〔「ルカによる福音書」参照〕

思い出《メモワール》

感覚の直接性に戻ろうではないか。

感覚的なゼロ値、一種の準拠を定義することができるだろうか。少なくともそれを想定することができるだろうか。水がそのゼロ値に位置することを、人は実物教育によって知っている。水はいくつもの点において例外的な液体であり、そのうえ無臭、無色、無味であるからだ。捉えることができず、ほとんど触ることができず、半透明で、揺り動かされないかぎり静かで音をたてない。それはまるで、幾何学が生まれた当時のプラトン学派の言う、知性によってのみ認めうる空間の定義であるかのようだ。なんとすばらしい抽象概念だろうか。しかしながらこれは明らかに間違った実物教育である。水には味があり、色があり、人は臭いによって水が近くにあることを見抜くし、目を閉じていてもいくつもの水の味を区別できる。真水、流水、よどんだ水、都会の水、山の水。ゼロ値がずれる。

漠たる混合物である空気は、ゼロ値の地位を占める権利をより多くもっている。触ることができず、ほとんど触知することができないと言えようし、無色で、透明で、光や色の導体であり、無臭であるが、臭いの仲介者であり、無味で、熱によって動かされなければ音をださない。空気は肉体、耳、口、鼻、喉、肺に入り込み、皮膚を包み、感覚に達するあらゆる信号の媒体である。この中性なもの、あるいはゼロなものは、感覚作用によっては規定されず、感じられるものと感じられないものとの境界線上にとどまっている。

空気は捉えどころのない混合物で、軽く、繊細で、不安定で、結合を有利に導く。それはあらゆるものの仲介者で、何に対しても対立しない。それは感覚器官の環境であり、混合の一般的結合剤であり、混合した水時計の主要な壺である。


視覚や聴覚は、もろもろの形態、すなわち旋律曲線や、協和音や、形状についての一般的情報を、かなり迅速に捉えると考えられており、それらの情報はすでに幾分か抽象的もしくは普遍的なものであるとされている。認識論哲学は好んで視覚や聴覚によりどころあるいは準拠《ベルフ》を置くが、それはおそらくそのでき栄え《オルマンス》、つまり直観や調和のゆえであろう。味覚もまた何らかの反復性あるいは安定性をもっており、文化によって味覚の習慣が決定される。バターが口に合うかオイルが口に合うかの味の文化が、いかなる行政上の区画よりも明確にフランスを二分しており、それは言語と同じ境界線に沿っている。

嗅覚は特定性の感覚であるように思われる。形状は、不変であったり、もとの形に戻されたりしなければ再び見つけ出すことができないし、調和は変容し、変化による安定をしかもたないが、臭いはつねに特定のものを指し示す。目を閉じ、耳をふさぎ、手足を縛り、口を閉じていても、われわれは〔嗅覚によって〕何年も後に、何千ものなかから、特定の季節の雨の前の夕暮れの森の下生えを選びだすことができるし、九月から春までの間、飼料用のトウモロコシや焼いた干しプラムをしまっておいた、特定の部屋を選びだすことも、一人の女を選びだすこともできる。

独裁権を握った悪臭のなかで人間が生活せざるをえなくなったのは、ほんのわずか前からである。ガス油や灯油〔ケロシン〕の臭いが幅をきかせ、騒音まじりの悪臭によってわれわれの繊細さは傷つけられている。つい先頃までは、たいていの場合、はかない残り香をとどめるうつろいやすい香気に包まれて、人は生活していたものだった。このような香気ほど環境に近似したものは他にない。それは大気と混ざり合い、天候、時間、日時、上空の大気現象、場所、高度、内と外、もろもろの出来事、位置、条件、原因、作用に応じて変化するものであり、人為的に作りだされることはない。それは稀なる頂点、繊細な先端であり、きわめて複雑な合成、何千もの隣接物の混合、気まぐれな流れの不安定な結び目である。そこでは香りは一つの交差もしくは混合として現われ、単一の臭いも純粋な臭いもかぐことはできない。

形状は思い起こすことができるし、均整のとれた輪郭は再び描くことができるわけだが、ここにはすでに認識が、少なくとも頻繁な再認がある。強固な安定性は視覚によってそれと認知され、リフレインをなして聴覚に認知される。記憶は知識の形態を纏い、リズムは習慣の姿をとり、ほどなく法則となる。しかし空気という流体のなかの稀な痕跡、不安定で複雑な混合、無数の糸を引きずる半ばほどけかけた結び目は、いかなる不変性にも帰着しない。それは、リズムをなして律動するにはあまりに状況的であり、あまりにも多くのものが注ぎ込まれ、あまりにカオス的である。認識〔論〕は、逆に、これらの不安定な状況を除去し、稀なものを削り取って均一にする。同一不変の環境のなかで、と認識〔論〕は主張する。

特殊で、独得で、時間や場所も不確定で、ありえないような混合した臭い。こうした稀なる混合が空気の乱流のなかに再び姿を現わすと仮定しよう。そして、このありえないような、比類ない混合が再生されると仮定しよう。そうなれば、結び目は糸を引きずり、先端はその基部を引き寄せ、流れ込む部分集合のなかで交差が生じ、一つの世界全体がそこに殺到し、態勢や、雰囲気や、色彩等々、あらゆる状況が群れをなして集まり、模様や装飾に満ちた稀少性が再び出現する。そこでは記憶は、低頻度のために、知識に転化することはないが、しかし思い出が、恍惚として、堰を切ったようによみがえる。

嗅覚は、混合の感覚であり、それゆえ合流〔出会い〕の感覚であり、稀なる特異性の感覚であるのだが、それは知識から記憶へ、空間から時間へ、おそらくは諸物から諸存在へと滑ってゆく。

一つの肉体、このきわめて特異で、かけがえのないものを愛するということ、この地上のいかなる量体もそれ以上の価値をもたない。愛はわれわれを混合させる。二つの壺がいっしょに注がれるわけだ。ある香りが、皮膚や、ヴェールや、複雑な組織の上を漂うのだが、その香りは彼女と彼に固有の臭いであり、二人にとって同定しうるものであり、合意し合う〔consentir いっしょに臭いをかぐ〕彼ら相互の信号となる。ありえないような嗅覚の協和なくして、人は愛し合うことはない。それは地面の上空にたなびく空気や雲のように、裸体の上を漂う目に見えない痕跡同士の奇蹟的な相互認知である。霊《エスプリ》は死ぬまでわれわれの内にとどまるのだが、書かれるにせよ発音されるにせよ、この語の化学的・神秘的意味において、つまり鼻にかかわる意味において、霊とは、自分の愛した人から発散する霊気である。それは亡霊となって、いつの日か夜明けの頃に、皮膚の上に戻ってくる。愛は生命を香りで包み、芳香は出会いとその記録をよみがえらせる。

人はかつて死者を芳香で香らせたものだが、そうすることによって、祖先の愛した者たちの思い出をよみがえらせたのだ。

生命そのものも、この発散作用によって、遠くから自らの到来を告げる。生命は好い香りを発散する。

香りの発散を芳香《ブーケ》〔花束〕と名づけた言語は正鵠を射ており賢明である。一つの芳香〔花束〕は単に密集した草木や取り揃えた花の集まりとして、また単なる集合あるいは多数性として提示されるのではなく、糸やリボンによって結び合わされ、何らかの水準に保たれた束として、あるいは飾り襟状の壺の頸部として提示される。花束においては、多くの花がそれぞれの色や形を提供し、それぞれの香りを発散させるわけだが、しかしそれぞれの色や形や香りが相互に他のものを覆っている。芳香〔花束〕とはそれら無数の色や形や香りの交差を言うのである。もしあなたが、結び目やリボン、頸部のくびれ、つまりいくつもの水瓶の混合が形成されるまさにその場を自分の方に引き寄せるならば、あらゆる花の茎や花弁がいっしょにあなたの方にやってきて、諸物の状態全体があなたの思い出のなかに想起される。一つのベクトルの成分は、ベクトルの和なしには表示されえない。芳香という混合体は、その分析不可能性によって記憶の突然の輝きを形成する。すなわち芳香は全体として提示されるか、あるいはまったく提示されないかのどちらかである。放射状の交点のまわりで、一つの特異体が生みだされる。それはよみがえって、再び立ち現われる。

芳香《ブーケ》は、一つの生成物、分析不可能な一つの交点を描きだす。

生体相互の、一対一で、特定的で、かけがえのない関係、それは私の言語に愛という名をもたらすものなのだが、いかにしてその関係を知り、その関係を結ぶことができるのだろうか。上述のような形態をした交点、これこそ放射状をなしているのだが、諸物の局所的状態を取り巻く安定的かつ不安定な状況によらずして、明確に言うならば、芳香《ブーケ》によらずして、いかにしてそれができるのだろうか。感覚的で、官能的な臭い、すべての感覚のなかに一挙に生ずる臭い以外のものによって、いかにしてその関係を認知することができるだろうか。

私は君の臭いと君の霊気を愛している。

君の肉体から発散するもの、私の言語はかつてそれを霊気《エスプリ》と呼んだ。

現在の言語は、無味乾燥になっていて、それを臭い〔fumet〕と呼ぶだろう。この言語は、少々渋い顔をして、知識をしぼり、香り〔parfum〕という語をそれに置き換えるだろう。臭いと香りとの関係は贈物〔don〕と許し〔pardon〕との関係に等しいことを、この言語は教えてくれる。言語は、この崇高なるもの、与件を越えるというわけだ。愛する肉体のごく近傍で、言語は与件を決まり文句に取り替える。特異性は万人向けの商標のために姿を消す。商取引や化学方程式、あるいはしゃれた固有名詞のために姿を消すわけだ。個人的な秘めごとがコマーシャルのなかであからさまにされる。与件が商標やアラビア記数法《アルゴリズム》によってしか与えられない状況においては、ベッドは路上にさらされ、あるいはスクリーンの上に広げられ、淫らなものとなる。与件が売りものにされるのだ。

私は君固有の霊気を愛する。われわれは二つの愛を切り離さない。神秘的な愛と肉体的愛、世俗の愛と聖なる愛、純粋な愛、不純な愛、恥ずべき愛、高貴な愛、霊〔精神〕的な愛、臭いを発する愛、これらの愛を分離しない。なぜなら霊気は皮膚の近傍で立ち昇るからだ。この二つは結び合わされており、私的なものであって、公的言語の卑猥さに対立している。魂は姿勢に応じて絶えずさまよい、身を隠す。親密な雰囲気のなかで。

魂。魂〔âme〕はラテン語のアニマ〔anima〕から由来し、アニマは今度はギリシア語のアネモス〔anemos〕に由来するのだが、それは「風」という意味である。さまよえる魂は風の来るところからやって来る。

風。それは空気の動きであり、軽く、繊細で、もやのようで、乱流状をなし、リズムをもち、準定期的で、カオス的で、それ自体混合物であり、混然とした諸混合物の担い手であり、感覚にもたらされるあらゆる信号の媒体であり、肉体や鼻、口、耳、肺、喉に入り込み、皮膚を包む。それは感覚のゼロ値であり、あらゆるものに対する媒体である。

空気から出発して、臭いの回路は空気に戻ってくる。それは発散によって上昇し、愛、死、知へと向かって降り、そして再び上昇する。風から出発し、魂から出発して、この回路は魂の方へ戻り、風の息吹のなかへと戻る。魂、それは感覚のゼロ値であり、あらゆるものの担い手である。私は君の魂を愛する、軽やかで、繊細で、もやのようで、乱流状をなし、カオス的な君の魂を。私は君の魂が君の口に、耳に入り込み、君の皮膚の上にみなぎるのが好きだ。魂と風の相違を教えていただきたい。

世界のなかを、あるいは肉体の内を循環するもの、あなたはそれを情報と呼ぶのだろうか、それとも動物精気と呼ぶのだろうか。

混合は結びつけ、多重化し、注ぎ込み、結び合わせ、ほどくことも、壊すことも、分離することもなく、分析されえないものを合流させる。これこそ時間である。

区別という逆の操作は、様々な空間のなかでなされるが、混合という直接的な操作は様々な時間のなかで揺れ動く。分離という空間的な行為は知識を生じさせ、混合という空間＝時間的な行為は記憶にその契機を与える。

イケムというこの語が何を意味するのか本当のところ私にはわからない、と彼女は言う。ベン・マイモン〔ポーランドの哲学者、一七五八―一八〇〇〕によれば、セラフィム・エロヒム、ケルビム等に続く天使の第十階級はイキムと名づけられていることが確認できるのみである。オファミムは素早く、セラフィムは光り輝き、マラキムは使者として遣わされ、ケルビムはイマージュとなり、イキムは生き生きとしている。

動物精気《エスプリ・アニモー》はこのように名づけられて丘の上を飛翔するわけだが、それは瓶の口から発散する無数の大天使たちである。

私の友人のある哲学者が、非常な読書家で雄弁家なのでことばに信頼を置き、感覚は人を欺くと断言していたのだが、ある日、利き酒の騎士協会会員に列せられることになった。そこでは、利き酒の極意を心得た者たちが、見事に利き酒をするのだ。何年か後に彼の言うには、彼らの仲間のうちの一人が、産地と年代の利き酒において長年の間まったく失敗することなくその腕のほどを誇っていたので、協会は穏やかなる陰謀を巡らして、彼を確実にだまそうということになった。共謀者たちは、秘密裡に、ブルゴーニュの丘陵地帯のさるぶどう栽培者を買収し、何本かの畝に特別に、上質であろうと質が落ちようと、とにかくその地帯で一般的に栽培されているぶどうとは違った種類のぶどうを植えることを承諾させた。そのぶどう栽培者はその通りにしたのだった。何年かが過ぎ、若いぶどうの苗は年を経、そのぶどうからワインが生産された。今日と同じように晴れやかな日に、彼らはこの権威者に、新しいと呼ぶにまさにふさわしいこのワインを差し出し、この卜占官に品定めを依頼した。水を打ったような沈黙。濃いルビー色をしたこのあやしげな液体を、彼は長いことグラスの膨らみの上ですべらせ、それをじっと見つめ、香りをかぎ、目を閉じ、それを味わった。再び沈黙。「皆さん、大変残念ですが、このワインは存在しておりません」と彼は言明した。

一同は愉快な歓声をあげたが、しかし内心では息が詰まりそうだったのだ。「先生、存在していないものがあなたのグラスを満たすことはありえません。」そう言って、哲学者のこの友人は無について論じたが、皆が彼を黙らせた。彼は皆で楽しく食事をしていることを忘れていたのだ。「私はあくまで自分の見解を変えませんし、なんなら署名もいたしましょう」と利き酒の大家はことばを続けた。「おそらくこれはボルドー産でも、ローヌ産でも、ハンガリー産でもないでしょう。わずかに私の言えるのは、このワインは丘陵地帯から産出されたということです。」「さあ、さあ、それから」と動揺した声が一斉に促した。「もしこのワインが存在するとすれば」と彼は突然ある直観が閃いて、茶化すように言った。「それはこのような場所からしか生まれません。」そう言って彼は、ぶどう栽培者がそのぶどうを植えた丘陵や、そのぶどうの畝が丘の上部にあるか下部あるかなどを、正確に描きだした。無とことばの専門家であるわが友人はそのとき、一同の者たちと同じく、息も止まりそうな思いをしたのだった。

地球から発射されたレーザー光線が、大きな月の上に爪の形をした小さな斑点を描きだす。われわれは爪の半月がそこに正確に描かれることに賛嘆する。優れた利き酒師は、南アフリカ産のワイン、中国産のワイン、カリフォルニア産のワインを識別できるにちがいないし、ドイツワインやトスカナ産ワイン、キオス島産のワインは言うに及ばない。ところで彼は世界地図の上に二五メートル幅のぶどう畑を切り取り、歴史のカレンダーの上に秋の一週間を切り取るのだが、それなのに感覚は人を欺くと言われている。「皆さん、誠に残念ですが、このワインは産地をもっておりません」、そう言って彼は、地球を覆っているぼろ切れの穴までも指摘しているのだ。識別〔品位〕や、明晰性や、正確さを定義するために必要なすべてのものをわれわれはもっており、これらの賛辞は諸概念のみに与えられ、これらの高度な成果は言語のみが達成しうると、言語自身が公言してはばからない。それにもし、おしゃべりな者たちが自分たちの宣伝をしているにすぎないとしたらどうだろう。

二千年この方「最後の晩餐」はもっぱら〔ミサで〕記念され、神のごときプラトンの『饗宴』はもっぱら学校で教えられるというのはどうしてだろうか。しかもわれわれは、その饗宴の様子を人から聞いた話のなかで読んでいるのだから、そこではすでに記憶の長い連鎖ができ上がっているというわけだ。

その饗宴が誰の家で催され、どんな人たちが宴卓についていたのかをわれわれは知っており、招待客の席の位置さえも知っている。時折一人が他の者と入れ替わり、華やかな寝椅子の上で三人組の組合せを変える。われわれは類似したテクストをさえもっている。饗宴の伝統が豊富であればあるほど、解説の高波はいや高く押し寄せる。

もし偶然に、天井や柱が全員の上に大音響をたてて崩れ落ち、その残骸のなかに、識別できないほどぐちゃぐちゃになった肉体しか見出せなかったとしても、われわれは記憶に基づいて、場面、位置、交わされた話題、そのさしわたし《ディアメートル》と問答《ディアローグ》を一つ一つ、場所ごとに復元できたことだろう。記憶術にとってはすべてが完璧な形で、そこに、然るべき場所にあるのだ。

われわれもまた同じように、よくそのことを覚えている。しかしながらわれわれは、ローマ人たちが彼らの神々に食卓を用意したようには、決して食卓を用意することはなかったし、ソクラテスの友人たちがそうしたように、夜、盛装をして、酒を飲み、すみれの花の冠をつけ細紐で飾りたてた酔っぱらいの若者が、笛吹きの女にもたれかかって入ってくるのを待ちながら、とりわけ真実を語る異国の女《ひと》がやってくるのを期待しながら、朝方まで愛について語ったこともない。あの日の夜を記念して、そのようなことをすることは決してなかった。われわれは自分たちの祖先が読んだものを読みはしたが、それを記念して祝うことは決してなかった。

われわれは聖体にかかわる行為を何千回となくおこない、また繰り返してきた。「最後の晩餐」は、その千年以上にわたる繰り返しを生みだしているのだ。それはまるで光り輝く尾を自らの前に放射している天体のようであり、何らかの行為が忘却のかなたに崩落しないように、絶えずそれを立ち直らせなくてはならないかのようであり、あたかも限りなく高価で限りなく脆い何かが、人々の手から手へと渡されて歴史を横切ってゆくかのようである。

われわれは何を覚えているのだろうか。饗宴のテーブルのまわりで寓意《アレゴリー》が、喜劇や、悲劇や、医学が……酒を飲んでいる。それらの者たちは寓意的に語っているのだ。このことは、招待されて祝宴に出席してみない限り、真には理解できない。そこでは一つの制度がそれぞれの椅子を占め、椅子を占めたそれぞれの客がその制度なのだ。なぜなら客は政治、学問、銀行、媒体《メディア》、行政、時の権力などを表わしているからだ。晩餐は神々のそれをまねているのだが、それというのも個々人は、個体性を失わない限り、神になったとは信じないからだ。宿の女主人は、キーを押してプログラミングに従って話すようなロボットを、招待することもできただろう。行政官やジャーナリストが言うことは予想外のこととしては通りえない。彼らは自分の権威を称揚するのみだ。ワインは一座のなかを循環して、それぞれの中継点から個々人の個体化の原理を奪い取り、集団的な主体となるのだが、個体性の喪失はそのワインに由来すると私は長い間考えてきた。そしてワインは「われわれ」となり、うっとりとした恍惚状態、忘我の境にある各主体によって預けられた「われ」の総計を、客観的に担うのだと考えてきた。しかしここでは、個体性の喪失は別な風に起こっている。なぜなら各人は彫像として饗宴の場に入るからだ。寓意が、表象的な形に彫刻された大理石の塊が、語っているのだ。石の口は飲みもしなければ食べもしない。騎士団長は威嚇し、大声を轟かせ、殺すのだが、しかし飲んでいるドン・ジュアンと渡り合うことはできない。石、鉄、あるいは木の舌をもったロボット、彼は話すが、喉が乾くことはありえない。われわれは話す機械を作り上げることはできるが、飲むロボットあるいは味覚をもったロボットを作ることはできない。言語は人工的なものになりうるし、知能もしばしば人工的なものになる。しかし知恵《サピエンス》は決してそうではない。この意味においてロボットはホモ・サピエンスとは異なる。ロボットは第一の舌を自由に操ることはできても、第二の舌は使えないのだ。

個々人は喜劇、悲劇、医学、メディア、行政、彫像、ロボット、あるいは神格化した寓意を表わし、久しい以前から死んだ自動機械となっているのだが、饗宴で語ることはあっても飲むことはない。愛について語ることはあっても、愛の行為をおこなうことはない。あるいはワインについて語ることはあっても、ワインを味わうことはない。彫像の晩餐、石の饗宴。ここでは死んだ語が行き交い、それをわれわれは授業で解説する。寓意は寓意的なワインを寓意的に飲み、われわれはそれを範疇化して解説する。大理石の言語〔舌〕のための饗宴、あるいはコンピューター言語〔舌〕のための饗宴。

解説すること《コマンテ》、あるいは記念すること《コメモレ》。何についてわれわれは記憶を保持しなくてはならないのだろうか。ワインについてだろうか。われわれについてだろうか。テーブルのまわりの客の位置についてでもなく、席についてでもなく、名誉についてでもなく、支配的な関係についてでもない。ただ単にワインについて、われわれについてのみなのだ。ワインは一座のなかを循環する。おのおのがヤコブ、アンデレ、ヨハネ、あるいは海辺の一介の漁師であり、湖の沿岸の住民であり、淡水の水夫であり、徴税請負人であって、自分以外のものは何も表象せず、個人であり、奇跡的な大漁を夢み、船から溢れるほどのねっとりとした魚のなかで難儀することを夢見る貧しい者たちである。彼らはそれぞれ順番に聖杯のワインを飲み、それを隣の者に手渡し、パスし、口をつぐんでいる。ヤコブやヨハネやアンデレがそのとき口をきいたとは、まったく伝えられていない。ペテロは口をきいた。裏切るために。ペテロは親分格であり、一番弟子であり、教皇である。表象する唯一の者である。ペテロにとっては、最後の晩餐は石の饗宴である。他の者たちは飲むために飲み、味わうために味わっている。黙って飲み、黙って味わっている。他の者たちは愛のために飲んでいる。ヤコブ、アンデレ、シモン、それにヨハネ。愛の晩餐、あるいは杯が手渡されるヨハネの饗宴。しゃべり、制度を作るもの、汝の名はペテロ。愛のために飲む者、汝の名はヨハネ。愛に酔い、飲み、いまだに、またいつでも飲んでいるドン・ジュアンと、石の彫像との間の不可能な饗宴。

何を覚えているべきなのか。それはきわめて脆く、忘れられやすいので、皆でいっしょにしばしば記念の行為をおこない、つねに記憶を新たにしなくてはならない。それは次のごとくである。ワインは手から手へと渡される。おのおのが壺を受け取り、そこからワインを飲み、隣の者にそれをパスする。ワインの通過はそれぞれの者を循環の中継点およびその原動力とする。循環は集団を描きだし、関係の糸をたどってゆく。準客体である杯は、綱の上を走るシロイタチ・ゲームの輪のように、使徒たちの間に関係を跡づけ、集団あるいは十二人を結びつけるものを担い、織り上げ、客体化する。アンデレの上に、ヨハネの上に、あるいはヤコブの上に聖杯はとどまり、再び動いてゆく。集団的関係はしばし立ち止まりまた動き続けるのだ。各人の上にとどまるとき集団は一瞬死に、そして再び生き返る。使徒たちのそれぞれは取り、それから与える。ワインを取り、飲み、味わい、そして与える。各人は、自らの個体化の原理を与えるのだが、それはワインが心ならずも奪うものなのだ。ワインがそれを味わう者たちから奪い取るこの自己同一性は、壺のなかに、あるいはワインのなかに預けられる。聖杯は、循環することによって一同の者たちの個体性を引き受け、通過しながら彼らの主体を奪ってゆく。淡水の水夫たちや、採石夫、庶民の子ら、名もない人間、農夫、船乗り、流浪の人、フランチェスコ会士の先駆者のように清貧に甘んじている者たちは、自分たちの主体にさして固執せず、それをおとなしく渡すがゆえになお一層、それはたやすいことである。彼らは自分が受け取った杯を、自分だけのために長いこと保持したりはしない。焼けた炭火を手渡すように、素早く、彼に、私に、君にパスする。君は誰なのか。また私は誰なのか。君はなんという名前なのか。そうしたことはもはやそれほどの重要性をもたず、私はもはやそのことに気づかない。君はそのことを知らないし、彼はそのことを忘れてしまった。混合したワインの入った杯＝準客体は、準主体となり、自らが通過してゆく折に奪う名前《プレノン》や代名詞《プロノン》を混ぜ合わせ、それらを「われわれ」のなかに溶かし、聖杯のなかで混合し、テーブルを形づくり、饗宴を取りもち、そして突然、彼らの関係の聖なる主体である最後の晩餐を司る。——諸主体は関係になり、関係は、客体、このもの、すなわちワインの仲介によって主体となる——。それは脆い主体であり、きわめて不安定なものなので、いつでも死に瀕しており、もし人が急いで同じ行為を繰り返さなかったならば、それは忘却のかなたに消え去るよう運命づけられている。それはあらゆる記念に際して、いつでもよみがえろうとしている。それゆえ、毎朝、空間のいたる所で、この不安定な集団を記念することを繰り返さなくてはならない。それは決して真に実体的ではなく、金曜日にはいつも死に瀕しており、日曜日には栄光に包まれている。それを支え、われらの精神を培い、それを実体化しなくてはならない。

　彼らのそれぞれの名前や席や存在に対して超越的なこの主体、彼らはそれをわずかのあいだ手にもち、そしてそれを隣の者に手渡す。彼らは自分たちが何をしているのかを理解することもなく、そこに神秘を聞くことによってのみそれを想起し、全員がそれを殺し、すぐにまた生命を与える。これ、このワイン、それは彼らの個体性を奪い取り、おのおのがそれに自分の個体性を与える。混ぜ合わされた飲物が入っているこの杯、それは彼らの関係をたどり、そして彼らに一体性を与える。これ、このものは、彼らが形づくっている身体のなかを循環する血であり、今ここで、この最後の晩餐のまわりを循環する血である。一体となったこの身体のなかを循環するこの血は、鼓動を打っている。手に取られ、とどまり、手渡され、ふたたび手に取られる。それは流れ、そして注がれる。

私は区別なく君でありあるいは彼である。君は区別なく他の者あるいは私である。主体は私から、君から、彼から、他のあらゆる者たちから離れる。ペテロ、ヤコブ、あるいはヨハネ、以来われわれはただ一つの塊として、ただ一つの身体の内に生きている。そこでは唯一の血、循環するワイン、ちぎられたパンが流れている。あのお方が流れているのだ。

パンは分け与えられ、ワインは注がれる。

汝等ノタメニ、多クノ者タチノタメニ注ガルルモノ。あなたたちのために、無数の者たちのために注がれ、まき散らされ、流されるであろうワインあるいは血。何をわれわれは思い出すべきなのか。この流出をである。

この分配をである。パンは個人の数と同じだけの数にちぎられ、あるいは分解される。このことは知られ、学ばれ、忘れえないものとなる。誰も決して分割や、分離や、分断の記憶を失いはしない。分析のように長く続くものは何もない。われわれは分かたれ、分離されたままであり、パンのかけらのように、皆が分断されたままの個人にとどまっている。

この流出を思い起こすべきである。血は、ワインのように、水のように、あるいは酢のように流れる。時間は水のように流れる。最初の饗宴であるカナの婚礼では、最後に出された水がワインに変わった。ヤコブの井戸のまわりでは、死をもたらす水が、不死の飲物の約束をもたらす契機となった。ベタニアの祝宴では、これは最後の晩餐の前のものなのだが、高価な香油がマグダラのマリアの手からキリストの身体の上に注ぎかけられ、こうして彼は聖別され、えも言われぬ香りが家じゅうを満たす。木曜日の最後の晩餐では、ワインが血に全質変化する。金曜日には、正午すぎに、多量の血が流され、そして最後に水が流れる。人はまた、息を引き取ろうとしているイエスに、海綿に含ませた酢〔酸っぱいぶどう酒〕を飲ませた。これらの流出は歴史にともない、歴史に遡る。それらは変化し、混ぜ合わされ、卓抜なものに上昇し、恥ずべきものに落下する。イキムのように美味なるワイン、あるいはナルドの香油のように芳香を広げるもの、我慢のならない酢、それらは円環をなすかのように時折自分の上に戻ってくる。水、ワイン、血、酢、そして最後に水。これらすべての流れは、流出の形態あるいはプロセスを示している。これこそ時間なのだが、この時間をあなたは覚えているだろうか。

何を覚えていなくてはならないのだろうか。そう、死にゆく主体、われわれに忘れられ、死者たちのなかから絶えずよみがえらせなくてはならない主体をである。しかしまた同じく、いやとりわけ、あの時間、時間を覚えていなくてはならない。流れ、混ぜ合わされ、注がれる水やワインや血の流出を覚えていなくてはならない。記憶はこの無数の流れの通過、この混合のおかげで保持されるのだ。

時間それ自体も思い出を担っている。時間はもろもろの流れのように流れる。通過し、とどまり、自らの流れを遡り、あるいは分流し、あるいは合流し合うこれらもろもろの大河のように時間は流れる。きわめて多様で、混合され、変容し、全質変化するこれら数多くの流れと同じように時間は流れる。

古く、新しい、永遠の結合。どのような血と私の血は結合されるのだろうか。どのようなワインと私のワインは結合されるのだろうか。

われわれは自分たちの内に、自分たちの文化のなかに、二つの饗宴を担っている。寓意と表象の饗宴、寝椅子に横になっている神々に捧げられる饗宴においては、彫像たちが彼らの石の舌〔言語〕あるいは木の舌〔言語〕でもって長広舌をふるっている。われわれはそれらの言説を解説するのだが、まるで石〔ペテロ〕の饗宴の彫像たちが復讐にきたかのようであり、そこでは感覚麻痺によって硬直するために人は飲んでいるのだ。そこに横たわっている者たちを死に至らしめたのは誰なのか。誰がソクラテスを殺したのか。

キリスト教の最後の晩餐、あるいはヨハネの饗宴においては、招待客たちは使徒〔apôtre＝envoyé de Dieu 神によって遣わされた者〕と呼ばれているが、それはこの世における彼らの不在を意味する共通の名前である。すなわち、遣わされた、どこかに出かけた、追い払われた、あるいは追放された者たちという意味である。これらの者たちは、彼らの主人と同じように、死ぬことを受け入れる。そして最後の晩餐がその死に先立つ。ドン・ジュアンも同じように晩餐の後に息を引き取る。復活に希望を託して、彼らは自分の主体の死を受け入れるのだ。

彫像たちは死んでいるのだが、自分たちの死を拒絶し、自らを亡霊にしている。彼らは別な死を要求する。それゆえ別な彫像を要求する。その彫像もまた幽霊となって戻ってくるだろう。死あるいは否定の作業を通しての永遠回帰。

湖の漁師たち、河川の水夫たちは、自分の死を受け入れる。自分たちの死によって彫像たちの食欲が満たされることを期待して、自分たちの死が最後の死を画することを期待して。有罪を宣告された者たち、歴史のなかで死を宣告された最後の者たちの最後の晩餐。

われわれの文化においては、そこでは人はこの最後の晩餐を記念しようと努めているのだが、あたかもわれわれがそれを真には覚えていないかのようであって、〔プラトンの〕饗宴が最後の晩餐に対立し、ペテロ〔石〕の祝宴がヨハネの祝宴に対立している。騎士団長であり、親分であるペテロはヨハネを殺すためにたえず墓から出てくるのだが、ヨハネは愛ゆえになすがままにさせておく。

安定した石であるペテロは、時間であるヨハネを殺す。

あなたは時間を覚えているだろうか。

私は第三の饗宴を書くことを夢見ているのだが、その饗宴では復讐者の石像は、美女を誘惑したドン・ジュアンとともに酒宴を張ることを受け入れることだろう。

かつて自分が恋をしたことを忘れてしまったがゆえに、われわれは恋わずらいに悩む。古い時代の、暗い、このような混合あるいは合流の記憶を、われわれの肉体や嗅覚や舌〔言語〕は忘れてしまったのだ。しばしば記念の祝いをおこなわなくてはならない義務を、われわれは感じている。私のやさしき混合よ、来たれ、私といっしょに時間のなかに身を沈めよ。われわれの思い出を忘却の河のなかに、思い出の水時計のなかに注ぎ込もう。われわれの記憶喪失を癒そうではないか。

リスのように蓄えをするとすれば、われわれは何を蓄えておくべきなのか。時間の上流に、力を、すなわちダム湖を、蓄電池を蓄えておくべきである。そうすればその使い道は後から生じてくるだろう。お金、すなわち銀行口座、保険、資本を蓄えておくべきである。コード、すなわち図書館、コンピューターのメモリー、データ・バンクを。食料、すなわち肉や果物の冷蔵室、穀物サイロ、暗冷貯蔵室を。精液、卵母細胞、胚を蓄えておくべきである。

時間はつねに流れているわけではない。時間が凍結されている場所を、人は見つけることや掘り出すことができる。障害物が時折時間の流れをとどめる。それはアーチ式ダム、閉じられた潜り戸、狭い隘路、ものを読むには光の不足した場所、氷が融解するためには熱の不足した場所、コルクの栓などである。時間は濾過される、つまり通り過ぎることもあれば、通り過ぎないこともあるのだ。濾過の図式がわれわれに記憶の何たるかを理解させてくれる。それは通路が遮断され、塞がれ、詰まっている場所である。閉じられたものと開かれたものが、空間のなかに不規則に散らばり、ゆらいでいると考えるだけで充分である。ここでは幸いにして流れは流下し、かしこでは幸運にして流量が蓄積される。二つの場合とも好ましいことである。明日は時間が流れるだろう。なぜなら明日とは異なって、今日は時間が流れていないのだから。もっと適切に言えば、明日とはこのような条件下においてしか存在しないだろう。いや、時間は流れるのではない。時間は濾過されるのだ。さらに適切に言えば、時間は濾過されるがゆえに流れるのだ。

　われわれはこうした妨害物を利用して、銀行や、貯蔵庫や、ダムや、酒蔵《カーヴ》を構築する。それらの障害物が力への到達を可能にし、諸活動による時間の蕩尽を防いでいる。それらの妨害物によってわれわれは力を自分たちの支配下に置く。われわれの肉体は濾過される。すなわちその表現形《フェノタイプ》〔遺伝子型と環境条件が決定する生物の形態・生理上の性質〕は、流れ着く場所としての死に至るまでの時間の糸をたどって流れてゆくのだが、しかし一方で肉体は、流れずに留まるゲノム〔配偶子に含まれる染色体の一組〕をもっている。時間がそこで流れを中断するポケットを、肉体はもっているわけだ。生体はいわばじっくりと時間をかけて障害物の水門を開き、新たな存在を投入するのだが、それは無数の流れの巡り合わせのなかで濾過される。すなわち子孫を作るのだ。生体は潜り戸を閉じるが、そこには蓄えが眠っている。彼自身のためのメモリーが彼の脳のなかでコード化され、彼の種のためのメモリーが配偶子のなかでコード化されて眠っている。それは二つの時間が別々に眠っている二つの部屋、あるいは二つの酒蔵《カーヴ》である。その貯水湖の水門はちぐはぐな二つの時間に応じて、あるいはそのつど開いたり、あるいは稀に開いたり、あるいは時々開いたり、さらにはまた、まったく開かなかったりする。

飲もうではないか、それに新鮮なうちに飲もうよ、とこちらの者が言う。彼は饗宴に招かれたのだが、かくも長々と続く議論に苛立っているのだ。君は一本の瓶からしか飲めないのだ、と抑えがたい論議がさらに続けられる。その一筋のワインの流れは、新鮮な状態で保存されて、一つのメモリー、一つの銀行、一つの酒蔵台帳から流れ出て、飲み助の君の鈍感な喉を流れ下るのだ。テーブルには、肉体と同じように、小さな堆積物、無定形物《アモルフ》、杯、酒瓶、グラス、皿が散らばっている。流れる時間を誰もことごとく飲み干したり、食べ尽くしたりするわけではない。中間的な貯蔵所、メモリーの小さな湖、コップなどが必要である。いや、時間は何らのよどみもなく流れるわけではない。純然たる回路、駐車場も隘路もない完璧な通路は、きわめて稀なケースでしかない。君が食べている肉は薫製にされ、干物にされ、あるいは地下の貯蔵庫に保存されて、熱やハエから守られており、これも同じく濾過されている。時間の流れを妨害するこうした冷気や氷がなかったならば、饗宴の熱気は生まれえないことだろう。

さあ、冷たい飲物を飲もうではないか。

肉体はテーブルに似ており、愛の饗宴に似ている。

生体には小さなメモリーポケット、グラスや瓶のような中間的貯蔵所がちりばめられており、そこでは時間はほとんど流れず、停止し、消失する。また更に大きな銀行がそなえられており、そこでは時間は永久に凍結されうる。

さっぱりとして口当たりのよいこのワインをじっくりと飲もう。あるいはルビーのように深い色をたたえるこのワインを、壺のなかに忘れられたままにしておこう。あるいはまた誰か子孫の楽しみのために、それを地下の酒蔵に入れて新鮮なままで貯蔵しておこう。われわれの饗宴、あなた方の饗宴、彼らの饗宴、それらは目に見える息子たちの系譜、あるいは貯蔵庫の系譜を形づくる。それは冷たい貯蔵室からやって来た、熱気を秘めた子供たちである。われわれの丸パン、あなた方の丸パン、彼らの丸パン、それらは目に見える娘たちの系譜、あるいは目に見えないパン種の系譜を形づくる。それはそのままでは食べることのできない酵母から生まれた、美味なる子供たちである。

一連の列をなした現象の後ろに、暗い安定したメモリーが冷蔵されて眠っている。

われわれは、眠っているゲノムを自分たちの内にもっている。それは、熱すぎて目覚めてしまわないように身体の外に置かれ、下の方にあるポケットのなかに入れられ、腿の間に吊るされて冷やされ、台無しにならないように時間の流れの外におかれた種の記憶であり、あるいはまた一つ一つ規則的に成熟に達する未成熟なゲノムのストックである。銀行のなかに蓄えられた潜在的で、潜勢的で、非現実な存在、それはあるいは永久に眠ったままであり、あるいは運よく、偶然に交差し、巡り合い、あやしげな潜り戸をくぐり抜けてゆくのだが、そこを通って人は大いなる行動の劇場に到達する。愛によって造られたわれわれは、自分たち自身が愛であり、潜勢態と通り抜け《パサージュ》、可能態と巧みな挿入、潜在的な能力と狭き門を通り抜けて忍び込む巧妙さから生まれた子らである。愛は、目に見えないゲノムから生まれた目に見える系譜、冷たいメモリーからやってきた熱い系譜を形づくる。愛は忘れられたメモリーの子であり、豊かでかつ貧しく、潜在的には豊かで、実際上は悲惨である。愛はまた選択の子である。愛は失われたメモリーを再びそれと認める。あなたは今日、液体窒素よりもさらに冷たい温度でゲノムを薄片状に凍結し、それを冷たいままに保って、時間の流れの外に保存することができる。しかしそのゲノムは、良質のワインが貯蔵室に保存され、美味なるものが冷蔵庫に保存されるのと同じように、何百万年も前から涼しい場所に保存されて、存在へと上昇してゆくのを待ち、時間の流れのなかに再び身を投じるのを待っていたのだ。

酒蔵と食料貯蔵庫なしでは、すなわち思い出と氷なしでは饗宴はない。愛なしでは招待客はなく、冷気とメモリーなしでは愛はない。

図書館なくしてテクストはなく、百科全書なくして哲学者はない。言語という銀行なくしては個別のことばはない。そこではもろもろの語が、暗闇のなかで、冷気のなかで眠っているのだ。それは光のない場所に閉じこめられている本である。目には見えない言語の、目に見える子供たちの長い系譜のなかに作家が、潜在的なものと潜り戸を通り抜ける巧妙さから生まれた息子として、席を占めている。言語をもたないことの悲惨さ、言語を再び見出すことのすばらしさ。暗がり、数、選択、あるいは稀少性の子。

無数と単一から生まれたすべての子ら。無数は、秘密の保護を一手に引き受け、記憶を暗闇のなかに埋もれさせ、忘却と凍結の作用をおこなう。どんな札を君の銀行口座に預けたのか、君は決して知ることはないだろう。思い出され、それと認められた、稀な、唯一の単一なるものが潜り戸を通り抜けてゆく。

滅多にない、とっておきの瓶が、ほこりをかぶった無数の瓶の列のなかから選ばれて、地下の酒蔵から上がってくる。文法と辞書の間でいつでも使えるように待機している何千もの可能な言い回しのなかから、固有の、唯一の語が選ばれて書かれる。目を閉じていても、私は何千ものなかから、君をそれと認めることができるだろう。饗宴、傑作、愛、無数と一から生まれた子供たち。男と女の息子たち。小さな身体つきをした無数の種、数えきれない群れをなすオスと、大きく、丸く、モナドのようで、でっぷりとし、唯一で、稀なメスとの子。無数化された忘却のかなたからやってきた一つの思い出。

おしゃべりな舌、香りのわかる舌、恋する舌が饗宴のテーブルにつき、壺に近づくのだが、そこには液体がたたえられ、混合が眠り、時間が蓄積されており、そこから記憶がやってくる。

そこに長いこと閉じ込められていた聡明なる精が、そこから抜け出してくる。誰もそれをグラスのなかから取り出したり、グラスのなかに収めたりすることはできない。それは流れてゆき、急激に広がり、交換されて、無数のものが出現しあるいは身を隠す。これはそれになり、さらにまたあれになる。一体それをどのように名づけるべきなのか。それは再び戻ることはないだろう。

希望がこの壺の底に横たわっている。あらゆる害悪にうちひしがれた世界を、その希望がいっぱいに満たすのだろうか。それとも逆に、希望は失われてしまうのだろうか。

このボックスはパンドラという美しい名前をもっている。それはすべての贈物〔賜物〕という意味である。与件、与件の総体が豊饒の角から奔流のように流れ出る。

われわれは世界以外のパンドラの箱を知らない。縁のないその箱だけがすべての与件を含んでいる。

一瓶のソーテルヌ・ワインは世界と似ており、与件を凝集させ、突然それをわれわれに引き渡す。それは色彩豊かで、光り輝き、鮮やかで、触知することができ、喉ごしがなめらかで、愛撫するように心地よく、奥深く、甘美で、交響楽風で、金管楽器とクラリネットと角笛の合奏曲であり、霊的である。それは肉体〔こく〕と世界をそなえており、田園の地味や、咲き乱れる花や、草原、熟れたぶどう、森などを彷彿とさせる。それは時間を、すなわち分、月、日、旬日をそなえている。それは空間、すなわち風景と孔雀の尾をそなえている。もろもろの賜物や与件が、感覚中枢に侵入してそこに諸言語を残し、動脈や筋肉や神経や骨を流れ下って爪の先までゆきわたる。

一瓶のワインは、感覚で捉えうるすべてのものを一挙に閉じ込めており、共通感覚を含み、それは尽きることがない。栓が開かれ、空になって、テーブルの上に一週間放置されていても、この発散作用の源は涸渇することがない。
それは細長い首の上に香雲の羽根飾りを頂いた噴霧器のようなものだ。

この香雲の侵入によって、肉体は霊への全質変化を学び、あるいはそれを実現する。強靭で、多様で、万華鏡のような与件は、すべて紡錘形に結ばれた束になって集まり、煙突、瓶の首、あるいは長い鼻孔、ストロー、フィルター、敷居、整流器の下で通路を要求し、その通路の下で押し合いへし合いし、あるいは順序よく並び、上昇することを願望し、通り抜けてゆく。そこで霊への全質変化が起こっているのだ。高みへと昇ってゆくこの通路をなんと名づけたらよいだろうか。感覚は自らを芳香にし、軽やかな気体となり、物質は生命あるものとなる。魂あるいは情報となるのだ。

しかし時間は、一九四七年以来ワインの瓶のなかで、またその年にぶどう畑の土の上や土の下で、またその年以前にぶどうの幹のなかや土のなかで、すでに大いに仕事を進めてきたのだ。土壌、気候、第三期層の土地、隣接する黒々とした松の森、ぶどう栽培者の汗、きついアルコールと暑い夏、雨、腐敗、こうした世界のハードのすべてが、根気よくソフトに変換されてゆく。いや、それは、甘い〔ソフトな〕ワインに変換されるという意味においてではなく、ワインが無数のことを言うという意味においてであり、ワインが感覚から情報に移行し、霊的な〔精神的な〕ものへと移行するという意味においてである。

それは精神のなかに一挙に広がる。芳香、教会の鐘の音、パヴァーヌ舞踏曲、数多くのそれでいて一つの繊細な知性、精神。数の上でも感覚の上でも複雑性に富んだ束が結び合わされ、洗練され、合流し、混ざり合い、狭い煙突状突起のなかで総和されるのだが、私はそれが頭のなかに感じられるように思う。諸感覚を統括する悟性を想像する必要がどうしてあろうか。

物質は手で触ることができ、耳に鳴り響き、皮膚を震わせ、目をくらませ、口を満たすことができる。それは、個体や液体や流体の物質、音響的あるいは光学的物質、ざらざらとしたあるいは絹のようにやわらかい物質、不活性に縛られた物質であり、実体、客観的なもの、実質であり、下方で暗く安定した静的なものである。それは芳香となって軽くなり、魂の息吹となり、霊気《エスプリ》となって昇ってゆく。

これはワインであり――いかにして人はこれをワインと名づけることができるのだろうか――、これは精神《エスプリ》であり、私の血である。

それは私の血のすべてを、頭のてっぺんから足の先までいっぱいに満たした。ワインはわれわれの内を循環する。そして一体となった身体がわれわれの間を循環する。ここに、われわれは一体となり、結ばれ、われわれはもはや全員一致の一つの身体をしかなさない。同じ魂、集団的身体の新しい血が、われわれの間を循環する。各人が同じ聖杯から飲み、個体化の原理の放棄に至るまで飲み、各人は姿を消して通路しか残らない。ただ一つに結び合った生体のなかでの循環。これは私の血である。

古い神々の古い神肴は、共同体のただなかを通ってゆくのだが、そのとき以来その共同体は、死すべき個人とは逆に、不死となる。それは永遠のそして新たなる結合〔契約〕の血である。

彼らはワインを飲み、血を注ぎ込み、自分たちの特異性を取り去ってそれを共同体に注ぎ込む。それは混合であり、混ぜ合わせであり、古くて新しい契約〔結合〕であり、さらなるそして絶えざる混合である。それは新しい時間と新しい約束の出現であり、思い出である。

私を記念するため、このようにおこないなさい。

二千年来放置された小道、数世紀にわたる忘却に覆われた十字路が、このようにして、ここに、再び見出される。

意識を起動させる微分的な萌芽としてではなく、感覚そのものに対して敬意を込めて払われる注目は、神話のなかで、たとえばヘルメスやパンドラの神話のなかでもっともよく表現されている。あるいはおとぎ話、たとえばシンデレラ姫や一角獣の物語のなかで、あるいはもろもろの芸術や宗教、たとえばオルフェウスやミューズたちの物語のなかで、もっともよく表現されている。われわれは突然、古い友人たちといっしょに、世界でもっとも古いテーブルのまわりに座っている。そのテーブルではかつて、アルキノオスの館でユリシーズが歌い、ジュピターがピレーモーンの家で壺から尽きることなくワインを流れさせ、ソクラテスが明け方までアガトンとともに論じ、訪れた死の石像がドン・ジュアンの招きに応じて飲むことを拒絶したものだった。突然、われわれはラザロの家で食事を祝うのだが、そこではマグダラのマリアが高価なナルドの香油でキリストに聖油を塗り、その所作によってキリストにその名前を与えたのだった。われわれは最後の晩餐そのものを記念するのだが、そこではワインは血に変えられた。久しい以前から主賓がわれわれのもとを離れているのに、われわれはエマオでの最後の食事〔「ルカによる福音書」、第二四章、一三―三一節〕を無限に繰り返しているのだ。しかしながら、彼は去った後も、言語の贈物をわれわれに与えたがゆえに、今なお存在している。私はことば《ヴェルブ》を話しているからだ。

感覚に対して払われる注目は、ロゴスではうまく表現できない。ロゴスはいつでも、厳格で込み入ってはいるが不充分で滑稽な定式化や、化学や生理学や人類学を拠り所とした抽象的・理論的な定式化を、提示するのみだからだ。感覚学《エステジオロジー》をご存じだろうか。それはロゴスから分岐し、神話へと向かってゆく。感覚のなかには、後になって、文化へと向かってゆかないようなものは何もない。知識に向かってではなく、文化に向かって。言説に向かってではなく、何に向かってだろうか。

今やわれわれは時間のあけぼのにいる。感受性は古代に遡り、古代を定義する。感覚という賜物に恵まれている者は古代語を話し、死んだ神話を朗々と詠い、忘れられた方言を語る。古いテーブルのまわりで、古い物語の語り部である年老いたワイン商の、由緒ある酒蔵《カーヴ》から買ったワインの前で、つまり暗い基盤あるいは暗い貯蔵壁から生まれた古いワインの前で、世界でもっとも古い敵であり、時を経て白髪になった三つの舌が、神話的な古代のなかにいっしょに身を沈め、一方の舌から他方の舌へと移行することによって、ことばから肉体へ、霊的な香気から諸物の安定した、灰色の、静かな実質へと下ってゆこうと試み、そして記憶をたどって饗宴から饗宴へと、始原に向かって再び昇ってゆこうと試みる。知識の始まりに向かってゆくのでは決してなく、感覚をたどって、われわれの文明の誕生に向かって昇ってゆくのだ。それらの舌〔言語〕は、記念するのであって解説するのではない。記念の所作を再びおこない、再びグラスを満たすが、それらの語を繰り返すことはない。それらの舌はすぐさま、われわれのもっとも遠い祖先たちを再び見出すが、その祖先たちはすでにそこに、ワインの饗宴のなかに、その醸造と保管のなかに、熱烈で細心なその賞味のなかに、広遠な初めの業が存することを認めていた。あたかもそれぞれの饗宴が、過去のもろもろの饗宴を統合しながら、容易に最初の饗宴に到達するかのように。

この初めの業、ひとつのエネルギーが意味深い芳香に、霊気に変化するこの全質変化に際して、これ、このものは、世界の賜物あるいはもろもろの与件を凝縮しあるいは要約しながら、各人の身体のなかに侵入し、集団的身体のなかを循環する。それは、血と同じように、流れ、脈打ち、燃えたぎる。そこでは、実際、ことばの生命が決定される。凝縮され要約されて、全員の身体のなかで爆発するこの与件とことばとの関係が、決定されるのだ。そこでは、そこに凝縮されたすべての物体、物質的なもの、無機的なもの、感覚で捉えうるもの、生命あるもの、個人的なもの、社会的なもの、集団的なものの買い入れと買い戻し〔贖罪〕が完遂される。そこではことばが、ほんのひと言によって買い戻し〔贖罪〕を手に入れた。自分の身体と引き換えに、ほんのひと言と引き換えに、世界と歴史をあがなった〔買い戻した〕。ことばという賜物をもつ者は、この初めの業を、厳密さと完璧さをもって語ることができるだろう。だが彼は、厳かな比類のないひと言でもって、それを語ったのだ。これは私の身体であり、これは私の血である、と。舌という賜物をもった者は、ここでは口をつぐむ。このもの、指し示され、提示され、意味をもち、あるいは意味の支配下に置かれうるものはすべて、みことばそのものの身体であり血である。

そのとき以来、与件は言語のなかでしか、言語によってしか与えられないこととなろう。われわれは記念する。われわれがこのことを語るや否や、ことばが生まれる。ことばはあらゆるものを奪い、あるいはあがなったのだ。われわれは古代の岸を離れ、福音《ボンヌ・ヌーヴェル》に、降誕祭《ノエル》に接岸する。しかしわれわれはすぐさま、この前代未聞の出来事を忘れ、自分たちがことばを話すということを忘れ、ことばは、諸物や人間たちをあがなったばかりであるのに、死んでゆく。われわれはそこにおいて、古代の宗教から現代の宗教へと移行し、諸感覚の宗教からことばの宗教へと移行し、肉体からことばへと、経験の哲学から言語の哲学へと移行するのだ。この物語は昨日に遡り、あるいは十年前に、あるいはほぼ二千年前に遡る。あるいはまた、そのことを言うことによって人間となった者のひと言によって、世界が言語の下に埋められたあの失われた瞬間に遡る。これこそ、このものこそ、まったく最初の物語である。このものは、ことばそのものの身体であり血である。このものは一つの語でしかないのだろうか。

バラ色の痕跡のある黄銅色のその液体の実体的な力は、霊に変換される。響きわたる液体の物質的なハードな力は、このソフトな、いまにも死にそうなことばに変換される。このもの。

この物語は二つの岸の間で泳ぎ、二つの宗教の間で話し、二つの言語の間で震え、二つの時間の間で不動化し、二つの哲学を残す。

このものは、ひと言に帰せられてしまうのだろうか。この芳醇な香り、この豊かな味はソフトな記号に変えられ、一連の命題に限定されてしまうのだろうか。そしてこの記念のおこないは、書かれた契約に限られてしまうのだろうか。

海を渡ろうではないか。なぜならわれわれは泳げることを自慢しているのだから。まださして年を経ていない別の饗宴の席につこうではないか。からしは弱くてほとんど味がなく、ビールはほとんどアルコール分がなく風味を失っている。スパイスは気が抜け、コーヒーは軽くてほとんど焼かれていず、果物や野菜の味は違いがわからないほど単調で、食物は見分けがつかず、ラベルと名前と値段によってしか区別されない。ワインは白い牛乳に変わっている。ひりひりとする食べ物、刺激性の食べ物は何もない。アメリカでは気の抜けた食べ物を食べているのだ。

そして味気ない飲物を飲んでいる。口は馬鹿になっているのだ。舌乳頭を麻痺させるために飲物は過度に冷やされている。それゆえ驚くほど大量に、たらふく食う。つねにより多くを食べる。それというのも、量に対して障害となりうるものは、貧しさを除けば、質だけだからだ。それゆえ味気なさは大食漢の身体のまわりを漂っている。こうした無味人間《ホモ・アンシピエンス》は、はっきりとしない輪郭をもち、膨らんで怪獣のようになり、自分の形態を失い、はらんだように太っている、というよりも、はらみ腹に包まれて、再び胎児となる。進歩とは何であるかをアメリカは世界じゅうに示しているのだ。

進歩とは、知ってのように、未分化の方向へとゆく。肉体は、食物と同じように脱分化する。食物は子供っぽいものとなり、さらに上流へ遡り、砂糖の入った乳状のものとなる。肉体は自らの始まりへ、哺乳動物へと遡る。下ぶくれのマンモスたちが、車から降りると、あちこち転がりながら動いている。それは、図体だけ大きくなった進化しない赤ん坊だ。アメリカは大いに若返ったのだ。

なるほど、歯を失った者たちや入れ歯しかない者たちには、やわらかいパンを与えなくてはならない。そうすればポスターの笑顔のなかで、入れ歯は一層美しく輝くだろう。脆弱な胃の持ち主には、確かに、刺激性のまったくない飲物を与えなくてはならないし、喉の弱い者には、気の抜けたスパイスを与えなくてはならない。だが進歩は別なところでも進行している。すなわち、アメリカの食文化が、多くの文化にとっての共通の分母になりつつあるのだ。エスキモー人も、メキシコ人も、日本人も、あるいはスラブ人も、それぞれこのようにして同じ饗宴の席につくことができるだろう。先端的な文化は、ここでもまた古風なものをもたらすことになる。すべての者たちが、ついには、哺乳瓶や乳房や指しゃぶりの記憶によって、適応することができるようになるだろう。あるいはさらに適切に言えば、胎児時代の羊水のなかでの漂流の既往歴によって、適応することができるようになるだろう。共通の分母、単調な単一性は、とげを削り取り、スパイスを滑らかにし、穏やかにして気の抜けたものにし、香りや味を無化する。アメリカは穏やかさのなかで生きている。

明日からはもはや、ハードな相違をもった諸文化の間で戦争が勃発することはないだろう。戦争は、食物民族学や文化人類学の対象となるような者たちの間でおこなわれることになろうが、それらの者たちは廃墟のなかに生き残っているのだ。わずかに点在するそうした種族の美しさは、旅行業者にいくつかの観光地を提供するだろうが、戦争はまた、知恵と慧眼〔味覚と鋭敏な嗅覚〕の零度にあって、麻酔され、中毒にされ、不感症になって眠っている者たちと、そうした種族とを対比させることになるだろう。

ぶよぶよした異常肥満者のための無臭の冷凍食品は、誰もその味見をしたり、それに触ったりしないようにセロファン紙に包まれ、細菌から守られ、実務的なラベルの上に表示され、巨大なポスターや雷鳴のような呼び掛けによって宣伝されて、単に聞かれたり読まれたりするのみである。ガラスの壁は、原則として透明なのだが、目隠しされ、宣伝文句で覆われている。後者が前者を殺した。つまりエクリチュールが、建築学を殺したのだ。あなた方はもはや、読まれるもののなかでしか生きないだろう。言語が感覚を殺したからだ。怒鳴り声や歌声の大渦巻に運ばれてくる語や数字やメッセージの洪水、爆発、津波、それらをいまだに音楽と呼んでいることは驚きである。都会も田舎も言語の下に呑み込まれているのだ。与件、いや失礼、売りものは、言語によってしか、言語のなかでしか、与えられない、いや失礼、売られない。

理論は正しい。その正当性は社会によって作られたのだ。

勝利を得たことばは、自らのあがないによって、香りや風味のあるものを覆い尽くし、それらを自らの固有の回路すなわち、見られるもの、読まれるもの、聞かれるものに全質変化させる。

汝が飲みかつ食べているこのもの、それはことばの身体であり血である。

汝がそれを買うこの場所、ここには死んだパンや、ワインや、肉体や、血の墓が横たわっており、それらのものはメッセージの形をとってよみがえるのだ。

ことばは感覚を禁止する。とりわけ自分の必要としない感覚を禁止する。勝利を収めたことばは、禁止を押しつける。食欲不振と食物嫌悪というこの社会体制を押しつけるのだ。

話す舌は、味わう舌を口のなかで殺す。集団のなかで、われわれの話している言語のなかで、話す舌は味わう舌を殺す。このものは、ことばで表わされ、一つの価格に帰せられる。汝はもろもろの語を食べるだろう、だがそれ以後は、たいていの場合、コードや数字を食べるだろう。それゆえ汝はそれを大いにたらふく詰め込み、さらに多く、つねにより多く食べるだろう。コードのように大量に通過するものは何もなく、数字のように大量に増殖するものは何もない。汝はもろもろの勘定書を呑み込むだろう。凪によって運ばれることばそのものと同じように、ことばの上に築かれている社会と同じように、汝の肉体は空間に侵入するだろう。

理論は与件を言語に帰せしめるのだが、この還元を生き、実践する集団のなかで理論は生みだされ、その集団のイデオロギーと同じように集団に戻り、集団を膨張させる。この膨張によって今やその集団は、自らの言語と貨幣を全宇宙に押しつけている。

ソフトなものと気の抜けたものの全面勝利。

ローマ帝国はこのようなやり方で、一千年以上にわたって世界に君臨した。大きくて、ぶよぶよして、重く、ぼんやりとした帝国。カトー流のいかめしく、英雄的で、厳格な、古典的美徳のモデルほど偽りなものは何もない。それは理想的なものと同じように偽りである。あらゆる国家は、暴力と苛酷さによって、つまり西部劇や都市ゲリラの勇ましいハードボイルドによって、こうした考えを証明している。それらの国家は、実際は、ソフトなもので勝利を収めているのだ。
それらの国家は、理性のなさ、もしくはゼロに帰せられた理性のもとで結びついた集団である、と定義されなくてはなるまい。軍事的な集団は攻撃し、あるいは自分を守り、敵を憎むのだが、これが彼らの理性である。教会や宗派は祈り、分裂し、異教を断罪し、自分の理性を称讃する。経済的利害をもつ団体は自らを富ませ、他を破産させる。こうした団体は自らの理性にしたがって行動するのだ。超越的理性であれ、激烈な理性であれ、あるいは取るに足らない理性であれ、さきほど嗅覚と味覚がそうであったように、また現実がそうであるように、ゼロに向かって傾斜し、無化するに至ると想定しよう。そうなれば、ぶよぶよとした社会が無理性のもとに結合され、言語のなかで、言語によって結びつき、情報重複になるが、その社会が結合されることを定めた書面、もしくは口頭による契約によって結ばれる。

このようにしてでっち上げられた行政機関が、このぶよぶよした状態もしくはゼロの状態を管理するのだが、そうした状態は未分化へ向かっての〔さきほどと〕同じ進歩をたどり、あるいは同じ膨張をもたらす。すべての者たちが、いっしょに生きていると言明するのだが、ただそれだけの理由でいっしょに生きており、書類のインフレーションのなかで、そのことを絶えず書き続けている。行政機関《アドミニストラシオン》が、こうした語の遂行的性格に対応する制度を制定する。それを名づけている〔administration という〕語が、最小へのこの強力な傾斜、現実の理性の実行的で進行的な破棄を見事に描き出している。

ローマ帝国はその稀なる長寿をあらゆる理性の削減、上述の行政機関の見事な作用、無理性の管理体制に負っている。あらゆる客体を言語の有利になるように削除することに負っている。

少しでも長く存続したいと思うならば、身を引くこと、行政機関の下に身を隠すこと、現実を言語に譲ることの方が、あらゆる国家にとって有利である。

ことばの有利になるように、あらゆる客体を消去すること、コードと数字のために、ことばそのものを消去することが有利である。

貨幣によって文化を削除することが有利である。

理性や感覚をゼロの状態にすること、味や臭いを無にすることが有利である。指向対象が欠如していれば、誰でも、童貞と同じように愚直に、適応し結合するからだ。

古い文化は二つの聖体拝領を知っている――いや三つさえも知っている。一つはことばという形質のもとにおこなわれる最初の「最後の晩餐」であり、それは黄金の口を授ける。二つ目のものは、もっと時代は下るが、きわめて現実的な存在感をもった二つの形色のもとに受け取られるもの、ふっくらとした新鮮なパン、任意の場所で瓶詰された上質のワインなのだが、それは新たな口を開かせる。最後のものは、奇蹟的なものだが、愛の口を許し与える。この愛の口がなかったならば、われわれが人間のすべての言語を話したとしても、あらゆる科学を知ったとしても、われわれは虚ろな青胴のように、大きく音をたてるシンバルのように、鳴り響くだけだろう。

青銅の舌〔言語〕が、饗宴もしくは最後の晩餐のすべての席を占め、他の舌を消滅させ、世界はシンバルのように鳴り響き、言語と科学が人々の耳を聾する。それは唯一の聖体拝領をもち、理性なき唯一の契約をもった新世界である。

すべての饗宴は一つの饗宴でしかないのかどうか、もろもろの聖体拝領は一つの聖体拝領でしかないのかどうか、実体とは一つの名前でしかないのかどうかを決定するために、あるいはまた、パンとワインはことばと区別されるかどうかを決定するために、われわれは長いこと争ってきた。われわれは本当に一つの舌をしかもたないのか、あるいは二つなのか、あるいは三つなのか。

一つの言語〔舌〕を通してしか与件はやってこないと主張する者は、古い由緒ある神学の新たなる特徴によって、それとわかる横顔をもっている。

その神学はもう一方の岸を打ち負かし、勝ち誇って戻ってくる。

石像

一つの石像が重々しく客間に入ってきて、いつものように宴会を中断させる。

すべてが大理石でできている彼の外面は、いかなる感覚の使用も許さない。これを建造しこれを操縦している哲学者は、自分の選択にしたがって、また諸感覚が引き起こしうる印象〔影響〕を考慮しながら、その石像に感覚を付与する権限を留保している。内面的にはわれわれと同じように有機化され、いかなる種類の観念ももたないまま、霊気《エスプリ》によって生命を吹き込まれたこの石像は、バラの香りを濃くただよわせ、カーネーションやジャスミンやスミレやリボンの花冠をいただき、客たちのただなかに入ってくる。この客たちにとっては、霊気は腐植土から生まれあるいは花の芳香からやってきて、シャトー・ディケムのグラスのまわりに孔雀の尾を織り成しているのだ。石像は口や言語〔舌〕の間に席を占める。

冷たく、すべすべとし、汚れなく、大理石のように木目模様のある肌をもった身体が、ブラック・ボックスのなかに横たわっている。この身体の主人であるコンディヤック〔十八世紀のフランスの哲学者〕が、ボックスの開口部を操作している。彼は明確に限定された窓を開いたり閉じたりしているのだが、そこから、明確に示されよく濾過された唯一の情報が入ってくる。彼は自分のロボットに対して分析的に、連続演算的に実験をおこなっているのだ。彼は、たとえば香りの領域においては、バラから始め、それからカーネーションに、ジャスミンに、スミレにと移ってゆく。〔コンディヤックは石像に五感を順次付加しながら、石像内部の感覚変化をたどることにより、人間の精神能力のすべてを感覚の変形とみなした。〕

どのようなバラが、どのようなスミレが問題になっているのだろうか。パルムのスミレだろうか、三色スミレだろうか、角状のスミレだろうか、薄紫のスミレだろうか、群青のスミレだろうか、芳香を発するスミレだろうか、ロシアのスミレだろうか、中国のスミレだろうか。まるで、生きている世界で誰も一度もバラを摘んだこともなく、そのかぐわしい香りをかいだこともないかのようだ。どのような変化に富んだ色合いをしているのか、どのような緯度で生まれたものなのか、どのような庭師の手入れで育てられたものなのか、開花に至るまでの季節や週の経過はどうなのか。コンディヤックの石像の感動をもっとよく知るために、あまり穏やかとはいえない五月のある日の午後と、九月のある輝かしい朝に、バガテル城〔パリ郊外、ブーローニュの森のほとりにある城館〕の庭園に入った私は、空間のなかに爆発したかのように広がる雑多な色合いと、花崗岩模様のパレットのような色彩の多様性を前に、王子さまのように笑うか泣くかせざるをえなかった。頬を紅潮させたニンフような薄桃色のバラや、美しい斑点のあるバラ、小さなリゼット、ベンガル、ダーム・ド・クール、ヴェノザの王女、カルモジーヌ、ジャックミノなどのバラの繊細な芳香のなかに、石像は身を沈めてしまったのだろうか。そこでは野バラや、プリムローズ、パッス・ローズなどのタチアオイ科の花は軽蔑されて植えられていない。この新しい孔雀の尾に陶酔するほどに浸ったならば、どのような嗅覚のエキスパートが、その香りを分析しにここへ戻ってくることができようか、あるいはそのような期待がもてようか。ロボットによる経験の貧弱な精密化や、花に関するその無教養で俗物的な粗野さを前にしたなら、いかなる庭師も、フランスのグラッス〔アルプ・マリティム県の都市、香水の生産で有名〕のいかなる香水鑑定家も、もう一度、涙が出るほど笑うことだろう。機械は招待客たちに恐怖を与え、畏怖の念を起こさせる。いずれの日か高性能のコンピューターが作られて、人々の畏敬するそのコンピューターは、どんなものであれソーテルヌのワインとコカコーラとを区別することができるだろう。後者は安定していて、化学式をもっており、限定された一連の語あるいはコードに帰せられるということ、前者は不安定で、個別化されていて、変化し、波形模様がほどこされているということを、人々は忘れてしまっていることだろう。庭師的経験主義や、バラおよびその混合した香りの恐ろしいほどのおびただしさを、人々は忘れてしまっていることだろう。

私はスミレ色のスミレを一度も見たことがない、と年老いた庭師が言い添えたものだった。恐ろしい石像が、彼に対して沈黙を押しつけようとしていた。スミレについて言えば、と彼は続ける、私は決して薄紫と濃紫と十五種類の青との相違を決定する術を知らなかった。今では衰えた私の目が、それらの色を広がったスペクトルに配列している。私の視力が衰え始めたときに、隣接するさまざまな色合いを私は徐々に知り始めた。臭いに関する孔雀の尾も、同じようなスペクトル状もしくは扇形に広がっている。これほど様々に分化した土地のバラの臭いを、くまなくかいで回るためには、石像はどれほどの時間を必要とすることだろう。庭師の全生涯、それと知らずに交配し、新しい品種をたえず創造するこれらの遺伝学者たちの数世代を必要とすることだろう。「汝の畑を耕せ」、祖先から伝わるこの古い知恵の格言の教えは、実際上、次のような意味であろう。「あなたは神のごとくに生きるだろう」。この神は自分の進化の楽園で、たえず様々な種を交配させ創りだす。バラの香りはたえず変化するので、あまりに重くのろまな石像は、それらの香りに決して追いつけないだろう。石像の実験は一番目の庭の一列目で永久に止まることだろう。そう、まさしく神々の饗宴の席で。

実験が継続してゆくためには、この限りない饗宴を禁止した方がよいだろう。さあさあ、いつまでもテーブルでぐずぐずしていてはいけません、あまりに悪い習慣がついてしまうから。

入ってくるや否や、何かの花の香りがただよってくるよりもずっと以前に、石像は否定でもって武装する。形や広がりの概念も、自分の外にある何ものについての概念も、石像はまったくもたない。それゆえ形と広がりと動きによって空虚な悟性を彫刻し、自らが悟性になるのを辛抱強く待っている。悟性以外のすべてのものを、この石像が嘲笑してから久しい。この虚ろな形状を満たさなくてはならない。

馬鹿にしないようにしよう、重要な問題なのだから。

われわれのような生体が、動かなくなれば、その上に大理石の石板が重くのしかかってくる。それは、私の言語においては、死骸と呼ばれている。真っ白な石の覆いが死体を包み、その上に彫像が彫られるのだが、それは墓と名づけられている。ロボット、内に幽霊をそなえた機械、知識をもった幽霊、それは墓碑と言われなくてはなるまい。それは穴と扉をもったブラック・ボックスで、そこを通って情報が出たり入ったりする。白大理石の彫像、あるいは喪色のブラック・ボックス。それは盾形紋地あるいは紋章を帯びている。もし実験者が、この棺の上に窓をうがち、まず最初に香りのことを考え、墓穴あるいは地下納骨堂の石棺の上に花束や花冠を投げたとしても、何ら驚くべきことがあるだろうか。

饗宴の席に入ってくる石像、幽霊、ロボット、機械、感覚に飢えた虚ろな形状だけの理性は、その真の名前を死という。かつて地獄のなかでは、蒼白い影たちが、しばしのあいだ自らを保持するために、自分たちの空虚な形状を満たすために、同じように血を必要としていたのだ。

知り始めるために、あるいは感じ始めるためにさえも、なぜ死ななくてはならないのだろうか。窓をうがちながら哲学者は、実際、死体を解剖しているのだ。彼は生きているものを殺し、それを自分の実験材料にし、あたかも生まれてくるものと亡霊となって出るものとが同じであるかのように、それをよみがえらせようと試みているのだ。

饗宴で、もろもろの口が自分たちの生命を謳歌し始めるや否や、石像が彼らの生命を奪いにやってくる。

石像はバラの香りで満たされていると哲学者は言う。しかじかの者は、息を引き取るとき、聖人の芳香となって死ぬとよく言われたものである。哲学者はまず最初に、石像がするようにすること、石像とともに存在し始めることを、われわれに要求しさえする。再び子供になりなさい、しかし整然と。

生命にはこのような始まり、生命力に満ちた再生の瞬間がある。たとえば、黄金の舌がしばらくの間、そのよどみなく流れることばを忘れ、自分にはえも言われぬ隣人がいることに気づき、その隣人の方も自分を愛する姉妹がいることに気づく。そうなれば、窓＝口のなかでは、何事ももはや決して以前と同じようには起こらないだろう。器官である舌は、三体雄芯となり、三つ葉となり、三位一体となって再び生えてくる。何とすばらしい出来事だろうか。たくましい生の躍動に突き動かされ、可能性を秘めた新しい生命の戸口に達した興奮に突き動かされ、この新生を前にして、誰か尻込みをする者があるだろうか。

しかしながらわれわれは、石像のしたようにすることはできなかった。それはわれわれの誤りによってではなく、バラを見つけ出せなかったがゆえなのだ。プログラム作成者は、香りも、変種も、開花の時期も明確にしはしなかった。彼は一つの概念を固定したにすぎなかった。われわれはバラの概念から発散する香りのイデアをかぐこともできなければ、それを愛でる術も知らない。ロボットはことばをいっぱいに満たす。だが、バラという名詞は香りを発しはしないのだ。

この新生〔再生〕は、われわれの生命から死を締めだすこと、あるいはわれわれの機械性を消去することからなるのだが、この新生に促されたわれわれが、機械に対して、饗宴のテーブルから離れるよう丁重に求めるとしたらどうだろう。

そうなのだ、バラはここではバラという語に帰せられ、石像は一冊の辞書あるいは一つのコンピューターに帰せられている。窓から入ってくるものは、感覚作用の単位なのだが、それは意味の単位、デジタル化された情報に等しいものとなる。ロボットは一語一語感じることを学ぶのだが、それは実物教育のために教室の机に座っている子供である。その結果として知識が生じたとしても何も驚くことはない。一語一語、言語がついにやってくる。何ということか。

与件が言語によってしか与えられないとするならば、あなたの全集はどんな香りなのか教えていただきたい。

一八一三年にフィアンティーヌ街で前例のない出来事が起こった。それはそこに住む年代記作者が〔ヴィクトル・ユーゴーのことか。彼はパリのフィアンティーヌ街の邸宅で少年期をすごした〕、「バラ」〔rose〕という語と「陰鬱な」〔morose〕という語との安易な韻を許容し、「馬鹿げた」とか「醜い」という語と意味を同じくするこの形容詞を、寄宿学校の共同寝室、自習室、授業、教室、柱、教師、無用の書類といった一連の名詞に結びつけたことである。ぶんぶんという羽音や、ざわめきの声に満ちた庭園のなかで、そこではさざ波で波形模様のついた池の水面に白樺のぼんやりとした影が入り交じって映っているのだが、バラの花に満ちたこの公園のなかで、自らの存在に目覚め始めた一人の子供が走り回っていた、あるいは夢想にふけっていた。どこかの中学の校長が、そこに突然現われる。ジャノトゥス校長だろうか、マルフリウス校長、ブラジウス校長、オノリウス校長、ムイユベック校長だろうか。彼は宴を中断させる。

楽園かあるいは寄宿学校か。飼育のための分かれ道。葉が繁り、茨や刺草が生え、ざわめきに満ち、ウソやスズメバチが飛び交い、混ざり合ったもろもろの香りに満ちた藪を選ぶか、あるいはアスファルトが敷かれた四角い幾何学模様の校庭を選ぶかである。その校庭では、支配のための最初の残酷な闘争のなかで、子供たちが敵対している。饗宴かあるいは石像か。ジャノトゥス校長かあるいは徳利大明神か。雑木林かあるいは辞書か。バラかあるいはバラという名詞か。バラ《ローザ》は、バラ《ローザム》を、バラ《ローザエ》の……、子供＝石像たちは、鮮やかな色も香りももたないバラという名詞を、語尾変化させている。言語を選ぶか、あるいは木の葉のざわめきや、一陣の風や、芳香や、木陰や、歌や、形や、恍惚の方を選ぶか。まったくありえないような出来事だが、狼や獣やいじめっ子たちのいる高等中学校と、フィアンティーヌ街の公園の茂みのどちらかを選択しなくてはならなかった母親が、いかにして突然、ヴィクトル・ユーゴーほどの天才を自分の息子にもつことになったのだろうか。

それというのも、混ざり合った混合体をなしているこの庭園が、それは子供の感覚のなかで不安げな花冠を形づくるのだが――ここで子供は自分を五回バラにしていることに注目していただきたい――短期間のうちにこの子供にことばの大海原を、ほとんど完璧なフランス語を賦与したからである。

もしあなたが社会的に従順な石像たちの軍団を組織し、支配のための闘争に子供たちを適合させようと思うならば、貧しくて、無味乾燥な語彙、木のように固く鉄のように冷たい語彙、繰り返され水増しされて用いられる専門用語で満ちた語彙を、彼らに与えなさい。それらの語彙を用いて、彼らの感覚を形成しなさい。そのような言語、セメントで固められた四角い校庭、退屈な共同寝室、彼らの習う文法に模して整序された陰鬱で臭い自習室、それらを通して彼らに与件を与えなさい。子供たちが自らの存在に目覚め始め、高等中学校＝牢獄によって形成される井戸のなかで、頭上の丸い穴のような空を見上げるとき、彼らが目の痛みを覚えるとするならば、太陽のもとで人がどれほど苦しみうるかを学ぶために、愚かで衒学的な青春時代に、われわれはプラトンの洞窟を必要とはしなかったのだ。

もしあなたが、セイヨウサンザシやサクラソウの咲き乱れるなかで、感覚を働かせながら子供たちのことばを形成してやり、バラという名詞のなかで語尾変化されるバラを、芳香を放ち形と色をもつ輝くばかりの花束と関係づけ、与件を通して彼らの言語を構築するならば、そうすればあらゆることが起こりうる。詩人さえも、快活な大人さえも、賢者さえも生まれうる。機械的で石像のように凝り固まった悟性の硬直性をおおらかに笑い飛ばし、言語と感覚を距離を置いて位置づけ、双方を保護し双方の活力をともに保つような数学哲学者さえも生まれうる。

あなたは探し求めていた庭園を見つけただろうか。建築家がそこにセメントを打ってしまった。あなたはあそこに茂みを見つけただろうか。農学者がその茂みを切り払ってしまった。収益性の高い空間は学校に似ている。ジャノトゥス校長が野外でも勝利を収める。理論が山学校を打ち負かす。なぜなら山の茂みは切り払われてしまったからだ。言語は与件を消滅させ、与件に取って代わる。マルフリウス校長の四角い校庭が与件に取って代わる。文法や論理学は、自分たちが正義となるような世界を創りだす。これらの空間のいずれかの校長が、その空間とその言語を支配する。

年を経た饗宴に入ってきて、石像はグラスを壊し、料理をひっくり返し、快活に飲んでいる生きた肉体を殺し、そこで大理石の石像あるいはロボットを増殖させ、定式化した飲物をもたらす言語の饗宴を創始する。その定式化によってすでに合理化された世界に、見事に適合する饗宴を始めるのだ。ついには、饗《シ》宴《ンポジウム》〔討論会〕は具象について語る。

間もなく茂みは、学校にしか残っていないことになるだろう。それは悪がきの生徒のために栽培されることだろう。

カオスと混合についての省察、感覚で捉えうるものに向けられる注目、それは喧騒の哲学にかなりよく似ている。それは騒がしい悪がきどものかつての経歴の最高の栄誉、一つの知恵の始まりである。


私の言語では、目の見えない者を盲人と言い、耳の聞こえない者を聾者と言い、ことばを話すことのできない者を唖者と言い、触覚を失った者あるいは触覚をそなえていない者を時として無感覚者という。この言語は、味覚を欠いた者に充てられるべき語をもっていない。この言語は、盲目や聾障害を欠如や欠陥として表現し、そのことを認めていたのだが、それは、あるいはそれらの障害が少数の人々にかかわるものだからなのか、あるいはそうした障害が言語自体の活動を危険にさらしたり不安に陥れるからなのか、誰にもわからない。圧倒的多数の人々は知恵の言語をもっておらず、それなしですませているのだが、言語はこのことを隠している。言語は自分自身の欠陥を秘密にしているのだ。言語は自分に何が欠けているかを言うための語に欠けている。言語はこのようにして、そうとは言明せずに、ことばがしゃべれさえすればよいのだと言っており、その他の障害については無感覚症という語で充分だと言っているのだ。石像は自分自身を辞書にするのだが、あたかも辞書は、石像のように、大理石の舌をもっているかのようだ。辞書は味覚を中毒させる。

学問用語においてのみ無嗅覚症という語が用いられ、またさらに一層稀に、無味覚症という語が用いられる。

石像は饗宴の席に入ってきて宴を中断させる。彼は席につきもしなければ飲みもせず、香りもかがず味も味わわない。彼はメニューを食べるのだ。彼は、料理の名前や、調理法や、ワインの銘柄を記憶する能力をもつ動く辞書なのだが、いかなる最後の晩餐をも記念する能力をもたない。明日は石像は気ままにまた能弁に、有名銘柄のワインについて、あるいはその年代について、料理ガイドブックや料理のシェフについて話すだろうし、人はその古い経験を請け合うことだろう。石像は自分が決して感じたことのないことを誰よりも上手にしゃべるのだが、しかし彼のしゃべる語彙のなかにその実態が漏れ出ている。ロボットのことばは、局所的に見れば、バラとしか言わず、それには香りがない。なぜなら論理的存在以外のものは存在しないからだ。辞書の言語は、全体的に見れば、嗅覚と味覚の欠如を言い表わす語を欠いている。こうしたクロスチェックによってロボットをそれと認めることができる。

ところで、ロボットの後ろから、一つの亡霊が、一種の幽霊《ルヴナン》が入ってくる。それが経験主義者でないとしたらいったい誰が、批判者として、言語のもとに再び戻って《ルヴニール》くることができるだろうか。

われわれは経験主義なしでたやすくすますことができる。経験主義者はここになにをしにやって来るのだろうか。自称の感覚哲学者や知覚哲学者さえも経験主義なしですませている。自分たちの代数学や論理学や現象学において彼らは、臭いもなく、色もなく、風味もない文字、味や色合いや香りを言い表わす語句や表現すらもそなえていないことばですませている。彼らにとっては、ロボットにとってと同じように、聞かれ、見られ、読まれ、コードに帰せられる言語で充分なのだ。だがそれらの語やコードは今後、彫像やロボットやコンピューターのメモリーのなかにプログラムされると同じように、われわれの遺伝子のなかに、われわれの社会の慣習のなかにプログラムされるだろう。われわれの知識の生成あるいは到来を保証するための言語だけで充分というわけだ。実物教育によって満足を得るわれわれは、どんなにか実物を必要としているというのに。

しかしながら経験主義者は、メニューが試食と同価であるかどうかを疑い、ラベルについての分析が試食と同じように渇きを癒すかどうかを疑って、頑固に戻ってくる。彼は食事の合間にリストや本をむさぼり読むにすぎない。彼は愛と愛という語を混同しない。彼は戦争と欠乏の子であり、すき腹を抱えている。彼はつねに渇いており、貧窮の子である。自分の思春期に欠乏を味わったものに、誰も飽き足りることはない。彼はまた物なしではすますことができない。田舎からやって来た彼は、都会の急速な記号化にいまだ仰天したままなのだ。経験主義者は遠くから戻ってくる。人々の子供時代の総和から、ことばでは満たすことのできない欠乏の総体によってうがたれた井戸のなかから、彼は戻ってくる。もはやその噂話も聞くことはなくなったが、しかし私の子供時代には沢山出会った昔風の、それは貧窮の子なのだ。経験主義者は古代の廃墟から戻ってくる。彼は証明するために戻ってくるのではなく、要求するために戻ってくる。彼は乞食の亡霊なのだ。

やむを得なければ、と彼は言うのだが、われわれは直接的で感覚的な経験なしでやってゆくことができる。大理石の皮膚をもった文法や論理学は、そのような経験なしで機能するし証明もする。それは久しい以前から教室において経験に取って代わり、現在でもまた、まわりの世界で経験に取って代わっており、その世界を科学が自動機械で満たしている。われわれは自分たちが作っている彫像に似始めている。かつては大人は、現実は授業よりも重いことを腕で、肩で、皮膚で学んで、学校を馬鹿にしたものだった。今日では、学校生まれのコードがあらゆるものを覆い尽くしているのだが、そのコードをもはや理解することのできない大衆を、あらゆる授業が馬鹿にしうるようになっている。教える側と教えられる側の教育の組合せが逆になって、子供が年輩者に、公式やキーの操作を教えなくてはならない。それゆえわれわれは経験なしですますことができるし、われわれの知識はそのことによっていささかも困ることはなく、むしろ新しい世界によりよく順応するだろう。しかしわれわれは知恵なしで生きてゆくことができるだろうか。知識は言語からやって来る。それは確かだ。だが哲学が感覚から生まれたとしたらどうだろう。

われわれはもはや高度な知識なしにやってゆくことはできないだろうし、高度な知識のために生きている哲学者は、それらの知識の助けなしに思考することはできないだろう。しかし哲学者が高度な知識の面で前進すればするほど、われわれが美しさなしにすますことはできないという事実、知識のために大きな代価を支払わなくてはならないという明白な事実が、一層よく浮き彫りにされる。そこから新しい知恵が生ずる。若い頃には学び、知識の面で前進し、大人になれば、創意に富んだ、生き生きとした、自由な知性を愛し、実践し、力強く生産し、そうした後に美しさへの欲求が増大する。つまり主体は青春期には体験して学び、壮年期には実り多く、分別ある年代には文化を求める。一定の年齢を過ぎると各人は自分の顔や外見に責任をもつものだが、それは各自が自分の行動や計画、ことばや嘘によって自らの顔や外見を彫り刻んできたからだ。醜い老人にはつねに用心することだ。彼の醜悪さは自分の所業から生まれたからだ。その人の内面や意図は、時間を経ることによってあらわにされる。今や科学は大人以上に成熟し、強力で、勝利の絶頂にあり、いたるところで第一人者であるが、歳がくれば科学は自分の顔に不安を覚えるのだろうか。われわれが醜悪さと死でもってその代価を支払わなくてはならないとすれば、厳密さや強力さは何になるのだろうか。生きることもできずその術も知らないとすれば、考えることは何になるのだろうか。それは定式化した知識が、たとえいかなる権力をもたらそうとも、もはや充分ではなくなる瞬間であり、たとえば、もろもろの文の下に横たわっている言語の普遍的な音楽が、語彙そのものの意味以上の意味を諸感覚に伝える瞬間、文化、知恵、哲学が、知性よりも一層大きな価値をもつ瞬間、そして知性が、その自由さと寛容とによって、知識よりも価値をもち、知識が論証よりも価値をもつ瞬間である。明日は科学が幅をきかすことだろうが、その科学が権力を和らげるものを排除するならば、野蛮さが戻ってくるだろう。実利的な時代の後には、平穏な時代が来るのだろうか。

死ぬ術を、ただ一人苦しみに耐えて生き抜く術を、自分の息子たちの一人が治癒したとき歓喜の歌のなかで身を震わせる術を、戦争より平和を愛する術を、時間のなかに自らの住処を建てる術をどこで学ぶべきなのか。平穏へ向かってのこの教育をどこで受けるべきなのか。辞書や、コードや、ロボットの記憶装置《メモリー》、論理学の定式のなかでなのか。あるいは単に人生の饗宴のなかでなのか。人生の意味は、人生という語の意味のなかに横たわっているとは思えない、それは生きた肉体の諸感覚のなかから生まれてくるように思われる、と乞食の亡霊が機械の後ろで言っている。たとえば、上質のワインによって培われる無口な知恵〔味わい〕のなかから。芳香に包まれ、味わいに洗練の趣を与える慧眼《サガシテ》〔鋭敏な嗅覚〕のなかから。あるいはまた母音の響きや、すすり泣きや、聴覚が言語下で知覚するものによって。土から生じる香りや描くことのできない風景によって。息をのみ声も出ないほどに感動させる世界の美しさによって。肉体が聾唖の感覚のなかに思う存分に身を沈めることのできるダンスによって。ささやきすらも妨げる口づけによって……。去らねばならない人生の饗宴のなかから、それは生まれてくるように思われる。

経験主義者は悲しげに石像を見つめていた。饒舌家がどれほどダンスが下手かあなたは気づきましたか、と彼は言う。知識をもっている人々の醜さにあなたは気づきましたか。権力者の顔をしげしげと見つめたことが誰かありますか。ロボットの支配のもとでは、美しい風景が醜いものに姿を変えるのを見てごらんなさい。いかんともし難いほど醜い領土と構成員からなり、よくコード化された社会、そのような社会をいつの日かわれわれが認知すると思いますか。一つの文化は、女性の美しさ、肉体のすばらしさ、民衆の所作の卓越さ、顔の優美さなどの特質をもち、風景の壮麗さ、いくつかの都市の繁栄によってそれと認められる。まなざしの輝きがこうした優美さを要求し、所作の穏やかさがこうした繊細さを求め、秘められたる調和が美しさの上に創りだされる。荒廃した国土のただなかにあっても、醜さは自分を恥ずかしいとは思わない。無感覚は醜悪な肉体を作り、言語は肉体や諸物を中毒させる。今でもなお優美さに満ちた文化、そのような文化に私は敬意を表する。それは現代の世界に残された稀なる遺物だ、と彼は言う。

知識の面で大いに進歩すれば、人は優美さの欠如を危惧するようになる。優美さが知識の中心あるいは根源をなすということに人は気づくのだ。それはあたかも、魂が肉体を肉体たらしめているかの如くである。言語のメッセージが、言語なき感覚のメッセージに処女然として取って代わるとき、知識は安全に保たれ、一層急速に発展しさえもする。だがそのとき文化はその優美さを失う。さあ、顔つきの上から、もろもろの社会的表象のなかから、地上から、文化の優美さが消え失せてゆくのを見てごらんなさい。われわれは醜さから醜さへと進んでゆくのだろうか。

科学の発生期とその最初の発展期を通じて、哲学は認識の生成過程を探求し、認識は感覚より生ずると言ったものだった。当時は、哲学者たちは少々の学識をもち、絶大な文化を担っていた。もっとも学識ある者はあまりものを知らず、もっとも教養のない者が大いに物知りだ。おそらく哲学者たちは自分たちの文化を科学と取り違えたのだ。彼らは、自分たちの伝統的な知識の生成過程や形成過程をたどることによって、科学的な知の生成過程を記述していると信じていたのだ。

われわれは同じ過ちを犯すわけにはゆかない。これらの時代に比べるならば、われわれのうちでもっとも教養のある者は野蛮なままであり、もっとも学識のない者が無限にものを知っている。われわれは、認識することと一般の生成過程を記述していると思っているのに、科学的な知識の形成過程を追っているにすぎない。少し前まで、われわれは細心の注意を払って認識形而学《グノセオロジー》と科学哲学《エピステモロジー》、つまり認識の理論と科学の理論とを区別していた。そして後者は前者の一部をなしていた。ところが今日の言語においては、後者があらゆるものに当てはまる。あたかも知るということがすべて科学のみに帰せられているかのようだ。文化は雲散霧消してしまう。生成の初期段階のあたりで言語が感覚を中毒させ、感覚に取って代わるのだ。よりハードな世界とのいかなる接触よりも以前に、われわれは子供たちを言語のなかに浸けてしまう。われわれはますますソフトのなかで生きるようになっている。われわれのうちのある者たちは、生涯にわたって、記号の外に世界があるなどとは疑ってみさえもしない。行政機関の書類とはかかわりのない行為や、マスメディアによって流される見世物以外の行為や、図書館の外の環境などが存在するとは思ってみもしない。自然による教育という初期の教育論は、増大するこの言語の支配に抵抗するものだが、それらの教育論の出現は、初めは科学の誕生の時代に、次いでその成長の時代に正確に対応している。科学の勝利の時代および新しい文化に関する不安の時代には、同じ問題が尖鋭化されて戻ってくる。戻ってくる《ルヴニール》というのは、それらがいったん姿を消したからなのだ。同様に哲学においても、形式主義、論理主義、唯名論が経験主義を排除する。経験主義の幽霊《ルヴナン》の姿はそこに由来するのだ。それは石像の足元の土のなかから出てくる。

効用主義の知識は、自分の直系の血統である言語を褒め称え、自分の傍系的歴史を消し去り、それを忘却という無感覚のなかに投げ捨てる。われわれはそのことによって五感を失う。

失われた知恵や文明の既往歴のなかから、五感は戻ってくる。

大理石のロボットは、現われたこの幼虫のような影法師を悪魔祓いし、内気で、控え目で、どっちつかずで、おびえているこの幽霊の、青白く揺らぐおぼろな顔に対して、鉄のように冷たい軽蔑を投げかける。きわめて急速に忘れられたこの昔の印象を、鈍重で生気のないものと石像は判断しているのだ。味を味わう喜びは死に瀕していて、すでに私から遠く離れている。味覚によって残された印象は、語彙集に保存されることなく消え去ってしまう。もろもろの語よりも以前に言語の上に立ち現われ、そして失われていったものを、石像は自分の記憶装置の重さによって圧しつぶす。しかしそれは戻ってくる。蠟のテーブルなくして印象〔刻印《アンプレッシオン》〕はない、と石像は古代において言っていた。印刷術なくして印象〔印刷〕はない、と石像は現代と言われる時代に繰り返し言った。プログラムなくして印象はない、とコンピューターと人工知能の時代に石像は再び言っている。新しいものは何もない。コード化、言語、語そのものなくして印象はない、と残された痕跡であるエクリチュールが言う。重装備をしたドン・キホーテが、ほんのわずかなそよ風にも動く風車に馬で攻撃を仕掛けたと同じように、石像は感じやすい経験主義者を攻撃して追い払う。いかなる微風をも感知する、軽くて、注意深くて、方向自在の羽根＝風見を、本書はいっぱいつけている。

死に瀕しているものをなぜ殺すのだろうか。経験主義は失われ、廃墟となった姿を見せているにすぎない。廃墟を破壊して何になるのだろうか。経験主義は破壊され、残骸しか残っていない。残骸を消し去って何になるのだろうか。経験主義は消し去られて、印象あるいは影といったはかない状態でしか存在していない。影をなおも悪魔祓いするというのだろうか。

一陣の疾風や、芳香や、風味が残していった印象を、確かにわれわれはもはや覚えてはいない。だがそればかりでなく、われわれは経験主義そのものの記憶をも失ってしまったのだ。そしてもしわれわれが、五感の記憶もまた失ってしまったとしたらどうだろう。件の幽霊あるいは亡霊は、三位一体の役割を演じているのだが、その三位とは、消え去ろうとしている感覚作用、同じく、感覚作用を論じる理論、哀れなるかな、感覚作用を受け入れていた器官の三つである。

夜が白み始めるや否や、腹をすかせたまま、風のわずかな方向の変化にも鼻を震わせながら、狩に出かける者が誰かいるだろうか。船尾に立って、波の砕ける音を不安げに聞き、海藻や潮の強い香りに混じって漂ってくる、遠い陸地のかすかな木の葉の臭いにも注意を怠らない者が誰かいるだろうか。自分の遠目、遠耳にたえず磨きをかけている者が誰かいるだろうか。今日において、聴こうとしたり、香りをかごうとしたり、物を見ようとしたり、味わおうとしたりすれば、広告を必要としない者が誰かいるだろうか。不感症の器官、廃墟となった経験主義、失われた印象、亡霊。

いったいいつから石像が君臨しているのだろうか。最初から、われわれの記憶の始まりから、言語の誕生そのもの以来、君臨していたのだ。記録に残るわれわれの最古の祖先、詩に詠われたもっとも古い英雄は、風そよぐ島に向かって、あるいは紫色にかすむ水平線のかなたに横たわる知られざるかぐわしい天地に向かって、大海原に船出するのだが、航海に出て、姿をくらまし、牢から逃げだそうとする者の上に、詩の形をとった言語の牢獄が再び閉じられる。望みどおりに、海上の最悪の危険である嵐に遭い、次々と姿を変えて現われる魔女たちにかくまわれたにもかかわらず、ユリシーズは組合せよく織られる機織の罠に再びはまってしまう。そこでは、日夜、編んではほどかれるペネローペーの紐のなかで、テクストのプログラムのなかで、彼の航海がその位置を標定される。つまり彼は自分の航海のすべてをアルキノオス王の饗宴で朗唱し、最後の饗宴では、自分の妻の家で、朗唱することのない求婚者たちを殺すのだ。しかしながら彼は、脂の臭いのする雄羊のふさふさとした羊毛のなかにこぶしを埋めてしがみつき、洞窟から逃げ出そうと試みたのだ。そこでは、目をつぶされ、ワインに中毒し、多重な意味をもつあの言語に耳を聾されて、一眼の巨人がわめいていた。一度や二度ならず何度となく自由の身となった彼は、ついには言語の織物のなかに、詩の規則的な横糸のなかに、鎖につながれて戻ってくる。経験主義は、すでに世界のようにすみずみまで探訪され、旅行代理店によって宣伝され、安く売られ、宴会から宴会へと語られ、突然幻想的な地獄に連れ戻されるのだが、そこは空しい影や幼生で満ちており、彼らは沈黙のうちに消え去り、そしてすでに泣いている。真向いの岸で、楽園での果物の饗宴に充分に満足し、木々の茂みのなかで自分の美しいメスといっしょに裸で住んでいたわれわれの最古の祖先は、まず最初に種の名前をつけることに専念する。後者は聖書のなかで、前者は叙事詩のなかで、双方ともエデンの園あるいはアルキノオス王の館で宴を張りながら、言語の生成を語っているのだ。

書いたり朗唱したりする人間の出現、給仕をする石のロボットのカタログや仲買人を追い求める人間の出現以来、経験主義は遠いイマージュの島々、あるいは死霊で満ちた地獄のなかに失われてしまっている。経験主義は伝説的な古代以前の時代に遡る。なぜならそうした古代は、死んではいるが残存している美しき良き言語で書かれ語られた神話によって、われわれに伝えられているからだ。ことばを話し始めて以来、われわれは感覚を失っている。しかしながら太古の経験主義は、忘却されてはいても、たえずよみがえってくる。それは自分の墓から突然立ち現われ、所作のなかによみがえり、暗い、石像のような、冷たくこわばったわれわれの肉体の墓場の上に、はかない印象となって現われる。われわれは機械をまねており、自分たちの子供をロボットにし、自分自身を大理石の皮膚の下に埋葬している。だがしかし亡霊が軽やかな香りのなかに、稀なる味のなかによみがえり、それは農業や航海術の実践のなかに思いもよらない形勢や、思いもよらない感動を呼び起こす。それは引き裂かれたような、あるいは縫目をほどかれたような環境のなかに現われ、時として物そのものの不思議な軽やかさをもたらす。

論理学の頌歌であるプラトンの対話篇のなかで、後にソクラテス以前《プレソクラティック》と呼ばれる者たちが祖先の役割を充てられており、そこでは、パルメニデスは開祖とさえ称されている。もろもろの学派や思想家たちが、一人を除いて、系譜のなかに位置づけられており、学派間の不可避的な抗争を演じている。感覚の乱流の唱導者であるプロタゴラスは、この系統樹のなかに位置づけられておらず、土から直接出てくるのだが、これは彼が土のなかに埋葬されていた証拠である。彼は人々によってそこに追い払われたわけだが、その墓のなかから出てくるのだ。肉体＝墓は、感覚によって捉えうるものを埋葬している。プロタゴラスというこの名前は何を意味するのだろうか。対話以前、ことば以前、言語以前という意味だろうか。

古代、それは、言語によってかくのごとくなったわれわれ人間の歴史以前に遡るものである。有史以前、それは今に伝わるあらゆる伝承以前のものである。言語の力によっては決してよみがえることのない死者たちの間に、それは四千年以上も前から横たわっているのだ。

死

ここに経験主義の墓があり、それは彫刻をほどこされた大理石に覆われている。身体、石像、われわれの知識や記憶、図書館、墓碑、これらは幽霊を否定することによって幽霊を閉じ込めている。

ここに経験主義の墓があるのだが、ラベルが大クープラン〔フランソワ・クープラン（一六八八—一七三三年）、フランスの作曲家〕の招魂のための曲を作曲したと同じ意味において、本書がその墓である。

それは称讃と涙であり、追憶と尊敬である。

あらゆる言語以前に遡り、跡形もない、あるいはほとんどない、文字以前の時代の廃墟、哲学と人間の祖先、その救済。救済。哲学の敵であり、哲学によって追放されたもの、歴史のあけぼの以来、言語と石碑によって覆われ、討論会や対話によって憎まれ、議論好きな人々に軽蔑され、田舎＝土を覆う都会＝石によって追放され、公共の場から追い払われ、饗宴に時おり出入りし、瓶から突然出現する羽根飾りもしくは香雲、汝をいかにして救済すべきか。声によって太鼓の皮のように皮膚を無感覚にされ、排斥されたもの、肉の上に皮膚、皮膚の上に声、声の上にことば、ことばの上に意味と何重にも覆われ、声の向こう側にいる呼び起こすことのできない祖先、意味そのものの向こう側にいるもの、汝をいかにして救済するべきなのか。

墓碑のまわりの沈黙、音楽、ざわめき、色合い、芳香。われわれの祖先はミイラを芳香で満たしたものだった。このようにして、芳香を発する影が空虚な影像のまわりを漂っていたのだ。


知恵。君の肉体が石像や墓になってしまわないように。臨終以前に死体となってしまわないように。死ぬ以前に死者になってしまわないように。すべての無感覚、麻薬、麻酔剤を避けること。言語と哲学という魚雷《トルピーユ》あるいは麻痺状態《トルプール》に注意すること。禁止の文化から逃れること。知恵は肉体から発散する。世界は知恵を与え、諸感覚がそれを受け取る。無償の与件を尊敬し、贈物を受け入れなさい。

倫理学。無償性の太古からの道徳。感覚的な与件は、交換なしで、贈物として受け取られる。恩寵は開かれた肉体の門から入り込み、肉体を知恵で満たす。石像は城門あるいは潜り戸によって閉じられている。

育児。人の子よ開かれた門から、目、鼻孔、毛穴、唇、耳介から始めよ。そうすれば、しゃべることに自信をもって、君はつねにかなり早くからしゃべるだろう。充分に、つねにあまりに多く。君の皮膚を鋭敏にし、侵入してくる大理石を恐れ、硬直しないように気をつけよ。君の野生の叙事詩人を目覚めさせよ。彼はきわめて荒っぽく、きわめて厳しいので、いつか君は奮闘することだろう。かなり早くから、つねにあまりに多く。繊細で、知恵をもち、明敏で、鋭く、明晰で、細やかでありなさい。犬のように耳をそがれたままであってはいけないし、家畜や梁のように〔解体されて〕四角に切られたままであってはいけない。石像に風穴をあけよ。

医学。薬を用いない直接的な医学。口をつぐんでいることのできない状態、言語は人の皮を剝ぐのだが、その言語の殻のなかでしか生きることもできない状態、そのような状態によって無数の病が引き起こされる。言語は時間を殺す。黄金の沈黙は黄金の口よりも価値がある。沈黙は、われわれの唯一の宝である持続〔時間〕を返してくれる。また、雷鳴のような言語と意味に威嚇され、おびえて閉じられていた感覚を、沈黙は開花させてくれる。味わいたまえ、聴きたまえ、香りをかぎたまえ、愛撫したまえ、無口でありたまえ。感覚能力《エステズィー》は麻酔状態《アネステズィー》を排除する。芳香を発するささやきの下に横たわっているものは、その麻酔の一服で死ぬ。与件を受け入れたまえ、贈物を受け入れたまえ、麻酔の一服を拒絶したまえ。なぜなら言語はここでは、麻酔と同じ語を語りそれを自認しているからだ。麻酔の一服をすばやく与件や贈物でもって取って代えなさい。上質のワインはアルコール中毒から人を保護し、味わい深い料理は肥満症から人を救う。感覚を目覚めさせないものは感覚を中毒させる。経験主義者は薬学なしですますのだ。メッセージの文化のなかに浸され、メッセージによって無感覚にされ、言語によって病に陥っていても、きまり文句によって回復しようとしてはならない。ことばによって中毒になり、宣伝によって苛立たされ、情報によって死ぬほど酔わされているのに、君は処方書による治療をし、さらに君の言語の殻を厚くしているのだ。それはまるで、装甲板のような鎧をつけたサイかカバのようであり、アルコール中毒もしくは薬物中毒患者のようであり、ラベルやポスターに覆われた石像、面会予定表のようにプログラムされた何らかの機械であるかのようだ。五感による穏やかな治療をおこないたまえ、無償なもので充分なのだ。石像は、薬や、金や、ことばの作用で眠り、あるいは死ぬのだが、それが彼の三位一体の神なのだ。無償の治療、確実な治癒、これこそが救済である。

年老いた物静かな賢者であり、古風で、穏やかで、蒸気のように繊細で、軽妙で、とにかく健康で、たくましく、教師でもあり医師でもある経験主義者は、墓碑銘や死者の彫像を遠くに運び去る。一方、言語の方は、その墓を称えようと努めている。経験主義者は、彫刻をほどこされた台座の外に永久にとどまっている。

栄え《サ》〔救済《リュ》〕あれ、健康の贈与者よ。

そのとき、饗宴の招待客たちは、言説による麻痺状態から目覚め、そのとき、歴史の饗宴に参加したすべての者たちが、これらの表象のもつ悲劇性を忘れて立ち上がり、影に向かって杯を高く掲げる。その影は陽の光りにかき消え、彼らを死の暗い不安から解放するのだが、彼らは互いにグラスを触れ合わせ、シャトー・ディケムの液体が震えつつ輝いている半透明のクリスタルを鳴り響かせる。乾杯《サンテ》！　死ではなく、健康《サンテ》を！　栄え《サ》〔救済《リュ》〕あれ、喜びと胸躍る歓喜よ！

栄えあれ《サリュ》、幸あれ《アヴェ》、歓喜《ジョワ》よ！　これらの語は、母音の上を飛翔するほとんど語と言えないほどの叫び、呼び声、歓喜の爆発であり、美しい健康な肉体から発散されるものである。生命の最初の息吹だろうか。

最初の語だろうか。ことば《ウェルブ》の誕生だろうか。栄えあれ、そこからことばの生まれる肉よ。栄えあれ、恩寵に満ちた肉よ。幸アレ、恩寵ニ満タサレテ。亡霊かあるいは天使か。恩寵が肉を離れるとき、肉はことばとなる。

与件は言語からしかやってこない。一方、ことばの方は肉体に侵入し、例外も空隙も残さずに肉を満たす。ことばは自分以外の前提条件を望まない。

シコウシテ肉化サレタリ。言語は肉のなかに降りてくる。肉は、処女のまま、ことばを宿す。聖処女の子供であることば《ウェルブ》は、彼以前のあらゆる汚れを消し去る。

与件は言語からしかやって来ない。それは世界からも肉体からもやってこない。これらの空虚な場所からはやってこない。世界は言語を知らなかったのだから。処女なる肉からもやってこない。それは汚れを知らない肉体なのだから。

ことばの初めての現前に先立つ、言い表わすことのできないあらゆる痕跡は、汚れに等しいのだろうか。三つの教義、すなわち無原罪の懐胎、論理実証主義、ことばによる処女懐胎が、そうした痕跡を消し去る。

その翼とその声によって軽やかな空気をほんのわずかに震わせて、天使は、ことばがやって来る以前に、恩寵に満たされた彼女を祝福する。彼女を祝福する以前に、彼女にはっきりと告げる以前に、告げる瞬間に、天使は、彼女が恩寵に満たされ恩寵に満ち満ちていることを見出したのだ。その後になって初めて、主が彼女のもとにやって来て、彼女とともに住まわれる。彼女が懐胎する以前に、ことばが彼女の内にやって来る以前に、言語や概念以前に、ことばによって獲得され生み出された汚れなき処女性以前に、彼女、肉、彼女、母、彼女、女性、彼女、感受性豊かな肉体は、恩寵に満ちて生きていたのだ。あるいは恩寵に満たされて、あるいはことばに満たされて。後になって、ことばを宿し。それ以前には、恩寵に満ち満ちて。

恩寵に満たされて。無償性、無償の諸物、与件に満たされて。以前には、与件を受け入れ、それ以後はことば《パロル》を受け入れて。おことばどおり、この身になりますように〔「ルカによる福音書」第一章、第三八節のマリアのことば〕。

与件は言語からしかやって来ない。語や、概念や、ことばなしでは、何ものも通ることも存在することもできず、何ものも与えられえない。概念の外縁では、つまり概念なしでは、あらゆる感受性は消え去ってしまう。

このような概念作用《コンセプシオン》〔受胎〕を処女的と言う以外に、どのように名づけたらよいのだろうか。

聖処女はことばを受胎〔概念〕する。

彼女は、それをことばに出すことなく、花の咲き乱れたりんごの木を見ている。それはつねに、永久に花に覆われたりんごの木だ。りんごの木が果物をつける場所について、われわれは一度も読んだことがない。言語を約束された肉は、最初の木の下に裸でいたのだが、決してその果物を摘み取りはせず、原罪のあらゆる痕跡から人々を救ってくれる。

この図あるいは場面を無原罪の懐胎と言う以外に、なんと名づけたらよいのだろうか。

彼女、肉、彼女、母、彼女、感受性豊かな肉体は、処女のままで、ことばを受胎する。すなわち、ことばによる働きかけ以外は、与件が彼女に働きかけることなしに。彼女がこのようにして懐胎する以前に、彼女自身もまた原罪の汚れなく宿されたのだ。

与件は言語からしかやってこない。つまり、肉体はことば以外からは決して何物も受け取らなかったのだ。肉体がことばのみを受け取る以前には、すなわち肉体が受胎する以前には、肉体は決して何も受け取らなかったのだ。

論理実証主義のドグマを理解するためには、処女懐胎のドグマと無原罪の懐胎のドグマとをそれに加えなくてはならず、それだけで充分である。

最初のドグマは、同じ矛盾形容語法によって他の二つの総和と同じことを言っており、他の二つは矛盾形容語法を、一方はある意味で、もう一方は別の意味で用いている。この三つは三つとも、肉なき懐胎《コンセプ》〔概念《シオン》作用〕という同じ状況を述べている。

言語についての哲学しか存在せず、ことばについての宗教しか存在しない。

かの女性は告知のことばに何も答えない。彼女が何も知らず、まったく男を識らないということを除いては。

失われた経験主義に栄えあれ。ことばが肉になった日に、天使が現われた朝に、経験主義は失われた。

母が、白い汚れなき肉が生まれたときには、経験主義はすでに忘れられていたのだ。

栄えあれ、恩寵に満ちた肉よ。

幸あれ、栄えあれ、純粋なる母音よ。ことばが恩寵を消し去り、その見返りであるかのように、肉を汚れなきものにする以前には、肉体は恩寵に満たされていた。そのことをわれわれに思い出させるものを、天使だけが告げている。

天使のみによって言い表わされる恩寵、世界から肉体へとやってくる不可解なメッセージや微細な現象によってのみ言い表わされうる恩寵、それらの恩寵に満たされた肉。

ことばが肉を飽和させるとき、肉はこれらの太古の恩寵、言語では理解し難い古いメッセージを失い、恩寵を忘れ、恩寵を消し去る。

ことばが肉となるとき、恩寵は肉を離れる。

彼女はその日、受胎告知のことばを聴こうとは少しも予期していなかった。それは「与件は言語からしかやってこない」と言っている命題と同じくらい明晰、平易なものなのだが、ほとんどことばに翻訳されえない。

女性、見捨てられた汚れなき母の回帰、改革された由緒ある神学によってすでに描かれたプロフィルのなかへの回帰。ナザレの異国の女《ひと》の回帰。

この異国の女はしゃべらない。

われわれが飲みあるいは食べるこのもの、このものは一つの記号、一つの象徴、一つの語に帰せられる。

与件は言語からしかやって来ない。

われわれが受胎〔概念〕するこのもの、このものは概念からしかやって来ない。ことばは与件からは生じえない。

肉、貧しい女は言語しか食べない。誰も彼女に食べ物も飲物も与えない。彼女は何か食べるものを物乞いしているのに、誰もが彼女に良きことばしか与えず、彼女はしゃべることなく身ごもるがままになる。彼女は処女のままでありながら懐胎することになる。

哀れなる肉。

十八世紀末以来、ドイツ語圏の哲学は、全体的に、宗教改革の教父研究として、反＝反宗教改革の神学を声高に唱えている。この哲学は、反宗教改革期の終わり頃まで支配的であった、いわゆる古典哲学の準拠の基礎であるローマ教父学に、徐々に取って代わってきた。一つの教父集団が他の教父集団を追い払ったわけだが、この追放の過程は、思想的輸入業者であるフランスの大学の思想史をも、手っとり早く要約するものである。

技巧的で、凝りすぎで、装飾の多い空理空論のなかで、新たに提示された言語と感覚の単純素朴な問題は、勝利を収めたアングロ・サクソン語の改革派の教父たちと、打ち負かされた地中海的、ギリシア的、とりわけラテン的な古い教父たちの間の、古代の論争の領域を隠しかつ占領している。最初の「最後の晩餐」における聖体拝領が現実の形色《けいしょく》なのか、唯名的象徴なのかの論争、あるいはことばの受肉における母マリアの処女性の論争が、経験論的問題の少々ほこりじみた装飾のもとに、まったく新しく、再び姿を現わす。

思想の歴史は、数千年に数ミリメートル進むいくつかの巨大な地下プレートの歴史と同じように、ゆっくりとしたものに思われる。

それはつねに、饗宴や、愛や、貧しい女の受胎にかかわる問題である。

恩寵に満ちたる汝に栄えあれ。

天使が一人の女性の恩寵について、魅力、愛敬、細やかさ、柔和さについて語る。汝の美しさの前に私は頭を垂れる。

ことばによって満たされる以前の肉体を、恩寵が満たしていた。恩寵は美しさであり、恩寵は無償性である。賜物はいかなる義務とも対応せず、贈与者は贈与の義務を負わず、被贈与者は贈与によって何らの義務も負わされることはない。それは与件《ドネ》〔与えられたもの〕と名づけられうるだろう。世界からの賜物として受け入れられた無償の与件に満たされた肉体、私は汝を祝福する。感覚を通して入ってくるもの、あるいは感覚によって肉体に受け入れられるものは、お金によっても、エネルギーによっても、情報によっても、いかなる種類の貨幣によっても支払われえない。したがってわれわれはそれを与件〔与えられたもの〕と名づけることに同意する。このような賜物に満たされた肉、汝に栄光あれ。

恩寵に満ちた美しき汝、私は汝を祝福する。感覚の無償性に満たされたる汝に栄光あれ。天使は美《エステティック》という一語で二度語る。与件という意味と美しさという意味において。

天使は美の単一性を告知する。おお唯一の恩寵、魅力と賜物、感覚と楽しみ、私は汝を称える。この単一性を称えることでないとしたら、単一性とはどういう意味であろうか。

ことばがやって来るや否や、無償性は姿を消す。書くあるいは話すという代価を必要とするものを探さなくてはならない。ことばが買うあるいは買い戻す〔あがなう〕べきものを探さなくてはならない。だが、ことばが君臨する以前は、恩寵が肉を満たしており、代償もなく、単一で、美しく、無償であったのだ。ことばが肉となるとき、恩寵は肉を去る。

美の領域の単一性はここに失われる。

ことばが生ずる以前には、肉はおのずから恩寵に満ち溢れていた。肉は、黄金色に波打つ収穫のただなかで、沈黙の長い夜を眠っている。与件でいっぱいに満ち溢れているので、肉はそれを落穂拾いの女たちのために残しておく。肉は名もない古代の星々の下でまどろみ、乾いた音をたてる藁葺屋根の下で、牛が反芻する音をぼんやりと聴きながら夢想し、ツルボランの束の間の香りのなかで、自分の腹から巨大な木が生えてくるのを夢見るのだが、その最後の新芽がことばと名づけられる。澄み切った夏の夜、あらゆる人間の子供時代が一列に並べられた総延長と同じほどに長い夜のただなかで、眠気で重たい瞼をしている族長のわきで、胸をはだけて眠りながら、肉は想像もつかない子供のことを静かに夢見る。そこでは空がほのかに影を照らす。肉はことばを夢見、言語は腹のなかに根を下ろす。子種が宿るのだ。

与件に満ち足り、いっぱいになって、肉は落穂拾いの女たちに残ったものを与える。貧しい女たちは、藁の切株の上に身をかがめ、残された穂を自分たちの前かけのなかに入れるのだが、それははみ出したもの、満ち足りた充満や飽和からこぼれ落ちた微々たる部分、与件の不足あるいは過剰である。

夜明けになるや否や、かの女性は祝福を受ける。天使は祝福し、女性は祝別され、祝福される《ビアン・ディット》〔当を得た名を受ける（bien dite）。祝福する bénir のラテン語語源は benedicere であるが、これは、bene＝bien＋dicere＝dire. bien dire であって、「的を射たことを言う」といった意味である〕。彼女は自分の名を受け、その名前がまさしく彼女にふさわしいことを保証されるのだ。祝福され〔当を得た名を受け〕、祝別されたマリア。祝福とことばとを与える天使、朝方に現われた御使い、軽やかな風の気まぐれのままに、ばたんばたん鳴る戸口や窓辺、漂う影、それらは間もなく姿を消す。いっぱいに満ちた重いハードな肉は、ソフトな播種を受け入れる。

良い血は、系譜のなかで分岐する。族長のベッドのなかに寝にやってくる女は、族長と同じように、与件、風車、穀物置き場、金、鍛冶場をありあまるほどにもち、賜物に満ち溢れている。実質で満ち溢れた丸々と太った子供、裕福さゆえに肥満し、申し分のない二度の反芻によって日々の草を食む子供をしか、彼女は決して生まないだろう。真の母は荷馬車の後ろで身をかがめ、落穂を拾い集める。それは、太った〔はらんだ〕母親たちの下に山積みされている丸い麦束の残り物だ。彼女は残り物で満足するのだ。真の母は、いっぱいになりすぎた枡から溢れ出るもの、空のサイロの底に残って腐ろうとしているもの、そのような残り物によって種を授かる。マリア、娘、孫娘、落穂拾いの女たちのひ孫娘、与件の饗宴に決して参加しなかった女たちの長い系譜の果てのひ孫娘、アンナの娘の処女マリアは、自らの懐に、ほとんど知覚しえない人間の残り物から、空に漂う半透明な組織を受け入れる。物が姿を消し、物がもはや残らないとき、そこに残されたもの、与件、音、呼び声、称讃、祝福、束の間の一瞥、たちまち忘れられる芳香、いかなる布も震えないほどの軽やかな愛撫、彼女はそれらを受け入れる。ルツ〔『旧約聖書』、「ルツ記」ボアズBoozの妻〕の後ろで、麦の重みに押しつぶされんばかりの彼女の荷車の後ろで、腰をかがめる落穂拾いの女たち、その長い系譜の果ての娘、孫娘、ひ孫娘であるマリアは、自らの胎内に、残り物の残り物のそのまた残り物から残ったものを受け入れ……、脆い茎の上のほとんど空になった穂のなかの、稀な麦の種子の残り物の残り物を受け入れる。透明で、微妙で、生き生きとし、微細で、中空を漂うことばの種子を受け入れるのだ。

彼は生まれ、受肉する。神の包括的認識に対して世界が開かれるのを見て驚嘆し、何人《なんびと》も、福音書もアインシュタインも、この移行の秘密を知らなかったし、わからなかった。それは前者にとっては神秘であり、後者にとっては不可解性である。天は歌に満たされ、空間はことばに満たされて良き知らせ〔福音〕を告げる。ことば《パロル》は肉を買い戻し〔あがない〕、ことば《ヴェルブ》は実質的なものを買い、それを占め、それを飽和させる。したがって黄金色の麦の収穫は、パンがことばの肉に変換されるための準備であり、重いぶどうの摘み取りは、ことばの血となるべきワインを流れさせるためのものなのだ。したがって星々は夜の闇のなかで輝き、彼の生まれる場所を指し示し、新生は星座のなかに、記憶のなかにとどまり、暦は閏余《エパクト》と、受苦の金曜日と、ことばのよみがえる日曜日とのまわりに整然と配置される。したがって反芻する牛たちは、か細いことばに息吹を与え、中空を漂う風や芳香や音はあらゆる言語で聖霊の到来を告げるのだが、聖霊とは言語の別の名称であり、ことばに帰せられた賜物《ドン》あるいは与件《ドネ》の別の総体である。したがって、聖霊によって満たされた世界は、母胎から夢に至るまで、惑星からロバに至るまで、麦の穂やぶどうの房から風に至るまで、いかなる残り物であれ、いかなる小さな粟粒であれ、いかなる軽い茎であれ、いかなるそよ風であれ、悪しき天使ヘルメスやミカエルがそれによって肉に触れうるいかなる吐息も、決してあらわにすることはない。

古代の肉の世界にあっては、ことばは優しく、夢や天使の姿をして、落穂拾いの女のために一本の穂や、放棄されたままになった残り物や、腹から出た木の高みの最後の若芽や、窓を揺り動かす気まぐれな疾風などをもたらしたものだった。言語によって買われ、あがなわれた現代の世界においては、あらゆる肉、あらゆる草、あらゆる石は、目減りのない名辞の重さをもっている。空隙のある空間か、あるいは充満した宇宙か。

残り物による目減りを通して滑り込むことができないので、ことばそのものを買うもしくはあがなう者は、それゆえ、自らの受苦もしくは死を通して入ってゆく。思弁的な〔投機的な〕《スペキュラティフ》聖金曜日、あるいは宣告された神の死。

科学が言語に取って代わった今日の世界においては、言語さえも主体さえも奪われ、場所さえも存在しない。その上、抽象的なものの収集によって、世界は過飽和状態を呈している。科学はことばと物の関係を正確に調整する。それはことば以上に物をよく捉え、その上、対象物に対してアルゴリズムの演算を用いる。

われわれはことばによる肉のあがないの時代を生きてきたのだが、今やわれわれは、新たな力による言語そのもののあがないの時代を生きている。ことばは死に瀕している。

落穂拾いの女の時代が再び始まる。ことばの死を過ぎた後でもなお、われわれは残り物を見出すのだろうか。

言語は死に瀕している。言語は正確さと厳密さを夢見ていたのだが、科学が、栄光に満ちた言語の身体を奪ったのだ。言語は亡霊のように漂っている。科学の魔力が、ことばからその魔力、栄光のもう一方の側面、ことばの力の支配下での事実の口述という魔力を、奪い取ってしまったからだ。

聖金曜日が過ぎると、安息日が休止の時を画する。ことばは墓のなかで休む。人は彼が地獄に降ったと言うのだが、そこへは肉体なしで入ってゆくのだ。

そして安息日の翌日には、マグダラのマリアと別のマリアであるヤコブの母が、サロメに付き添われて、夜が白むや否や、香料の壺を腕に抱えて墓に駆けつける。そこにはことばの身体が、その遺骸が、芳香で満たされるべく安置されているのだ。墓の入口を閉じている石は、私たちのやわらかな〔ソフトな〕力にはあまりにも重すぎて固すぎる〔ハードすぎる〕ので、私たちはそれを動かすことができないでしょう、と彼女たちはお互いに話し合っていた。やって来てみると、その石がすでに脇の方に転がっているのを彼女たちは見出すのだった。まばゆいほどに真っ白な衣を纏った一人の天使が、そこに立っていた。あるいは、墓のなかに入ろうとした彼女たちは、一人の若者が右側に白い衣服を纏って座っているのを見た。彼女たちは仰天する。亜麻布と経帷子は、別々の場所に離れて畳まれて、地面に置かれていた。

日曜日の朝、誰もまだ彼の復活を知らないうちに、ハードはソフトとなる。すなわち、重い石はいかなる力にも押されることなく転がり、死体は消え失せ、亜麻布、白い衣を纏った天使、名残り、庭に響く声が残された。

あなた方はここで言語を探しているが、彼は別の場所に、別の世界に君臨している。そこでは言語は、栄光に満ちた身体をもったのだった。

今や、栄光と力に満ちた現代の知識が言語の身体を奪ったことを、われわれは知っており、何によってまたなぜ言語がいま死んだのかを知っている。言語は決して最初の姿のままで戻ってくることはないだろう。ハードで強い彼の現存なしで、彼の肉と血なしで生きる術を、われわれは学ばねばならない。

盲目になったわれわれの前から、彼は姿を消したのだ。

哲学者は大天使の口述のもとにものを書くのだが、大天使はヘルメスの別名であり、道を開く者でもあり、言語の発明者たるメッセンジャーの呼称でもある。哲学者の書くものは、告知者が通ってゆくその場所に依存しているのだ。ソクラテスやデカルトは敷居の上に現われるダイモン、あるいは火の灯された閉めきった室内で呼び起こされる自分のダイモンをもっていたし、ヘラクレイトスは黒光りする竈のそばで自分の神々を待っている。しかしほとんどすべての者は、受胎告知のことばのもとで思索に耽る。天使は、風に揺れる開き戸の窓辺や、半開きの鎧戸の戸口に立ち現われる。汝は悲惨と美しさのなかで出産するだろう。汝の胎内の実は、ことばという名前をもつだろう、と天使が言う。現われた御使いによって約束され、すでに語る者に抱かれて、言語がやってこようとしている。

告知の教えもしくはイマージュ。現われた御使いはことばを告げる。お聴きなさい、現象がことばをもたらし、ことばが現象を支えている。メッセンジャーあるいは告知者である天使は、擬人化されたことば《パロル》の顔、あるいは言語の身体を描き示すのだが、しかし天使は、まばゆいばかりの真っ白な衣や、響きわたる音あるいはひそやかな音、心地よい愛撫や、軽やかな霊となって現われるので、彼は現象の一要素、ほとんど感じ取ることのできない微分的なわずかな知覚として通らなくてはならない。それはルクレティウスが見せかけ《シミュラークル》と呼ぶものであり、風に舞う薄いスカートである。見せかけとなったことばが告知を述べるわけだが、天使は、見えるものと触知しうるものの限界線上で、敷居の縁に立ち、与件を言語に帰せしめ、賜物を告知する。われわれは優しき〔ソフトな〕天使と言うだろう。天使の身体、天使の顔は、仮象がことばとなる場を正確に占めており、その逆も成り立つ。

受胎告知はまだ約束の内にとどまっている。それは見せかけから出発するのだが、女性の胎内へと運ばれて、その後に受肉した身体がことばに与えられる。書きものをする者は大天使を受け入れるのだが、それは現象の末端の縁であり、そこでは天使がことばと混ざり合い、それから、風とは別のもので量体を満たそうと試みる。彼は構想を描いており、胎を必要としており、女性を探している。彼が成功を収めるならば、それは奇蹟であり、全地上にみなぎる降誕祭と歓喜である。

それゆえすべては胎に依存し、この女性に依存する。もし彼女がやって来なければ、書きものをする者は風のなかで議論する。

稀なる大天使が墓を守っている。稀なというのは、彼が逆の告知をするからである。ことばはもはや肉にはならないだろう。ことばの肉は病み、死に瀕し、消え失せようとしている。もはや彼は来ることはなく、不在となる。空虚な窪みが残されるのだが、そこには彼の死骸が横たわっていたのだ。まず死に、さらには消え去る。臨終の苦しみの前に、拷問に処せられる。手も足もつぶされ、骨を砕かれ、彼は自分の堅固さや力を失ってしまった。笞刑に処せられ、顔も皮膚もぼろぼろになり、汗や唾や胆汁や澱や酢に覆われて、彼の魅力は消え去った。哀れにも茨の冠をかぶらせられ、彼は神々しい力を失った。ことばの三つの力は彼を見捨てる。言語の身体は墓のなかに横たえられる。

そして今や、日曜日の朝に、女たちが何もない場所を見出す。死んだ身体さえも姿を消しているのだ。天使はもはや告知せず、女たちは子を宿さず、彼女たちは通り過ぎてゆく。天使は残り、残り物に帰せられる。言語から残ったもの、それは、まばゆいばかりの白い衣、墓＝ボックスのなかに響きわたる音、香料の入った壺を持つ三人の女、エマオへの途上で最後の食事を享受する二人の男、現われた身体の脇腹に開いた傷口に十本の指で触るトマスであり、五感を消し去る大天使である。彼の女性の息子、肉となったことばが、ある日われわれのなかにやって来て、死んで、消え去ったが、しかし復活する。彼らはそのことの証人である。

女たちが香料で何をしたのかを誰も語ってはいない。マグダラのマリアその人が、香油を生きたことばの上に注ぎかけた。彼に近づき、高価なナルドの香油で満たされた雪花石膏の小瓶を手にもち、彼女はそれを彼の頭に注ぎかける。ある者たちは頭に注ぎかけると言い、他の者たちは足にふりかけると言う。彼女は言語の身体に聖油を塗り、自分の髪の毛でそれを拭う。香油の香りが家のなかを満たす。

これより少し以前に死人のなかからよみがえり、なおも死に脅かされているラザロがそこにいた、あるいはまた、癩病やみのシモンが食事を主宰していた。彼もまた呪われた招待主だ。有罪を宣告され、間もなく引き渡される運命にあることばは、そこで自分の食事を食べていた。それは最後の晩餐に先立つ最後の祝宴、香油の晩餐であり、ラザロあるいはシモンの家での食事なのだが、この受苦の物語のなかで、血とワインの晩餐も、この晩餐に引き続いて一連の物語を形成している。その席にはイスカリオテのユダもいるのだが、客たちは抗議して言う。「このナルドの香油を高く売って、貧しい人たちにそのお金を施すことができたのに」。「この女のなすがままにさせておきなさい、私の葬りの用意をするために、埋葬の用意をするために、この女は私の身体を香気で満たしてくれたのだ。この女のしたことは、後々までも記念として語られるであろう」と、ことばが答える。

生きたことばの上に注ぎかけられた香油は、その香りを空間のなかに広げる。女たちは彼の死骸を香気で満たすことができない。彼の遺骸は墓にさえもないのだから。

ナルド、カノコソウ、ヨモギ、アンゼリカ、イブキジャコウソウ、ヴァニラ、トウバナ、ハナハッカ、ニッケイ、安息香、ヤナギハッカ、コエンドロ、コウスイハッカ、ミルラ、ジンジャー、マヨラナ、芳香を発しない美しい語、それ自体は香りも風味もないが香りや風味を言い表わす語、いかなる女が、壺を手に取り、これらの語のリズミカルな脚韻にいかなる上等な混合物を注ぎかけ、そこから芳香が空間に広がるようにしてくれるのだろうか。奇蹟は、ことばの例外的で稀有な生のなかで起こる。たいていの場合、長い歴史と時間を通して、奇蹟は起こらない。そして女たちは、かつて言語の身体に首尾よく聖油を塗った女ですらも、壺をもったまま、自分たちの香料をどうしてよいのかわからない。しかしながら、かつて、昔、その当時は、マグダラのマリアの手によって香気で満たされた言語の芳香を、人はかぐことができたのだ。女がやって来て、私の文章の上に、ナルドの香油、カノコソウ、ヨモギ、アンゼリカ、イブキジャコウソウ、ヴァニラ、ジンジャー、マヨラナの香りをふりかける。おまえがいなければ、おまえの相棒は芳香に満たされて書くことができない。

ナルドの香油の香りは、彼女によって支えられているのだが、ことばによって支えられる「ナルドの香油」という語から遠ざかってゆく。生命は、一方にとっても他方にとっても、芳香を発する霊気として、互いに注ぎ合うことから、互いに混ざり合うことから、突然に生じてくる。そして死は分かたれることからやって来る。消え失せたことばと閉じられた壺、生きたことばとこぼれ注がれる小瓶。

お金は臭いをもっていない。混合物を売り、その代金を分配せねばなるまい。ユダは高価な香油の代金を三百デナリと見積る。引き渡されたことばは銀貨三十枚と見積られる。ことばによる世界と人間のあいだの、数字化された見積りがおわかりでしょうか。ことばは現物で、つまり生命と身体と血で支払ったのだろうか。しかし血の値はどんなものなのだろう。

ことばは臭いをもっていない。ことばに香油を塗らなくてはならない。お金は臭いをもつことは決してない。

アルゴリズムの演算能力に追い払われて、臭いの言語は姿を消す。香水の化学は自分たちの計算式と分子式を並べ立てる。

ことばは、自らの肉を女性の胎内から引き出す。人は彼の別名を知らない。私はあなたをキリストと呼ぶ、とペテロは彼に言う。男はことばを言い、女は行為をなす。すなわち、ペテロはことばの名を塗油から、女性によって注がれたバルサムの香料、彼女の髪の毛によって拭われた香油から引き出したのだ。その上に建物を建てる固い岩にちなんで、私は汝をペテロ〔Pierre＝石〕と呼ぶ、と彼は言う。ことばが引き渡される前の最後から二番目の晩餐のときに、主によって聖別された者は、実際に、マグダラのマリアによって聖油を塗られ聖別された。ベタニアでの晩餐の際のこの聖油の塗油にちなんで、彼はキリストと呼ばれ、彼の身体はキリストとなる。

キリストとは何か。それは塗油された者〔聖別された者、神の祝福を受けた者〕を意味する。しかしさらに別な意味はどうだろうか。

キリストとは「軽くふれられた」、「そっと触られた」を意味する。誰かがすぐ近くに近寄ってきてそっとふれる。そのとき一人の女が彼に近づいてきて、自分の髪の毛で彼の足を拭った。やわらかなヴェールでふれるように。

また次のような意味もある。それはもっと強く触ることなのだが、刺された、あるいは引っかかれたという意味さえもあり、さらには、すりむいた、皮を剝がれたという意味がある。したがって、もっと後で、ことばの身体は鞭によって打たれ、槍で突き刺され、無数の傷を受けて犠牲に祭られる。

それゆえ次のような意味をもつ、すなわち、「印づけられた」、「感覚が麻痺した」。

「印づけられた」とは、皆とは異なった、処刑や犠牲のために指名されたという意味である。身軽に跳ねまわるガゼルの群れのなかから、ハイエナやチータはある印をもった個体を選ぶ。

印づけられた、すなわち、ことばの身体、言語の肉体は、自分の身体の上に掻き傷あるいは文字の痕をもっているのだ。ことばの生と死は、書かれたものと語られたものをいっしょに結び合わせる。

身体の上に印づけられ、屍衣の上に印づけられ、散らばり、畳まれ、丸められて墓のなかにうち捨てられた亜麻布のなかに印づけられる。布、ヴェール、皮膚、われわれの記憶のために書かれた羊皮紙、触ることができ読み取ることができる名残り。

さらには、キリストとは「こすられた」、「塗られた」という意味をもつ。それゆえ一人の女が彼に近づき、彼の頭に香油を注ぎかけた。こすられたというのは彼女が彼を拭ったからである。塗られたというのは彼女が彼に聖油を塗ったからである。布やヴェールや皮膚の上に塗るように、彼に香油を塗ったのだ。

それはまた次のような意味をもつ。色や、図柄や、色模様を塗られた、染められた、色で描かれた、塗料を塗られた、入墨をほどこされた。ことばは、文字というインク、染料、塗料をもっている。それは彼の身体の上では抽象的であり、それゆえに具体的であって表象的ではなく、彼の顔の上では偶像破壊主義的であり、それゆえに偶像礼拝主義的である。塗油は、量的に少ないので、入墨を分割し、制限するが、しかし入墨の始まり、入墨の要素として通りうる。キリスト、すなわち、主によって塗りたくられた者。ワイン、血、唾、胆汁、酢を塗られた者。

また次のような意味をももつ。香油や、神々の食物や、毒を塗られた者。それゆえ、その女が彼のそばにやって来て高価なナルドの香油を彼に塗る。香油の香りが家じゅうを満たした。死人のなかからよみがえったラザロの家での祝宴の間じゅう、彼の受苦と彼の死と彼の復活の前のことばの祝宴の間じゅう、死と不死性の祝宴の間じゅう。

臭いは遠くからその者を印づける。どいつを平らげようかとうろつきながら、うなり声をあげているライオンは、塗油された者に引きつけられ、襲いかかってくる。芳香は死をもたらし、不吉な毒となり、死を招く臭いとなる。

それゆえ次のような意味をもつ。塗りつけられ、汚され、よごされた者。マグダラのマリアに油を塗られ、罪人の女に汚された者。

お金は臭いをもっていない。ナルドの香油を売りなさい。三百デナリの銀貨を群衆に分配しなさい。雪花石膏の小瓶を近づけてはならない。香油を遠ざけなさい。塗油を避けなさい。ユダは、すでに、初めて、救い主を救おうとするのだ。彼を印づけ、彼を目だたせる香りを彼に与えてはいけない。特徴のないお金は誰も指し示しはせず、多数の者たちの手のなかで容易に四散する。八つ裂きにされる四肢の代わりに、貨幣が散らばってゆく。芳香を発する塗油によって、身体を社会的制裁にかけるべく印づけてはならない。売りなさい、芳香が身体にふれる前に、触る前に、印づける前にこそ、それを売りなさい。

ユダはことばを、汚れから、よごれから、香油の毒への避け難い転換から救おうと試みる。それゆえ、あるいはむしろその跳ね返りで、復活のあとで毒が再び香油に変わるとき、ユダは自らの上によごれを受けることになろう。再度、ユダに栄光と称讃を。

ついにはそれは次のような意味をもつ。塗られた者、油でよごれた者、王のように聖油を塗られた者。司祭のように聖別された者。

テーブルのまわりで、二人の復活者、ことばとラザロ、二人の犠牲者、ユダとことば、二人の女、召使のマルタとマグダラのマリアが食べている。マグダラのマリアは埋葬の前にことばに香油を塗るのだが、復活の後には彼を芳香で満たすことはできないだろう。キリストを真にキリストとしたマグダラのマリア。ユダが彼を救おうとしているときに、彼を死のために印づけた女。

テーブルのまわりを料理、塗油、お金、語、死が循環している。悲劇的な場面。

ふれられた、刺された、印づけられた、刻印された、塗られた、色を塗られた、芳香を発する、これらを総括したものがキリストの意味するものである。塗りたくられ、突き刺されて死んだ者。

ことばは汚れなき処女から肉を得た。罪人の女が、触知できるもの、見ることのできるもの、読むことのできるもの、芳香を発するものを、彼に与える。それは祝宴のさなかのことで、そこではマルタがパンとワインを給仕し、人々はそれを味わっていた。言語やお金や死が座っている悲劇のテーブルのまわりで、マリアはそこに席を占めることもなく、きわめて古くて優れた位置にある。それは感覚で捉えうるものの位置である。最初のマリアは肉を与え、二番目のマリアは感覚を与える。

彼女は終油を創始する。

キリスト教徒《クレティアン》、それは入墨され、色を塗られ、油を塗られ、突き刺され、触知することができ、触られ、感じやすく、さまざまな色調で描かれ、地図のようで、汗や屍衣や臭いや芳香に覆われた身体である。聖油を塗られた者である。

聖油《クレーム》、それはバルサムの香料を混ぜた塗油に用いられる油のことなのだが、しかしさらに、それはセメントあるいはモルタルのことである。かの者はペテロ〔Pierre＝石〕と名づけられているが、しかし石で建物を建てるためには、さらにそれ以上のもの、少なくとも結びつけるものが必要であり、この結びつきあるいはセメント《クレーム》〔聖油〕がキリスト教徒という呼称を与えるのである。それは「結びつき」のギリシア語的言い回しであり、それをラテン語が宗教用語のなかに保存しているのだ。

塗油は混合物によってなされ、混合物を生みだす。結びつきなくして混合はない。

キリストは塗油のゆえに死のうとしているのだが、この塗油が彼を現実に自らの名の示すところのものにしたのだ。聖油を塗られた者、すなわち、印づけられた者、見ることのできる者、触ることのできる者、芳香を発する者。彼は感覚のゆえに死のうとしているのだ。

テーブルのまわりを、お金と語がおびただしく循環している。有罪を宣告されたラザロとユダが、これもまた有罪を宣告されたことばを取り囲んでいた。誰が死ぬのか、誰が戻ってくるのか、存在か不在か、置き換え可能か置き換え不可能か、彼らはその賭をしているのだ。お金は言語に取って代わり、言語は身体に取って代わり、身体はパンに取って代わる。悲劇の場面での交換ゲーム、そこでは人は別の世界を探し求めている。

女たちはテーブルから遠く離れて、悲劇的なものの外に、置き換えあるいは全質変化の場面の外に立っている。骨壺あるいは雪花石膏の小瓶あるいは香料の壺を捧げもつ女たち、料理の皿あるいは取っ手つきの壺、パンやワインを捧げもつ女たち、彼女たちは歴史を作ることなく働いている。

それぞれの食事が、円形劇場の石段のように、死のまわりを回っている。ソクラテスは死の瞬間になおも話していたが、いまや、ことば自身が死のうとしているのだ。

マルタはワインとパンを給仕し、マリアは雪花石膏の壺の中身を注ぎかけ、二人は永久に劇場を去った。彼女たちはそのあたりで休み、決して言い表わせないもの、ことばなき味覚や嗅覚に取り組んでいる。死刑の執行が終わると、居合わせた女たちは墓に駆けつける。壺を捧げもつ女たち。

最後の場面、最後の食事。そこでは、肉がもはや存在しないとき、パンが残され、血がもはや流れないとき、ワインが残される。ラザロの家での最後から二番目の御業あるいは食事、そこでは葬りについて語るに充分に、また復活を考えるに充分に死から遠く離れていて、まるで最後の時との対称的な隔たりが、その逆の側への視野を広げることを可能にするかのようである。それゆえことばは記憶を呼び起こし、この女のしたことも記念として後々まで語られるであろう、と彼は言う。

そのことは後の世でほとんど語られはしない。われわれは最後の晩餐の思い出は保っていても、それに先立つ食事のことはよく覚えていない。女たちはつねに忘れられる。悲劇の劇場に生きていなかった男や女たち、歴史〔物語〕も作らず行動〔筋立て〕にもまったく参加しない男や女たち、彼らはつねに忘れられる。言語の歴史しか存在しないのだ。

われわれは諸感覚を失っている。

改めて考えてみたいが、ことばが身を引くとき何が残るのだろうか。塗油から、芳香から、塗ることから何が残るのだろうか。キリストから何が残るのだろうか。

墓の底に散らばった衣服、布、ヴェール、布地。屍衣は少し離れたところに丸められてあった。空の墓のブラック・ボックスは、石が脇に転がされたならば光りに満たされる。エマオ付近でのもう一つの最後の食事。庭＝楽園。

言語が死に、別の場所に、自らの栄光の世界に入るとき、本書が残される。

恩寵に満たされたる汝に祝福あれ。

恩寵《グラース》とは与件《ドネ》を意味し、この二つの語は同じ語であり同じことである。恩寵とは魅力《アグレマン》を意味し、これもまた同じ語であり、無償で受け入れられた美しさ、驚嘆した受容者である。

恩寵は本当に与件を意味するのだろうか。

否。贈与《ドン》は交換のなかに介在する。それは逆贈与を待っている。それは一つの論理を構築し、一つの環を描き、一つの歴史〔物語〕を語り、一つの表象を創始する。それらは人類学的な時代以来、実践されてきたことである。否。恩寵は贈与から、上述の論理から逃れる。それは表象の時代の例外をなす。

恩寵は許し《パルドン》と同価である。

われわれはかつて、贈与の時代、買い入れ《アシャ》と買い戻し《ラシャ》〔あがない〕による贈与の論理の時代に入った。その時代には交換が脈打ち、偏差と原子価とを計算していた。恩寵とは、この時代の外にある世界や空間を指している。

それはわれわれには知られていない世界、言語では理解しえない世界であり、天使たちが行き交うあの楽園以来忘れられている世界であり、経済がその冷酷な法則を棚上げにするユートピアである。

喜んで、進んで与えた快き時代、汝に祝福あれ。救済をもたらすその魅力に栄光あれ。贈与の時代以前の純粋なる無償性に栄光あれ。

恩寵に満たされたる汝に栄光あれ。

肉体は無償性を受け入れる。世界はそれを与えるのだが、無欲な世界は自分に返してくれることを要求せず、逆贈与も期待せず、秤ももたず、貸借対照表も作らない。われわれの感覚は世界に何も返還せず、与えられた美しさの泉に何も返却することはできない。目が太陽に何を返すことができようか。口蓋がシャトー・ディケムのぶどう畑に何を返すことができようか。

与件は言語からやって来る。言語は与件の目減り分の重さを量り、世界に対する逆贈与を作り上げる。ことばは、肉が世界の木からもいだ果実を買い戻す〔あがなう〕のだ。

しかし恩寵はどうなのか。単一場をなす美的感覚《エステティック》、感覚で捉えうるもの、美しさ《ボーテ》は、交換=贈与の冷酷な法則に対する例外をなしているように思われる。

神はインチキもせず儲けもしないし、賭もせず交換もしない。この意味において神は計算をしない。神は計算もせず、会計係ももたず、経済学者ももたない。神が世界に与える法則は無償性の場を形づくる。宇宙の法則は、複式簿記風にしたためられることはない。われわれにとっての、普遍的な無限の源泉である太陽は、涸れることがない。というよりむしろ、太陽が死ぬとき、われわれの感覚はその恵まれた地位をただちに失ってしまうことだろう。

肉体は与件を受け入れるが、その支払いをする義務はない。贈与の源泉、あるいはもっと適切な言い方をすれば、恩寵の源泉、それをどう名づけたらよいのかわからないが、神、世界、環境、空気、水、太陽、それらは無欲である。

それはあまねく与え、つねに、すべてを、すべての者たちに、いたる所で、例外も滞りも欠落もなく与える。

それは、概念なしで、純粋な感覚作用に対して与える。

それは必然的に与え、そして与えられたもの〔与件〕はつねに、量を目的とするわけでも、知識を目的とするわけでも、満足を目的とするわけでもなく、時として余計で、また同様に恐るべきものであり、われわれの文明がそれを捨てることもある。それは合目的性なしに与えるので、しかじかの目的のためという表象を誰も得ることができない。

味の判定において繰り返されてきた四つの分類の基準が、恩寵にも当てはまる。恩寵が美しさにかかわる場合この基準を信頼できるのだが、しかし与件にかかわる場合であっても、その基準を当てはめることができる。美的感覚の単一性は容易に証明されうるのだ。

世界は美しく、感覚で捉えうるものを無料で提供してくれる。

尽きることのないものに驚嘆する哲学である経験主義は、美しい世界とその無限の宝を前提とする。もっともすばらしいものには値段がない。強欲な者は消え失せろ。神は気前よく、計算をせず、世界は豊饒である。われわれは泉から不死の飲物をいつでも汲み取ることができる。不可逆的に、惜しげもなく、水位が下がることも決してなく。

神々は死すべき者たちの饗宴に介入する。浮浪者や貧者や乞食の格好をして道々をさまよい、はしご酒をしながら、ヘルメスとジュピターはたまたまピレーモーンとバウキスの家の戸口にぶつかるのだが、この夫婦はあばら屋に住み、そこで、貧しさの子である愛を、老いても変わることなく育んでいる。貧しく哀れな死すべき者たちが、しわばかりの震える手で、飽くことを知らない不死の者たちに飲物と食べ物を給仕する。困窮のなかにあっても、暖炉でいぶされたハムが黒ずんだ壁の釘に吊されて残っている。貧しい世界であってさえも、世界は、必要としない者にさえ与えるのだ。さあ乾杯しよう。年老いてなお愛し合う二人と、ぼろを着た二人の神々の健康のために。不死性に、やって来た天使たちに、偽悪的で見分けのつかない神々に、招待者である大天使に、ヘルメスの像あるいはイキムの像に乾杯。皆が注ぎ、皆が飲む、だが酒の量は変化しない。通常であれば、消費すれば消費するほど残りは少なくなる。その日、ここ、ピレーモーンの家では総量は安定し不変であった。奇蹟である。

奇蹟だろうか。われわれは神々の饗宴に入ってゆくのだが、そこでは神々の食物が、その美味なる味とその尽きることのない量とによって、人を不死にする。われわれは贈与と交換のおこなわれる饗宴をうち捨てる。ドン・ジュアンの贈与から、ことばによる肉の贈与に至るまで、黄金や、血や、死の代価をそなえたすべての最後の晩餐をうち捨てるのだが、それらの晩餐においては、一九四七年産のシャトー・ディケムのワインは一つの財産としての価値をもつ。それは逆贈与をもったすべての最後の晩餐であり、そこでは愛は安い価格であがなわれる。われわれは恩寵の食事の席につくのだ。恩寵に満ちたるバウキスに栄光あれ。ジュピターあるいはピレーモーンが汝とともにあると、天使ヘルメスが告げる。今やわれわれは不死の食卓に、果実の豊かに実る楽園に、救霊予定説的な園のなかにいる。そこではたえず豊かさが流れ、基本的で、前例のない、原初の無償の饗宴が催される。あるがままの世界のなかで。

シャトー・ディケムのワインは樽からグラスに、あるいは瓶から口へと流れる。そして他のあらゆる水と同じように、一方の水位が上がれば他方の水位は下がる。そこには秤《バランス》が介在しており、一方の皿が下がれば他方の皿が上がるのだ。時が流れ水が流れても水位が変わらないのであれば、秤は姿を消すことだろう。

安定性がなくてはならない。すなわち、そこを通ってゆくものはここには残らず、ここに残っているものはそちらに移動してゆかない。不変なもの、恒常的なものが必要である。そうしたものなくして何人《なんぴと》も行動することはできず、そうした原則なくして考えることはできず、そうしたものの総和なくして存在することはできない。

一つの秤が世界の正確なる経済を支えている。樽から酒瓶にワインを注いだ者は、樽一杯のワインが残っていることを期待しない。自分の酒蔵にワインを買い占める者は、まわりの者たちの喉を乾かせる。彼は稀少価値を創出するのだ。経験主義は豊饒に驚嘆する泉の哲学なのだが、経済学はこの哲学を消滅させ、均衡の取れた交換を計算する。ヘルメスの奇蹟によるピレーモーンの饗宴、果実がふんだんに実るアダムの饗宴は、秤を知らず、経済学に先立つものである。

恩寵の樽は、その水位を下げることなく、何千ものグラスを満たす。

安定したもの、恒常的なものが必要である。そちらに移ってゆくものは、こちらからなくなるものと等価である。すべての不均衡は一つの等式を隠しており、変換さえもそうである。ここから科学が生じ、科学は何千何万もの等式の書き方を創設する。それゆえ科学は不可避的に質量保存の法則に基礎を置く。尽きることなく壺からワインが湧き出るピレーモーンの晩餐、あり余るほどの果実の実る楽園のユートピアは、少なくとも二重の意味で、不合理な永遠運動を物語っている。それは等価性、不変性、バランスシートに対する無知によるものなのだ。そうした晩餐やユートピアは科学に先立つものである。

創意に富んだ頭脳は、まわりの何千もの注意深い頭脳を創意発明によって満たし、なおも自分自身のほとばしるような創意は尽きることがない。

不変性が必要である。グラスのなかにあるこのワインは、水差しのなかにあるあのワインではない。後者が前者であることは不可能であり、後者が、同時にまた同じ関係において、前者でありかつないということは不可能である。単に、飲むことやその年のぶどうの収穫を計算することのみが問題になっているわけではなく、語ることにかかわる問題である。危険な動詞 être「……である」を活用させること、そして否定と戯れることにかかわる問題である。もし君が語りたいならば、他の者たちや諸物と安定した契約を結ばなくてはならない。同一性の原理は、ここでは等価性や質量保存の法則、均衡や安定性と同じ価値をもつ。それは存在しうるあらゆる言語と論理学の基礎をなす。

経験主義の無償の饗宴は、贈与以前に、交換と逆贈与以前に催される。経済学とそれによって創設される稀少価値以前におこなわれる。それは科学以前に、湧き出る泉の永遠性によって催される。それは論理学と言語以前におこなわれる。これが証明しなくてはならなかったことである。

この饗宴は、すでに飲み干されたグラスのワインが、壺のなかにまだあることを前提としている。それは、ことばがやって来て秤の法則によってすべてを買い戻す〔あがなう〕以前の、恩寵に満ちた世界を前提とする。それは、あまりにも古くてわれわれが忘れてしまった時代、きわめてありそうもないので考えることも言い表わすこともできないような時代を前提とする。

最初の園においては、罪の木は一つの秤の形態と機能とをもっていた。堕落〔落下〕は、けだし名言だが、一つの上昇によって償われなくてはならない。十字架という秤に昇ることによって。楽園ではあらゆる種類の永久運動が起こるのだ。

栄光あれ、恩寵に満たされたるエヴァに、幸いあれ。

感覚の園において、目に入る光りに、花のような唇に、繻子のようにつややかな皮膚の肉色に、風に運ばれてくる軽やかな霊気のような香りに、葉叢のなかから聞こえる原初の声に、誰が支払いをするというのだろうか。

エヴァに、マリアに、無償の愛に栄光あれ。

感覚によって捉えうる美しさ、欲求、等価物なきもの、秤なき愛。

死すべき者たちや不死の者たちが、かつて地中海の東で宴を張って、ワインや神々の飲物を飲んでいた。

これらの祖先たちは、人間であれ神々であれ、土の下で干からびている。現代のギリシアでは、人々は食事のときに、あまり質の良くないレチナワイン〔ギリシア産のワインで松ヤニで香りづけされている〕を飲んでいるのだが、彼らはそれを混合酒と呼んでいる。ぶどう畑の果実と松の血の混合物である。昔のワインは、アンフォラ〔古代ギリシア・ローマで用いられた両取っ手つきの壺〕から汲みだされた濃いシロップ状のものを、杯のなかできれいな水と混ぜ合わせたものだった。われわれは混合されたものをしか、決して飲んではいないのだ。シャトー・ディケム産のものでさえもそうなのだ。

　われわれは、もろもろの混合物について語ることや、それについて推論することは得意ではない。混合物は原理に抵抗するからだ。分析家は混合物に恐怖を抱いている。分析家に一杯の砂糖水を与え、どこに砂糖があり、どこに水があるのか尋ねてごらんなさい。砂糖は水に分類され、その水は砂糖に分類されるだろう。ワインのなかのどこに松ヤニがあるのだろうか。松ヤニは、松ヤニに溶けているワインのなかに溶けているのだ。シロップのなかのどこに水があるのだろうか。ソーヴィニョン種のぶどうのなかのどこにセミヨン種のぶどうがあるのだろうか。同一性の原理はぐらつき、その占める地歩はぼんやりとした近隣のもののなかに失われてしまい、混沌としたものの前では矛盾律さえ躊躇する。

　論理学者、言語学者、文法学者を飲みに誘おうではないか。飲物を混ぜ合わせ、混合物に乾杯しようではないか。

　通りかかった天使、足に翼をつけたヘルメスが、そこに、年老いた愛する二人の前に立っている。この愛する二人は間もなく連理の枝となり、バウキスの枝がピレーモーンの小枝のなかに絡み合う。混合されたワインはコップのなかに流れ、アンフォラから水差しへと、深鉢からグラスへと身をよじって滑り込み、ルビー色の鱗をもつその長い身体は、よじ登るようにして、別の蛇状の液体と身を溶け合わす。ヘルメスは自らの杖を注ぐわけだが、その杖は合流する流れの明瞭で明確な図式であり、秤とは逆の図案あるいはグラフである。ヘルメスの杖に、合流に、混合に乾杯しよう。人は混合を考えることができるだろうか。混合体について推論することができるだろうか。

これは別の時代にかかわる問題なのだろうか。

経験主義者は泉を期待し、泉の存在を信じている。彼は稀なるものを知らず、欠乏も、疲労も、汲み尽くすことも知らない。彼は熱力学第二法則を馬鹿にし、堕罪を嘲笑し、支払いもせず、語りもしない。

彼は饗宴にしげしげと出入りする。饗宴は彼の哲学の決定的な経験を構成し、彼の表現の優れた形式を構築する。それは味を味わうことを越えた理由によるものなのだ。太陽は無償で、形や、色や、熱や、力や、さらに多くのものを与え、雷や風もまた代償なしに香りや音を提供する。樹皮や岩石もまた、その心地よい肌理の感触を楽しんだからとて、代金の支払いを要求しはしない。原初の楽園以後、人はリアール銅貨やルイ金貨を支払わずに飲み食いしたことが、一度でもあるだろうか。これこそ稀少価値の場であり、そこから神々の古いトポスたる情報がやって来るのだが、そこでは世界の法則である経済学が勝利を収め、喜劇的であるにせよ悲劇的であるにせよ、交換とその表象が君臨している。そこでは、組織化され、分配され、統制され、位階化された言説が行き交い、議論や対話の洗練された交換である会話が展開される。これこそ、まさしく、贈与のテーブルである。

経験主義者は、あたかも自らの十字架の中心に入るかのように、無償性を求めてそこへ入ってくるのだが、そこではエデンの園以来、誰も無償性にめぐりあった者はいない。彼は、愛想よく、神々の像に供える饗宴の席につくのだが、それは、町の中心の広場で、食べ物に囲まれてたらふく食べながら、均衡のとれた姿で横たわっている神々の石像である。一方では住民たちは、ペストと飢饉によって死に瀕しているのだ。

それは稀少価値が君臨している場所であり、経済がその賃金鉄則〔労働者には最小限の賃金しか支払われないとする資本主義の法則〕を勝利させる場所であり、洗練された言説の場所、情報の場所、そして今では科学の場所である。なぜなら今や価格や、稀なるものや、財産は知識から生まれるからであり、明日は今日よりも多くの知識をわれわれは飲み食いすることになるだろうからである。今日の饗宴は、人類のわずか十分の一に、吐くほどまでに食物を与えており、その饗宴は劫火によって守られた神々の万神殿をなしている。ことごとくのものを奪われた者たち、飢えて死に瀕した者たち、貧困にはつきものの子沢山の者たちが、この饗宴を取り囲んでいる。この饗宴は、核兵器によって画然と区切られた稀少価値の場所、経済、言語、科学の場所である。饗宴から除外されて栄養失調になっている者に、イエスであれノーであれ、与件とことばとが異なるかどうかきいてみたまえ。彼にことばを与えるか、あるいはパンを与えるかしてみたまえ。それは端的に、彼の生と死を分かつだろう。彼の生と死を分かち、われわれの飽食した生と彼の餓死とを分かつのだ。

問題は無償性に尽きる。経済学と稀少性に尽きる。稀少性の組織化に尽きる。餓死の組織化に尽きる。それは空間を二つの領域に分割すること、飢えた者たちが裸でうろつきまわる藪や垣根の領域と、そうした藪や垣根に囲まれた饗宴の領域とに分割することである。饗宴の領域では人は腹いっぱい食べかつ飲んでいるのだが、それというのもそこでは人は話したり、計算したり、考えたり、重さを量ったりする術を心得ているからである。こちら側では、会話にも、ことばの饗宴にも、贈与の法則にも参加する術を知らず、参加することもできないがゆえに空腹で死にそうになっている者たちが、漠たるカオス的な夜のなかをさまよっている。

いったい、いつ恩寵はこちらの空間に入ってくるのだろうか。

道や垣根を打ち壊しなさい。彼らをみな婚礼の祝宴の席に入れなさい。

今日においても、歴史時代や神話時代と同じように、哲学の場は饗宴の席にしつらえられている。饗宴はいまや世界と同価である。栄養失調の者たちの巨大な死に場所《ムーロワール》〔養老院〕では、影たちが死に瀕しているのだが、そこを背景にして稀少性と豊饒のテーブルがくっきりと浮かび上がっており、そこでは何人かの異常肥満者が食べ過ぎたものを吐いている。いかにも、地上に降りた神々の饗宴は「死すべき者《モルテル》」という用語の意味を明示している。

いったいいつ、死すべき者たちと不死の者たちがいっしょに同じテーブルにつき、秤を忘れ、フランスで良く言われるように、ただで〔a l'œil（目で）〕、食べることができるのだろうか。陽の光りで養われる目と同じように、ただ同然の値段で。

無償性のチャンピオンとして経験主義者は、均衡のゼロ値に横たわっている彫像たちの祝宴の席に入ってゆく。

彼は、感覚で捉えうるものと無償なものとの結合を思い出しているのだが、それは天使たちの祝福によってもたらされた敬うべき聖遺物である。エデンの園、満ち足りた楽園、乳と蜜が豊かに流れる国、マナ〔『出エジプト記』、イスラエル民族が荒野の旅で神から奇蹟的に与えられたという食物〕の落ちた砂漠、泉のように湧き出るアンフォラのあるあばら屋を、彼は思い出している。

秤に満ちた世界、計量され決済される言説に満ちた世界に、彼は驚いている。すべてが支払われる時代、パンも水も、そのうちには呼吸のための空気や、眠りや私生活に不可欠な静けさなど、かつての無償の与件のすべてが支払われる時代に、彼は驚いている。恩寵なき世界の法則を経済学が口述していることに、彼は驚いている。

彼は感覚の饗宴の席に入ってゆくのだが、それは、経済学をもたず、恩寵に満ち、生命に震え、生命を恐れる唯一の哲学である。

名うての豪奢もしくは浪費である無償の与件を、経済学は恐れている。経済学は感覚によって捉えうるものを攻撃する。経済学は恩寵の美しさを破壊し、しかる後に無償性を攻囲する。あらゆるものは価格をもつと経済学は言う。

経済学の言うには、話すこと、語ること、書くこと、それは価格を算定することである。考えること〔penser〕も重さを量ること〔peser〕も同じ語であり、同じことである。

かつては無償であり、今日においては語という逆贈与によって一つのデータに帰せしめられたそれぞれの与件を、定価で、あるいは地域や、会話のその時々に応じて交渉しうる流動的な値段で、語が売ったり買い戻したりするとしたらどうだろう。言語は語という貨幣でもって、諸物の状態の支払いをするのだろうか。言語という手段によってわれわれは世界を買うのだろうか。

そしてことばが、世界を買い戻すために、われわれのなかにやって来たとしたらどうだろうか。

経済学は風景や音響信号を売り、空間を騒音やイマージュで満たし、無償の声や光景を追い払い、そうすることによって与件は言語からやって来ると信じさせ、美的感覚と無感覚を取り引きし、恩寵に取って代わる。稀少性の秤がヘルメスの豊饒の杖に取って代わるのだ。無償性をもたないこの秤を、人は祝福することができるのだろうか。

しかしながら、太陽はといえば、太陽はただで与えていると人はまさしく言うことだろう。肉体はおのずから太陽の方に向かってゆくものだが、動物や植物についても同じことであって、植物の幹は太陽の光りの方向に伸びる。尽きることのない太陽の泉は、不可逆的で帰ることのない流れを形づくっている。そこには返済も負債もない。

それでも太陽は暖める。

それでも地球は回っている、と現代科学の創始者であるガリレーは、冷たい文化をなす宗教裁判の法廷の前で言ったものだ。

それでも太陽は暖める、と失われた無償なるものの記憶をとどめる経験主義者は言う。経済学、熱力学、言語の法廷もしくは秤の前で、われわれの暖かい文化のなかで。

感覚は無償であって、いかなる貨幣によっても支払われない。感覚を与件〔与えられたもの〕と名づけてはならない。逆贈与の義務を誰も負わないからだ。感覚を知覚《ペルセプシオン》〔徴税〕と呼んではならない。この場合は誰が納税者の役で、誰が詐欺師という逆の役割を演じているのだろうか。

詐欺師の饗宴には寄食者たちが座を占めており、彼らは受け取りはするが返すことはない。われわれはすでにそのことを知っている。彼らは言語でもって支払いをし、与件が言語を通ってゆくと信じさせる。ドン・ジュアンは、抵当も借金も払わず約束も守らないこの祝宴を主宰する。ここでは誰も秤や等価性を知らず、均衡からのズレや、決してあがなわれることのない傾きのなかで、誰もがそのズレや傾きを糧に生きている。ルクレチウスにおいてはこのようにして世界が始まり、このようにして「創世記」のカオスのなかで時間が始まり、このようにして歴史が、たとえばローマ建国の歴史〔物語〕が、聖なるものからずれて、幕を開く。

久しい以前から私は恩寵を探し求めている。あるいは、賭金とも、物神とも、商品とも名づけることのできない客体を探し求めている。贈与ではなく、恩寵を。重さではなく、恩寵を。自然ではなく、恩寵を。

物理学《フィジック》でもなく、科学でもなく、そうした学問の原子価の法則でもない。それらの科学を越えたもの、形而上学《メタフィジック》をである。それらの科学との関連で、均衡からずれているもの。哲学、すなわち知恵を、同じように、恩寵を伝える愛を。恩寵に満たされたる哲学に栄光あれ。

誕生

現代産業によって洪水のように大量生産され、われわれに押しつけられる、あのいくつかの飲物の一つを飲む者は、もろもろの用語を飲み下しているのであり、何が自分の口のなかを通ってゆくのかを全面的に知ることができる。それは小さなラベルの上に書かれた用語であり、これらの飲物はまるで言語のように口を通過してゆく。金属やプラスチックの容器のなかに収められているこれらすべてのものは、紙の上に標示されている。仕切り壁の外に印刷されているすべてのものは、仕切り壁の内側に存在している。この二つの命題はいかなる残余も残さない。商標は有限な、かなり短い一つの記号列によって示されている。飲むことは、読むことと同じように、分析をすることとなのだ。ダンボール箱もその上に書かれた標示も、双方とも一連の同じ語および同じ物体を含んでいることになる。それは、構造式からなる清涼飲料であり、抽象化された飲物であり、薬類である。法律は強制する。法律は宣伝の合法性を押しつける。法律は書かれ、書かれたラベルに強制的に従わせ、ラベルは書かれたものを人に飲ませる。飲物と麻薬〔薬物〕、それは同じ威力をもつ。意味は言語に始まり言語にとどまる。無感覚、かじかんだ口。液体状の薬剤。

上等なワインを飲む者は、商標について語る術を知らず、自分の口蓋のなかを何が通り、何が残るのかを全面的に言うことはできない。そこには、細部に至るまで微妙な色合いに塗り分けられた地図や波形模様が描かれており、経験不足のしからしめるところだが、皆から馬鹿にされる虚弱な語彙を除いては、それを指し示すべき基準的な語も、それを描写すべき表現もない。ラベルの上には、シャトーの絵やその地所の名前が記載されており、ぶどう園あるいはその産地が標示されている。もしワインが何を含んでいるかをそこに明記しなくてはならないとすれば、そのリストは人がワインを賞味すると同じほどに延々と続き、一点一点忠実に描かれた地図と同じように、その用紙は瓶、地下の酒蔵《カーヴ》、ぶどう畑、風景の全表面を覆い尽くすだろう。逸品が一連の記述を始めることになれば、それは無限に続くものと想像される。飲むということは、この際限のないリストと時間とを包むことである。特定ぶどう園、ある年代、それぞれの瓶のワインの独特な味わいは、限られた場所における、まさしく縮約されたこの無限の連なりを含み込んでいるのだ。具体的なものがこの濃密さのなかに、また現実のものがこの総和の内に、特異なエッセンスとして横たわっている。それは、複製されたり分析されたり、産業によって再生されうる一様な純粋性なのではなく、ぎっしりとからまり合った数多くのものの混合である。味わうということは、この濃密で固い内旋が開かれるのを待つことであり、自分の上に巻かれた塊が巻き開かれるのを待つことであり、件の鳥がその尾を扇形に開き、まねのできないような気どりをしてみせる瞬間を待つことである。事実上分析不可能な混合した流れが、そこを通り過ぎ、あるいはしばしとどまり、微細な入墨、オーロラ模様、贅を尽くした嵐のような波形模様、星座のようにちりばめられた多彩な目玉模様、標準的ではなく、特異なエッセンスを刻印された無数のばらばらなものの総合をそこに残す。このような細部を一たび受け入れたならば、模倣可能で容易に分析できる飲物に慣らされた舌、のっぺらぼうで純粋で色あせた舌を、冷たくて無感覚な舌であると人は判断するだろう。

図書館にある退屈な書物は、図書館の書物を引用する。それらの本は複製されたものであり、ちぐはぐな寄せ集めであり、分析的である。良い書物は別の場所から来て図書館へと行く。良い書物が来るや否や、悪い書物どもが良い書物を取り囲み、それを寸断し、分析し、その書物もまた図書館の書物の助けを借りて書かれたものだと、言いくるめようとする。悪い著者たちは良い著者を嫌悪し、良い著者を自分たちに似通ったものにしようと努める。彼らは、自分たちの分析の総和によってのみ、良い書物が作り上げられるのだと努めて言い張る。

無限の巻数をそなえた図書館があり、誰もその迷路から抜け出すことはできないということ、限りないバベルの塔を建てることのできる石工たちを見つけることができるということ、人はそれらのことを長い間子供たちに信じ込ませてきたと言えよう。要するに言語は、世界をまねることによって、世界との接触を禁じる壁のなかに、人々を閉じ込めてきたのだ。

ところがわれわれは、短い人生の間に、限りあるものを建築するにすぎない。すでに建築されたものによって建築するがゆえに、それはなおさら限りあるものである。人間の手によって建築されたいかなる交錯した回廊も、どんな人を閉じ込めるにせよ、相対的に短い期間しか閉じ込めておくことができない。壁の角はすっきりとしており、壁にある窓の窪みも決してフラクタルな形を示さないからだ。歴史〔物語〕の全時間にわたって人は海上をさまよいうるが、〔人間の作った〕迷路の出口は、十分な時間をかけて探せば、見つけ出すことができる。特異な与件は決してとどまることはない。世界から出ることのできる者はいないが、誰であろうと図書館からは、やすやすと抜け出すことができる。物《オブジェ》のなかには無限に入ってゆくことができるが、本はかなり速く読み終えられる。

芸術作品は、時として、無数の要素からなり、際限なく続くかのように、自らの上で錯綜し、歴史〔物語〕の時間を生みだすのだが、それはまるで積分不可能な特異なエッセンスであるかのようだ。有限なものと無限なものとの間には、無数のものが介在している。哲学の図書館においては、対角的類似物で置き換えることによって、もろもろの二律背反が解決されているかのようだ。

上記の工業生産による飲物は、退屈な書物のリストのように口のなかを通り、口を冷たいままにしている。つまり、純粋で、同一的で、分析的で、再生産可能な状態のままにしておく。口は、工業生産による飲物を苦もなく認知するのだが、それはわざと認知されるように製造されているからだ。良質のワインはまねのできないものであり、その道の玄人をも欺く。太陽に照りつけられる不毛の砂漠か、あるいは、無数の木の葉に覆われた変化に富んだ森かの相違である。

条件反射に慣らされた犬は、主人の声を聞いてやって来るが、もはや主人の声が聞こえなくなればひどく苦しむ。その犬は自分が待ち受けているものや自分を待ち受けているもの、すなわち彼の麻薬がセットされた金属のボックスを見たり、その音声を聞いたりすれば、まるで自動人形のようによだれを垂らす。

あらかじめ予期されたものは無感覚を生みだす。美的感覚はありえないようなものを味わう。もしあなたが自由に生きたいならば、特異なものを飲みなさい。もし特異な生き方をしたいならば自由に飲みなさい。

肉なき肉の支配者である言語は、口を純粋無垢のままにして口のなかを通る。ことばは、肉の処女性に傷をつけないまま、肉のなかに受胎されるのだ。

味のない料理は、言語のように、舌を無感覚にする。言語は、工業生産による飲物や麻薬的薬物がそうするように、口を無感覚にする。話上手の黄金の口は金属的で冷たいままだ。言語は、まるで寄食者のように、口にすべてを要求し、口には何も与えず、何も残さない。

味は、味わいのある食物の仲介によって、口が自らに与える口づけである。口は突然、自らを認知し、自分に対する意識をもち、自らのために存在するようになる。

口の子供であるかのように口から生まれた言語は、口に自らの誕生と援助とを要求し、その見返りに口に何も与えることはない。味覚は長期にわたって口を存在せしめる。味わいを好む人間は、メガホン的人間が退屈し、無感覚になり、冷たいままでいる場所に存在している。

私は味わう、ゆえに私は局在的に存在する。

味覚の対象は、具体的に、特異に存在しており、専門用語の短くて有限な連なりとは別様に存在している。それは事実上無限な細部をもち、それらの細部を譲り渡すことによって、現実界や世界という客体の存在を予測させ、推察させる。味覚の主体は、今や局所的に、口やその隣接区域に存在するのだが、味がなければそれは存在しないことだろうし、未開拓で、冷たいままであり、話す機能にのみかかわることになろう。味覚は、局在的な主体と特異な客体とを、存在せしめるか否かにかかわっている。すなわち、しかじかのまねることのできない飲物と、しかじかの肉や、口や、頬、口蓋、舌の中央部や周縁部、さらには見事に花開いた嗅覚を、存在せしめるか否かにかかわっている。

ここにこそ、饗宴のなかの饗宴が完遂されるのだが、われわれはその饗宴の招待客たちが誰なのか知らないでいた。誰も順番に発言しなかったので、われわれは誰がそこにいるのかわからなかったからだ。話す者は名を名乗り、名を名乗るものは発言する権利をもつ。すなわち、一つのことばが主体を言い表わし、その主体がいくつものことばを言うのだ。あるいは、いくつものことばを言う者は、ついには主体を言い表わす一つの名前を言うのだ。

数多くの饗宴から会食者が派遣される大饗宴においては、参加者たちは自らの自己同一性を確立するために〔ワインを〕味わったものだった。シャトー・ディケムのまわりには、最初は、全部で三つの舌もしくは三つの口、おそらくは一人の人物にとっての三つの口、話す器官、リキュールを受け入れる器官、口づけを与えたり受けたりする器官、これらの三つの口が席を占めているにすぎなかった。愛について論じるワインの宴だ。シャトー・ディケムの味わいは、口蓋や嗅覚を目覚めさせ、口と鼻とを縫い合わせ、マスクのまわりに色とりどりの上塗りを描きだす。テーブルのまわりには誰が座っているのだろうか。もろもろの半仮面だ。白い繻子の半仮面、黒いビロードの半仮面、その他絹製の渋色やバラ色のもの、ついには波形模様のついたもの、虎斑のついたもの、縞模様のもの、その他あらゆる色や形態のものが混ざり合っている。ワインは、ついには、それぞれの者に一つの顔を作らしめる。

遠くまでずっと続くテーブルに沿って、半仮面やマスクが飲み、うごめき、次第に薄れてゆく。うなじのない顔、肩甲帯のない頭部、うつろな胸の前ではためくナプキン。

私は味わう、ゆえに私は肉体の断片として存在する。口、マスク、顔、半仮面として存在する。耳鼻咽喉科学のための一つのモデルだ。私は感じる、ゆえに私は薄片として形成されてゆく。経験主義者は局在的なコギトを提示するのだ。

諸感覚は自らの鍛錬から出発して、断片を縫い合わせて徐々に肉体を構築してゆく。われわれは自らの仮縫いの萌芽をそなえているわけだ。経験主義者はオルフェウス流の八つ裂きを予見しているのだが、それというのも、生命は始まったときと同じように〔断片となって〕終わるからだ。人はリュートや竪琴に弦を張るが、それはそのうちに切れたりゆるんだりしてしまう。音楽は芸術を授けるが、その芸術はついには分離し、細分化する。ミューズたちは穏やかに対話を交わしているが、そのうちトラキアの女たちが山中でわめきながら散り散りになる。イマージュは他にも多々あるが、これは肉体にかかわる問題である。感覚的萌芽のまわりに、肉体は自らを少しずつ、次第次第に構築してゆく。視覚が獲得されたならば、遠くを見たり、細部や、スナップや、色調や、色合いを見分けたりして、視覚を鍛錬しなければ、視覚はすぐに失われてしまう。それから視覚と耳を貼り合わせ、聴覚の誕生を思い起こし、自分に舌を与えたものを思い起こし、甘美にせよ悲痛にせよ、いかなる状況のなかで自分の三重の舌が生えてきたのかを思い起こす……。ぼろ切れは部分部分、少しずつ組み立てられてゆくのだが、それは上手に、もしくは下手に縫い合わされた、ぼろ＝肉体であり、中途半端にくっつけられ、急いで仮縫いされて、はためいているぼろ着であり……、分割可能な個人〔分割できないもの《アンディヴィデュ》〕、つねにばらばらになっている四肢である。

主体は一つの塊をなしているのではなく、いくつもの部分からなっている。主体は唯一の点を占めているのではなく、代替性をもつ諸部分からなる房〔束〕を形成している。考える行為や語る行為によって、自我が存在のなかに躍りでて、全体的に、一挙に存在するというのではない。というよりはむしろ、もし私が考えたり語ったりすれば、私は、細部を形づくることなく、確かに、全体として、整序された首尾一貫した塊として存在する。しかしその場合私は、局部的には冷たいままであり、冷たい彫像のままである。そのような存在は、議論をするために饗宴に出席する石像であり、町の広場の「神々の饗宴」の神の像のように横たわり、杯を永遠に満ちたままにしておく彫像であり、無感覚な口をもつロボットである。その彫像やロボットの、石や金属でできた諸部分は麻痺しており、空洞であったり、穴があいていたり、詰まっていたり、欠けていたりしている。私は語る、ゆえに私は全体的に存在する。いかにも左様、純粋無垢なままで。処女性はつねにことばに付随している。「私」は全体として存在するが、しかしその諸部分は実体をもっていない。天使はつねにことばの到来を告知する。否、「私」は局在性のなかで存在するのではない。すべてが首都に集中され、村々は死に絶える。このような国々の地図には、まるで国家だけが君臨しているかのようだ。もろもろの場所をもたない、それゆえに容易な総合、それはのっぺりとした彫像である。

死者に対する通常の八つ裂き、同じく生命に対する日常の八つ裂き。できそこないの口をもった肉体や、皮を剝がれた影どもが、月並みなテーブルのまわりを漂っている。こちらの者たちは聴覚の開口部を塞がれ、あちらの者たちは嗅覚がなく、彼らは不具者の男たちや触覚を欠いた女たちである。それらすべての肉体は幻肢をもち、不具の人類であって、彼らの席は饗宴のために予約されており、彼らは「私は」と言うために自分たちの時間を過ごしている。「私」は話す。愛について論じるために椅子の前に立ち上がり、杯が満ちていようと空であろうと、「私」はつねに乾杯する。それぞれの彫像は壊れてはいるが、全体的な統一は保っており、大いに思考し大いに語っている。しかし主要部の統一性にもかかわらず、それらの彫像は崩れ落ちる。宴会の客たちは、まるで発掘現場から拾い集められた石像であるかのように、白いテーブルクロスのまわりで、部分の欠けた全体をなしている。都会や田舎からやって来た全体的な主体は、太陽のもとでは、エウリュディケーのまわりを漂う地獄のぼんやりとした蒼白い影に似ている。話すことや書くことは、困難な構築を避けて安易にすませてしまうことである。

音楽に導かれてゆっくりと歩き、美の末端あるいは感覚の萌芽から始めて、自らの肉体を断片や薄板状のものによって構築しながら、エウリュディケーは竪琴あるいはこの諸芸術・諸美術の総体の後につき従ってゆく。いかなる文明も、芸術なしにすますことはできず、それは生きた集合の構築や原型製作にとって、世界のように不可欠なものである。芸術の働きによって、影から耳が生まれ出て、幻肢は肉となり、耳介や側頭骨岩様部が受肉し、鼓膜が張られ、芸術の金槌と鉄床によって一つの鍛冶場がすっかり整備され、影から影の口が生まれ、唇からはすでに波うつような初々しさが降りてきて、饗宴にあって口蓋はすでに肉化された耳に縫合されようとしており、広い皮膚はすでに出現した小島の上に仮縫いされている。冷たい潜勢態から脱して舌が構築されるわけだが、生まれる以前あるいは現われ出る以前のエウリュディケーは、その潜勢態のなかに丸められているのだ。一つ一つの部分の形成は、ここかしこにいくつもの継ぎ目やフラップやラバやヘムを必要とし、薄板から薄板、萌芽から萌芽への移行や、変わり目あるいは代理、霊気のような芳香、愛撫のように甘美な味わい、歌うようなニュアンス、ステンドグラスのような調和、舞踏やダンスなどを必要とする。それらはその時々に局部的な総合を与え、はじけるような歓喜によってエウリュディケーは地獄から出て、彼女の新たな婚礼の祝宴に招かれる。彼女は、無感覚な影や社会的薬物や言語の麻薬から自らの姿形を解放するのだが、それらのものは無力さや冷たさのなかで肉を無垢なままに保っておくのだ。彼女は揺れ動く橋の上を通って、迷路から解放され、その井戸を埋め、凡庸な食事しか出さない宿屋から出て、自分の肉体の固有の家に住み、自らの牢獄を捨て、無感覚的な死のなかから日常的な生をよみがえらせる。

このようにそれぞれの断片によって構築された《われ》は、しっかりと結び合わされて構築されることが決して保証されていないので、風で壊され、崩れ落ち、雨に打たれて溶解する危険にさらされている。地獄を出るときに包まれていたケープから、ようやくあらわになろうとしている肉体は、なぜかは知らないが、オルフェウスの視線に耐えることも、路上の固い石やあまりに気まぐれなワインや熱烈な愛撫に耐えることもできない。地下のカオスから姿を現わしたこの女性の裸体は、ばらばらになって再び地獄のなかに消え去ってしまう。これは最初の八つ裂きである。竪琴の弾き手である男の肉体が、踊るバッカスの巫女たちや、トラキアの女たちの眼差しと爪によって、ブルガリアの山中でばらばらにされて姿を消すのと同じであり、同じような竪琴につき従い、同じような迷路に沿って象られた私や君の肉体が、日常の八つ裂きのなかで剝離し、その縫目をほどかれ、ばらばらに散らばった断片となって再び落下し、崩落したその断片が塵埃へと変わってゆくのと同じである。時として一つの頭が残される。オルフェウスの頭は河の流れに沿って流れ下り、歌い続け、語り続け、海流の流れに従って島々へと向かってゆく。その頭は言う「われ語る、ゆえにわれ在り」と。肉体の八つ裂きとはかかわりのない首部のコギトは、存在や統一性をもたらすのだが、しかしそれは幻影が幻肢を統合するようなものである。私は歌い、語り、思考する。雲の上の天使の首、あるいは銀の盆の上の予言者の首。彫像や幽霊たちは饗宴に大きな騒音をもたらす。

肉体は書物が組み立てられるように構築され、そのページは断片や薄板のように結び合わされる。口の締まった袋のなかで最初は裸であった肉体は、ももひきやスカーフや半ずぼんを一枚一枚着たかのように、皮膚ですっかり縫い合わされ、寄せ集められた皮膚の断片や、併置され積み上げられ縫い合わされた雑多な衣服に覆われる。しかし時には裂け目が残される。なぜならいくつかの場所は、互いに嫌悪し合うからだ。皮膚は総合を作るのではなく、仮縫いや、コラージュや、継ぎはぎ細工を作るのだ。かつて観念連合と呼ばれたものは、観念に対してよりも、肉体あるいは真皮の断片に対してよりよく当てはまる。着付けがうまくなくて、中途半端に結びつけられ、お望みならばぼろぼろで、絆創膏で貼り合わされたような断片に、よりよく当てはまる。何か生きているものを一つのシステムとして考えるとき、あなたはそれをアルルカンのマントであると理解しなくてはならないだろう。書物は触覚やドレスのように組み立てられる。

仕立屋である経験主義者は、部分的に仮縫いをし、空間的な延長によって思考し、ごく近くの近接部から隣村的な隣接領域へ、特異な地点から特異な地点へ、萌芽から広がりへ、井戸から橋へと思考を進め、山羊の行くような険阻な道をたどって細かい地図を描き、肉体や世界や図案を作図し、裁断し、ピンでとめ、縫い合わせる。繊細で洗練された彼は、細部を好み、壊れやすく作る。位相論者である彼は、縁や、糸や、表面や、裏返しの感覚をもっており、ここからわずかでも移動すれば、諸物や諸物の状態は決して同じではないことをよく知っており、多様性と細部の織物師である。

ことばは、これとは逆に、細部を作らない。それは同質的な空間を瞬時に占領する。声は遠くまで届くし、遠くまで響くからだ。共鳴胸郭のなかでシンバルのように鳴り響く声は、喉の上に円柱のように立ち昇り、前方では渦巻状に広がる円錐をなし、懸壅垂の奥では打ち込まれた先端状をなしている。それは自らの到来を告げるトランペットでありラッパであり、その響きは、あたり一帯の空間を飛翔し、それを自らの振動する力の支配下で統御し、広範で全体的で支配的ではあるが、性急で拙速な総合を肉体に与える。音響はその協和によって、先在する縫目を消し去り、それを忘れさせる。

語る主体は、幾何学的空間のなかで振動し、そこに長くて単純で容易で、自らの法則をそなえた理性の連鎖を描き、等方的な世界のなかに、まっすぐな道を音によって切り開く。主人であり所有者である彼は、全体はたとえ遠くにあっても、近くにある局部と変わらないと考えている。高遠なる理性と身近なことばも、これと同じ関係にある。

響きわたることばが幾何学に対して保っている関係と同じ関係を、皮膚の仕立屋である経験主義者は位相論に対して保っている。ことばと幾何学は、経験主義と位相論を支配し隠蔽している。ことばの合理論者は、石工であり、建築家であり、論理学者であり、幾何学者であって、堅固なものを構築する。一方、経験論者＝仕立屋は、繕いものや、へり縫いの仕事をし、堅固なものよりもゆらぐものを好み、明確な分節よりもひだを好む。否、肉体は一瞬にして構築されるのではない。それは折り畳まれ、広げられ、しわがより、膨らみ、風景のように広がっているのだ。

彼は繊細で、鋭敏で、聡明である。仕立屋は竪琴の奏者に先立って登場し、竪琴の奏者は料理人に先立って登場する。ヴェールやケープと同じ具合に、衣服が、幽霊の幻の肉体の上に仮縫いされる。幽霊は、ゴングやシンバルを打つ音、乾いた太鼓の連打音を合図に饗宴に登場する。この聴覚的な大音響がなかったならば、彼はぼろぼろになり、取るに足らない単なる仮面やケープに陥ってしまうことだろう。音は束の間の一時的な総合をもたらすのだ。幽霊が生の場に自らを保持するためには音を必要とする。そんなわけで、われわれの内にひそむ無教養さは、たえず大声で話そうとするのだ。ぞんざいな衣服をつけた幽霊は、竪琴や声の音楽に合わせて踊りながら、ことばの支えによって自らを肉化しうる。幼い子供たちをしばしば踊らせるがよろしい。

招待客、彫像、幼生のような影どもが、衣服をつけ、仮面をかぶり、やかましくことばを話しながら生の饗宴に入ってくる。そこではオーケストラが、粉々の断片に再び陥る危険を冒しながら、調和的な空間を準備する。

彼らは、聡明であろうとなかろうと、食べかつ飲んでいる。酌をする召使であり料理人である経験主義者は、法律は知らないけれども多くの調理法を知っている。なぜなら法律は諸物の同質的な状態に当てはまるのだが、それはきわめて稀なことであり、調理法は混ざったものに当てはまり、それは日常的に頻繁に存在するからである。料理人は饗宴の献立を調理するのだが、その饗宴では、混合物として生きながらえるために、混合物が混合物を食べるのだ。これは私の身体である。その饗宴では混合体が混合体を飲んでいる。これは私の血である。

肉体は書物のように組み立てられている。すなわち、まず最初は、位相論的な縫い合わせであり、断片が互いに仮縫いされて結び合わされる。その次に、音響的幾何学、つまり、ことばの支えによって最初の全体的総合がもたらされる。それから再び位相論的混合がやってくる。つまり、調理人が断片相互の間に、えも言われぬ隣接関係をかもしだすのだ。もろもろの液体や流体、肉のようなあまり凝集性のない固体、きわめて濃いソースやごくうすいソース、これらを相互に溶解させて、感じ取ることのできないほどのとろみ《リエゾン》〔関係〕を創りだす術を、彼は心得ている。どこで肉が終わり、どこでシチューが始まるのか、時として味覚さえもが、そこをつきとめることができない。一つの感覚や一つの場所、一つの断片がどこで終わり、別の感覚、第二の場所、隣接する斑点がどこで始まるのかを肉体はよく知らない。混ぜ合わされ虎斑のついた肉体は、たがいに隣接し合う多種多様な色合いによって作られている。それは、それと感じ取られないままに、一つの感覚から別の感覚へと移行するのだ。そんなわけで、ファン・エイク〔フランドル派の画家一三八五―一四四一〕は、ゲント祭壇画の『神秘の子羊』のエヴァ像の腿を描く際に、バラ色の実に様々な色合いを用いて、次第に薄くなる色の層を十五層も重ねたと言われている。創造主はこのようにして創造するのだ。各人はそのようにして自分の腿を知覚する。また味わうときにもこのようにして自分の口を知覚する。シャトー・ディケムのワインは、フレスコ画法や、何層ものぼかしのある多翼祭壇画の画法でもって、口蓋を描きだすわけだ。目はそこでは、はるかかなたを見るかのごとくに視力を失い、口は味がとろけるまで味わい、舌はそこでは言語を失う。われわれはバラ色に対して十五もの語をもってはいないからだ。われわれの語彙はゆらめき、あるいはたどたどしく語り、専門家たちは私的で伝達不能な自分たちだけの用語を発明する。十六層目でファン・エイクは、この女性が動くのが見えると思ったのだった。同様にして、宝石を砕きそれを混ぜ合わせて新しい色合いをだすことによって、画布の上に宝石を創りだすことができると彼は考えたのだ。こうしてファン・エイクは女性を創造したのだ。感じ取られないほどの微分的な色合いのスペクトルが広がり、それは様々な場所に目に見えないほどの入墨をほどこし、そしてそれらは、うつろいやすいリボンで臨時にゆわえて結び合わされるのだが、それはわれわれの肉体を築き上げたりその総合を構築することではなく、肉体を貼り合わせたり諸部分を混ぜ合わせたりすることである。同様に、優れた闘牛士たるゆえんは、上手な身のかわし方にあるのではなく、ファエナ〔牛を死に導く闘牛の最終段階〕でのムレタさばきにおいて、牛と溶け合った姿で、両者の一体的関係を長く保つことにあるのだ。溶け合った肉体は幸いである。饗宴は、上記の入墨を近隣の溶解と混合とによって消し去る助けとなり、雑多な色の塗りたくりを、その有効性を保ちながら、消し去ることの手助けとなる。このようにしてファン・エイクは神の御業をまね、闘牛士は生と戯れ、それぞれは完璧な結合〔関係〕を夢見る。料理人も同様である。

香りのようにはかなく壊れやすい芸術、流動する経験主義、うつろいやすいこれらの哲学は、忘れられ、あるいは軽蔑されて、料理に委ねられているのだが、それが台所で、家庭で生きているとは誰も認めようとしない。しかし肉体はそのような場所に結びついている。味利きの経験主義者は、おとしめられ口をつぐんでいる。だがしかし彼は、舞台の裏で生命に付き添っているのだ。饗宴は二つに分けられている。表象〔上演〕とミサとに分かたれているのだ。重要なことがどこで起こるのか、今や決定していただきたい。調理場でなのか、あるいは舞台装飾の前でなのか。ソースのなかでなのか、あるいは言説のなかでなのか。仮面なのか、あるいは生命なのか。

経験主義は、信頼できる人々、生きている人々、しなやかに結び合わされた肉体をもつ人々、ワルツの最初のステップで認知し合える人々、そのような人々を育む。経験主義はおそらく多くは教えないし、高度な知識も立派な言説ももたらさない。しかし経験主義はささやかなる幸いをもたらす。つまり、絶えざる生命の鼓動、肉体のくつろぎ、立居振舞いのなめらかさ、順応性などをもたらし、舞台を占領している死の軍団に対する日常的な戦いのための、もろもろの素朴な武器を形づくる。死はつねに饗宴の席をうろついている。表象〔上演〕の舞台では、雷鳴や太鼓が鳴り響き、自分自身支配者である石像が、支配者の臨終を告げている。経験主義者は、ソースのしみのついた皿洗い人や、男ごころをくすぐる褐色の髪の娘や、白い割烹着の女中たちといっしょに、台所に避難する。少々おとなしくて、おめでたくさえある彼は、ワインの味わいに倣って言説を聴くので、陽気で声の大きい俳優や、大根役者や、売春婦、ドイツ帝国軍隊、受勲者たちに恐怖を抱いている。彼は哲学や科学や法律を恐れ、引き籠ることを好む。宴の終わる前に席を辞すことを好む。

料理によって、経験主義者は不純物を恐れてはならないことを学び、彼はスープに手を染める。彼は混合することを学ぶわけだ。ところが、潔癖主義者のテーブルの上では、分離されたものが幅をきかしている。舞台の上では法律が命令を下すが、ミサでは人は調理法で満足する。上演〔表象〕の舞台では、ことばと理性が大声でがなりたてているが、舞台裏では良識的なもので充分である。もし粗野なものが、無粋でわがままな王様のように、世界に君臨しているとしたらどうだろう。そして、控え目な繊細さ、局部的な細部に注意を向け微妙な色合いを好む繊細さが、舞台装飾の裏側に追いやられているとしたらどうだろうか。経験主義者は繊細さを好み、合理主義者は統一を求める。前者は語らず、歴史を作らない。彼は生命を好むのだ。

陽のあたる世界は饗宴に似ており、強盗や泥棒の巣窟《クール・デ・ミラークル》に似ている。片足で片目の者、去勢された者、口も鼻もなく、のっぺりとした顔をした者、衣服がぼろなのではなく、皮膚と感覚がぼろぼろに破れた者、皮を剝がれた胴体人間、後頭部に耳がない者、盲人、不具者、手足の萎えた人、不感症患者、性的不能者、びっこ、麻痺患者、こうした者たちがテーブルで食べている者たちである。これらの者たちのために今や宴会は最高潮に達している。それらの者たちも、通りがかりの者たちも、野次馬も、入ってくる者たちや出てゆく者たちも、ひたすら酔っぱらっており、感覚は麻痺し、手足は幻肢となり、肉体は不完全で、ひ弱で、鍛えられておらず、自分たちの欠落や欠如や接合不全には無自覚で、すべて下手な整形外科手術によって埋め合わされ、補われ、カバーされ、補完されており、義足や、人工装具や、包帯、プラスチックの手、あるいは銅製の鼻、義歯、手鉤、張り形、そういった人工的なものによって欠けた空間を隠し、麻痺を肥満によって隠している。それぞれの者は叫び、口数が多く、自分の存在をわめき立て、あるいは自分の言語を押しつけようと試み、アゴラの広場で自分のカテゴリー論を論じており、公の場でことばを発することによって、統一し、完結し、調和し、充満した申し分のない肉体が、奇蹟的に成就されると信じている。しかし時折、ふと口から漏れる告白のように、歴史のあけぼの以来自分たちの肉体は切り分けられ苦しんでいると、ぼやいている。奇蹟のテーブルでの言語の奇蹟。つまり、私は話し、語っている、だから、私は存在している、わかってくれ、というわけだ。馬鹿騒ぎや喧騒や口論が、不具になっている者たちの悲劇的な分割を覆い隠している。それぞれの者たちは帽子やマントを見ており、ことばに信頼を置いている。しかし衣服は皮膚を隠してはいず、それは逆に皮膚の継ぎはぎや縫目をあらわにしている。全員が裸なのだ。

私は味わう、それゆえ私の口が存在する。私は感じる、それゆえに一つの部位が生じてくる。空白で何もなかった場所に、感覚で捉えうるものが何かを生じさせるわけだ。無のガウンに覆われた私の肉体の内に、有が生まれる。有は無に継ぎを当てるのだ。位相論者はアルルカンのコギトの上で、様々に姿を変える。私の舌の縁は、マルゴー酒に浸って出現したのであって、それ以前には実在していなかったのだ。自分自身の肉体の広い裾は空白のままになっている。虚ろな体感はこのような多様な誕生、連続的な創造の生みの苦しみを味わったり、その喜びを享受したりする。新たな舌が生えてくる。一つの触覚、五本の真の指をもった真の手、まさしく私のものである一つの手のひらが生じてくる。背中の上部、広大で新しい耳介、繊細な細部をそなえた側頭骨岩様部、思いもよらない目が、私に生えてくる。このような稀有な皮膚が私を包み、そこでは様々な区域が見、聴き、震え、内部に深く陥入する。こうした隣接部位は存在していたのではなく、生まれてくるのだ。それはかつて存在したのであり、別のあり方で何回となく存在し、眠り込み、再びよみがえってくる。それは、生まれ、再び生まれようと欲し、間もなくそうする術を知り、その欲求度の高さを知る。それ以来、ほとんど感じなかったり、あまり感じなかったり、たいして感じなかったりすることは、最初の無に後戻りすることだということを学び知る。それは存在し、欲求し、構築される。
それらの隣接部位は大きくなり強化される。よりよく感じるためにやわらかなままであり、自らを維持するために強くなる。自分がかつて横たわっていた無のトンネルを突き抜けることができ、その術を心得るようになる。感覚で捉えうるもののやわらかさが、その部位を強固にするのだ。壊れやすさは受け入れの柔軟性を保証し、強さは耐久力を与えるものだが、修業とはこの二つをいかに結びつけるかを学び取ることにある。イマージュは充分であるから、いかにしてその部位が形成されるかが問題となる。またその形成過程を充分に一般化して示すことが条件となる。このことは、感覚作用の日常的で、局部的で、全体的な現象を描きだすことであって、あまり美しい名前をもつとは言えない諸器官のなかに引き籠って、その機構を研究するというのではない。ヴィーナスが立ち騒ぐ海の泡から立ち現われたと同じように、しかじかの部分《パート》が何もない空白のなかから出現し、大きくなり、存在し、行動し、芽のように生え、あるいはまた次の祝祭の時を待ちながら眠っている。私は感じる、ゆえに私は斑点〔薄片〕として形成されてゆく。これらの部分部分の形成の総体をたどって、肉体が組み立てられてゆく。あなた方は饗宴において愛について論じていたが、そうとは知らずに、あなた方は自分の口のなかや、唇の上で起こる現象のモデルを提示していたのだ。

神経終末が脳空間に投影される位置を測定し、その地図を作図すると、醜悪な小怪物が描きだされる。その大きな唇、巨大な舌、小さな胴体、ボクシングのグローブのようなそれぞれの指、兎のような耳……、それらはまさしく受信機を構成しているのだ。小びとが自分のアンテナを出しているかっこうだが、広げられたそのアンテナは、無数の突起を逆立てている。それは、全身感覚《セネステジー》〔体感〕をなぞった塑像もしくはマスクのモデルであり、感覚によって捉えられた肉体を正確に表現しているわけだが、われわれことばする人間は、それをほとんど理解しない。いくつもの断片のつなぎ合わせからなる感覚作用という、位相論的意味での仮縫いは、ぼかし縫いや、虎斑や、波形模様や、半格子縞の雑多な模様をなす大脳定位空間に対応しており、それはアルルカンのマントと外皮の対応に似ている。このような変化に富んだ絨毯状の空間を調べるためには、穿頭器で開頭手術をおこなう必要はない。そのためには、感覚で捉えうる世界で充分であり、玉虫色の皮膚で充分であり、ワインを味わう口で充分である。脳細胞のように星形をちりばめた孔雀の尾で充分である。

われわれの繊細さや素質や諸状況に従うならば、奇蹟のテーブルでの祝宴は様相を異にする。上述の二つの饗宴の図は、客たちの欠けた部分や覆われた部分の調査目録をなしていた。それは、フランソワ・クープランの言いそうなことだが、存在しない部位の色、目に見えない色をしたドミノ札の図柄のようなものだ。今度は存在する部位の図、無数の色合いをもつドミノ札、あるいはアルルカンの饗宴図を描いてみよう。

客たちは入り、そして座り、起き上がり、出歩き、飲み、食い、叫び、歌っている。毒舌家たち、そのなかでも並外れて大きな口をもつ者、小さな目と折れ曲がった無用の耳をもつもろもろの野兎の類、隈のある眼窩のなかに不動の大きな目をもち、勤勉で愚直そうな眼差しをし、驚いたような様子をしているフクロウの類、べとべとした長い舌をもったアリクイの類、どの皿にも手の届く長い腕をもった霊長類、人工的で痩せた関節や足をもったカマキリの類、恐ろしい歯の脅威によってテーブルの上座を獲得しているすべてのサメや虎の類、鎧のような冷たく鈍い皮膚をそなえた厚皮類、弱くて逃げ足の速い何百匹もの兎、飽くことを知らないネズミたち……等々が客たちである。それぞれの種が、自分たちが一番下流に位置する種となるために、自分の独自性を確立し、当りくじのドミノ札をひけらかしている……。巨大な四肢の上から見おろす大きな瞳、おお、私の祖母よ、あなたはなんと大きな歯をもっていることか。今や春、今や変身の宴、感覚作用の日常的な奇蹟の宴。おのおのが陽気で、驚嘆し、感動している。生まれ出る新しい芽生え、再生する緑の継ぎ穂、身を飾る葉叢の冠や帯や靴、皮膚から生じた花々の首飾り、ビロードのような感触から生まれたブレスレット、口からこぼれる数珠のような花冠、ぶどうの木のようにかぐわしい鼻のまわりの巻き髭、指や足を伸ばしたような緑の枝や幹、藪状をなす灌木の幹、牧神、醜い小びと、トリトン、魔女、最初に出合った木にまたがっている女悪魔、あらゆるものたちが、栄光の秋に生まれた栄光のワインのために、喧騒のなかで乾杯をしているのだ。

そしてもし、もろもろのおとぎ話、七里を駆ける長靴、美女に変じた獣、ロバと王女、シベリアリスの毛皮の短靴、麻痺した下半身を青緑色の鱗のガードルで包む人魚姫、新鮮な肉の臭いをかぎつける人食い鬼、雅宴、仮面舞踏会、アルルカンの喜劇、幻想、サバトなど、こうしたものが、失われ忘れられ風化した「感覚で捉えうる世界」の廃墟を、けばけばしい色で描いているにすぎないとしたらどうだろう。言語の文化、あるいはことばの宗教が、「感覚で捉えうる世界」の価値をもはや理解させないとしたらどうだろう。

聖アントワーヌは、ことばの司祭であり、不変の太陽の照りつけるのっぺりとした等質的な砂漠のなかの修道僧である。彼は、南方の金属的な光りのもと、何物も新しいものは出現しえない空間、見渡す限りの石の野原で生き、一日じゅうパンと水だけしか食べず、断食に陶酔し、絶えず聖書のテクストを朗唱し、目は聖書の文字で疲れ、舌はことばと固いパンの皮によって麻痺している。だが、この論理主義の隠者の皮膚は、多様なものの、数限りない無言の愛撫によって、突然鳥肌が立ち、波形模様が現われる。失われた楽園、種々雑多な果物あり、動物あり、悪魔あり、女ありの感覚の楽園が、単一的なことばの砂漠のなかに戻ってくるわけだ。しかしことばの砂漠は、決してそれを理解もせず、受け入れもせず、アントワーヌを誘惑する単なる地獄としてそれを認識するのみである。それはダイエットのさなかに戻ってきた饗宴であり、言語の統治下での、感覚的世界の幻想的な宴である。

今日においては、聖者は都会で生活し、見渡す限りのコンクリートジャングルのなかで、書物を読んでいる。胃が弱いためにダイエットをし、農産物加工業や薬品工業によって味を奪われた食料で身を養い、電気の単一的な光のなかで行動し、その光は、夜でさえも、何か新しいものが陽の目を見ることを妨げている。彼はガソリンとケロシンの臭いだけを吸い、とりわけエクリチュールや語＝イマージュをしか知らず、それらは砂漠のような都市のいたる所、壁、スクリーン、看板、店、車両を覆い、間もなく空をも覆い尽くすだろう。聖者はついには、ことばのなかにのみ生きるだろう。そして、そのような生き方を遂行するために、ことばについての科学、すなわち、論理学や、マスメディアや、文法、広告、書式、コードなど……、あらゆる意味での情報をしか必要としない禁欲主義者、苦行者たることを要求することだろう。うんざりするほど味わっている都会の陰気さと無味乾燥さは、決して文章や統辞論以上に自分たちを刺激しないということを、彼らは証明するだろう。理性の勝利。すなわち、杏という果物は杏と言う語以外の味をもはやもたず、その味はこの語を言うときに口のなかに入ってくるというわけだ。

一つの舌〔言語〕をしかもたない修道僧たちで、都市はいっぱいになる。

感覚で捉えうる世界を、奇怪なものに、異常なものに、地獄のようにしか言い表わすことのできない者たち。

聖アントワーヌの誘惑における嫌悪すべき奇形学は、奇妙な接合から生じる。壺の尻をもった裸の人間、鞘翅の上に接ぎ木された鼻面、花の咲いた鯨、生物界は様々に分岐し、もろもろの肉体〔物体〕が妙な具合に混合され、接ぎ木されている。だがそれでもそれらは混じり合っているのだ。

これらのキマイラはもろもろの語に帰せられ、それらの語は連結符《トレ・デュニオン》で結ばれている。つまり、論理的想像力、意味の文法、デジタルで結ばれている。筋〔流れ〕、動き、結合、連続したもの、歴史〔物語〕、徐徐に変わってゆく色合いのスペクトル、肉、感覚世界の混合等を、ことばで追ってゆくことが不可能なので、言語は、アントワーヌを包んでいる甘美な上塗りを、文＝スーツケースによって書き表わす。十五の怪物がエヴァのバラ色の太股のなかで口論し合っているわけだ。

彼女の太股をことばで言い表わすことができないので、ことばは彼女を呪うのだ。

ブリューゲル、ボッシュ、フローベール。彼らは、語、文法、学識と辞書、呪いの悪夢、コンピューター・グラフィクスの怪物などによって、饗宴を言語に翻訳したのだ。同様に、今日の饗宴《シンポジウム》〔討論会〕においては、知ってのように、PならばQが成り立つという命題が、羽を広げた孔雀のようなシャトー・ディケムのワインに巧みに取って代わっている。

いかなる文明も、すでに述べた今日の消費文明がわれわれに押しつけている禁欲主義の水準、すなわち現代の饗宴の水準までに達したことはなかった。

そこでは言語が三重に君臨している。行政機関はことばの遂行的要素によって、マスメディアはことばのもつ誘惑の要素によって、科学はことばのもつ真理を表わす要素によって現代文明を支配している。トリスメギスト〔エジプトのトト神のギリシア名。またヘルメスとも同一視される〕的ことばは、コードに酔った抽象論者たちからなる支配階級を生みだす。この階級は法律学者的で、情報理論的で、厳格で、三重に実効的で、それゆえ世界の創造者である。

権力を握る者たちは、歴史を通じて、このように高い水準の禁欲を実践したことはない。われわれの君主は、法律を糧とし、比喩の多いレトリックを糧とし、科学を糧として、言説のなかに住んでいるのだ。食べず、飲まず、ゆっくりと散歩をすることもなく、芸術を理解することもなく。しかし、往時の祝祭はいずこへ行ったのだろうか、トリアノンへだろうか、ヴェルサイユへだろうか。

聖アントワーヌは勝利し、人類をことばに服従させ、従わせ、人を無味乾燥な抽象のパンと水へと追いやり、管理化され、情報化され、工業技術化された都市の無形態な砂漠のなかで、言語の三つの経路を通してしか与件を渡そうとしない。彼は命令し、誘惑し、真理を言う。彼はプログラミングによって世界を作り直そうとする。

したがって、われわれは聖アントワーヌの巨大な集団的誘惑のなかに生きている。一つの文化を創造するためには、一つの肉体ともろもろの感覚が必要である。人工言語や人工知能は、肉体の欠如のゆえに、一つの部分文化を生み出す。感覚的世界は、ひどい軽蔑によって変形され、押しつけられた抽象化を通して、執拗な、地獄のような影となって、イマージュや言語のなかに戻ってくる。饗宴の席を占めた彫像やロボットたちは、目録や図像を夢見ている。形式的で孤独な仕事に疲れきった隠者であるわれわれは、赤いインクで罪をいっぱいに書かれ、権力の座にある人々に射すくめられ、その側に侍り、体操という色事に浸り、嫌悪を催すような色をしたご馳走や、一時的で、架空で、筆の圧力で消え去るような饗宴ですっかり腹一杯になり、夕方には、稀なる睡眠を探し求める。言語の圧力によって開かれたこの永遠の、軽蔑すべき、架空の部分饗宴、これを、予期された名前、聖アントワーヌと署名する者以上にうまく言い表わした者が、誰かいるだろうか。

酒瓶のなかに、唇のまわりに、文化が横たわっている。そしてあらゆる考慮〔計算〕の果てに知が、すなわち知性と知恵が横たわっている。ホモ・サピエンス、それは味わうことを知っている人間である。慧眼の持ち主、それは臭いをかぐ術を心得ている者である。肉体を奪われたとき、陰気で気違いじみた論理学や文法の力によって、すべてのものは失われる。

探訪

（村々の《ロカル》）風景 ―― （全面的に《グローヴァル》）異郷にあること《デペイズマン》 ―― 方法と遊歩道《ランドネ》

（全体的なもの《グローヴァル》と局在的なもの《ロカル》） ―― 状況 ―― 混合した場所

〈村々《ロカル》の〉風景

異教や多神教の文化においては、肉体が断片によって仮縫いされていると同じように、ぼろ切れによって世界が構築されているとしたらどうだろう。そうすれば、世界やその外見上の表面は、皮膚と異なることなく、あたかも断片を纏ったかのような、風景＝ぼろ着となるであろう。近くで見れば卑俗で、遠くからは繊細に見える。村〔pagus〕、郡、県といった土地や空間の分割は地域の断片をなし、風景の要素をなしている。すなわち、ウマゴヤシの畑、ぶどう園、猫の額ほどの土地、小さな牧草地、十分手入れの行き届いた菜園とその隣の囲い地、村の広場、遊歩道などである。村においては、小作人の土地や古い貴族の地所は田舎の神々に結びつけられている。そこでは、垣根の窪みやエルムの梢の陰に、神々が座している。風景の要素のなかにいる異教の神々とともに、農夫たちは生活しているのだ。

異教の農夫や古代の言語は、かつてのそのような思い出を保存している。密生した灌木林の前に広がる段々畑、連関作業を前にした囲い地、パノラマとは言い難い市松模様の土地、そのような風景を思い起こしていただきたい。ちぐはぐな斑状の土地や、様々に色づけられ、奇妙にはめ込まれた土地を寄せ集めた位相論的な地図、ぼろ切れを縫い合わせたマントのようなぶどう畑、牧場、耕作地、植え込み、通り名のある場所、それらは、ことばが誕生してこのかた、姿を消した多神教の廃墟なのだ。もしあなたがアルルカンの衣服、私の母なる大地の衣服を見たことがあるならば、あなたは古代を理解するだろう。古代は少しずつ姿を消し、白いマントとなり、再び処女地となり、切り開かれた畑となる。そこでは痛ましいほどに単調なトウモロコシ畑が、醜く、緑がかった空間を地平線まで広げている。言語と一神教が異教的なぼろ切れを等質化し、工業技術が仮祭壇をひきつぶす。村々の古い神々の破壊、封土と境界の廃止。経験主義は、地方的ないく百もの神々を尊敬し、それらの神々を育み、ことばの神をすら崇拝する。一神教は包括的な技術の介入を可能にする。等方性《イソトロープ》の空間を形成するために、一神教はまず最初に偶像を破壊しなくてはならなかった。アメリカの中西部全土にわたって、太陽のもとには新しいものはもはや何もない。農夫は追われ、風景は破壊された。

肉体はばらばらな四肢によって組み合わされ、ドレスは断片や縫い合わせによって組み立てられるのだが、母なる大地は風景を身に纏っていると考えるべきなのだろうか。異教の万神殿に住む半神たちは、大地の化粧のためにあちこちに宝石をはめ込むのだろうか。農夫は大地の身体をヴェールで覆うのだろうか、それとも大地を侵害するのだろうか。どのように人が風景を見るのかを、もはや問わないのがよろしい。それは仕事をしたことのない甘やかされた子供の質問である。園芸家がどのようにして風景を造形したかを考察しなさい。農耕者が、数千年来、どのようにして風景を、画家たちのために、徐々に組み立ててきたのかを考察しなさい。画家はそれを美術館や書物のなかで哲学者に見せているわけだ。

農耕者は風景を村 pagus ごとに組み立てていった。ところでラテン語のこの同じ古い農耕用語が、pago〔組み合わせる、作る、著作する〕という動詞と同様に、われわれに一ページ一ページを与えまた書き取らせるわけだが、そのページを私は今朝も文体という鋤の先で耕し、規則正しい畝の形に細かく切り分けてゆくのだ。そしてその畝のなかに、書く者の存在が固定され、植えつけられ、確立され、そこで彼は自らの存在を謳歌するのだ。牧草地、村落、ウマゴヤシ畑、菜園、集落、通り名のある耕地、幸運な群生地、そこでは彼は、神々といっしょでなくては、決して生きてゆくことができなかった。少なくともそのページが存在し、ページの手助けによってそれを徐々に耕してゆく者が存在しうるためには、ページごとに神々が必要である。彼は一ページといえども、そこに秘密の神殿を造営せずに残しておくことはない。彼はそれを読む者あるいはそこを通りかかる者に、しばし立ち止まってその神殿に祈りを捧げるようにと控え目に懇願する。一人の神がここに安置されているのだが、その神は隠されており、眼には見えない。一人の神がそこにやって来て、そこに自分の居所あるいは安置所を設立するからこそ、ページはあれほどの時間を凝縮し、あれほど濃密なエクリチュールを担っているのだ。もしあなたがもう少しよく探せば、あなたはその神を見つけるだろう。あなた自身のために、そして通り名のある耕地を耕す農夫のために、その神にしばしの間祈りを捧げなさい。

作家は農夫が耕地を耕すようにページを作り上げてゆく。あるページや、猫の額ほどの畑に、長い間住み、そこで神の安置所を敬い、隣の神殿との間を隔てる境界や囲い地の壁をせっせと作り、時には、小さな谷状をなした風景を眺めて瞑想する。来年は、谷の高みの池と墓地との間に、ポプラの木やヒマラヤ杉やイチイの木を植えなくてはならないだろう。三十年後にはこの追加の植樹が申し分のないものとなり、通りがかりの者を魅了し、陶然とさせ、自然や知覚について瞑想させるだろう。片隅に安置された一人の神が、慎ましい調和に応じて、時には数多くの地方的な通り名の場所や囲い地を与えるものである。状況を詳細に記載した大地のマントが作り上げられてゆくわけだ。

近隣に住む者にとって、意外な影響力を周囲に及ぼす、地方的で特異な事件や出来事がなかったならば、風景も作品も歴史〔物語〕もないことだろう。特異な場所は、それらの事件や出来事の近隣にあっても、連絡をつけることはなかなか容易ではない。これらの隣接する状況を隔てたり、連絡したり、縫い合わせたり、混ぜ合わせたりする村道をたどって行くには、時間と労力が必要だからだ。時間はこれらの道路の上を流れてゆくわけだ。不規則で気まぐれな影響を及ぼす区域に囲まれている一つの状態、というよりむしろ局部的な均衡、これを状況と呼ぶことにしよう。それは、花綱で飾られた星状をなし、あるいは非対称なズレをなし、全体が不必要なとげに包まれたボール状をなしている。状況のボールの周囲にはそれと接して、まさしく偶然に他のいくつもの状況がひしめいている。この「偶然に」contingente という語はそれらのものが互いにいっしょに、拘束的な規則なしに接触し合っていることを意味する〔contingent (e) という語は語源的には、ラテン語の contingere であり、これは con〔cum〕=avec+tangere=toucher を意味し、「いっしょに触れる」といった意味になる〕。風景、作品、歴史〔物語〕、はこれらの偶然的な状況を局部的に統合し、そしてそれから絵〔場面〕や公園や庭園、選集、時代、あるいは隔たりを作りだす。全体的な総合や、森をまっすぐに貫く道路を得るには、方法論や科学に訴えなくてはならない。

　墓地のある教会の鐘楼のまわりに、寄り添うように集まった家々、村落、起伏に沿って下る生け垣の縁取り、長い傾斜線をなす谷間、延長記号のような同心円の冠をつけた湖、どこから吹くとも知れない風にさらされた台地……一幅の絵。旅人は、自分の疲労や自分の発見、村道に沿っての長い散策を語り、細部を述べ、些細な出来事を引き合いに出し、それらを時間のように濾過する。水夫は、無数の入り江や磯、小島、隘路、狭い砂浜や小さな湾、奇妙な二叉水路、船だまりや岩壁を経て、ケコバ湾のなかに迷い込む。彼はいくつかの場面によってこの湾を見ているにすぎず、当直勤務表に応じて湾の地理を理解しているにすぎない。そして彼は一つの航路を想定するのだが、そこではそれぞれの書き物が、湾の全体的で、美しく、十分な見晴らしをレイアウトや図に描き、近隣の出来事を明らかにしあるいは隠し、全体の実測図を示したり覆い隠したりする。それは神々しい驚きのように期待されもし、またあまりに重すぎる任務のように拒絶されもする。しかしどこまでも続く平坦な水面は、水夫に、見るものとしては抽象的なものと天体のみという状況を余儀なくさせる。彼はへとへとになって進む。航路を切り開く時間は、思いもよらないものであり、また予期されたものであるが、それは周航の全行程、あるいはむしろ散策《ランドネ》の全行程のなかで濾過される。その行程は、高くあるいは低く、冒険に満ち、空間の量体のなかで、再発見や新しいもののなかで、繰り返し結び合わされ、突然壮大な光景となって展開される。

裏でせっせと織り上げた何千ものページや、表に期待される何千ものページを、根気よく縫い合わせたぼろ布が、いかなる世界を形成し、それらのページはいかなる地方を美しく飾り、いかなる土で一枚の地図を作成し、いかなる物体〔肉体〕で衣服を組み立てるのだろうか。虎斑がつき、縞模様をなし、書く者によって筋をつけられ、行や文字によって線を引かれた皮膚、肉体の断片、プレート状の真皮、風景の場、憧れの別天地たる諸ページ、楽園。

風景の上に、あるいは生きた肉の土壌の上に、春になるとむくむく生えてくる各部位の上に、どのようにしてこの地図を貼りつけるべきだろうか。それは感覚で捉えうる世界を歓待するためなのだが、それというのも、それぞれのページはそのようにして仕上げられてゆくからだ。このような結合や貼り合わせがなければ、そのページは死んだ作品であり、不毛の作品である。もろもろのページは言語のなかで眠っているのではない。それらのページは村々〔pagi〕から、つまり風景〔paysage〕や、肉や、世界から、自らの生命を引き出しているのだ。もしあなたが私の母なる作品であるアルルカンの衣服に出会ったならば、あなたは古代を知るだろう。アルルカンの衣服、それは、古代異教文明の執拗な回帰であり、固有の偶然的接触に満ちた農夫の孤独な営みであり、根気よく造形された地方地方の風景である。それはまた、法則性のない隣接状況に対する細心の注意深さであり、刻々と生成し溢れ出ては光り輝く現実世界であり、生命の叫びなのだ。

作品は、風景に、失われた古代に、諸感覚に遡る。作品は、ことばによって一挙にあがなわれ〔買い戻され〕、統合〔積分〕されたのだ。

どのように人は風景を見るのかという問題を探究すべきではない。そのような探究はやめにして、庭を造りなさい。唯一の法則にすべてを従わせるということは、美学上の誤りであることを知るべきである。局部的な出来事をかんなで削り取って平らにしてしまうことは、風景を退屈なものとし、醜いものにするからだ。それは、風景のない世界や、ページのない本や、砂漠を作るようなものである。すべてのものを取り払ってごらんなさい、あなたはそこではもはや目が見えなくなるでしょう。空間を見るためには時間を必要とするのだから、時間をつぶしてはならない。これとは対照的な誤りであるが、断片のみで事足りとしてしまうことも避けなくてはならない。物語性の欠如は、唯一の法則と同じように、退屈なものを作りだし、さらにそれを一層醜いものにするからだ。作品を創造するということは、局部的なものと全体的なものとの間、近隣と遠方の間、物語と法則の間、ことばの単一性と分析不可能な感覚の多様性との間、一神教と多神教との間、国際ハイウェイと山奥の村との間、科学と文学の間に、一つの緊張を要求するものなのだ。全速力で走る馬の手綱をしっかりと締めなさい。馬の急な方向転換を注意深く追いなさい。高地での長い道のりを予測しなさい。正確に見張り、予想を立てなさい。哲学は時として総合を要求するものである。あちこちを探訪しなさい。

その結果あなたはミニチュアとパノラマを同時に見ることができるだろう。

諸ページ＝諸単位を固定させることができるだろうか。

美女の写真があるとしよう。それはかつては肖像と呼ばれていたのだが、最近は表現〔されたもの〕《ルプレザンタシオン》と呼ばれている。すなわち、全身像、裸像、上半身の一定の部分を切り取った像、などである。皮膚の肌理、肌理の分子、分子の元素、このように細部まで拡大されれば、美女は抽象の域に入る。それゆえガリヴァーは、自分のすべての冒険旅行を上記の表現されたもの《ルプレザンタシオン》の部類に入れ、巨人の乳母の乳房を不意に捉えることができるのだ。美女をたやすく冒険に連れてゆくために、あなたは逆に彼女をミニチュア化して、サクランボの種のなかに何千もの美女が住めるほどに、縮小に縮小を重ねてゆくことができる。そんなわけで、ガリヴァーは、小山のような自分の腹の回りに、小びとの国の小びとたちが鈴なりになり、リラの花の房のように群がっているのを見るわけだ。同様に画家は、祈りを捧げる二人の顔＝断崖の後ろに橋をかけ、その上に群衆を描くことができる。このようにしてわれわれは蚤を作ることができる。美女のミニチュアは豊富にいるのだ。

平均的な寸法と縮尺の最初の肖像の上流と下流に、下方にはミニチュアを上方には拡大図をといった具合に、「表現されたもの」を次々に重ねてゆきなさい。この積み重ねは月にまで達するか、あるいは無限に続くだろう。なぜなら、実用的な場合を除いて、最大にせよ最小にせよ物の大きさの限界を誰も見た者はいないからである。この光景は天文学的な長さの一種のプリズムあるいは円柱、もしくは巨大なラッパ状をした円錐、あるいはピラミッドの形を示すだろう。真ん中のカードあるいは写真は、お嬢さんの全身像の肖像を示しており、それより上の領域では、彼女のより一層微細な部分があり、それより下の領域ではますます俯瞰的な、遠くからの眺めとなり、まわりには一群の美女たちが次第に数を増してゆくことになろう。

この堆積の量体のなかを、ある肖像から別の肖像へと走る道、円錐あるいはプリズムを貫く道の総体、同じ場所の様々な次元を互いに結びつけている道を想像してごらんなさい。これらの道のそれぞれの総体、無限の円錐やプリズムのなかでその道が切り取り画定する量体は、通常の空間の次元とは別の次元に属する。次元とは、まず最初に大きさという意味に解されなくてはならない。そしてしかる後に、空間を二次元、三次元あるいは分数次元に画定する位相不変元の意味で解されなくてはならない。その結果われわれの視覚は変形され、めちゃくちゃに混乱される。美女の全体像は、これらの断片、組織、細胞、拡大された分子の脇に、あるいは双子もしくはクーロンの姉妹たちの中央に、座を占めている。彼女の基本的な構成元素と、彼女の可能な限りの複製の間に、座を占めているわけだ。

したがって、山はそれを構成する岩のなかにあり、岩はそれを構成する小石のなかにあり、小石は破片や分子のなかにあり、全体は大きな混合をなしている。大洋はそれを形づくる海や、海峡や、疾風の内と外できらめいている。森はその木立のなかに眠り、平原は林間の空き地と似通っている。様々に変化する次元をもった村〔地方 pagus〕は他の村々とともに、様々な次元をもった空間のなかで構成される。これこそ風景であり、それは現実の諸断片の動く総体であり、混合したページを敷きつめた舗道である。それゆえ、試しに、彼女の可能なあらゆる表象《ルプレザンタシオン》を貫いて、一つのあるいはいくつもの道を描いてごらんなさい。

一つの作品〔仕事〕は、庭園と同じように、もろもろの原子や海原、したたり落ちる水や山々によって構成されている。水夫は星々を観察し、岸への到達を夢みるが、しかし彼は船の舳先を打つ波を乗り切り、それを文体として昇華させてゆかなくてはならない。

広大で無限なページと微細な微分的作業。

ここ。この場所の風景は、もろもろの場所を寄せ集める。一つの地点は、近隣に取り囲まれた特異な点として描かれる。すなわち、泉、井戸、海に突き出した岬の尖端、島、小さな湖、飾り紐のような長い小川、圧迫されるように狭い峠の頂上、丘の麓を洗う河の岸にうがたれた小門、林間の空き地、浅瀬、港、地形学上のもろもろの出来事、障害物、境界、天変地異、等々。誰かが、すでに存在している特異な地点を選んで、そのそばで生き、その地点の特異性に彼自身の特異性を付加してゆく。ここ、峨々たる山々に囲まれた圏谷のただなか、陽光のもとにとどまり、そこに自分のテントをしょい上げ、そこで死を待つことを夢みない者が誰かいるだろうか。住処、あるいは隠れ家、ベッドの場所や食卓の場所、その場所のまわりに、足跡が刻まれ、日常生活の無数の局所的な花綱模様や唐草模様や花輪模様が形づくられてゆく。ここで誰かが生き、食べ、眠り、自分の習慣にいそしみ、愛し、働き、苦しみ、死んでゆく。そこを通りかかった者も、自分がある場所を通っていることをすぐさま知り、その場所、あるいはその場所を標示する石の前で立ち止まる。この風景の上に斑点を作った無名の者がここに眠り、そしてその墓石はこの場所の占有を永遠なるものにする。彼はその特異な地点を自分の臭いや、自分の廃棄物、自分の糞尿的私有権、自分の労働や好みや色で覆い、トウモロコシやぶどう、建物や子孫で覆い、ついには自らの最期の汚物、自らの遺骸の灰、銘を彫られた大理石の墓石で覆う。通りがかりの者は頭を垂れてその場所に敬意を表し、場所から場所へと訪ねて歩く。君はどこへ行くのか。この場所へ。君はどこから来たのか。私の地点から。君はどこを通って来たのか。まさしくこの場所を通って。それぞれの質問に対して答えとして用をなすには、細々とした無限の物語が必要になろうが、その物語といえども、ここに住む者の霊に占有されたこの場所、彼の口調や臭い、彼の感触や彼の沈黙、いかなる言語においてもその名をもたない彼の亡骸や遺物、それらのものによって占められたこの場所を満たすに、充分ではないだろう。

庭園の地取りは、風景をミニチュア化し、場所、地点、部屋、広場を寄せ集め、いくつもの「ここ」を組み合わせる。一つの痕跡が容易に識別のための印となる。彫り刻まれた形がその地点の特異性を示すのだ。その地点を、島や、岬や、峠や、湖や、丘に沿って流れる飾り紐のような川などで細工してごらんなさい。大地の彫刻はリレーされて引き継がれる。その彫刻をその場所の女神の手に委ね、墓石のある場所に安置しなさい。その下には、神話的であろうとなかろうと、上述の隠れ家や風景のページの創始者が眠っているのだ。

ものを書くことを少々心得ている者は、庭園をデザインすることができる。


道は風景のなかを通ってゆき、障害物や天変地異や境界を跨いでゆく。それぞれの場所のそれぞれの神神を突き飛ばし、まっすぐに進んでゆく。道は障害物に逆らうのだ。

君はどこへ走ってゆくのか。あそこへ、乳と蜜が流れると言われる場所へ。君はどこから来たのか。私はすでに出発点の楽園を失ってしまった。そこでは土の下に父が眠っていた。そこでは道路がすでに交差していて、その道路はさらに遠くからやってきていた。君はどこを通ってゆくのか。君がとどまらないのはどこなのか。標定することなく、どのようにしてそれを知りうるのか。自らの尺度なくしていかにして道はまっすぐに進むのか。そこにはヘルメス像が安置され、境界神、里程標、あるいはキロメートル道標がある。山間を縫う険阻な山道あるいはハイキング道は、ケルン、丘陵、ピラミッド、一里塚等々によってリズムがつけられている。いかなるウエスタの巫女、あるいは別の犠牲者が、この投石刑のごとき石塚の下に眠っているのか。

ここに風景の場所があり、墓石がそれを標示している。

ここに庭園の用地があり、彫像がそれを示している。

ここ、曲がりくねった道の上に、ケルンあるいは石塚がある。

ここ、まっすぐな道の上に、境界神、里程標、ヘルメス像がある。

それはもろもろの近傍や里程標をそなえ、いずれにせよ充分に根拠のある「ここ」に対する目印の石をそなえた集積点である。

ここ、世界のなかの特異性、そこではある個人がその墓のなかに永らえている。ここ、エジプトのピラミッドの墳墓の影で、最初の尺度の定理がタレス〔古代ギリシアの哲学者。七賢人の一人。哲学の祖とされている。皆既日食の予言、ピラミッドの高さの測定等に関する考察が伝えられている〕の時代に生まれたことを覚えていますか。タレスが墳墓の影を自分自身の影と比較したかどうかは知らないが、そのためには彼は、正午の太陽のもとで動かずに立っていなくてはならなかったことだろう。

ページ＝総和を人は見ることができるだろうか。

古代、多神教、もしくは風景は、新参者の建築家であることばに先立って存在する。風景画家は縫い合わせ、くっつけ、寄せ集め、試し着をする。建築家は単一的な総合を構想する。つまり構築物全体の結果として部分が生まれるわけだ。これに対して庭園の方は、それぞれのページの結果として生まれる。石は壁のなかに総和され、それぞれの部屋は石工のユークリッド幾何法、三次元空間の構造のなかに総合される。一方、庭の木は幹から梢へ、あるいは支根へと変化してゆき、巨大なものから微細なものへ、藪状のフラクタルな形態へと分岐してゆく。すべての植物が、それぞれの種に固有な次元の空間のなかで、生育していると考えたらどうだろう。これこそ単一的集合に異を唱えるものである。風景画家は諸個人や時間を考慮に入れるのだが、建築家は近傍には滅多に注意を払わず、変化に富んだ村〔地方 pagus〕や小石やほこりや丘を見分けることもしないので、彼の全体的な空間は局部化された部分と同じ次元にすべり落ちる。ノートル菓子店〔パリの有名な菓子屋〕とマンサール〔十七世紀のフランスの建築家〕とは同じ空間に住んでおらず、同じ総和を考えてはいない。それに保存や摩滅の時間は、生命の時間と同じようには鼓動しない。

ことばに携わってはいるが、作家はなかなか多神教と縁を切らず、ページという局部に拘束されており、あたかもことばなき響きや、彼の内に住まう何か広大な息吹によってもたらされる、無限に小さなミニチュアのごときかすかな直感を導きとしているかのようである。庭師も、作家と同じように、神々や彫像や仮祭壇を、庭園のそれぞれの場所に目玉模様のように配置し、マントの装飾や瞳の輝きのように、孔雀やオレンジの木をそこに育てる。この両者は多神教の農夫の二つの変異体である。ところが、唯一神は、風景画家という名称のもとに引合いに出されることは決してなく、しばしば宇宙の建築家として想起される。コンピューターは、石工の棟梁として、総計を算出する。彼は自分一人で、全体的な目標と見通しを立て、プログラミングし、割り当てる。

庭師は、風景を見る無数の目に世界を委ねる。見るという行為は、多重で、それ自身いくつもの眼差しをもっている。

『聖書』、この唯一の書物を作り上げるために要した、イスラエルの予言者作家たちの膨大な労力を想像してごらんなさい。彼らはこれらのページを一神教のなかに綴じ合わせ、偶像崇拝の民衆と闘うのだが、民衆はそれらのページを空間に飛び散らせ、まき散らし、そのことによって風景や、失われた楽園や極楽、乳と蜜の流れる国や約束の地を作ろうとし、砂漠を恐れるがゆえに世界に身を委ねようとする。わめくような声をした予言者が選民とともに、全歴史を通じて、空虚で空白な平原のなかを、太古の楽園と希望の楽園の二つの風景の間を、通ってゆく。それは、悔い改め約束する厳格なことばの生涯である。

砂粒のような無数のページのカオスを貫く単一のシステムを創始するために、科学が払った無限の労力を推し測ってごらんなさい。知識は、単一の宇宙への願望と還元不能の多元論的世界の間で、つまり体系的な総体と制御し難い差異の増大の間で、一つの相から他の相へと移動し、時間のなかで均衡を取りながら、鼓動し、収縮し、拡張し、躊躇する。それはあたかも、知識が砂漠を願望しながらも、何千もの種に恵まれた地上や楽園を離れることができないかのごとくである。

建築家的、論理学的、砂漠的システムのなかに捕われた哲学者たちが、ガラス化したことばのもとで、風景の身体や、もろもろの肉体の風景をよみがえらせるために、しかも飛び散った破片のもとで一つの世界を生みだすために、おこなっている不可能な仕事を考えてごらんなさい。肉体が機械に抵抗し、若い娘が老いぼれを拒絶するように、砂漠の蒼白い黄土に抗して風景が生まれるならば幸いである。草は強情にも、高速道路のコンクリートの割れ目のなかに生えてくる。無数の天使たちは、宇宙の建築者である神の治世下で、時として動きまわり、目玉模様のある彼らの翼の花園で彼を覆い尽くす。色とりどりの饗宴の楽しさは、抽象的なことばによって課せられる灰色の単色画を拒絶するのだ。経験主義は楽園の忘れえない思い出を保持している。そこでは神自身がもろもろの種のなかに気軽に降りてくる。

建築家は総合に住まう。哲学者は総合を探究する。たとえ彼が長いことその探求を延期し、それをさらに延期するために経験主義や科学を通り、そして風景画家のすぐ近くにとどまって、総計よりも曖昧で、総合よりも不完全な概念、積分よりもゆるやかで、加算よりも流動的で、システムよりも生き生きとした概念、つまり概念そのものよりも変化のある概念を風景画家から学び、彼といっしょに発見し、実践し、計画するとしてさえもそうなのだ……。建築物は、概念やことばや科学の法則と同じように、全体性を形づくっている。一方、風景は寄せ集める。つまり、素描や図案を寄せ集めるのだ。なぜなら場所場所の神神が、統合化や、総合や、仕分け、収集、再編成、梱包、整理統合の試みに大いに抵抗するからだが、それらの作業は、エウリュディケーの肉体の再構築と、彼女が地獄の暗闇から脱出するために要する無限の時間とに鑑みて、もっとも正確さを要する操作とされているのだ。もろもろの畑は、縫い合わされ結び合わされた四肢を描いており、いくつもの支流が合流するように、一方が他方に流れ込む合流点を描いている。これは流動的で流れるような結び目をなしているのだが、その結び目は、動きに順応し、繊細で、空気のように軽やかな優雅さをもち、スカーフを結んだように、一時的でエレガントな一体性を与えるゆったりとした結び目なのである。

　生命科学がシステムに関するもろもろの用語を使用するとき、音楽や機械学や天文学といった他の知識からそれらの用語を借用するのだが、それらの知識は決して時間を理解していなかった。ところが、生命科学が目の前にしている対象は、再統合すべき風景や、絆創膏で貼り合わされた断片や、スカーフの結び目なのだ。生命科学はこの場合と同じように、もろもろの部分＝全体《スー・トータル》、絶えず様相を変える合流などを探求しなくてはならないだろう。生命科学はソフトな対象をハードに考える。建築家はハードなものを構想し、風景画家は生きているソフトなものをつなぎ合わせる。

　風景は、村々〔pagi〕の重複あるいは累乗によって、もろもろのページのなかのページを正確に描く。一冊の書物は往々にして、迷路、井戸、あるいは牢獄として仕上げられ、閉じられる。風景のもろもろのページのなかのページは、つねに開かれ、広げられ、自由で、開けっぴろげで、繰り広げられ、あらわで、明白で、明らかで、決して一つのページで別のページを隠すことがない。これこそ追い求めるべき書物、移ろいやすい書物である。大地の粧いは嘘をつくことがない。

Pango〔私は歌に詠ずる〕、私はページの上に書く。Pango 私は歌う。頌歌は異教的な告白によって始まる。Pange, lingua, gloriosi corporis mysterium, 歌え、おお言語よ、栄光の肉体の神秘を。sanguinisque preciosi, 貴い血の神秘を。世界のあがないのために死んだ肉体と流された血、in mundi pretium〔世界という代価のために〕。中世の頌歌はページの上にすべて Pange〔歌いたまえ〕という語を表記し、言語以前に、その王たるみことば以前に、異教の多神教をはっきりと書きとめる。ことばは世界という代価のために自分の身体と血を与える。言語は身体と血という値段で世界を買う。

我ラニ与ヘラレタル、我ラカラ生マレタル〔Nobis datus, nobis natus〕。世界はわれわれにもはや与件を与えず、われわれはことばを与件として受け取る。言語がわれわれに与件を与える。コトバノ種ヲ蒔カレタル〔sparso verbi semine〕。彼は世界に種を蒔く。肉はことばとなり、ことばは肉となる。

彼は、土や世界や身体の無惨な分割、全ページの株式公開買付けを一挙にあがなった〔買い戻した〕。あなたはもはや、小さな隅ただ一つたりとも、残された茂み一つたりとも、道の上のあるいは畑の真ん中の小さな石一つといえども、昆虫一匹たりとも、湿原一つたりとも、それぞれことばの範疇で覆われていないものを見出すことはできないだろう。ことばは、総計であれ原子であれ、全体的なものであれ仰天するようなものであれ、いかなる大きさのものであれ、もろもろのページをあまねく覆い尽す覆いを作ったのだ。風景は言語とその栄光の前では引き下がる。歌イタマエ、言語ヨ、栄光ノ……〔pange, lingua, gloriosi……〕。

異教の多神教は一枚の古い地図や、古キ教訓〔antiquum documentum〕や、古代の文献に帰せられる。

それは書かれていない本、判読できない難解な書物、忘れられた古風な教え、手本、教化、教育であり、伝えられないもの、もしくはうまく伝えられないものである。なぜなら言語もなく、書かれもせず、話されもしないからである。それは、新しい祭儀に場所を譲ったまさしく先史の文献である。言語は新しいものを作りだすのだが、このような異教的教訓は太古に遡る。

本書は、一ページ一ページ、まさに古代の文献をあらわにし、ことばのいわゆる新しい古文書の下に埋もれた古い教訓を探し求める。

諸感覚は、誤って捉えられ、おとしめられている。無力ナル諸感覚〔sensuum defectui〕。言語が感覚を称えることがあっても、それは感覚の誤りを述べたてるためである。感覚は、ことばの前のみではなく、とりわけことばの身体、その肉と血の前で誤っているというのだ。言語は諸感覚を肉体そのもののなかで誤って捉える。古代の文献はぼろぼろになっている。そして哲学は、教えたり教育したりするとき、その最初の授業を、感覚をまさに現場で、誤りの現行犯で捕えることから始めるだろう。

ことばへの信仰はこれらの欠陥に橋を渡し、これらの誤りを補う。ことばはそれらを再統合する。なぜなら彼自身、肉体と血であるからである。

経験主義に対する言語の勝利とは、まさしく太古の祭儀に対する、つねに新たな非難と破壊なのだ……。礼拝者が自分の神殿のなかで祈り、農耕者が自分の畑の泥砂の上で耕し、作家が自分のページの上で書き、それぞれが同じ持ち場で働いている姿が見られ、その音が耳にされた幸福な時代。

このような場所は、きわめて遠い昔に遡るので、古代の時代においてもすでに古代と考えられていた。われわれが新しいものを述べ伝えるのは、もっぱらことばによってのみである。すなわち、待降節、降誕、洗礼、公現祭、譬話、受苦、復活。ギリシア語、ヘブライ語、ラテン語、ロマン語方言、つづいてアングロ＝サクソン語、どのような言語の文化であろうとも、言語の誕生あるいはその復活の告知を響きわたらせるべく、文化は作られている。それぞれの言語が後を引き継ぎ、今こそ文化のあけぼののときと確信して、再び新たに響きわたる。あらゆる民族が歴史のいずれかの時期に、全人類的支配権をもったと確信すると同じように、それぞれの言語が、いずれかの時代に、普遍的な言語の位置を占めたと信じるのだ。

それぞれの言語が、後世に伝える口調で、ことばの誕生を祝賀する。言語は、数学者や形而上学者の姿をとってロゴスを告知するのだが、ロゴスによって描かれ、制御され、計算され、測定され、知り尽くされ、美化された空間のなかで、声や関係や律法に従って告知がおこなわれる。言語は、「創世記」のゼロの日に水のおもてを覆っている ruagh《ルーアハ》〔ヘブライ語で神の霊の意〕や、霊や、風や、息吹や、声について語り、天地創造の序幕を語るのだ。言語は、初めにことばがあった……と断言する。アルゴリズムや、方程式や、コードや、公式によって、肯定的に、論理的に、経験的に、科学的に、ことばが記述される。いずれにせよことばに関係のないものは哲学から除外される……。つねに同じ良き知らせ《ボンヌ・ヌーヴェル》〔福音〕が響きわたり、ロゴスは命令しそして理解し、神の息吹が原初の水のおもてを覆い、ことばがあがないと買い戻しのためにやって来て、言語が与件に取って代わる。ソクラテス以前的な金言や、予言者、司祭、学者、近代の哲学者たちは、宗教的、形而上学的、存在論的、肯定的（歴史的、論理的、形式的、さらには機械的）といったモードの変化を除けば、厳密に同一線上に並んでいる。誰もが飽くことなく、自分が書き話すということを告げ、この世界についにはことばの王国が勃興することを告げている。西洋文明は、ことばのことをしか語らず、ことばによって作られ、ことばとのみ共鳴し、調和し、ことばの内に住まっている。今日では不動のこの法則について、われわれは厳しい見方をしている。なぜなら、今日われわれはことばを失い始めているからである。言語と同時にわれわれ人間を生じせしめた何千年も前のあの衝撃の最後の震えを、言語が臨終を迎える今となっても、人はなお知覚しているのだ。ことばから生まれ、ことばによって作られ、ことばの内でことばとともに振動しているわれわれの文化は、この驚異的な出現を喜ぶことしか知らず、あらゆる言語で、あるいは神話的な敬虔な言語で、あるいは抽象的・学問的な言語で、いまだに良き知らせ〔福音〕を叫び続けている。われわれの驚きはおさまっていないのだ。われわれは今朝そこから生まれ出たばかりなのだから。

現代の文化の精華であり、現代の文化が称讃するこの確固とした新しさの下に、古代が見出される。それは、新しいことばでしたためられた歴史の書物が語る古代や、何らかの時代あるいは時期ではもちろんない。それは肉体と風景の古代であり、今は亡き目玉模様によって構成され、盲目の目によって見られるもろもろのページなのである。古代は、ことばの透明な覆いの下に、その澄んだ洪水のなかに呑み込まれて横たわっている。この包囲の下にどこか場所を見つけ出すことができるだろうか。ことばに占領されていない何らかの肉を見つけ出すことができるだろうか。新しいことばの円環的祭儀以前に、待降節の説教以外には何も残すことなく巡ってゆく円環以前に、偉大なる哲学の典礼的時代以前に、一つの風景が存在していたのだろうか。

耕作された地域には、小高い場所にせよ秘められた場所にせよ、一見して遺跡とわかる場所があるものだ。ここには一つの均衡がみなぎっている。立ち止まってテントを張ろう、壁の土台を固めよう、心静かに死の時を待とうではないか。そのような境地にあれば死は明らかに一層安らかだろう。ここに「命題《テーゼ》」が安置されるのだが、それはラテン語の「彫像」にあたるギリシア語の名詞である〔thèse, (ラテン語では thesis) の語源はギリシア語の θεσις (=action de poser) であり、これはラテン語の statua (彫像) statuo (建立する) と同義である〕。この場所に一つの窓が開かれているように見え、そこから一条の光が落ち、そこには平安がみなぎっている。風景には、揺籠や、休息地、長い休止や、墓地あるいは港がちりばめられ、仮祭壇が花崗岩の粒のように点在し、これらの停留地を通路が結びつけている。これらのへそ、萌芽、ひだあるいは特異な地点のまわりに、住むに適した近隣の地域が腕や光線や道を投げかけて、その特異な場所を潤している。村々を結ぶもろもろの小道は、このようにして花綱で飾られ、諸感覚の星座や小さなインターチェンジをなし、ここから出てここに戻って来る方角を示している。場所の画定には、通常、境界線が必要とされる。ところがこの場所は、結び目のように開かれかつ閉じられて、一つの星座のように、あるいは生きた肉体のように組織されている。家のなかに住む動物であるわれわれは、どこへでも構わずに家を構えたりその基礎を定めたりするわけではない。そうではなく、この特異な場所、このような周囲をもつこの場所にのみ家を構えるのだが、その周囲には神々が眠り、そこから神々が歓待者として光を放ち、それらの神々は隣接してはいるが、その場所ごとに鎮座している厳格で比類のない神々である。われわれの特異な肉体は気まぐれな近隣領域をそなえており、それは多孔質の鎧のように、われわれを護り養うこともあれば、またわれわれを窒息させうるし、このような局所的で特異な「ここ」に、喜んであるいは幸運にも適応しもする。場所、家、肉体は、アメーバのような核や仮足を形づくっている。村の神々の存在と影響力、それは動物の隠れ家にも似た守り神である。風景はそれぞれの周囲をそなえた諸地点を再統合し、それらの地点は声によって、縄張りを守るナイチンゲールのさえずりのように、宣言され防護される。不規則な隣接領域をそなえた、これらの場所の境界を漠然と画定する叫び声の集合として、言語が、時としてこの器官の届く限り広範に、大理石模様のある風景から湧き上がってくる。特異な諸地点からは一つの輝き、微かな臭い、ざわめきあるいは茨の冠が放射される。五感は周囲と協力する。すなわち、肉体そのものと同じように、住居や地域〔生息地〕と協同するのだ。肉体も同じく、自分自身を画定するために臭いを発し、叫び、引っかき、光を放つ。あるいはまた他を受け入れるために、愛撫し、香気で満たし、魅惑し、明るく微笑む。同様に、私の母なる大地の身体は、風景、萌芽、へそ、地点、隣接地域に再統合されて、地質学的時代以来、地下の地獄から出現しつつ、ゆっくりと組み立てられてきた。その時代には一つであったとされる原始の大陸は、いかなる者もそれを目で見てはいないのだが、海から出現し、褶曲し、衝突し、破壊され、隆起し、覆われ、侵食され、氷食と海進にさらされ、進化と適応の能力をもつ植物群に征服され、その新しい衣服の下で見分けがつかないほどに変わり、間もなく視力をもった生き物たちに足げにされ、玉虫色に輝き、きらめき、ぱちぱちと跳ね、目をくらませる。上古代の風景は、無機物の力によって何百回となく作り直され、農夫たちによって何千年も耕され、異教的な姿を呈し、それを眺めるわれわれを感嘆すべき静けさで見守っている。

風景は、もろもろの変化の締めくくりとして、多様体の概念を提示する。それは、薄くもあり部厚くもあり、軽くもあり重くもあり、無生物でもあり、生きたものでもあり、感覚的なものでもあり、社会的なものでもあり、空気や地下という共通的でかつ個別的な縁に接し、集団や個人にとって間接的かつ直接的な隣接領域をなしている。このような意味において複合的で偶然的な〔互いに接した〕《コンタンジャント》多様体である風景は、天文学的、物理学的、博物史的、人間史的な無数の制約を、それぞれの部分＝全体《スー・トータル》に対して独創的に調和させている。それは見事なまでに特異な一幅の絵をなしているのだが、今度はそこから村々を結ぶ道路が放射状に伸びている。この多様体という興味深い場所、つまり長い年月を経て形成されたねじれた地層や、たちまち引き裂かれ、ほとんどつねにぼろぼろになっている地層の上に、われわれは住んでいる。すなわち、すっかり縫い合わされた肉体と同じような、稀なる風景のなかに住んでいるのだ。たいていの場合われわれは、風景が欠如したり欠落した状態のなかで眠っている。

風景は、厳密科学や人文科学が沈黙するときに始まる。

かくもしばしば荒廃にさらされたフラクタルな大地の表面は、明らかに壊れやすいものである。大地は災禍に見舞われた自らの顔を空に向けているのだが、あらゆる種類の住民《ポピュラシオン》がその大地を、軍隊や、工業や、観光や、侵略によって、涙の谷に変えてしまった。そこに住まうことなく通り過ぎてゆく者たちによって、大地は踏み荒されているので、われわれはその廃墟をしか見ることができない。われわれは荒廃した大地の残骸のみを目の前に見てきたにすぎない。われわれは大地の思い出のなかに生きているのだ。肉体や、皮膚や、感覚で捉えうる世界や、経験主義者と同じように、風景は継ぎはぎだらけのぼろ服を纏っている。壊れやすい風景は、楽園そのものと同じように、往々にして、また久しい以前から、失われたものとなっているのだが、ぼろによって再発見され、再びあらわになる。特異な地点の断片、もろもろの場所の残骸。楽園は自然風景式庭園のように緑なしていたのだ。

きわめて近親の関係にあるので、まだわれわれの母語の内に生きている件の死語においては、「破壊」とか「荒廃」という概念は「人口《ポピュラシオン》」という語で言い表わされていた。膨大な人口の増加のもとで、間もなくわれわれはいかなる大地を見ることになるのだろうか。風景に人を住まわせるということは困難な企てである。もろもろの場所も近隣も道も見ることなく、——優雅に結び合わされていたそれらの道も今やまっすぐにされてしまったのだが——ひたすらまっすぐに前へと突っ走るもろもろの方法論は、いかなる新手の荒廃を準備しているのだろうか。

引き裂かれ、見るも無惨な残骸と醜い汚物とに覆われた、弱々しい大地に哀れみを。

鉱山や露天鉱の開発に関しては、採掘すべき砂鉱や岩石や金属やダイヤモンドや鉱石の上に、多少とも厚手のマントである植物腐植質や耕作に適した土壌が横たわっているものだが、それらを押しのけ、除去することが発見と呼ばれていた。

大地以上に謙虚なものは何もないように思われる〔humble（謙虚な）の語源はラテン語の humilis であるが、これは près de sol の意であって、ラテン語の humus（sol 地面、大地）の派生語である〕。ことばは、謙虚さ〔humilité〕ということを表現する際に、腐植土 humus という語を選んだわけだが、それは風景の顔であって、われわれが恋や仕事に熱中して通り過ぎたりとどまったりするときには、決して目にすることのないものである。草や、生け垣や、森や、花々が、もっとも視力の優れた者にさえもそれを隠しているからであり、地中深くに注意を向ける者が、銅や金を掘り当てるために、それを取り除いてしまうからである。それは植物相の表層の下や、地面に身を伏せており、ことばのなかに溶け込んでいるのだが、基底の現実がそれを除去する。現代のもっとも偉大な哲学でさえも、謙虚さということを理解しない。

世界はわれわれの唯一の財産であるが、その世界の傍らを、盲目のままに、もろもろの生命が通りかかるとき、注意深さやノスタルジーによって、霊感のように謙虚さが再び見出される。そんなわけで、晴れ渡った夜に、シベリア上空を飛行すれば、いかなる灯も認められないのだ。しかしながら、まるで突然ドアが開かれるように、まるで謙虚さという狭き門から誕生するかのように、明晰なるものが出現する。

……ブラジルのコンゴンハスの高地で、トルコのピナラの遺跡で、アントル・ドゥー・メール地方〔フランス南西部、ガロンヌ川とドルドーニュ川にはさまれた地域〕のただなかで……。

ぶどう畑は、九月の到来を告げるやわらかな光と、いま終わろうとしている輝かしい八月の名残りの光のなかに浸っていた。われわれは、まるで別世界へ行くように、なだらかな丘陵地帯に入ってゆく。濃密な静けさがあたりにみなぎる。空気は不動で、明るく澄んだ色調を帯びている。目から硬い鱗が落ちる思いだ。普段の大地が豊かな厚みをもってせり上がり、すべてが太陽に向かって上昇し、あらゆるものが穏やかな陽光のなかに浸されている。われわれは一度も、木々の青や緑を見たこともなかったし、ぶどう畑を見たこともなかったのだ。可視の世界は、静かに、晴朗に、自明に、黙して、霊的に、かぐわしく、そこにある。列をなす畑に沿って走る道は、どこへ行くのでもなく、花綱のように庭園を飾っている。褐色の大地、樹勢豊かなぶどうの幹、芳香を発する熟した房、低い平屋の家々、標識の石、稀な木々、すべての特異な細部は、慣れ親しんだものであれ、すっかり変わってしまったものであれ、いっしょに、陰も落とさず、われわれとともにゆっくりと空に向かって昇ってゆく。洗礼の前の日のように。

空中浮揚しつつある風景と、生まれつつあるわれわれの肉体とが、今この場所のなかで次第にあらわになってゆく。この場所は見者とぶどう栽培者との協同の作品であるのだが、ぶどう栽培者は千年来ここで、この二つの大河の間で、見るべきものを、楽園を、練り上げてきたのだ。

太陽は、風にそよぐ窓辺のリンゴの枝を通して、何百ものきらめく星となり、ブロンド、褐色、銅色、金色、黄色、麦藁色、オレンジ色、黄土色、砂色あるいは淡黄色の星座となって輝き、顫音のように鋭く、まっすぐで、求心的で、短く、生き生きとした無数の光線を生みだしている。熱帯の如き夏は去り、緑色のパレットは消え失せ、菩提樹や、アーモンドの木や、エメラルドや、青磁や、リンゴや、ワインの瓶や、オリーヴの木など、八月の照りつける暑さのなかで心なごませてくれる彩りは消え去った。楓の葉叢にちりばめられたあかね色、深紅色、鮮紅色、サンゴ色、緋色、ひなげし色、煉瓦色、紅色、明るいオレンジ色、赤紫色、真っ赤な色、血色、ルビー色、艶のある赤、暗紅色、紫紅色、朱色、これらの溢れるばかりの赤色が、超自然的な青空のもとで、世界を肉のような鮮紅色に染めている。そこでは風がその透明で爽やかな層流を投げかけ、葉叢は太陽の光の前で身を震わせるので、陽の光は震える断片となり、シャワーのように、陶酔したように、熱狂したように、あたりに拡散する。この目くるめく瞬間に値するような観念や語があるのだろうか。

黄色矮星たる太陽の黄、燃えるような木々の紅、紺碧の空の青、いきなり三原色に引き戻された空間は、ギリシアやプロヴァンス地方におけると同じように、圧倒するような原色的な美に立ち戻る。繊細な色合いを奪われた肉体は、目がくらみ、抽象画家やペンキ屋や幾何学者へと走るだろう。彼は白黒の文字表記、色も形もない概念、認識論や証明論を発明することだろう。彼は背後世界《アリエール・モンド》に身を投ずることだろう。

南仏の生まれである私は、観念的なものを好む青春時代の末期に、フランドル地方やフランス北部を好むようになった。かの地の霧に包まれた神秘的な海、低く垂れ込めたもやのなかに失われる光、星の見えない夜空、灰色にかすんだ平原、木理もあらわな疎らな木々の幹、そうしたものを好むようになった。だがそこでは、突然ほのかな光が、隠された罠を照らしだしたり、局所的で具体的なものや、林間の空き地や、台所を、うっとりするような光で満たしたりする。それも、無味乾燥な定義によってではなく、シャワーのような軽やかな光の輝きのなかに、対象物を浮かび上がらせるのだ。たとえば、ビロードの敷物の上に埋もれるように置かれた淡いピンクの真珠や純粋なエメラルド、艶やかな銀の皿の上にはめ込まれたエメラルドか翡翠のようなさくらんぼやメロン、深みのある色合いのなかに次第に溶け込んでゆく長いドレスの布地、それらはいわゆる静物なのだが、しかし生まれつつある自然なのだ。あるいはまた、振り向いた姿の肖像、見る者を魅する宝石のような目の輝き、細かい波形模様となって砕け散る色調、紺青、藤色、藍色、大青色《パステル》、トルコ石色、淡青色《ブルーマリン》、勿忘草《わすれなぐさ》の花の色、濃青色、瑠璃色。ほとんどの言語は、慎み vergogneという語を知らないが、諸物を優しく存在へと導いてゆくためには、つつましやかなニュアンス、アキテーヌ地方の人々のような思いやりが必要なのだ。

今から二十年ほど前には、遠洋漁業の漁師たちは海図と自分たちの航海具一揃いを、良好に作動する状態で当局の検査に呈示しなくてはならない義務を課せられていた。これはいわゆる安全とか保証とかの問題なのだが、この義務は今でも効力を有しているのだろうか。それとも、行政的寄生が権勢あるペストとして増殖した現在では、この義務は無数の煩わしい手続きをともなっているのだろうか。

当時のある日のことだが、これらの用具があまりに良い状態にありすぎるように検査官の目に映った。汚れ一つない真っ白な新しい海図は、折り目一つなく、ペンキ塗の大きな戸棚の引出しのなかに見事に整理されていた。だがその戸棚の鍵は、そもそも見つけるのにずいぶん苦労したのだが、真っ赤に錆びていて戸棚を開けるのにかなり渋かった。義務づけられたすべての技術は、戸棚のペンキの下に姿を消していたのだ。ことは少々展示会の様相を呈しているが、船全体が法の気まぐれに磨きをかけ、それを大切に保存していたわけだ。これは見栄えを良くするために連隊旗にアイロンをかけるようなものだが、艦旗を高く揚げよというわけだ。もっとも旗とはそんなことにしか役立たないものだ。

あなたはこれらの用具をまったく使用しないのですか、と検査の役人は不機嫌に叫んだ。海の男はよそゆきの体裁を失い、ためらいながら、足をもじもじさせ身体を揺すり始めた。検査官はわけを知りたいと思い、微笑みかけて、罰しないからと約束した。さあ教えてください、鱈漁の二回の漁期にあなたはどうやってムールマンスクやニューファウンドランドへの航路を見つけるのですか。その答えには時間がかかった。座り込み、古いワインを開けグラスを傾け、まず最初に長々と子供の話をしなくてはならなかった。

大型船はすぐには降参しないのだ。話し始める前にはつねに談判しなくてはならない。さあ、ところでどうやってあなたはあの地に行くのですか。

道しるべもない野原を想像してみることだ。近間にある隣家の農園を訪れるのに道を間違える農夫が誰かいるだろうか。常緑の藪の尽きるところで彼は左に曲がり、そこから胡桃の木のところまでまっすぐに行き、石垣に沿ってまっすぐに下り、そこから、小谷の奥に、ヒマラヤ杉の下に半ば隠れた隣家の赤い屋根を認めることができる。こうしたことは疑問に思われることすらない。人は歩くこと、話すこと、見ることを学ぶと同時にその答えも学ぶからだ。

漁師はこんなふうにしてサン・ピエール島〔ニューファウンドランド南方の仏領の島〕の海域へ行くんです。しかじかの小さな海草が浮いている限り西に向かって進み、あたりが一面に真っ青になったら少し左に舵を取る。間違えることはありませんよ、ネズミイルカが好む海域があり、強い海流がたえず北へと流れている海域があり、卓越風が束の間の突風をともなって低く吹く海域、大波がいつでも束の間に通り過ぎてゆく海域がある。それから広大な四辺形をなす灰色の水域、その次には大きなコンテナ船のルートを横切ってゆく場所、それらが見えたとき、最初の魚群がそこに、風下に横たわっている。淡水性のアザラシが時折、筋をつけるように泳いでいる。

船長は今では滔々と弁じ立てていた。放っておけば、彼はとっぷり日が暮れるまで語り続け、何もかも話したことだろう。そして彼がそこで語ったこと、彼が自分の青春期以来見てきたもの、彼がそこを通るたびごとにその変貌を観察してきたもの、彼が真の意味で誰の口からも教わらなかったこと、――なぜなら二代にわたる彼の二人の親方は一日中ひと言も口をきかず、もぐもぐとすらも言わず、時折、進路や進度を変えるとき指で指示しただけだったからだが――、彼がテーブルの前に、ラム酒のしみのついたレースのテーブルクロスの上に、一挙に広げて見せたすべてのこと、波形模様をなすこの海の表面、われわれの古い田舎がウマゴヤシ畑や、小さな植え込みや、湿地や、梨の木の下のぶどうの畝によって異彩を放つと同じくらいに変化に富んだこの寄せ集めの海の表面、その異論の余地のない細部、色や、魚群や、風や、空や、うねりの鼓動によって彼が描きだしたすべてのこと、そう、それらのすべては、まさしく古代の文献、時の経過に呑み込まれてしまったある種の百科全書を、まるで大聖堂を復元するように、復元していたのだ。この日、一つの知が死に瀕し、経験主義者が息を引き取ろうとしていたのだ。海から昇ってくる経験主義者のどよめきを聴こうではないか。

かつての学者が単調なものしか知覚しなかった場所に、親方は、細縞や、ぼかし模様や、虎斑や、斑模様や、縞模様のある、正確に識別しうる一つの量体を、明瞭に見て取っていた。その表面にあって、彼は局所的な諸地域の位置を割り出していたのであり、件の地点は、霧のなかにあってさえも、つねに、すでに自明なものとしてそこにあったのだ。かつての学者が不安定なものをしか見なかった場所に、親方はほとんど変化しない空間を知覚していたのだ。

しかしその日、なぜ一つの知がもう一方の知を検査し、検閲しようとしていたのだろうか。一方は他方を処罰する権限、服従させる権限をもっていたのだろうか。現代哲学のもっとも古い対話、人がどのような名称を与えようとも、理性と感覚の対話において、理性はこの世でもっとも古い知を立入検査し、その権威を失墜せしめたのだ。先ほどの告白が語られた日に、征服された者たちの民族学の時が打ち鳴らされていたのだ。人はもはやそれを題材に流行の小説をしか書かないだろうし、大学都市で成功を博する人文科学の一分野をしか作りださないだろう。そこでは学者たちが、民衆の言語を調査するために、未開人の集落へ出かけるのだ。

人は幼児期以来、科学は見えないものを見えるようにすると教えられてきた。そして実際、海図は水深を浮きださせ、霧のなかに隠されている岩礁を遠くから指し示す。検査官の検査を受けた用具はさらに優れたことをする。それらは海岸が近づいたことを知らせ、海の底を描き出し、現在地点を自動的に厳密に算出する。われわれは皆、このような高性能機器の前に頭を下げるのだが、しかもその上に、検査官の前でも頭を下げなくてはならない。理性はなぜ理性だけでは充分ではないのだろうか。なぜ理性は、権力を味方につけて、理性を押しつけるのだろうか。その見返りに、理性はいかにして見えるものを見えないようにするのだろうか。波形模様があり、春のアルプスの牧場のように安定してかつ変化するこの量体、識別できかつ混ざり合ったこの空間は見えないものとなる。そうなのだ、大海原の表情や、その風景は消え去り、消え失せる。

われわれは幼年期以来、感覚は人を欺くと教えられてきた。だが誰の感覚が人を欺くのかを教えられはしなかった。検査官は軍艦鳥が餌を食む波高き草原に何も見ず、理性は海原に単調なものしか見ない。だが、親方はといえば、彼は細部にわたって明瞭に、正確に見て取る。感覚は人がそれを行使するとき稀に欺くことがあるが、理性は訓練を続けなければ、しばしば誤りをおかす。これらの原理は、理性と感覚の双方にとって同じように当てはまるのだから、いたる所で同じように判定されなくてはならない。

感覚は人を欺かない。味の鑑定家の鋭敏な味覚は、何千の機械よりも正確に味を判断する。もっとも繊細な機械は生きているものの肉で作られるのだ。人工知能にとっては、肉体が欠如している点こそがいかんともし難い弱点なのだ。ある種の昆虫や蛇のしかじかの器官は、分子のレベルで混合を知覚する。人は経験主義をもっぱら科学的にしか判断しないが、もし仮に、合理論を経験主義的に判断したらどうなるだろう。デカルトが実践したような懐疑に付すやり方は、単なる生徒の鍛錬や孤独な苦行に帰せられるわけではない。それは歴史の巨大な動きであり、これにさらに権力が介入した。目に見えるものは去りゆき、目に見えないもののなかに消え失せた。人は質《カリテ》というものを軽蔑した。これとは別のもう一つの目に見えないものが、われわれの目の前にやってきた。誰ももはや海の波形模様を見なくなり、皆が遠くや深くを探し求め、それを目に見えるようにした。直接的なもの、近接的なものを消し去ったと言うことができよう。そして鱈漁の親方は語るべきことが何もなくなった。海は処女地となったのだ。

海図の制作者たちは、こうして自分たちがアメリカを発見したと言うことができたし、そのことを信じさせ、その栄光をわがものとすることができた。一方、何百人もの漁師たちは、波形模様のほどこされた道をたどって、歴史のなかで声高にわめくこともなくアメリカに達したのだ。書かれたことばの勝利は知覚の上での破局をもたらした。科学の時代は感覚のレベルにおいて偶像破壊を再びおこない、知覚された現実の近傍におけるすばらしい知をすっかり破壊してしまった。われわれはその廃墟、残骸、化石を保存しているにすぎない。

われわれは今日まで、理性と科学の側面を充分に洗練してきたので、感覚の知的な明敏さがいかなる点まで到達しうるかを、ついには理解しうるようになった。海図や検査官一辺倒の数世紀、親方の微分的知覚を消し去り、数字の散在する白い紙をそれに取って代えた暴力的な海図の数世紀。この数世紀が過ぎた今、その土地に明るいと言われる者たちの絵地図、ぼかし模様や、虎斑や、斑模様や、縞模様や、ダマスク模様のついた海原の地図を描こうではないか。

ラ・ロッシェルで過ごした夜以前には、私は決して海を見たことがなかったのだ。当地でわれわれは、年老いた鱈漁師の話を聴きながら何時間も過ごしたものだが、その後の将校室は、タバコの煙に満ち、乱雑なままになり、レースのテーブルクロスは、灰や、しみや、はねが、いっぱいついたままになったものだった。

私の故郷ではつい最近までそうだったが、ぶどうの木の畝幅は広くはないけれども、その間にものを植えるに充分な間隔があって、年によって、トウモロコシや麦がそこに植えられたものだった。ぶどうの畝に沿ってプラムの木、たいていの場合は、白桃や黄桃の木、あるいはさくらんぼの木が交互に植えられていて、ぶどうの畝の連なりに一種のリズムをつけていた。ワインは、時として、二種類の果肉の桃の風味や、さくらんぼの香りをとどめていたものだった。牛たちは木陰を探し、仕事やハエを逃れてそこに行くのだが、そこにはすでに彼らの牧童がきていて、足をくみ帽子を顔の上まで下ろして、まどろんでいるのだった。今から三、四十年前、何やらわからない、いわゆる見えない手がやってきて、こうした楽園を、根こそぎにした。子供たちは久しい以前から、ガロンヌ川の平原にどのように碁盤縞がついていたのかを、もはや知らないでいる。この平原は寄せ集めの絨毯を描きだしていたのだが、スプリンクラーによって灌漑される何百ヘクタールものトウモロコシ畑は、この平原にアメリカ中西部に似た様相を与えている。何百人もの農夫が生活していた土地に、今では、百馬力の機械の上に腰を下ろした運転手の通りかかるのが、稀に見られるだけである。今や彼は、新聞でそう言われているように、第一次産品、特産の単一作物、そのうえ原料となる作物の生産者となっている。単作農法と経済学とは、二度の前大戦を通じて、協力して農民を追い払い、風景を消し去ってしまったのだ。

農民と風景は、古い町並みやことばが被ったと同じ打撃と攻撃を被ったのだ。オスマン〔十九世紀のフランスの政治家、第二帝政下でパリ市街の大改造をおこなった〕流の都市工学者は、セーヌ川から遠からぬいくつものゴチック様式の礼拝堂や、十指に余るルネサンス様式の館を破壊することによって、大通りをまっすぐに通させた。こうすれば〔暴動が起こっても」軍隊は突撃しやすく、大砲もよく当たるからだ。博物学者のリンネは、一つの植物あるいは一つの動物に対するその地方地方の〔vernaculaire〕何百もの名称を、ラテン語あるいはギリシア語の一語に統一した。vernaculaire〔その地方固有の〕という形容詞は「民衆」を指す学術用語なのだが、この語はこうして「無教養な」という意味を宣告されたのだ。この語のvernaという要素が注意を引くのだが、これは「所有者の家で生まれた奴隷」という意味のラテン語で、この奴隷は無知で、卑俗で、その農園ごとの方言を口べたに話すというわけだ。いったいいつから、流行ことばや慣用のなかに学術用語が現われて、民衆と時間との長大な作品であるもろもろの語の数を数え、ページのうえでそれらを破壊し、それらに取って代わったのだろうか。意味というまっすぐな大通りが風景を覆っているのだ。一つの地方《ペイ》それ自体が違和感にさいなまれている《デペイゼ》といった類のものでは決してない。むしろほとんど大地全体が違和感にさいなまれていると言った方がよいだろう。同様にして、現代の言語や現代の都市を、どのように形容したらよいのだろうか。

暗くて、曲がりくねった小道の錯綜、まるで地図を色で塗り分けるに打ってつけのように、集落や村々ごとに様々に異なることばや名称、様々な果樹の音符に飾られた五線紙のように、楽譜やスペクトルを形づくるぶどう畑の畝、こうしたものは局所的状況のなかに置かれた経験主義の古代的閉塞状態であるのだが、それらは、まかり通る抽象的全体に、巧みに抵抗するのだ。

緑の砂漠を横切ってゆく件の機械の運転手は、単一作の農園のなかでたった一人で、一つの仕事をしかもたず、一つの考えをしかもたない。

農夫たちはもっとも難しいこと、もっとも繊細なこと、もっとも壊れやすいことから始めたのだった。

つまり、何千もの制約があり、何百ものわからないところがあり、明らかに一筋縄ではゆかない問題から始めたのだ。十指に余る様々な果物、野菜、動物、ぶどう酒用ぶどう、白ぶどうの棚、がちょうとその肝臓、木の枝で眠るやかましいほろほろ鳥、土壌や気象といった自然現象に対して必要な技術、生きた植物群や動物群のために必要な技術、仕事、家庭、祭りや儀式といった社会的行事のために必要な処世術、さらには狩猟、茸の栽培、愛情生活、何百もの用事、何千もの考え、いくつもの神々、なおもさらに、つねに手なずけられているわけではないもろもろの無知、苦痛や愚かしさ、それらは大地の上でと同じように頭のなかでも混ぜ合わされ、雑多な色をなし、けばけばしく飾り立てられ、混合した世界であり、『エッセー』に見まごうほどよく似た耕作〔文化〕である。それはまるで『エッセー』の章だてのように、ヘシオドスやマルメロの木、ウェルギリウスやはしばみの木、稀有な隣人や芸術家を引用し、あまりに心地よい単調さのなかには苦い、乾いた、収斂性の風景〔視点〕を挿入しながら、足の向くまま気の向くまま、短くあるいは長く併置されたいくつもの畑である。知性は多様性を見分けることによって喜びを味わうものだが、知性が生き生きとし、活発であるように、多彩なものを耕作しようではないか。饒舌な四月の空の雲をまとった太陽のもとでは、すべてがきらめき変化する。神は聖者や天使たちの後ろに少しばかり身を隠すからだ。種々の作物の同時栽培、多神教。

単作農法。唯一の太陽の下には新しいものは何もない。いつ果てるとも知れない等質的な作物の列は、波形模様を排除し、消し去る。等方性《イソトローフ》は思いもよらないものを排除する。農学者が農民を追い払うのだ。小さなタッチによる農民たちの点描主義的交互置換は、ほとんど法則化不可能だからだ。耕作に代わって、化学、行政、利潤、エクリチュールが君臨する。合理論的、抽象的な一つのパノラマが、もろもろのスペクトルの組合せからなる何千もの風景を排除する。

理性と知性の二つの光景《ヴィジョン》が、われわれの目の前に広げられて、彼らの大仕掛の見世物《スペクタクル》を提示している。

非直線的で何千もの制約をもった困難な仕事は、間もなく、単作の麦やトウモロコシのまったく単純で容易な長い鎖の前に崩れ落ちる。唯一のものが無数のものに取って代わる。そして同質的な秩序と表裏をなす純粋な無秩序が、繊細な混合を追い払う。この無秩序、騒擾と熱とを、工業的解決法として理解いただきたい。エンジンは、無序秩な分子に対して、鳥瞰図的な単一の構成をもつよう要求する。そこには二重の容易さがある。識別に要する高い経費と無数の人間とによって維持されている耕地の壊れやすいレース模様が、一方では、多彩なものから単一なものへと移行し、他方では、変化に富んだものから無秩序なものへと移行するからだ。これは二重の意味で対称的な限界へと向かうことである。混合された微妙な〔困難な〕風景はこの二つの限界の間に横たわっている。

われわれはその日、第三の時代に到達するのだろうか。そこでは、われわれは全体的なものと局在的なものと婚礼の祝宴を催すのだろうか。経験主義とか抽象的なものという名のもとに、かつて軽蔑された者たちを、規範に則って婚礼の祝宴から排除することもなく。中間的な無限な多様性を経て、カオス的状態から単一なもしくは単色な秩序へと移行するわけだが、その移行部分をわれわれは明確に考慮に入れなくてはならない。境界の内と外とを、なぜ対立させなくてはならないのだろうか。時宜を得た解決策――この移行部分のなかにあって、もろもろの制約や必要性に適応する場所――を容易に見つけだすための知的で実際的な方法をわれわれは練り上げてきた。われわれは時として組合せのスペクトルを使用するし、また時には普遍的なものを使用する。われわれは、飛ぶように過ぎ去る同質的なトウモロコシの列に沿って走る抽象的な高速道路、全体的な大通り、形式的な概念を好むこともあれば、また曲がりくねった林間の道を通ってぶらぶらと時を過ごし、理解や認識を深めるために風景のなかに迷い込むのを好むこともある。

なぜ同時に、合理的で、知性的で、博識で、かつ教養に富み、変化に富み、賢くあってはいけないのか。唯一の神によってしか平和がもたらされない場合も数多いが、また同じように、天使たちの方が神よりも価値がある場合も数多い。単一症候的《モノドローム》な理性を風景の寛容さのなかで保持しよう。非直線的な思考は、アイロニーの極致である直線的な思考を、その特殊な場合《ケース》として受け入れるのだ。

（全面的に《グローヴァル》）異郷にあること《デペイズマン》

熱帯のサイクロンのもと、雲の渦巻く饒舌な風景のなかに、あるいは不透明な霧のなかに、飛行機がゆっくりと降りてゆくとき、あるいはまた雪が横殴りに吹きつけるブリザードのなかへ、あるいはどこかの乾燥しきった炎暑のただなかへ降りてゆくとき、そして無感動な声でアトランタとか、クリストチャーチとか、上海とか、コペンハーゲンとか、ダカールとかいう、着陸地を告げる三カ国語のアナウンスが客室に流されるとき、いったい私は誰なのだろうか。追放され、移住し、世界市民となり、大気現象のなかに没してさまよっている誰が、今日、このように異郷にあって、不安もなくデカルト的な問いを問うことができるだろうか。

小貴族で、したがって田舎者で、ドイツのどこかへ出張中の軍人で、青い陶製のストーブのある暖炉部屋に座って、冬の寒さから護られてそこに閉じ籠り、身動きもせず、確固たる点を探し求めながら、水泳の夢のなかでしか自分の支えを失わず、空間と時間のなかで、彼の協力者たちや神の前でひいきにされて、心地よい環境のなかで、デカルトはことばを、つまりこの安定した状況のなかに投げ入れられた主体を、誕生させる。彼はスエーデンで客死するだろう。

　不安定なわれわれの生は、困難な三つの分岐を経た後、少なくとも三重の異郷の違和感に苦しんでいる。われわれは故郷を捨て、赤い瓦葺の風景を捨て、〔パリに出て〕黒いスレートの屋根と灰色や鉛色の風景のなかで暮らさなくてはならなかった。別な風に「ウイ」と言う言語のために、一つの言語となまりを捨てなくてはならなかった。正統的なフランス語の中心地で生まれたデカルトは、決して自分の言語《イディオム》を変えなかったし、つねに一つの疑いを揺り覚ますこの二重の声を、自らの内にもつことは決してなかった。それからわれわれは、フランス的中華思想を少しばかり捨てなくてはならなかった。すなわち、何百万もの死者をだした三つの戦争のあと、われわれはポー川やスプレー川〔東ドイツの川〕やテムズ川を、ガロンヌ川やセーヌ川と同じように愛することを学んだ。次いで、セント・ローレンス川や、アマゾン川や、コンゴ川や、黄河を愛するようになった。氷原や水田のなかに目をさまよわせるとき、別な言語が肉体のなかに入ってきて、それは別な風に脳を振動させる。存在者の失われた幸福という考えに、われわれはもはや思い至らない。存在することはここでは恒常的であり、慣れ親しんだ周囲の風景や昔からの集団や職業、河岸、砂利、葦、洪水、オランダガラシの畑、柳、ポプラ、流砂、蛇、歌うようなアクセントの方言、心地よい響きの固有名詞、慣習、習慣、そうしたもののなかで存在は安定している。おお、自分であることの無言の歓喜。風景を変えることによって、次いで数多くの国々を放浪することによって、二重に異郷に追いやられ、場所をもたない火のようなたえざる移住者であるわれわれは、以来、痛ましくも超然として、氷原に住もうと太平洋のただなかに住もうと、島に住もうと砂漠に住もうと、午前中はページに仕えることさえできるならば、どこに住もうといっこうに構わないと思うようになった。

　飛び、さまよい、道を失った火、鬼火のように不安定で、狂おしい束の間の火、すりへり、おろされ、削られた魂、摩耗し、無に帰せられ、追放された魂をもつ不安げな火、異国の人の喉であまりにも発音されたために姓も名も消滅し、nemo〔ラテン語で personne の意〕に、誰でもない者《ペルソンヌ》に化し、かくも多くの眼差しに貫かれて肉体はほとんど透明になり、何千もの習慣に適応したがゆえに流動的な身のこなしをもつ火、揺らめく非存在の火が、暖炉部屋をではなく、自分の場所を、自分の最後の風景であるページを満たす。

第三のこの真の異郷《デペイズマン》の違和感は、以来、全人類にかかわるものである。私と同じように人類は自分の故《く》郷《に》から、大地全体から引き剝がされて、自分の場所と自分の自我《モワ》を失っている。単に、新石器時代以前から始まった波状的な民族移動と、偶然にまかせた人類の混交のゆえのみならず、空間から記号への、風景からイマージュへの、自分たちの言語からコードへの、文化から科学への、新たな全面的な移住によってである。人類は、窓のない内部のために、仕事の場を、すなわち鉱山や、採石場や、川や、作業場や、牧場や、耕地を捨てたのだ。人類は筋肉質の肉体とマメだらけのかじかんだ手を脱皮し、外の空間とのいかなる物理的な関係も知らない神経システムとなり、座ったままで計算をしている。間もなく、まったくデジタルな図式とメッセージと数字しか存在しなくなるだろう。大地をもたず、われわれがかつて現実と名づけたものには盲目となった新人類。この新人類が中毒になっているのか、あるいは明晰であるのか、誰がそれを言いうるだろうか。風景のない新しい大地、その大地自体が異郷《デペイゼ》にあるのだろうか。

三重の異郷の違和感を強烈に生きそして考えたがゆえに、また、次々に異郷に追いやられた何百もの風景を見たがゆえに、爾来われわれは普遍的なものへと導かれるのだろうか。海と陸からできたこの球体の上をさまよい歩くことができ、世界全体にも値する一ページを書き記すことができると同じように、われわれは普遍的なものに住まうことができるのだろうか。

数学のみがわれわれに普遍的なものを提供することができた。ところで数学は、少なくとも一世紀前から、全体的なものとは、往々にして、局部的なものの膨張にすぎないということを教えている。それゆえ改めて慎重に考えてみなくてはならない。自分が普遍的であると言い張る者は、自分が言語と力とによって最後の戦争に勝ったという事実を隠しているのだ。それは広域化した特異なもの、宣伝の回路によって自分の声を増幅する特殊な者である。「太陽の下、新しきものあらざるなり」とは、ソロモン王の知恵のことばと言われるものだが、このことばは、一つの天体の勝利を謳い、彼の支配する砂漠のような空間のなかでは、この天体に陰をもたらすようないかなる変化も禁じているわけだ。ところが太陽は、星の死である超新星にかなり近い状態の小さな黄色矮星であり、似通った、様々な、奇妙でさえある何千、何億もの星々と隣合っている。この知恵のことばも、地方的弱小王国の王のことばにすぎないのだ。

放浪によって風景は次から次へと移りゆき、もろもろのページはその歩みにつれて飛翔する。理性の長い連鎖、つまりページの行や大地の麦やぶどうの長い畝の連なりが、いかなる高尚な一般性にとって、今度は、障害物を形成するというのだろうか。ごく少数の人間に支配されている高速道路や、航空路や、通信衛星は、どのような瞬時のひらめきに、いかなる電光石火のメッセージに対抗するというのだろうか。いかなる優雅な愛の告白に、いかなる公正な権力の配分に、それらは対抗するというのだろうか。

忌まわしい戦いに勝利を収め、今では、別種の言語や概念のすべてを制圧しているがゆえに、言語という特異体はモデルとして提示され、人間は言語に帰せられるわけだが、人間という概念や名前に対するこのような優位性の濫用について、われわれはすでに学び知っている。これらの濫用については厳密科学は、珍しいことに、人文科学以上のことは何も語っていない。

四月の悪天候で恐ろしいほどに増水したガロンヌ川のほとりで、恐怖の夜々を過ごした経験がなければ、誰が黄河を理解し、その黄土平原の洪水と災害を前にした中国人の苦しみを理解できるだろうか。自分の生まれ故郷や、自分が現に仕事をしている土地の風景のなかでの、河川と河岸との交わりを知らないとすれば、誰がニジェール川〔西アフリカの川〕の湾曲地帯で農業＝船頭を営むバンバラ人と、意気投合して話すことができるだろうか。流氷が航行の障害をなしているにもかかわらず、いかにしてセント・ローレンス川の船頭たちは水路を認知するのだろうか……。経験について言えば、旅で知ったもろもろの地方の経験は、自分がこれまで生きてきた地方の経験の上に積み重ねられてゆく。一方、普遍的な捉え方は、あらゆるところから普遍的なもの、全体的なもののみを抽出してゆくわけだが、そのようにして抽出されたものは、きわめて小さな部分なので他のすべての部分は忘れられてしまう。これは権力への意志にかかわる閉鎖的大原則なのだ。黄河のほとりや、ニジェール川のほとりや、セント・ローレンス川のほとりで生きてゆくために必要な行動を、肉体はゆっくりと総和してゆく。肉体は交雑によって形づくられるのだ。放浪者であり、追放された者であり、すべてに順応し、あらゆる海に揺られ、自己同一性をほとんどもっていないので、肉体は自分が誰でもない者《ペルソンヌ》と名づけられることを認め、自分自身の内に航路や、風景や、習慣や、言語を総和し、それらを混ぜ合わせる。混血児、四分の一混血児、雑種、交雑動物、八分の一混血児……、世界じゅうの河川の水が、彼の動脈のなかで混ざり合い、波うっている。

帰属性に対する情念は、醜悪であると同時に破滅的でもあり、ほとんどすべての歴史上の罪悪に責任があるのだが、これまでいかなる研究の対象にも決してならなかった。なぜなら研究に従事する者たち自身が、いかなる批判にもさらされない地位を保持するために、一つのセクト、無味乾燥な一つの言語、一つの党、一つの科学的原理、ひっくるめて言えば、一つの圧力団体に帰属しようとするからである。形而下的な混合や混合一般は、哲学には認知されないままなのだが、哲学もまた同様に、破滅的で醜い帰属の情念にとりつかれた言説、分割と純粋性のための言説だからである。

私は誰だろうか。誰でもない。それでもやはり私は誰なのだろうか。混血児であり、八分の一混血児であり、混合である。混合は、白黒の線と数字とを組み合わせて物品を明示するバーコードと同じように、正確であり洗練されている。異郷に追いやられることによって、帰属性はごちゃ混ぜにされるが、しかしそのことによって、もろもろの経験の総和が、きわめて古くから積み重ねられた局所的な経験の上に定着し、波動する私の肉体の表面に、虎斑や、縞模様や、ぼかし模様や、波形模様や、斑模様や、ダマスク模様のある、雑多な色の長いスペクトルを形づくったのだ。私の血は、現実に、これと似たようなコードによって表わされうるはずである。この色とりどりの布地〔組織〕は、なかなか見事なものなのだが、プラトンにとっては、『国家』の第五巻でデモクラシーを定義しそれを揶揄するために、皮肉な隠喩として役立つだろう。他者たちの雑多な混ざりものは、存在ではありえないだろうからだ。私は誰だろうか。ぼかし模様のある雑多な色の塗りたくりである。それゆえつねに何かが、しぐさや肌の色や、儀式や微笑みや、世渡りの流儀やお辞儀の仕方、習慣や仕事……そういったものが、私を一人の人間へと近づけるのだ。混合と混血の哲学、他性《アルテリテ》の総和や組合せとしての自己同一性《イダンティテ》の哲学、そうした偉大な哲学がわれわれには欠けている。ことばで言い表わすことのできないことを、肉体は作りだし実践しているのだが、言説と抽象の哲学はこの肉体の分野において遅れているのだ。私は誰なのだろうか。この奇妙な問いは異郷にある者、混合したもの、混血したもの、すべてに順応する放浪者にとって、どういう意味なのだろうか。破滅をもたらす帰属性の埒外で、それは何を意味しうるのだろうか。

　来たるべき混合の哲学は、全体的なものと局在的なものを平和的に結合させるのだが、その哲学は別種の存在論を前提とする。

方法と遊歩道《ランドネ》（全体的《グローヴァル》なものと局在的《ローカル》なもの）

風景はもろもろの場所の寄せ集めであり、もろもろのページでできたページである。砂漠は全体的なものへと通じ、この等質的な空間には、火も場所もなく、新しいものは何ものも出現しない。方法〔論〕は砂漠をまっすぐに横切ってゆくのだが、風景は方法論の邪魔をし、すべての場所は方法論にとって障害となる。風景のなかを通ってゆく道は遊歩道《ランドネ》と名づけられる。

狩猟の古い語彙のなかでは courir à randon〔激しい勢いで走る〕は「獲物を追いつめる」を意味していた。例えば、狩り立てられてぐるぐる回って逃げる獲物の鹿を、とどめをさすまで馬で追いつめることである。猛烈な速さで疾走しながら、狩人はしばしば方向を変えなくてはならない。なぜなら追われた動物は、突然、予期できないジャンプをして猟犬の追跡をかわそうとするからだ。しかしながら猟犬は、狩の音楽や、馬に乗った狩人や、狩猟のあらゆる喧騒を、たえず正しい方向に導いて獲物を追い立てるようにする。randon〔激しい勢い〕という語は、英仏海峡の中央、あるいはセント・ローレンス川の中央でうまく均衡をとって、フランス語と英語との間にその意味を配分している。一方の言語において randonée は、少々長くて困難な散歩を意味することになり、他方、英語の random は、獲物の不規則で予想できない走り方の記憶から、「偶然」を意味するようになった。私は randonnée という語を、そのもとの意味に近い意味で使いたいと思う。そこでは取るべき方向の選択や、歩き回る範囲や距離についての、ある種のめぐりあわせの意味が加わることだろう。大気現象や、時化や、異常な海流などによって『オデュッセイア』はしばしば一種の randonnée になっている。様々な状況が重なってユリシーズは最良の道からそれるのだ。

一つの方法〔論〕は一つの通路、道、道路を描き出す。われわれはどこへゆくのか、われわれはどこから出発したのか、われわれはどこを通ってゆくのか。これは、知るためにそして生きるために、理論について、実践について、苦悩について、愛について問われるべき問題である。なぜ急ぐのか、なぜ時間を利用し活用するのか、何にどのように時間をかけるべきなのか。しかしわれわれはいつでも時間を制御しているわけではない。

最初にまっすぐな道がある。迷い込んだ森から、臆病な旅人をもっとも早く解放する道、質量のない電光のような光がたどる道、いわばデカルト的な道だ。鎖の環の連なり、比例級数あるいは等比数列、次元関数によって構造化された代数学。まっすぐな道はあらゆる場で「最良化されたもの」を意味し、方法論の規則は最上級を君臨させる。第一に、私がそれを疑ういかなる理由ももたないほど、明晰かつ判明に、私の精神に現われるもの以外のものは何ものも納得しないこと。第二に、それぞれの問題を、できる限り多くの、しかもその問題をもっともよく解決するために必要とされるだけの数の、小部分に分割すること。第三に、もっとも単純なものからもっとも複合したものへと順を追って進むこと。最後に、自分が何も見落としてはいないと確信するに至るまで、すこぶる完璧で全般的な点検と列挙をあらゆる場合におこなうこと。これはあたかも、もろもろの制約のもとで最適化される基準関数であるかのようだ。こうした連禱のような願望の積み重ねを嘲笑した点で、ライプニッツは誤っていなかった。しかしそれにもかかわらず、自分が公式化しようとしていた法則の下図を、ここに読み取れなかった点で彼は誤っていた。なぜなら、このように比較級の上に最上級を積み重ねることの意味は、極限値の戦略を提示することにあるからである。疑問や、困難さや、組成や、脱落などの制約を最小化して、最適の道、優れてライプニッツ的な道、最良にして最短の道を引くことにあるからである。無限小を好まなかったデカルトは、最小を無に帰せしめた。要するに、最大値を何ものかに帰することができないならば、それも当然のことなのだが、そこにはいかなる疑問の余地もなく、何も見落としてはいないというわけだ。光が最良の道を走り、明晰なる直観の隠喩となるのはこのようなわけである。また迷った者がまっすぐな最短の道を通って、森から抜け出すのもこのようにしてである。したがって、物体が落下するのと同じようにして、世界は存在するに至ったとライプニッツは言うだろう。最小の出費による最良の成果、これはまた、家庭の良き父として自分の世襲財産を管理するために、最小の支出でもって最大の稼ぎを上げることでもあるのだ。自然法則の経済学、あるいは経済学によって自然であると認定された法則。ここでは古典主義時代が勝利を収めていて、もっともまっすぐなことが理性となっており、この戦略をしかわれわれは知らないのだ。われわれが地上や、海や、空中を旅行するとき、公理と推論によって数学を学ぶとき、自分の時間や他人の時間を活用するとき、紛争や戦争に突入するとき、われわれはつねに極限値の戦術を適用する。そうすることによってわれわれは、自分たちのやり方を最適化したと自慢する。理性、有効性、投資、暴力が、いっしょにこの経済学の法則の下に眠っているわけだが、経済学という語によって、私はこのような最大〔小〕＝最適の戦略的関係を言おうとしているのだ。この経済学の法則がわれわれの規範となり、そのとき道徳は知識に移行するのだが、それは合理的でまっすぐなもろもろの道〔方法〕の古典的総体である。ある意味では、われわれはこの道から自分たちを多かれ少なかれそらせるようなすべての混乱や変動を、できる限りゼロにしようと努めている。われわれの文化の総体が、この道を必須なものとしてわれわれに教え込んでいるからだ。

これが現代の合理主義的文化の最大傾斜線である。

しかしわれわれはまた、経済学的ではない道、この最適化された均衡を気にかけない道の継承者でもある。ユリシーズは先駆的デカルト主義者であったと仮定することができよう。ひとたびトロイが陥落し、略奪されて、出航の準備が始まるや否や、ユリシーズは待望の地、イタカへの道を最短距離で考え、そのように決定し、帰りの航海を計画したと仮定することができよう。おそらくそれは直線の航路とはならなかっただろう。無数の制約がそこに横たわっていて、直線の道筋を禁じているからだ。しかし、熟達した水夫であれば、彼もまた航路を最適化しなくてはならない。ここではしかじかの海岸線に沿って進み、それからしかじかの海岸を避ける。そこではしかじかの恒風を受け、別の場所ではこの海峡に入り、季節を待って静かに停泊する。以下同様にして、策を用いてもろもろの制約を切り抜けてゆく。それゆえ、もちろん、曲がりくねったルートが生じ、そこでは障害物に応じて回り道が決定される。しかしそれは、可能なあらゆる曲がりくねった線のなかから、策によって選ばれた一つのルートである。だがそのように事は運ばなかった。今や『オデュッセイア』はこうした順路から外れたルートを描き、浪費の道を描く。船はペネローペーに近づくが、しかし同じだけ彼女から遠ざかり、たまたま正しいルートに入るのだが、しかししょっちゅうそこからそれてしまう。彼の航海の千鳥足のようなカーブは、常軌を逸している。このようにしてこの航海は、未知の土地を発見し、策が失敗したときには新たな策が編みだされる。

方法〔論〕はまさしく、空間を横切る通路や道筋を引く。どこから出発してどこへゆくのかを方法論は知っている。方法論に従った道筋は、出発地と目的地の中央を通り、もろもろの制約下にあっても、もちろん、最良という規定から外れることはない。ところが、古典主義時代以前のプラトン学派の哲学によって公準化されたこのような方法論においては、オデュッセイア的道筋は決して、あるいはめったに、方法論的とは言われない。この哲学においては二分法もまた、まさしく中央を通り、その分節には経済性が追求される。オデュッセイア的な道筋は、方法とは言われえず、流浪である。道が道からそれるという意味での流浪であり、道路が道路の外を通るという意味での流浪である。そこでは、選ばれたとは言わないまでも、それぞれの場面で採用され、たどられる道筋は、選ばれるべき規範に対して例外をなしている。モーセ的流浪はこれとは異なって、外部を示している。モーセは彼の人民といっしょにエジプトを脱出し流浪するが、砂漠という制約に支配されて、決して約束の地に到達しないからだ。したがって、どのような道にせよ、道そのものが、出発地と到達地の外に置かれたままになっている。道はその終着の近傍で無限に続いているわけだ。ユリシーズの流浪は別な風である。彼はトロイを離れ、イタカに戻ってくる。彼はそこに帰り、そこで王の権利を取り戻し、そこで彼は流浪の環を閉じる。流浪や逸脱は安定性の場で生ずるのではなく、道そのものの上で生ずるのだ。あなたが一つの方法〔論〕を見出したとき、方法の道筋をたどると言うだろうが、これは同語重複である。しかし流浪については、流浪の言説と言いうるが、この二つは等価物である。流浪が中央から離れ、方法論的極限値から遠ざかるのと同じように、言説《ディスクール》は道筋《パールクール》に対して隔たり《エカール》〔逸脱〕を生みだすからだ。

ユリシーズはそれゆえ波動に従う。海と風の波動に、潮の波動に。帆船を操って、凪や、竜巻や、渦巻を、一難去ってまた一難と乗り越えてゆく。通常の道から外れて、凪で動けなくなって、あるいは別の安定状態に捉えられて、彼は停滞する。これはあたかも、はっきりと確定され安定している通常の経路に対して、そこからそれた所に、また別の安定したものが存在しているかのようである。またあたかも、河川が通常の河床からそれて、高原にぶつかり、そこで湖を作り、その先の滝に達するまでのしばらくの間、そこにとどまっているかのようである。あたかも秩序の外に秩序が存在しているかのようであり、また均衡を保った中央のルートの外に、原初の均衡、あるいは特異な均衡が存在しているかのようである。これは奇妙な吸引力をもったものである。まるで、通常の法則では予測しえないタイプの秩序や、その秩序内の通常の法則では予測しえないタイプの均衡が、存在しているかのようである。外洋で起こる偶然の波動や、思いもよらない嵐や、砕け散る怒濤が、一時的に安定した局部や小島を突然形成するかのようである。そこでは、今までの時間や通常の時間を忘れさせる別の局部的時間、航路の時間を忘れさせる別の時間が生じるかのようだ。方法論的な道からそれて、これらの島は波動によって秩序を、まさに流浪的と名づけうるような別の秩序を形成する。これらの島は方法論の道筋の上には決して見出されないだろう。それは科学的知識の全体的な均衡の外に横たわっており、流浪的《エグゾティック》で、異国ふう《エグゾティック》で、エルゴード理論的《エルゴディック》〔一つの体系が、充分ながい時間の後には、可能性のあるどのような状態にもなりうるとする理論〕である。方法論はもろもろの制約を最小化し消滅させるが、流浪はそれらの制約の無秩序性のなかに身を投ずる。

私は冗談で、一人の老人の物語、悪いことには、盲目の老人の物語を語っているわけではない。科学的な言説、認識論から解放された言説、認識論的ではない科学的言説を、私は唱えているのだ。この言説は、二千年の歴史をもつ方法論と袂を分かつ。というよりむしろ、この古い無駄話は、別種の驚くべき知で満ち満ちている。新しい知である。いや、それは無駄話でもなく、物語でもなく、私の求めている流浪の言説である。そしてまさしく、気晴らしであり、優れて策略に長けたユリシーズの気晴らしの道である。彼の知恵袋のなかには、新しい科学のあらゆる手練手管、盲人の認識論、不明瞭な明証性の理論がしまわれていたのだが、これらは、何世紀にもわたって、方法論によって隠蔽されてきた。無用な方法論、新しいもののためには無用な方法論によって、何千年もの間、隠蔽されていたのだ。

ユリシーズの擬＝道筋《プスード・シュマン》の上には、奇妙な吸引力をもつものが配置されているのだが、彼はそれらに対して興味深い関係をもっている。彼はセイレーンの妙なる響きの誘惑を避けようとするし、カリブディスやスキュラの渦の深淵を恐れ、今度ばかりは、それらを避けて通り、直線の道を求めようとするが、しかし海中に投ぜられ、ボールをもった娘ナウシカアーの足元に投げ出されもする。ユリシーズは誘惑者とされ、策略に長けた者とされている。確かにそうなのだが、しかし彼はキルケーやその他の者たちによって誘惑され、無限に誘惑されうる存在でしかない。誘惑されるとは、すなわち、自分の道の外へ、通常のまっすぐな秩序の道の外へ導かれることである。このことを知っているがゆえに、彼は時としての自分の耳を塞ぐのだ。分岐で、魔女に魅惑されて道を誤り、自分がフォークのような分かれ道の誤った枝道の方へ進んでいることを、彼は知っていたのだ。

ヘラクレスはつねに正しい分岐を、悪ではなく徳の道を選んだとされている。悪はユリシーズの顔もしくは策略の顔をもち、徳は力の顔をもつという考えはここから由来する。ヘラクレスは徳高い古典的な神であり、力強く、たくましく、英雄的で、われわれの科学や、実践や、道徳がそうすると同じように、自分の道を最適化する。もし彼があえて通常の河床から川をそらせるとしても、それは良い目的のためであり、汚い厩のなかに山積みになった堆肥を一掃するためである。彼はつねに正しい戦略をもち、不敗の勝利者である。しかし、私の知る限りでは、彼は殺害をする。ライオンや、ヒュドラや、猪や、雄牛や、鳥を殺す。彼は生きているものを殺し、薪の上で死ぬ。薪と毒のついた長衣の二重の炎のただなかで彼は死ぬ。ヘラクレスはつねに、正しい方法と最良の戦略をもち、分岐の前での選択の的確さや軍事的な完璧さをそなえていた。それゆえ彼はもっとも強く、つねに正しい者である。彼は勝ち、征服し、殺すのだが、それは最大の暴力という最適化された方法であり、死へと向かう均衡の道である。逆にユリシーズは、分岐点において、一般的な均衡とは別の安定性を見出すことによって、また好むにせよ好まざるにせよ、最適な道とは別な道を選ぶことによって、夫婦のベッドの脇での血腥い殺戮が待っているイタカへの帰還を、延期したのではなかろうか。私にはそのように思われる。彼は知恵と策術の限りを尽くして死を切り抜けるのだが、その流浪が遠征記の全体を形づくっている。すなわち、岸から遠ざかり、直線を避け、不可逆のものを遡り、最短な道からできるだけそれてゆくのだ。したがって、波動の効果をゼロに帰せしめることはない。生命は偶然性に信頼を置いており、偶然性はといえば、理性を嫌悪している。

流浪の言説、『オデュッセア』、叙事詩は、それゆえ知の百科全書となる。ギリシアの子供たちは、そのなかで自分たちの文化、料理から船の修理に至るまでの自分たちの技術、自分たちの歴史、神話、地理を学んだのだった。ギリシアの子供たちとは、子供時代のプラトンや、テオドロス〔前一世紀のギリシアの修辞家〕や、エドクソス〔前四世紀のギリシアの天文学者、数学者〕のことである。彼らはそこに、機略に溢れた遠征の力学を読み取ったのだった。これは、われわれがそう信ずるような古風で粗野な学問ではなく、われわれがようやく理解し始めたきわめて洗練された知なのである。これは、最短の道を通る方法〔論〕ではなく、長く、曲がりくねった、ぎざぎざした、雑多な道である。そこから彼らは、たとえば、不合理なものの合理性を証明したり、あるいはまた知られざる大地の地図を描いたりする心構えを学んだのだった。

口に出すや否や、私は百科全書〔encyclopédie は語源的には instruction embrassant tout le cycle du savoir（知の円環のすべてを包括する教育）の意〕という語を用いたことを悔やんでいる。それはまさに、ギリシア人がほとんどまったく作りださなかったものだからだ。知の描く円環がそのなかに閉じ込められてしまうような環、もろもろの円環の環を閉じる教育、ギリシア人たちがそのようなことを一瞬たりとも考えたとすれば、彼らはわれわれにそのことを言ったはずだ。彼らにとっては円がまさに最適なものを表わすことになるからだ。ところが彼らはそのようなことを言いはしなかった。ホメロス的流浪のゆえに、彼らはそのようなことを言わなかったのだ。百科全書の図式は、この点においては、方法〔論〕の道筋に適合している。方法〔論〕は最短の道を走るのだが、環あるいは円も同じように最良のものであって、もっとも短い曲線でもっとも大きな面積を囲うのだ。貯蔵、資本、知識の蓄積は円の働きと同じ法則、同じ経済学的法則に従っている。この意味において、百科全書はすべて方法論的であり、この二つ〔百科全書と方法論〕こそ最適という概念を体現したものである。最初のギリシア的知としての流浪の書は、そこでの関心が間隔や距離、ゼロに帰着しないズレを前提とし、もろもろの交叉や干渉を前提とする限りにおいて、非経済学的な言説を採り、長い道のりを走り、興味深い道筋をたどる。ここでは知は散らばり、分散されていて、全体性のなかに統合されず、最適という像を結ばない。それはつねに自分自身からずれている。知が方法論や、百科全書や、直線や、円に帰せられるや否や、知は情報重複に陥り、秩序や規範や反復に堕してしまう。それは局部的な生産性漸減の法則をもたらす。『オデュッセイア』はそれゆえ、百科全書 encyclopédie ではなくスカレノペディー scalénopédie〔びっこの知識、不等辺な教育〕を描き出している。scalène〔不等辺の〕とは、不等辺三角形 triangle scalène と言われるように、二等辺でもなく、まっすぐでもなく、多等辺でもなく、どこかが均衡を欠いている。scalène とは「びっこ」を意味し、それは、アフロディテーの夫である発明家のヘパイストスや、オイディプスのさる縁者のようにびっこで、あるいはオイディプス自身のように足が痛く、斜めの、曲がりくねった、複雑な道筋を描く。百科全書が構想されはしたが、実現されなかったバロック時代と同じように、それはいびつである。ユリシーズは不等辺な〔びっこの〕ルートを通り、そうすることによって、ギリシア風のルート、情報重複でない文化の道を発見し発明するのだ。物語の文化。予め定められた安定的なモデルや、理論的で最適なという二重の意味でのモデルに従って、反復されることもなく、再循環されることもない物語。流浪とはまず第一に、一つの物語のもろもろの語のことを言う。多くの文化においては、物語が筋書きを形づくり、その筋書きのなかで、誰の目にも明らかなものにせよ、あるいは隠されてはいるが明らかにされるべきものにせよ、法律や構造が繰り返し語られている。それらの文化においては物語が類型的な筋書きや、方法論的な通路を形成している。われわれはそれらを構築する術を知っており、これらの図式はもはやわれわれに不足してはいない。一、二の文化において、物語はこのような均衡から解放されて、このような環の外で波動を始め、反復の図式の外に分岐し、不等辺な道へとおのずと赴き始めたのだった。運に任せて航海しながら、ユリシーズは、閉じられた知識と、構造の枠をがっちりはめられた物語とを捨て、創意に満ちた知、開かれた物語〔歴史〕、新しい時間〔時代〕を創りだしてゆくのだ。

小さな海の航海においては、遠洋航海の水夫と同じ水夫が要求されるわけではない。これらの小さな海にあっては、天文学者クリストファー・コロンブス提督の知らないような、巧みな操船や保守の技術が必要であり、それらの技術がユリシーズにとって不可欠となる。ヘラクレスの柱〔ジブラルタル海峡〕の沖合いを航行するカラベル船〔十六世紀にコロンブスなど探検家が用いた快速帆船〕を旗印とするルネサンス的知によって、軽蔑されて、忘れ去られていた知を『オデュッセイア』はよみがえらせ、教えてくれる。

コンコルドは二時間で大西洋を横断する。ケープカナベラルあるいはクールー〔仏領ギアナの町、ロケット発射基地がある〕から発射されたロケットは、地球の引力圏を抜け、宇宙へ、月へ、金星へと飛び立つ。われわれはあらゆる乗り物の窓を通して、これまでとは別の空間を見ているわけだ。われわれは知を取り替えねばならないのだろうか。

大西洋の大波の波長は、船全体をそのなかにすっぽり収めるに充分な長さをもつ。どんなに高く激しく押し寄せようとも、大洋のうねりは、客船や、商船や、航空母艦、フリゲート艦、貨物船が、一種の揺籠のなかで寝たり眠ったりするに充分なだけの間隔をもつわけだ。大洋は、恐るべきものではあるが、御しやすい。波長の短い小さな海、アイルランド海や、エーゲ海や、イロワーズ海は、ある大きさのあらゆる船、たとえばカイク船〔エーゲ海で用いられる船首・船尾の尖った漕ぎ舟〕や、沿岸航海船を難破の苛酷な危険にさらす。竜骨は、突起の林立するあまたの岩礁を引っかくようにして進むからだ。空間の構成原理が変化し、波の窪みは同じ壁をもつわけではない。

陸地を目指してのオデュッセイア的周航《ランドネ》においては、インド航路や宇宙探検におけると同じ体力や忍耐力や能力が要求されるわけではない。きわめてゆったりとした大波に揺られて、何日も長々と巨大な広がりの上を航行するのであれば、まっすぐな進路が要求されるし、またそれが可能である。ユリシーズはいろいろと試み、譲歩し、臆病風に吹かれ、迂回路をとり、非難所を出て、岬の風を受け、外洋の風波にさらされ、次の停泊地までたどり着く。何百もの制約を考慮に入れ、策を巡らさなくてはならないのだ。まっすぐに進もうとすれば、彼は難破することだろう。十九世紀の初頭に、シャトーブリアンは自分の君主に対して怒りを抱きながら、エジプトからチュニジアへと向かうのだが、しかしそこへ着くまでには何カ月も過ごさなくてはならなかった。彼は十数回も逃げ回り、数多くの非難所を探さなくてはならなかった。三十年前、同じ海域で、数千馬力のエンジンを備えているにもかかわらず、私の船もまた前進不可能になって逃げださなくてはならなかった。飛行機から見れば、大洋の海原は、大まかなしわや縞があるものの、一様に見える。イロワーズ海やエーゲ海は強風によって、ぼかし模様や、虎斑や、局部的な波形模様があり、混乱した何か恐ろしい混合体のように見える。ユリシーズは、千々に変化するこの混合した物体のなかに漕ぎだすのだ。コロンブスは外洋の単純性のなかでルートを切り開く。容易で長い理性の鎖、困難で短い無数の策術の曲折。

一つの制約、あるいは一つの変数が他のすべての制約や変数にはるかに勝っているので、他のすべてのものを無視できるものと見なしうるとき、直線あるいは単一の曲線が描かれ、すべては解明される。すべてのものを取り払い、一つのものをしか見ないようにしなさい。そうすれば無視されたものは枝葉末節として落下する。逆に、何百もの制約を考慮に入れた方がよい、あるいは入れざるをえない場合がある。その場合、制約の網が人を捕え、人を拘束するということが起こりうる。すなわち、無数の方向に流れる流れの網の目が、海の大波のぶつかり合う場所や、交錯する風の乱流や、極度に高次元な状況の胞体《セリュール》〔細胞〕を作りだすのだ。このような特異な場にあっては、ユリシーズは直線的な思考を失うというわけだ。

ユリシーズはそもそも直線的思考法をもっていたのだろうか。コロンブスに続いて、デカルトとベーコンが、われわれに直線的思考を与えたが、われわれは今日それを失おうとしている。というよりはむしろ、われわれは直線的思考法を失うことなく第二の思考法を取り入れ、その第二の思考法が、ユリシーズを軽蔑するどころか、われわれをユリシーズに回帰させるのだ。直線的な思考は少々粗野で硬直しており、かつては有効で最適なものだったが、今日では少々色あせたものになっている、とわれわれは考えている。

農夫であるにせよ水夫であるにせよ、ユリシーズは、無数の制約に対応する必要性に直面して、オールであるいは穀物用スコップで、非直線的な巧妙さを実践する。機略縦横の頭の回転の良さ、老獪な巧妙さ、次々と無数に突発する諸状況に適応する方策の迅速で活発な案出力、それはエーゲ海から、とりわけもろもろの狭隘な海域から、あるいはまた、数多くの特異な小区画のある農耕風景から生まれるのだが、それらの海や風景は、様々な方向へ急に向きを変える気まぐれな風や水流、あらゆる所に散在する岩礁、セイレーン、大気現象によって形づくられる小部分の寄せ集めの総体なのだ。ハマドリュアス〔ギリシア神話、木の精で木から生まれ木と運命を共にするとされる〕が木々を統治すると同じように、これらの怪物がそれらの海域を統治する。諸状況がもろもろの場所を形成し、それらの場所は一つの知性を要求し、その知性はそれらの場所に住みつき、それらの場所を神々で満たすのだが、その神々が今度は諸状況を司る。

　古代の農民や水夫にとっての必要性——古代とは、規格に合わない小部分の総体から人類が糧を得ていた時代、フランスのいくつかの地方では第二次世界大戦後に終焉してしまったが、世界のどこかでは今日でもなお残存している可能性のある時代、を意味しているとご理解いただきたい——それは、大量生産的な必要性ではなく雑多な必要性、全体的な必要性ではなく局部的な必要性、様々に変化する必要性であり、当面するもろもろの法則や、錯綜した偶然の不意打ちによって課せられる必要性である。それは女性たちの奇妙な性格や、あるいくつかの都市国家の社会的行動に見まごうほどよく似ている。すなわち、秋の空のように変わりやすい女心、専制君主の気まぐれな決定、とっぴな政治的思いつき等々……によく似ているのだ。湾、茂み、洞窟、浜辺などは、愛らしくて恐るべき女主人公の、揺れ動く複雑な気まぐれに委ねられる。同じ理由によって、風景は、名だたる北西の航路と同じ複雑さを見せるのだが、自然と文化とはそこでは同じ構造を示すのだ。女性に相対するように、海流をうまく切り抜けてゆかなくてはならない。国王の心変わりに直面したときのように、風の来襲を迂回しなくてはならない。群衆とかハリケーンといったヒュドラ〔ギリシア神話、ヘラクレスに退治された七頭の怪蛇〕と相対するときには、自分自身も様々な顔をもたなくてはならない。あるいはまた運命によりよく抵抗するためには、誰でもない者《ペルソンヌ》でなくてはならない。無数の顔あるいは様々に変化する顔をもつやいなや、その者は女神や王の仮面の下に、自然法則や政治法則の仮面の下に、ある気質の仮面の下に姿を現わしうるが、その本質はそうした外観にあるのではなく、多様性そのものにあるのだ。道筋の上の数多くの曲折、眼差しに映る数多くの外観、陸上あるいは海上の無数の場所、狡智に長けた数知れない策略。

世界や諸物に対する古典的な制御法は、唯一の規範あるいは唯一の変数を選択し、その他のものをゼロと見なす。進路は意志によって守られ、航程線航法あるいは大圏航法によって大洋を横断し、一直線に森を通過し、全体と局部とを区別するものは何もない。大航海時代は、風景の解体、広大な地図の作成、一神教を前提とし、状況に対する執拗な軽蔑、知恵に対する意志の優越を前提とする。学者、船員、哲学者、航海者は直線的な思考法をとり、それを理性と混同している。巧みに獲物を追い詰めて得られる高らかな勝利、つまり非直線的で、見分けにくく、思いもよらない状況から生まれる必要性、何百もの顔や何千もの曲折をもった必要性は、それに対応する知恵や、古代あるいは多神教の風景とともに忘却のかなたに消えてゆく。貿易風の季節の大西洋では、十二メートルほどの丸太に乗って追風を受ければ、誰でも苦もなく西へと航行することができるのだが、その場合人は、唯一の変数である安定した気候条件に恵まれただけなのに、穏やかな自然を自分が制御し所有したものと、勘違いする恐れがあると言わざるをえない。人は、その者の順応性よりも頑固な意志力を褒め称えるだろう。帰りには御用心を。

古代の時代に、普遍的な法則の存在を誰が信ずることができただろうか。いかなるオリーブの木も同じように身をよじって伸びることはなく、いかなる風の吹き方も前日の吹き方と同じではないからだ。このような可能性を想定する前に、プラトンは、滑らかで、色がなく、目に見えず、感じ取ることのできない空間を思い描かなくてはならなかった。自らの生き方を変える前に、ヘブライの民は、等方的で同質的で変化のない空間である砂漠を駆け巡らなくてはならない。数学はピラミッドの陰で誕生するのだが、そこでは唯一の太陽が、一様な砂の上に、死や他界の痕跡を象っている。直観は、偶然的なものを排除した上で、ものを見ることを自らに課する。唯一の神はさらに科学の復興《ルネサンス》をもたらすわけだ。

目は風景か空間かのどちらかを見る。すなわち、一方を知覚し、他方を忘れるのだ。古代の地図には、航海の危険や、無数の障害物が表記されており、様々に変化する風景のなかに投げ入れられたとき、全体的な視点をもつことがいかに困難であるかが示されている。逆に、デカルト的な森は全体を示しており、そこをまっすぐに通過する者は、もろもろの種や変種には目もくれない。彼はもはや黄金の小枝の前で身をかがめることもないだろう。人はそれぞれの波を測量しはしない。局部的なものの境界を越え、閉じ込められた氷海に水路を切り開き、破局を乗り越えるためには、時として数世紀を要し、何らかの天才や、いわゆる歴史的危機を必要とする。

われわれが悟性、感受性、理性とさえ呼ぶもの、それは主体における認識作用の神秘な区分けなのだが、誰も決してその存在を証明していないし、その場所を標定してもいないけれども、教科書や学術書によれば、そこでは細部を総合する作用や、包摂の活動がおこなわれていると述べられている。それらのものは単なる記憶神経床に帰せられないのだろうか。過去の文化、あるいは歴史のなかで失われた文化の記念建造物に帰せられないのだろうか。われわれは、六分儀で現在位置を算出するときの眼差しで大西洋を見ることもできるし、年老いた海の男の細心の目で大西洋を見ることもできるが、どちらの場合も、経験的であるとか抽象的であるとか決定づけるものは何もない。海というページの上に刻みつけられた疾風を、よく読み取ることができなくなって久しいが、その盲目状態は、フラクタルな乱流を思い描く能力の欠如に由来するだろうか。それとも、スコールをともなう広範な嵐のなかの微細な風の変化を、感じ取ることのできない無感覚に由来するのだろうか。久しい以前から、視覚は認識のモデルだと言われており、われわれのすべての言語が今もなおそのように主張しているが、もし視覚が認識の思い出と忘却とを保持しているにすぎないとしたらどうだろう。

われわれは第三の状態に入るのだが、それは他の二つの状態を不安定にする。幾何学や古典力学における一様な空間と同じ資格において、風景は抽象的で、形式的なモデルとみなされうるのだが、そのような抽象化はわれわれにはきわめて性急で粗野なものに思われる。風景のもつ具体的で実際的な力こそが、とりわけわれわれの心を打つからだ。ユークリッドは石工〔の実践的技術〕の側からやってきたのだし、ラグラーンジュ〔十八―十九世紀のフランスの数学者〕は技師とともにやってきたのだ。局所的で特異な観点は偶然的で排除すべき細部として出現するのではないし、全体的な見通しのみが法則を作りだすのではない。われわれはもはや、なぜ前者が感覚で捉えうるものの次元に属し、それとは対照的に、もう一方は悟性の側に据えられるのかを理解できないし、なぜ抽象が繊細の精神をもち、具象が幾何学的精神をもつのかを理解できないようになることだろう。双方ともわれわれの目には、与件がそうなりうると同じように、具体的な観点でもあり、抽象的な観点でもあると見なされる。デジタルで等質的でかつ雑多なもろもろの多様体の広範な分布が、感覚与件と概念という区別に打ち勝ち、あるいはその区別を取り去ることになろう。すべては言語のレベルで作用していると、皆に信じ込ませたのは、このような区別なのだ。

数時間で世界一周ができ、百年前に遠い島々へ渡るよりも短時間で、何らかの天体に行けるとしても、それと同等の驚くべき情報が、野菜畑のまわりの注意深い散策によってもたらされうる、とわれわれは考える。宇宙が広がるとき、風景が戻ってくるのだ。古代あるいは私が古代と呼ぶものが、局部に押し込められて、全体的なものと隔てられてきたし、現代においては局部は、全体的な法則に対する障害としてことごとく軽蔑されてきたけれども、われわれは世界〔全体〕と個々の場所〔局部〕とをよりよく均衡させることだろう。それゆえ、経験的なものと抽象的なもの、感覚的なものと知的なもの、与件と総合、これら先人たちが区別して呼んでいたものを、われわれは再び均衡させなくてはならない。おそらく抽象的なものは、然るべきものとして、すぐさま定義し直されなくてはならないだろう。それはどこを取っても一様な相同物とは注意深く区別されなくてはならない。

その上、世界観にかかわる知や直観の大きな変化はすべて、必然性という概念上もしくは現実上の危機に起因しているが、必然性とは、何千年にもわたる人類の抗争において、恐るべき古株の脇役を演じてきたものなのだ。だがそれはもはや、その普遍的法則によっても、思いもよらないものにせよ予期できるものにせよ、その無数の張り手によっても、われわれを打ち負かすことはない。今世紀の中ごろ、五十年代すぎ頃に、それは戦場を去った。真の戦闘が起こらないうちに戦闘は止んだのだ。多くの者がいまだに空しい攻撃を試みており、最後の戦争のために、歯に至るまで武装している。しかし、最後の戦争はもはや起こらないだろう。そう、われわれは勝ったのだ。勝ち過ぎないようにしよう。古い支配者の命令が、最終的に獲得されたわれわれの支配権の上に、今やフィード・バックとして戻ってくる。人は諸物を変形してきたが、今度は諸物を理解しなくてはならない。というよりむしろ、諸物を所有するために、あるいは思うままに変換するために、諸物を理解しなくてはならない。諸物を保護するために諸物を理解しなくてはならない。木々をよく見ることなく森を通過すること、通過することが木々にいかなる作用を及ぼすかを知らずに森を通過することは、今日では無教養で粗野なことと考えられている。局部的なものは、是非とも必要であるがゆえに、再発見されるのだ。人類のかつての災禍は、今や所を変え、それは政治の内に存している。われわれは、自分たちの集団的意志の法則を修正しなくてはならない。それは、かつての世界の法則と同じように、全体的でわかりにくいものになっているからだ。

これらの組織体に関して、われわれはもう一度ユリシーズとコロンブスを、要するに古代人と現代人を考察することになるが、彼らは、ごく新しい第三状態の父である。

ユリシーズは、予想外なことや即興のために、自分の知恵袋のなかに無数の策術を入れておかなくてはならなかった。見通し《プレヴィジオン》に欠けている者は、まさに用意周到《プレヴォワイアンス》さで間に合わせなくてはならないわけだ。見通しは全体的で同質的な空間の洞察《ヴィジオン》を前提とし、そうした空間の上に法則が描きだされる。用意周到さは風景にかかわる。つまり、状況的な細部や神々の像で満ちた直観的空間、局在性の総体に関係する。用意周到な者は、隣接する状況の胞体《セリュール》が明白は自分に何を用意しているのかを知らない。それゆえ、件の知恵袋に何百もの策略を詰めて、脇に携えあるいは頭にしまっておくことが必要となるのだ。ところが、策が一つ欠けているという状況が生じ、出来事が不意打ちにユリシーズを襲う。さらにもっと稀な局面が生じて、彼は準備不足で途方に暮れた状態に陥る。彼はルートから外れるのだろうか。いや、そこには全体的で一様な空間の法則に則って描かれたあのルート、森のなかのまっすぐな道、あるいは大洋を横断する航程線航法があるはずなのだが。いや、ユリシーズは彼のルートにカムや、飾り紐や、環をつけ加える。それは彼の知恵袋のなかに新しい策として加えられ、風景のなかに一つの新しい状況を描きだすだろう。その行程は、数多くの曲折によって花綱のように飾られているので、件の水夫は知恵袋から次々に策を繰り出し、こんがらかったケースを思い出し、空間はいくつもの思いがけない場所に満ち、八百よろずの神々が跳梁し、物語は多くのエピソードに分岐する。複雑な仕掛の形容詞が、世界一周航海の醍醐味や、知恵の極意や、詩の諧調を形づくる、すなわち、空間の光景を形づくり、空間の形成をおこなっているのだ。すべてを賭けるわけではないが、運を賭け、その場その場で、不確定な分岐や四つ辻で、さいころを振って進んで行くのだが、人生の収支決算においてユリシーズは、勝ちかつ負ける。花綱のような地形や藪の茂み、すなわち風景。曲折や分岐、すなわち諸状況の胞体《セリュール》の境界線とその交点。ユリシーズは自分の空間、自分の風景の場の測地線を正確にたどってゆくのだが、このようにして非直線的な彼の思考が描かれ、このようにして神々が出会うのだ。

ベーコン、デカルト、コロンブスは、策術の種や仕掛の入った知恵袋を捨てる。彼らには、うまい手も策略もない。理性は意志をひいきにして知恵を見捨てるのだ。非直線的な文化と民衆の担い手である地中海は、新時代の大西洋に、直線性に場所を明け渡す。方法論は木々をゼロと見なして森を通り抜け、大洋を横断する。このような方法論に則って耕す農耕者は、あらゆる植物や根を根絶し、唯一の作物の栽培に適するように畑の反応を促し、その作物を全面的に君臨させる。彼は森に住む人々を軽蔑する。木や蔓についての玄人であり、道もコンパスもなくても、森を知り尽くしているがゆえに本能的な道しるべによって自分の位置を標定できるこの人たちを、野蛮な者として軽蔑する。何も見ることなく、まっすぐな道を通って森から抜け出ることとは、野蛮性から解放されることに等しいというわけだ。もろもろの場所と空間とに対するこの二種類の関係は今日でもなお、軽蔑を込めてそう呼ばれる文学的人間、詩人、野生的な人間と、科学的人間とを隔て、風景とパノラマとを隔てる相違となっている。

無数の曲折や結びつきをもち、多重な比喩をそなえた複雑な仕掛の周航《ランドネ》、ユリシーズの策術の知恵袋を描こうではないか。この周航は迷路に似ており、あたかもクレタの英雄が海の上に地上の迷宮を描いたかのようだ。まっすぐな方法論は、長い道のりにいらいらして、自分の最適で最短の道をたどってこの錯綜した迷路を横切り突き破る。周航は、順応的で経験的だが、廃れてしまう。方法論は意志的で抽象的であると自認する。すなわち、一方は公正〔まっすぐ〕であり、他方は曲がりくねって、ゆがんでいるというわけだ。

　いかなる権利で、身体の一方の側を一番近道をゆくものと決めてかかるのだろうか。野蛮で埋もれたいかなる価値観の名のもとに、様々に変化するものや、つなぎ合わされたものをいびつ〔gauche＝左側〕であると断罪し、方向の不変性を正しい〔droit＝右側〕とするのだろうか。正しい〔右側〕とは適切な言い方ではない。方向が不変であるならば、決して右側に〔à main droite〕曲がることはないからだ。

　ところで周航《ランドネ》は今や、ゲートやブリッジのある半導体チップ〔集積回路の乗っている半導体片〕や、計算や形式的戦略の最適化のために製造される回路の一つに似ている。新しい産業は、確かにデカルト的ではあるが、同時にオデュッセイア的でもあって、実践と抽象とをコンピューターのようないわゆる万能《ユニヴェルセル》の道具の内に結合しているわけだ。それは、組み立てられて手元に置かれる具体的な道具であり、しかも公理として開かれた無限の応用性をもつ道具である。回路という用語が、われわれの方法的楽園のなかで、まっすぐな道という語に取って代わるのだろうか。ところが周航はまた、平面のすべての点を通過する——全称的《ユニヴェルセル》な？——曲線に似ており、想像しうるあらゆる曲線はその局部的な切抜きとして定義されうる。そこに何らかのくじ引きの要素を導入してみたまえ、そうすれば周航という用語はさらによく正当化されるだろう。

　最適の直線を離れて、一つの場所を探検しにでかけるような興味深い通路を描いてみよう。予見可能な解決を引き出さないようにしよう。とにかく探し求めよう。さまよっているかのようにしよう。決然とした態度や自分を確信した様子はせず、まさしく不安にかられ、均衡からそれて、安息もなく、探索し、あたりをうかがい、広い地域を駆け巡り、調査し、探査し、再確認し、田野を歩き回り、あちこちを飛び回ろう。空間のなかのほとんどすべてのものが、この走査を免れることはない。この通路をたどったり見つけたりする者は、すべてを失うかあるいは何かを発見するかの危険を冒す。彼がもし何かを発見すれば、彼のルートは特異な吸引力に引き寄せられて、直線を離れたということになるだろう。

もしあなたが実り多い方法を見つけたならば、しばらくまっすぐに進みなさい。その方法は生産をもたらす。あなたは間もなく、その方法が解決する問題のタイプに思い至るだろう。そうしたら立ち止まりなさい、なぜならあなたは倦怠に向かっているからだ。醜さ、老い、愚かしさに急速に向かっているからだ。だが、反復と成果によってその場所は規範的なものになり、その方法は人の認知するところのもの、すなわち、お金、権力、知識、既成品に似通ったものになる。それらは生気を失ったもの、模倣しうるもの、望ましいものでしかない。しかしその発想《イデー》そのものは、当初は、すばらしいものであり、生命を約束するものであったのだが。

脇に身を引きなさい。病気や、貧困や、疲労に陥った場合は、治療として役立つ件の方法を守って、再び周航に出発しなさい。飛び回るハエのように、追い詰められた鹿のように、吠えかかる番犬にいつもの快適な道から追い払われる散歩者のように、空間を探索しなさい。あらゆる方向に飛び回ってページの上を、走査するあなた自身の脳波図をごらんなさい。思考のようにさまよい、あらゆる方向に目を輝かせ、即興を演じなさい。即興は見る者に驚きを与える。不安を財産と見なし、確実さを貧困と見なしなさい。均衡から外れ、くぼんだ道筋を飛び出し、藪をつつき、そこから鳥たちを飛び立たせなさい。申し分のない俗語表現を借りれば、なんとかうまく切り抜けるというわけだ。この表現はこんがらかったもつれや、ある種の無秩序を前提とし、不意に出くわした出来事のなかでの、生への信頼を前提とするのだが、この生への信頼が純朴な者や、孤独な者や、恋する者や、耽美主義者を特徴づけ、しごく健康なものにする。

探求によるこのような健康法は、われわれを機械から区別し、肉体の生みだす生命に近づける。肉体は精神以上にわれわれを人工的なものから区別する。

方法〔論〕は日曜日には休む。周航は、日々、生命を救っている。もしあなたが、勝利や、予見できる場所や、戦闘や、銀行や、制度を必要とするならば、方法〔論〕を利用しなさい。周航は時間や、知恵や、健全な思考や、平和のために、すなわち、予見できない場所の創造のためにとっておかれる。

だが、これらの双方を求めるべきであって、どれをも断罪してはならない。風景の愛好家も時には高速道路を必要とするからだ。それゆえ、不当に右側に特権を与える粗野な思考を捨てなさい。思考の方向を定める〔s'orienter 東に向く〕ということは、東へ進むという選択をしか残さない。

宇宙船でさえ、まっすぐで単純な道も、デカルト的な単調な道もたどりはしない。迷った者が確固不動の方向へ向かってまっすぐに前に進み、できるだけ早く森から逃げだそうと急ぐように、方法論の道をたどって、宇宙船は月や火星や金星やハレー彗星へ行くわけではない。一連のコンピューターがたえず宇宙船の方向をコントロールし、リアルタイムで修正する。したがって宇宙船は、細部においてはかなり屈曲した経路を描く。もし宇宙船がつねに同じ方向を維持したならば、進路から外れ、無数の天体のただなかではぐれてしまうことだろう。地上のコンピューターと宇宙船のコンピューターとの対話は長い数字の表として記録に残される。

ジュール・ヴェルヌを思い出していただきたい。この古き善良な夢想家は、全体的にはほとんど間違ってはいなかった。彼は綿密に計画を立て、発射地点をしっかりと定め、帰着の際の着水地も予見している。おそらく素朴ではあるが、決して馬鹿げてはいない。しかもコミックな社会分析は今日でも真実である。天文学的な途方もない計画は、軍人以外の者たちに任せるにはあまりに重すぎる。そこでバルチモアーのガン・クラブが、退役した殺人者たちのサークルを結成するというわけだ。ジュール・ヴェルヌは一つの点に関して、直線という点に関して誤っていた。規範的で記念すべき彼のこの誤りに注目してみよう。クリストファー・コロンブスに捧げられたこの「コロンビアッド号」は、何トンもの綿火薬を詰めて地面に井戸のように突き刺された巨大な大砲で、まっすぐに発射されて、システムのなかをまっすぐに、スクリーンのなかをまっすぐに進んでゆくのだが、現実を打ち損じたというわけだ。

今日の宇宙船はしばしば進路を変えながら目標に向かう。出発さえもしないうちに宇宙船が溶けてしまうことを避けるために、発射時の爆燃の問題や、各段の切り離しの問題は置いておき、方向の問題だけを取り上げることにしよう。砲弾は目標物に向かってまっすぐに進もうとするが、宇宙船はカーブしたり、躊躇したり、もたついたりする。砲弾は、局部的な状況を気遣うことなく、信頼して、一様なシステムのなかをまっすぐに進み、迷った臆病な旅人が、自分の通り過ぎてゆく風景のけばけばしい雑多な色合いを気にかけないのと同じように、一目散に急ぐ。宇宙船はもっと注意深く自分の位置を観察する。われわれが宇宙船を観察しており、宇宙船を勝手に飛ぶがままにしてはおかないからだ。宇宙船の出発時に充分に正確な方向づけをすることは不可能である。もし宇宙船を最初の方向のままに放っておけば、宇宙船は大きくコースをそれてしまう恐れがある。記憶装置や複雑をきわめたシステムをわれわれは信用してはいないのだ。

別な言い方をすれば、ヴェルヌの砲弾は、わずかな発射の誤差によって、月の周辺には到達しないことになるだろう。その砲弾が、不安定で装飾のような軌跡を描いて迷走する可能性は無限にある。このような運命は、方法の教えに従って森のただなかをまっすぐに前方に歩いてゆく、迷った旅人のすべてに起こりうることである。彼はますます大きくそれ、コースから離れてゆく。それゆえ単純なシステムのなかで発射され、理論の上でまっすぐに進む砲弾は、間違いなく道に迷う。一方、慎重で細心なわれわれの宇宙船は、現象のなかで、また現象に応じて時々刻々方向を定める。ここで採集された数値表は、古い観察表、トレド表やアルフォンソ天文表〔十三世紀にカステリア王アルフォンソ十世の命で作られたもの〕に似ているが、それらの天文表は、現代の天文学の法則によれば、きわめて経験的であると判断されるものである。

一度だけだが、たまたま計算が現象の側、実践の側に味方し、乗組員の三人ともが、単純で安定したシステム、一般的な原理や法則から逸脱することが起こる。数値表に示された風景、宇宙船が横切ってゆく風景を、もしコンピューターで描きだしたとすれば、コンピューターにはそれが可能なのだが、人はそこに斑模様や、虎斑や、縞模様や、ダマスク模様のついた混合体《コール・メレ》を観察することになるだろう。それは、規範的な砲弾が軽視する抽象的で空虚な空間とはきわめて異なったものになるだろう。風景は、草原にかかる虹のように、思いがけなく、空虚のなかに、システムのなかに戻ってくる。宇宙船は、明瞭なものよりも、見通しの悪い障害物につぎつぎと出会うかのように、近傍から近傍へと進んでゆく。地理学がこれほど機械工学《メカニック》〔力学〕に近いとは誰が信じただろう。

地理学は風景〔景観〕を対象とする。風景については物理学を示したり隠したりすると言われてきた。地理学はそれゆえ装飾をしか対象にしないのかも知れない。このような不安定な地位に甘んじることを恥ずかしく思い、地理学は土壌の内奥に潜り込んで、そのブラック・ボックスのなかから、地質学、次いで地球物理学という測定可能な深度と単純性を見出すことによって、自らを基礎づけようと試みている。深く下るにしたがって、また機械を使ってしか知覚できないようになるにしたがって、地理学はますます緻密な科学となり、さらには、目に見えるものよりも目に見えないものを、アイルランドの複雑な地形よりも大西洋プレートの大きな裂け目の方を好むようになっている。それというのも後者によって前者の説明がつくからだ。地理学は、じぐざぐな海岸や、嵐や波によって彫り刻まれた岩など目に見えるものの方へと再び昇ってきて、近傍の偶然性を再び取り扱うのだが、それらの偶然的な近傍が、単純なもの、一般的なもの、隠されたものと同じように、強力でかつ抽象的な概念をもたらすことに必ずしも気づいているわけではない。地球全図さえも、親指の指紋がわれわれの身分証明書を形づくると同じように、地球の身分証明書を描きながら、高度に形式的な瞑想のモデルとなりうるのだ。さらに言うならば、美的感覚は、それがカバーしている現実の助けを必ずしも必要とすることなく、一つの知を、たとえばここでは位相論的知を構築する。助けとは確かに必要条件にはなりうるが、しかし充分条件ではないからだ。もしわれわれが三人の乗組員の肉体のシステムのなかに、その積分不可能な方程式の下に、風景を再び見出すならば、そこから学ぶべきものが一つのシステムによってことごとく汲み尽くされると考える必要はもはやない。風景、顔、皮膚ほどに奥深いものは何もない。

これこそ、新しい地図の上における風景の正確な位置であり、地理学者の役目の正確な位置である。その地図に描かれているものはといえば、もろもろの厳密科学、これは広大な大洋にあたるが、そして物理学、すなわちシステムや操作や法則、これは広大な大洋のなかに位置する広い海だ。さらに地球物理学、これは広い海のなかの中程度の海にあたる……、あちらでは、古地磁気学が場理論のなかに位置をしめ……、こちらでは、環境生態学が生きているものの理論の一部をなしている……。複雑な区別を生む重なり合いや干渉を無視することなく、より広いもののなかから、より先端的な部分集合を切り取ってゆくにつれ、厳密科学は徐々に人文科学のなかに消えてゆく……。生きているものは活動し、無機物を変化させるし、もろもろの集団は、自分がそこに住んだりそこを通行したりする環境、無機的環境であれ有機的環境であれ、環境を加工し変化させるのだが……それが環境生態学や、農村社会学にあたるわけだ……。これらはもろもろの新しい海によって描き出される海峡や湾なのだが、それらの海はいわゆる非ハード的科学という大洋にもまた改めて属しているのだ。このようにしてわれわれはいま、〔二つの大洋を結ぶ〕狭い水路を地理学の導きによって乗り越えてきたわけだ。もし地理学が数多くの知の交叉する場として定義されるならば、地理学については、他の科学あるいはすべての科学について言いうることが言えるわけで、その場合それだけでは地理学の特異性は示されなかったことになる。地理学は、実際、一つの主要な知からそれと正反対の科学へと、北西の航路を通ってわれわれを運んでゆく。ハードな諸科学の合唱が、地理学の内でついには沈黙し、そのとき人文諸科学の合唱がかすかに聞こえ始める。ほとんど静寂なこの場の内に、風景が横たわっている。

それは過渡的な状態であって、そこから一方では評価と尺度が、他方では歴史〔物語〕が生じるのだが、双方とも百科全書的大洋が約束されている。それはまた混合した状態であり、風景であり、直接的で壊れやすいものだが、われわれの知識や、理論や、実践の基礎をなしている。それはわれわれに食糧を供給し、われわれを楽しませ、ポモナ〔ローマ神話、果実と花園の女神〕でもありフローラ〔同、花と豊饒と春の女神〕でもあるので、われわれはそれを先験的とは思いもしないし、またわれわれはそれを破壊することができるので、われわれはそれを基礎的であるとは想像もしない。それは偶然的な隣接域をもった混合であり、そこでは学問的な諸情報が、相互的、具体的、抽象的、あるいは何なりとお望みの性質を及ぼし合って、合流したり相殺したりするのだが、そこにはもろもろのモデルのモデルが提示されている。風景の簡略化された一断面に帰せられないような図式が何かあるだろうか。それはあたかも、もっとも直接的で具体的なものが抽象的なものの頂点にあるかのようであり、もっとも純粋な抽象性が直接的なもののなかに読み取られるかのようである。

その証拠に、この新しい知の地図が、古い知の地図や、世界地図の再現になっており、北西の航路の実際の様相の再現となっている。すなわち、海や、海峡や、湾や、入り江となって陥入する大洋、広大なものを小さなものに描きなおす列島や島々の散らし模様、凝固と融解によって様々に変化し、時間のなかに空間の複雑さを投射する氷塊、重なり合いや袋小路、信頼できる航路や障害物、変動し混ざり合う風景、恒常的で方法論的で確かなルートをもつ二つの大洋を結ぶ、中間的で複雑な水路などの再現となっている。

　人は航程線航法によってあるいは大圏航法によって遠くからボフォール海〔アラスカおよびカナダと北極海の間の海〕へ、あるいはダビス海峡〔グリーンランドとカナダとの間の海峡〕へとやって来ることはできるが、しかしこの両者の間の海域では周航《ランドネ》が幅をきかす。人は物理学から風景へ、あるいは社会学や歴史学からそれぞれの局部的な細部へとやって来ることができるが、しかし一度そうした細部に到達したならば、今度は周航が重きをなす。単純で容易な方法がいきなり錯綜に結びついているようなモデルが研究されて然るべきである。

　地面の上に書く者たち、地面についてのみ、地面を主題にしてのみ書く者たちに対して、人は地理学者という名前を与えた。なぜなら農民のみが真に地面の上に書くからである。地理学を地面の上への、地面自体へのエクリチュールと呼んだ方がよいだろう。なぜなら、抵抗力をもつ物、硬い物、鋭い物、弾力性のある物、耕しやすい物は、お互いの間で印をつけ合い、彫り合い、摩滅させ合うからである。われわれの文体は、特殊なものだが、この一般的な特性を利用しているのである。われわれが目にする地面は、諸物の寄木細工とでも呼ばれるべきものから生じる。

　石は、急流と自重とによって運ばれ、時には障害物や自らの形状のために進路をはばまれ、流れ下り、砕き砕かれ、最大傾斜線に沿って長々と落下やころがりの痕を彫り刻む。風の流れに乗って大量に運ばれる砂は、やすりのように山肌を削る。氷は小石や、木や、崖や、平野の土にひびを入れたり砕いたりし、そうすることによって不毛地帯を作りだす。誰が書くのだろうか。水、雪、戻ってきた暖かさ、蛇紋岩、花崗岩、均衡、密度、力、太陽、植物群、動物群などが書くのだ。植物群は覆い、動物群はしみをつける。何の上に彼らは書くのだろうか。雪の上、水の上、植物群の上、動物群の上、大理石の上、結氷の上にである。われわれが目にする地球の形状は、地球が自分自身に彫り刻む無数のしわから生じるのだ。これこそページなのだ。

他者の目に映るわれわれの特徴は、他者や諸物によって顔や皮膚の上に刻まれる侵食の結果生じたものである。あるいは硬化した骨格や、崩壊する危険のある老化した骨組みの収縮の結果生じたものである。自分が書きつけるにせよ、自分の方が彫刻の媒体になるにせよ、こうしたわれわれの相貌のケースも、地理学が通常扱っている問題と異なるところはない。肉の構成要素も自分たちの間で互いに摩耗し合うのだ。すなわち生命記録《ビオグラフィー》〔伝記、bio＝生命、grahie＝書かれたもの〕が刻まれるというわけだ。

谷、侵食、しわ、これらの相互的な犠牲は一つの時計を形成する。隣接物相互の摩滅や、環境による摩滅によって描かれ、彫り刻まれた風景は、思い出がちりばめられ、思い出に満ちており、残存物や、記念建造物や、記憶の集積である。これらの相互的侵食や、残骸や、文字通りの細部《デターユ》、すなわち切り刻み《デ・ターユ》の痕跡によって、人はそれぞれの場所の年代を推定することができる。風景の古代性は、風景が身につけ、指し示し、時を打つこの時間、固い《デュール》物相互間の摩滅と切り刻みのこの時計に由来するのだが、それが持続《デュレ》なのだ。それゆえ、地理学、すなわち地面そのものの上へのエクリチュールは、歴史時代および想像しうるあらゆる先史時代に先立つ。このエクリチュールは、今ここにおける地表を条件づけ、諸物の基本的な時間を示すのだが、その時間は、別な物の上に残されたそれぞれの物の痕跡、およびそれぞれの物の上に残された別の物の痕跡によって刻まれたものであり、その後ほどなく、人間による痕跡や、畝や、浚渫や、文体によって刻まれたものとなる。

ところがことばと世界との関係においては、ことばは世界に対して軽く触れるほどの痕跡も残しはしない。やわらかいものは固いものに傷をつけず、無傷なままにしておく。命名は名づけられたものを彫り刻まず、その上に刻印を記すこともない。洗礼の水や終油の聖油は、命名のソフトな愛撫の模倣であり、割礼はむしろ生命記録〔伝記〕のハードな噛み傷を模倣している。後者は物の側にあり、前者はことばの側にある。一方は古代的風景のなかの特異性のように決定的であり、他方は契約のように不安定で一時的である。固いもの《デュールテ》はお互いに刻み合い、そしてこの刻み合いの関係が自分たちの持続《デュレ》を創始する。やわらかいものは、物に関するこの持続を知らない。われわれがつねにことばの新しさを説くのはこのようなわけである。

固い物に対するハードな科学である地理学は、持続に関係をもっている。後代に生まれた軽くて新しい歴史学は、ことばを導きとする。歴史学は、エクリチュールすなわち、固いものの上に刻まれたやわらかいものの痕跡とともに始まるのだが、これは前代未聞の新しい時間である。

ユリシーズ、コロンブス、ブーゲンビル、クックは皆、そこを通過すると同時にそこに住むという稀な幸運を、あらゆる海洋民族と分かち合っている。

その場所の上に何か固い物を建築したことがなければ、誰もその場所を知ることがない。固い物を建築した者は、そこに自分の墓を掘ったことになる。なぜなら建物の壁は基礎の穴、豊饒の穴、宝の穴、死の穴を支えとするからだ。これらの最初の堀や穴を椅子で取り囲みたまえ、これが寺院である。その場所に彼の汗や手の皮膚、彼の時間、堅固な記念碑、不安げに落ちくぼんだポーチなどを残すようにしたまえ。

家とは、衣服を着せられ飾られた肉のない不動の骨格のようなものだが、それは建造者の死骸と労苦によってその身体を強固にし、その広々とした窓から風景を見ているのだ。それゆえ、あるいくつかの墓地では墓石が小さな家で飾られており、その窓の後ろでは花束が腐っている。それは、あたかも肉に引っかかっているかのように、地面のある場所に引っかかっている安定した物体なのだ。その者は、その場所の神を称えて建立したのか、神格化という取るに足らない野心ゆえに建造したのかを、知りはしないだろう。

ものを建てそこを占有するということは、建てられたものの影響力がマロニエの木に囲まれた方形地一帯に及ぶということを意味している。木々の左側は空白地で小川に面しており、他方はバラ色をなし、そこから土地は急な坂をなして、ほとんど触れることを許さない異質な空間に場を譲る。人は近隣の神々に敬意を表して、そこを通ることはしない。これは直接的なものと間接的なものとの、獣的で、異教的で、生命力に満ちた位相論なのだが、そこでは近隣の近傍がたちまち、とてつもなく遠い場所と同じくらい、奇異なものに見えてくる。クレオル語〔アメリカ、西インド諸島の黒人が話すフランス語、スペイン語、ポルトガル語、土語の混成語〕では、出不精者や田舎者は「住人」と呼ばれているのだが、彼らにとっては、自分の村や教区のはずれは、宇宙の果てと同じくらいに、くつろげる場所であったり気づまりな場所だったりする。この「住人」は雑多な色の大きな斑状の土地で生活しており、その周囲は、地形の起伏や物語〔歴史〕の諸状況が巧みに合致しており、わずかな間隔を置いて、薄くて同質的で幾何学的な環形に取り囲まれている。そこに住む者にとっては、白海〔ソ連北方の北極圏にまたがる海〕とオーストラリアを隔てる距離はほとんどゼロに等しい。したがって彼は、自分の場所を追われるや否や、シアトルにせよ、マニラにせよ、トンブクツ〔アフリカ、マリ中央部の町〕にせよ、定住することにはまったく無関心な大胆な旅行者になりうる。神々しい死のなかに根を張った家の「住人」であり、自分の及ぼす影響によって近隣を斑に染めている者にとっては、空港から空港へと放浪している自分の同類と同じように、すべては楽園から等距離に隔てられて横たわっている。そこでは隔たりが一挙に生じるのだ。

石工のユークリッド的空間は、住人の位相論的空間の上に基礎を置いている。あるいは、エピクロス的楽園の影響力のまわりでは、人がその出口のポーチを越えるや否や、等方性の諸要因や調和的連なりをそなえたストア派的宇宙の環形あるいは円環面、すなわちコミュニケーションの場が始まる。あるいはまた、住居がもろもろの近傍に接し、仮縫によってその区画がなされているような、高密度な具体的なものの塊があって、そこでは生命が過剰なほどの細部で溢れているのだが、一方、まったく間にその制御の法則が理解されうるような空間が、その塊を取り囲んでいる。さらには、色とりどりに塗りたくられた舗石状の特異な地点が、空虚で、無限で、単調な方法論的ベクトル空間に穴をうがっている。もっと適切な言い方をするならば、これらの舗石や塊は風景によって再統合され、その風景のなかを、花綱や、飾り紐や、環や曲折で飾られた周航《ランドネ》の道が通ってゆく。一方、最適化された方法論の道筋は、コミュニケーションの同質的宇宙を横切ってゆく。結局のところ、いったいなぜ一方の世界が他方の世界を排除しなくてはならないのだろうか。

質問。われわれはどこにいるのだろうか。どこに。住人であり、安定したものであり、ラテン的彫像であり、ギリシア的テーゼであり、位置であり、状況であり、論理的肯定であるわれわれは。答え。庭のなかに、風景の状況的胞体のなかにいる。いやちがう、私は砂漠をしか、宇宙の情報重複的要素をしか見ず、そのなかを通過してゆくのだ。われわれはどこにいるのだろうか。ここに、ある場所にいる。近傍に囲まれた特異な場所、唐草模様で囲まれた生息地にいる。われわれはしかじかの場所からやってきたのだが、われわれはその場所を覚えており、われわれの肉体は、本能的に、この記憶を感じ取り、そこに向かって進んでゆく。たとえ一様で裸のベクトル空間を横切っているときでも、汚物で覆われた耐え難い高速道路をたどっているときでさえも、その場所にたどりつくというこの希望に、われわれの肉体はうち震えている。

肉体の二重の要求。複雑で、不安定で、変化に富んだねぐらをもち、動的で、惰性的で、活発で、ことばよりなるねぐらをもった動物、身動きもせず、かつ動き回る動物、この動物の二重の要求は、局部から全体への移行にかかわりをもつ。彼は動きと休息とを同時に要求する。彼は航海を求めているのだ。

節だらけの板にかんなをかけるようにして大海原を航海した後、港にたどりついた船が与えてくれる幸福感、奇異なもの——とはいえ、それはなじみ深いねぐらとすぐ隣り合わせなのだが——の与える心地よい喜びを、私は称えたい。自分の固有の生息環境のなかに住んだままで歴訪した中国や、氷原や、熱帯地方。いや、水夫たちは航海をしないのだ。それゆえにこそ、彼ら水夫たちのみが大発見の危険を冒しうるのだ。彼らは毎晩同じ穴倉、同じハンモックのなかに戻ってくる。いかなる無知な者が、海の生活と農民の定住性を、放浪と不動性として厚かましくも対立させるというのだろうか。船、それは脆い殻のなかに灯をともす何戸かの小さな村落なのだ。海の男は動きはしない、彼は舵棒に溶接され、船体と合体しており、鼻は舳にくっつき、腰は船尾のあたりにあり、髭は船首のまわりに生え、炎のような髪の毛はマストの頂に掲げられているというわけだ。村落の方が動くのだ。特異な空間の上を走っているように見えるが、農家の家屋もまた漠たる環形のなかに没している。天気のよい夜には、船をしっかりもやって、水夫は、農夫が狩りに出かけるように、飲みに出かける。飲み屋から戻れば、間違いなく彼らはいつもと同じ飯盒で暖かい夜食をし、いつもと同じ船内の臭いや通路や階段を再び見出すのだ。船乗り、それは出不精者なのだ。

航海は船が燃え落ちたときに始まり、冒険は難破とともに始まる。そのときにのみ、神々は水夫から離れ、水夫は神々を捨てる。彼のねぐらは壊されるわけだが、そのとき彼は、農場を捨て戦場にかり集められた新兵の農夫と同じように、自分の家から二万里も隔てられた所にいるのだ。さあ、出航だ。以前はといえば、彼は痛い目に遭うことなしに眺めていたのだ。演劇や、映画や、絵本を見るように。縦揺れのときにはしっかりと座り、横揺れのときには身体を丸め、母なる海の上で揺られ、波に洗われる舷窓の内側で、彼は無事に見つめていたのだ。今度こそ彼は、いろいろな出来事に遭遇するだろう。

ユークリッド的な海や空のなかに、位相論的で饒舌な自分のねぐらを彼は携えてゆくのだ。

芳香を放ち、風味をもち、色のある場所、そのような場所にわれわれは結びついており、われわれはその場所そのものを生息地と定めている。しかしそれは、われわれのねぐらの半分をしか形成しておらず、それは散在した墓石や礎石によってリズムをつけられた、一種の死んだ土地なのだ。われわれはその土地を離れ、もう半分のねぐらに、反対側の岸に到達しなくてはならない。だがそれには限りがない。核とそれを取り巻くリボン状地帯。彫像的な均衡を捨て、テーゼを放棄することに情熱を燃やし、隔たりを求めて、われわれはまた路傍にねぐらを求めることもできる。家を忘れること、それは形而上学の発端、その向こう側に存在するものの学の発端である。しかし恐怖に捉えられて、冒険者は船を建造する。彼は〔船という〕揺籠を離れない。ここを捨てることなく別の場所を約束するもの、それが真の意味での形而上学の最初の対象物である。それは、揺れ動く均衡、ゆらぎのなかの安定性を発見することである。だがそれはまた、開かれた半分のねぐらのなかで、閉じられたあと半分のねぐらを移動させ、一種の固定された運動を発見することである。カラベル船が足の下で揺れている限り、安全の保証は失われたわけではない。

衣服や習慣や古い二輪馬車や羊飼いの家とともに、足元の床が炎に包まれて燃え落ちるとき、その向こう側［あの世］が姿を現わす。君がもし古い哲学の彫像の方を振り返らなければ、そのときのみ君は何かを見つけ出すだろう。

　したがって大地は、放射状に線を発する核や頭をもった、この集団的ねぐら＝総体の軌跡を、描きだしている。われわれは花園なしでも航海なしでもますますことはできない。航海の時として絶望的な厳しさを花園の悦楽でもってやわらげ、また植物状態の退屈さを、藪の外へ飛び出すことによって紛らわさなくてはならないからだ。彷徨も人間のなわばりの一部をなしているわけだ。歴史は安定した枠組み、船の傾角、形而上学的冒険を構成する。そこにとどまる農夫たちは、絶えず他の場所へと巡り歩いた彼らの父祖の、長い流浪の生活を容易に忘れてしまい、旅人たちは、畑に根を張った彼らの父親たちのことを思い出したがる。人間集団の全的ねぐらである地球、海、水陸からなる球、そこでは流浪には花園が配置され、島々や周航が織り混ざり、祝福されたあるいは罠の仕掛けられた谷間が果てしない踏み跡をなして延び、リンゴを盗んだ者たちが追い払われて放浪している。不等辺の星状をなして無数の道を放射している園、おそらくそこには、それらの道からやってきたエネルギー、思い出、動物群、植物群、果実が蓄積されているのだ。明晰に観察するならば、この空間は一つの思考媒体に見まごうほどによく似ているのだが、そこでは房飾りの模様をなした緊密で高密度な胞体がちりばめられており、そこらの胞体は、巨大な糸状の軸索を伸ばして、近くや遠くの胞体とつながっている。知性のなかには、世界のなかで見られないようなものは何もない。たとえば、いくつかの懲罰的な場所があって、それはしばしば異形な歩みの結果生ずるのだが、そこからは方法論的であれ流浪的であれ、ルートに戻りたいと欲した者たちは放免される。この二つは同じ図柄《デッサン》であり、似たような定め《デスタン》であるから、抽象的なものなり具体的なものなりがどちらに位置するのかは、硬貨を一枚空中に投げて決定していただきたい。

宇宙や場所は、考えにくくまた形づくるに困難な結び目をなして結び合わされている。一方では、局在的なものがその境界の上に障害物を配置し、そのために隣接するもの同士が近寄り難いものになっている。他方、最適化された道筋の方はそれとは逆に、いかなる障害も知らず、いかなる場所も認知しない。風景は村々を寄せ集め、宇宙は、ベクトルを通過させるわけだが、真の困難さは局部的な特異性を全体的な道筋の上に縫い合わせること、あるいは風景のなかに容易な道筋を引くことである。それゆえ、一つの文化のなかに、物語や、感覚や、村落の多様性と、学問的で、形式的で、迅速で、横断的な単一性とを、いっしょに注ぎ込んでみたいという誘惑が生まれる。一方は古代的なもので他方は現代的なものと見なされているのだが。

ギリシア語のカトリックという形容詞は、「普遍的な」という意味をもっている。しかしこの語を用いる者たちは、たいていの場合この意味を忘れ、逆にこの語は、聖者や、聖処女や、殉教者たちの祭儀をそなえた宗教、無数の天使たちのなかに浸かった象徴的一神教を意味するものとなっている。言語学的語源のこの記憶と今日一般に流布している意味とは、いっしょに結びつけられて、微妙で稀な総合、芸術と美の源泉を示唆している。それは、親密な対話や従順な愛の関係を保つべき不在なる単一性と、戻ってきたこの異教的風景との間の総合であるが、その風景は、場所や、彫像や、生息地や、安置所や、近傍がちりばめられ、しかし統一場によってわずかに傾いている。それはまた局部と全体、生活と法律、唯一神と隣人との間の総合である。そこでは寛容によって多神教が保存されているのだが、この困難な結合あるいは合一によって、カトリシスムは、排他的で砂漠のような一神教、「かかる太陽の下、新しきものあらざるなり」と称される空虚な空間としての宇宙と、異教的な雑多性や、細々として込み入った祭儀の多様性との間に、つねに引き裂かれた状態に自らを置く危険にさらされている。そしてそれゆえ、一般的には理解されていないが、――しかし突然、きわめて今日的な課題となるのだが――、無限に遠いものと身近なもの、すなわち、神への愛と隣人への愛の逆説的な結びつきのために、絶えず英雄的に努力すべき立場に置かれている。

今や私は、キリスト教の二重の戒律、その戒律によって愛するようにと求められている二人の人物、について考察している。それは、この場にはない普遍性と、身近にある特異性とを愛することである。隣人という近傍への愛は、一神教の苛酷さ、すなわち唯一の律法の排他的暴力を和らげる。思いもよらない結びつきの総体は、空間を色とりどりの特異性で満たす。任意の与件のために、私は理性の法則と周囲の諸状況とのまったく理にかなった非対称について考察している。

傾いた桿をもった不規則な秤。ここでは公正さは、真と偽、正義と不正義、理性と非理性を分かつことはない。二元論や一騎討ちは、今しがた姿を消したのだ。秤は平和という偏差をなしている。もっぱら力と栄光を一身に担う者と、罪に、罪のみに帰せられる者とが存在することを、私は好まない。もっぱら私自身の近傍の空間を占め、じかに接して存在している者の方を私は好む。平和は二度降りてくる。普遍的なものと、私の結びついている特異なものとの関係は、双対《デュアル》であって、二元《デュエル》ではないからだ。隣人から隣人へと次々に伸びてゆく延長のなかに、神は横たわっているのだろうか。隣人は神とどのような関係を保持しているのだろうか。

現代の科学が感じ始めた奇妙な予感について、私は考察している。それは、古代においては良き知らせ

〔福音〕と呼ばれたものであり、まったく新しい理性の旧約的前兆である。普遍的理性は、局在的な知の影響によって和らげられる。位相論、波動、わずかな偏差や状況、混合、もろもろの特異体などが、法則の空虚で単調な空間のなかに大挙して戻ってくるのだ。ところでわれわれは、理性も、厳密さも、純粋な正確さも遠ざけることはできないし、遠ざけてはならない。しかしそれでもわれわれは、この過剰なほどの局部を受け入れなくてはならない。これこそ和解した理性であり、神と隣人の和合、純粋で完璧な理性と村的特異性の和合である。システムと混合とが世界を形づくるのだ。

理性と情とが協同して、われわれを今日この非対称に導き、キリスト教の古い戒律の教えに導くと、誰が考えたことだろうか。

われわれは、全体的なものと局部的なものとの結びつきを、再検討し再調査しなくてはならない。方法論はパノラマや、一様な宇宙を通過する。周航《ランドネ》は場所場所を巡り、風景を横切ってゆく。ここに輪郭のぼんやりとした球形、特異な出来事、乱流あるいは渦巻がある。この場所に向かってあるいはこの場所から出発して、方法論的な道筋が星状に集中し、あるいは放射する。それらの道筋は外縁を越えた後、複雑な小道に変形される。

それらの小道を状況と名づけ、その結節点を変換器と呼ぶことにしよう。

状況

木陰。あらゆるものにとって、太陽や、雲や、風しだいの影。今度は、自分の影しだいの木の丈や形。もつれた足で難儀して歩き、泉のまわりに踏み重ねられた迷った足跡、道に迷った者たちが集まってくる場所だ。井戸の縁石と平原におけるその影響力、そこでは羊の群れや羊番がそこに引き寄せられる。建物の周辺、橋へと通ずる通路。囲い地を取り巻く土手の上の生け垣あるいは垣根。王国を護る辺境領。重大事を告げる鐘の響き。情報を横取りする権力者の側近たち。防御帯。洗礼志願者たちが集まる広場、ノートルダム寺院前の広場。町はずれ、郊外《バンリウー》あるいはかつての布告の場所《バンリウー》、都市の周辺部。安全で親密なくつろぎの場を取り巻く敷居。暈。反射、渋い光、輝き、ざわめき、炎やガラスの炉から放射されるほてり。爽やかさ、発散する香り。獲物の足跡を追うこと、島が見てえくる以前に島を発見すること、揺動する形跡であたりを見抜くこと。周囲を漂うかすかなものを捉えうる直観。がらんとした広場を隔てて教会に隣接する死者たちの苑。夕方、スタジアムの柱廊の周囲でひきしめ合う群衆。喧騒。遠浅の海岸での上げ潮、そこでは陸と海とが、月齢に応じ、風に応じ、四季に応じ、朔望に応じて場所を分かち合う。太陽の輝きはきわめて広範にわたるので、われわれは太陽という星のなかに住んでいるのであって、確かめようのない太陽の縁から莫大な距離を隔てた所にいるわけではない。月の暈、土星の環。あるいくつかの天体を取り巻くマントのような水や、髪のようなガス、塵でできた彗星の尾。身体や裸体、聖者たちや天体、顔や、皮膚や、思考、それらのものを包む栄光、人を落馬せしめる新しきことばの威光。地上と歴史において憎悪がもつ広範な力、高密度の臭気をもつ怨念。両性の求め合い、大渦潮の吸引力、セイレーンの海域での美声。帯。滝の上流での狂ったように早い水の流れ、下流での大通りのような喧騒。われわれの壊れやすい心身は、目に見えない二重三重の皮膚で護られており、それは、たとえ穏やかな攻撃であっても、攻撃者を押し返す鎧である。創造的知性や、芸術作品や、魅力によって投げかけられる効力の長い陶酔。めまい。承諾しようとする女の唇からこぼれ落ちる花冠。出来事に前後する感動や静けさ。大気のなかを乱れ舞う雪の結晶、神の前での大天使の飛翔、木陰を舞う花びら。

皮層、膜、多孔質の壁、皮膚、冠、色合い、暈影、空間、時間、力の場、相、原因、口実、条件……、取り巻き、偏差、うねり、厳格な定義の隣接域。すなわち、感覚で捉えうるメッセージが通過する場所、状況。

論理学。――理由律においては、存在者の説明は、存在者がどちらかといえばむしろ存在している、ということが確証されることによってなされる。それも、奇妙なことに、無であるよりもむしろというわけだ。ところが「存在する」〔exister〕という語はむしろ、動詞と副詞とによって、情報重複をなしており、偏差と過剰、均衡に対する隔たりを反復している。存在とはこの隔たり《エカール》を意味する。なぜなら語幹は静止状態を意味していて、この語はむしろ漠然と目減りの量化をおこなっているからである。それはちょうど秤の桿が正確には水平にとどまってはいないのと同じようなものである。存在とはゼロの状態の外にある状態、あるいはもっと適切な表現をすれば、状態＝外《オール・エタ》を指している。ギリシア語においては科学は、創始されて以来、エピステメーと呼ばれているが、この語は、逆に、均衡、すなわち一種の状態の上にあることを意味している。システムという語もおおよそ同じことを意味している。存在とエピステメーとの伝統的な対立、というよりむしろ異質性は、これらの語のなかに明瞭に読み取ることができる。何らかのものは、一般的に、隔たりを作りだすのだが、科学はそれを厳密にゼロへと導く。厳密な知あるいは正確な知は、存在の秤を描いている。あるいはその状態、その均衡への還元、その消滅を描いている。科学は存在を一つの目減りと考えているわけだ。正確さの秤と正義の秤、均衡の秤と政治の秤、道徳的秤と死すべき秤。それゆえ、存在は、科学の様式とは異質な様式を意味している。

「われ思う、ゆえにわれ在り」は、それゆえ、用語に矛盾をきたしている。なぜなら、「われ思う」〔je pense〕とは、すなわち「私は熟考する」〔je pèse 私は重さがある〕ということであり、私は台座の上に、基礎の上に、皿の上に支えられて、動かずに、固定して休んでいるということであり、「われ在り」〔j'existe〕とは、私は、均衡から引き離されて、休息に対して隔たりをなし、すでにほとんど動いており、正確に言えば、不安のなかでここにいる、ということだからである。もしくはまた、この命題はトートロジーをなしている。すなわち、私は重さがある、ゆえに秤は揺れ動く。

アリストテレスは同一律を科学の必然性の基礎に置いた。その公式化の第一歩からすぐに、同一律は矛盾との関連で定義される。他の論理上の障害を克服すべく付加される他のすべての定義を害することなく、同じ属性が同時に同じ主題に属しかつ属さないということは不可能である。属性的性格の強いアリストテレス流のこの定義は、しばらくの間、置いておくことにしよう。そしてライプニッツに倣って、たとえば、Aであるものは、同時に、同じ関係において非Aではありえない、としておこう。同一律によれば、それ自体であり同時にそれと逆のものであること、あるいはそれと矛盾するものであることは不可能であるわけだが、それはつねに二重否定である。ついでながら考察しておきたいが、その都度付加される定義を意味するギリシア語の用語、ὁρισμοί〔定義、区別〕は、明らかに境界としての何かを指している。Aと非Aの遭遇は、もろもろの同一性の総体によって注意深く記述されている。要するに、同一の時に、同一の関係のもとで、一般化して言えば、同一の諸限定という条件のもとで、というわけだ。これは、もろもろの条件で満ちた宇宙のもとでしか課することのできない、奇妙な必然性だ。同一律は、他のもろもろの同一性、すなわち、時間、関係、一般に諸限定の同一性が遵守されているならば、そのときのみに生ずるということになる。これは限定概念そのものを条件として要求する奇妙な定義である。第一原理は論点先取りの虚偽に帰せられるのだろうか。同一性そのものの上での循環論法に帰せられるのだろうか。

それゆえ、アリストテレスとライプニッツを再び取り上げて、人はこう言うことができる。すなわち、同じ状況のもとでは、Aであるものが非Aであることは不可能である、と。この有名な原理は、そのいわゆる普遍性や必然性も諸条件の影響によってぼろぼろと崩れるのだが、もっとなじみ深いもう一つの別の原理と隣接している。それは決定論のそれ、すなわち、同じ状況のもとでは、同じ原因は同じ結果を生むという原理である。ところが、誰もが原因と結果の定款を知らないので、因果性の哲学も、上記の属性の論理学とまったく同じように、括弧に入れることができる。それゆえ、同じ状況のもとでは、同じxは同じyを生むという原理が残される。あるいはもっと適切な言い方をすれば、状況の同一性によって、実験〔経験〕の同一性あるいは安定性、実験〔経験〕をじっくりと反芻する可能性が生ずる。あるいは、同一の切り抜きによって、実験は不変のままでありうる。一方は物理学、他方は形而上学だが、双方の場合ともこんなわけで、何らかのAの同一性、あるいは事実や現象や経験の同一性は、それらを取り巻くところの全体あるいは総体を同一なものに帰するという、急を要する条件のもとでしか生じない。双方の場合とも、状況の同一性が条件として、理論においても実践におけると同じように、前面に出てくる。状況の同一性がなかったならば、論理学も、実験も、哲学もありえない。

哲学はこの条件を削除し、回避し、覆すために努力を重ねてきた。哲学史あるいは科学史は、われわれにこの条件を忘れさせ、これら必然性の諸原理の普遍性を、独立し自立したものとして維持してきた。それゆえライプニッツはアリストテレスを再び取り上げ、まず最初に事実の諸真理と理性の諸真理を再定義する。理性の諸真理においては、その基本真理は、われわれに何も新しいものを教えることなく、同じことを繰り返すにすぎない。あるいは肯定で、AはAであると言い、あるいは否定で、同じ命題に対してAであるところのものは非Aではありえないと言う。一度このことが言われれば、あとは経験〔実験〕することが残される。純粋な言説であるとされる論理学および代数学の領域においては、諸原理の働きは明確で明瞭なままであるが、それはもちろん、諸命題に関して、あらゆる言語においてまさに状況の同一性と呼ばれるものを、決して変化させないという条件のもとにおいてである。ところがあらゆるものは、きわめて急速に変化する。それも数学の領域を離れなくてさえもそうである。言説を、空間や、時間や、幾何学や、力学のなかに投げ入れるだけで充分である。他のすべてのものについてもまた然りである。諸物の無数の状態が存在すると仮定し、それらの状態が対立的なものは何も包含していないと仮定しよう、そうすればそこには同時性が存在すると言うことができる、とライプニッツは言ったものだ。アリストテレスにおいては、矛盾あるいは同一性は同時性、すなわち「同時に」という最小条件のもとでしか定義されえない。ライプニッツはアリストテレスの説を逆転し、同時性を諸物の状態、そこでは矛盾が現われてもいないし包含されてもいない状態、として定義する。この逆転は決定的であるように思われる。

この逆転によって、空間と時間を定義することが可能になる。しかも、原理に対する条件としてではなく、逆に、原理によって生み出されたものとして定義される。空間は共存の次元、同時性の次元、あるいは、矛盾するものは同時に存在することができないがゆえに、矛盾しないものの次元となる。逆に、時間は同時的でないものの次元となり、この次元にあるものは、それゆえ矛盾的であることができる。過ぐる年に生みだされたものは、今年生みだされたものとの関連において、同じものの反対の状態を含んだり伴ったりしている。条件づけられたものによって条件を生みだすためには、条件を逆にするだけで充分である。同時性が存在するときにのみ、矛盾は存在しえない。同時性が存在しなければ、矛盾は存在しうる。

それゆえ、継起の次元である時間は矛盾を含む次元のなかに入る。再び命題を逆にしてごらんなさい。そうすればあなたは次のような命題を得るでしょう。すなわち、矛盾が存在すれば、そのときには時間が存在する。これこそヘーゲルそのものである。ついでながら、時間の次元にあっては事物は矛盾したものを含みうるということを、ヘーゲルは忘れている。彼は可能なものから必然的なものへ移行し、必要条件から必要十分条件へと移行するわけだ。そして弁証法は歴史を生み始める。安上がりに。

命題についての諸条件の二重の逆転によってモノドロミー的時間が開始するが、そこでは事物は決して同一なままにとどまることはない。それゆえ、否定の重複は必ずしも同じ位置に戻ることであるとはかぎらない。否定の作用はAの本質を変形するのだ。二元的価値をそなえた古い言語が、それゆえ、生きたものであれ、歴史的なものであれ、もろもろの事物のなかに降りてくる。その言語がそれらの事物を生みだすのだ。現実は合理的であり、合理的なものは現実的である。

この策術が命題のすべての条件を追い払った。この策術は、もろもろの条件のなかから一つだけ時間を選び、時間を利用することによって、他のすべての条件を隠蔽する。巧妙な逆転によって、諸原理は時間あるいは歴史を生みだすこととなる。それゆえ歴史は、諸原理のなかで、また諸原理によって自己増殖し、そのことによって他の諸条件を消滅させる。もはや同一の関係も、その他の諸限定も、諸状況の総体も存在せず、時間の方に追いやられた諸状況が、今度は逆に、矛盾と同一性の作用によって生みだされる。選言的もしくは二元的論理学のからくりのなかに、すべては姿を消す。可能なものから必然的なものへの逆転と同じように、条件《コンディシオン》から被制約的事実《コンディシオネ》へと逆転された時間と歴史の抜け道によって、理性が事実を生みだすことになる。理性は存在と等価であり、同一であり、ダイナミックに存在を生みだす。均衡に対する存在のズレ《エカール》は、合理論の帝国主義によってロゴスのなかに吸収されてしまうのだ。

ところが現実は合理的なものを凌駕している。残留した偶然によってそうなるのだが、これについては私は情報を与えられておらず、今後も決して情報を得ることができないだろう。それは、知りえないもの、過剰、雑音、無数、差異といったものであろう。

したがって、状況という条件のもとでしか同一性や矛盾は存在しないし、想起しえないということは、依然として真実である。場所、時間、位置、地点、関係などの諸条件のもとで、その他無数の限定や制限を害することなく、ということになる。状況の哲学が最初の諸命題を条件づけるのだが、それらの命題がなかったならば、誰も考えることも、話すことも、世界を変形することもできない。論理学の誤りや、論点先取りの虚偽や、権力の本能によってもたらされる偽善のみが、この条件を逆転することができ、自らが条件づける合理的原理によって、その条件を生みだすことができたのだ。様相論理学が二元的価値に基づく論理学によっては生みだされないのと同じように、存在は同一性から演繹されるわけではない。

それとはまったく逆なのだ。存在は、均衡に対する隔たりであり、諸状況にかかわりをもっている。状況は、いかなる収支決算も勘定もすることなく、諸存在そのものや、隔たりや、目減りや、秤の桿の傾きの総体を形づくり、理性の原理が言う「むしろ」の総体、あるいは、状態＝外《オール・エタ》にあるものの総体を形づくっている。

このおびただしい総体、つまり現実や現実のざわめきが、遠くあるいは近く、等高線のように、特異な峠の頂上のまわりを取り囲んでいる。このきわめて例外的な点において、均衡、平等、合同、相似、あるいは何なりとお望みの同種類のもののすべて、すなわち同一性が生ずる。A＝AあるいはA≡Aが生ずるわけだ。諸状況に取り巻かれた稀なる安定性の頂点である。同一性や矛盾は、きわめて稀なものなのだが、隔たり、ずれ、目減り、以下同様に、諸存在や諸状況の無限の多様性に対する、例外的で超構造的な特異体である。哲学は、恐怖の洪水の水かさを上げ、もろもろの起伏を水面下に没することによって、これらのピークだけをしか決して見出さなかったし、見ようとはしなかった。これらの島に這い上がった者たちは、自分たちが波の猛威を統御すると言っているが、実は哀れな難破者にすぎないのだ。

直観的言語や、論理学や、科学は、均衡や規則からの多様なズレや千変万化の状況の上に顔を出した、ありそうもない群島あるいは奇蹟なのだが、何も生みださず、逆に条件づけられているのだ。それも、別の規則によってではなく、規則の不在によってである。あなたが何を言おうと、実際、下部構造であれ上部構造であれ、それはつねに超構造に帰着する。極大も極小も極限では同価となる。囲い地、頂上、島。遊歩道《ランドネ》に囲まれたページや風景は論理学のモデルとなり、論理学は、逆に、再び風景を描く。

文法。——古典的な文法では、その統辞論において、補語の従属節と状況の従属節とが区別されていた。前者は主語から目的語への直接的なつながり、あるいはその逆のつながりを設定し、両者のどちらか、あるいはその双方に中心を置いている。行動《アクシオン》、神への服従《パシヴィテ》、論証《ディスクール》、思想《パンセ》、これらは哲学級のカリキュラムのすべてである。状況の従属節は、二次的なものとされているのだが、上記の中心をずらせ、そして時間、場所、条件、結果、譲歩、比較、原因、その他同様なものを記述する。たとえば次のような節である。バラを見るとすぐに、彼は春が再び巡ってきたと思う。浅瀬を渡れないほどに、川は水かさを増した。そうしようと思うならば、そうしたいと思うので、そうしたいときに、自分で選んだ場所で、私はそうすることができるだろう。世界が、なにがしかの情緒をプラスされて、厳格なやせ細った補語の軸のまわりに群れをなして戻って来る。人はこの多種多様なものを、同一性や反復に帰することによって削除する。同じ状況において、同じ……、あとは御自身で文を完成させていただきたい。

この種の文法の通常の形態論においては、形容詞も副詞も大きな名声を享受してはいない。形容詞や副詞はあまり必要ではないとされている。つねに神が必要であって、決して天使たちは必要ではないというわけだ。天使たちは状況だ、とテリトゥリアヌス〔一五五?〜二二〇?、カルタゴのキリスト教神学者〕は言っている。のらくらせずに、本質的なものに行き着きなさい。白黒の文体と哲学、モーニングコートといか胸、思想、行動、科学、世界の変換。われわれは一分たりとも無駄にする時間はない。ところが形容詞は、道を誤り、誘惑し、分岐し、気晴らしをし、われわれを脇の方に投げやる。まさしく食客《パラジット》である。すなわち、余分な雑音であり、主人の脇にいて、実《シュブスタンス》詞としての主人の分け前をむさぼり食ってしまうのだ。迷惑千万な小動物である。副詞は行為にずれを生じさせ、その均衡を失わせる。両者とも状況を表わし、行為や、人物や、物を縁どり具体化する。もろもろの角、瞬間、質、制約、大気現象などによって、ちょっとした回り道が始められる。そして、回り道にゆっくりと時間をかけるとしたらどうだろう。きわめて稀な、大変高価な、隷属した、しばしば、解放された、奇蹟的な、見事な、うっとりとさせる、決して単調ではない、われわれの脇で、隔てられた、秘密の、いつでも使える、豊かな、満ちた、風味のある、無料の、混ざった、等々。

形容詞や副詞と同じように、状況を表わす節は、道理にかなった文のもつ禁欲的で、ピューリタン的で、厳格主義的な意味に対して、官能的なものや感覚で捉えうるものからなる技葉をつけ加える。感覚で捉えうるものを誠実に表現しようと思うならば、論理学者の十の証明よりも、コレット〔フランスの作家〕の付加形容詞一つの方がよいだろう。あるいは庭園の探訪をするか、もっとよい方法としては、微細な状況に満ちた庭園を造るのがよいだろう。

大学で講ぜられるもろもろの哲学は、このことを言うのを怠ったまま、その補語的、属性的列挙を述べ立てているのだが、それは動詞と名詞とに授与された排除の権限によるものである。未知数であれ癌であ

れ嫌悪すべき動詞 être に、確固不動の述語的叙述に、雄山羊の頭をもつ二分法に、授与された排除の権限によるものなのだ。完全押韻の二元論的結論の退屈さをごらんいただきたい。実在論《レアリスム》―観念論《イデアリスム》、経験主義《アンピリスム》―形式主義《フォルマリスム》、弁証《ディアレクティック》法―分析《アナリティック》法……。実詞の醜さをごらんいただきたい。存在論《オントロジー》、現象学《フェノメノロジー》、認識論《エピステモロジー》、モロ、ノロ、トロ、中央韻というわけだ。かくも醜い書き方をしながら、人は本当に考えることができるのだろうか。有罪を認めた上で、弁護せねばなるまい。

　周囲を取り巻くものを探訪しなさい。審級あるいは本質のまわりや、行動の軸のまわりで環形をなして浮動する諸状況を駆け巡りなさい。脇に投げやられるものを利用しなさい。記号や、集団や、生きているもののなかにいる寄生的なものを記述しなさい。その者は隣人に代わって食べているのだ。近隣を研究しなさい。風景を取り巻き、風景を形づくる村々の道を駆け巡りなさい。科学による評価や概念のなかにおける波動や、ズレや、傾きを考察しなさい。もろもろの原子は、時として、脇に身を投ずるからだ。干渉やうつろいを軽蔑してはならない。ヘルメスは自分の道筋の上にあって、しばしば道を分岐させ、道筋かられてゆく。交換の場と同じく、混ざり合った流れを観察しなさい、そうすればあなたは時間をよりよく理解できるでしょう。ヘルメスは、自分の言語とメッセージ、物音と音楽、風景や道、知識と知恵を徐徐に見出してゆくのだ。彼は脇に、場所場所に、ここに身を投じ、そこでは諸感覚がざわめき震えるのだが、それは肉体と隣り合った乱流であり、肉体が受け取る感覚である。彼は、場所が場所からずれて宇宙へと向かう地点を好み、その地点を知っているのだが、そこでは宇宙は法則から離れ、特異体をなして陥入している。それが状況なのだ。

静力学。――一つの彫像が台座の上に置かれており、もはやそこから動かない。不動性、休止、固定性、すなわちテーゼ。

秤は、その桿や、皿や、重みの間に、等価や交換の関係が樹立されることによって休止の状態に入る。秤は、一方の側の動きを他方の側の動きで埋め合わせることによって、すべての潜在的な動きを消滅させる。すなわち均衡を生じさせる。

独楽は、小型遊星歯車とも言うべきものだが、その早い回転によって立ったままでいる。それは振動する影像、渦を巻く均衡である。同じように、地球や、もろもろの天体、太陽系の全体は、雑多な周期の振動のなかにありながら、恒常性を保っている。一つの不変元のまわりに、複雑な動きを示す総体が秩序づけられているとき、それは一般にシステムと呼ばれる。

影像やテーゼは一元的であり、均衡は二元性を示し、システムは多元性を示している。

ゼロとなった動き、定位置のまわりでの移動、回転、弾道、軌道、振動、リズム、雑多なものの合成。

可逆的時間。


われわれはテーゼや、肯定的命題や、均衡や、システムによって思考する。考える〔penser〕という用語は、文字どおりの意味では、「重さがある」〔peser〕、「手に持って重さを量る」〔soupeser〕を意味する。われわれ思う。ゆえに秤が存在するというわけだ。秤が存在しなかったならば、私は考えることができないだろう。一つの影像あるいは一つのシステムが存在する。一つのテーゼ、一つのアンチテーゼ、一つの支点、そのまわりで秤の桿が彼らの交換や合意を取り決めたり、あるいは彼らの不均衡を解消しなかったりする。その桿がぐらついたり動揺しているならば、私はそれでもなお考えているのだろうか。秤が恒常性を失い、揺れ動き、安定した状態から絶えずずれてゆくとしたら……。モンテーニュは、懐疑と、あるがままの世界の絶えざる動揺という、この二重の秤によって、非《ノン》＝思考《パンセ》の近傍を見事に言い表わしている。安定性一般に準拠しないならば、「私」は思考することができない。均衡の原理とは、「われ思う」という肯定命題と主体の側からのその恒常性の要求とを、諸物の現実のなかに翻訳したものなのだ。主体か、客体か、私にはわからない。いずれにせよ、言語がつねに同じことを言うことを私は知っている。われわれはそれ以上のことを何も知らない。「われ肯定〔確信〕す」〔j'affirme〕、これはテーゼにせよ、彫像にせよ、思考にせよ、テーブルにせよ、洗面器にせよ、自分の基礎の上にしっかりと立っていることである。「われ思う」〔je pense〕とは、自分がその基礎の上に重さをかけていることである。「われ」とは誰なのか。それはいかなる重要性もない。

思考や歴史の働きは、一見したところでは安定性がいっこうにありそうもない領域において、安定した様相を帯びている。考えられないことは不安定なものに等しく、認識不可能なものは揺れ動いているものに等しい。定められているにせよいないにせよ、科学の条件はつねに同一性である。言われたことは再度言うことができなくてはならない。同じ場所に彫像を再び見出さなくてはならない。確固とした、肯定された、変化することのないテーゼを、再確認しなくてはならない。決定論的で限定された実験、命題の名辞のように安定した実験を、繰り返さなくてはならない。

一方、思考や歴史の働きは、不安定なもののなかに安定したものを、動きのなかに均衡を認識することからなり、渦を巻いてはいるがまっすぐに立っている独楽を、多様で不規則なリズムで激しく動いてはいるが安定したシステムを、変化のなかで不変なものを認識することからなる。

私の動揺が高まってゆき、思考が不能状態に陥る危険領域にまで達するならば、その場合にのみ私は思考をしていることになる。

いかなるものをも動揺させずにはおかない熱気のなかで、変転きわまりない流体と乱流のなかで、原子の斜行のなかで、大気現象のただなかで、純粋に感覚で捉えうる世界のなかで、混合と風景のなかで、人文科学と歴史のなかで思考するというわけだ。思考にとっての作業プログラムは、あの名だたる北西航路をたどるのだ。方法の筋道ではなく遊歩道《ランドネ》をたどるのだ。けもの道、旅、危険。

川の例はなかなか面白い。一つのあるいはいくつかの源から発して、川は海や湖に向かって谷を流れ下る。渦を巻く流れにせよ静かな流れにせよ、一見したところでは、川は均衡に向かって流れているように思われる。水の一滴一滴についてはそれは真実であるが、川全体についてもこの断定を維持できるだろうか。川は動いている。確かにそうだ、しかし川は自分の河床のなかで休息し安定している。河床とはうまい名前だ。流れ下っているように見えるが、ある意味では眠っているのだ。そこを通りかかったヘラクレスのごとき人物や、土木工学の作業上の何らかの理由によって、もし川の流れが河床からそらされたとしても、川の流れは再びそこに戻ってくるだろう。川は、源流から河口まで全体として安定した河床をうがっているのだ。オメオレーシス〔流体恒常性、セールの造語か〕である。胎児の形成期において、受胎から誕生へと、われわれはこのような川の流れをたどるのだろうか。そして同じ川の河床を、死の時に至るまで流れ下るのだろうか。

思考の進展にとって、いくつもの手本のなかでもっとも優れた手本、それは、均衡など考えられないような不安定な諸物のなかに身を置いて、不安〔動揺〕を、休息からのこの隔たりを保つことである。偶然のもつ無秩序性がわれわれの同一性に対立するがゆえに、われわれはしばしばそのような場所で偶然を待ちうけるのだが、それが正当な理由をもつことなのか否かを誰が知りうるだろうか。自分が神であると信ずる場合を除いて、思考する以前に、現実が合理的であるとかその逆であるとかを、誰が見抜くことができるだろうか。思考することとはおそらく、まだこの原理が言明されていない場所を、不安を抱いてさまようことからなるのだろう。

セーヌ川やガロンヌ川はオメオレーシスを示しているが、ユーコン川〔アラスカの川〕やマッケンジー川〔カナダ北部の川〕はオメオレーシスを示していない。それらの川は、絶えず均衡からそれてゆく。時には数多くの腕をなして流れ、時には流れずに、凍結し、障害物や土砂によって阻害され、せき止められ、明け方には一つの河床をもつかと思えば、昼には十もの河床をもち、同じ場所で別の時に、あるいは別の場所で同じ時に、あまたの河床をもっている。これらの川は別種の時間を刻んでいるのだろうか。まるでこれらの川は、地面や風景の上に状況のすべてのプログラムを書きつけているかのようだ。恒常性、不安定性、粘稠性、優柔不断、状況。

これらの川は自らの変動のなかに、いかなる秩序を含んでいるのだろうか。思考の努力は、このような風土のもとでなされなくてはならない。つまり、偶然に左右される環境のなかでのもろもろの不変の道、あるいは一定の場所のなかでの偶然に左右されるもろもろの道という状況のもとで。時間は水のように流れるのではなく、水のように濾過されるのだ。

天体力学――ラプラス〔十八〜十九世紀のフランスの天文学者、物理学者〕はニュートンの法則から天体の運動を推論し、そしてそうすることによって世界〔宇宙〕はシステムであると規定した。彼は引力以外の仮定を必要とはしていない。しかしながら引力とは別の考えが彼の論述を支配している。『国家』のなかで、プラトンが独楽について論じている有名なテクストを、誰でも覚えているだろう。独楽はその足の上で均衡を保って休んでいるが、しかしその回転軸の外側のあらゆる点の視点からすれば、独楽は動いている。休息と不可分に結びつけられるこの動きを、プラトンは矛盾したものと考えている。彼は、独楽の足が動きうるとか、前進や後退をしうるとか、軸が振動しうるとかは言っていない。この矛盾は、現代の力学者の目からすれば、新しい均衡、すなわち運動による恒常性、変化による不変性、動性による不動性、を定義するものである。『天体力学』においてラプラスは、いま述べた対をなす運動についての言語上のヴァリエーションを熱心に列挙している。つまり天体は均衡状態のなかで、振動、秤動、章動、律動、周期、年均差、百年均差、千年均差……など際限なく運動をおこなっているというわけだ。

単に、一つの法則によってすべての現象を演繹しうるがゆえに、世界〔宇宙〕はシステムと名づけられたのではなく、——ついでながら現象学という語は天文観測にその語源をもつのだが——その安定性によってそう名づけられているのだ。無数の天体が均衡を保っている。ところがそれらの天体は動いている（それでも地球は回っている、というわけだ）。確かにそうだ、しかし章動であれ秤動であれ、すべての外見的な不規則性は休息に帰せられ、すべての変動は時間によって再び原状に復される。それが恒常性なのだ。宇宙の調和は振動性の運動の合成から生じる。つまり周期によって均衡を保っている独楽の総体なのだ。結局、一つの音響が、弦なり、プレートなり、空気管なりの複雑な動きに対する、ひとつの恒数をよく示しているわけだ。

一方、天体は同質的な形態をしているわけではない。たとえば地球は固い地殻をもち、場所によっては大洋や海といったルーペ状の液体で覆われ、全体が大気というガスの塊で包まれていて、この三つの状態が地球をかなり粘性の高いものにしている。プラトンの独楽は地球と同じように回転するが、どこをとっても固くできている。海というマントは流動的で、固有のリズムをもった動きをとりうるし、逆にそのリズムが固体の運動のリズムに影響を及ぼしうる。地球を包んでいる大気もまたもろもろの振動に満ちているのだが、その振動の周期が存在しているとしても、われわれはまだその周期を見出してはいない。

運動の問題は恒常性《コンスタンス》の法則を生じさせる。

運動の合成の問題は粘稠性《コンシスタンス》の概念を生じさせる。

固さ《コンシスタンス》〔堅実さ〕は固体を特徴づけるものだが、また同じように厳密な演繹的推論や、システムの無矛盾性を特徴づけるものである。ラプラス流の天体力学においては、数学と世界〔宇宙〕は無矛盾な《コンシスタン》二つのシステムとして対応している。しかし固体の無矛盾性については、人はためらい、ぐらつくが、これには固体力学が充分な保証を与えてくれるだろう。水よりなるマントについては、人は潮汐理論へと進むことができる。大気現象、火、空気は、構わずにおかれるだろう。それらはシステムとして扱うには余りに複雑すぎるからだ。

だがしかし宇宙の形成という大枠においてはどうなのか。作動状態にある宇宙、われわれが知っている状態にある宇宙は、可逆的な時間に、振子の時間に従っている。つまり、もし時間が逆に数えられたとしても、もろもろの方程式においても律動的な諸現象においても何らの変化も起きないだろう。いかにしてこのシステムは形成されたのか、いかにしてそれは運動による均衡状態に到達したのか。これが新たな問題である。ラプラスは『宇宙のシステムに関する試論』に付随した「第七ノート」のなかで宇宙論《コスモロジー》から宇宙《コス》進化論《モゴニー》へと論点を移している。ラプラスが惑星を観測したように、ことばを観察しようではないか。「推論する」〔exposer〕とは、そこにおかれている諸物の総体、システム、組織を、均衡の外に引き出すことである〔「試論」は exposition の訳、ex- は「外へ」の意の接頭辞、poser は「置く」の意〕。この天文学者は推論し、そして一つの項目を創始するのだが、ラプラスの後を受けてオーギュスト・コントは、一般的な五つの状況が太陽系の構成を特徴づけていると言っている(1)。コントによれば、公転、自転、衛星の回転はすべて西-東の方向であり、決して別方向の回転はない。それらはきわめて正確に方向づけられている。軌道はすべて、ほんのわずかにずれているがほぼ同一平面上にあり、各軌道の偏心性も微弱である。

(1) オーギュスト・コント『実証哲学講義』第一巻、第二十七講、エルマン社刊、四三四ページ。さらに潮汐について用いられた「状況」〔circonatance〕という用語については同書、同巻、第二十五講、四〇五〜四〇六ページを参照のこと。

これはまさしく状況にかかわる問題である。すなわち、厳密な意味でのシステムの定義には含まれていない現象、一般的な均衡からは演繹できない現象、ずれた現象である。いかなる秤も、西に向けられようと東に向けられようと、そのような動きによって普遍的な装置の釣合をとるのではないし、対称をなす〔軌道の〕傾斜角によって、均衡に対するずれや偏心性や傾きを埋め合わせるのではない。可逆的な時間はこれらの例外を、律動的な総和のなかに統合しはしないのだ。ルクレチウス〔前一世紀のローマの詩人、哲学者。原子の偏向落下説を唱えた〕の偏向《クリ》落下《ナメン》が、巨大な広がりをもって戻ってくる。それはわれわれを生成の時間に、火の時間に投げ入れるのだが、こちらの方は不可逆的時間なのだ。宇宙進化論においては、太陽は中心塊としての自分の役割を捨て、炉の役割を見出すことになる。原初の星雲としての太陽とわれわれとを隔てる空間的・時間的距離は、引力に基づいて計算されるのではなく、冷却の度合によって計算される。そのことによって直線的な歴史が生まれ、この直線的な歴史の上で循環的なシステムが回転し始める。コントの述べた諸状況や、回転するかつての熱い星雲の化石や、方程式で算出されるがゆえに数学であり、旋回運動をするがゆえに力学的システムであるという、二重の意味での初期の諸条件が、それらのもつ不均衡や不安定性によって、もろもろの恒常性や均衡のまわりを取り巻いているというわけだ。冷えることによって、システムはより固い、より粘性のないものになってゆく。不可逆的な歴史と時間は奇妙な物質のなかに没入してゆく。不可逆の歴史と時間は諸状況から生まれるのだ。

熱力学。――カルノー〔十九世紀のフランスの物理学者、数学者〕は、火力によって動く機関〔機構〕と、熱から動力を得ない機構とを区別した。これは誤りである。なぜなら、人間も、駄獣も、瀑布も、空気の流れもみな同じように、その力をつねに熱から得ており、そして最後の審級として太陽から熱を得ている。カルノーの言うところによれば、力学の理論は後者の方〔熱から動力を得ない機構〕を研究し、あらゆる状況に当てはまる一般的な原理によってそれを説明するものである。

このような完全で、全般的かつ部分的な理論は、火力による機関には欠けている。火力によるもろもろの機関は、システムにとってのラグラーンジュ〔十八～十九世紀のフランスの数学者〕や工芸や手工業にとってのベリドール〔十八世紀のフランスの技師〕といったような、自分たちの一般理論の確立者をまだ見出してはいないのだ。ところで、望ましい一般性に到達するには、原理は、使用されている機構から独立していなくてはならない。ラグラーンジュはベリドールについて語ってはいないし、カルノーは応用についても状況についても一言も語ってはいない。

カルノーは、利用される物質がどのようなものであれ、またその物質に加えられる作用がどのようなものであれ、想像しうるあらゆる火力機関について推論している。物質はその重要性を失ってしまったのだ。

「ところで、蒸気機関における運動の発生はつねにある一つの状況を伴っており、われわれはその状況に注意を集中しなくてはならない」。「伴っている」、つまり付き添って行く者は脇を歩いてゆくのだが、その者はさしたる重要性ももたず、上級機関や全権者の裁定に従う。次のように言い表わすこともできよう、運動あるいは運動の発生は、人がそれを引き出す限りにおいて継続するだろう、と。運動に伴う状況という言い方はこのことに由来する。なぜならそれはまわりにあるからだ〔circonstance（状況）は語源的には se tenir debout autour（周囲に立っている）の意〕。しかしながらカルノーのテクストは、いわゆる諸状況は避けて考えるべきだと述べていた。それでもなおここに一つの状況がある。

それは「熱量における均衡の回復、すなわち多かれ少なかれ温度が上がっている物体から、温度のより低い物体への熱量の移動」にかかわる問題である。カルノーはここで熱いものと冷たいものという二つの源と、その一方から他方への熱の運搬という点を明らかにしている。エンジンの力はこのような熱の運搬によって生みだされるのだが、それはこの二つの源の間の熱量の均衡回復の作用と等しく、燃焼あるいはその他のあらゆる活動によって破られた、熱量の均衡を回復しようとする作用と同じである。状況という用語は優れた意味をもっており、上述のプロセスをよく表現している。

量によってでも重さによってでもなく、熱という新しい関係のもとで均衡を保っている二つの物体がここにある。熱という関係のもとでは、この世で何ものも中性ではありえないので、熱は普遍的なものであると言うことができる。最初の状態、すなわち、安定性、テーゼ、休止《スタンス》。物体あるいは物質の一方が燃焼し始め、その結果その物体は均衡からずれる。不安定性が生ずる。面と向かい合い、一方は熱く一方は冷たく、それゆえに隔てられた二つの源、その二つは相互にアンチテーゼをなしていると言ってもほとんど差し支えなかろう。安定性あるいはジンテーゼが戻ってくるには、一方の物体あるいは源から他方への運搬、ここでは熱の運搬だが、別な場では水、空気あるいは目減り分の運搬が起こらなくてはならない。その運搬がなされ、それによって運動が生みだされる。ところが燃焼は続き、熱い物体のなかで均衡に対するずれが再び生じ、運搬が永続化され、有名なカルノーサイクルが認められるわけだが、それはまさに状況《シルコンスタンス》と名づけたくなるものである。与えられた均衡が、破られ、更新され、そして破壊と回復のサイクルが描かれる。

状況はエンジンそのものとなる。物質〔実質〕はもはや重要性をもたない。人はそれを炉で燃やしてしまったのだ。

しかし状況という語は、二重の意味でサイクルもしくはサークルを表現している。つまり、安定性の破壊と回復のサイクルという意味のみではなく、そのプロセスを限定もしくは閉鎖するサークルという意味においてである。なぜなら、同じくカルノーによってこれらの領域で発見された熱力学第二法則においては、あらゆる弁証法が禁じられているからである。弁証法は陳腐で馬鹿げた永久運動に帰結する。あるいはもっと適切に言えば、局部と全体との誤った結びつきに帰せられる。弁証法は安上がりに自らを普遍的なものにしているのだ。

一世紀後に、二つの源泉について、均衡と運動について、躍動について考察したベルクソンは、彼に先立つあるいは彼の後代のすべての学者と同じように、開かれたものと閉じられたものの問題、制約的なものの問題に行き当たった。カルノーの論述、均衡とその切断のサイクルもしくは状況は、閉じられたシステム、囲いによって閉じられたシステムのなかで効力をもつものであり、その囲いの内部で、ついには別の均衡が形成されるのだ。このような理由によって、閉じられた囲いもまた状況と名づけられうるだろう。ベルクソンによって後代に委ねられ、ここで扱っているような科学において、今日再び取り上げられている問題は、閉じられたものと開かれたもの、局部と別な局部もしくは全体の兆しとを結びつけることからなり、状況の敷居や仕切りを乗り越えることによって、ズレあるいは片持ち梁の上へと均衡を延長することからなる。そこで、脇でと私は言いたいのだが、何が起こるのだろうか。状況という語は、局部的なものの生産的な働きとその一時的な運動、つまり空間と時間とを見事に表現している。さらにはそれを閉じる周囲を表現しており、その内部で一つの均衡がついには確立し、君臨するわけだ。さらに加うるに、膜や皮膚や境界など周りを閉じるものにうがたれた窓の周囲の、波動の総体を表現している。その場所で、この眼差し〔窓〕の近傍でと言いたいのだが、何が交換されているのだろうか。

ほら、隙間から差し込んだ陽の光は、つねに埃の粒子をきらめかせている……。それは哲学上の今日的な問題として、状況は科学から排除されていたのだが、科学に組み入れられる。状況はここに、感覚で捉えうるもののなかにある。それはまた感覚で捉えうるものを規定するのだろうか。

見ることとはすなわち、開かれたものあるいは閉じられたものの視点から、局部的なものはあるいは全体的なものの視点から、島々の視点あるいは探訪の経路の視点から、混合の視点から見ること……。見ることとはすなわち、開かれた目あるいは閉じられた目によって、目=島によって、また眼差し=道によって見ることであり、局部的な器官によってあるいは広範な知覚によって、織物あるいはヴェールによって見ることである。そこを通って光子や、酵素や、その他の要素が行き交い、交換されるのだ。

動物学。——脊椎動物は目をもっている。モグラの目はきわめて小さく、ほとんどそれと見分けられない形状をなしている。モグラネズミやペルシャモグラは、深い地下の水中に住むホライモリや水蛇と同じように、目をもっていない。脊椎動物は歯をもっているが、鯨、アリクイはもっていないし、鳥類の口は角質のくちばしをなしている。脊椎動物は例外なく耳をもっている。このことは次のように説明される。音は普遍的に広がるが、光はそうではない、つまり、視覚は局部的であり、聴覚は全体的であるというわけだ。ラマルクは、音の媒体とその振動についての覚書を著している。われわれは鳥類の饗宴に戻らなくてはならないだろう。

時間によって、また時間のなかで次第に組み立てられ、完成されあるいは複雑化されてきた生命は、生命のロングショット〔全景〕を見せてくれる、とラマルクは言っている。しかしある異質な因子が、ここかしこでこのロングショットの形成過程を横切ったのだが、ロングショットそのものを破壊することはなかった。それは系統の連なりに事実上の欠落を生じさせたり、諸器官のシステムに異形を生じさせたりしたのだった。この因子は状況のなかに存在しているのだが、その状況のなかで、もろもろの動物は生きてきたのだ。気候、土壌、場所および環境、周囲を取り巻く大気現象……。移動しながら、動物は変化する。

生命のロングショットは、全体的な法則と同じように、秩序と一般性のなかで繰り広げられる。ところで、われわれが局部的な細部において動物たちの諸器官を記述するならば、進化してゆく形成の歩みは必ずしも見出されないだろう。もろもろの状況によってこの歩みは妨害され、事故や振動やズレや不規則性がその発展のなかにもたらされてきたので、この形成の歩みは無秩序と偶然性を示すことになる。ラマルクは、局部と全体の結びつきを、生きものによって問いかけられるきわめて広範な問題として考えさせてくれる。つまり、法則の単純性は、ここかしこでゆがめられ混乱させられるというわけだ。状況が生じるのだ。

状況とは、単一性に帰することのできない多様性を意味している。ただ単に数における多様性のみでなく、場所、形状、時間、色あるいは色合い、物質、相、近隣、偶然性……などにおける多様性を意味しているのだ。そうしようと思うならば、人はそれらを無に帰せしめ、消滅させ、排除することができる。汚れなき手をもった論理学が君臨するわけだ。私がそこで目にするすべてのものを取り除きなさい、私はつねに同じものを見るという条件のもとにしかものを見ないのだ。太陽の下、新しきものあらざるなり。「同じ状況のもとで」という表現は、見事な矛盾形容語法を形づくっている。もし状況がつねに同じものであるならば、それは真の意味で状況と言いうるだろうか。それに、そのような場合、法則あるいは単一性がすでに存在していることになるだろう。

諸状況は、その枝葉の多い雑多な色のカオスによって、規則に抵抗することができる。過去の思考の努力はすべて、単一性あるいは法則の側からこの多様性と折り合いをつける《ネゴシエ》ことに向けられてきた。理性のプロセスの内部においてさえも、これは合理的であり同時に非合理的な折り合い《ネゴシアシオン》である。方法論や儀典書には、時として、嫌悪感が含まれている。折り合いとは、もろもろの状況を和らげ、手なずけること、あるいはそれらの状況をきっぱりと排除することであり、いずれにせよ考えうる知識と諸状況とをはっきり区別することである。そして自らの皮膚の健康状態に応じて、恐怖とともにあるいは好意をもって、それらを考察すること、時と場所に応じて、対象物としてあるいは障害物として、それらを考察することである。

この折り合いが機能する様を見ていただきたい。それはあたかも知識が、ますます含蓄に富んでゆく対抗者と、一連の取り決めを調印しているかのようだ。われわれは完全追放の契約を先ほど読んだところだが、論理学――あるいは文法――が感覚で捉えうるものについて語るとしても笑ってはならないだろう。いくつかの複雑な事例における、均衡への巧みで細心なアプローチを見ていただきたい。このような均衡のなかではもろもろのズレ《エカール》は、時間のなかで消滅されあるいは埋め合わされるのだが、時間それ自体も埋め合わされたものなのだ。こうして、ある種のズレが状況によって維持されてゆく。ラプラスは、周期的で可逆的な法則に帰しえないもろもろの状況を一まとめにし、すべての逸脱やズレを当時のレベルで合意されていた科学には属さないある仮説のなかに位置づけ、そしてこの事実によって、宇宙進化論の逆説的な形成を促進したのだった。カルノーは、一つのサイクルのなかに、ある均衡を見出し、そしてその閉じられた均衡のなかに新たな不均衡を見出したのだった。彼が状況そのもののなかに原動力を見出したことを称讃しようではないか。これは最先端における知と非＝知の精妙な折り合いである。諸状況は、つねにそこに存在していて、自分たちの接触に好都合な物体を形づくるのだろうか。

ところで、ラマルクはなおもまた折り合いをつけようとする。彼にとっては生命は設計図や、法則や、単一性や、秩序をなしている。学者はすべて、あらゆる政治家と同じように、結局はすべての人間と同じように、秩序の面から、法則の面から自らを考察するのだ。「共通の見解」とは、「一般的な」とか、「全体的な」とか、「世俗的な」とか、「馬鹿げた」とかを意味するものなのだ。人が適用する知識は法則を作る。ラマルクにおいては、生命はその唯一の設計図に従って展開し、成長し作り上げられてゆく。なぜもろもろの不規則性があるのだろうか。それらの不規則性を一まとめにし、それらを別の次元のなかに投げ捨てなさい。すなわち、世界、環境、気候および大気現象の次元に、要するに、生命を取り囲む諸状況、無機的および有機的環境の次元に。再び見出された状況は、その多様性によって空間と時間に縞模様や波形模様をつけ、そのなかに単一的な生命が潜り込む。生命は、今度はそれ自体が、状況と折り合いをつけ、状況に適応する。なぜなら生命はそれらの状況を消滅させることも、無と見なすことも、いつでもどこでも同じものと決めてかかることもできず、一つの部類にひっくるめることもできないからである。生命は、諸状況の混合のなかに潜り込み、そして変化する。生命はごたまぜの世界にやって来るのだ。ラマルクはいくつかの法則を明示している。すなわち、もろもろの必要性に大きな変化が生ずれば、もろもろの行為に大きな変化がもたらされ、もしそれらの行為が続けば、それは習慣を生み、その習慣が、変形された新しい器官を生みだす。別な言い方をすれば、別な状況のなかでは、同じ原因が別の結果を生みだす。本当だろうか。嘘だろうか。

鯨の胎児の顎には歯が隠されているのが見られ、鳥のくちばしのなかには歯の溝が見られる。法則はその痕跡を保持しているのだ。モグラネズミは皮膚の下に目の残存物を保存しており、水蛇についても同様であるが、化石化したこの器官はもはや光を感ずることさえできない。しかし鳥類は自分たちから咀嚼を奪った諸状況のなかに生きており、モグラは深い穴のなかを歩き回っている。

ラマルクが誤っていたのか否かは重要ではない。重要なことは、ごたまぜで多様な状況的世界と、単一的で合法則的な設計図に従って展開される生命とを、彼が区別している点である。別な領域で言われることだが、神の霊が歴史のなかに降りてくると同じように、生命が状況的世界のなかに降りてくるわけだ。そのことによって局所的で多様な変化が生ずるのだ。

今度は、生物学の方が多様性と折り合いをつけながら前進しなくてはならない。ラマルクにおける生命は別として、ダーウィンおよびその追随者たちにおいては、状況が雲の如くに生物学のなかに入ってくる。遺伝子と遺伝物質には混合がつきまとうからだ。生命は、おのずから生みだしたもろもろの状況を反映するにすぎないのだ。折り合いは微妙に、巧妙に続いてゆく。この折衝によって全体的なものが生命の側に、局部的なものが世界の側に分離されることは少ない。突然変異と淘汰は、局部的なものと全体的なものとの結びつきをより緊密にする。

思考は状況のなかにやって来るのだが、それは精神が状況の地獄によって苦しめられるのとは程遠い。

愛。――ジュリアンは今レナール夫人の手を握ったところである。「シャルル豪胆公〔十五世紀のブルゴーニュ公〕が植えたと言い伝えられている大きなポプラの木の下で過ごした時間は、彼女にとって幸せなひとときだった。茂ったポプラの葉叢を吹き渡る風の音や、梢の頂から下の方の葉にまばらに落ちてくる雨の音を彼女はうっとりとして聞くのだった。そのとき、ジュリアンをすっかり安堵させたにちがいないような一つの状況が生じたのだが、彼はそれに気づかなかった。というのは、今しがた風で足元に倒れた花瓶を従姉妹のデルヴィル夫人が起こそうとしたとき、これに手をかそうとして立ち上がったレナール夫人はジュリアンから手をはなさなくてはならなかったが、戻ってきて再び座るとすぐに、ほとんどなんのためらいもなく自分の手を彼の手のなかに戻したのだ。それはあたかも二人の間では了解ずみのことであるかのようだった。」

彼らは、一群の彫像のような姿勢を保っている。それぞれの者が座って手と手を握り合い、花瓶が置かれている。均衡を保ったシステムである。ところが風向きの急変によって花瓶が地面に投げ出される。もっとも低い位置にある物がその台座を離れるわけだ。二人の女性が立ち上がり、手が振りほどかれ、偶然の突風によってたちまちシステムの三つの要素は均衡を失う。一陣の突風は予見できないものだと言えよう。ところが、この状況そのものから真の保証が結果として生ずるのだ。花瓶は自分の台座を見出し、二人の女友達は部屋へ休みに帰ってしまうこともなく、戻ってきて再び座り、二人の手は再び握り合う。突風が吹く前と同じ均衡なのだが、しかしまったく異なっている。状況のなかから了解が生まれたからだ。

空気の不確実性から新しい秩序が出現したのだ。物理的な理由あるいは書物で知った慣習によって接触するに至った二つの手は、契約による協定を調印しに再びいっしょにやって来るわけだ。風は、予期できない小さな突風によって、二人の女性と花瓶と手とを不安へ、休息の外へと押しやり、そのことによって接触をもたらすことになる。均衡と、周囲からやって来て均衡に加えられたズレとを、状況は描きだしているのだ。

システムの周辺にはシステムの影がある。すなわち、茂ったポプラの木の葉叢、それに加うるに、梢を吹き渡る風の音や、小枝の上にまばらに落ちてくる雨の音が形づくる雑音の環形。状況が自らの基調のざわめきをその暈から放射しているのだ。ルイーズはそのざわめきをうっとりとして聞いている。このような環境から風がやって来る。この喧騒から不均衡がやって来る。契約による了解は基調の雑音から結果するのだ。

了解の生成過程をたどってみよう。件の場面よりも以前、つまり前日の晩の、ポプラの木の下の同じ場所に立ち戻ってみよう。「ジュリアンは勢い込んでしゃべっていた。身振りをした拍子に、ジュリアンはふとレナール夫人の手に触った。庭に出してあるペンキ塗の木の椅子の背に彼女は手を乗せていたのだった。その手はすばやく引っ込められた……」。最初の接触は偶然に、いかなる意図も計画もなしに起こった。この若者は盛んに身振りをしていたのだ。抽象的な用語は具体的な用語以上に多くを語るわけではない。偶然性〔contingence〕という語はまさしく接触〔contact〕を記述しているのだ〔contingence の語源はラテン語の contingere で、この語は cum（いっしょに）＋ tan-gere（触る）の意である〕。それはあたかも、触覚的なあるいは物理的な出会いが、それといっしょに、好機や、思いがけないことや、偶然の出来事や、不確実なことをもたらしたかのようだ。接触が偶然に起こったという言い方は、したがって情報重複である。クールノー〔十九世紀のフランスの哲学者、数学者〕が、偶然とは、独立した二つの因果系列の交差であると定義するとき、彼は単にcontingenceという用語を記述しているにすぎない。彼はこの語そのものあるいはこの語の意味から少しも出てはいない。二つの系列が互いに出会い、二つの手が接触し合い、二つの流れが交差する。これこそ、状況のめぐりあわせなのだ。手がすばやく引っ込められたということは、ありそうもない行為によっては安定状態は生じえないということを意味している。出会いは再現されえないし、均衡に達することもない。

運動は偶然〔contingence〕から了解〔convention〕〔この語のラテン語語源はconvenireで、いっしょに来るvenir avecの意〕へと進んでゆく。前者と後者の間には隔たり《エカール》はほとんど見られない。なぜならこの二つの語はほとんど同じ意味をもっているからだ。つまり、二つの手は、出会いの後に、相携えてやって来ようとしているからだ。偶然から意図へ、道は皮肉にも再び偶然を通ってゆく。思いがけない出会い、もしくは偶然の一致が、風向きの急変によって了解に変換され、その風によって均衡が強化されるというわけだ。ボナパルトについての本を読みあさり、彼を手本とし、自分の意志、目的、義務、野心、平等、これらすべてのことを不屈に、休みなく、一貫して追い求めてきたこの若者にとって、このような偶然性は愚弄の極みである。不確実性は、自分のアーチ形曲線をしか信じない意志曲線を微分的なピチカートに切り分け、一方、僥倖がもろもろの細々とした偶然を統合する。

状況は、優れて三つのことを語っている。一つは、もろもろの主体や、客体や、実質のまわりの偶然的なもののさらに外側を取り巻いているぼんやりとしたもの、二つ目は、まったく予見不可能な不確実性、いま一つは、休息と均衡、不安感と回復した安定、波動する環境へのズレ、それらのものの微妙な物語〔歴史」である。それゆえそこでは、ポプラの木とその茂った葉叢、夜の深い闇、雲、風、大気現象、花瓶を押し倒す突然の疾風、身体のまわりでの手振り身振り、雨の音、感動した者のほとばしるような声、黙契による沈黙などが語られているのだ。

安定した実質のまわりに、実体としての主体に含み込まれるように、属性が配置されている。属性のまわりには多様な偶有性がある。もろもろの状況は第三の環形をなしてそのまわりを漂っている。この遠い環形から一つの細部が突然に消え、そしてそのことが安定した実質あるいはシステムを混乱させ、それらを変化させたりさせなかったりする。変化させる場合は、大いに変化させたり、少々変化させたり、あるいは全面的に変換させたりする。不安定な円環面をなす状況の雲は、諸要素の核を衝撃するのだが、それらの要素は知覚できないものであったり、無視しうるものであったり、排除されたものであったりする。しかし時には決定的なものであることもある。この環形を理解しないならば、哲学は大数《グラン・ノーンブル》の発明以前の計算、細菌やウィルスの発見以前の医学、原子や分子を知らない力学、情報も雑音もないメッセージなどに似通ったものとなるだろう。状況の雲あるいは環形は実体の核に時として接近し、その核を消滅させるとともに、それに依存する属性や偶有性といった付随物を消し去る。それはまた、いわゆる因果系列を覆い尽くしてしまうことがある。多様性は、主体か客体かの決定を妨げるのだが、それは谷間を覆う朝霧で何も見えなくなるのと同じことであり、もし人が囲い地の畑をもはや耕さなくなれば、垣根から茨が一面に生え広がって、密林か砂漠のようになってしまうのと同じことである。

風の吹く音や、降り始めた雨の音、若者の身振りは、意志的な計画の正確な連鎖を混乱させ、あるいは傾け、あるいは分岐させる。同じようにして泥や、眠気や、灌木や、茂みが、道を行く者の目からワーテルローの戦いの壮大な戦略を隠してしまうのだ。

前夜の偶然による接触あるいは思いがけない愛撫の瞬間から、暗黙の了解のもとで手が委ねられるまでの間に、一日が流れる。この待っている間の時間は、数多くの不均衡による小さなズレで特徴づけられている。彼女は、興奮を隠すことができず、彼は心臓が高鳴るのを感じる。女性の側の声の調子が変わり、彼の方は震えながら話す。過度の興奮で彼は我を忘れる。川がその河床から飛び出すように、物語は別の安定性を求めて走り、新たな均衡を見出そうとしているもののすべてを根底から揺さぶる。振動や、音や、ことばや、心臓の動悸や、動きや、風によってそうなるかのように、一つの全体が再び組織される。嵐を呼ぶ空模様となり、蒸し暑い風を受けて雲が乱れ飛び、二人の女友達は、流れる叢雲のように散歩を続ける。散策《ランドネ》である。

ある種の子供の遊びに見られるように、自分の陣地で休んでいるいくつかのビー玉を想像していただきたい。一つの衝撃あるいは何らかの振動によって、それらのビー玉は眠っていた窪みあるいは井戸から飛び出す。そしてあなたは、微妙に巧みに台を傾けながら、それらのうちの二つを定められた窪みのなかへいっしょに導いてゆかなくてはならない。この平面上における二つのビー玉の散策《ランドネ》は、予見不可能ではあるが、興味深い経路をたどる。単純な法則にはほとんどまったく規制されていないので、それぞれのビー玉の試行は、おそらく独創的で反復不可能であって、他のすべてから区別される。方法論の経路は同質的な砂漠をまっすぐに横切ってゆくが、一方、状況による衝撃はあらゆる場面を独特なものにするのだ。したがって、偶然から了解へと流れる時間は、均衡に対するズレ、あるいは、我を失い動悸を覚える不安定な状態によって特徴づけられ、特異性を帯びている。こんなわけで、眼差しや、心臓の不整脈や、すべての振舞いがことごとくその日は、奇妙で、予見できない、稀な、独特のものに見えるのだ。

システムは、思いがけない突風をともなったにわか雨によって、自らの最終的な均衡に到達するわけだが、その突風はそれぞれの要素からその局部的な安定性を奪い、そしてそれらすべてをより堅固な休息に向かって投げ入れるのだ。

人生は一瞬一瞬、栄光に満ちて、ありそうもない経路を経て前進する。それはおそらく計画的で、意志的で、野心的で、直線的な場合もあろうが、しかしここでの場合は、気象学的とでも呼ばれるべき乱流する外力の雲のなかに投げ込まれているのだ。状況の多弁な環形を明晰に捉えているわれわれには、その事情はよくわかるし知っているのだが、そのことによって日常的な幸福が増大し、恋の冒険《アヴァンチュール》がそこに生まれるのだ。

この暈、円環面、縁において、全体的なものが局所的なものと接して連結しており、その逆でもある。一般的な一つの法則を、今ここで、反復的でかつ予見可能であるように適用するためには、われわれはまず最初に同一の状況を作りださなくてはならない。このことは、われわれが状況を信用していないということの証拠であり、上記の実験のための諸条件の総体が、状況によって構成されているということの証拠である。もろもろの状況は因果の連鎖の糸を混乱させうるだろうし、別な状況のなかにあっては同じ原因が同じ結果を生むことにはならないだろう。上述の環形から生ずる諸要素は、決定論的システムを混乱させる力をもち、それを別の要素連続の方向に分岐させる力をもっている。別なことばを使えば、決定論の原理そのものが、その最初の諸条件のなかに、自分自身の一般化を含み込んでいる。もっと適切な言い方をすれば、決定論の原理が、自分が浸っている世界を横切るために、そこからいかに余計な枝葉を取り除いているかを示している。合法則的な連なりは、一定の場所に到達しそこへの入場を交渉する以前に、その場所のまわりを取り巻く環形を通過する。同じように、太陽の光線はわれわれに達する以前に、バン・アレン帯や、大気や、気流や、雲や、湿気を乗り越え、そうした障害物あるいはフィルターによって変形される。こうした外套を著しく変化させてごらんなさい、地球上の生命は死滅してしまうだろう。決定論は、同一性と同じように、何らかの窪みの底にある安定的な状態として概念することができよう。井戸はそれぞれ、自分の縁石や囲いをもっているが、そのまわりには平原が広がっており、その平原では流れはより低い別の場所に向かってゆくかも知れないのだ。あるいはまた、それはどこかの島の頂にある稀な状態として概念しうるだろうが、その島の海岸にはいたる所に暗礁があり、接岸地は海が荒く、そのような状況のなかでは航海者は別の島々に行ってしまうかも知れないのだ。

都市の周囲では道路が放射状に伸びているが、それらの道路は遠くの都市や近くの都市からやって来て、またそれらの都市へと行き、地上に編目状を形成し、空間からもろもろの要素を吸い寄せる。都市は、それらの道路交通や流れを周辺部へと引いてきて、そこに市を形成し、混合や、選別や、交換をおこなう。首都とか、頭とか、中心は、周辺部のこのような皮膚を糧にして生きているかのように見える。それはあたかも台地の上や、窪みのなかに生じた一つの均衡であり、アクロポリスであるかのようであり、それを取り巻く変動地帯が中心の安定状態に衝撃を加え、それを破壊し、新たな安定を保証し、あらゆる点においてそれを変化させるかのようである。選別や混合の場所あるいは点、すなわち交換器は標示されることもあるし、されないこともありうる。中心の地点は孤立的であることもあるし、そうでないこともありうる。交換が空間全体を占めるうるからだ。首都はないのだろうか。そこには少なくとも宮殿がある。中心の城はないのだろうか。そこには王あるいは書記長がいる。先ぶれの騎士たちは王宮の階段や玉座の階段で密使とすれちがう。だが大統領自体の孤高の頭脳といえども、何億もの神経細胞《ニューロン》や軸索以外のものをもっているわけではなく、それらの神経細胞や軸索は、どこの十字路とも同じようにメッセージでざわめき、もろもろの交換を永続化させているのではなかろうか。諸状況の環形や交換器は一定の場所に侵入するのだが、それでは主体や、実体や、基体や、中心や、首都をどこに見出すべきなのか。アイリス〔ギリシア神話、虹の女神〕は長くたなびく羽衣を着ており、ヘルメスは蛇の絡みついた杖でそれと認められる。それはコミュニケーションの環形空間なのだが、この環形空間が全面的に中心をずらせ、中心を侵食するのだ。

全体的なもの——物質、エネルギー、情報、法則……が——周囲を取り巻く地帯——膜、皮膚、市壁、国境……諸状況——を通って、局所——細胞、肉体、都市……風景の要素——に到達する——そこでそれは、交換器を経由しての自分の通過あるいは通行を交渉する。

交換器。一本の道は帯の上や線に沿って動くことを可能にする。最適化の計算から方法が生まれる。まっすぐに行きなさい。それにとりわけ、必然性のない方向や方角を増やしてはいけません。選択をしなさい。可能ないくつもの道のなかから一つ選び、それを堅持しなくてはならない。ところで、忘れてはならないが、この選択そのものの前に、同一かつ唯一の次元を選び、それを堅持しなくてはならない。平面や量体のなかで、あちこちに気を散らしてはなりません。森のなかで迷った旅人は林間の空き地をあちこちさまよい、木によじ登っては茂った葉叢をしか見ないものだ。分岐は、環や飾り紐と同じように、二つの直線によって一つの平面を、あるいは二つの曲線によって一つの曲面を画定する。そこでは動体はあちこちに気を散らすことになる。ごく小さな細部においても、これは同じことである。最適化は滑らかな直線を要求するのであって、穴やこぶのある帯を要求するのではない。そのような帯上では動体は、同じ空間における無数の細かな変位によって壊れてしまう。でこぼこ道での車の揺れだ。

ところで、それゆえに交換器は、同じ平面上での交差を避け、二次元の線を咲きそめた花のように三次元に移行させるのだ。左に、右に、間に、環をなし、飾り紐をなし、カーブし、高く、低く、上に、下に、結び目は空間を探検する。秩序ある散策だ。ここで要求される最適化とは、早く横切ることではなく、間に巧みに潜り込むことである。つまり、空間を消滅させるのではなく、移動によって空間を創出し、空間を豊かにさせるのだ。花綱のようにオーロラの描きだされた空を見る以前には、空がこれほどの量感をもっているとは決して信じられなかったことだろう。オーロラのあの図柄が、無窮の美しさを創りだすのだ。そこに物を建てる以前には、猫の額のような自分の土地がこんなに広いとは決して思わないことだろう。設計によってそこには装飾的で有益な無数の細部が盛り込まれるのだ。道は二つの道の間を通り、そうすることによって別の間＝道を用意する。結び目がもろもろの場所を作り、そこを通って無数の新しい結び目が絡み合う。メッセージの運搬は新しいいくつものメッセージを生じさせる。空間が増殖するのだ。

増殖は分析の条件となり、あるいは分析をおこなった結果生じることになる。結び目をほどくことによって増殖がうながされる。山積みの砂をシャベルやツルハシで運搬したり取り扱ったりすると、絶えずその量が膨れ上がるということはよく知られている。結び目によって紐の間に隙間が作られるように、砂をこねくり回すことによって粒子の間に空隙が作られるからだ。道路を、交換器として捉える場合と、地域を覆う道路網として捉える場合との間には、いかなる相違があるのだろうか。増殖するということ、つまり隙間によって空隙が生ずるという相違があるだけである。膨張《インフレーション》は思想家たちからいかなる信用も享受してはいないけれども、しかしほどくことなくして何人《なんぴと》も分析することはできず、ズレの作用を働かせることなくして誰もほどくことはできず、膨らませることなくして緩めることはできない。人は時には、一ページについて一巻の書物を書き、一行について数巻の書物を書き、一つの語のために全書を著すものである。

結び目あるいは交換器は、同じように、分析そのものである増殖によって部分的なものを発見する。結び目は隙間を作りだし、それらの隙間の縁を縫うように道が通っている。したがって、隙間を縫って進むことによって、その通路そのものが、他我の縁と縁の間に、新たな隙間を生じさせる。それゆえ、自らの上を戻ることによって、道は新たな帰りの道を切り開くことになる。伴立の関係はおのずから豊富となり、増殖する。それは自分の空間を作り、隣接するものや間隔、開かれたものや閉じられたもの、境界や連続性を作りだし、それゆえそれらは、ぴんと張られた抽象的な糸がまっすぐに横切ることによって否定するこの量体をいっぱいに満たす。綱を組み継ぎにすれば玉状のものや、たんぽ状のものが作られる。三つ編み、玉結び、バラ結び、房結び、鉢巻結びあるいは索端結び、元結びあるいは留め紐結び、これらは、一定の場所への一つの物の出現である。私はもはや結び目の名前をもろもろのイマージュと取り違えることはない。一つの玉結びやバラ結びが、無数の道の陥入に何を負っているかを、誰が言いうるだろうか。それらは出芽繁殖をするのだ。

膨張の逆の作用は固く締めることである。ところが、上手に結ばれた結び目は、どれほど固く締めても、たやすくほどくことが可能である。分析するためにはほどき手を必要とはしないというわけだ。人は固く締まったままでありながら、分析的でありうるのだ。古い言語はこのことを言い表わす語彙に欠落をきたしている。優れた作品は、これと同じ具合に、固く締まっている。つまり、作品は自分の空間を創りだし、量体《ヴォリューム》〔巻〕を満たし、空隙がなくなるほどに増殖するのだ。全体的な動きは、その力によってもろもろのポケット〔しわ〕を作りだし、局在的な伴立関係は、その豊かさによって、さらに外に広がろうとすることが、はっきりとそこに見て取れる。それはあたかも世界という風景のようだ。

それはまた、あたかも肉体の器官のようである。解剖学や発生学の図鑑をひもとけば、あらゆる大きさの交換器や、固く締まった結び目が多量にあって、それらが分岐や、しわや、飾り紐や、環や、覆いや、裂け目や、窓でもって、局在的な量体をいっぱいに満たしているのが認められ、目を疑うほどである。

無生物であれ、生きたものであれ、作られたものであれ、あらゆるものは乱流として定義され、乱流は交換器として配置されうるのだろうか。

それは最初のうちはまだ包括的で、通路としての役目をしか果たさない。まもなく、交通が比較的まばらなどこかの片隅で、一種の車庫が形成される。トラックの長い列が、夜、雑踏のなかで休んでいる。運転手たちは、騒音にもめげず、そこで眠っている。警察が、一つの島のうえに、遺失物や自分自身の任務のために哨舎を建設する。木々が、水路やカーブの窪みの草むらのなかに生えてくる。そこに鳥たちが巣を作り、ルンペンのグループがそこに自分たちの楽園を見出した。彼らは乱流する状況——これはそこを越えれば死の危険を冒す境界線なのだが——によって世界〔世間〕から護られているのだ。彼らはそこで生き、飲み、つがいをなし、父親ぶった法律の目をくぐって、大きなトラックの運転手たちと小さな商売をしている。交換器は今や、雑音から周囲を護っている不透明な高い防護柵に取り囲まれている。したがって、柵の板壁にうがたれた門あるいは窓を通って、車両が出たり入ったりするのが見られる。ボックスはますます暗さを増してゆくが、そこから出てくるものの総数は、そこに入ってゆくものの総数とはもはや等しくはない。蜂の巣箱や、都市、宮殿、生体、細胞にも比すべき場所の出現に、われわれはいま立ち会っているのだろうか……。交換器は機織や、結び目や、通路によって一つの場所を創りだしたのだが、それは停止や塞栓よって再び新たな場所を構築し、これらの安定した場所が別の交換を創出し、それがまた……。

糸やロープは手に操られて、目形あるいは瞳形を作り、そこにまた糸やロープが通されるのだが、それゆえそこには明瞭な隙間が作られる。明瞭な糸、別な言い方をすれば、引っかかってももつれてもいない糸は、好きなだけあるいはできる限り何度でも、通路そのものが創りだすあらゆる方向、あらゆる方角、あらゆる次元を通ることができる。そしてこのような手さばきによって、開いた目や、間＝道が次々と作られる。これこそ分析なのだが、しかしこの分析は、明瞭かつ明確なやり方で、ほどくことなく結びつけ、あるいは固く結びつけながらほどく準備をする。結び目は、これらの環境を明瞭かつ明確に増加させることによって、場所を創出するのだ。ここでは分析は破壊するどころか構築する。二分法や切断が絶えず修復されるからだ。そこでは糸と糸の間があり余るほどあるので、人は糸を引き離すのではなく近づけるのだ。

機織や、編物や、水夫の作業のこのような営為は、太古から、肉体によってわれわれに伝えられたものなのだ。空を飛ぶ鳥でさえも、くちばしや足でもって、巣を結ぶあるいは編む術を心得ている。これこそ位相論の、それゆえ地理学の埋もれた起源、始まりであり、そこでは視覚は触覚のなかに消え去り、感じやすく繊細な触覚は、起伏や滑らかさや間隔を識別する。このような位相論的起源は、ことばの到来よりもはるかに古く、地質年代をまるまる一時代遡るものである。

手と眼差しは、単純な直線から出発するのだが、もっぱら、継ぎ合わせや、結び目や、編物によって遠くのものと近くのものを結びつけ、あるいはまた、平面的なものにせよ量体的なものにせよ、固く締まったものにせよ緩んだものにせよ、高密度なものにせよ疎らなものにせよ、もっぱら、もろもろの多様体を実現することになる。ある要素が場所を否定し、全体を経済的に走破しようとするとき、その要素自体によって場所は増殖し始める。その要素は次から次へと別の場所に結びついてゆくのだが、それはちょうど風上の帆の下端索が、はらみ綱を通り、それを経て、船の帆全体に結びつけられ、船とともに世界の果てにまで出発しようとしているのと同じようなものである。

もろもろの結び目は、その位相論的デッサンによって、その摩擦や力によって、明瞭かつ明確な形で、局部的なものを全体的なものに接合し、またその逆にも結びつける。

われわれはいくつもの声色で語っている。多くの近隣や諸状況に取り巻かれ、数多くの交換器によって互いに結びつけられたもろもろの地点として、世界を見なすことができる。もろもろの交換器それ自体も、全体的なもののなかに放射状に広がる道によって結ばれて、場所となるのだが、その地位の局部性の多少を決定することは困難である。これらの命題は、単純なものにせよ複雑なものにせよ、無生物にも生きているものにも当てはまり、無数の種類の集団にも当てはまり、形式的なものにせよ美しいものにせよ、作品や思考にも当てはまるのだが、それというのも、それらは房飾りのような諸状況に取り囲まれているからだ。交換器や状況、近隣や混合、波形模様をなす場所の周囲での交換の関係、それらを包括する全体的理論に向かってわれわれは進んでゆかなくてはならないだろう。その理論は風景に当てはまると同時に、普遍性をめざすものでなくてはならない。局部的なものから全体的なものへの通路は、いったいどこにあるのだろうか。

ところで、本書が語っている感覚で捉えうるもの、本書はそれをことばに帰することを自らに逆説的に禁じながら語っているのだ。似たようにして実験科学もまた、中世を通じてその硬直性を押しつけてきた言語哲学の帝国主義的支配力を、自らに逆説的に禁ずることによって初めて自らを誕生させ、自らを存在させ、物そのものを捉えその法則を理解することに成功したのだった。感覚で捉えうるものとは、一般に、肉体に隣接する環形や光暈のなかにつねに存在し様々に変化する諸状況の波動にほかならず、これらの境界や縁の周囲、皮膚もしくは表面の向こう側やこちら側を漂う活性を帯びた雲状のものであるが、そのなかで、混合、選別、分岐、交換、次元の変化、エネルギーから情報への変換、結びつき、ほぐれ、要するに、局在的で特異な個体を世界の全体的な法則に結びつけるすべてのもの、この動くねぐらの変化に富んだ変動性に結びつけるすべてのものが起こるのだ。稀で予見不可能なこの場所は、感覚で捉えうるものを通して、熱線や光線や衝撃などの猛威を手なずけ、和らげるのだ。重力そのもの、あるいは万有引力も、生き物の身体の姿勢を通して諸器官を対称に配置し、体形を彫り上げているのだが、重力の作用がなかったならば、生き物の身体はおそらく放射状の形態を取ることだろう。周囲を取り巻くこのような渦のなかで――そこでは、ある意味ではそれ自体が渦である交換器が増殖しているのだが――われわれと世界との絶えず流動する関係が結ばれる。その関係とは、安定した基盤であり、不安定な大胆さであり、周辺に放たれる思いがけない束の間の突風であり、以後、シルコンスタープル〔circonstable〕とでも名づけるべき、われわれの生命の準安定性《メタスタビリテ》なのだ。

「感覚で捉えうる」〔感受性の鋭い〕《サンシーブル》という語は、同じ種類の接尾辞のついたもろもろの形容詞の意味に相通ずる意味をもっている。この語は方向〔感覚〕《サンス》の変化がつねに可能であることを示唆している。磁気を帯びた針が感受性を享受しているのはこのようなわけなのだ。針は、不安定な方位のまわりで振動しながら均衡を模索する。いたる所から、あらゆる質、規模、強度でやって来る微細な外力に応じて、その波長の全幅にわたって、感受性を帯びた針は振動し、波動し、自らの踊るような散策《ランドネ》によって空間を掃射するのだが、その空間を通って物や、世界や、他者たちが感受性の針に衝撃を加えたり、針を呼び寄せたりするのだ。同じようにして脳電図の針は、空白の広がりのなかのいたる所で、場合によってはあるかも知れない呼び声を探し求めているように思われるのだが、その針の動きは、不安定であるがゆえに、開かれ聡明でこのうえなく鋭敏な注意力のように、くまなく空間を走査する。もし拾うべき穂があちらこちらに残されているならば、思慮深くかつ定まりないその針は、それを見落とすことはないだろう。無数の振動繊毛が、特異な引力をもつものの近辺を、盲滅法に動き回っている。思考も行動も、何かに魅せられたように、ある目標と軌道とを選ぶのだ。感覚の作用は、あらゆる方向に星のように開かれ、かつまた結び目のようになかば閉じられ、あらゆる次元を動き回って近隣の方位を走査し、うむことなく自らの踊るような散策を専らにするのだが、それは、死を示す平らな波形に至り着くまで作動し続ける交換器なのだ。

探訪〔visite〕という語と探訪する〔visiter〕という動詞は、第一に「視覚」および「見ること」を意味する。そこに通路の意味が加えられ、探訪する者は見に行くわけだが、さらにある種の行動的執拗さが加えられて、「検査する」、「探索する」という意味になり、好意を示したり権威を示したりすることになる。伝統的な哲学においては一般的に、眼差しの持ち主は動かない。つまり、座ったままで窓ごしに、花の咲き乱れた木を見ているわけだ。これは、もろもろの断定やテーゼの上に安置された影像といった趣である。ところが、立ち止まったままで監視するということはめったに起こりはしない。われわれの生態的生息環境は無数の運動を包含しており、目に見えるものを嘆賞しているうちに世界一周をするということさえも起こりうる。地球は回っており、われわれの監視哨全体は久しい以前から安定性を放棄している。光の贈与者である太陽さえも動いており、見たところ、宇宙のある別の場所に向かって走っている。観察者は、たいていの場合、遠かろうと近かろうと、多かれ少なかれある速さをもって移動しており、少なくとも観察対象のまわりを回っている。肉体、船、宇宙船、われわれの惑星はすべて動いており、光子は速度の限界を示してさえいる。世界は風景からパノラマへ、局部的なものから普遍的なものへ移行し、散策は方法に変化し、後者は前者に変化する。神はおそらく世界と諸物とを見ていたのだ。われわれはそれらを探訪するのだが、それはただ単に肉体的にその地点を占有するがゆえにではなく、また単に道具や器具や機械を使ってではなく、知的な意味で探訪するのである。つまり、それぞれの学科や、実験や、定理は、探求すべき視点をもたらすが、それは新たな探訪なのだ。百科全書が、もし存在するならば、それは世界と同じように探訪される。世界がもし存在すればの話だが。そして光の速度は、目に見えるものを限界づけるとまったく同じように、認識しうるものや現代技術の成功を限界づける。したがって探訪という行為は、経験的なものに対しても、機械に対しても、抽象概念に対しても同時に効力を有する。探訪は限界づけられてはいるが、これらのものを分離しようとはしなかった。

探訪という語〔visiteには、訪問、見物、検査、捜査、回診、神が現われること、等の意味がある〕はまた、執拗で綿密な検査をともなって時折おこなわれる合法的な巡視、捜査、監察、検査等の意味を分離することなく包含している。こんなわけで軍艦は、取り決めや状況に応じて、商船を臨検〔訪問〕する権利をもっている。探訪は学問的な意味と、権力あるいは法律が押しつける意味とを分離しなかったし、探訪の対象をも分離しなかったわけだ。対象とはすなわち、風景であり、生きている肉体であり、返礼として訪問を返さなくてはならない人などである。われわれは今、自然の観察あるいは医学上の診断から社会的な交換へ、さらには神学上の神の出現に至るまで、またもや北西航路を横断したところである。神学上の意味は、探訪する〔訪問する〕という動詞についての、文献上の最古の意味である。

よく見るためには、道や交差点や交換器を利用して移動しなくてはならないし、細部に至るまで検査したり全体の概要を捉えたりするためには、次元や方向や角度を変化させなくてはならない。ところが、感覚で捉えうるものは、あらゆる方向〔感覚・意味〕をいっしょに保持しており、それは結び目や一般化された交換器が、あらゆる次元あらゆる中身をいっしょに含んでいるのと同じことである。中身という語を、探訪が通ってゆく様々な分野《テラン》〔土地〕という意味で理解していただきたい。すなわち、場所、世界、彫像や庭園、砂漠、大洋や海、大気現象、地域、異郷感覚、牧場からページへの変容、具体的なことば、あるいはいわゆる抽象概念、法則、法律、中世の祝婚歌と愛の掟、結び目の位相論、色のスペクトル……。結び目のなかに含まれ結び込まれた、感覚で捉えうるもののあらゆる意味〔方向・感覚〕を、探訪は細部にわたって探検する。もし諸感覚を分離してしまったならば、感覚の高密度の容量をどうして見ることができるだろうか。われわれは探訪という語を、それのもつもろもろの意味を分離することなく、探訪したわけだ。分析的な言語のみが結び目をほどくのだが、そうすることによって分析的言語は、感覚で捉えうるものを失ってしまう。分析的言語は、分離しうる要素にも、結合した総体にも、二重の意味で到達することができないのだ。

しかしながら、それらの結び目をほどかないためには、どのようにしたらよいのだろうか。それらを団塊のままで探訪することもできたであろうに、ところが、彼は、時として自分が今しがた見たものを結んでいる何らかのつなぎ糸を認めることはあったにしても、自分自身と自分の物音しか決して探訪しようとしない。旅行の参加者のすべてに固有名詞を与えなければならなかったのだろうし、よく言われるように、すべての者たちに個々の性格や自己同一性を与えなくてはならなかったのだろう。それぞれの人物が、これこれの肩書あるいはこれこれの呼称のもとに、いつものように、中身について論じたのであろう。時には誰かが、自分の教科から逸脱して論ずることがあっただろうか。件のページについて気取って長広説をふるっている者にはラテン語の名前をつけるべきだったろうし、古代の文献を開陳している者にはキリスト教の名前をつけるべきだったろうし、太陽の照りつける砂漠について論述する者にはユダヤの姓を与えるべきだったろう。位相論者と天文学者には大学の学位を授けるべきだったろう。ギリシア人は『オデュッセイア』を物語り、ガスコン人はガロンヌ川を称え、スタンダールは、茂った葉叢の下に戻ってきて、風の強いある晩に、ルイーズに対する愛を語ったことだろう。プラトンとて別な書き方をしているわけではない。上述の中身は身体の結びめをほどかれ、それぞれの身体は木のパネルのようなことばを首につるしており、その上に自分の言説が書かれることになる。カリクレス〔プラトンの『ゴルギアス』の登場人物〕――これは暴力の別名なのだが――はカリクレスについてわめきたてる。美男のアルキビアデスは、しつけの悪い金持ち息子のように、異論を唱え、座を混乱させる。低学年の先生であるソクラテスは例証し分断する。テアイテトス〔プラトンの同名の対話篇の登場人物〕は幾何学者として死ぬ。誰も自分の番号札から逸脱する者はいない。討論会が催されており、その主題は感覚で捉えうるものである。精神分析学者はそこで自分の証明についてしか語らず、分析学派の信奉者は意味について、あるいは言説の無意味について論じ、現役ばりばりのマルクス主義者は階級闘争から出まいとしている。それぞれが自分の部門を論じており、呼称を与えられた身体はどれも、自分の帰属が刻まれている板や大理石の墓標を凌駕することはない。このボックスのなかに、それぞれの者の帰属するボックスであらかじめ録音されたカセット・テープを入れてごらんなさい。討論会の議長が操作盤のキーを押してテープを回せば、すべては最高の討論会での最良の言説として語られ、学問の様々な部門が自己表明をするだろう。中身の分析は、身体が分離されたことによってすでになされている。なぜなら身体の総計あるいは総体は、もろもろの言語の総計あるいは総体と等価だからだ。身体は、それゆえ、論題から外される。感覚で捉えうるものは討論会や言語を通して表現される。ソクラテスとその同類たちは、まさに『パイドン』以前に死ぬことになる。つまり、彼らが感覚で捉えうるものについての討論会を催そうとするや否や、死ぬことになるのだ。

精神は見るし、言語は見るのだが、身体は探訪する。身体は、移動によって、絶えず自らの地点を越えてゆく。主体は見るが、身体は探訪し、自らの場所を凌駕し、自らの役〔台詞〕あるいはことばから逸脱する。別な言い方をすれば、いかなる肉体も一本のバラの花の香りだけを単独で感じ取ることは決してない。おそらく悟性によって、あるいは言語によって、確実に、この孤立化あるいは選択の偉業が実現されるのだろう。肉体は、一本のバラの花と周囲の何千ものバラの花の香りをいっしょに嗅いでいるのだし、それと同時に毛糸に触れたり、いろいろな風景を見たり、音波を受けて振動したりしている。また同時に肉体は、これらすべての感覚的なもののごたまぜを拒絶し、心ゆくまで空想にふけったり、抽象的な瞑想をめぐらしたり、恍惚感に浸ったり、活発に働いたりするし、あるいはまた絶えずこのごたまぜを感じながら、様々なやり方で自分の状態を解釈したりする。肉体は、あらゆる方向に向かって肉体そのものから逸脱し、感覚で捉えうるものは上述のような結び目を結ぶわけだが、感覚で捉えうるものおよび肉体は、決して同じ領域や中身にとどまることはなく、果てしなく続く交換器、乱流、渦、状況のなかに潜り込んで生きている。死の瞬間に至るまでこのような状態が維持され、そのときになって初めて結び目はほどかれ、解かれ、分解されるのだし、そのときになって初めて、乱流は自分のつながりをほどき、流れのなかに消え去る。肉体は肉体を凌駕し、あるいはまた衰え、今のこの自我は元の自我を越え、自己同一性は絶えずしかじかの帰属性から解き放たれる。私は感じる、ゆえに私は存在する。私は、カメレオンの如くに、雑多な色の多様性のなかで混血し、四分の一混血になり、合の子になり、八分の一混血になり、雑種になる。科学の部門や討論会での役割によって話し手に固定した名前をつけるとしたら、感受性に富んだ自我はどのように表現されるのだろうか。感受性に富んだ自我は分岐し、方向〔意味〕を変え、波うち、様々な姿をとり、自我を失うのだが、それは憎むべきことではなく、たぐい稀なことなのである。私が多数よりなっているとしても、いかにして私を分割し、その結果が誰になるというのだろうか。ことばも横すべりを生じ、衰えてゆく。それは、肉体がそこで生き、認識する諸物の状態とまったく同じなのだが、描写から物語へ、あるいは推論から連想へと流れてゆき、交換器や、結び目や、渦や、諸状況等々を探訪するのだ。

量塊をなして漂う与件としての感覚で捉えうるものに出会うや否や、哲学は分割されえないものになる。身体的観点からも――これは彫像というわけだが――、名前によっても――これは死のマスクなのだが、――対話や討論会の役〔台詞〕によっても――これは芝居であり、無用な政治であるが――、学問の部門によっても――これは科学というわけだが、分割されえないものとなる。この無限に高価な宝物、何千年にもわたって熱心に注意を傾けてきたにもかかわらず、まだ発見すべきものの尽きないこの宝庫を、哲学は保持している。その宝庫は、それ自体結び目をなし、世界のなかに広げられている濃密な意味なのだが、哲学はそれを見出すことなく、はねつけられては根気よく別なことばを探し求めている。

われわれは与件の濃密性を探訪してきたのだ。

混合した場所

『ローマ、建国の書』で、私は最近、波形模様や、ぼかし模様や、虎斑や、雑多な色や、ダマスク模様に彩られた風景、正確に言えば、物語の人物で飾られた風景を描いたのだが、その風景は歴史の超越論的場と名づけられ、断片と部品と局在性で構築されているのだ。ここで主人と奴隷とが闘争し合い、あるいは青と緑が闘い合うのだが、闘技場は閉じられていて闘争の範囲はそこに限定されている。闘技場の門には潜り戸が開いており、入るためには料金を払わなくてはならない。内部で勝利を収めたものは、青にせよ緑にせよ、奴隷にせよ主人にせよ、周辺を牛耳っている者とは異なっている。なぜなら周辺を牛耳る者は金庫を握っているからであり、彼の法則は闘技も勝負も手本にはしていないからだ。彼のゲームは場所に応じて規則を変えるのだ。波形模様に彩られた風景のなかを移動すれば、人は風景が規則や法則にとって異質であり、もろもろの特異な地域の織物であることがわかるだろう。もちろん、同質性が長く続く瞬間もあって、そこでは唯一の法則がかなり遠くまで広がっているが、しかし結局、それはきわめて稀なことである。法則は、一般的に、普遍化されえない。サビーナ人たちが、哲学者よろしく、闘技場での主人と奴隷の局所的な闘争に魅せられている間に、ローマ人たちはさっさとサビーナの女たちをさらってゆくというわけだ。大道での法則は、芝生の上のゲームの法則とは異なっている。闘技場は空間から一つの断片を切り取り、その周縁はまったく別な領域となり、それに隣接するいくつもの通りは第三の領域を形づくる。この碁盤縞の上を三つの法則が支配している。闘技と、税金と、誘拐である。

ぼかし模様や縞模様で彩られたこの混合した場所は、この書物に再び現われるが、この書物はそれについてしか語らず、それを描き、それをよりよく見、よりよく見せようと努めている。再び超越論的空間であり、分化した様々な波形模様なのだが、そこでは無数の形、色、想像しうるあらゆる浮き彫りが戯れ、斑点がちりばめられ、長い曲線や短い曲線、閉じた曲線や開いた曲線、途切れた曲線などが縦横に走り、井戸や谷がうがたれ、変化に富んだコルや隆起によって無数の褶曲が形成されている。いくつかの次元をそなえたこの多様体を想像しなくてはならないし、それにもろもろの特性をぎっしり詰め込まなくてはならない。旅はそこでは、数多くの出会いやまったく予想外な波乱によって、冒険に変わり、眺めはそこでは探訪に変わる。そこでは風景は、法則の媒体としての滑らかで同質的な空間の下で、すばらしい姿をあらわにする。その同質的な空間のなかでは純粋理性がさまよっており、それがこの一様な量体の制約をなしている。見事に飾りたてられた超越論的空間、だがそれは制約をもった空間であって普遍化された空間ではない。

超越論的《トランサンダンタル》な〔先験的な〕という用語は、カント以前の伝統では普遍的《ジェネラル》なという意味をもっていた。カントはこの語に制約《コンディシオネル》をもったという意味と普遍的なという意味を同時に含みもたせた。カントは古典的科学の存立環境、主体のなかにおけるその存在条件を記述する。ところがこの主体のなかに、経験から引き出された普遍的法則をもつニュートン的世界を基礎づけるということは、それらの法則と同じ普遍性にかかわる問題なのである。

われわれはこのような科学の存立環境を捨ててしまったか、あるいは失ってしまった。同じ一つの科学がもろもろの主体に対して、もはや同じ合意をもたらすことはない。扇形をなして広がる様々な状況のなかに、被制約的なものが現われるからだ。われわれはある種の普遍性を疑うことを学んだが、だからといってわれわれが、ごくしばしば、同じ気軽さをもって、別の普遍的法則を新たに見出すというわけではない。ニュートンはついていた。幸運なケースに出会ったのだ。われわれはもはや、数あるもの全体に対して大当りを引き当てることはありえない。

全体的なものとは、局部的なものの膨脹であるように、われわれには思われる。ユークリッド空間、機械式時間、デジタル式時間についても同様である。その下では新しいことは何事も起こらないと言われた太陽は、黄色矮星として、小さな一角で輝いているにすぎない。そこではコペルニクス的革命によって、何がしかの近傍がかき混ぜられたのだ。唯一神は、特異で小さな神々、大天使や、座天使や、主天使と同じほど数多い神々のなかで、同じように一か八かの幸運を勝ち得たのだろうか。普遍的なものは、単一性や、世界や、天空のなかに、局部的なものの膨脹を隠している。だが自我についてもそれは同様であって、私は多《レギ》数《オン》であり、長いことそうであり続けるだろう。この確認を宇宙物理学的革命と言うことができるだろうか。

われわれは色とりどりのプディング、ぼろ切れ、ダマスク風の市松模様を見ているのだ。もし超越論的なものが存在するとしても、われわれはそれを特異な場所の継ぎはぎ細工としてしか描くことはできないだろう。確かに、普遍的なものは、稀な事例ではあるが時には起こることがある。しかしそれは宝くじの当り番号のような僥倖である。普遍的なものというこののっぺりとした出事来の下でも、被制約的なものは依然として局部的なページや斑模様で飾られた場所であり、細かい状況の盛られた風景のままである。ぼかし模様や波形模様がつき、けばけばしく飾り立てられたこの場所は、カント流の超越論的なものの下に横たわっているのだが、超越論的なものがことばによってこの場所を覆い隠しているのだ。それは、「ことばという」この広範囲にわたる波形模様によって膨張した特異体であり、自らの幸運を知らない理性である。のっぺりとした等質的空間、太陽系空間、神学的空間、ことばの空間、まっすぐな道、といったものをわれわれは見ているのだが、それは突然の膨張、拡大あるいは格上げのようなものである。標準的でない雑多な模様の多様体が、単純化された常套的な抽象作用のもとで超＝抽象化されて、あえて言わせてもらうならば、普遍的なケースとなる。

この広範囲にわたる波形模様は、われわれの目の前で振動し、その豊かさと尽きることのない新しさによって人の目を奪う。無限の色合い、もろもろの特異な浮き彫り、山や壕、小谷あるいは分水界、単調な台地の上での思いもよらない出来事……。そしてもしわれわれがそれを普遍的多様体と名づけるとしたらどうだろう。

『建国の書』——そこではローマは、村あるいは小さな地方なのだが——における歴史の超越論的場所は、地中海宇宙にその影響力を広げている。地理学上の超越論的場所は探訪の途上にあるが、その探訪はここ、この場所に行き着く。入墨がほどこされ、目玉模様や波形模様で飾られたこの場所は、目で見ることができ、その皮膚に触ることができるのだが、それは共通感覚のしなやかな平原であり、そこではもろもろの感覚が溶解し、それらの感覚の特異性が混合されている。この場所は、諸物や、布や、帆や、もろもろの多様体の状態の内に姿を現わす、あるいは含まれている。この場所はまた、ミューズたちの多様な住処である音楽のなかに、諸芸術の総和としての音楽のなかに繰り広げられる。この場所は、繊細な味わいが孔雀の尾のように舌の上に広がるとき、あるいは赤く輝くワインの芳香が扇のように開かれるとき、そこにあるのだ。その場所は、無数の縫い合わせによって組み立てられる固有の肉体として、穴や継ぎはぎだらけのぼろ切れとして、全面的にそこにある。その場所は、絆創膏で貼りつけられた雑多な村々〔pa-

81]によって形成された多神教の風景として、布やぼろ着としてそこにあり、地上や海上で目にすることのできる古代の文献としてそこにある。人は、空間を探測することによって、それに出会うことができる。それはここに、この書物のページの上に記されてあるのだが、それは書き直されるためにわざとそこに書かれており、皮膚については脱皮、聴力については振動、味覚については扇、視覚については風景として、もう一度描き直されるのだ。これこそ、感覚的なものであり、ひっくるめて共通感覚である。これこそ経験的なものの基底である。

超越論的なものや被制約的なものは、かくも形式的で抽象的であり、多様なものや特異なものからなる件の総体は、諸科学の基底をなしているわけだが、それらは、主体のなかに横たわっているようには思われないし——われわれはその主体に通ずる道を知らないのだが——われわれの言語のなかで振動しているようにも思われない。そうではなくてそれらは、ただ単に、共通の場所を構成しているにすぎない。その共通の場所は諸感覚の行使によってあらわになるのだが、そのとき諸感覚は、言語による無感覚と知識による社会的拘束を忘れようと試みているのだ。

超越論的なものは世界として、つまり、直接的なものであると同時にもっとも抽象的なものとして、われわれの前に姿を現わす。触ることができ、味わうことができ、見ることができ、聞くことのできる現実界は、まるで双子のように、見まごうほどに抽象概念の最先端とよく似ている。あたかも、言語と知識が、どうしても通らなくてはならない関所を作って、この両者の婚姻を遅らせているかのようだ。この窓口で、われわれは無数の書類を果てしなく書き込まなくてはならないわけだ。

肉体と悟性の婚姻の後に、われわれは空間と時間の婚姻を祝福することになろう。

歓喜

ステンドグラス——フランスでの治癒——署名

ステンドグラス

人は暑さや寒さで死ぬことがある。船は、人間の手によって作りだされたもっとも美しいものの一つであり、また少々神聖なものであるが、しかし船体は必ず鉄板で形づくられているので、その外部を大陽が焼くように照りつけると、内部は燃えるように暑くなる。ジブチ港の中央で、あるいは紅海の幹線航路上で、グアルダフィ岬からほど遠からぬ所で、アデンの西で、もっとも暑さの厳しい季節に、夜がいかなる休息ももたらさず、明け方からすでに圧しつぶすような暑さで、その上、船内でパンを焼かなくてはならないという状況のなかでの、船倉の底での仕事、ボイラーの仕事、オーブンの脇での仕事は、窒息するほどの苦しみである。船外とて、船内より快適だというわけではない。五〇年代までは、船が接岸しているあいだに、水夫が毎日少なくても一人は、水分再補給の治療を受けるために病院に運ばれたものだった。また炎熱に浮かされて、ナイフを振りかざして喧嘩をする者たちを、引き離さなくてはならないこともしばしばだった。どのような水に身を浸したらよいのだろうか。船倉の水や海の水に浸ると皮膚を焼かれたものだった。冷房装置付きのアメリカ航路の客船を訪問〔臨検〕した際には、悪性アンギナにかかったものだった。われわれはこのような豪華さを軽蔑していたし、外界の厳しい環境を知らない肉体を軽蔑したものだった。快適な環境のなかに安住している者たちは、あまりに強大なので、厳しい環境のなかで生きている者たちが彼らに対して抱いている軽蔑の念を想像さえしないし、現実界がそれほど値打ちをもっているとは思いもしないのだ。将校たちは、軟弱で、冷房のきいた士官室で冷たいものを飲みながら、地理学の雑誌のページをめくり、舷窓の向こうの赤茶けたレンガ色の大地にぼんやりと視線を投げているのが常だった。このようにして、新世界が、か弱い皮膚にとっての心地よい避難所が、到来したのだ。

一様で乱れのない層流をなす風が、暗青色の汚れない空に輝く冬の不動の太陽のもと、カナダの平原を吹き抜ける。天候の穏やかさは雪とともにやって来る。さもなければ、ナイフのような、耳に穴をあけるような、鼻を削り取るような、頬を切るような、引き裂くような寒さが襲ってくる。それは骨髄にまで入ってきて、骨を砕き、身体を打ち倒す。寒さ、死。死、寒さ。

海流の恩恵によって温暖な気候に恵まれている地域では、ある種の感覚作用は皮膚の表皮にかかわるにすぎないが、他の地域ではそれは筋肉に作用し、それを混乱させ、ある場合は神経システムを動揺させ、血管を膨らませ、あるいは血管を収縮させてその働きを消滅させ、さらにもっとすごい場合は最後の本丸、骨格を攻撃する。骨の髄まで、脊柱軸まで凍えた経験がなければ、それらの地域では言語イマージュが使いものにならないという事実が、理解できないだろう。ブランデーが凝固し、人は倒れ、騎馬警官隊が収容に出動する。ケベックでは、それは最後の審判の日とでも言うべき日なのだが、官庁のサイレンが鳴り響き、住民に家のなかに閉じ籠って外出しないようにと警告する。そのような日には、どこであろうと外にいれば、死の判決が下されたと同然である。シベリアのいくつかの村々の周辺では、明け方、路上に何体かの死体が横たわっている。これらの死者たちは、政治的な麻薬を忘れようと飲んだきついアルコールの麻薬から、寒さによる硬直へと一挙に移行したわけだ。涙さえも凍る憂世で屈辱を受けた骨たちだ。

われわれの祖先たちは、度重なる森林火災に直面しながら、ラブラドール半島からウィスコンシンへと、いかにして生き長らえることができたのだろうか。秋口に生まれた赤ん坊はすべて死んだことだろう。ジェームス湾〔カナダ中東部にある湾〕に面した、グランド・リヴェール川のダム建設の基礎工事現場で、これは地球を震わせるほど重いダムなのだが、新石器時代と同程度に古いインディアンの住居跡が発見された。寒さに対してかくも弱くなってしまった皮膚の持ち主であるわれわれは、ブリザードの吹き荒れるなかでも動物の毛皮一枚を纏うだけの、彼らインディアンの裸の肉体を理解することができなくなっている。これらの遺跡の灰を前にすると、旧世界が再びあらわになってくる。虚弱なわれわれは、そうした旧世界から保護されているのだ。

熱は恐怖心を起こさせ、寒さは純粋な不安を生じさせる。海では、人は水で死ぬよりも、たまたま海を荒らす風によって死ぬのだが、人はそこでは寒さで死ぬこともある。だが、生命の支えをゆさぶり、つかんでいたものを放棄させる最後の震えに陥る以前に、恐怖に襲われて人は死ぬ。恐怖による死が凍死に先んずるわけだが、まるで前者は後者の前兆であるかのようだ。高緯度の海域では、極北の幻想的な灰色の風景のなかを、まだ自分たちの座席に座ったままの死体を乗せて、長い捕鯨艇が漂っているのが見られたものだ。彼らは手にオールをもち、力いっぱい漕ぐ姿勢をとり、じっと身を固くして、目を皿のように見開いて死んでいるのだが、小舟の脇腹には食糧と毛皮がはちきれるほど積み込まれており、船上ではすべてがうまくいっていたはずなのだ。白魔におびえて難破し、恐怖に襲われて死んだ者たちが、亡霊のように、静かな海上を滑ってゆく。白魔を恐れてはいるが、私は冬が好きだ。私は寒さで死ぬのだろう。

オーヴェルニュ山地の北にまで行かなくとも、私は死ぬほど寒がったものだ。この高地で書かれた私の著作の一冊は、その地の春の寒さで死んだのだ。刺すような寒風とみぞれ混じりの凍えるように冷たい雨の降る四月に、暖房のない部屋で机に向かっていると、粗織りの毛布を七枚着込んでさえも、がたがた震え、手はかじかみ、足は死んだように固くなり、即席に編んだ帽子の下で、頭は焼けるように痛んだ。それはプラトンについての著作で、数学と認識論とをいっしょに扱ったものだが、三百ページあまりで、凍えた私の全感覚の震えを伴う麻痺によって、まるで一連の彫刻のように、石化されてしまった。いかなる認識も、まず最初に諸感覚を経由して初めて、自由な認識が可能になるのだ。もし諸感覚が硬直してしまえば、数学よさらばである。厳密な思考をめぐらすためには、寒さで身体じゅうが震えていたのではだめである。あの年の春には、太陽はあの山々の後ろに隠れていて、そのために私は、存在を超越して、私の恋人たちに会うことはできなかった。寒さに凍えて、誰がプラトンの書物を論ずることができようか。認識が働くための現実の条件は、暖かい部屋のなかに横たわっており、超越論的なものは暖炉のなかで赤く熱している。そのことを私は、屈辱を受けた自分の骨から学んだのだ。

暑さ——寒さ。燃えるように熱いレンガの前に座って、裸で、足を組み、手を結び、流れる汗に覆われて、身動きもせず、窒息寸前の状態にあるのだが、心はより穏やかで、自らの体液のなかを泳いでいると思いなして、炎暑に適応し、まるで屍衣にくるまれているかのように目を閉じ、多湿によるけだるさに浸り、遠くなった耳で隣人たちの話し声を漠然と聞き、暑さのなかでもうろうとしてはいるが、しかし睡眠からは程遠い状態である。突然冷たいシャワーを浴びた後、プール＝氷海に飛び込むと、まさに皮膚は客体化する。つまり、皮膚は身体から剝がれ、離れ、マントのように水のなかを漂い、肉体から隔てられ、距離をもつようになる。主体は内側に縮まり、不安げではあるがしかし穏やかで、神経叢中央の黒いダイヤモンド状組織のように濃密となるが、残りのすべてのものはその主体から独立して、世界のなかに置かれた一つの客体になり、そこで、安定し、不動で、くつろぎ、水のなかでしなやかになり、至福感に満たされる。

われわれは認識の木ゆえに楽園を追われた。彼女のせいで、神をまねたがゆえに、われわれは決して川のほとりの楽園に戻ってくることはできないだろう。北緯四十五度弱、東経零度少々の地点に位置する、ガロンヌ川中流域の平野にひろがる温暖な地方のただなかにあっては、プラムの木や桃の木の花盛りが過ぎた頃には、気温は大変和らぐので、夜、裸のまま皮膚をさらしていても、暑いのか、寒いのか、暖かいのか、涼しいのか、なま暖かいのか、そうしたことさえも決しかねるような気候が何夜も続く。身体は衣服も求めず、天使のように、夜の闇のなかを歩いてゆく。そよ風が吹いて身体の上に波形模様が刻まれるとき初めて、身体は自分が外を歩いていることを知る。いかなる理由で、瀬音ざわめくこの園を去ったのだろうか。

朝の目覚めが起こるのは、いわば皮膚とベッドからなる湯舟のなかで、肉と毛布の共同の厚みのなかに呑み込まれているときである。シーツは皮膚の表皮の延長であり、肉体はシーツのやわらかいしわやポケットのなかに広げられている。一つの先端が暗がりのなかから、温もりのなかから、違和感のなかから出現する。それは水路の終点であり、流れに従って泳いできた者がそこで岸にぶつかるのだ。ふくらはぎの骨や腱は中央に戻り、腿の骨や腱も内側に戻り、伸びをする際の心地よい圧力によって腰の両の窪みが引き締まり、太陽神経叢のなかを無重量の滋養が流れ、穏やかに、左右対象が確立されてゆく。睡眠によって、盲目のなかで生きられ、探検され、知ることのできる肉体の内部は、目覚めによって再び折り畳まれ、陥入して、外部に場を譲り、外部のやわらかいものが再び表舞台に登場して、固さを演じなくてはならないことになる。
眠り込むことは承諾《ウィ》の身振りをまねることになり、目覚めることは否《ノン》に与することになる。潜り込むこと、同意すること。岩場の海岸に這い上がること。毎朝、夜明けに生まれること。歓喜。

肉体は、単なる受動的な受け取り手として、蚊帳の外に置かれて、行動しているのではない。哲学は肉体を世界という与件の側に置き、どっかと座ったものあるいはへたり込んだもの、だらけて醜いもの、最近では嫌悪すべきものにしているが、本当はそうではない。肉体は自ら鍛え、訓練し、ほとんど本質的に動くことを好み、喜んで行動し、行動することを楽しみにし、飛び跳ね、走りあるいは踊り、言語を介することなく直接的に、自らの高揚のなかで、自らの高揚によってのみ自らを知り、息を切らし、疲労の限界で、筋肉の燃焼のなかで、自らの存在をあらわにする。

肉体は呼吸する。呼吸は、無意志的でありまた随時に意図的でもあるが、鍛冶屋のふいごのように柔軟であり、作動しながら変化し変容することができる。生まれて初めての呼吸であり、最初の溜息でもある引き裂くような産声を過ぎると、それは最初の悦楽なのだが、肉体は呼吸することを好み始める。肉体は呼吸をすることを大変好むので、戯れに逃げ去っては再び現われるお望みの女を追い回すように、息が切れるほどに、呼吸を追い求める。肉体は好んで第二の呼吸に移行し、再び呼吸を始めるのだが、それは、あえぎながら連続的な段階をなして、新しいリズムに、別な世界に、すべてが容易になる空間に達するためなのだ。胸郭の慈愛ほど広やかなものはない。「創世記」の最初の呼び声、世界のあけぼのに、混沌の上で、神はruagh《ルーアハ》と言う。口蓋の奥での、喉の窪みのなかでの、舌より奥での〔言語以前の〕、舌の根元の奥での〔言語の根源以前の〕、呼吸によるしゃがれた声の畳韻法である。そこでは神的なものが、あえぎによって掻き鳴らされ、あるいは認知されるのだ。ruagh それは、走りまわった末に、心室を支配するところの呼気、吐気、風、魂の息吹である。

死はその前ぶれとして窒息、あるいは呼吸狭窄を伴うが、後者はまたその前ぶれとして呼吸を遮断する胸部圧迫感を伴う。

跳躍は、第一義的には走るための要素なのだが、いにしえの出産祝別式と第一歩を歩む喜びを経て、呼吸に続く肉体の第二の悦楽をなしている。〔跳躍するために〕動物はうずくまるようにして、自分の身体のバネをしわ状に収縮させる。動きをとめてはずみをつける、あるいは逆に、敏速な動きによってはずみをつけることは、潜在的な飛翔や、その向点にある空白や、決断、期待の確実性、不安、今にも飛び出そうとする身体の不安定状態等を一つに結びつける。跳躍は飛翔よりも一層心地よいものだが、それは筋肉を収縮させることによって、筋肉を伸ばしたときよりももっと軽快で鋭い震えを生じさせるからであり、そのことによって恍惚状態以上に陶然とさせる陶酔をもたらすからである。それはまるで地上における可能態は、空中における現実態にはるかに勝るかのようである。恍惚状態とは、正確にいえば、長距離走において地面すれすれの位置で反復される小さな跳躍や、ジャンプ・ボールの際の、あるいはゴールにボールを投げ入れる際の敏捷なジャンプや、ゴールポスト上方隅へ高くジャンプしたゴールキーパーのボールキャッチを完結させるものであり、とりわけ、跳躍競技場の中央にぴんと張られたバーの上での、腹部と背部のゆっくりとした連携《エプザーユ》〔婚礼〕を完結させるものである。自分の目で天使を見たことのない者が誰かいるだろうか。伝統的には、天使とは、心のなかで思い描いたり、計画したり、欲したりするすべてのことを直ちに実行することのできる存在として定義される。たとえば、天使があそこに身を置こうと思えば、天使は直ちにそこに身を置くことができる。私が見た大天使はトラカネリーという名前であった。名前は重要なのだが、もし彼がこれを読んでくれるなら、私は彼を賛美したいが、今回ばかりは、賛美するのは天使の方ではない。軽やかで、敏捷で、すらりとして、しなやかな彼は、いまポールを放したばかりの腕いっぱいに翼を広げるように、目にもあざやかに、魂の如くに、バーの上を楽々と飛ぶのだった。彼の飛翔あるいは跳躍においては、地球の引力がまったく感じられず、その普遍的な作用が一瞬中断したかのように見えるのだったが、それはまるで熾天使が現われたかのような奇蹟だった。力も用いず、汗さえもかかずに跳ぶ彼が、再び落ちることに人々は驚嘆するほどだった。競技場の水を打ったような静けさのなかを、天使様のお通りだ。

私がヘルメスをトーテムとして、紋章として、定理として選んだのは、哲学おいて必要とされる、単に思弁的な理由のためでも、あるいは歴史的予見によってでもない。その歴史の予見とは、プロメテウスの支配する時代が始まるだろうと、今からすでに四半世紀前に私に言わしめたものだが、実は、プロメテウスは百年も前から世界と思考を支えていたのだ。私は、プロメテウスも同じく旗手であると思い違え、なぜなら彼は飛ぶからだが、足に翼のある第一天使と取り違えていたのだ。ヘルメスは、沈黙のなかを通ってゆく天使の先をゆくわけだが、それは、われわれの沈黙の中を通ってゆく天使が、ヘルメスの名残りを残してゆくのと同じことである。ヘルメスは通り、走り、飛び、跳躍する。

つねに足に翼を描きなさい。下肢は飛翔を始動させるからだ。天使の背中にあの大きな翼をくっつけたのは、何という間違いだろうか。下方の浅黒い筋肉の収縮のなかでこそ恍惚が準備され、それは行動以前に細かく震え、振動するのだ。死は身体の崩落としてやって来るのだが、生命力の息づいている脚の主たる緊張が失われて、人は崩れ落ちる。

教師、俳優、弁護士、あらゆる種類の修辞家など、話す職業をしているあなた、日常的な職業が歌曲にかかわるあなた、肉体の外へと発せられた声でホールの奥の壁まで空間を満たさなくてはならないあなた、渦を巻く火柱のように振動する気柱や、強い音の響き、えも言われぬ抑揚を喉の上まで押し上げなくてはならないあなた、あなたはそれらのすべてが土台から、基盤から、しっかりと地についた姿勢から、接地による支えから、動物のように足裏でしっかりと土を捉えることから、深く根を張るように足指でしっかりつかまえることから生ずるということを知るべきであり、何かわからない燃えるような源泉が、何かわからない地下の流れから出てくるということ、すべては脚や、腿や、尻や、腹部の柱状筋肉に沿って昇ってくること、叫んだり、ことばを述べたり、意味したりするこの声が自らの奥深い霊感をこの土台に負っていることを知るべきであり、大地の腹から発散される蒸気の上でしか、ことばを発したり意味したりすることのできなかった古代のピュティア〔デルポイで神託を授けたアポロンの巫女〕に、あなたは今日、今晩、今夜、似通っていることを知るべきである。あなたはそれらを下肢で捉えることができるのだ。もしことばの翼が足の踝の所であなたを押し上げるならば、声は飛翔することができる。あなたは、自分の膝と中足のおかげで幸いにも話すことができ、歌うことができ、ことばを自らの肉体のなかに肉化することができるということを認識するだろう。音楽や意味は、恍惚状態と同じように、こうしたスプリングから生まれる。飛翔する声は地面から肉体＝火山を通ってやって来る。魂の息吹は地面と同一平面を吹く。

弾性のある丈夫なベッドの上で飛び跳ねることほど愉快なことは他にない。いたずら盛りの思い出なのだが、すべての子供はベッドの台木が壊れるまで、この楽しみの権利を行使したものだ。腿とふくらはぎの筋肉を伸縮させる二重の恍惚感、ほとんど金属的な力強い跳躍、そして跳躍の頂点での永久と思われるような停止、そのとき身体で演技をし、表現をするのだ。

二人で味わったこの楽しみほど、私たち兄弟を真の兄弟にしたものは他にない。一生のうちで、君は覚えているだろうか、わたしたちはあのときほど笑ったことはない。高く飛んでわたしたちはポーズをとったものだ。着地のときには、ベッドが調和をとって二人を受け取ることは稀であった。一方は星のように空中に弾け飛ぶのに、もう一方の方は跳躍できずに倒れることがあった。状況のえも言われぬ実地学習であった。

文化は時としていくらかの進歩をするものだが、この地上にトランポリンほどすばらしいものが存在しているだろうか。工業技術はトランポリン以上に神々しい器具を創りだしたことがあるだろうか。若い人たちよ、私に同情していただきたい。年代のせいで、トランポリンを用いての教育を受けなかったがゆえに、大変不幸な思いをしている人間に同情していただきたい。

すらりとした体形をし、背筋がぴんと伸び、尻の線も足の線も引き締まった、彫刻のように美しい二人の女性が、国の紋章がプリントされたぴったりとしたワンピースの水着を着て（彼女たちは飛び込みのナショナル・チームのメンバーなのだが）、トランポリンの上で訓練をしている。彼女たちは毎日のように、かつての私たち兄弟のように、向かい合っていっしょに跳躍をしている。彼女たちは飛翔の高みで演技をし、ゆっくりと、注意深く、身振りと姿勢を分析しながら、対称的に、互いにまねをしているかのように、あたかも一枚の鏡が彼女たちを隔てているかのように、互いの姿を見ながら訓練している。

彼女たちにとっては、習慣においても、ひねり飛び込みや、とんぼがえりや、スワンダイブや、空中回転などの妙技においても、すべてが連関しているので、この機械的な練習に少しうんざりしており、むずかしい演技においてさえも彼女たちはおしゃべりをしている。何について話しているのかわからないが、しかし彼女たちは興味をもち、熱心に、何事にも無関心ではいられないかのように論議している。対話している二人の身体は飛翔し、アクロバット的かつ自然な姿勢で、一瞬、動かないままになるのだが、二メートル以上もの高さでの対話は、天使たちがいかにして話すのかを示唆してくれる。間違いなく、彼女たちは恋について快活に話しているのだ。あたかも小さなキューピッドたちが笑い騒いでいるかのように。ことばが何に由来するのかが見て取れよう。

鎖の先に小さな座席がついていてそこに一人一人乗る方式の、一種の単純なメリーゴーランドが、ありがたいことに、まだ存在している。この種のメリーゴーランドには、時には二十五もの席が吊るしてあるのが見られる。独楽のように機械が回転して、鎖は次第に傾斜し、遠心力によって水平に近づき、メリーゴーランドのまわりで環状をなす。席に座っている者たちは自分の重力を失い、無重力状態で飛んでいるように感じる。彼らは一つの力を別の力と交換したのであり、見せかけの飛翔をし、第二の鎖で支えられた彼らは、足＝翼の上に別な風に重力をかけているのだ。

私の女友達が私の前の座席に座り、私の軌道面で、彼女が私の腕のなかに引き寄せられたり私の足で押し返されたりするがままになるとき、真実があらわになり始める。太陽を中心とした環状システムの通常の軌道を外れた惑星であるかのように、彼女は周転円を描いて離れ、一方私の方は後退あるいは退行する。私は重力を失い、また単純で愚かしい遠心加速装置からも自由になる。私たちの動きは、私と友達との力から、二人の排他的な関係から生じるように思われる。彼女は私を引き寄せ、私を投げ出し、私を再び捉え、私を途中で押さえる。私は彼女を放し、再び彼女を見出すが、彼女は軽やかで、髪は乱れ、ほとんど肉体的存在には思われない。彼女がそうしようと思えば、私は飛翔することができ、私がそうしようと思えば、彼女は飛翔することができる。われわれは好きなときに、ちょっと合図をするだけで、さしたる苦労もせずに、ゆっくりと、軽々と飛翔することができる。二人の関係のみによって二人の恍惚状態が創りだされる。われわれ二人は二人のみによって存在し、残りのものは消え去ってしまう。ここにこそ天使のような愛が啓示される。

ところで、われわれのグループは勉強よりもお祭り騒ぎに飢えている六、七人の腕白坊主どもであり、メリーゴーランドは、われわれの家とガロンヌ川の間の砂礫帯の上にある。発車、離陸だ。三人あるいは四人束になって、われわれはくっついたり手を放したり、爆弾のように弾け飛んだりする。ある者は四つん這いの格好で飛び出し、別の者は仰向けになって宙を滑り、こちらの者は塊のようにころげ、あちらの者はスケートのまねをしたり、腕を組んでバレーのスリッツをしたりする。一列に密集したり、離れたり、あるいはじゃまをし合いながら、大きな太陽をなしたり、逆行したり、花綱を形づくったり、自分自身を軸に激しく回転したりするわれわれは、雲のなかに寄り集い、入り交じって笑い騒ぐ天使や、キューピッドに似通っている。朝、両親のベッドの上で、陰鬱にも一人で飛び跳ねるよりも、はるかに大きな喜びである。

私は四十年後にこのメリーゴーランドを、リヴィニョの谷間の山村で再び見かけた。そこでは、オート・アンガディヌ州の凍土のようなスイス・ドイツ語圏の精神的風土に隣接しながら、ラテン文化が寄り添うように、混淆したロマンシュ語のなかで躍動し花開いている。メリーゴーランドでは六、七人の子供たちが互いにくっつき合ったり離れたりして遊んでおり、二人の恋人が飛翔を楽しんでいた。それはまるで天使ケルビムのようだった。雲を住処とし、一群をなして行き交い、はしゃぎ、そして突然、装飾を描くように自分一人の軌道の上に弾けだしては笑いころげる天使たち、このような天使の一団から自分が生まれたのだということを、そのとき私は知ったのだった。四十年後にこの光景を再び目にすると、天文学のすべての知識が身体のなかに戻ってきて、身体は惑星となり、そのとき大人は再び子供になるのだった。子供は、まじめな意味で、新しい身体を、空中浮揚しながら天使のような愛を生きる身体を、思想家に提示してくれるのだ。

　別の力で重力を阻害すること、第三の弱い力の助けを借りてついには自分の欲することをなすこと、これこそ才気《エスプリ》である。

　歩くことによってリズムが生じ、そのリズムは、乾いた共鳴箱や、ティンパニーや、チャイニーズ・パビリアンをたたくような、連打的な響きを声に与える。また、静寂のなかで鳴り響く足音は、静けさを一層際だたせる。足と心臓、足どりと血液循環の二重の拍子。自分の身体をその寝所から十万歩運んでゆくことがなければ、われわれは自分の肉体を真の意味では知らないままである。今から三世紀前あるいはそれ以前に作られた彫像をよく見ていただきたい。それらは大きな足と、筋肉の張った腿をもっている。われわれは歩行を失い、歩行やものを運ぶことから生まれる歩調の優美さを失った。世界は遊歩《プロムナッド》の距離にあり、アジアにおけるわれわれの祖先はベーリング海を渡りアメリカ大陸に分布したし、わが曽祖父たちは、大ナポレオン皇帝の近衛擲弾兵として、グラナダ〔スペイン南部の都市〕からモスクワまで徒歩で駆け巡ったのだ。飛行機は世界を狭くしたと言われているが、逆にすべての輸送手段は、われわれの足そのものにとって途方もなく世界を大きくした。虚弱になったわれわれの脚は、もはや自らの力で空間を乗り越えようとはしないからだ。
われわれの脚がほとんど腕に近い機能を再び取り戻すためには、山歩きをするのがよい。そうすることによって、肉体は四肢をもつ動物に近づくからだ。急な斜面をよじ登り、足が斜面にしがみつくのを感じることによって、下肢は重荷を運ぶ仕事から幸運にも少しばかり解放されて、別の機能を発見する。足はもっとも優れた手をなし、脚はもっとも確実な腕をなしているのだ。一番下にある筋肉は、高さへ向けて、精神的部分へ向けて、柱としての、飛翔の跳躍台としての、踏切としての天性をつねにもっている。ヘルメスはつねに足に翼をもっているのだ。

走ること、それは第三の悦楽であり、呼吸と跳躍の総和である。節目のような伸縮式の継目のあるレールの上を、列車の車輪が通過するとき、その衝撃によって音がでるが、その衝撃音は最初のうちは列車の走りにリズムをつける。しかし速度が増すと、車輪は継目の窪みの上を静かに飛んでいるように思われ、列車の走行は滑らかになる。足が地面の上を走る場合についても事情は同様である。走ったことのない者は、足で規則的に地面を蹴ることによって走ることができると思うものだが、実際それはそれほど間違った観測ではない。足は急速に地面をたたくからだ。だが、走者の方はそのように了解しているのではなく、あるスピードに達したとき、突然に乗り心地のよさを感じる列車の乗客と同じように感じるのだ。走っているある瞬間に、彼は自分の靴がもはや地面に触らなくなったと断言するだろうし、自分が地平線と平行に飛んでおり、自分の下肢は静けさのなかに、あるいは不在のなかに溶解してしまったと断言することだろう。短距離走にせよ長距離走にせよ、走ることは走者を新しい世界に投げ入れる。トラックの上を地面すれすれに、高くかつ低く飛ぶ鳥の世界に投げ入れるのだ。走ることは歩くことを加速したものではなく、跳躍を連続化したものである。肉体の土台であり、生命のバネであり支柱である下肢は、跳躍においては微分的にしか知りえないところのものを、走ることによって積分的に完成させるのだ。そのとき下肢は、働きながら姿を消し、支えをしていながら不在になる。それはあたかも、思考をしていながらそこにはいない主体のようなものである。下肢は存在することなく事をおこなう。これこそ足の翼が意味するところのもの、飛脚でもあるヘルメスのメッセージが意味するところのものである。

若い者は歩くよりも走る方が楽だと思うものだ。年齢を重ねるに従って、人は知識を得るよりも考えるようになり、支柱や脚を投げ捨てることを学ぶのだ。

一般に、運搬に携わることは、人を奴隷状態に追いやることだと考えられている。インディアンは重いジュートの重量に圧しひしがれ、あるいは中国人は天秤棒の下で身を屈める。あなたは決して何も運んだことがないのだろうか。われわれは積載量を失ってしまった。自分の肩甲帯が重さを知らず、圧力に対して無垢であるならば、何人《なんぴと》も自分の肉体を知ってはいないのだ。

ピアノは音をだすが、しかし数トンの応力の下に、固く、やわらかく身を屈めている。哲学者は御主人を手放しにほめ称えるが、しかし彼は建造業者をも、引越し業者をも、同じようにほめ称えなくてはならない。

いつか誰かを肩に背負って、山の頂上から谷間まで降りてごらんなさい。最初は死ぬかと思うでしょう。降下しながら筋肉を働かせる訓練をしていなければ、このときの筋肉の苦痛はひどいものである。それから、いつものように、第二の呼吸法や、未知の苦痛に対処する習慣性といった方策が生じてきて、知られていなかった筋肉網が少しずつあらわになってくる。使われていない隅、休眠状態にある関節、肉のただなかの沈黙していた部分が、奇妙ではあるが親しみ深い音楽、前代未聞ではあるがたちまちそれと認知される音楽を、初めて、奏で始める。重荷を支える柱状筋は、非均質的で、可動性や順応性に富んでおり、絶えず作用している圧しつぶそうとする力の下で、ゆがみを生じ、態勢を整え、責任を交代し合うのだが、一つの世界がそっくりそのなかに生まれるほどである。身体は、建築物、動く石垣、船体となり、骨格は基礎の骨組み、構成梁、陸梁、合掌梁となり、筋肉は壁や仕切り壁を形づくり、弾性に富み流動性のある框状組織網を形成し、骨と筋肉とを連結する腱は時に応じてその角度を変え、ひっくり返る危険性に、いつなん時でも、ほとんど液体的・気体的なしなやかさで順応しうる基礎を提供する。肉体は、三脚台、安楽椅子、轎《かご》、大型ヨット、凱旋門、大聖堂、船、揺籠、櫓となり、建造物のための強固で固い土台、船や気球のための流体状の支えとなる。それゆえ、肉体は身を下に投げるわけだが、何を下に投げなくてはならないのか、それをいかにして下に投げるのかをはたと合点し、下に投げられたものとしての自分、subjectus としての自分、つまり主体〔sujet〕としての自分を知る。私は重荷を支える、ゆえに私は存在する。

担ぎ人夫《ポルトフェ》、旗手《ポルト・アンセーニュ》、メガフォン《ポルト・ボワ》。

おお、自分のパートナー、自分の恋人を背負っていることの広やかな幸福感。飛翔することは、相手を飛翔させることができずしては価値がなく、恍惚は恍惚の静力学によって、飛翔への踏み切りによって完成される。カップル〔偶力〕は重力と結合する。

自分の重荷を下ろす者は大きくなる。

かくも長い時間、もろもろの学問や書物、厖大な資料体をもつ偉大な著作家たちを担っているということと、おびただしい数の祖先、死語や生きた言語、ハードな知識やソフトな知識を担っているということ、これほどながい間の記憶や歴史を支えていること。その重荷がついに足元に下ろされたとき、人は再び子供になる。感覚で捉えうるもののなかでの直接的な幸福感。

私は、氷雪に覆われた山頂から、谷川が歌うように流れる谷の窪みまで、私の娘を背負ってきたのだった。

幸福なる谷間での、合体したカップル〔偶力〕の教訓的《エデュカティフ》〔鍛錬の〕対舞。

かくも脆弱な性である雄、汝は荷を担うことができるのだろうか。女性のみが合体した身体の積載量を知っており、時としてその積載量を生きるのだが、そこでは二つの年齢が加えられる。

話そうとする以前に、呼吸のあえぎによって喉の奥でruagh《ルーアハ》が鳴り響く。胸郭は、火と風となって、自らの涙の湖から抜け出し、跳躍は大地の腹から自らを引き剝がし、歩行は心臓の鼓動と協調し、走ることによって踏み切り足の上方で下肢の筋肉は消え去り、知識の重荷と自我意識の重荷を下ろした瞬間に、身体の積載量が肉体にもたらされる。そのとき、最初の喜び、歓喜＝総和の全面的な舞踏が始まる。歓喜は息吹を吹き込み、心をわくわくさせ、身を踊らせる。生命は炎のカーテンのように踊るのだが、死は硬直をもたらす。知性は踊るが、愚かしさは繰り返しによって自らを固定化する。直観は踊るが、論理学と記憶《メモリー》はロボットのプログラミングをするにすぎない。ことばはその誕生の時には踊るのだが、ステレオタイプのなかに崩落する。欲望は踊るが、無関心は眠り込む。

踊りは、肉体の音楽と同じように、言語以前の世界に君臨する。それは時間の始まりを秒読みする。踊りは、繰り返されるリズムに合わせて走ったり跳んだりするわけだが、それは重複をなしており、同じしぐさを再び見出し、同じステップを踏み、自分自身のまわりに円を描くようになるが、しかしときどき、いきなりアチチュードの姿勢をとっては驚かす。踊りは永遠回帰のリズムの上に、思いもよらないものを撒き散らすのだ。こうして肉体は今、新しい数を発見したところなのだが、これが時間の始まりである。
踊りを踊る以前は決して肉体は誕生しない。

通常の歩き方においては、足の裏だけに要求される支えるという働きが、水泳においては皮膚の表面全体に割り当てられる。重さに対するいかなる抵抗も示さないような環境において、その重さが不定形の多辺形の上にかかるならば、運搬の責任は足から身体に移行し、突然、身体全体が足となる。サンダルとは、トルコ語では、船という意味である。船の頭は水の外に、より軽い空気のなかに出ているわけだが、その頭が皮膚の上に、水没した靴の皮の上にのっかっているといった格好である。皮膚はそれゆえ高揚し、細かい管轄に分かれて流体と折衝し、わずかな維持力を得る。しかしこれらの小さな力は他を信頼し、皮膚がそれらを統合〔積分〕して浮力＝総和を得る。水泳とは、微細な場所にわたって一挙に皮膚全体を水に委ねることである。それはわれわれを自分たちの誕生以前の状態に連れ戻す洗礼である。流体が固いものに取って代われば、浮力に支えられていたものは足による支えに委ねられるわけだが、逆にわれわれは、肉体全体の縮小モデルとして足を考え直さなくてはならないのだろうか。一つの責務から解放されて、皮膚全体は、触覚を受け持つことになるのだが、それゆえ微分的《ディフェランシエル》〔示差的〕となり、積分的《アンテグラル》な支えの働きをすることはない。皮膚はそれゆえに入墨がほどこされているのだ。

ところで直立姿勢と直立歩行は、重力の作用によって、軸対称をわれわれ人間に課しており、その軸対称によって人間の体形と外観は彫刻され、われわれは皆、地球の中心に結びつけられている。水中での水泳と空中での舞踊は、われわれをこの通念から解放し、軸というこの直線を一つの点に取って代えるのだが、その点とは、本書の冒頭で舷窓を越える際に、私が「魂」と名づけた漠然とした場所に位置する点である。われわれの身体のあらゆる対称性は変化をきたす。平泳ぎ、グリサードやジュテ〔ともにダンスのステップの一種〕、飛び込みは、われわれを放射形の存在に変形する——私は放散虫の形にと言いたいのだが。もし人間が数百万年にわたって水中で生きていたならば、人はヒトデになるのだろうか。胴体が見えなくなるような踊り方をするダンサーを、よく見かけたものだ。胴体は地面に下り、目や膝や腰や胸と対称をなし、今やわれわれは一つの点を中心に球形をなす。流体は回旋的で、丸さを強制するのだが、一方、固体は重くて建築学的な方形を強制する。重力を減少させるものや重力を消去するものはすべて、上述の中心点をもたらすが、その中心点は地球の影響力の外に出て、われわれの自律性に身を委ねる。その中心点のまわりでわれわれの水中での動きは球形をなし、その中心が跳躍を司る。軸上にあっては頭と足根が中心であると主張するが、それらは今や周縁にあり、土台でも頂上でもない。すべては性《セックス》からほど遠からぬみぞおち付近との関係で、再び秩序づけられる。もしわれわれが数百万年にわたって水に浮いたり飛び込んだりしていれば、われわれはもう少し合理論的ではなくなり、情緒的で愛情深くなるのだろうか。

さてそれゆえ、身を屈め、海のただなかをゆっくりと泳ぎながら、胎児は同じ点のまわりに身を丸めている。彼は、誕生以前から自らの魂のまわりを回り、分娩のときにそれを固定し、泳いだり踊りを踊ったりするときや、また無数の球形の対称をなす夢幻境のなかで、それを再び見出すのだ。クロールで泳がないようにしなさい、水の上にうつ伏せになって四つ足で這わないようにしなさい、競争的で高慢な姿勢である軸対称を保持しないようにしなさい。胎児期の記憶をとどめる体液のなかで、埋もれた魂を求めながら、従順にとぐろを巻きなさい。真の進歩はそこに横たわっているのだから。

注意を凝らすとき肉体は凸レンズ状のアーチ形をなし、そのことによって上述の点はそのアーチ形の焦点に、半円の中心に位置するようになる。その点は私から出て世界のなかに幸運を求めにゆくわけだ。

点対称をなす球形の中心点は、身体の位置や、動きや、運動に応じて、たまたま身体の外に出ることになるわけだが、この点のまわりに巻きつくように水泳、飛び込み、ダンスがその飛翔を繰り広げる。この点が誕生するときとか、炎に包まれた船の舷窓から脱出するときなどに、魂の存在とその性質があらわになる。胎児時代の手ほどき以来、われわれはこの点、この極のまわりを動く術を心得ており、この点を自分自身の外に生じさせる術を心得ている。われわれは生まれるし、また分娩もする。私の魂は、主体の極として生まれ、まもなく、客体の極として分娩される。

不器用な者は、自分の周囲にボールを転がしながらボール遊びをするが、この場合そのボールは、主体である太陽から法則を与えられた特異な惑星である。非協調的で、かたくなで、わがままで、命令したがり屋の主体であるこの不器用者は、何も学びはしないだろう。彼は誕生させる術を知らない。彼は諸物を自分に準拠せしめる。彼は彫像であり、ロボットである。これとは逆に、ボールは器用な者たちを手玉にとって戯れる。器用な者たちは、自らがさまよう惑星となり、この新しい小さな太陽のまわりを駆け回るのだ。彼らは、主体であるボールの周囲を取り巻いている、しなやかで協和的な客体である。彼らはあらゆることを学ぶことができるだろう。なぜなら彼らは自分自身の法則を捨て、すべての物を支配することを諦め、順応し、従順であるからであり、そしてそれゆえ、この新しい意味において、すでに彼らから遠く逃げ去っているものの法則に従い、そのことによって彼らは自分たちのかつての魂を認知するからである。魂は、近くにあっては、手触りも心地よく、遠くにあっては、目にも明らかであったり、快い響きを発したり、時には芳香を発したりする。器用な者たちは、関係と客体とを出産したわけだ。準＝主体であるこの点は、準＝客体となり、関係となり、ほどなく物となる。器用な者たちは、与える術《ドネ》を心得ている。それゆえに彼らは、与件《ドネ》を受け取る術もまた心得ている。彼らは、器用であり、注意深く、すぐさま熟知する。

生まれる術を心得ており、誕生させる術を心得ていること、身体のなかの分裂繁殖の場所を心得ていること。その場所のまわりに主体が配置され、そしてその場所は身体の外に出て、関係となり客体となる。内密なものが遠くに身を置き、そして突然、自我が留守になるというわけだが、寛大にもその自我のなかに、まったく異質で隔たったものが、ゆったりと住まいを与えられることもありうるし、それが近隣や内面に足しげく出入りすることもありうる。五感による空間はもろもろの距離の集合体を構築しており、味覚や触覚は近い距離、聴覚や芳香や視覚は遠い距離を提供するのだが、そこでは件の場所は動き、そして自分の位置を探知する。

若いときに集団のゲームをやったことのある者は、個人の絶好調の状態を経験することができたものだが、そこでは肉体は突然に天使のようになり、試みることのすべてに成功する。疲れることもなく、目に見えた努力をすることもなく、またそれを感じることもなく、誰よりも高く跳び、あらゆるところを通り、倦むことなく走り、巧みにすり抜け、あらゆる目標に到達することができる。伝統的な定義を繰り返すならば、天使とは自分の心で決めたことを直ちに身体で実現しうる存在である。件のプレイヤーはそれゆえ、数シーズンの間、天使の肉体を受け入れたような印象をもち、どのようにしてかはわからないが、別の世界へ、誤りも弱点もない空間のなかへ移行したような印象をもつものである。そこではとてつもない計画が思いもかけずやすやすと成功する。機敏なプレー、敏捷な動き、つねに巧妙で的確な判断、そう、生命は地面から一メートルのところに空中浮揚しているのだ。ボールそのものが腕をシュートし、音楽は作曲家ぬきで作曲家のために作曲するといった具合である。

個人的な恍惚は、スポーツや、肉体や、知性や、感動についての不朽の思い出を残し、それは生涯に起こった最良のことである。人は、これに類似した頂点、実り豊かで好ましい生を得るように、自分の時間を按配することさえもできる。二人での恍惚は、さらに稀なものだが、恥じらいに委ねられている。天使のような状態は、グループ全体に一挙に起こりうるということは知られているだろうか。

この電撃のような出来事がわれわれにとって、五人プラス丸いボール一つのゲームと、十五人プラス楕円形のボール一つのゲームの、二度にわたって起こったということを、私は自分が死の床につくまで忘れはしないだろう。私はとりわけ、密集し、凝縮した量体を形づくる濃密な沈黙を憶えているのだが、そこではわれわれは、一種の聾状態あるいは盲目状態のなかでいっしょに躍動し、奇蹟の世界に入ったものだった。いつものようにボールがパスされるとき——ボールはインターセプトされないようにすばやく飛翔するのだが——ボールは手から手へと巧みに交換され、そしてたいていの場合、前もって合意されたコードであるにせよないにせよ、呼び声や、単語、叫び、短い間投詞、母音、手の合図などが交わされ、抜かりのない鋭い眼差しが交わされる。ボールはこうした合図とともに、あるいはその後で、あるいはそれと同時に、これらの合図の描く波動する回路網の上を走ってゆく。突然、ボールがそれらの合図に取って代わり、その他のすべての合図は消え去る。チーム全体が一つのボックスのなかに、少々暗い洞窟のなかに入ったようになり、観衆の喧騒は遠く離れた海のざわめきのように遠ざかり、相手のチームは影の集団のように、幽霊のように、力なく揺れ動く。一方、私の身体はボールが通ろうとする場所に身を置き、私はそのボールを、別のケルビム童子が直ちに確実に位置を占める空虚に向かって投げ渡す。われわれはもはや互いに見つめ合わず、互いの姿を見ず、互いの声を聞かず、互いに話を交わさず、互いに呼び合いもせず、目を閉じ、口を閉じ、耳を閉じ、ことばもなく、モナドとなる。そうなのだ、われわれは互いを知っており、互いに予測し、互いを愛し、すばやく互いの先を読み、互いに間違うことがありえず、チーム全体がもはや間違うことがありえない。ついにチームがゲームをするのだ、私でもなく、私のチームメートたちでもなく、チームが、チームそのものがゲームをするのだ。私がすばやく右に動く、しかじかのチームメートは私がそこに移動することを知っており、私もまたそのチームメートがそのことを知っていることがわかっており、そこでボールが私を待っているはずであることを知っている。ボールはきわめて速く走るので、ボールはこのうえない確実さでわれわれの間に関係を編み、この安全性はいかなる欠陥もないので、ボールはさらに速く循環することができる。そしてボールはさらに速く走るので、さらに速く関係を編むことができる……。この恍惚を生きたことがないならば、いっしょにいるということが何を意味するのか誰も学び知ることができないだろう。一つの有機体の部分あるいは要素をいかにして生きなくてはならないかを、このことは、あたかも内面から、直観的に理解させてくれるように私には思われる。しかしその者にとって、ボールはどこへ行くのか、彼にとってボールはどこから来るのか。そして再び、どこへ行くのか。ゲームをしていない集団のなかにおいては、ボールは何であるのか。そして、沈黙の天使たちとは逆に、狂ったように話すのは誰なのか。

　卓越したたぐい稀なダンサーたちが互いに出会うのは、生命のなかにおいてである。この無言の恍惚はつねに対舞《パ・ドゥ・ドゥー》に少し似通っているのだが、誰がそれをことばで表現できるだろうか。一方のダンサーの上げた手が直ちに、相手のダンサーの上げた手と出会い、二人の足が正確に同じ瞬間に曲がるということがどうして起こるのだろうか。一方のダンサーの足が、相手のダンサーの足の合図を予見するということがどうしてあるのだろうか。正確に一致して胴がしなやかに曲げられること、二つの肉体が、無言で、沈黙のまま、プログラムもなく、それぞれが目を伏せたまま、調和的な喜びと、リズムと、音楽に身を委ねたままで、示し合わせたように振舞うということがいかにしてありうるのだろうか。音楽が二つの肉体を捉え、そこに侵入し、二人のダンサーは、まるで天使のように、肉化した音楽となる。

しかし彼らが、無言で正確なかくも多くの出会いによって愛を織り成すとき、いったいボールはどこへ行くのだろうか、音楽はどこから来るのだろうか。
ことばなき、完璧なる調和の神。

偉大な思想ほど価値のあるものは何もない。なぜならその思想は、雑多な色の波形模様を描きつつ、壮大な風景を開くからであり、その思想をよりよく理解することの奇蹟のような歓喜は、誰であれ凡庸な部屋のなかで眠っている者の住居を広げ、宮殿としての彼の世界を突然改造するからである。優雅な論証に値するものは何もない。それは理性に繊細さを付加するからだ。直観、それは光よりも速いと考えられている思考の速さで、肉体を飛翔させる。深い瞑想、高い飛翔、緩やかさ、うららかな知恵の平原。試みや期待に値するものは何もない。私が見込み違いをしたとしても、少なくとも私は誰かに苦痛を与えたわけではないだろうし、また見込み違いでないとすれば、われわれは歓喜で有頂天になるだろう。鋭敏で、辛辣で、均衡からずれた概念ほど価値のあるものは何もない。その概念は自らの動きを、観念的な粒子の長い不自然な連なりに結びつけ、その逆説的な道筋を中空にネジ留めするわけだ。ぴったりと適合した表現、固有の言語、澄みきった静かな水のような文体、やわらかなビロード色に輝く固いダイヤモンド、それらはいかなるものよりも価値がある。知的生命は全面的な歓喜の可能性をもたらすが、それはある日、自分の神殿に入り、ひざまずき、もはやそこから出ようとはしない。

もはや生きるべき日が何日もなく、その日々を無駄にできない者のように、厳かさをたたえたマリンブルーの秋の空。紅葉の木々の葉叢で、はにかむように震える最後の秋晴れの午後の赤銅色の陽光。まだ緑色をした草の上に散り敷いた落葉、そのなかを歩くときのかさかさという葉擦れの音、冷たいのか涼しいのか決めかねるそよ風。暖かさのぎりぎりの最後、あるいは冬の始まり。熟してたやすく割れるが、まだ薄皮がついていて苦いクルミの実。完熟して腐り始めたぶどう。オーブンで何回も焼かれて、焼き網の上でカラメル化した干しスモモ。ぶどうの皮とほとんど同じくらい青く、果肉と同じくらい緑色をした新酒のワインとその渋み、十月の輝かしい光を浴びるオーヴェルニュ高地の森。取り入れの終わったぶどうの低木。九月末の田舎の超自然的な平穏さ。もろもろの神的なものが、手に触れられる形で降りてくる豊饒の季節。まだないものと、もはやすでにないものとの間の、いくばくかの濃密な時。そこでは肉体は知性が捉えうる以上のものを捉えるのだが、しかし、与件の与えるこの悦楽に値する文章があるだろうか。

認識する主体は肉体全体に膨張し広がるのだが、かつての主体は、単純な抽象概念のなかに、どこかの、目に見えない、知られていない、透明な場所のなかに、凝結していて、肉体の残りの部分をすべて暗がりのなかに捨てていた。今や認識する肉体は多元的精神となり、古い知識を忘れ、その乱暴な単純性を捨て、それを知られたものと見なし、この新しい全面的な征服に向かって出発する。非調和な音や雑音のなかでも、私は皮膚によって、目の虹彩や瞳と同じように細やかに認識し、理解することができるが、虹彩や瞳自体も直観と同じくらいに細やかなのだ。私は知恵《サピエンス》によって、けだしよい名前だが味覚《グー》、巧みさ《アール》、英知《サジエス》、慧眼《サガシテ》〔鋭敏な嗅覚〕によって、ついには認識力の栄誉を回復した嗅覚によって、理解し認識することができる。しかし私はまた筋肉や腱、透明になった骨、世界の振動のなかで均衡からずれた身の丈、用心深くてしなやかな姿勢、心臓のリズムによって、岩石質の障害物に抗して脈打つ動脈膜によって、消化吸収や霊感によって、走ることや跳躍することによって、歩行や舞踊や愛によって、ものを捉えたり思い描いたりすることができる。認識する主体は、ついに自分の家、自分の真の家、自分の家全体、古くて暗い自分のブラック・ボックス全体を占有する。いかなる愚かな残酷さによって、人はこの主体をかつてのあの不在の穴に帰せしめたのか。なぜこの主体を、火も場所ももたぬ者として、排除し、肉体から追放し、自分の家から放逐したのか。なにゆえに彼に、自らの先祖伝来の領地をついには嫌悪させるように仕向け、そしてその領地を、理性と科学によって不可避的に破壊するように仕向けたのか。漠然とした世界、あるいは抽象的な空間を、長い間さすらっていた放蕩息子、認識する主体が、自分の家に戻ってくる。回心の祝いのために、その家は、白いテーブルクロスや、花瓶に生けた花や、壁に吊るした花綱、燃え盛るたいまつ、ラベンダーの香りのするベッドのシーツなどで飾られている。認識する主体はこうして肉体全体を占有するのだが、肉体とは、広範で完璧な知識、諸感覚の快さとその能力の上に据えられ基礎づけられた知識、穏やかで、平和で、いつでも諾《ウィ》と言い、同意し、恨みとは無縁であり、四肢や世界と調和した知識、そうした知識の豪奢な本拠である。それは、輝きに満ち、透明で、感じやすく、機知に富み、しなやかで、敏捷で、生き生きとし、重さのある、主体としての肉体である。

フランスでの治癒

フランスは稀にしか経験主義の哲学を生まなかった。フランスは、きわめて感覚的であるから、経験主義の哲学を必要としなかったのだ。生きている者たちはほとんどしゃべらず、しゃべる者たちはものを作らない。フランス文化は、伝統的に、味を味わい、味わうことに専念し、味わうことに努めてきた。チーズ、ワイン、狩りの獲物、菓子、料理。こうした静物が〔フランス文化の〕身分証明書なのだ。輝くばかりのテーブルクロスの上には、透明なグラスや水差し、ルビー色の脚のような各種のワイン、細長いテーブルセンター、会話、そうしたものが満ち満ちている。会話は高尚な味から出現するのだ。中国文化を除いて、かくも長い間、これほど熱心に、自らの味を洗練してきた文化《キュルチュール》あるいは農耕《アグリキュルチュール》を人は知っているだろうか。近隣の諸文化は、ためらい気味に、驚嘆したり辟易したりする。生きるために食べると言うあなた、あなたが、食べるために生きる者たちを断罪するならば、あなたは何のために生きることに決心したのですか。

かくも長い間、これほど熱心に、香りの洗練のために努めてきた文化を人は知っているだろうか。かつては強くてきつい香りが好まれ、最近は繊細で淡い香りが好まれ、バラが麝香に取って代わった。「香水」〔parfum〕の「芳香」〔fumet〕に対する関係は、「許し」〔pardon〕の「贈与」〔don〕に対する関係、あるいは「完璧」〔parfait〕の「事実」〔fait〕に対する関係に等しい。エッセンスなのだ。われわれの肉体に与《ド》えられたもの《ネ》〔与件〕が言語に帰せられるならば、許された者《バルドネ》は何と言うだろうか。ワインの芳香《ブーケ》は混合したものであって、嗅覚と味覚とを結びつける。フランス文化は芳香を合成《コンポゼ》することに秀でている。

会話は、空気の波動であって、消え去ってしまう。ワインの芳香は言語を生みださないが、しかし、快活で、うつろいやすく、才気煥発の会話のなかに一座を引き入れる。それは香り高い完璧な芸術なのだ。会話はさまよい、漂い、崩れ、レースのようにほころんで、空気のなかに姿を消すが、時として、妙を得た目くばせのように、才気のひらめきのなかに戻ってくる。失われた楽園が、一瞬の間輝いて、再び見出されるのだ。対話《ディアローグ》は、頑固に闘争し、弁証法の刃《やいば》を切り結ぶ音を響かせるのだが、それは、互いに角で突き合う頑固で愚かしい二匹の雄山羊のようなものだ。会話《コンヴェルサシオン》は、目覚めたり、勢いが衰えたり、結ばれ合ったり、消えたりして、平和に生き、生き生きとした知性を表現し、空間のなかにあって微細な蒸気のように細やかである。

会話のなかには、まず最初にワインの芳香のなかにないようなものは何もない。それは、夜の闇のなかにほんのひととき、波形模様や、虎斑や、縞模様をつける花火である。

言語は辞書のなかに保存されており、知識は百科全書のなかに、お金は金庫のなかに保存されている。記号は書かれ、後に残る。美術は、芸術学校や美術館に住みつき、高価な作品や、画布や、胸像や、石像や、図像であり、厳重にボックスのなかに入れられて泥棒から守られている。理論は、とどまっているもの、不変なものに関心を示す。知性のなかには、まず最初に諸感覚のなかに存在しないようなものは何もない。感覚で捉えうるものは後に残るからだ。変形されはするが、それは不変のものを含んでいる。人は知性のなかに残っている感覚的なもの、一般的に言えば、存続するものにしか興味を示さない。ことばは飛び去り、書かれたものは後に残る。ワインの芳香はとどまらず、味も、香りもとどまらず、そこから生まれる会話、至高の人間的芸術は、愛の上にたなびく兆しの雲となって空中に失われる。それらすべては消え去り、そこには長期にわたって保存されるものや交換されるものは何もなく、そこでは何も比較されず、お金に帰せられるものは何もなく、すべては電撃のような膨張となって消え去る。それはいかなる利益ももたらさない、と理論は言うのだが、理論は、しかるべき場所や頭のなかに蓄積される資本の利益を当てにしているのだ。

与件は突然のきらめきのようにやって来ることがあり、そこから生まれる芸術は逃げ去ってしまうが、言語はお金のように後に残る。前者の場合は蓄積されることのない流れであり、後者の場合は資本を伴う循環である。それゆえ、与件《ドネ》が言語に帰せられるとすれば、データ《ドネ》・バンクは容易に構築されることになる。人はうつろいやすいもののために銀行を開くことはできない。知識、科学、言語は銀行に入れることができるが、束の間の感覚的なものはだめである。知性のなかには、まず最初に諸感覚のなかになかったようなものは何もないのだが、このことの意味するところは、知性はもろもろの感覚のなかから残ったものを収集する、したがって知性は、記憶や、蓄積や、データ・バンクとなりうるということである。逆に言えば、すべてのデータ・バンクは古典哲学の夢を科学技術によって実現化したものである。ところで、知能の代わりにこのような銀行をそなえている者、ラベルを貼った無数の小孔で形づくられ、まるで蜜蜂の巣のような形をした頭脳をもつ者、この者を何と呼ぶのだろうか。気の狂った愚か者。

　感覚的なもののなかには、後には残されないある繊細さがあるのだが、それはワインの芳香や、会話、とどまることのないこの喜びである。それはきわめて繊細で、生き生きとしているので、もしとどまったままでいれば粗野なものに堕してしまう。私の文化以上に軽やかな文化を人は知っているだろうか。宇宙は軽ければ軽いほど非難を受けるということを、人は知っているだろうか。重さもなく、値段もなく、二重の意味で無償の文化。恩寵は往々にして通り過ぎてゆくものだが、それは恩寵があまりにも慎ましく、自分を押しつけることがないからだ。知性は受け入れることをせず、無償の感覚的快楽を認めないが、そこには銀行に預けるものは何もないからだ。私の文化が被っている軽蔑はこのことから由来する。この文化は、理論的な利益も、社会的な利益も、銀行的な利益も、つまりいかなる利益も生まず、無償であって、逃げ去ってゆく。無償で無料なもの、束の間のもの、感覚のなかに残されないものが、われわれの文化を形成する。感覚のうちで後に残るものはお金のように蓄積される。金銭づくの認識論は、累積や計算を事とする。喜びも、恩寵もない認識論。与えられた《ドネ》感覚的喜び。それゆえ、与件《ドネ》が言語から逃げ去ってしまえば、データ《ドネ》・バンクは存在しない。もっとも、この語が濫用された場合は別だが。理論的な次元においてさえも、お金の銀行しか決して存在しないのだ。それゆえ、私の文化よりも軽く、私の文化より無償な文化を私は知らないし、私の文化より抽象的でなく、私の文化より年金的でない文化を私は知らない。

フランス語は、自分に関係のないことについてしゃべるときでさえも、ことのほか、辛辣である。フランス語は、世界から肉体にもたらされるものを「与件」〔donné〕と名づけ、世界からもたらされたものとしてわれわれが受け取るものを「知覚された現実」〔perçu（徴収されたもの）〕と呼ぶ。与えられたものなのに、自分たちが取り立てたものだと、この言語は言っているのだ。無償なもの、贈られるものを、あたかも税金のようなやり方で、われわれが知覚によって強要し徴収するかのようである。これは奇妙な逆説である。与えられるもの〔与件〕を徴収し収集することが何になるのだろうか。恩寵を取り立てることが何になるのだろうか。そのうえ、そのための努力が何ゆえに必要なのだろうか。

われわれは与件をことばによって覆った。あがなわれた世界は、ことばという代価の下に身を隠してしまった。値段もなく、無償で無料のデータ《ドネ》〔与えられたもの〕を、今やわれわれは取り立てなくてはならないのだ。

知覚は感覚よりも後にやって来たので、両者の間には経済的な隔たりがある。感覚は恩寵を受け取り、知覚はそれを言語で支払う。言語は、自分と世界との関係を正確に固定したので、言語自体がこのことを語り、教えている。

過ぎ去ってゆくものに専念し、勘定を忘れ、銀行を捨て置き、時間をおしまず、うつろいやすいものに喜びを見出す者は寛大である。与件は、一時的であるがゆえに、過ぎ去ってゆき、無償である。快楽は一瞬の持続であり、微分された時間である。束の間の感覚的なもののなかにあっては、時間は無限小なもののなかに消えてゆく。美的感覚は瞬間的なものを輝かせあるいは燃えたたせ、もろもろの兆しや端緒をいっしょに結び合わせる。美的感覚はそれらを合計する術も、積分する術も、固定する術も知らない。銀行や言語はそれらを固定し、それらを捉えることに成功するように見えるが、実際はそれらを失っている。時間は銀行のなかに蓄積されるが、しかし銀行に預けられた時間が再び見出されることは決してないからだ。われわれは時間を少なくとも部分総計、一種の総和として捉えていると信じているが、実際は、われわれは端緒としての時間、細かく砕かれた時間の、カオス的な波動のなかに投げ込まれているのだ。美的感覚はこの雲に、このざわめく海に面と向かっている。知性や、言語や、銀行は、積分することのできない小さな感覚的知覚によって、時間を擬＝積分しようと試みているのだ。この海に、この雲に、この快楽に、この瞬間的なものに、よりよく近づきえた文化を人は知っているだろうか。時間を脱しえた者がこれまでにいただろうか。

身を捨てて、このカオスに没頭する者、この混合に身を浸す者は勇敢である。恐れ、恐怖、あるいは経済学は、そこから遠ざかるように仕向け、銀行に預けるように仕向ける。勘定〔計算〕とは儲けようとすることであり、知的なケチ、知的悪徳である。知性は、浪費家である諸感覚を恐れている。しかし知性は、すべてのケチと同じように、間違った計算をしているのだ。もし君が自分の時間を失いたかったら、時間を節約するように努めなさい。もし君が時間を節約したいのなら、時間を失うことに同意しなさい。銀行に預けた時間のすべてを、君は再び銀行で見出すことは決してないだろう。時間はそこでは記号のなかに凍結されてしまうのだ。一方、空気のなかに消え去ってゆくワインの芳香や、〔香水の〕香りや、色合いや、会話は、微分的時間と細やかに結合し、流れ、通り過ぎ、消え去り、もとに戻り、点滅し、濾過される。

諸感覚は時間と隠れんぼをするのだが、時間は思いもよらないときに、失われたり、見出されたり、覆い隠されたりする。時間は人があると信ずるところにはなく、人がそれを預けたところからは失われる。私の文化ほどケチでない文化、私の文化ほど臆病でない文化、恐怖を抱かない文化を私は知らない。この文化の英知《アンテリジャンス》のなかには、あたかも一種の感覚であるかのように、うつろったり適応したりしないようなものは何もない。知性《アンテレクト》が感覚のように素早く、心地よく、注意深く、気まぐれでないとすれば、知性のなかには何もないことになる。感覚は英知のモデルをなしており、感覚なしでは英知は時間から何も聞き取りえない羽目に陥る。

　あらゆる優れた知恵《サジエス》は瞬間を称讃してきたし、賢者は記憶をなおざりにし、ほとんど計画をもたず、現在のなかにとぐろを巻き、微分的現在のなかに住まっている。私の文化以上に知恵に満ちた文化、軽やかな文化、うつろいゆくもののなかに浸りきった文化を、人は知っているだろうか。美的感覚、感覚の喜び、繊細さ、束の間の形状の美しさ、時間の矢のような流れ、好機に萌え出ずる生命、そうしたものは歴史からなる諸道徳を嘲笑する。賢者は瞬間のなかにあって、銀行を知らない。

　これほど深くまたかくも長い間、繊細な愛を愛した文化を人は知っているだろうか。理論の爆撃にさらされ、木石の舌《ラング》〔言語〕による一斉射撃を受けて、細やかな心は瓦礫と化し、三世代前から人々は束の間の愛に心を動かされることもなくなり、恋歌《ブーケ》〔花束〕を捨てて病める言語《ランガージュ》を取り、去年《こぞ》の花はことば《パロル》のブラック・ボックスのなかに姿を消してしまった。心をもたない銀行には、いつの日か感覚を心地よく愛撫するようなものは何もない。賢者は、瞬間のなかに住まい、悲しみに満ちた子供時代の古い記憶を忘れるのだ。これほど愛すべき文化、あの重苦しさからこれほど自由な文化を私は知らない。

この民族は軽やかに振舞わずにはいられない。この民族を知識やお金で重くしても、歴史で重々しく飾りたてても、木石の言語で打ちのめしても無駄である。退屈なことには向いていないこの民族は、これまでも笑ってきたし、これからも笑うだろう。微笑ましいこの民族は、これからも微笑むだろうし、冗談を言うだろう。この民族は権力には無頓着で、瞬間を愛し、中庸を愛する。救い難いほどに軽薄なこの民族は、動的で、浮薄で、繊細な文化をもち、取るに足りず、移り気で、表面的でさえある文化、軽快で、鷹揚で、ぼんやりとした文化をもっている。われわれは奥深くもなく、まじめでもなく、論理的でもなく、抽象的でもない。われわれはワインの芳香や、ほのかな香気をより好み、色よりも微妙な色合い《ニュアンス》を、快適さよりもエレガンスを、真実よりも才気《エスプリ》を好む。そこでは、ハーモニーは優美な装飾音の後ろに隠され、構造は唐草模様の下に消え去り、愛想のよさが快楽に優先し、趣味のよさが判断力に先行し、生命が他のいかなるものよりも重んぜられ、渋いバラ色のドレスを着た小柄で気さくな公爵夫人の方が、黒服を着た醜い衒学者よりも好まれる。われわれは余剰なものをもっているのだから、どうして必要なものに欠乏することがあろうか。

もしわれわれの間に、富や、権力や、学問や、理性にかかわる障害が生じたとしたも、われわれは慎み深く、他の何よりも軽妙に、それを包み隠すことだろう。ここにあっては女性たちは英知のごとくに軽妙であり、英知は感覚のように軽やかなのだが、彼女らは、ビロードのようにやわらかな触覚、繊細な嗅覚、洗練された味覚、鋭敏な耳の持ち主、スカートとスカーフを絶妙に組み合わせる眼力の持ち主であり、乱流に乗って朝の澄み切った空気のなかを飛翔する卜占の鳩のように軽やかである。つまりは、われわれの言語も、生き生きとした当意即妙のやりとりや、機敏な大胆さをもって、軽妙に用いられなくてはならないのであって、それゆえ、あなたは宣伝用の粗野な学問を包み隠さなくてはならないのだ。女性的なわれわれの言語は、やわらかな響きをもち、ヴェールで覆われ、無音の母音によってレース状をなしている。この民族は女性的であらずにはいられないだろうし、その文化は貴婦人の慎み深い女らしさを示している。

まわりに傍聴席をそなえた、発言や演説のための場所は、一般的に、一方的な長広舌《モノローグ》に有利に作用する。教会堂の外陣の中央にそびえる聖なる雄弁の説教壇、階段教室の正面の窪みにしつらえられ、専門的な講義のおこなわれる教壇がそれであり、当節では、カメラとマイクをそなえたスタジオのフロアがそれに当たる。静かに、彼が話します。彼は論理学《ロジック》と修辞学《レトリック》のいくつかの規則に従って話すわけだが、それは聴いてもらうためである。聴衆の気に入ること、そして少なくとも口論しないこと。

対話《ディアローグ》が花咲いた場所がどんな場であるかを人は学び知っている。真理を探求する二人の人物が、お互いの理解の妨げとなる雑音を二人の間から排除するために奮闘し、二人の語彙の交わりと二人の善き意思の結び合いとによって生まれる意味を、二人のただなかに包摂しようと試みる場がそれである。対話は四人の人物によって演じられることになる。話しているように見える二人。それに加えて、排除された第三者、これは彼らにとっての魔物《デモン》である。さらに加うるに、包摂された第三者、これは彼らの希望の星であり、彼らのただなかに降臨した神である。

パリには、ある女性たちを中心としたいくつかのサロンがあった。そこでは一人で長広舌をふるう者は誰もいなかったし、二人で対話をするいかなるカップルもいなかった。それは会話《コンヴェルサシオン》の場であったのだ。そこでは告知もなく、雷鳴のようにとどろく神託もなく、教訓もなく、さらに適切に言えば、いかなる規律もなく、それらのいかなるものも起こりはしなかったのだが、それは重苦しい退屈な雰囲気を生じさせないためだった。当時の女性たちは、人々が自分の家で退屈することには我慢がならなかったのだ。哲学はかつて、弁論術的あるいは弁証法的な論理学と修辞学を対話に捧げたものだが、それと同じように、フランスの十八世紀においてはなおまだ華々しかった哲学、会話を節制していた哲学が、方法論的語彙群をこの多極的な網の目をなす会話に捧げたかどうか、私は知らないのだが。

会話は、それがそう言われているがままに、あるいはそう書かれているがままに、あるいはもっと適切な言い方をすれば、宮廷婦人の庇護のもとで実践されるがままの姿で、理解されるべきであって、それは、もろもろの方向転換の総体として、参加者たちの肉体的、言語的、理論的なあらゆる方向転換の頻繁な繰り返しとして理解されなくてはならない〔会話 conversation のラテン語語源は conversatio = frequentation（頻繁性）および conversari = vivre avec（いっしょに生きること）である〕。それはまるで、n 個の物体の相対的位置の積分不可能性の有名な難問であるかのようであって、そこでは数個の天体が全体として折り合いをつけながら、刻々と引力の法則に従って運行しているのだ。これ以上に複雑なものは他にない。なぜならそれぞれの天体は全体の引力を被り、全体はそれぞれの天体の引力を受けるからである。聖なる雄弁や、専門的講義の場合においては方向転換は稀でかつ単純だが、会話の場合においては方向転換は複雑であり、頻繁に繰り返され、無数で、急速で、瞬間的である。われわれは会話のこの超プラトン的な状態を決して概念化しなかった。それは、順応、翻訳、干渉、コミュニケーション、航路、配分の総体なのだが、ヘルメスがそこを通ったならば、この総体は自らの波動する地図、時にはその迷路、その準安定的な網の目、その生成を描くことであろう。

サロンにおいては、技師や、医師や、作曲家、公爵夫人や、経済学者や、外交官たちが会話を交わしたものだった。技師と話している医師は人間＝機械について語らなくてはならず、自分の知識を他者の知識のなかに投げ入れなくてはならないが、しかし逆に、あるいは反対に、技師は自分の知識を生理学のなかに敷衍することを考えなくてはならず、また一方、経済学者は流体力学の用語で商品流通を語らなくてはならないことになり、以下同様な状況が生ずるわけだが、このようなものを会話と呼ぶことにしよう。会話とは、一つの知識を別の知識のなかへ、あるいは別の知識の上に適応させるその適応の総体であり、それらの知識の変換の総体である。こうした適応は、排除し合うことはまったくなく、急速に増加し、増加したこのモデルは白イタチのように走り回るのだが、この駆け巡りあるいは増殖は、思考の対象となるのであって、思考の規律となるものではない。

聖なる雄弁は法律を制定し、専門に秀でた学者は教育し、そこでは受け取ることなく発信のみがおこなわれる。サロンは教育の場を形成せず、規律は欠如したままである。サロンは思考の対象を生みだすのだが、それは通路の総体であり、そしてその必要条件は寛容さである。このような条件と対象は、学校《エコール》では存在しえない。

私の思うに、大規模な諸大学が教会から群衆を引き受けたときに、会話の認識論は死んだのだ。学派《エコール》は規律上の分裂、セクトの抗争を前提とし、そこでは声あるいは観念によって、異端の排除が再び開始される。

数個の惑星の相互作用によって生ずる件の難問を、人は積分することができるだろうか。哲学の名のもとにあっては、そうすることができる。この哲学は、フランス語で書かれた文学の名において、われわれが軽蔑しているものである。

フランス語でものを書く作家たちがどれほど学者先生と絶交しているかを、私は惚れぼれとして眺めている。作家は衒学者を嫌っており、衒学者の怒りや恨みを買うのではないかと心配している。作家は、それゆえ、習俗や、身体や、語彙や、推論の矯正者を、たちまち笑いものにする。作家は、矯正者なのではなく、人々を自由へと誘うのだ。視点を変えることを好み、学者先生たちを描くときの文学の語り口を好むがゆえに、私は学問的な見地から読まれた文学について大いに語ってきた。文学は、彼ら学者先生に非難の矢を浴びせかける。ラブレーは彼らを馬鹿にし、モンテーニュは彼らを信用せず、モリエールは彼らを笑いものにし、マリボーは彼らを追い払った。そうなのだ、わが国の文学、もっと適切に言うならば、わが国の文化は、学者先生方を嫌っているのだ。愚かで、醜悪で、くどくどと説教を述べる者たちの、長い行列が通ってゆくのを見ていただきたい。ジャノトゥス、マリフリウス、オノリウス、ブラジウス、これは、ラビッシュ〔Eugène Labiche 十九世紀のフランスの喜劇作家〕の不朽の名作のなかではムイユベックと呼ばれている。これらのラテン語名によって、彼らの用いることばが死んだことばであることが理解いただけよう。

注の参照記号を用いて引用された学者たちの名前をお聞きいただきたい。注の参照記号によって、木石の言語は神聖化されるわけだ。フランス語でものを書く作家は、彼らを嫌悪するがゆえに、こうした固有名詞を笑いものにするのだ。彼らはテクストを支配し、専制権をふるい、むさぼり食い、血を吸い、破壊し、テクストを醜く変形して横領する。知識をひけらかすことによって、人は自分の言語を黒く塗りつぶすことになる。作品の美しさや見事なでき栄えは、まず最初に、掃除することや軽くすることから、この美しき解放からやって来る。飾るところのないテクストを書きなさい、そうすればあなたは自由に生き始めるでしょう。

手袋を裏返しにするように裏返しの見通しを許していただけるならば、文学や、哲学や、思想は、衒学者が出ていったとき始まるのだと、私は是非とも言いたいものである。つまり、知識の重荷が下ろされ、木石の言語〔舌〕が燃えるような思いを抱くようになり、言語の牢獄が開かれたときに始まるのだ。人はついには自由になり、厳しい規則もなく、準拠すべき基準もなく、思うままに自由に話せるようになり、前もって定められた規範もなく、際限のない批判もなく、軽やかに、思うがままに自由に考えることができ、重荷から解放されて、優雅に、自由に書けるようになるだろう。もはや矯正者に対抗するためでは決してなく、一人の女性のために自由に書くことができるようになるだろう。

ガロンヌ川のほとりで父といっしょに土を耕しながら、あるいは父の土砂運搬船のなかで働きながら、私は今までに読んだいかなる書物から学ぶよりも多くのものを学んだ。また、数百の墓がうがたれたピラナの遺蹟の断崖や、エピダウロスの古代劇場を一人で訪れたときに、あるいはユーコン川やマッケンジー川の上空を飛んだときに、あるいはクレタ島の南で出会った大嵐のなかで、二回の遭難信号〔S. O. S.〕の間に、あるいはまた眼前に太平洋を望み火山を背にしたイースター島の鳥人の断崖の上で、私はより多くのものを学んだし、オーヴェルニュの草原を陽光を浴びてゆっくりと歩きながら、あるいは世界を渇望しての旅の途次にブラジルの森林をさまよいながら、私はいかなる書物から学ぶよりも多くのものを学んだのだった。いや、私は書物を軽蔑しているのではない。私が自分の生を書物に捧げる限りにおいて、私は書物を愛している。私は、自分のすべての時間をことばに捧げるほどに、私の言語を愛してきた。しかしわれわれは言語外のものによって言語を培うことによってしか、一つの文化、一つの思想の生命を躍動させることはできない。言語は言語の側を閉ざしており、その正確さや、明確さや、厳密さや、その質の上で閉じられている。だが言語は世界の側が開かれており、こちらの側においては言語は、何かが始まろうとする相を呈し、不正確で、ためらいがちなのだが、言語が実り多いのはこちらの側においてである。教師、批評家、理論家、政治家は言語の閉じられた側に住んでおり、作家は言語の開かれた周縁部に住み、たいていの場合ハードな諸物に面して、住居を選ぶ。

美的感覚は、庭の側に住んでおり、言語の開かれた側を使用するのだ。

農夫の子として土を耕しながら、道路や建物や建設現場の労働者として、石工として、道路工夫として働きながら、私はより多くのものを学んだし、河川や海の水夫として船に乗り組んで、私はより多くのものを学んできた。また、最後の真の意味での公爵夫人たちとサロンで語らいながら、アフリカの奥地の掘っ立て小屋のなかで、お互いに相手の言語を知らないのだが、年老いたバンバラ人の老人と語りながら、豪華な装飾の宮殿のなかで一時的な権力者たちのそばに侍って、彼らの習慣に驚きながら、病院で病んでいる人々とともに苦しみながら、祭壇の前にひざまずいて人々とともに祈りながら、殺したり殺されたりしようとしている者たちといっしょに砲塔や魚雷発射装置を操作しながら、ゲームのただなかでチームメートたちがことばも発せずボールを素早くパスしているときに、拍手喝采の沸き起こる芝居の席で、臨終の床にある人の哀願するような眼差しに接して、まだ話すことのできない幼児たちと戯れながら、私はより多くのものを学んだし、社会や人類を巡る私の無言の旅の途上で、貧乏な人々のなかで、純な心の持ち主や服従している者たちといっしょにいるときに、私はより多くのものを学んできた。私が今までに読んだいかなる書物よりも多くのものを、いかなる博学なことばよりも多くのものを。

言語は出会いの感動のなかで生まれ、もろもろの語は人の予期しないときに生まれる。私は哲学のあらゆる書物のなかでよりも、君といっしょにいるときにより多くのことを学ぶ。私にこの五体を与えてくれた君、私は君に本書の最後のことばを捧げる、ささやかな返礼として。

署名

言語は与件に取って代わり、科学は言語に取って代わった。この交換において取って代わられる場とは何を意味するのだろうか。

解釈学の別の分野である文芸批評のもろもろの変種を、科学史は遅ればせながら認めているが、それはテクストを取り替えるだけで充分なのだ。この学問はそれゆえ、内部的にせよ外部的にせよ、多少とも純粋な自前の歴史家をもち、自前の解釈学派をもち、自前の世界的花形役者をもち、自前の劇場をもっているわけだ。認識論《エピステモロジー》〔科学哲学〕においても、少なくともこの語のフランス語における古い意味においては、事情は同様である。批評一般という唯一の学問分野が形成されていて、その対象が様々に変化するのだ。もし人が科学の内にとどまり、科学を対象としている限りでは、少なくともその人は確実に科学史や科学哲学に専念していることになる。

告白するが、私は決してこのような確実性を享有したことがなかった。私はこの〔科学史・科学哲学の〕領域で仕事をしているという一種の直観的な確信をもっていたが、しかし私がこの領域にとどまっていなかったことも確かである。専門家たちの一致した判断によってもまた、私は自分が別の領域で仕事をしていたと考えざるをえない。どこでだろうか。私にはわからなかった。

これこそ、ギリシア人たちが限定と排除によって——たとえば幾何学者たらざる者ここに入るべからずという表現によって——境界を定めた空間、十七世紀のヨーロッパにおいて認知され、なおも厳格に限定されていた空間、つまり、科学の空間である。われわれはそれ以来、次のような判断、すなわち、これは科学に所属し、それは科学に所属しない、これは内であり、それは外であるといった判断に魅惑され続けている。これは包摂と排除であり、学派的戦略であるが、しかし本来的には宗教的な行為である。かつて卜占官は注意深く聖なる土地を切り分け、そうすることによって神殿を定礎すべき聖域を画定した。ここは聖なるもの、あちらは俗なるもの。世俗的なものと宗教的なものとが厳格に区別されていると同じように、科学と非＝科学は互いの領域をごたまぜにすることはない。そんなことをすれば冒瀆の危険をおかすことになるからである。ところが知識の境界は移動し、変動するので、このような変化を被って認識論の哲学は変形される。科学には異質であったものが明日は科学のなかに入り、今日は科学の一部をなしているものが、明日は科学から排除されるということがたやすく起こる。ドグマや第三項排除は、時間の観点から見ればまったくのお笑い種だ。

学徒や、大学教授や、司祭は、所属はどこかという質問、固有の場所はどこかという質問をきまってするのだが、それは彼らを識別する印となっている。いかなる場において、かかる言説はある合意を取りつけるのだろうか。正統派、異端者、破門された者、選ばれた者、汝はどこに住んでいるのか。

科学の空間は人を魅惑するのだが、それゆえにその空間は寺院に比較されうるわけだし、不可触の祭式杖を用いて神官が丹念に切り分けた聖域に比較されるのだ。これこそ対象［客観］《オブジエ》であり、われわれが最大の注意を払わなくてはならないところのものである。一つの集団全体がこの魅惑、この客観性《オブジエクティヴィテ》に対して合意を与えるのだ。

現代においても、人々は科学に対してまだ冷静な距離をとっておらず、科学に関してまだ非宗教化されていない。科学の空間は、われわれの最後の価値観を保持しており、それは、われわれの父の世代の人々に対して、聖なるものと同等の魅惑を与えてきたし、われわれの同時代のある人たちに対しては今もなお与えている。科学哲学あるいは科学史の仕事は、すべてこのような光を当てて読むことができる。正しい知の驚くべき出現によって、われわれはまだ沸きかえっているのだ。このことは、神のことばがそうしたと同じように、解釈学を生じさせる。


四半世紀以上も前から、私はこの点に関して、非宗教的な立場をとってきた。私は決して科学を、記述したり分析したり判断したり確立したりすべき対象とも、外的空間とも考えてこなかったし、護るべき都市とも、攻囲すべき場所とも、あらゆる不純性から保護すべき寺院とも考えてこなかった。私は科学を前提しているのだ〔supposer＝sub＋poser＝placer sous（下に置く）〕。私は科学を、獲得され、許容され、知られているものとして前提にしているのみではなく、私は科学を、絶対的な意味において前提しているのだ。客体《オブジェ》〔対象〕は前の方に自らの位置をもつ〔objet は語源的には ce qui est placé devant（前に置かれたもの）の意〕。空間はわれわれを取り巻いており、われわれはそこに身を浸すことができる。だが科学を前提するということは、科学を主体〔sujet は語源的には「下に置かれたもの」の意〕の位置に置くことである。

われわれは科学をきわめて新しいやり方で知っていることになる。まず最初にわれわれは科学に出会い、それから科学の内に身を浸していたわけだが、今や科学の方がわれわれの内に身を浸しているのだ。科学はかつてはわれわれの外で考えていたが、今ではわれわれの内で考えている。かつては、われわれは科学の内に自分の居所を作ったのだが、今後は科学がわれわれの内に自らの居所を構えるのだ。

私の読者は、著者が可能な限りもっとも博識であることを前提して〔下に置いて〕いただきたいものだが、というのも著者の方は、自分の読者が可能な限りもっとも博識であることを知っているからである。自分の知識を誇示したり、ひけらかしたりすることは、知識に対する非宗教性の欠如もしくは消化不良を示すものである。それゆえ私は、科学についての書き物をしているのではない。私のテクストのなかで科学が作用しているのだ。科学は科学に対して作用することができる。つまり、科学は科学のテクストのなかで作用できるわけだ。そのテクストを哲学が複写することもできるし、テクストを複写することは、重複と不誠実のゆえに不必要と考えることもできる。私のテクストのなかでは、科学は科学以外のものに対して活発に作用している。

これはいかなる名前ももたないひそかなる革命である。客観的《オブジェクティフ》〔客体的〕な知識が、前提されることによって、主体《シュジェ》の地位を獲得したのだ。この変換は、新しい世界、新しいテクスト、新しい思想を生じさせる。

われわれは新しいやり方で科学を知ることになる。というのはわれわれは科学を消化吸収したからだ。かつては、科学とは異質な審級が科学を対象として考察していた。ところが今度は科学の方が、この異質な審級のなかに自分の根城を獲得したのだ。それゆえわれわれは、科学を思考の本拠あるいは主体として使用しているわけである。

言語を使用する場合と同じやり方で、われわれは科学を使用している。言語は通常の意味での対象〔客体〕を構成してはいない。言語は、個人的な主体にせよ、集団的な主体にせよ主体の側に住まっており、対象〔客体〕の側では姿を消すような具合に作用している。

われわれ自身のあけぼのや、哲学のあけぼの以来、そしてもろもろの宗教の始まりや、現代哲学の誕生以来、言語は主体の地位を獲得してきた。われわれの間への、われわれの内への言語の出現を理解するのにわれわれは数千年を要したのだが、われわれの思想は、言語のこの驚異的到来に、いまだに沸きかえっている。言語は、主体のあけぼのの以来、主体の地位を獲得してきたのだ。

　われわれの宗教と哲学は、この驚異的到来について語り続けている。

　数ある対象のなかから、単にその進歩と勲功において例外的であるがゆえに、われわれは科学を一つの対象〔客体〕として自らの前に置いたのだった。同じように、数ある対象のなかから、単にそのソフトさと明晰さにおいて例外的であるがゆえに、われわれは言語を一つの対象〔客体〕として自らの前に置いたのだった。

　理解するとはどういう意味かを理解するために、われわれはいつでも多くの時間をかけるものだ。われわれが言語を消化吸収するまでに、長い時間がかかった。ことば《ヴェルブ》は、われわれの間に、われわれの内にやって来て、世界の内に住んだのだが、そこでは彼を暖かくもてなす者は誰一人としていなかった。彼の光明は闇を明るく照らそうとしていたのだが、闇は彼を受け入れようとはしなかったのだ。ことばがわれわれの肉のなかに入り込み、自らをわれわれの肉とする以前には、空間は盲目と光明とに分割されていた。ことばが主体となる以前には、光に満ちた聖なるものと、光の貫くことのできない暗黒の俗なるものとは分け隔てられていた。ところが、われわれはことばを受け入れ、ことばを食べ、ことばを消化吸収した。ことばはわれわれの間に、われわれの内に降り、われわれ自身となり、主体となった。長い間理解不可能であったこの出来事を目のあたりにし、われわれの歴史、いやむしろわれわれのヒト性を貫き形づくっているこの方向転換を目のあたりにして、哲学と宗教とは、三千年以上にわたって、今もなお沸きかえっているのだ。

言語と同じくらいに大きな何かが、ギリシア時代からわれわれの父の世代に至るまでの間、ゆっくりと変化してきたのだが、近年に至ってそれが突然に方向転換をした。われわれはついに科学を受け入れ、科学を消化吸収したのだ。戦場にせよ聖なる土地にせよ、恐怖にせよ魅惑にせよ、追放にせよ歓待にせよ、科学はもはや外部の空間を、光と闇の演劇的舞台装置に描いて見せはしない。科学にとって、あたかも啓蒙時代がことばの誕生と死の悲劇の再現であったかのように、科学はわれわれの間に入り、われわれの内に入り、集団的肉であれ個人的肉であれ、自らを肉として、制約的思考であれ反省的思考であれ、自らを思考の主体としたのだ。

科学は、自我の内にあっては、鋭く、活発で、勤勉で、用心深く、われわれの内や間にあっては、客観的な世界およびわれわれの相互関係の世界を飽和させている。かつての言語的主体は新たに科学的主体となったのだ。既知のものがわれわれにとって未知のものとなり、未知のものは知として構造化されてゆく。

宗教と言語哲学とが、相変わらずわれわれの何千年来の住居を築き上げている。今日の住居を設計することが残されている。

このことは、文化あるいは歴史の一状態にかかわる問題ではない。確かにわれわれは皆、多かれ少なかれ科学を知っている。それはおそらく、中世において人々が、たとえばジュミエージュ大修道院の庇護のもとに日々を暮らしていたのではないにしても、多かれ少なかれキリスト教世界を知っており、キリスト教世界の内に浸って生きていたのと同じことである。確かにわれわれは科学のなかに浸って生きている。

それは五世紀のギリシア人たちが、おそらく思い出の断片によって、ホメロスの叙事詩やオリンポスの神話を、彼らの内に担っていたのと同じことである。だがこれらの比喩はわれわれを反対方向に導いてゆくかも知れない。

知識を自分の外から眺めたり、知識を断片的に学んだり、知識から生じる諸対象のなかで生きたりしていれば、われわれは知識が自分たちの内に横たわっていることを忘れてしまうだろう。知識なしでは、知識を学ぶことはできないということを、われわれは忘れてしまうわけだ。われわれは自分たちがそのことを忘れているということすら次第に忘れてゆく。

中世を生きた者にとって、キリスト教世界は存在しており、意識のなかに厳としてあったし、古典時代のギリシア人にとって万神殿《パンテオン》は忘れえないものであった。しかし言語は、誰からも忘れられている。もし私が外国語で話そうと考えたとしても、私はその外国語を上手に話せないか、あるいはまったく話せないかである。外国語を忘れることによってしか、私は外国語を上手に話すことに成功しないだろう。人は自分の母国語を、ほとんど意識することなく話しているからだ。意識あるいは記憶のこのような忘却状態は、もしそれが自分の母国語に関してではなく、われわれの言語能力、われわれが話すという事実に関してであるならば、より徹底した、はるかに基本的な状態となる。われわれは自分たちがことばを話すということを、ほとんどつねに忘れているからだ。主体とは、その主体の文化状態がどれほど低かろうと高かろうと、またその主体が歴史のいかなる時代に生きていようとも、この記憶なき言語として定義される。

今日においては今度は科学が、言語と同じような風に、記憶から失われている。主体とは今度は、忘れられた知識として定義されることになる。われわれは以来、科学を糧に生き、科学によって考えているのだが、それは決してオリンポス時代の人々やキリスト教徒が、オリンポスの神話やキリスト教世界のなかで生きたり考えたりしたと同じようにではない。われわれは、自分たちが人間となってこのかた言語的主体であったと同じ意味で、科学的主体となったのだ。

胎児期にわれわれの皮膚を振動させた母の言語とは別の言語を話すということは、文化的あるいは歴史的出来事の範囲内にとどまる出来事である。われわれの皮膚は別な風に振動し始めるわけだ。科学に乗り換えるということは、言語を取り替えるといった類のものでは決してなく、まだ言語をもっていなかった人類の獣的な皮膚が初めて振動したときの、あの言語の獲得といった重大な出来事にも比すべき広がりをもつものである。科学は単なる一文化としての次元も、重量も、地位も決してもたなかったし、現にもっていないし、これからももつことはないだろう。科学は諸文化を押し退けて自らを押しつけたのだし、あるいはまた諸文化の脇に自らの支配力を据えつけたわけだ。科学は一言語《ラング》の地位にあるのではなく、言語《ランガ》能力《ージュ》の地位にあり、歴史を変形するのではなく進化を変形し、ヒト化のプロセスにかかわりをもつ。空間においても、また諸文化にとっても普遍的である科学は、その汎歴史的な広がり《スパン》によって、時間における普遍性をも示している。

話す主体あるいは知る主体を造り上げてゆくこのプロセスは、すべてを日々貪欲に呑み込んでゆく歴史の忘却よりも、はるかに遠く埋もれた忘却のかなたに横たわっている。

ソクラテスは、一人の召使の子供に幾何学の図形についての簡単な推論を示すようにと求め、知識をもたない者であっても、想起することによって知識がもたらされると結論づけたのだった〔『メノン』82-86参照〕。この想起は単に知識の最初の状態を示すにすぎない。私がソクラテスの言ったことあるいは証明したことを思い出すとき、私は教科書的と呼ばれるこれらの知識を引き合いに出しているわけだ。われわれはそれらの知識を忘れるのだが、そうして後に初めて幸運にも真の科学が始まるのだ。さもなければ、二頭の鯨を捕まえてそれを左舷と右舷にロープでしっかりと結わえつけた後に、なおも敏捷に漕ぎまわって漁を続けようとする鱈漁船よろしく、われわれは思い出ではちきれてしまうことだろう。

話すということは、話すことができることを忘れることからなっており、話すためには、裸で意味や対象や推論のなかに身を投ずること、言語を通してもたらされる全面的な忘却のなかへ身を投ずることが必要である。真の雄弁は雄弁術を軽蔑するのだが、それは雄弁術の規則や訓練を無益に嘲弄することではない。真の雄弁の持ち主は、沈黙にじっと耳を傾けることによって、自分の言うべきことが生き生きと波うっているプールのなかに、己が身を浸すからである。歩くことや、走ることや、跳ぶことや、愛することや、考えることと同じように、泳ぐことは、泳げるということを忘れることを前提とする。文化とはこの忘却に帰せられる。古い時代の公爵夫人は助言したものだが、決して気取ったりもったいぶったりすることがないように作法を学びなさい、決してひけらかしたりすることがないように、可能なすべてのことを学びなさい。あなたの文化は、あなたが想起する無作法さ以外の欠陥をもたないのですが、その無作法さがあなたの言語の邪魔をするのです。博引旁証は、無教養、消化の悪さ、呑気症による鼓腸性消化不良のゲップを示すものである。

自分が自立し始めるならば、そのときに初めて私は思考する。知ることは知ること自体の忘却を要求する。思考は自分の思い出を軽蔑する。科学は、知る主体の意識のなかで、意識から失われるのだが、その喪失によって、主体は思考し発明する。

私はこのことを情熱的に追求してきた。つまり、私のもろもろの著書のなかから知識と科学が忘れられることを、わたしは熱心に追い求めてきた。それらの忘却そのものによって新たな対象に専念できるように、それらの喪失によって新しい主体が生まれるために、私はもろもろの本を書いてきたのだ。

哲学の今日的な問いは、それゆえ次のように定式化されうるかも知れない。人は知っているとき何を考えるのだろうか。話すごとくに知っているとき、人は何を考えうるのだろうか。科学が、活動的に生き生きと、思考のなかに溶け込むという意味において、肉が科学を学び、肉が科学と合体するという意味において人が科学を知ったとき、人は何を考えうるのだろうか。

いや、人は少しも考えはしない。科学のなかに何か考えるべきものがあるのだろうか。科学は、私が知る限り、客観的であれ集合的であれ、この問いにおのずから答えている。

いや、人は少しも考えはしない。科学の外に何か考えるべきものがあるのだろうか。別な言い方をすれば、科学が脇にやられたり何かに還元されたとき、何を考えるべきなのだろうか。

このことはまたもや、分割された空間、内部の空間と外部の空間、卜占官が彼の錫杖で明確に限定したあの定礎の儀式の古い土地を前提とすることになるだろう。そして科学をたやすく局外に置いたり、括弧のなかに入れたりすることができることになるだろう。このことは、人が何も知らないときには、容易な行為なのだ。

あるいはまた、あたかも科学がまったく生まれもせず、その発展の歴史もなかったかのように、われわれのあけぼのの以前から問われてきた問題、またそれ以来有効であり今朝まで永続してきた問題が問われるだろう。これは形而上学《メタフィジック》の輝かしい道である。

あるいはまた、科学を対象と見なし、知識を創りだしている者の知を決して評価することなく、知識と知が問題にされ、その基礎、その働きが問題にされるだろう。これは認識論〔科学哲学〕《エピステモロジー》の輝かしい道である。

観察してみるに、上記の二つの輝かしい道にとって、その実践は接頭辞によって示唆されている。つまり、「……を超えた」あるいは「……の上にある」という意味の接頭辞である。これは少々高慢で尊大である。認識論〔科学哲学〕あるいは形而上学、すなわち、「物理学を超えた」学問、「知識の上にある」学問というわけだ。かくも博識でかくも奥深い地点、つねにより一層引き籠り、われわれのすべての家よりも一層高い高度にあるこの場所を、われわれはどんなに称讃していることだろう。取り付くことのできないオーバーハングをなしているのだ。

あるいはまた、科学が現代の知を構築していることを認め、かつて人類の誕生の際に言語がわれわれの内に肉化したと同じものに、今や科学がなっていることを認め、そして高慢さもなく、凌駕する意図もなく、「何が考えるべく残されているのか」とわれわれは問いかけるだろう。

すべてが考えるべく、また新たに捉えなおすべく残されていること、建設すべき一つの世界が残されていることを、われわれはよく知っている。すべてが為されるべく残されているのだ。われわれはそのことがよくわかっている。知りつつあるわれわれ、科学を前提して思考を働かせているわれわれは何をしようとしているのだろうか。

諸科学が世界や肉体を変形したということは何度も言われてきたが、科学が、歴史や願望の総体以上に、われわれの運命となっていることはめったに言及されていないし、言語能力を有効な演算方式《アルゴリズム》に置き換えることによって、科学が諸言語を、さらに悪いことには言語能力を失格させていることについては、いまだまったく言及されていない。われわれはもはや日常的な言語で話すことはできないのだ。正確さと厳密さは永久に言語を離れ、無数の学問分野をもつ知識の方に移住してしまった。ことばのもつ魅力や魔術的力は、通信や興行のための巨大な機械によって奪われてしまった。学問の構築するバベルの塔と情報の騒騒しい回線網の間で圧しつぶされ、締めつけられて、言語は死に瀕している。本書はことばの死を記念する書である。

ところで、われわれは、人間となって以来、ことばを糧とすることによってしか大きくなることができなかった。もっとも偉大な者たちは、ことばを称讃したがゆえに偉大になったのだ。言語をもたない肉体が、見たり、聞いたり、知覚したり、感じたりした世界の記憶を、われわれはその手がかりすらもないほどに失ってしまった。忘れ去られ、知られることもないこの動物は、しゃべることによって人間となった。ことばが人間の肉をこね上げたのだ。交換し、知覚し、使用し、支配する集団的な肉のみならず、ことばは同様に、またとりわけ、人間の肉体的な肉をもこね上げた。腿、足、胸、首、これらはことばによって濃密となり、ことばによって振動しているのだ。ヒト化のこの安定した時期——歴史のことを言っているのではないが——は終了する。ことばする動物であるわれわれは、明日は、世界や権力を同じようには見ないだろう。

科学は言語を揺るがした後に、言語を根こそぎにするのだが、この出来事はわれわれの肉体や集団や世界を揺り動かす。言語によってではなく科学によって濃密になった肉でもって、われわれは世界を見たり聞いたりし始めるわけだ。われわれの肉体は、これまでは知っている以上にしゃべっていたのだが、今後はしゃべる以上に知っていることになる。しゃべっていることを忘れてしゃべっていたと同じように、われわれの肉体は知っており、知っていることを忘れているのだ。両者の場合とも、肉は透明でかつ薄暗い。あまり知識をもたない人々の場合においても、肉は、内気な人々、不器用な人々、啞やどもりの人々に対して語りかけるときと同じように物知りである。主体や、集団や、肉の内奥において、入れ替えが起こっており、科学が言語を根こそぎにしているわけだが、このことが現代を説明するものとなっている。ことばのこの突然の下落、この喪失、この死によって、われわれは束の間ではあるが、言語がわれわれの内に肉化する以前の世界や他者を、おそらく当時そう見えたであろうそのままの姿で、かいま見ることができた。二つの支配体制の合間で、束の間の閃光が五感を輝かせたのだ。

われわれは今日、深刻な言語の危機を生きている。かつては宝物と見なされていたのだが、今や言語は見くびられ、まるで土を踏みつけるように、誰もが自分の言語を踏み荒している。われわれの祖先の農夫たちは、ときどき彼らの手紙が発見されるのだが、今日の支配階級の者たちよりも優雅に、明晰に自己を表現していた。才気煥発の語り口や、語そのものの味わいについては、私は、農業の仕事から大学での仕事に移ったせいで、むしろそれらを失ってしまった。大学では、でくの坊の言語が繁栄を極めているからだ。現代の科学者たちのなかでもっとも知られた者たちは、もはや書く術を知らず、出版社はそれらの著者の書き物を書き直して出版しているのだ。マスメディアは無数の語を伝播し、誤りや卑俗さを後生大事にし、下品なものにしてより多く売ろうと企んでいる。詩人たちは自分たちの耳を失っているが、それというのもインテリどもが久しい以前から耳を追い払ってしまったからだ。以前には二、三人の劣等生しか見られなかったクラスに、今では教師は数多くの劣等生を見出している。教師がどんなに努力しても、読むことも書くことも学ぼうとしない者たちを劣等生と呼ぶことにしよう。ことばの職人は数少なくなっており、誰も彼の職人芸の流儀を味わう者はいない。われわれの運命を引き受けていると言い、そう思っている者たちが、これほど野蛮な状態を示したことはかつてなかった。腹鳴の音で叫ぶ者たちを野蛮と呼ぶことにしよう。それは支配的な言語からしばしば聞こえてくる叫び声である。

これを老人の不平の声として読み取らないでいただきたいが、私は一つの診断を正確に記述しているのだ。言語《ラング》よりも言語能力《ランガージュ》のほうがなお一層崩壊している。科学の時代以来、世界や、他者や、自分自身に対するわれわれの関係は、もはや言語能力を通して選択的にやって来るのではない。

例を示そう。われわれが星という語を用いるとき、この語は、晴れた夜にわれわれの頭上で振動している様々なもののうち、光を発する点を指している。玄人であれば、われわれは土用の頃に見られる一番大きな星をシリウスと呼び、夏の長い宵の間じゅう天頂のすぐ近くにある青い星をヴェガと呼び、サソリ座の中央にあって不安定で、色さえも変化させる星、アンタレス〔Antares, anti+Ares アレス（マルス）の対抗者の意〕をメドウサの頭と名づけたものである。軍神マルス〔火星〕と相対峙するこの星には、海千山千の面構えをしたこの二つの名前がふさわしいということを、われわれは見抜いていたのだ。洗礼名と同じように恣意的で漠然としたこの星の名の部門を、われわれは放棄してしまった。夜はその巨人や怪獣を失ってしまったのだ。しかし、実地に航海する者としてのわれわれは、たそがれ時に六分儀を使って自分たちの位置を割り出すために、それらの星の位置を知っていなくてはならなかった。まだ見えている水平線と新しく昇ってくる星の光を同時に観察するためには、日没の光で他のどの星もまだ見えない早い時間に、その星が光をともす場所を予見しなくてはならなかったからだ。人工衛星がそうした古代の信号を消し去ってしまった。以来われわれは、老オリオンの足元に横たわるリゲル〔オリオン座β星〕を、正確に、精密に、物に忠実に、青色超巨星と呼び、夏の正午に打ちひしぐように照りつける天体を、新星状態に近づきつつある黄色矮星と呼ぶ。さらに厳密さを誇るわれわれは、方程式でもって天体を書き表わす。かつて星と呼ばれていた物体は、分類され、区別され、新しい家族に配分され、巨大な銀河をなして寄り集まる。いずれにせよ星はコードあるいはカタログの資料体によって示され、計算と理論の総体によって指し示される。これこれと呼ばれ、しかじかの名前をもつ星は、もはやほとんど存在していない。生物学が生命に、物理学が物質に関心をもたないと同じように、宇宙物理学は、星の名前に関心を示さないからだ。それらの学問は、これらの物を消滅させることによって、それらの物のもつ名前を失格させたのだ。生命や、物質や、天体は、哲学や歴史に所属するよりも、古い言語に属しているのだが、その言語は、厳密さへの要求や客観的認識の活力によって見捨てられてしまったのだ。PR Lyrae〔琴座PR星〕あるいは NGC 103 光点といった表記は、もはやいかなる言語にも属さず、人がそれらについて論議する際の公式として言語から切り離されている。

星という語を用いる者は厳密さを放棄し、物をあるがままの形で手に入れる意図を放棄している。計算あるいはコードが星という用語に取って代わるのだ。その用語から模糊として空虚な残骸が残され、徐々に廃れてゆく、われわれの祖先や私たちは生命について、あるいは星々について語ったものだったが、純朴な恋人たちが好んで木の幹に彫りつけるこうした声を、われわれはもはや聞くことはないだろう。

同様にしてわれわれが草や、昆虫や、グラジオラス、フクシア、エメラルドといった語を用いたとしても……推論は同じところに行く着くだろう。学術的コードが食欲旺盛にわれわれの古い言語をむさぼり食い、現実に対する一致や忠実さの発端となるものを、その言語から横取りする。そして言語には模糊としたボロしか残らない。森のなかには、われわれの父や母が草とか昆虫といった語で指し示したものは、もはや見出されないだろうし、多くの種が絶滅し姿を消した森にわれわれはもはや行かないだろう。科学は、肥料やエンジンやアスピリンや原子爆弾によってただ単に世界の内奥や、人間同士の関係を変えたのみならず、言語によって指し示される諸物を非現実化することによって、それらを変形したのだ。われわれはもはや話すことができなくなっている。分子とか原子核と言われている場所に物質を見出すことや、酸とか酵素と言われている場所に生命を見出すことや、遺伝子工学的にしかるべき制約を加えて得られたしかじかの株の突然変異体や、栄養系《クローン》が藪状をなしている場所に、草や麦を見出すことは、われわれにとっては困難だろう。この新石器時代の新しい農耕者は、可能なあらゆる分岐によって新しい森を実験室のなかで繁茂させるのだが、われわれはもはやこうした森にしか足を運ばず、そこでは挿し木用の挿し穂がコード化されている。

人類の歴史が始まって以来、世界は、全体であれ局部であれ、天界の栄光から世界の最小の細部、ひだ、畝、湿地、小石に至るまで、言語に呑み込まれて、大聖堂のように近づき難く、言語の海の下に眠っていた。想像もできないようないかなる空間においてさえも、腕から水をしたたらせて引き上げない限り、誰も海草を採取できないと同じように、何人も言語を経ずして対象〔客体〕に至ることはできなかった。

同じように、今日においては、すべては科学の洪水の下に呑み込まれており、何ものも科学の帝国から逃れることはできない。草も草という語も、星も星という語も、われわれの関係も、われわれの感動的関係も、われわれの集団的義務も、記憶の保持や告白も、その意味にさして気をかけずに交換されるわれわれの慎ましい用語も、何ものもそこから逃れることはできない。愛、濫用、贈与、言述、戦争、税金、献身、これらもまた言語の譲位にともなって科学の対象となったものだが、そこではわれわれは修辞学から一種の代数学へと移行する。われわれの関係について研究する人文科学は、言語の後ろに回ることによって言語を根こそぎにするのだが、このことは、諸対象を有効な演算方式《アルゴリズム》で置き換えることによって、厳密科学が諸対象に対しておこなったことと同じである。言語能力すらも方程式や公式の支配に服従する。つまり、かつては考え、最近では話していた「われ」は、これからは自分が知っているということを忘れるのだ。総括してみよう。言語は世界の諸対象や、主体間の関係や、主体と客体との関係を掌握し、さらには単独の主体自身を、そしておそらく集団的な「われわれ」を掌握していた。すなわち言語は、まだ歴史的と呼びうる世界を統括していたのだ。そこでは、自分の言語の内密性のなかに住むことなくして、誰も成長することはできなかった。さらにはそれらを掌握していた言語を手中に収めているのである。ところが今や科学が、これらのすべての主体や対象、それらの交換を手中にし、さらにはそれらを掌握していた言語を手中に収めているのである。

かつては正確で的確であった話し手は、彼からその正確さを奪った有効な演算方式《アルゴリズム》の巨大な発展と、魅惑力を奪われてぼろ切れに格下げされた言語のおびただしい増殖との間で、圧しつぶされている。

多くの有効な演算方式《アルゴリズム》によって久しい以前から失格させられた言語を用いて、生物物理学も、生物科学も、生理学も、精神生理学ももたない言語で、聴覚的でもなく、視覚的でもなく、論理的でもない言語で……、実験、公式、モデル、図式、分析的計算の長い連なりを自らに禁じながら、なぜ五感について書かなくてはならなかったのだろうか。死に瀕している言語のなかに迷い込んだ客体について、なぜ書かなくてはならないのだろうか。

別な言い方をすれば、なぜ見世物小屋の喧騒のなかで書かないのだろうか。

対抗しうる勢力のない今日の三つの権力は、自らの構成要素を言語から取ってきた。科学は現実と言語との真の関係を押収し、マスメディアは他者に対する言語の魅惑的関係を横領し、行政権力は言語のもつ遂行的な力を奪い取った。行政権力が言ったり書いたりすることは、行政権力が言ったり書いたりするがゆえに、厳として存在し強制力をもつ。これら三つの新しい権力は空間を占領しており、この三つに対抗しうる勢力としては、それらの権力相互かあるいは自分以外の他の二つの権力しかない。人がもし諸物や人間に対する権力を好むならば、言語のこれらの構成要素からなる三種類の書物を書けばよいだろう。

堅固で的確な私の古き麗しき言語は、自らの力を失って科学の利益に供され、情報や興行の巨大企業に自らの魅力と魔術的力を譲り渡し、口述するところが事実となる者たちに自らのことばを譲った。私の言語に残されたものはもはやぼろ切れしかない。ぼろを纏ったこの幽霊は、模糊とした美的機能を保持している。あるいは美的感覚だろうか。

それゆえ、私の言語は五感について語らなくてはならず、世界の美を称えなくてはならない。

哲学がつねにそこから始まった場所、まさしくその場所において、哲学の冒険が再び始まる。存在していようと、不在であろうと、科学は主体のなかで忘れられ、それ以来主体は知るようになる。彼は知っている、それゆえ彼は知識をひけらかす必要がない。彼は銀行の住所を知っており、思い出そうと欲するならば、いつでも彼はその銀行から知識を汲みだすことができる。われわれはもはや図書館の稀な時代に生きているのではない。情報はいたる所で自由に手に入り、このことが忘却を可能にしている。情報は、われわれが呼吸している空気のなかを走りまわっている。誰でもが限りなく短い時間で手に入れることのできる学問分野や論文リストを、引用したり複写したりしても何になるだろうか。すでに長すぎるリストに、さらにリストそのものを包含するような、新たな項目を詰め込む必要がどうしてあるのだろうか。記憶が客観的〔客体的〕なものになれば、思考する主体は忘れやすくなる。誰もがいかなる障害にも出会わずに知識に到達することができるようになれば、知識そのものの地位が変化する。言語能力《ランガージュ》が変換されるとき、すべてが変換される。

記憶と言語が解放される。前者はもろもろの機器や通信網によって解放されるのだが、〔記憶《メモワール》が解放されれば〕われわれはもはや論文を書く必要がなくなるだろう。引用文献を銀行に預けて、われわれは身軽になり、快活になって、テクストの外、肉体の外で、まさに主体の外で、直接的に思考するようになるだろう。

そして言語は自分の主要な構成要素を三度にわたって移譲する。

人は言語が死んだと言うこともできるのだが、言語は自由になったという言い方もできるわけだ。言語はついに自分の義務から解放されたのだ。

ところで一つの器官が――あるいは一つの機能が――古い義務から解放されるたびごとに、その器官は発明をする。直立姿勢によって、身体の支えや歩行という圧しつぶされるような義務から解放されて、前足あるいは手は変化し、物をつかみ、ついには道具を作り始めた。直立によって、物をくわえて取るという生活上の必要性から解放されて、口や顎はことばを話し始めた。ところで、記憶は三度にわたって解放されたことになる。文字の到来のときに、印刷術の発明のときに、今やコンピューターによって。幾何学の発明が最初の記憶の解放に何を負い、実験科学の出現が二番目の記憶の解放に何を負い、われわれが第三の記憶の解放に到達した今、何が出現しようとしているのかを、誰か解明しうる者がいるだろうか。

そしていかなる新しい自由使用のために、われわれの言語はよみがえるのだろうか。

もろもろの客観的リストや、機械的記憶装置や、見出されたもろもろの演算方式《アルゴリズム》から、私は自分の書いているこの書物と著者である自分を引き出そうと努めているのだが、それは、それらを新しい主体に明け渡すためであり、あるいはまた新たな哲学の冒険を始めるためである。人工知能や、情報のストックや、ディスプレイや、ソフトウエアを装備し、それらを自由に使いこなし、それらを遠くに預けている忘れやすくて博識な新しい思考主体、古い機能を人為構造や演算方式《アルゴリズム》に明け渡し、それゆえそれらの古い機能から新たな距離を隔てて解き放たれた新しい思考主体、こうした新しい思考主体に私は、最初にやって来る対象〔客体〕すなわち与件を与える。

与件は、伝統的哲学がそれをもとに意識が構築されると主張し、伝統的哲学にとって伝統的に最初の対象であるとされているものである。またそれは、言語がすべてを失ったとき、言語の残滓に対する管轄権が残るがゆえに、われわれにとっての最初の対象であり、それはさらに、記憶がすべてのデータを奪ったとき、われわれの記憶から残存した外部でもある。それゆえそれは今日における最初の対象であるが、それというのも今日においては、最後の対象が残されているにすぎないからである。われわれはもはや同じ主張をもってはいない。どこか別の場所でおこなわれた言語の祝祭の残り物があるにすぎないからだ。

解き放たれた忘れやすい主体は、忘れ難い世界のなかに身を浸す。

またもや新たな冒険に旅立とうとしている五感、言語の幻影のなかにおずおずと書かれた現実の幻影、それが私のエッセーである。

私はこれを復活——あるいは再生——と名づけたかったのだが。

訳者あとがき

本書は Michel Serres, *Les Cinq Sens——philosophie des corps mêlés I*——essai (Éditions Grasset et Fasquelle, 1985) の全訳である。

翻訳にあたっては、原書でイタリック体になっている箇所は本訳書では傍点によって示した。ただしルビを付した場合はこの限りでない。また書名を表わす場合は『　』で表記した。引用記号である《　》は、原則として「　」で表記したが、特に単語を強調するために用いられた場合はそのまま《　》を用いた。

ラテン語、ギリシア語など古語による文章は、原則としてカタカナ漢字まじり文で表記した。ただし単語のみの場合は、そのほかの外国語の場合も含めて、特に区別せずに適宜原語を付すにとどめた。またフランス語とほぼ同じ文意の文章がフランス語以外の言語でくり返されている場合は、フランス語の部分だけを訳出し、別言語の部分は原語のままとした。

原注は一箇所のみなので原書と同じく脚注とした。訳注はできる限り少数にとどめ、すべて本文中の割注とした。見た目の煩雑さもあろうかとは思うが、これによって巻末の注を参照する煩わしさを省こうと考えた。〔　〕のなかはすべて訳者の補いであり、主として語の多義性を補完するためのものである。また文意を明瞭にするため、訳者の判断で適宜「　」を使用した。

著者のミッシェル・セールについては、すでに日本語による翻訳も多くを数え、日本でもよく知られた思想家の一人と言っても差し支えなかろう。思想家とはいっても、多くの評者が指摘するように、セールは一つの枠に収まりきらない多岐にわたる活躍をしている著述家である。本書もその例にもれず、哲学、言語、美術、神話、ワイン、スポーツ等々、多岐にわたる問題を扱い、「混合体の哲学」という副題の如くに、本書自体が一つの「混合体」をなしている。

セールは一九三〇年、フランス南西部のガスコーニュ地方の生まれであるが、本書でセール自身が語るところによれば、彼の父はガロンヌ川のほとりで農業を営むかたわら砕石業を経営していたとのことであり、子供時代のセールは、父の跡を継いだ兄とともに父の助手として、きつい砕石の仕事や農作業を手伝い、額に汗して働いたようである。また彼は海軍士官学校の出身であり、軍隊の厳しい訓練を受け、海軍その他の艦船に乗り組んで、生死を分かつような数多くの危険に遭遇したようである。また彼は大のスポーツ好きで、とりわけラグビーとバスケットボールについては、彼自身プレイヤーとして活躍した由である。このような彼自身のいわば身体に刻み込まれた生きた体験が、本書の成立にあたって大きな役割を果たしているものと思われる。「ガロンヌ川のほとりで父といっしょに土を耕しながら、あるいは父の土砂運搬船のなかで働きながら、私は今までに読んだいかなる書物から学ぶよりも多くのものを学んだ」とセールは述べているが（本書、五四二ページ）、これらの体験は、本書のみならず、セールの根本的なものの考え方の形成においても、きわめて大きな影響を及ぼしているように思われる。セールは、書斎に閉じ籠って抽象的な概念をひねくり回す思想家ではなく、自分が直接肌で体験し、身体で覚え込んだもののなかから、自らの思想ともろもろの著作とを引き出しているのだ。

そんなわけでセールは、本書を自らの体験で始める。燃え上がる船のなかで密閉された船室に閉じ込められた、まさに絶体絶命の体験である。生命の危機に瀕したとき、頼りになるのは、ことばや抽象的な概念ではなく、触覚であり、嗅覚であり、身体にたたき込んで覚えた機敏かつ沈着な判断と行動である。このような体験から彼は自らの魂 âme を体得する。セールは、自らの身体に刻み込まれた生々しい体験に基づいて「五感」を論ずるわけである。

感覚や知覚の問題は、古来、哲学の重要な問題であるが、五感もしくは感覚が、哲学の長い歴史のなかでどのように扱われてきたかを概観することは、哲学や思想史には門外漢である訳者の能力をはるかに越えるところであり、また「訳者あとがき」という限られた紙幅で論じ尽くせる問題とも思われない。さいわい本書は哲学史的な観点から五感を扱ったものではなく、生きた人間の生の感覚としての五感、あるがままの多様な混合体としての五感を扱ったものである。五感は抽象的な観念でも、概念でもなく、まさしく生身の人間が感じる感覚であり、それを抽象化し概念化して論ずること自体が、五感をないがしろにし、五感を麻痺させることになるからである。

中村雄二郎の『共通感覚論』によれば、ヨーロッパ中世世界においては、もっとも精錬された感覚、優れて知覚的な感覚は聴覚であり、視覚は触覚の後の三番目の位置を占めていたにすぎなかったが、近代のはじめになって転倒が起こり、目が知覚の最大の器官となり、近代文明においては視覚が独走し、専制支配を確立したとのことである。「一望監視施設《バノプチコン》」に象徴されるように、「見ること」「知ること」が他の人間を支配する権力となったのだった。このような視覚の優位は、現代心理学や、知覚心理学によっても根拠づけられ、いっそう揺るぎないものとなっているようである。（中村雄二郎、『共通感覚論』、五一—五四ページおよび二八四ページ参照）

ところがセールによれば、このような視覚の優位は、現代の情報化社会にあっては、苦もなく覆されることになる。「一望監視施設」の護り神である百眼のパノプテスは、メッセージの神であるヘルメスによって、完膚なきまでに打ち負かされるからだ。世界中に張り巡らされたメッセージもしくは情報の回路網は、もはや監視者を必要とはしない。情報は光の速さで世界中を駆けめぐり、そのざわめきで世界を満たす。われわれは回路網の発するメッセージと雑音の大喧噪のなかに没して生きているというわけだ。このような現代社会の状況を、セールは、彼のもっとも得意とする手法なのだが、もろもろの神話を用いて巧みにわれわれの前に提示する。「われわれがなかなか概念として思い描くことのできないものを、神話は素朴なイメージを用いて見事に語っている」(本書、四九ページ)とセールは述べているが、その神話を装って、難解な問題を平易に解き明かしてゆくセールの語り口は見事という他はない。

中村雄二郎の言うように、近代文明における視覚の独走および専制支配は、近代の科学技術の発展に大きく寄与した反面、見るものと見られるものの分離、つまり主体と対象の分離を引き起こし、ひいては支配するものと支配されるものとの社会的分離を引き起こした。しかしヘルメス(メッセージ)によるパノプテス(視覚)の打倒はこのような近代社会の弊害を改善したであろうか。

ゼウス、イオ、ヘラの神話的三角関係にまつわる、パノプテス対ヘルメスの闘争にことよせて語られる、現代高度情報化社会は、新たな悲劇的状況を生む。セールは言うのだが、先端技術により高度に情報化した社会にあっては、「知識獲得の活動は麻薬の服用に等しい。なぜなら世の中の情勢に立ち後れないためには、絶えず新たな情報を獲得しなければならないからである。最新の情報がその前の情報を古くさいものにしてしまうのだが、これこそ麻薬の法則であって、そこでは次の服用のみが重要である。情報も麻薬もそれをもっているからといって人に幸福を与えるわけではないが、それをもっていなければ人は悲惨な状態に陥る」(本書、一四八—一四九ページ)。視覚の専制支配によってもたらされた弊害は、視覚の権威失墜によって解消されるどころか、新たな専制支配者たる先端科学の先端性ゆえに、状況は一層悪化する。「もはや科学は、人間の悪のなかの最悪のものである競争や、模倣や、欲望や、恨みや、戦争からわれわれを解き放つものではない。今や科学は、それをさらに悪化させ募らせるものとなっている。知識の先端は残りのすべての知識をたちまち無価値なものにしてしまう。この先端とはすなわち、突き刺し、深く打ち込まれ、苦しみを与え、支配下に置く先端である」（本書、一四九ページ）。科学史家としてのセールの現代科学に向ける目はきわめて辛辣である。「ヒロシマは現代科学の基を築いた」（本書、一四四ページ）とセールが言う所以である。

「近代文明の視覚の独走、あるいは視覚の専制支配に対して、ずいぶん前から多くの人々によって、色の形で触覚の回復が要求されてきた」（中村、前掲書、五四ページ）のだが、セールも先人にならってまず触覚の復権を試み、さらには、「精神的なものを少しももたない感覚」「肉体的、物質的で、想像力に何ら語りかけない感官」として蔑まれてきた味覚（ルソー、『言語起源論』第十五章および『エミール』第二篇）や嗅覚の復権をも試みる。

『カルパッチオ論』の例を引くまでもなく、セールは絵画に造詣が深いことによっても知られるが、彼が触覚の復権のために援用するのは、ボナールの裸婦像、ファン・エイクのエヴァ像、クリュニー美術館所蔵の一連のつづれ織『一角獣と貴婦人』である。彼はこれらの絵画から、皮膚の上に描かれた入墨というイメージを導き出し、皮膚が人間という ブラック・ボックスの一番外側の（あるいは宇宙的視点から見れば一番内側の）受容器官をなし、諸感覚を包含する共通感覚として作用していると説く。（こうした共通感覚の問題や場所の問題について、語り口はまったく異なるが、セールと中村雄二郎は共通した関心をもっているように思われる。『共通感覚論』、岩波書店、『場所』、弘文堂、他参照）。優れた共通感覚である皮膚をはじめ、味覚や嗅覚は、久しい以前から、視覚や聴覚の優位によってないがしろにされてきたわけだが、しかしセールによれば、共通感覚としての皮膚を麻痺させ、味覚や嗅覚の器官である舌や口蓋を言語のみに隷属させてきた張本人は、視覚でも聴覚でもなく「ことば」なのである。

セールは、ソクラテス＝プラトンの対話的言語中心主義にノンを唱え、「ことば」そのものであるイエス・キリストを始祖とするキリスト教的言語中心主義にノンを唱え、デカルト的理性＝言語中心主義にノンを唱える。デリダ的な用語で言えば音声＝ロゴス中心主義にノンを唱えるということになろうか。しかし、セールはデリダのように、音声＝ロゴス中心主義を排して、エクリチュールを復権しようというのではない、エクリチュールそのものも言語以外の何ものでもないからだ。ギリシアにおける哲学の誕生以来、言語（ロゴス）中心主義によって葬り去られた「感覚で捉えうる世界」そのものを、セールは復興しようとする。「証明することはできないのだが、〔……〕人間から独立した世界があると私は思う」（本書、一四六ページ）とセールは控えめに述べている。彼が控えめに言わざるをえないのは、人間から独立した世界、すなわち言語から独立した世界は、言語を超越しており、それゆえ証明のためのあらゆる言語を超越しており、その存在を証明することができないからである。言語を超越した世界を言語によって語ることは、明らかに自己矛盾である。言語中心主義を糾弾し、感覚で捉えうる世界を復権しようとするセールにとってこれは大きなジレンマである。だが、セールはことばを全面的に否定しているわけではない。逆に彼は自らの言語をこよなく愛している。セール自身も述べているように、「感覚で捉えうる世界、それをことばに帰することを自らに逆説的に禁じながら〔ことばによって〕語らなくてはならない」（本書、四九一ページ）のである。

セールはまた、デカルト的な方法論のまっすぐな道にノンを唱え、これに対してユリシーズの波瀾万丈の冒険のような曲がりくねった道、ランドネ randonnée の道を提唱する。ランドネとは、陸上では散策の道であり、海上では周航あるいは回遊の道であり、作品としては「エッセー」の語り口となろう。方法的なまっすぐの道は、高速道路のように田畑を踏みにじり、風景を破壊し、山や谷を突き破ってまっすぐに突き進み、排気ガスや騒音をまき散らしてゆく。現代文明の危機はまさにデカルト的な方法の道が生んだのだとセールは考える。これに対してランドネの道は、古い村道のように、村々をめぐり、風景のなかに溶け込み、場所場所の神々に敬意を払い、曲がりくねって、さまようように進んでゆく。風景は美女の肌と同じように入墨がほどこされ、ぼろ切れの継ぎはぎのように、もろもろの場所の寄せ集めによってできている。ランドネの道はこうした場所や風景と折り合いをつけ折り合いをつけして進んでゆく。このような混ぜ合わされた雑多な色の世界は、エッセーと見まごうほどよく似た文化〔耕作〕だ（本書、四〇八ページ）とセールは言う。著者自身も最後に述べているように、本書は「エッセー」に分類されるわけだが、セールは体系的・方法論的書物を書くことを好まない。彼の書き物は、足の向くまま気の向くまま、風景を愛で、場所場所の神々に敬意を表しつつ進んでゆくエッセーでありランドネである。

方法論のまっすぐな道はまた、宇宙論的性格を帯びたもろもろの場所をも否定する。方法論に則った現代の農業にあっては、継ぎはぎのような風景を作り出す雑多な作物の田畑も、神々の住まうもろもろの聖なる場所も切り捨てられ、見渡す限り広がる一様で広大な単一作の農園のなかで、大型コンバインが直線的に播種や穀物の刈り入れをおこなっている。「現代の農夫は単一作の農園のなかで、一人で、一つの仕事をしかもたず、一つの考え方をしかもたない」（本書、四〇七ページ）。風景をもたないこの新しい大地にあっては、大地そのものが異郷に追いやられている（本書、四一二ページ）、とセールは言う。

だがさらに深刻なことには、今や言語《ラング》自体が、あるいは言語《ランガージュ》能力そのものが死に瀕している。科学が言語に取って代わり、学術的コードが貪欲にわれわれの古い言語をむさぼり食ってしまうからだ。高度情報化社会の現代においては、あらゆるものが情報のコードに帰され、データとしてデータ・バンクに貯蔵される。言語すらもコード化され0と1からなる数字に変えられて、大容量の記憶装置に保存される。言語はもはや御用済みなのだ。「われわれは今日、深刻な言語の危機を生きている。かつては宝物と見なされていたのだが、今や言語は見くびられ、まるで土を踏みつけるように、誰もが自分の言語を踏み荒らしている」(本書、五五六ページ)。「言語よりも言語能力の方がなお一層崩壊している」(本書、五五七ページ)とセールは嘆く。

セールにこの『五感』という書物を書かしめたものは、現代の人間存在の在りように対する、このような深刻な危機感であると言えよう。セールが意図するものは、実在論とか観念論とかいう哲学的な論争でも、自説の正当性の論証でもない。なぜ自分が哲学者となり、現在も哲学者であるのかと、つねに問い続けるセール哲学のよって立つところは、次のようなことばのなかに要約されていると言えないだろうか。

「今日の病める文明全体が、どのようにしてまた何に毒されており、どのような刑を宣告されているのかを理解しようと私は試みている。いかにしてこの文明を治癒させ、この文明に原初の素朴さと直接的な活力を取り戻させるために、どのような貢献ができるのかを私は探し求めている」(本書、一四五ページ)。

セールは本書の最後で、この著作を「復活」あるいは「再生」と名づけたかったと述べているが、彼の言う「復活」や「再生」は、五感の復活あるいは復権のみならず、言語にもコードにも科学にも毒されない、みずみずしい五感をそなえた人間そのものの復活、素朴な原初の活力に溢れた文明の再生であろう。セールが歓喜に満ちて「再生」あるいは「復活」と題した書物を著わしうる日まで、セールのこの探究は続くこととなろう。

イマージュやことばの遊びを多角的に駆使しているセールの文章を、完璧に訳出することは至難の業であり、非力な訳者の能力のとても及ばぬところである。訳出にあたっては、能う限り細心の注意を払ったが、なお誤読、誤訳もあろうかと思う。至らぬところは読者諸氏の御指摘、御叱正を乞う次第である。

この翻訳は茨城大学の及川馥氏のおすすめにより始められたものであるが、仕事の遅い訳者を絶えず励まして下さった同氏、翻訳の過程でいろいろとお世話下さった法政大学出版局の稲義人氏、松永辰郎氏の三氏にこの場を借りて深く感謝の意を表したい。

一九九一年五月　　訳　者

人名索引

（本文中の人名に限り採録し，原則としてフランス式表記の原名を付した。なお，本索引は原書にはなく，訳者が作成したものである。）

ア行

アイリス　Iris　485
アインシュタイン　Einstein, Albert　325
アガトン　Agathon　256, 287
アスクレピオス　Asklépios　117, 124, 125, 130, 142
アダム　Adam　343
アポロン　Apollon　142, 180
アフロディテー　Aphrodite　28, 173, 197, 201, 424
アリアドネー　Ariane　15, 20
アリスタイオス　Aristée　193
アリストテレス　Aristote　455, 456, 457
アルキノオス　Alkinoos　183, 287, 312
アルキビアデス　Alcibiade　256, 495
アルゴス　Argus　39, 40, 42, 45, 50, 51, 52, 53, 55, 56, 58, 61, 74, 155, 178, 213
アルゴナウテス　Argonautes　178, 185
アルルカン　Arlequin　22, 111, 228, 361, 367, 369, 370, 377, 381
アレクサンダー大王　Alexandre le Grand　105, 107
アンデレ　André　273, 274
アンナ　Anne　325
イオ　Io　45, 55
ヴィーナス　Vénus　368
ウェスタ　Vesta　386
ウェルギリウス　Virgile, Publius Maro　408
ヴェルヌ　Verne, Jules　437, 438
ヴェルレーヌ　Verlaine, Paul　31
ヴェロニカ　Véronique　36
エヴァ　Eve　344, 363, 372
エウリュディケー　Eurydice　193, 195, 196, 197, 199, 201, 202, 220, 359, 390
エケクラテス　Echécrate　129
エドクソス　Eudoxe　423
エピクロス　Épicure　38, 446
エルンスト　Ernst, Max　223
オイディプス　Œdipe　80, 85, 424
オスマン　Haussmann, Georges Eugène　406
オリオン　Orion　557
オルフェウス　Orphée　178, 179, 183, 184, 185, 186, 188, 194, 195, 196, 197, 198, 200, 201, 202, 203, 204, 205, 206, 207, 220, 256, 287, 357, 360

カ行

カイン　Caïn　225
カトー　Caton, Marcus Porcius　293
ガリヴァー　Gulliver　383
カリオペ　Calliope　188
カリクレス　Calliclès　495
カリブディス　Charybde　422
ガリレー　Galilée, Galileo　147, 350
カルノー　Carnot, Nicolas Léonard Sadi　470, 471, 472, 476
カント　Kant, Immanuel　499, 500
キュサンドロン　Cucendron　81
キリスト　Jésus Christ　36, 277, 287, 333, 334, 335, 336, 337, 338, 451, 452, 495, 549, 550
キルケー　Circé　442
クック　Cook, Capitaine　444
クライン　Klein, Christian Felix　12
クリトン　Criton　125, 127, 129
クールノー　Cournot, Antoine Augus-

tin 480
ケベス Cébès 129
ケルビム Chérubin 269, 517, 526
コペルニクス Copernic, Nicolas 500
ゴルディアス Gordias 105
コレット Colette, Sidonie Gabrielle 461
コロニス Coronis 142
コロンブス Colomb, Christophe 425, 426, 427, 432, 434, 438, 444
コンディヤック Condillac, Etienne Bonnet de 296, 297
コント Comte, Auguste 469

サ行

サロメ Salomé 327
シビラ Sibylle 145
シミアス Simmias 129
シモン Simon 274, 331
シャトーブリアン Chateaubriand, François René 426
シャルル豪胆公 Charles le Téméraire 478
ジュピター Jupiter 40, 52, 287, 341, 342
ジュリアン Julien Sorel 478, 479
シンデレラ Cendrillon 80, 81, 82, 83, 287
スキュラ Scylla 422
スタンダール Stendhal 495
ステントール Stentor 175
聖アントワーヌ Saint Antoine 370, 371, 372, 373, 374
セイレーン Sirènes 161, 170, 178, 179, 182, 183, 184, 185, 186, 188, 189, 191, 422, 427
ゼウス Zeus 40, 45, 46, 48, 49, 50, 51
ソクラテス Socrate 125, 126, 127, 129, 131, 133, 134, 135, 136, 137, 138, 139, 140, 143, 144, 256, 271, 278, 287, 314, 328, 337, 393, 495, 496, 551
ソロモン Salomon 413

タ行

大クープラン Couperin le Grand, François 314, 369
ダーウィン Darwin, Charles 477
ダニエル Daniel 204
タレス Thalès 387
タンタロス Tantale 194
テアイテトス Théétète 495
ティチュス・リウィウス Tite-Live 140
ディドロ Diderot, Denis 253
テオドロス Théodore 423
デカルト Descartes, René 8, 9, 236, 328, 404, 410, 411, 417, 418, 419, 427, 430, 434, 435, 437
テーセウス Thésée 15
デモステネス Démosthène 175, 186
デュエム Duhem, Pierre 261
テリトゥリアヌス Tertullien, Quintus Septimius Florens 461
トマス Thomas 330
トラカネリー Tracanelli 512
トリスメギスト Trismégiste 373
トリトン Tritons 370
ドン・キホーテ Don Quichotte 311
ドン・ジュアン Dom Juan 273, 274, 278, 279, 287, 342, 350

ナ行

ナウシカアー Nausicaa 422
ナポレオン・ボナパルト Napoléon Bonaparte 480, 517
ナルシス Narcisse 126
ニュートン Newton, Isaac 466, 499, 500
ネモ船長 Capitaine Némo 222
ノア Noé 216

ハ行

パイドン Phédon 129
バウキス Baucis 341, 342, 345
パスツール Pasteur, Louis 254

バッカス　Bacchus　161, 184, 186, 188, 191, 201, 203, 207, 220, 225, 360
ハデス　Hadès　129
パノプテス　Panoptès　40, 41, 42, 45, 46, 49, 50, 51, 52, 53, 54, 55, 56, 57, 58, 75
ハマドリュアス　Hamadryades　427
バルザック　Balzac, Honoré de　27, 28, 85
パルメニデス　Parménide　314
パン　Pan　51, 52, 53, 54, 55, 56, 57, 58
パンドラ　Pandore　284, 287
ピュティア　Pythie　513
ヒュドラ　Hydre　422, 428
ピレーモーン　Philémon　287, 341, 342, 343, 345
ファン・エイク　Van Eyck, Hubert et Jan　363, 364
フェスチュス　Festus, Sextus Pompeius　139
ブーゲンビル　Bougainville, Louis Antoine　444
ブッシェ　Boucher, François　31
ブラウン　Broun, Robert　22
フラゴナール　Fragonard, Jean Honoré　31
ブラジウス　Blazius　94, 95, 301, 541
プラトン　Platon　79, 134, 239, 271, 303, 314, 415, 419, 423, 429, 466, 467, 495, 508, 539
フーリエ　Fourier, François Marie Charles　169
ブリューゲル　Breughel, Pieter　372
ブリユアン　Brillouin, Léon　170, 176
プロタゴラス　Protagoras　314
フローベール　Flaubert, Gustave　372
プロメテウス　Prométhée　45, 55, 512
フローラ　Flore　441
ベーコン　Bacon, Francis　236, 427, 434
ヘーゲル　Hegel, Georg Wilhelm Freidrich　458
ヘシオドス　Hésiode　408
ペテロ　Pierre　274, 276, 278, 279, 333, 336
ペネローペー　Pénélope　112, 312, 419
ヘパイストス　Hépha̋istos　424
ヘラ　Héra　40, 45, 48, 49, 50, 55, 58
ヘラクレイトス　Héraclite　328
ヘラクレス　Hercule　422, 425, 465
ベリドール　Bélidor, Bernard Forest de 470
ベルクソン　Bergson, Henri　101, 102, 106, 260, 261, 472
ヘルメス　Hermès　39, 45, 51, 53, 54, 55, 56, 57, 59, 61, 155, 209, 213, 287, 326, 328, 341, 342, 343, 345, 346, 349, 386, 462, 485, 512, 518, 519, 539
ペロー　Perrault, Charles　83, 85
ボッシュ　Bosch, Jérôme　372
ボナール　Bonnard, Pierre　24, 25, 26, 27, 28, 31, 33, 34, 35, 36, 37, 38, 74, 100, 108, 113
ホメロス　Homère　185, 423, 549
ポモナ　Pomone　441
ポリュペモス　Polyphème　79

マ行

マイモン　Maïmon, Ben　268
マクスウェル　Maxwell, James Clerk 170, 176
マグダラのマリア　Marie-Madeleine 277, 287, 327, 330, 332, 333, 335, 337
マリア　Marie　325, 327, 336, 344
マリボー　Marivaux, Pierre Carlet de Chamblain de　541
マルクス　Marx, Karl　495
マルス　Mars　557
マルタ　Marthe　335, 336, 337
マンサール　Mansart, Jules Hardouin 388
ミカエル　Michel　326
ミューズ　Muses　161, 180, 182, 188, 189, 191, 203, 287, 357, 501

メドゥサ　Méduse　557
モーセ　Moïse　420
モリエール　Molière, Jean-Baptiste Poquelin　541
モリヌー　Molyneux, William　113
モンテーニュ　Montaigne, Michel Eyquem de　463, 541

ヤ行

ヤコブ　Jacques　273, 274, 276, 327
ユークリッド　Euclide　89, 102, 113, 387, 431, 446, 448, 500
ユーゴー　Hugo, Victor　302
ユダ　Judas l'Iscariote　331, 332, 335, 337
ユノー　Junon　52
ユビュ王　Ubu roi　33
ユリシーズ　Ulysse　178, 179, 183, 184, 185, 186, 194, 198, 287, 312, 417, 419, 420, 421, 422, 424, 425, 426, 427, 432, 433, 434, 444
ヨハネ　Jean　170, 273, 274, 276, 278, 279

ラ行

ライプニッツ　Liebniz, Gottfried Wilhelm　52, 54, 85, 94, 95, 179, 183, 185, 186, 187, 417, 418, 455, 456, 457
ラグラーンジュ　Lagrange, Joseph Louis de　431, 470
ラザロ　Lazare　287, 331, 334, 335, 337, 338
ラビッシュ　Labiche, Eugène 541
ラプラス　Laplace, Pierre Simon　466, 467, 468, 469, 476
ラブレー　Rabelais, François　541
ラベル　Ravel, Maurice　314
ラマルク　Lamarck, Jean-Baptiste de Monet　474, 476, 477
リュール＝サリュス　Lur-Saluces, Alexandre de　244, 248
リンネ　Linné, Carl von　222, 406
ルクレチウス　Lucrèce, Titus Carus　329, 350, 469
ルツ　Ruth　325
レナール夫人（ルイーズ）　Madame de Rénal (Louise)　478, 479, 495
ロビンソン　Robinson Crusoé　210

ワ行

ワトー　Watteau, Antoine　31

《叢書・ウニベルシタス　323》
五　感　混合体の哲学

1991年6月1日　初　版第1刷発行
2017年3月1日　新装版第1刷発行

ミッシェル・セール
米山親能 訳

発行所　一般財団法人 法政大学出版局
〒102-0071　東京都千代田区富士見 2-17-1
電話 03（5214）5540　振替 00160-6-95814

印刷 平文社　製本 誠製本

ISBN978-4-588-14039-6　　Printed in Japan

著　者
ミッシェル・セール（Michel Serres）
1930年フランス南西部のアジャンに生まれる。海軍兵学校、高等師範学校を卒業。数学、文学、哲学の学位を取得。58年からクレルモン＝フェランの文学部で教鞭をとり、ライプニッツ研究で文学博士となる。69年からパリ第1大学教授として科学史講座を担当。数学、物理学、生物学の研究に加え人類学、宗教学、文学などの人間諸科学に通暁する百科全書的哲学者としてフランス思想界の重要な一翼を担い、科学的認識と詩学を統一的な視野に収め、西欧的思想の限界に挑む。90年からアカデミー・フランセーズ会員。邦訳された著書に、『火、そして霧の中の信号――ゾラ』、『青春――ジュール・ヴェルヌ論』、『天使の伝説――現代の神話』、『ローマ――定礎の書』、『小枝とフォーマット――更新と再生の思想』、『白熱するもの――宇宙の中の人間』、『カルパッチョ――美学的探究』、『世界戦争』（以上、法政大学出版局）など多数。

訳　者
米山親能（よねやま ちかよし）
1944年生まれ。東北大学大学院修士課程修了。東北大学名誉教授。フランス文学・フランス思想専攻。訳書に、ミッシェル・セール『パラジット――寄食者の論理』（共訳）、『彫像――定礎の書』、『自然契約』（共訳）、『哲学を讃えて――フランス語で書いた思想家たち』（共訳）、『アトラス――現代世界における知の地図帳』（共訳）、『人類再生――ヒト進化の未来像』、コルネリュウス・カストリアディス『人間の領域』（共訳）、ジャン＝ピエール・デュピュイ『犠牲と羨望――自由主義社会における正義の問題』（共訳）（以上、法政大学出版局）などがある。